PIERRE LEGRAND

LES MATHS EN COLLÈGE ET EN LYCÉE

HACHETTE
Éducation

L'ensemble de l'ouvrage a été coordonné par :

Pierre LEGRAND

Inspecteur général honoraire de mathématiques, il a été le responsable, pour le ministère de l'Éducation nationale, de rapports sur le baccalauréat et sur les examens à l'étranger.

Ont collaboré : Gilbert Arsac, Evelyne Barbin, Henri Bareil, Bruno Belhoste, Antoine Bodin, Chantal Bouvatier, Alain Bouvier, Jean Brun, Catherine Brunet, Gilbert Demengel, Claude Deschamps, Jean Dhombres, Jean Fromentin, Sylviane Gasquet, Michel Henry, Marie-José Houssin, Marianne Le Gall, Pierre Legrand, Michel Mante, Daniel Reisz, Roberte Tomassone, Luc Trouche, Antoine Valabrègue, Gérard Vergnaud et le groupe de géométrie de l'IREM d'Aquitaine.

Si vous souhaitez être tenus au courant de nos publications, demandez notre catalogue Pédagogie à : Hachette LPC, BP 34 – 86500 Montmorillon.

ISBN 2-01-170485-5
Cet ouvrage a été réalisé par : Soft Office (tél. 04 76 90 77 00)
Création maquette : Atelier d'édition européen
Couverture : Studio Favre-Lhaïk
Suivi éditorial : F & B Édition

Ouvrage coordonné par Pierre LEGRAND

PROFESSION ENSEIGNANT

LES MATHS EN COLLÈGE ET EN LYCÉE

PIERRE LEGRAND

LES MATHS EN COLLÈGE ET EN LYCÉE

SOMMAIRE

PIERRE LEGRAND

LES MATHS EN COLLÈGE ET EN LYCÉE

SOMMAIRE

Peut-on apprendre à enseigner les mathématiques ?

INTRODUCTION

AUTEUR
Pierre LEGRAND.

Ce préambule souhaite répondre à deux questions que se pose toujours le scientifique digne de ce nom : *pourquoi* ? *comment* ? En l'occurrence : pourquoi ce livre ? comment est-il conçu ?

Enseigner les mathématiques n'est pas chose simple. On peut estimer qu'il faut dans la formation d'un professeur de notre discipline :

– de l'arithmétique, de l'algèbre, de l'analyse, de la géométrie, des probabilités, des statistiques ;
– de la didactique des mathématiques, de la théorie de l'évaluation, des sciences de l'éducation ;
– des notions d'histoire et d'épistémologie des mathématiques ;
– un peu d'informatique, de physique et, pourquoi pas, d'économie ;
– un zeste de psychologie, de sociologie, de dynamique de groupe ;
– une solide information sur le système scolaire français.

On pourrait allonger la liste ; certaines lacunes sautent certainement à vos yeux. Mais ce n'est pas tout. Au stage en lycée et/ou en collège, que le Ministère de l'Éducation nationale estime à juste titre indispensable, il serait certainement souhaitable d'ajouter un stage dans une école primaire (comment enseigner en sixième si on ne sait pas ce qui se fait au CM 2 ?). Un stage en entreprise aussi, d'ailleurs. Et pourquoi pas un stage de théâtre pour apprendre à placer sa voix et ses effets de scène ? voire un stage de judo ou de karaté ?

Nous nous heurtons ici à la difficulté majeure de toute formation : en un temps donné, dans un crâne donné, on ne peut faire entrer qu'une quantité strictement limitée de connaissances et de capacités. Il y a donc, de fait, *un écart majeur entre ce qu'aimerait pouvoir assimiler le futur professeur - ou ce qu'on aimerait lui faire assimiler - et ce qu'il lui est humainement possible d'ingérer.* L'étudiant ou l'enseignant débutant ne doit donc pas être paralysé par ce hiatus entre le possible et le souhaitable : même s'il perçoit de façon aiguë, ce qui n'est pas rare, les défauts des maîtres dont il a suivi l'enseignement, il doit admettre qu'il fera lui aussi des erreurs et à l'occasion les mêmes. L'essentiel pour lui, au cours de sa formation et plus encore aux jours de ses débuts, est *de prendre conscience de ce qu'il est*, d'évaluer en toute simplicité ses manques et ses faiblesses, de s'en accommoder dans l'immédiat et d'entreprendre avec patience et philosophie de les réduire.

L'enseignement : une affaire personnelle

Autre point important : il n'y a pas de modèle privilégié du professeur de mathématiques ; *il n'y a pas d'algorithme optimal de l'enseignement mathématique.* La didactique, notamment, ne doit pas être considérée comme le recueil des tables de la loi, mais comme une *science* s'appuyant sur l'observation systématique des apprentissages, comme un *outil* précieux mis à la disposition de l'enseignant, outil dont chacun doit découvrir l'usage qu'il peut faire dans l'élaboration de ses méthodes personnelles.

L'enseignant ne saurait en rester à une vision empirique de son métier et de sa discipline.

QU'EST-CE QU'UN PROFESSEUR ?

Selon Le Robert, le professeur est une « *personne qui enseigne une discipline, un art, une technique ou des connaissances d'une manière habituelle et le plus souvent organisée* ». On retrouve là, assortie d'une pointe d'humour assez surprenante, les deux idées sur lesquelles tout le monde est à peu près d'accord :

- le professeur a une certaine maîtrise d'une ou plusieurs spécialités ;
- il est capable « *le plus souvent* » d'en organiser l'enseignement.

En d'autres termes, il doit *savoir* et *savoir enseigner*. Définir l'équilibre de ces deux composantes n'est malheureusement pas si simple et a donné lieu, au fil des siècles, à d'innombrables empoignades.

La qualité de l'enseignement se nourrit de la vie intérieure du maître, de sa vitalité, de son humour, de sa curiosité, du goût personnel qu'il a pour ce qu'il enseigne, du désir de transmettre quelque chose. Il y a sans doute peu de bons professeurs qui n'aient un petit complexe de Pygmalion, c'est-à-dire le désir de former leurs élèves à leur image ou à l'image de ce qu'ils auraient aimé être. Motivation discutable certes, mais qu'il serait dangereux de pourchasser, car elle est une garantie irremplaçable contre la routine et l'ennui.

L'ennui, ce mortel ennemi du professeur et de l'élève. Le premier ne doit jamais perdre de vue que les jeunes qu'il a en face lui ont à subir (j'emploie le terme à dessein) dans la journée au moins cinq heures de cours, le plus souvent six et parfois sept, et qu'il est dur à treize ou à seize ans de fixer son attention pendant un temps aussi long sur des sujets aussi nombreux et aussi variés. Que ce soit au petit matin, lorsque collégiens et lycéens tout ensommeillés débarquent du bus, ou en fin de journée, lorsque rôdent à la fois la lassitude et l'agitation, ce n'est pas une mince affaire pour l'enseignant que d'éveiller ou de réveiller l'attention, de la fixer, d'obtenir la *coopération active* qui lui est nécessaire.

Pour cela, il doit être à la fois acteur et metteur en scène, varier les tons et les rythmes, varier aussi le type d'activités. On pourrait presque dire qu'il doit même être aussi un escroc : pour réussir, il doit faire croire aux élèves qu'ils ont envie d'apprendre, il doit substituer à ce qu'ils auraient envie d'apprendre ce qu'il a envie de leur apprendre et à ce qu'il a envie de leur apprendre ce qu'il a la charge de leur apprendre. ■

L'ORGANISATION DE CE LIVRE

On le voit, cet ouvrage ne prétend pas donner de formules magiques ni de méthodes infaillibles. On n'y trouvera pas plus la recette du bon cours sur l'équation du second degré que celle du lapin chasseur. Ce que l'on pourra y trouver, en revanche, c'est un ensemble d'informations, de réflexions, de conseils, de récits d'expériences, de références. Au lecteur de choisir dans le matériau ici proposé, de prendre et de rejeter, en fonction de son tempérament et de sa forme d'esprit, pour *construire sa propre pédagogie*. Les auteurs ont été choisis de façon à donner un panorama aussi vaste et varié que possible : il y a des professeurs de collège et de lycée, des inspecteurs, des universitaires, des chercheurs.

Cet ouvrage est divisé en trois parties.

• La partie intitulée **Ouverture** est la plus brève. Elle étudie des *questions de caractère assez général* qui ne sont liées ni à une classe ni à un cycle donné et qui ne demandent pas, du moins en apparence, une réflexion théorique approfondie ; elle constitue aussi une manière d'introduction aux thèmes traités par les deux autres.

• La seconde partie **Du collège au lycée** occupe presque la moitié de l'ouvrage. Elle est formée de rubriques nettement liées à un niveau ou au moins à un cycle donné, rangées approximativement dans l'ordre naturel des classes, de la sixième à la terminale. Elle se veut proche de la *pratique quotidienne* : concevoir une progression de cours et/ou d'exercices, corriger un paquet de copies... Il ne faut naturellement pas la voir comme présentant des modèles à reproduire, mais comme montrant des exemples de ce que l'on peut faire.

• La dernière partie **Pour approfondir** présente un ensemble de *documents de réflexion et d'outils théoriques* : comment fonctionne l'apprentissage, comment juger du niveau atteint, quels sont les ressorts essentiels de la pensée mathématique, comment ont évolué la discipline et son enseignement. Autrement dit : didactique, évaluation, épistémologie, histoire.

L'ordre des chapitres n'a évidemment pas été choisi au hasard, mais il ne nous paraît pas revêtir une importance fondamentale. Les frontières entre les parties sont dans une certaine mesure arbitraires, et le lecteur pourra estimer que telle rubrique (ou telle partie de rubrique) de la partie n serait mieux à sa place dans la partie $n - 1$ ou $n + 1$.

Des va-et-vient sont d'ailleurs vivement souhaités, en particulier, entre les deux premières parties et la dernière. Celle-ci est évidemment plus ardue (bien que les articles y soient systématiquement illustrés de nombreux exemples concrets), mais l'*enseignant soucieux de dominer ce qu'il fait ne saurait en rester à une vision empirique de son métier et de sa discipline*. Il va de soi, par exemple, que la lecture du chapitre sur la démonstration géométrique peut singulièrement éclairer la pratique de la classe, comme la lecture du chapitre sur l'évaluation peut éclairer les épineuses questions de notation.

Disons pour finir que *ce livre a été conçu comme un outil de travail et de réflexion*. Nous voudrions qu'il soit lu non d'une traite, mais par petites étapes, au gré de la nécessité et de la curiosité. ■

LES EN-TÊTES DES PAGES PAIRES ET LES NOTES

• **En haut de chaque page paire** figure soit une phrase mettant l'accent sur une idée importante du texte, soit une citation illustrant le propos de l'auteur. À l'exception des pages 214 et 350, dont les citations émanent de l'auteur du chapitre, ces formules ont été choisies par le coordonnateur du livre, P. Legrand.

• **Les notes** situées dans la marge sont dans leur majorité dues aux auteurs des chapitres correspondants. Un certain nombre d'entre elles, notamment les renvois d'un chapitre à l'autre, sont cependant dues au coordonnateur ; elles sont marquées d'un astérisque(*).

Ouverture
Pratique de la classe
Pour approfondir

PARTIE 1

OUVERTURE

« ...la mathématique est la science la plus ancienne et la plus parfaite ; cependant l'idée qu'on doit s'en former n'est pas encore bien déterminée. » **Auguste Comte.**

L'IMAGE DES MATHÉMATIQUES

LES MATHÉMATIQUES ET LE MONDE DE NOTRE IMAGINAIRE

THÈMES POUR UN TRAVAIL INTERDISCIPLINAIRE

AUTEUR

Pierre LEGRAND.

Enseigner les mathématiques, ce n'est pas seulement faire accéder les élèves à un univers de concepts, de formes et de procédures, c'est aussi éduquer leur curiosité, leur imagination, leur sens esthétique et, d'une certaine manière, leur sensibilité. Dans la fameuse « bosse des maths », il entre ainsi une composante affective qu'on aurait le plus grand tort de négliger. Donner à l'adolescent une image positive des mathématiques, lui montrer qu'elles sont enracinées au plus profond de nous-mêmes, qu'elles interviennent là où on les attend le moins, qu'elles sont à la fois une méthode, un outil et un jeu, *tout cela fait partie intégrante du travail du professeur.* Peut-être ce travail de sensibilisation est-il plus nécessaire encore en ces années 90 où celle qu'on appela jadis « la reine des sciences » semble être devenue la mal-aimée d'une partie de l'opinion.

Pour le faire avec fruit, il nous faut d'abord *réfléchir à l'image que véhicule notre discipline* et aux représentations plus ou moins spontanées que chacun s'en fait, en distinguant bien dans les attitudes (la gamme est vaste : passion, simple penchant ou intérêt utilitaire pour les « pratiquants », curiosité, indifférence ou hostilité pour les autres) ce qui est personnel et ce qui émane de la société, ce qui est de l'esprit du temps et ce qui a un caractère durable, voire permanent.

Le texte qui suit ne veut pas seulement donner au lecteur quelques éléments pour une réflexion personnelle, mais aussi *quelques thèmes* (symbolique des nombres et des figures, expressions de la langue mathématique passées dans la langue courante) *utilisables avec une classe* et permettant à l'occasion un travail interdisciplinaire impliquant le professeur de français, celui d'histoire ou celui d'arts plastiques. De telles activités sont particulièrement fructueuses au collège, mais elles peuvent aussi aider certains élèves de série L, par exemple, à découvrir que les mathématiques ne se réduisent pas à la caricature qu'ils s'en font parfois.

UNE RELATION ANCIENNE ET PROFONDÉMENT ENRACINÉE

Entre toutes les sciences, la mathématique est sans nul doute, depuis des millénaires, la plus présente dans la conscience et l'inconscient humains. Elle est en même temps la plus familière et la plus mystérieuse, la plus abstraite et la plus proche ; c'est bien souvent d'instinct, sans même en avoir conscience, que nous l'utilisons dans la vie courante.

Elle est apparue très tôt, comme en témoignent, par exemple, les ébauches de symboles géométriques tracés il y a plus de dix mille ans dans la grotte de Lascaux . Elle est, avec l'arpentage et l'astronomie qui lui étaient intimement liés, la seule science à avoir connu un développement véritable dans l'Antiquité. Les penseurs étaient alors nourris de géométrie et d'arithmétique autant que de belles-lettres et de philosophie. Le mot « mathématique » vient d'ailleurs de μαθημα (*mathêma*), qui désigne de façon générale un objet de connaissance : pour les anciens Grecs, les mathématiques étaient ainsi la connaissance par excellence.

BIBLIOGRAPHIE

J. Chevalier et A. Gheerbrant, *Dictionnaire des symboles*, Robert Laffont coll. Bouquins, 1994.

G. Champeaux et S. Sterckx, *Le monde des symboles*, Éd. Zodiaque, 1989.

O. Beigbeder, *Lexique des symboles*, Éd. Zodiaque, 1989.

L'existence de cette alliance intime unissant l'homme à l'univers des nombres et des figures n'étant guère conforme aux idées reçues de notre temps, il nous faut entrer dans quelque détail.

LA MAGIE DES NOMBRES

Selon la célèbre formule de Kronecker•, « Le nombre entier vient de Dieu. Tout le reste est l'œuvre de l'homme. » Le nombre (et singulièrement le nombre entier) a toujours été perçu comme l'un des outils primordiaux de domination de la matière et donc comme d'une essence supérieure à celle-ci ; il représente l'harmonie du monde, la clé de sa compréhension. Si bien qu'on ne peut pas être surpris de voir la quantité d'entiers auxquels la langue des symboles et parfois le langage courant assignent une signification dépassant le cadre proprement mathématique pour devenir métaphorique, onirique, magique, voire théologique. L'arithmomancie, science de la divination par les nombres, a tenu dans les civilisations du passé une place importante ; on peut lui voir dans l'actuelle numérologie une héritière dégénérée, en tout cas infiniment moins chargée de poésie.

LE SYMBOLISME DE QUELQUES NOMBRES

En simplifiant fortement, on peut dégager les interprétations suivantes.

- ***Un*** *représente l'être.*
- ***Deux*** *représente l'opposition* : le bien et le mal, la terre et le ciel, le jour et la nuit, le masculin et le féminin, ...
- ***Trois*** *représente l'achèvement, la perfection* : la Trinité chrétienne, les trois Rois mages, les trois aspects de la divinité indienne, Brahma, Vishnou, Shiva (respectivement créateur, préservateur et destructeur), les trois Grâces, ... mais aussi les trois Parques, sans oublier les trois phases du temps, passé, présent et futur.
- ***Quatre*** *représente la totalité* : les quatre éléments des Anciens (eau, air, terre, feu), les quatre saisons, les quatre points cardinaux, les quatre vents, les « quatre coins du monde », les quatre Véda (sortis des quatre bouches de Brahma).
- ***Cinq*** (les cinq sens, les cinq parties du monde) et ***six*** (nombre de jours de la Création, selon la Bible) ont une présence plus modeste.
- ***Sept*** *est le chiffre sacré entre tous* : les sept jours de la semaine, les sept étoiles de la Grande Ourse et de la Petite Ourse, les sept couleurs de l'arc-en-ciel, les sept mers, les sept collines de Rome, les sept têtes du naja protecteur de Bouddha... et les sept péchés capitaux. Non seulement ce nombre est omniprésent dans la Bible, le Talmud et le Coran comme dans la mythologie grecque, mais il a gardé à travers les siècles un parfum de magie ; on le retrouve dans beaucoup de contes (Perrault, Grimm,...) et de légendes ; le *Dictionnaire des films* ne répertorie pas moins de trente titres notoires comportant « sept » ou « septième ».
- ***Huit*** est entre autres le nombre des bras de Vishnou (celui-ci est aussi figuré avec quatre bras, ou même deux ; de toute façon, il est largement battu par le dieu Hevajra, du bouddhisme tantrique, qui a seize bras).
- Avec ***neuf***, nous retrouvons un terrain familier : neuf Muses, neuf catégories d'anges, neuf cercles de l'enfer chez Dante.
- ***Dix*** est moins répandu, encore que les dix commandements...
- Si ***onze*** ne trouble guère nos inconscients (et pourtant le bouillon d'onze heures a causé la perte de plus d'un mari), ***douze*** est en revanche hautement chargé de symboles : douze mois de l'année, douze signes du Zodiaque, douze tribus d'Israël, douze Apôtres, douze travaux d'Hercule.
- Autant douze est bénéfique, autant ***treize*** est depuis l'Antiquité lourd de menaces, au point que le moins superstitieux des hommes hésitera parfois à prévoir une tablée de treize convives, qu'il n'y a pas de treizième rangée dans les avions et pas de treizième étage dans la plupart des gratte-ciel.
- Au-delà, assez logiquement, les nombres porteurs de sens deviennent moins denses et peu d'entre eux jouent dans l'inconscient collectif un rôle autre qu'épisodique ou anecdotique.

• Kronecker, mathématicien allemand (1823-1891) ; un peu plus âgé que Cantor et Dedekind, il eut avec eux de vigoureuses controverses autour de la notion de nombre réel et de celle d'ensemble.

« Le nombre impair plaît au dieu. »
Virgile, Bucoliques.

• La plus notable exception pourrait bien être ***quarante***, qui représente indiscutablement l'attente (comme le rappelle le terme de *quarantaine* pour l'isolement imposé aux contagieux) : quarante ans, c'est l'âge qu'attendirent Moïse, Mahomet et Bouddha pour commencer leur mission ; quarante jours représentent la durée du Déluge, du temps passé par Moïse au sommet du Sinaï et par le Christ dans le désert ; quarante jours encore entre la Résurrection du Christ et l'Ascension, quarante jours enfin de Carême.

• N'oublions pas cependant les terreurs de l'an ***mille***, que l'on voit resurgir aux approches de l'an ***deux mille***.

L'exemple le plus frappant de l'importance du nombre dans un écrit à caractère mystique et poétique est sans doute l'Apocalypse, dont on sait l'importance dans l'art médiéval européen. Dans ce texte d'une vingtaine de pages, le nombre 7 revient quarante fois, 12 et ses multiples (24, 144, 1 260, 12 000, 144 000) plus de trente fois en tout ; on y trouve également 3, 4, 10, 42, 666, 1 000, 1 600, 7 000. Nous en donnerons une seule citation : « Que celui qui a de l'intelligence compte le nombre de la Bête, car son nombre est celui d'un homme, et ce nombre est *six cent soixante-six.* »

Les mille et une façons de dire « beaucoup »

S'il est assez courant, pour suggérer un petit nombre, d'employer, un peu au hasard, 2, 3 ou même 4 (« À moi, Comte, deux mots », « Trois poils sur le caillou », « À quatre pas d'ici je te le fais savoir »,...), la situation est, pour les grands nombres, nettement plus variée : on trouve encore parfois 4, ce qui ne manque pas de pittoresque, mais plus souvent 36, 100, 107, 365, 400, 1 000, 1 001, 36 000, 1 000 000, 1 000 000 000 et même *n*, sans oublier ∞ :

« Faire ses quatre (ou ses trente-six, ou ses trente-six mille) volontés », « être au trente-sixième dessous »), « Tu as cent (ou mille) fois raison », « Je ne vais pas attendre cent sept ans », « La France a trois cent soixante-cinq espèces de fromages », « Il fait les quatre cents coups », « Il a souffert mille morts », « Il gagne des mille et des cents » (ce dernier étant supplanté de plus en plus, inflation aidant, par « Il est riche à millions »), « Le Portugal connaît mille et une manières (ou une infinité de manières) d'accommoder la morue », « Des millions de soleils éclairent des milliards de mondes• », « Je te le dis pour la énième fois ».

Une certaine incohérence se glisse à l'occasion : ainsi le mille-pattes, qui a en réalité quarante-deux pattes, appartient à l'ordre des myriapodes (dix mille pattes).

Cette tendance à frapper les esprits par l'emploi plus ou moins arbitraire de nombres élevés gagne du terrain au fil du temps. Elle est cependant ancienne, et la plus curieuse illustration en est peut-être l'histoire de sainte Ursule. La jeune chrétienne Ursule et onze de ses compagnes auraient été massacrées par les Huns à cause de leur foi ; de pieux commentateurs, s'appuyant sur une inscription évoquant « *undecim M virgines* », où *M* était mis pour « martyres », s'empressèrent d'interpréter le M comme le chiffre romain représentant « mille ». La légende des onze mille vierges martyres était née, à laquelle on doit quelques œuvres d'art majeures. Notre époque a elle aussi apporté sa contribution en la matière avec la belle formule américaine « *I feel like a million dollars* », signifiant « Je me sens dans une forme éblouissante ». On a les mythes que l'on peut...

Caprices de la langue... et de la publicité

La langue française abonde en expressions utilisant un nombre, dont le choix laisse d'ailleurs souvent perplexe. Pourquoi « Vingt-deux » est-il devenu un cri d'alerte ? Pourquoi une personne peut-elle être « aux cent coups » à l'idée que sa famille apprenne qu'elle fait « les quatre cents coups » ? Et quel étrange hasard fait voisiner avec les respectables 31 (« se mettre sur son trente et un ») et 33 (« dites trente-trois ») le sulfureux 32 que célébra l'Arétin ?... Il est assez curieux également de noter que pour donner une aura de mystère à un parfum, on puisse lui attribuer non pas un nom, mais un numéro : le 5 et le 19 de Chanel, le 4711 allemand et bien d'autres encore.

• Cette belle formule est de Voltaire. On peut cependant noter qu'elle donne une moyenne de mille planètes par soleil, ce que d'aucuns pourront trouver excessif.

ET LES NOMBRES NON ENTIERS ?

Si les entiers naturels ont de tout temps tenu une place considérable dans l'imagination des hommes, les autres nombres n'ont dans l'ensemble guère fait recette. Une bonne centaine de mots composés incorporent le préfixe « demi » , du demi-dieu à la demi-portion, de la demi-heure à la demi-vie. Les rationnels les plus simples interviennent dans quelques expressions courantes : « ma moitié », « un demi », « le demi-monde », « le tiers provisionnel », « un quatre quarts », « se mettre de trois quarts », « je n'ai pas compris le dixième (ou le centième) de ce qu'il m'a dit ». Cela ne va pas très loin et, surtout, cela ne peuple guère nos fantasmes.

Quant aux irrationnels, mieux vaut n'en point parler. Même π n'est guère sorti (si l'on ose dire) du cercle des mathématiciens, sauf indirectement par l'expression « c'est la quadrature du cercle » pour parler d'un problème insoluble. Et si l'irrationalité des racines carrées des premiers entiers a profondément troublé les anciens Grecs, si le nombre d'or $(1 + \sqrt{5})/2$ a longtemps inspiré mystiques et architectes, les choses sont bien retombées à plat depuis. On verra cependant, dans le troisième exercice de l'encadré de la page 19, comment $2^{1/4}$ intervient anonymement dans notre vie quotidienne.

LA MAGIE DES FIGURES

Les figures géométriques les plus simples ou celles qui se répètent selon un groupe d'isométries (frises, rosaces, pavages) jouent, comme l'on sait, un rôle essentiel dans l'architecture et les arts décoratifs. Ce rôle est encore plus important là où les règles imposées par la religion ou la tradition excluent la représentation d'êtres animés. Cette présence des formes mathématiques est moins évidente dans la peinture européenne. Si, cependant, on va au-delà des apparences immédiates, on est surpris de la rigoureuse géométrie qui a toujours sous-tendu le travail du peintre : usage de quadrillages, de diagonales, et, dès que la perspective fut inventée, détermination rigoureuse des points de fuite. Cézanne ne parlait-il pas de « traiter la nature par le cylindre, la sphère et le cône » ? Certains artistes ont trouvé dans l'usage de techniques géométriques une source d'inspiration : les spécialistes du trompe-l'œil et, plus près de nous, les cubistes, mais aussi Vasarely (carrés, cercles, parallélogrammes et ellipses indéfiniment répétés), Escher (fausses perspectives, groupes de pavages euclidiens ou non), sans parler des nombreux sculpteurs qui ont matérialisé des surfaces algébriques d'ordre 3 ou des rubans de Möbius. Et l'on a pu soutenir que la plus remarquable innovation apportée par l'architecture baroque était l'introduction de l'ellipse à côté de la droite et du cercle des bâtisseurs médiévaux.

La reconnaissance des formes géométriques fondamentales est, bien avant toute théorisation de ces formes, une étape essentielle du développement de l'enfant : tout ce qui est bâti ou fabriqué par l'homme est en effet, pour bonne part, une construction géométrique : ce ne sont que parallèles et perpendiculaires, que rectangles et cercles (que serait la civilisation sans la roue ?), que parallélépipèdes et prismes, que cylindres, pyramides, cônes et sphères.

Assez étrangement, les figures géométriques remarquables, dont on pourrait penser qu'elles parlent davantage à l'intuition que les nombres, ont plutôt moins inspiré de gnoses, peut-être parce que ce qu'on ne voit pas est plus mystérieux que ce qu'on voit. Cependant, les figures ci-après (page 18), qui ont toutes une immense iconographie, méritent notre attention.

BIBLIOGRAPHIE

M. Cleyet-Michaud, *Le nombre d'or*, coll. « Que sais-je ? », n° 1530 PUF, 1993.

C.-J. Willard, *Le nombre d'or : utilisation en mathématiques et dans les beaux-arts*, Magnard, 1987.

***Vasarely*, coll. « Les maîtres de la peinture moderne », Flammarion, 1972.**

***Escher : l'œuvre graphique*, Taschen, 1992.**

« Fais de toi, comme Empédocle, une sphère parfaite. »
***Marc-Aurèle,* Pensées.**

L'*hexagramme* ou *sceau de Salomon* (*figure 1*) symbolise, dit-on, l'union de l'âme avec Dieu ; c'est un symbole hébraïque, mais aussi chrétien, musulman et même indouiste. Le *pentagramme* est fortement lié à l'idée de puissance magique ; on le trouve dans deux positions (*figures 2* et *3*). Dans la première, bénéfique, on reconnaît la silhouette d'un homme, bras et jambes écartés ; dans la seconde, maléfique, on voit la tête d'un bouc, cornes, oreilles et barbiche.

Le symbole *yin-yang* (*figure 4*) des mythologies asiatiques représente l'union des contraires, nuit et jour, terre et ciel, féminin et masculin. La *figure 5* montre l'*ouroboros*, le serpent qui se mord la queue. Symbole des cycles de la vie et de l'éternel retour, il est connu de multiples civilisations. Le mathématicien peut y voir le premier avatar du cercle trigonométrique : il est circulaire, avec une origine et une orientation !

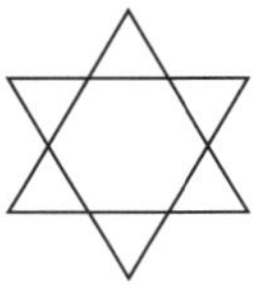
fig.1

fig.2

fig.3

fig.4

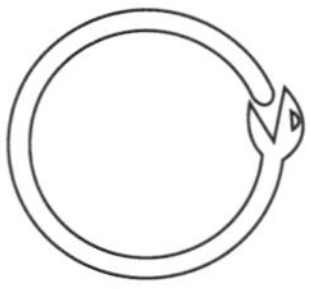
fig.5

D'autres figures ont inspiré les penseurs et les mystiques. Citons la *sphère*, symbole du monde, qu'il s'agisse de la terre (sphère pleine), du ciel (sphère creuse) ou de l'univers entier.

Pour certains philosophes antiques, tels que Parménide, l'univers était fini et sphérique... et la divinité, elle-même finie, ne pouvait avoir que la forme sphérique, la seule parfaite.

La *spirale*, qui, parcourue dans un sens s'éloigne à l'infini et parcourue dans l'autre converge vers un centre, a également inspiré penseurs et sculpteurs.

N'oublions pas les multiples variantes de la *croix*, que l'on retrouve aussi bien dans l'Égypte ancienne et dans l'art amérindien que dans l'art chrétien, et le *triangle*, représentation classique de Dieu dans l'imagerie chrétienne, mais cher aussi aux Pythagoriciens, aux alchimistes et aux francs-maçons.

Les formes géométriques dans la langue courante

La langue de tous les jours contient un certain nombre de tournures et d'expressions issues de la géométrie, mais elles ne sont pas très nombreuses.

En voici quelques-unes : le cercle de famille, la sphère d'influence, un carré d'as (ou de choux), y aller carrément (ou rondement), un gros cube, un tournoi triangulaire, le triangle classique, le Pentagone, l'hexagone, la spirale inflationniste, lire en diagonale, le marché parallèle, vu sous cet angle...

N'oublions pas un apport récent : « donnez-moi vos coordonnées ». Le lecteur pourra sans difficulté majeure allonger la liste.

Finissons par une citation, qui montre bien les dangers de l'activité mathématique :

« Prenez un cercle, caressez-le, il deviendra vicieux ! ». (Ionesco, *La cantatrice chauve*, scène XI) ■

QUATRE EXERCICES POUR NOS ÉLÈVES
(classés par ordre de difficulté croissante)

Le yin-yang

Montrer que la ligne séparatrice a même longueur que le demi-grand cercle et que chacun des demi-cercles de cette séparatrice coupe le quart de disque qui la contient en deux parties de même aire.

L'hexagramme

En prenant comme unité le côté des six petits triangles, calculer le rayon des cercles inscrit et circonscrit et l'aire globale de la figure.

N.B. : On trouve respectivement $\sqrt{3}/2$, $\sqrt{3}$, $3\sqrt{3}$.

La feuille de papier

Une feuille de papier rectangulaire a une aire de 1 m^2.

a) Quelles doivent être en m sa longueur x et sa largeur y pour qu'en la coupant en deux dans le sens de la largeur, on obtienne deux feuilles de format semblable à celui de la précédente (même rapport longueur/largeur) ?

b) On coupe à nouveau ces deux feuilles en deux dans le sens de la largeur ; on recommence encore l'opération deux fois. Quelle sont la longueur et la largeur des 16 feuilles ainsi obtenues ? En donner une valeur approchée à 0,1 cm près.

N.B.: On trouve : a) $x = 2^{1/4}$, $y = 2^{-1/4}$;
c) bien sûr, le format 21 × 29,7.

Le pentagramme

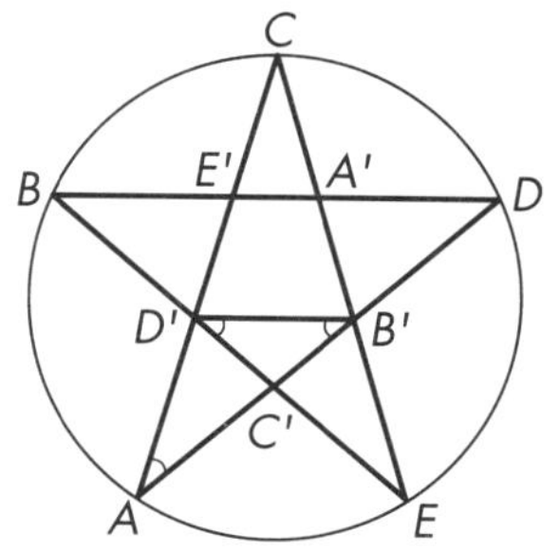

Si A, B, C, D et E sont les sommets de l'étoile, et A', B', C', D' et E' ceux du pentagone régulier convexe déterminé par ses côtés (A' opposé à A, etc.), on peut, en prenant le côté de ce dernier comme unité, faire des calculs de longueurs et d'aires analogues aux précédents, bien que plus délicats.

Pour cela, on détermine les angles de la figure : on voit sans peine que les angles aux sommets du pentagone convexe valent $3\pi/5$, et que ceux du pentagone étoilé valent $\pi/5$; on en déduit que l'angle $\widehat{C'B'D'} = \pi/5$, puis que le triangle $D'AB'$ est isocèle. D'où la valeur x de AC', car l'on a à la fois $\cos \pi/5 = x/2$ (triangle $C'B'D'$) et $\cos \pi/5 = (1 + x)/2x$ (triangle $D'AB'$).

On s'aperçoit que x est le nombre d'or•, ce qui, en utilisant le triangle $AC'D'$, montre que $\cos \pi/5$ est la moitié du nombre d'or.

• Voir la page 17.

« Car, soit que je veille ou que je dorme, deux et trois joints ensemble formeront toujours le nombre de cinq. »
***Descartes,* Méditations métaphysiques.**

Les mathématiques déforment-elles l'esprit ?

Les dictionnaires sont un bon reflet des opinions dominantes de leur temps. Consultons-les (voir l'encadré suivant).

À regarder ces définitions, il semblerait que *l'image des mathématiques, très favorable à l'époque classique (comme elle l'était dans l'Antiquité grecque), le soit déjà moins au XIXe siècle* et que *l'idée d'une mathématique travaillant exclusivement sur des abstractions qu'elle fabrique elle-même n'apparaisse qu'à notre époque.*

L'image de la géométrie suit elle aussi une évolution l'éloignant du concret. Seule celle de l'algèbre reste immuable, celle d'une science absconse (ce qui, par parenthèse, doit nous inciter à de sérieuses précautions lorsque nous mettons en place, au collège, les premiers éléments de cette discipline).

Les mathématiques vues par les dictionnaires

• Définition du mot « **mathématique** » :

– Selon *Furetière* (1690), « Science qui s'attache à connaître les quantités et les proportions [...]. Les mathématiques tiennent le premier lieu entre les sciences, parce que ce sont les seules qui donnent des démonstrations infaillibles. »

– Selon *Littré* (1877), « Science qui a pour objets les nombres, les figures et les mouvements. »

– Selon *Robert* (1964), « Ensemble de sciences, traditionnellement définies comme sciences de la quantité et de l'ordre, qui se caractérisent par leurs méthodes et le fait qu'elles se donnent leurs objets, êtres abstraits posés par leur seule définition [...]. »

• Voyons maintenant la définition du mot « **géométrie** » :

– Selon *Furetière*, « Science qui enseigne à mesurer la quantité en toutes ses dimensions, longueur, largeur et hauteur, ou l'art de mesurer la terre. »

– Selon *Littré*, « Science qui a pour but la mesure des lignes, des surfaces et des volumes. »

– Selon *Robert*, « Science de l'espace ».

Là encore, on voit l'évolution : alors que chez Furetière, on est encore très proche du sens étymologique de « mesure de la terre », et pour tout dire d'arpentage, il s'agit chez Robert d'un espace que l'on devine abstrait.

• Pour ce qui est de l'**algèbre**, les trois ouvrages sont d'accord sur au moins un point, son hermétisme :

– *Furetière* : « On dit figurément, quand quelqu'un n'entend rien à quelque chose, qu'il lit, ou qu'il écoute, que c'est de l'algèbre pour lui. »

– *Littré* : « C'est de l'algèbre pour moi, se dit d'une chose à laquelle on ne comprend rien. »

– *Robert* : « Chose difficile à comprendre, domaine inaccessible à l'esprit. *C'est de l'algèbre pour moi [...].* »

Notons enfin que dans le *Dictionnaire des idées reçues*, de Flaubert, figure la rubrique suivante :

« MATHÉMATIQUES. Dessèchent le cœur. »

Deux et deux font-ils quatre ?

Il est assez surprenant qu'une formule aussi éculée que 2 + 2 = 4 ait acquis une telle charge symbolique.

Qu'elle soit devenue synonyme d'évidence ou d'inéluctable nécessité, passe encore ; mais certains y ont vu la marque de l'oppression scolaire ; d'autres sont allés jusqu'à en faire l'expression suprême de l'orgueil humain ou l'ultime rempart de la liberté de pensée. Les trois citations ci-après nous ont paru typiques ; le lecteur curieux n'aura pas de mal à en trouver d'autres.

• **Prévert** (« Page d'écriture », dans *Paroles*, Gallimard, 1946)

Deux et deux quatre
quatre et quatre huit
huit et huit font seize...
Répétez ! dit le maître
[...]
et seize et seize qu'est-ce qu'ils font ?
ils ne font rien seize et seize
et surtout pas trente-deux
de toute façon
et ils s'en vont.

• **Molière** (*Don Juan*, 1665, acte III, scène I)

Sganarelle : [...] Mais encore faut-il croire quelque chose dans le monde. Qu'est-ce donc que vous croyez ?

Don Juan : Ce que je crois ?

Sganarelle : Oui.

Don Juan : Je crois que deux et deux sont quatre, Sganarelle, et que quatre et quatre sont huit.

Sganarelle : La belle croyance et les beaux articles de foi que voilà ! Votre religion, à ce que je vois, est donc l'arithmétique ?

• **Orwell** (*Mille neuf cent quatre-vingt-quatre*, première partie, chapitre 7, traduit par A. Audiberti, Gallimard, 1949).

Le Parti finirait par annoncer que deux et deux font cinq et il faudrait le croire. Il était inéluctable que, tôt ou tard, il fasse cette déclaration. La logique de sa position l'exigeait. Ce n'était pas seulement la validité de l'expérience, mais l'existence même d'une réalité extérieure qui était tacitement niée par sa philosophie. L'hérésie des hérésies était le sens commun.

Et le terrible n'était pas que le Parti tuait ceux qui pensaient autrement, mais qu'il se pourrait qu'il eût raison.

Après tout, comment savons-nous que deux et deux font quatre ? ou que la gravitation exerce une force ? ou que le passé est immuable ?[...]

Avec le sentiment [...] qu'il posait un important axiome, il écrivit :

« La liberté, c'est la liberté de dire que deux et deux font quatre. Lorsque cela est accordé, tout le reste s'ensuit. »

« Un triangle, ça se voit. Un atome, ça se voit pas. »

Pascale R., 14 ans.

Une discipline desséchante ?

Que les mathématiques soient desséchantes est, comme le rappelle Flaubert (voir l'encadré de la page 20), une idée reçue.

Elle a été joliment exploitée dans la réponse fameuse• que fit à Jean-Jacques Rousseau, dans des circonstances que la bienséance nous interdit de relater ici, une courtisane vénitienne qu'il avait offensée : « *Zanetto, lascia le donne, e studia la matematica* » (Jeannot, laisse les femmes et étudie la mathématique). La formule courante « un esprit calculateur » confirme bien cette image de froideur inexorable.

Des locutions usuelles telles que « C'est mathématique », « C'est sûr (ou : c'est vrai) comme deux et deux font quatre » ou « Il me l'a démontré par $a + b$ » ont une connotation de logique implacable, d'irréfutabilité, en même temps que de banalité, pour ne pas dire de tautologie, ou au contraire (dans le cas de la dernière) de sophisme, sans doute parce que nous sentons bien que rien de ce qui importe pour nous dans nos idées n'est véritablement à l'abri d'une réfutation, et qu'en quelque sorte *seul le futile est démontrable*. D'où bien souvent la tentation de voir dans les mathématiques une construction inhumaine, voire déshumanisante.

Une discipline éloignée de la réalité ?

L'idée que les mathématiques sont *un jeu abstrait sans rapport avec le réel et finalement dénué de sens* aurait fort surpris les penseurs de l'Antiquité. Elle aurait paru plus étrange encore sans doute à ceux du XVIIe ou du XVIIIe siècle, qui savaient bien que l'essor vertigineux de l'analyse était directement responsable des progrès scientifiques de leur temps et qui, par l'invention du calcul des probabilités, tentaient de dominer le hasard lui-même. Mais, après cette époque où les mathématiciens n'avaient pour la plupart d'autre souci que d'avancer toujours plus loin sans chercher à organiser le terrain conquis, est venue l'ère de l'inquiétude : réflexion sur l'infini et sur la notion de limite, mais aussi, plus profondément, sur les principes de la géométrie et sur l'idée de nombre.

Pendant tout le XIXe siècle, en même temps que se poursuivait la marche en avant, les mathématiciens ont tenté, à la suite de Gauss et de Cauchy, de rendre plus rigoureuse leur progression et d'assurer leurs arrières. Au fur et à mesure que croissait le souci de rigueur et que s'approfondissait la réflexion sur les fondements, on a vu la discipline se dégager de l'intuition, se désincarner, en quelque sorte, et tendre à devenir une pure construction logique, à la fois irréprochable et inaccessible : la *cathédrale d'un culte interdit au profane*. Des phrases comme « Pensons trois systèmes d'objets que nous appellerons point, droite et plan », qui figure au début des *Fondements de la géométrie* de Hilbert (1899) ou comme « Une géométrie ne peut pas être plus vraie qu'une autre ; elle peut seulement être plus commode »•• ont fortement contribué à faire évoluer en ce sens l'image des mathématiques.

Mais c'est la publication des *Éléments de mathématique* de Bourbaki qui a implanté durablement en France l'idée que les mathématiques sont une construction arbitraire dont toute signification est par principe bannie et où seul compte l'enchaînement des écritures : « Ainsi, rédigé suivant la méthode axiomatique, et conservant toujours présente, comme une sorte d'horizon, la possibilité d'une formalisation totale, notre Traité vise à une rigueur parfaite »•••. Pour atteindre cet idéal, Bourbaki n'hésite pas à sacrifier les explications, les considérations heuristiques et même la simple accessibilité. Lisons par exemple la démonstration qu'il donne du résultat classique suivant : « Toute fonction numérique f croissante dans un intervalle $I \subset \mathbf{R}$ est réglée, et toute primitive de f est convexe dans I. » La preuve tient en une phrase, que nous reproduisons textuellement : « En effet, f satisfait au critère du th. 3 (Top. gén., chap. IV, § 5, prop. 4) ; la seconde

• ***Confessions*, première partie, livre septième, deux pages avant la fin.**

•• ***La science et l'hypothèse*, H. Poincaré, Flammarion, 1902, page 67.**

••• ***Théorie des ensembles*, Hermann, Livre I, Introduction, page 7.**

partie de la proposition résulte du cor. 1 du th. 3 ci-dessus, et de la prop. 7 du chap. I, § 4. » Élémentaire, mon cher Watson !

Le but premier de Bourbaki n'était pas la rédaction d'un ouvrage d'enseignement mais la construction pour l'édifice mathématique d'une assise aussi solide que possible.

En ce sens, son traité constituait une indiscutable réussite. Malheureusement, il est resté pendant de longues années dans notre pays le *seul* grand cours moderne de mathématiques (et à coup sûr le plus réputé), ce qui en a fait la bible de nombreux étudiants et la source d'inspiration de manuels de tous niveaux. Si bien qu'on a voulu voir dans cette œuvres, qui en quelque sorte dressait le plan des fondations, un guide pour la visite de l'édifice tout entier. Ce malentendu historique, joint au peu d'estime dans lequel étaient tenues en France, à l'époque, les mathématiques appliquées, est pour beaucoup dans les déviations qu'a connues la réforme des « mathématiques modernes » et dans les jugements que porte maintenant encore sur notre discipline toute une génération, qui refuse de voir que *la civilisation technicienne dans laquelle elle vit est plus dépendante des mathématiques que n'a jamais été aucune de celles qui l'ont précédée.*

UNE DISCIPLINE ABSTRAITE ?

Cela dit, le reproche d'abstraction, que l'on trouve sous des plumes parfois fort officielles, mérite d'être étudié de près. Comment nier d'ailleurs que les mathématiques soient abstraites ! La simple égalité 2 + 1 = 3 est une abstraction. Même le simple concept « deux » est déjà une abstraction redoutable : qu'il y a-t-il de commun entre deux tables, deux arbres, deux chiens ? Mais, si l'on pousse le jeu juste un peu plus loin, la notion de chien est elle-même une abstraction et non des moindres : il faut un sérieux effort de conceptualisation pour classer sous la même rubrique le labrador du président X et le caniche nain de ma voisine.

Et pourtant, sans abstraction, pas de pensée méthodique !

On dit souvent que les mathématiques se bornent à étudier de pures constructions de l'esprit alors que les sciences de la nature et de l'homme tendent à l'explication du monde. C'est faire bon marché de ce qu'a fort bien exprimé devant moi une fillette de 14 ans : « Un triangle, ça se voit, un atome, ça se voit pas. » En d'autres termes, on peut sans déraison soutenir que le cercle, le carré et jusqu'aux notions de fonction ou d'équation, qui sont parmi les plus élaborées que nos élèves aient à assimiler en mathématiques, sont plus simples à manier et en quelque sorte plus tangibles que l'atome, le pH, l'énergie, la cellule, le produit intérieur brut, l'inconscient ou l'humanisme, qui sont aussi des abstractions - extrêmement complexes de surcroît.

Rousseau le dit joliment à propos de la géométrie, dans le livre II de l'*Émile* : « Faites des figures exactes, combinez-les, posez l'une sur l'autre, examinez leurs rapports ; vous trouverez toute la géométrie élémentaire en marchant d'observation en observation [...] » Envisagée de ce point de vue, qui est celui de la leçon de choses à laquelle le professeur Charpak veut redonner vigueur pour les sciences expérimentales, la mathématique est tout aussi proche du concret que ces dernières. Tout ce qui est créé par la main de l'homme (ou par son substitut la machine) ne repose-t-il pas sur les formes de la géométrie et sur les combinaisons du calcul ?

Pourquoi ne pas le dire d'ailleurs ? En matière d'enseignement, la distinction abstrait-concret est plus nuisible qu'utile : *toutes les disciplines sont abstraites*, toutes sont des édifices intellectuels. La distinction fondamentale n'est pas là. Elle porte sur le degré d'accessibilité des concepts : sont-ils ou non assimilables et manipulables par les élèves ? Elle porte aussi sur le réemploi de ces concepts : sont-ils utilisables dans d'autres cadres, qu'il s'agisse d'autres disciplines ou de la vie courante, sont-ils une aide à l'élaboration d'une pensée méthodique et inventive ?

« *Je révère les mathématiques comme la plus sublime et la plus utile des sciences, pourvu qu'on l'emploie à propos.* » Gœthe.

• ***Mémoire et réussite scolaire*, éditions Dunod, 1991, pages 72 à 74 (étude faite à une époque où les sciences physiques étaient enseignées en sixième).**

•• **Sur le rôle de l'une et de l'autre en mathématiques, on lira avec intérêt ce que dit Poincaré dans le premier chapitre de *La Valeur de la Science* (Flammarion, 1906).**

••• **Pascal était loin de sous-estimer la valeur de *l'esprit de géométrie*. Dans sa première lettre à Fermat sur le calcul des probabilités, qui peut être considérée comme le texte fondateur de cette discipline, il dit de leur ami le chevalier de Méré : « il a très bon esprit, mais il n'est pas géomètre (c'est, comme vous le savez, un grand défaut). »**

Envisagées sous cet angle, les mathématiques, pour peu qu'elles soient enseignées convenablement, c'est-à-dire *d'une façon qui privilégie la compréhension et l'initiative personnelle*, sont parmi les meilleures formations possibles : abstraites sans nul doute, mais d'*une abstraction féconde qui s'appuie sur l'intuition et qui en même temps vient à son secours et la vivifie.*

Une discipline hermétique et complexe ?

Un critère intéressant, bien que fort incomplet, de facilité d'accès des disciplines est la quantité de vocabulaire nécessaire à l'apprentissage des rudiments. On ne doit pas, pour faire ce décompte, se limiter aux seuls mots savants, car les scientifiques et les techniciens « dévoient » volontiers le langage quotidien, c'est-à-dire qu'ils l'emploient dans un sens qui n'est aucunement celui de tous les jours (faire percevoir cette déviation du sens est au demeurant pour le professeur une tâche essentielle et difficile).

Les mathématiciens sont coutumiers du fait, mais ils ne sont pas les seuls : les physiciens, par exemple, utilisent le *moment* d'un *couple*, le *travail* ou la *puissance* d'une *force*, la *tension* ou la *charge* d'une *pile*, la *résistance* d'un *conducteur*, les *foyers* d'une *lentille*, le *spectre* d'un *rayonnement, ...*

La complexité du terme n'a du reste rien à voir avec celle de la notion qu'il recouvre : un mot comme *hypoténuse* ou *parallélogramme*, voire l'imprononçable *parallélépipède*, peut recouvrir une réalité fort simple et un mot courant, mettons *suite*, *courbe* ou *mesure*, une réalité beaucoup plus élaborée.

Une étude extrêmement éclairante a été faite il y a quelques années sur les problèmes que pose dans l'enseignement le vocabulaire spécialisé des disciplines.

Alain Lieury• a relevé dans les manuels de sixième d'un collège, pour chaque matière, les termes ou les acceptions n'appartenant pas au vocabulaire moyen des enfants sortant de l'école primaire.

La liste qu'il a obtenue pour les mathématiques (p. 107-108) est, comme le montre le tableau ci-dessous, d'ampleur non négligeable, mais nettement plus modeste que pour les autres disciplines.

Discipline	Nombre de mots nouveaux introduits en sixième
Français	1989
Histoire	1088
Éducation civique	872
Géographie	824
Anglais	716
Biologie	402
(Physique-Chimie)	(259)
Mathématiques	167

Les mathématiciens sont-ils des esprits faux ?

L'affirmation selon laquelle la formation mathématique ne constitue pas un atout, mais un handicap pour l'esprit, est habituellement avancée plus comme argument polémique que comme expression d'une conviction réelle.

Elle est assez ancienne, mais semble être restée marginale jusqu'à la fin du XVIIIe siècle.

Elle prend souvent appui sur un passage fameux de Pascal, dont nous donnons ci-après le début et la fin. *Il oppose ce que nous appellerions maintenant la logique et l'intuition*•• et n'a donc en lui-même rien d'antimathématique (Pascal était un des plus brillants mathématiciens de son temps).

Mais il a été - il est toujours - souvent utilisé comme machine de guerre, surtout par des esprits qui, se sentant irrémédiablement dépourvus de géométrie•••, en prennent argument pour s'attribuer toutes les grâces de la finesse.

DIFFÉRENCE ENTRE L'ESPRIT DE GÉOMÉTRIE ET DE L'ESPRIT DE FINESSE*

En l'un, les principes sont palpables, mais éloignés de l'usage commun ; de sorte que l'on peine à tourner la tête de ce côté-là, manque d'habitude : mais, pour peu qu'on l'y tourne, on voit les principes à plein ; et il faudrait avoir tout à fait l'esprit faux pour mal raisonner sur des principes si gros qu'il est presque impossible qu'ils échappent.

Mais, dans l'esprit de finesse, les principes sont dans l'usage commun et devant les yeux de tout le monde. On n'a que faire de tourner la tête, ni de se faire violence ; il n'est question que d'avoir bonne vue, mais il faut l'avoir bonne ; car les principes sont si déliés et en si grand nombre, qu'il est presque impossible qu'il n'en échappe. Or, l'omission d'un principe mène à l'erreur ; ainsi, il faut avoir la vue bien nette pour voir tous les principes, et ensuite l'esprit juste pour ne pas raisonner faussement sur des principes connus. [...] Mais les esprits faux ne sont jamais ni fins ni géomètres.

Les géomètres qui ne sont que géomètres ont donc l'esprit droit, mais pourvu qu'on leur explique bien toutes choses par définitions et principes ; autrement ils sont faux et insupportables, car ils ne sont droits que sur les principes bien éclaircis.

Et les fins qui ne sont que fins ne peuvent avoir la patience de descendre jusque dans les premiers principes des choses spéculatives et d'imagination, qu'ils n'ont jamais vues dans le monde, et tout à fait hors d'usage. »

CHATEAUBRIAND ET LES MATHÉMATIQUES

Le texte de Pascal a certainement inspiré la charge que fait Chateaubriand contre les mathématiques dans un chapitre de son *Génie du Christianisme,* 1802 (troisième partie, livre II, chapitre 1).

Le livre, afin de mieux exalter la religion, éreinte les sciences - et en premier lieu la plus prestigieuse d'entre elles.

Nous donnons des extraits significatifs de ce texte (qui, comme celui de Pascal ou celui de Lautréamont cité plus loin, peut donner matière à un travail conjoint avec le professeur de français).

LE TEXTE DE CHATEAUBRIAND

« Il est vrai que les esprits géométriques** sont souvent faux dans le train ordinaire de la vie ; mais cela vient même de leur extrême justesse. Ils veulent trouver partout des vérités absolues, tandis qu'en morale et en politique les vérités sont relatives. Il est rigoureusement vrai que deux et deux font quatre ; mais il n'est pas de la même évidence qu'une bonne loi à Athènes soit une bonne loi à Paris.[...]

En mathématiques on ne doit regarder que le principe, en morale que la conséquence. L'une est une vérité simple, l'autre une vérité complexe. D'ailleurs, rien ne dérange le compas du géomètre, et tout dérange le cœur du philosophe. Quand l'instrument du second sera aussi sûr que celui du premier, nous pourrons espérer de connaître le fond des choses : jusque-là il faut compter sur des erreurs. Celui qui voudrait porter la rigidité géométrique dans les rapports sociaux, deviendrait le plus stupide ou le plus méchant des hommes.

Les mathématiques, d'ailleurs, loin de prouver l'étendue de l'esprit dans la plupart des hommes qui les emploient, doivent être considérées, au contraire, comme l'appui de leur faiblesse, comme le supplément de leur insuffisante capacité, comme une méthode d'abréviation propre à classer des résultats dans une tête incapable d'y arriver elle-même.

*** Le titre est de Pascal. Le texte est extrait des *Pensées,* pages 1091 à 1093 de l'édition Pléiade.**

**** Chateaubriand utilise à plusieurs reprises dans ce texte « géométrie » comme synonyme de « mathématiques », confusion de langage courante jusqu'à la fin du XIXe siècle.**

« *La proposition de la mathématique n'exprime aucune pensée.* »

L. Wittgenstein, Tractatus Philosophicus.

Elles ne sont en effet que des signes généraux d'idées qui nous épargnent la peine d'en avoir, des étiquettes numériques d'un trésor que l'on n'a pas compté, des instruments avec lesquels on opère, et non les choses sur lesquelles on agit. [...]

Mais si, exclusivement à toute autre science, vous endoctrinez un enfant dans cette science qui donne peu d'idées, vous courez les risques de tarir la source des idées même de cet enfant, de gâter le plus beau naturel, d'éteindre l'imagination la plus féconde, de rétrécir l'entendement le plus vaste. Vous remplissez cette jeune tête d'un fracas de nombres et de figures qui ne lui représentent rien du tout ; vous l'accoutumez à se satisfaire d'une somme donnée, à ne marcher qu'à l'aide d'une théorie, à ne jamais faire usage de ses forces, à soulager sa mémoire et sa pensée par des opérations artificielles, à ne connaître, et finalement à n'aimer que ces principes rigoureux et ces vérités absolues qui bouleversent la société. [...]

En outre, est-il bien vrai que l'étude des mathématiques soit si nécessaire dans la vie ? S'il faut des magistrats, des ministres, des classes civiles et religieuses, que font à leur état les propriétés d'un cercle ou d'un triangle ? [...]

Quant aux mathématiques proprement dites, il est démontré qu'on peut apprendre, dans un temps assez court, ce qu'il est utile d'en savoir pour devenir un bon ingénieur. Au-delà de cette géométrie pratique, le reste n'est plus qu'une *géométrie spéculative*, qui a ses jeux, ses inutilités, et pour ainsi dire ses romans comme les autres sciences.[...]

Que les mathématiciens cessent donc de se plaindre, si les peuples, par un instinct général, font marcher les lettres avant les sciences ! C'est qu'en effet l'homme qui a laissé un seul précepte moral, un seul sentiment touchant à la terre, est plus utile à la société que le géomètre qui a découvert les plus belles propriétés du triangle. »

Un catalogue des poncifs

Le texte de Chateaubriand est en un sens exemplaire : on y retrouve, amplifiés par la magie du style, à peu près tous les poncifs anti-mathématiques.

Essayons d'en dresser un catalogue :

- les mathématiques faussent et rétrécissent l'esprit car elles y introduisent une rigidité qui le rend incapable de s'adapter à une réalité complexe et fluctuante ;
- les techniques mathématiques sont perverses par l'économie de pensée même qu'elles engendrent, puisqu'elles habituent à remplacer la réflexion par des mécanismes ;
- les mathématiques éteignent l'imagination ;
- elles sont d'ailleurs inutiles dans la vie et le peu qui en est nécessaire pour certaines professions s'apprend aisément sur le tard.

■

Un bouc émissaire ?

« *Même dans les cultures les plus fermées, les hommes se croient libres et ouverts à l'universel ; [...] les champs culturels les plus étroits sont vécus du dedans comme inépuisables. Tout ce qui compromet cette illusion nous terrifie et réveille en nous la tendance immémoriale à la persécution.* • »

La phrase inquiétante que nous venons de citer pourrait bien expliquer la suspicion dans laquelle sont tenues les mathématiques par tant de membres de notre *intelligentsia*, qui voient en elle une menace pour la culture humaniste dont ils se réclament. Une discipline extérieure à leur champ culturel et qui, pis encore, apporte avec elle un mode de pensée qui leur est étranger ne peut être en effet que néfaste, voire destructrice !

Abstraction, *élitisme*, *gratuité*, *hermétisme* sont des termes qui reviennent assez régulièrement, sans parler de la classique accusation d'être un *outil de sélection*.

• **René Girard, *Le Bouc émissaire*, Grasset, 1982, chap. II.**

Ces reproches ne doivent pas être pris à la légère : ils représentent un élément du contexte dans lequel le professeur de mathématiques doit travailler.

Certains ne sont d'ailleurs pas totalement dépourvus de fondement, si bien qu'il n'est pas inutile de les passer brièvement en revue.

Nous avons dit plus haut que penser des accusations d'abstraction, de gratuité, d'hermétisme. Elles ne sont au bout du compte pas plus justifiées pour les mathématiques que pour les autres champs où s'exerce la pensée, physique, biologie, philosophie, linguistique, que sais-je encore ! Mais elles le sont tout autant, c'est-à-dire que *le recours à l'abstraction y est à la fois une nécessité absolue et un risque majeur, celui d'une perte de sens qui ne pourra être évitée que par un effort constant du professeur :* chaque nouvelle notion, chaque nouvelle technique doit être approchée de manière progressive et motivante, doit être illustrée d'exemples et d'activités (voir plus loin ce qu'en dit Stendhal) et doit donner lieu très vite à des applications significatives.

Les qualificatifs de *discipline élitiste* et d'*outil de sélection* sont d'un tout autre ordre : ils ne concernent pas les mathématiques en elles-mêmes ou la façon dont elles sont enseignées, mais le rôle que la société leur fait jouer dans les processus d'orientation, dans les examens et dans les concours, ce qui sort du propos de ce livre.

Deux mots cependant à ce sujet : charger les mathématiques de *tous* les péchés de notre système de sélection et d'évaluation risque fort d'être une façon de fermer les yeux sur des problèmes autrement graves que le poids trop élevé de telle ou telle discipline.

Mais, en un sens, peu importe que le reproche soit plus ou moins fondé : la simple existence de ces idées reçues de la *sélection par les maths* et de l'*impérialisme des maths* doit être, pour le professeur de mathématiques, une salutaire mise en garde et l'occasion d'une réflexion sur son comportement à l'égard de ses élèves et de ses collègues. Elle doit surtout l'inciter à tenir le plus grand compte de la personnalité des jeunes dont il a la charge, de leurs désirs, de leurs rêves, de leurs projets aussi bien quand il les a devant lui en classe que lorsqu'il donne un avis sur leur orientation. ■

QUELQUES PORTRAITS DE PROFESSEURS DE MATHÉMATIQUES

LE PROFESSEUR DE MATHÉMATIQUES VU PAR UN CANCRE

« Depuis un an, je n'avais pas pris un seul cours d'algèbre, ni de géométrie. Ces sornettes nous étaient enseignées par un géomètre-algébriste du modèle le plus usuel, c'est-à-dire l'un de ces veaux lunaires capables de chercher sous les meubles le riflard qu'ils tiennent grand ouvert à la main au milieu d'un salon.

Soufflant de ses bulles et tout à sa chimère polyédrique, ce rêveur ne songeait pas à nous demander nos cahiers. Il ne lui venait certainement pas à l'esprit que l'on pût se moquer du cosinus autant que de l'an quarante. Sa confiante négligence me perdit.

Depuis un an, je n'avais rien suivi, ce qui s'appelle rien de ce qu'il enseignait.

Si, tandis qu'il extravaguait devant son tableau noir, il m'arrivait de l'écouter, j'entendais autant dire du chinois. »*

* **Henri Béraud, *La Gerbe d'Or*, 1928, éd. Horvath (chapitre 9, pages 201-202).**

L'élève a besoin de voir le « pourquoi des choses ».

Le professeur de mathématiques vu par un bon élève

Le bon élève en question est Stendhal, qui, dans la *Vie de Henry Brulard*•, récit autobiographique écrit en 1836 mais publié en 1890 bien après la mort de l'auteur, parle à maintes reprises de sa « cohabitation passionnée avec les mathématiques » : « j'aimais, et j'aime encore, les mathématiques pour elles-mêmes comme n'admettant pas l'hypocrisie et le vague, mes deux bêtes d'aversion. » (chapitre 10). Il n'est pas pour autant toujours tendre envers ses professeurs.

Les quatre extraits que nous donnons sont intéressants à deux titres au moins :

trois d'entre eux éclairent de façon très crue les difficultés de l'apprentissage de l'algèbre ;

tous mettent vigoureusement l'accent sur *le besoin que ressent l'élève de voir, comme dit l'auteur, « le pourquoi des choses »*, besoin que, selon les cas, le souci d'aller vite ou celui d'être rigoureux (ou, de façon plus perverse, le sentiment qu'à ce niveau on ne peut pas expliquer vraiment ce qui se passe) nous fait parfois négliger.

Monsieur Chabert succède à monsieur Dupuy comme professeur de mathématiques, (chapitre 26)

« Je trouvai chez lui Euler et ses problèmes sur le nombre d'œufs qu'une paysanne apportait au marché lorsqu'un méchant lui en vole un cinquième, puis elle laisse tomber la moitié du reste, etc., etc.

Cela m'ouvrit l'esprit, j'entrevis ce qu'était que se servir de l'instrument nommé algèbre. Du diable si personne me l'avait jamais dit ; sans cesse M. Dupuy faisait des phrases emphatiques sur ce sujet, mais jamais ce mot simple : c'est une division du travail qui produit des prodiges comme toutes les divisions du travail et permet à l'esprit de réunir toutes ses forces sur un seul côté des objets, sur une seule de leurs qualités.

Quelle différence pour nous si M. Dupuy nous eût dit : Ce fromage est mou ou il est dur ; il est blanc, il est bleu ; il vieux, il est jeune ; il est à moi, il est à toi ; il est léger ou il est lourd. De tant de qualités ne considérons absolument que le poids. Quel que soit ce poids, appelons-le *A*.

Maintenant, sans plus penser absolument au fromage, appliquons à *A* tout ce que nous savons des quantités. »

Stendhal et la règle des signes (chapitre 34)

« Que devins-je quand je m'aperçus que personne ne pouvait m'expliquer comment il se faisait que : moins par moins donne plus (– × – = +) ? (C'est une des bases fondamentales de la science qu'on appelle algèbre.)

On faisait bien pis que ne pas m'expliquer cette difficulté (qui sans doute est explicable car elle conduit à la vérité), on me l'expliquait par des raisons évidemment peu claires pour ceux qui me les présentaient.

M. Chabert pressé par moi s'embarrassait, répétait sa leçon, celle précisément contre laquelle je faisais des objections, et finissait par avoir l'air de me dire :

"Mais c'est l'usage, tout le monde admet cette explication. Euler et Lagrange, qui apparemment valaient autant que vous, l'ont bien admise. [...]".

[...] J'en fus réduit à ce que je me dis encore aujourd'hui : il faut bien que – par – donne + soit vrai, puisque évidemment, en employant à chaque instant cette règle dans le calcul, on arrive à des résultats vrais et indubitables. »

Stendhal et les parallèles (chapitre 34)

« Au commencement de la géométrie, on dit : *"On donne le nom de* PARALLELES *à deux lignes qui, prolongées à l'infini, ne se rencontreraient jamais."*

Et, dès le commencement de la *Statique*, cet insigne animal de Louis Monge•• a mis à peu près ceci : Deux lignes parallèles peuvent être considérées comme se rencontrant, si on les prolonge à l'infini.

• Coll. Folio, Gallimard, 1993.

•• Auteur de manuels connus, frère de l'inventeur de la géométrie descriptive.

Je crus lire un catéchisme et encore un des plus maladroits. Ce fut en vain que je demandai des explications à M. Chabert. [...] le monstre, s'approchant de son tableau en toile cirée et traçant deux lignes parallèles et très voisines, me dit :

"Vous voyez bien qu'à l'infini on peut dire qu'elles se rencontrent."

Je faillis tout quitter. Un confesseur, adroit et bon jésuite, aurait pu me convertir à ce moment en commentant cette maxime : "Vous voyez que tout est erreur, ou plutôt qu'il n'y a rien de faux, rien de vrai, tout est de convention. Adoptez la convention qui vous fera le mieux recevoir dans le monde".

Monsieur Gros, dernier professeur de mathématiques de Stendhal (chapitre 35)

« "Citoyens, par où commençons-nous ? il faudrait voir ce que vous savez déjà.

– Mais nous savons les équations du second degré."

Et, en homme de sens, il se mit à nous montrer ces équations, c'est-à-dire la formation d'un carré de $a + b$, par exemple, qu'il nous fit élever à la seconde puissance : $a^2 + 2ab + b^2$, la supposition que le premier membre de l'équation était un commencement de carré, le complément de ce carré, etc., etc., etc.

C'étaient les cieux ouverts pour nous ou du moins pour moi. Je voyais enfin le pourquoi des choses, ce n'était plus une recette d'apothicaire tombée du ciel pour résoudre les équations. » ■

Un hymne aux mathématiques

Pour finir, il nous paraît opportun (et réconfortant) de citer un des plus beaux textes qui aient été écrits à la louange des mathématiques. Son auteur, Isidore de Lautréamont, mort en 1870 à 24 ans, est considéré comme le grand précurseur des surréalistes. Son œuvre maîtresse et à peu près unique,* Les Chants de Maldoror, *contient (partie 10 du chant deuxième) un long éloge des mathématiques, qui occupe environ cinq pages. En voici le premier paragraphe :*

« Ô mathématiques sévères, je ne vous ai pas oubliées, depuis que vos savantes leçons, plus douces que le miel, filtrèrent dans mon cœur, comme une onde rafraîchissante.

J'aspirais instinctivement, dès le berceau, à boire à votre source, plus ancienne que le soleil, et je continue encore de fouler le parvis sacré de votre temple solennel, moi le plus fidèle de vos initiés. Il y avait du vague dans mon esprit, un je ne sais quoi épais comme de la fumée ; mais, je sus franchir religieusement les degrés qui mènent à votre autel, et vous avez chassé ce voile obscur, comme le vent chasse le damier.** Vous avez mis, à la place, une froideur excessive, une prudence consommée et une logique implacable. À l'aide de votre lait fortifiant, mon intelligence s'est rapidement développée, et a pris des proportions immenses, au milieu de cette clarté ravissante dont vous faites présent, avec prodigalité, à ceux qui vous aiment d'un sincère amour. Arithmétique, algèbre, géométrie, trinité grandiose, triangle lumineux ! Celui qui ne vous a pas connues est un insensé ! Il mériterait l'épreuve des plus grands supplices ; car, il y a du mépris aveugle dans son ignorance insouciante ; mais, celui qui vous connaît et vous apprécie ne veut plus rien des biens de la terre ; se contente de vos jouissances magiques ;

*** On trouvera d'autres références dans *Les maths et la plume*, ACL éditions.**

**** Oiseau de mer.**

« Sombre poésie de l'esprit, les mathématiques pures aussi sont une mystique. »

Blaise Cendras, Bourlinguer.

et, porté sur vos ailes sombres, ne désire plus que de s'élever, d'un vol léger, en construisant une hélice ascendante, vers la voûte sphérique des cieux.

La terre ne lui montre que des illusions et des fantasmagories morales ; mais vous, ô mathématiques concises, par l'enchaînement rigoureux de vos propositions tenaces et la constance de vos lois de fer, vous faites luire, aux yeux éblouis, un reflet puissant de cette vérité suprême dont on remarque l'empreinte dans l'ordre de l'univers.

Mais, l'ordre qui vous entoure, représenté surtout par la régularité parfaite du carré, l'ami de Pythagore, est encore plus grand ; car, le Tout-Puissant s'est révélé complètement, lui et ses attributs, dans ce travail mémorable qui consista à faire sortir, des entrailles du chaos, vos trésors de théorèmes et vos magnifiques splendeurs.

Aux époques antiques et dans les temps modernes, plus d'une grande imagination humaine vit son génie, épouvanté, à la contemplation de vos figures symboliques tracées sur le papier brûlant, comme autant de signes mystérieux, vivants d'une haleine latente, que ne comprend pas le vulgaire profane et qui n'étaient que la révélation éclatante d'axiomes et d'hiéroglyphes éternels, qui ont existé avant l'univers et qui se maintiendront après lui. Elle se demande, penchée vers le précipice d'un point d'interrogation fatal, comment se fait-il que les mathématiques contiennent tant d'imposante grandeur et tant de vérité incontestable, tandis que, si elle les compare à l'homme, elle ne trouve en ce dernier que faux orgueil et mensonge. »

Et voici la dernière phrase (c'est nous qui soulignons) :

« Ô mathématiques saintes, puissiez-vous, par votre commerce perpétuel, consoler le reste de mes jours de la méchanceté de l'homme et de l'injustice du Grand-Tout ! »

Nous conseillons vivement la lecture de l'ensemble de l'éloge, qui est tout à fait digne d'intérêt. Signalons cependant, ce qui pourra ternir la satisfaction du lecteur, que ce texte est immédiatement suivi d'un long éloge du pou. Mais ce mauvais plaisant de Lautréamont, qui (comme d'ailleurs Stendhal) avait envisagé de se présenter à Polytechnique n'en aimait pas moins passionnément les mathématiques. ■

Comment organiser son enseignement et comment le vivre.

LETTRE À UN JEUNE COLLÈGUE

AUTEUR

Antoine VALABREGUE.
Professeur au lycée et au collège Rodin de Paris.

Cher collègue,

Je travaille à la fois en collège et en lycée, et j'ai passé quelques années à extraire de livres et de logiciels tout ce qui pouvait nourrir mon enseignement. Cette lettre essaie de tirer quelques conclusions de mon expérience personnelle. Je souhaite qu'elle puisse vous apporter un éclairage utile.

Une classe peut être conduite d'une infinité de manières, que l'on peut voir comme une combinaison de trois composantes principales : celle qui s'attache au *contenu* (recherche de la manière idéale de les présenter), celle qui s'attache au *fonctionnement de la classe* (recherche de la meilleure écoute et de la meilleure interactivité possible), celle qui s'attache au *rapport que noue chaque élève avec les mathématiques* (recherche d'une présentation différenciée).

Cette dernière n'étant guère accessible au débutant, examinons les deux premières.

Il va de soi qu'aucune des deux ne peut être utilisée à l'état pur et qu'il vous faudra en faire un mixage adapté à votre tempérament et, bien sûr, aux circonstances.

LE CONTENU

ANALYSEZ LE PROGRAMME

Chaque niveau scolaire comporte un programme, en général parfaitement circonscrit, dont le professeur doit s'approprier les points essentiels, ce qui est nouveau par rapport aux années précédentes, ce qui se prolonge dans les suivantes. Ainsi, pour démarrer en quatrième, il est nécessaire de *connaître les points majeurs censés être acquis* en sixième et cinquième et ceux qui seront vus en troisième et seconde. Cela commence déjà à se compliquer, puisque chacun comprend très vite qu'il y a une marge entre ce qui est censé être connu et ce qui est effectivement assimilé. Néanmoins, même si l'ensemble des élèves n'a pas assimilé la totalité des contenus des programmes précédents, la grande majorité d'entre eux a acquis l'essentiel de ce que les textes officiels appellent les « connaissances exigibles » . Faites-vous donc *des fiches-résumés sur les notions essentielles* qui sont en jeu et n'hésitez pas à les donner le moment venu aux élèves. Vous pouvez vous aider dans un premier temps de ce qui est fait dans certains livres scolaires ou dans certains ouvrages parascolaires ; vous améliorerez la chose année après année.

ORGANISEZ L'ANNÉE

Procédez à un découpage de l'année de façon à être sûr de terminer le programme. C'est un impératif essentiel, qui de plus vous oblige à appréhender le temps, point délicat sur lequel je reviendrai. Ne croyez pas ce qu'essaieront de vous dire certains collègues, à savoir qu'il n'est pas nécessaire de traiter tout le programme. D'abord parce qu'ils ne sont pas dans la légalité, ensuite parce que l'apprentissage d'une notion est essentiel même s'il est souvent nécessaire de la reprendre pour la consolider. Il est dangereux, pour ne pas dire coupable, d'ajouter aux lacunes d'origine interne, celles que chaque élève se crée spontanément, des lacunes d'origine externe engendrées par l'arbitraire de leur maître. Les évaluations montrent d'ailleurs que, statistiquement, une notion est toujours mieux assimilée la deuxième fois que la première*.

Utilisez le manuel. Vous ne l'avez pas choisi et, de toute manière, il ne correspondra jamais à ce que vous auriez souhaité, mais la plupart des manuels sont très corrects. Il est prudent, sauf si vous vous sentez très à l'aise, de suivre en gros la progression du livre. D'ailleurs, il y a toujours des chapitres qui peuvent se traiter à n'importe quelle période et qui interfèrent peu ou pas sur les autres (géométrie dans l'espace, gestion de données, statistiques, probabilités pour ne citer que les plus importants).

Découpez l'année en périodes. Il est commode de regrouper les chapitres en leur donnant des titres, de façon que l'année se découpe en six périodes de durée à peu près égale, la dernière période étant réservée à des exercices de synthèse et de coordination des notions apprises. Cela aura plusieurs avantages : celui d'affiner votre maîtrise du temps, celui d'être synchrone avec les conseils de classe et celui de pouvoir appliquer une pédagogie de remédiation et d'ouverture en consacrant, au moins, la dernière semaine de chaque période à vous occuper plus particulièrement des élèves en difficulté et à proposer aux meilleurs d'autres questions. L'expérience montre que six semaines sur un thème est en moyenne un optimum.

Anticipez. Au début de l'année, présentez les idées fortes du programme en les reliant à ce qui précède et suit ; même si les élèves ne comprennent pas tout, cela permet une *imprégnation* préparatrice indispensable à la fixation des connaissances.

Au début de chaque période, faites de même, ainsi qu'au début de chaque cours : indiquez ce que vous allez faire. Mon expérience montre que, si vous encouragez les élèves à anticiper légèrement ce qui va être fait, cela donne un gain considérable au moment de la mise en place. Annoncez donc la couleur le plus clairement possible. Une expérience intéressante est de mettre les élèves sur un logiciel tel que SMAO**, non pour faire réviser les plus faibles, mais pour que chacun puisse commencer à se faire une idée à l'avance de ce sur quoi on va travailler.

ORGANISEZ LE TRAITEMENT DE CHAQUE PÉRIODE

Les révisions systématiques ne servent pas à grand-chose. Comme le montre l'expérience : elles sont « parachutées » et trop formelles. Il n'y aurait guère qu'en seconde où un aperçu sur les configurations géométriques, reprenant ce qui a été fait au premier cycle, se justifierait.

Quant aux règles de calcul et d'algèbre, il est de beaucoup préférable de faire les révisions chaque fois que l'occasion et surtout la nécessité se présentent.

Différenciez les approches. Lors du démarrage d'une période, l'approche peut être très différente suivant que l'on traite d'une notion complètement nouvelle (vecteurs en quatrième, théorème de Pythagore, etc.) ou d'un approfondissement (équations en troisième ou seconde...).

Dans l'enseignement d'une notion, deux approches complémentaires sont possibles : l'une expose ce qui est en jeu de la façon la plus claire, la plus simple et la plus rigoureuse possible, l'autre tente de construire la notion à partir des savoirs des élèves.

Chacune de ces deux approches peut convenir ou non à un type d'élève ou même à la notion que l'on veut étudier.

Et si les programmes suggèrent le plus souvent la deuxième, elle n'est pas toujours la plus opportune. En fait, le professeur doit avoir simultanément un double souci : *qualité de l'exposé* et *heuristique*. Il tirera, selon le sujet et la classe, plutôt d'un côté ou plutôt de l'autre. Dans tous les cas, il est utile, avant d'introduire une notion, de penser à proposer des exercices dans lesquels son utilité apparaît.

*** Voir, dans la brochure EVAPM 4e-3e, les remarques concernant la passation des mêmes épreuves d'une année sur l'autre.**

**** Voir la page 65.***

Une classe est avant tout un ensemble de rapports humains.

Indiquez les objectifs aux élèves.

• Pour chaque notion, délimitez bien les savoirs exigibles et ménagez des ouvertures préparant ce qui sera fait dans les classes supérieures.

• Plus important encore, définissez précisément, à propos de chaque notion, les objectifs que vous voulez atteindre. Ce n'est, par exemple, pas la même chose que de se fixer comme objectif « savoir résoudre une équation des types $a + x = b$ et $ax = b$ » et « savoir ne pas confondre les deux formes dans une situation donnée » : la façon de poser les exercices sera fort différente.

Choisissez vos exercices

Pour la présentation d'une notion et une fois la notion présentée (ce qui, au premier cycle, ne doit pas prendre trop de temps), il est très important de faire un choix pertinent d'exercices.

Un bon exercice doit poser une problématique compréhensible par tous, abordable facilement par certains et explicable à tous ; il doit en outre permettre de dégager des principes de résolution. N'oubliez que, dans une classe, il faut nourrir tous les élèves.

Un travail didactique mené par l'IREM de Rennes dans les années 80 a montré qu'une notion était d'autant mieux assimilée qu'on l'abordait avec des démarches variées : calculatoire, déductive, inductive, algorithmique, prédictive, traductive, etc. L'idéal serait donc de disposer, sur une question donnée, d'un ensemble progressif (hiérarchiser les difficultés est essentiel) d'exercices mettant en oeuvre ces différentes démarches. Pour le théorème de Pythagore, je vous propose une progression aux pages 138-140. Pour le thème si important de la proportionnalité, la banque d'exercices construite par D. Boisnard est un très bon exemple•.

Il n'est absolument pas nécessaire d'inventer des exercices ; il est par contre nécessaire d'en offrir la plus grande variété possible.

Vous pouvez puiser à de nombreuses sources :

• les annales des jeux et rallyes mathématiques (voir les pages 81-85) ;

• la banque de données de l'APMEP, en partie diffusée par le CNDP ;

• les didacticiels et imagiciels (voir pages 64-67) ;

• les évaluations de l'APMEP (voir les pages 344-345 et 349).

N'hésitez pas à utiliser ces évaluations avec vos élèves ; leur immense avantage est de donner, pour chaque item, le pourcentage de réponses justes sur des échantillons significatifs ainsi qu'une analyse précise ;

• de nombreuses brochures IREM.

Comment aborder un exercice

Lorsque vous donnez un *exercice de géométrie à caractère déductif*, le point essentiel est de doser sa complexité. La complication de la figure est moins déterminante pour la difficulté que le nombre de théorèmes mis en jeu simultanément lors d'une question. Au départ, chaque question doit pouvoir être résolue par l'application d'un seul théorème, puis peu à peu vous pouvez en enchaîner deux ou trois au maximum.

Lorsqu'il s'agit de *calculs*, essayez de trouver des situations exemplaires où ils sont utiles plutôt que de faire des calculs pour eux-mêmes (laisser ce type d'exercices pour le travail à la maison, à l'intention des élèves qui ont besoin d'être sécurisés). *Éviter de donner en classe une série d'exercices identiques quant au fond.*

En *algèbre*, la question essentielle tourne autour de la reconnaissance des règles opératoires, des différences entre elles et de l'usage que chacun en fait••.

À la fin de chaque période de six semaines, faites un retour sur les « points clés » et les exercices « modèles ». ■

• On en trouvera de larges extraits dans *La proportionnalité et ses problèmes*, Hachette Éducation, 1994.

•• On pourra consulter la brochure *Vers les équations*, de l'IREM de Rennes.

LA CONDUITE DE LA CLASSE

Une classe est avant tout un ensemble de rapports humains. Si vous prenez en considération chaque élève, si vous n'en méprisez aucun, vous n'aurez pas de problème majeur. Pour qu'une classe tourne, il s'agit en premier lieu d'avoir un bon rapport à soi-même, avec la lucidité nécessaire sur ce qui vous fait défaut et l'envie de remédier à ce qui ne va pas. Le but est que les élèves aient confiance en eux quel que soit leur niveau et progressent.

LA PREMIÈRE SÉANCE

Présentez-vous de façon ferme mais non rigide. Il s'agit de vous situer, de préciser votre rôle dans l'établissement, d'exprimer ce que vous attendez et apportez. Ainsi un stagiaire peut dire : « Je m'appelle Untel. C'est ma première expérience avec une classe de votre niveau. C'est pourquoi un professeur plus expérimenté viendra une fois par semaine me donner des conseils, mais je compte beaucoup sur vous pour m'indiquer ce qui ne vous convient pas (trop rapide, trop abstrait, trop dur, etc.). En échange vous pourrez compter sur moi pour vous faire progresser le mieux possible. »

Indiquez ensuite comment va se dérouler l'année. Quel sera son découpage, l'organisation du travail, le jour des devoirs hebdomadaires, la fréquence et l'organisation des contrôles, le volume du travail hebdomadaire à réaliser (compter en moyenne 3h pour 4h de cours), ...

L'ATTITUDE À ADOPTER

Observez-vous. Si la forme n'est pas là, il faut le reconnaître, éventuellement le dire, en tout cas faire ce avec quoi on est le plus à l'aise ce jour-là. Il peut être utile de connaître son propre comportement dominant : *affectif*, si vous préférez le travail en tête-à-tête avec un élève, *cérébral*, si vous préférez le cours magistral, *imaginatif*, si le travail en groupe vous convient le mieux. Une fois votre profil dominant identifié, essayez de travailler les zones où vous avez plus de mal.

Parlez à bon escient, de la façon la plus courte possible. Le temps moyen d'écoute effective d'un élève de sixième est estimé à dix minutes par heure. En moyenne, on retient 40% de ce qu'on entend, 60% de ce qu'on entend et voit, 75% de ce qu'on entend, voit et fait, 95% de ce que l'on fait faire. Essayez de ne pas parler trop vite.

Lors de la présentation d'une notion, utilisez la voix la plus grave possible (cela apaise) ; accompagnez-vous de dessins et de gestes appropriés. Vérifiez par des questions précises en demandant de lever le doigt.

Faites respecter ponctualité et politesse. Intervenez systématiquement lors des retards en classe ou des retards de devoirs, parce que cela risque de désorganiser le travail de la classe. Intervenir montre que l'on n'est pas dupe, ni complice. Le type de sanction dépend de la fréquence du phénomène et de l'attitude de l'élève. Vous serez bien entendu plus crédible si vous arrivez toujours à l'heure et rendez les devoirs le plus tôt possible.

N'ayez pas d'angoisses. Il est normal que dans une classe il y ait quelques élèves, à l'esprit vif ou incisif, qui posent des questions difficiles ou totalement imprévues. Si vous ne savez pas répondre à une question, soyez sincère et dites par exemple : « J'ai besoin de réfléchir à cette question, nous en reparlerons plus tard. » Les élèves l'acceptent bien et vous respecteront d'autant mieux.

Écoutez attentivement tout ce qui se dit et réagissez à chaque situation de façon différenciée : ma réponse s'adresse-t-elle à cet élève ou bien est-elle une occasion d'intervenir sur toute la classe ? Une règle d'or : faites souvent reformuler. Poser des questions du genre : « Même quand tu ne sais pas, qu'est-ce que tu sais ? » (en laissant le temps de répondre) ou « Que veux-tu dire

Les élèves doivent être amenés à prendre en charge leur progression et celle de leurs camarades.

exactement ? » peut être beaucoup plus intéressant que de répondre immédiatement. Demandez si un autre élève a la réponse. Et de façon générale posez des questions qui renseignent.

Soyez attentif à ne pas rejeter *a priori* une remarque d'un élève sans donner une raison convaincante ; acceptez toute proposition qui conduit à la solution même si ce n'est pas celle qui vous paraît la meilleure. Cela renforcera le sentiment de confiance des élèves.

Établissez des contacts avec les autres adultes.

• Avec l'*administration* : faites-vous connaître, et pas seulement du chef d'établissement.

• Avec vos *collègues* : demandez-leur des conseils, ce qu'ils font, leurs contrôles. Ce genre d'échanges est fort utile. Si ceux de votre établissement sont réticents, vous pouvez vous adresser à l'APMEP ou à l'IREM, par exemple, pour en rencontrer d'autres.

• Avec les *parents* : faites une réunion en octobre, décembre et février. Indiquez les principes généraux de votre action et demandez qu'ils vous signalent tout ce qui leur paraît important. Faites-les s'exprimer le plus possible.

La maîtrise du temps

La maîtrise du temps s'acquiert grâce à :

– une vision d'ensemble de ce qui est à transmettre ;

– la compréhension de ce qu'il faut expliquer en classe et de ce que l'on peut laisser à l'élève ;

– la perception du délai de maturation nécessaire pour l'assimilation, qui varie avec chaque élève.

Dans toute séance, il y a un début, une montée en puissance, une décroissance et une fin. Ce qui signifie que l'*on ne peut pas agir comme si l'attention était en permanence soutenue.* On peut commencer par un dialogue sur les difficultés rencontrées précédemment, puis entamer une activité de cours ou d'exercices avec toute la classe ou par groupes, enfin tirer un bilan de la séance au cours duquel d'autres questions et exercices seront posés. Il n'est *pas nécessaire de répéter plus de deux fois* quelque chose ; mieux vaut laisser passer un temps et recommencer d'une autre façon.

Dynamiser la classe

Il s'agit de créer un climat de prise en charge par les élèves de leur propre progression et de celle de leurs camarades (particulièrement ceux qui sont en difficulté). Les maîtres mots sont *autonomie* et *coopération.*

Le gout du travail bien fait

Veillez à la tenue des cahiers. En sixième il est bon de vérifier pendant six mois les cahiers tous les quinze jours et d'y porter des remarques, complétées par des commentaires oraux. Pour les autres niveaux, faire une vérification générale avant les vacances de la Toussaint. Un cahier ou un classeur doit être tenu le mieux possible (mettez des notes au besoin). Les principaux résultats doivent figurer dans une zone à part, facilement accessible. Comme il peut arriver que l'on établisse un résultat au cours d'un exercice, suggérez pour ceux à qui cela convient de recopier à la maison ce qui a été vu. Conseillez aussi aux élèves de réciter le cours à un camarade ou de se le réciter.

Pour les devoirs, exigez une présentation soignée. Cela vous fera gagner du temps lors des corrections, mais surtout l'élève s'y retrouvera mieux lors des révisions.

Le gout de la responsabilité

Incitez l'élève à utiliser son manuel et à consulter éventuellement au CDI d'autres manuels pour répondre à des questions qu'il se pose.

Faites faire des exposés par les meilleurs ou par des moyens s'exprimant avec aisance - une fois par quinzaine dans le premier cycle par exemple ; cela vous permettra de regarder la classe sous un jour différent, de souffler, de faire souffler les élèves, éventuellement de réveiller la classe.

Envoyez régulièrement les élèves au tableau, en veillant à ce qu'ils ne restent pas muets. Faites bien attention à ne pas parler seulement à l'élève au tableau et demandez-lui de s'adresser à la classe et non à vous. Vous pouvez vous mettre à sa place ou au fond de la classe.

Quant à vous-même, veillez à ***organiser soigneusement votre tableau***. Mettez *en haut à gauche* de votre tableau ce que vous voulez qu'ils retiennent le plus (c'est, dit-on, pour les droitiers, le meilleur emplacement pour la mémorisation).

Organisez la classe en groupes de temps en temps (vous ferez peu à peu l'apprentissage des meilleurs moments). L'ayant répartie en trois niveaux (25 %, 50 %, 25 %), mettez par tables de quatre un « bon », deux « moyens » et un « faible », en n'acceptant les échanges de camaraderie que si cela ne perturbe pas l'équilibre annoncé. Chargez le « bon » d'une mission : faire avancer les autres et dites-lui, ce qui est vrai, qu'expliquer aux autres est le meilleur moyen d'apprendre. Au besoin, faites faire des exercices notés par table pour stimuler tout le monde. Il est possible de leur proposer de repartir eux-mêmes une note globale.

Les délégués sont les représentants de la classe. Donnez-leur un rôle. Dialoguez avec eux en cas de difficulté ; un rendez-vous de cinq minutes à la fin du cours de temps en temps pour leur demander ce qui va et ne va pas est fort utile.

L'ÉVALUATION

Faire en sorte que les élèves arrivent à *être plus sûrs de ce qu'ils avancent* est important. À la demande « Est-ce que c'est juste ? », retournez à l'occasion la question : « Qu'est-ce qui fait que tu n'en es pas sûr ? Qu'est-ce qui ferait que tu en sois sûr ? »

Évaluez-vous périodiquement et demandez-leur, si vous êtes avec la classe, de faire des remarques. Donnez-leur le goût de mieux se connaître, de savoir où se situent leurs forces et leurs faiblesses : compréhension, application, rédaction, démarrage d'un exercice.

On peut proposer un diagramme circulaire où l'on évalue quatre points :

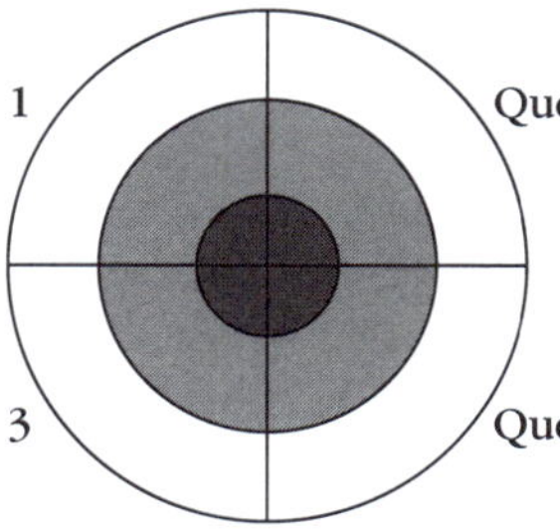

Près du centre : satisfait
Cercle du milieu : hésitant
Cercle extérieur : insatisfait

Faites un contrôle une semaine avant la fin de chaque période de six semaines (vous pouvez exceptionnellement décider d'en refaire un autre pour rattraper ceux qui ont eu des problèmes). Le temps qui vous reste, affectez-le à des remédiations pour les élèves en difficulté et des exercices complémentaires pour les autres. Il est tout à fait possible d'utiliser l'organisation, dont nous avons parlé, d'encadrement des moins bons par les meilleurs.

Il n'est pas utile de faire des contrôles trop fréquents. Avant chaque contrôle, mettez les élèves dans une situation de confiance : demandez-leur par exemple de se concentrer en silence (si possible les yeux fermés ou en fixant un point de la table) deux minutes avant de démarrer.

Pour la notation des contrôles, vous pouvez adopter le système suivant : parcourez toutes les copies, sélectionnez deux ou trois des meilleures et deux ou trois des plus faibles, affectez une note de 15 à 20 à celle qui semble la meilleure et une note à la plus faible (évitez autant que possible les notes en dessous de 6 dans les petites classes). Les autres copies seront notées à partir de ces références. Si un contrôle est massivement raté, c'est que vous y êtes pour quelque chose ; reconnaissez-le et ne le comptez pas dans la moyenne.

Pour les devoirs à la maison, une appréciation sur les qualités et les défauts de la rédaction est plus importante qu'une note, mais vous pouvez la traduire en note en précisant ce que vous évaluez : la clarté de l'exposition.

La plus grande difficulté de l'apprentissage n'est pas la mathématique, mais l'approche que chacun en a.

Le processus d'apprentissage

La plus grande difficulté de l'apprentissage n'est sans doute pas les mathématiques en elles-mêmes, mais l'approche que chacun en a.

Il est inutile de guider trop les élèves. Cela peut d'ailleurs leur compliquer la vie en leur imposant une démarche dont ils ne voient pas la finalité. Au lieu de poser la question « explique pourquoi l'on a... » , il est plus judicieux de demander « compare... et ... » en expliquant comment, vous, vous faites ; cela donne à l'élève l'occasion d'avoir quelque chose à trouver plutôt que d'expliquer ce que pense le professeur.

Le temps de l'assimilation se déroule selon un processus propre à chaque individu, qui combine à sa manière lire, dire, se dire, écrire, expliquer à un autre, faire. En cas de dysfonctionnement, essayez de faire identifier par l'élève le processus qu'il met en œuvre dans une discipline ou il réussit et de lui faire prendre conscience qu'il agit différemment en mathématiques.

On peut agir de la même façon pour les *contrôles*. Un jour, j'ai pris en entretien individuel un élève qui me disait beaucoup travailler et comprendre, mais rater ses contrôles. Nous avons repéré une démarche de réussite en histoire-géographie : il arrivait en se disant qu'il savait, il lisait et relisait le texte proposé, il faisait un plan et se mettait à écrire. Je me suis aperçu qu'il sautait les étapes 2 et 3 en mathématiques ; j'ai substitué à l'étape 3 le choix des exercices qui lui paraissaient le plus facile. Il est passé de 8 à 16 en une séance.

Le traitement des dysfonctionnements

Une classe est un microcosme de la société. Chewing-gum, déplacements dans la classe pour tailler un crayon, infirmerie, toilettes, retard, devoirs en retard peuvent être autant de ruses traduisant une certaine inadaptation au milieu ; il faut les prendre comme tels, montrer que l'on n'est pas dupe et ne pas accepter qu'il deviennent trop fréquents, faute de quoi un processus de tache d'huile s'opère sur la classe.

Comparer un élève à d'autres bloque les plus faibles. Ce ne peut, à la rigueur, être stimulant que pour les meilleurs.

N'enfermez pas un élève dans une catégorie. Le traiter de... - surtout devant ses camarades - est le meilleur moyen de l'enfermer dans son défaut ou dans son refus. Dites plutôt par exemple : « *J'estime* que ton attitude ne convient pas à une ambiance de travail. » Éventuellement, voyez la chose avec lui en tête-à-tête.

C'est votre capacité à être à l'aise avec vous-même, à être à l'écoute, à ne pas critiquer *a priori*, à traiter instantanément les perturbations qui est le point central. Vous l'acquerrez peu à peu et d'autant plus vite que vous ne fuirez pas les difficultés et que vous pratiquerez un entraînement mental (« que ferais-je dans telle situation ? »).

Dans les cas difficiles vous pouvez essayer des messages paradoxaux qui ont pour but de mettre l'élève dans une situation où il décide lui-même spontanément de renoncer à son attitude, comme : « Tu peux continuer à dormir, mais je te demande de le faire ouvertement jusqu'à la fin de l'heure. » Vous pouvez tout aussi bien dire : « Je ne suis pas décidé à accepter ce genre de comportement. » Avec un contestataire, il est souvent utile de lui donner une responsabilité. Un inquiet chronique qui demande quelque chose dix fois par séance relève plus d'un traitement individuel de discussion. Il a besoin d'être reconnu, il faut le rassurer, lui faire comprendre que vous êtes là mais que vous ne pouvez toujours être disponible à la seconde, qu'il est nécessaire de prendre en considération les autres. Les cas de dyscalculie posent des problèmes plus complexes•.

Il est important de savoir doser les punitions. En règle générale, il vous faut être certain de pouvoir faire ce que vous avez dit.

• Voir par exemple, S. Baruk, *L'âge du capitaine*, Le Seuil.

Utilisez une gradation des sanctions. En gros, l'échelle est la suivante : changer un élève de place, l'avertir (« je vais faire telle chose si cela continue »), mettre un mot sur le carnet s'il s'agit d'une famille qui lit le carnet, si l'élève a peur des réactions de ses parents lui proposer un devoir supplémentaire, convoquer les parents, mettre en permanence, faire appel à l'administration. ■

EN CONCLUSION

« Le discours magistral est pratiquement inopérant sur les apprentissages. Seule est productive d'effet l'activité de l'apprenant, parce qu'elle est génératrice de schèmes. » (Louis Not)

Essayez de faire une liste des points dont vous pensez avoir la maîtrise, puis de ceux qui vous paraissent plus délicats. Ce que vous n'avez pas classé dans l'une ou l'autre des catégories est probablement ce qui va vous occasionner le plus de difficultés. Prenez le temps de traiter pas à pas chaque question.

Chaque semaine fixez-vous des objectifs différents. Ayez confiance en votre capacité de traiter un à un chacun des problèmes rencontrés. Et songez que, si le sentiment de culpabilité ne mène pas à grand-chose, la lucidité et la réflexion sur les erreurs sont fécondes. Profitez au maximum, si vous êtes stagiaire, de votre conseiller pédagogique pour analyser votre pratique. Et prenez l'habitude de travailler avec vos pairs.

Je souhaite que votre carrière vous apporte le plus possible de satisfactions dans ce métier difficile, mais passionnant.

Faire une figure, ce n'est pas si simple. Cela s'apprend. Cela doit s'enseigner.

TRACER DES FIGURES

AUTEUR

Pierre LEGRAND.

Apprendre à faire, à lire et à utiliser des figures est un point essentiel de la formation mathématique.

La faible part de la géométrie au baccalauréat (présente seulement en S, et dans l'épreuve de spécialité) masque un fait important : l'objectif essentiel du collège et, dans une mesure non négligeable, du lycée est l'acquisition d'une certaine maîtrise des nombres et des figures. Pour beaucoup, la maîtrise des nombres s'appuie sur celle des figures et sur l'intuition visuelle ainsi développée, comme en témoigne l'*invasion des mathématiques, à tous les niveaux, par le langage et les schémas de la géométrie*. Que l'on pense à la droite réelle, au plan complexe, aux courbes représentatives de fonctions, aux « patates » ensemblistes, aux innombrables inégalités de convexité ou à la fortune de la notion d'orthogonalité.

Certes le mathématicien, et *a fortiori* l'apprenti, doit se méfier des suggestions de son intuition géométrique et des analogies parfois trompeuses que celle-ci lui inspire. L'élève devra donc apprendre à ne pas considérer comme automatiquement acquis un résultat qu'il lit ou croit lire sur une figure ou un graphique. Il n'empêche que, pour lui, n'avoir plus qu'à vérifier un résultat ainsi conjecturé est une sérieuse avancée dans la résolution d'un problème. Encore faut-il qu'il ait été *entraîné dès son jeune âge à construire et à interpréter figures, diagrammes et graphiques*.

Pour ce qui est des diagrammes et graphiques*, que l'on retrouve tout au long du collège à la rubrique « Organisation et gestion de données », le professeur de mathématiques a tout intérêt à travailler en liaison avec d'autres collègues, notamment avec le professeur d'histoire et géographie.

Nous nous limiterons dans ce qui suit aux figures géométriques proprement dites.

*** Voir les pages 70-71 et 205 à 212.**

UN APPRENTISSAGE DÉLICAT

Tracer une figure, ce n'est pas si simple. Raisonner sur une figure non plus. Traduire une situation par une figure adaptée l'est encore moins. Nous n'avons pas forcément l'œil juste ni la main sûre et nous pouvons très bien être plus calculateurs que géomètres. Mais pour que nos élèves acquièrent une certaine intuition visuelle ou plus modestement encore un minimum d'habileté graphique (ne serait-ce que pour leur permettre de donner une représentation graphique à peu près décente d'une fonction), il faut que nous-mêmes puissions *donner l'exemple de tracés lisibles et corrects, ainsi que l'exemple d'un recours régulier aux figures et schémas*.

Cela exige un certain entraînement. Cela demande aussi, notamment en début de carrière, de consacrer une part, fût-elle modeste, du temps de préparation des cours à *préparer les figures, schémas, diagrammes et autres graphiques qui seront dessinés pendant la séance*. Le savoir-faire en la matière n'a rien d'inné, sa transmission demande au professeur un travail de longue haleine et une réflexion approfondie. Comme toute technique, d'ailleurs, *le dessin des objets géométriques est régi par un ensemble de conventions et de règles*.

Ces dernières sont parfois empiriques, mais reposent souvent sur un support mathématique dont il est utile que l'enseignant ait au moins une idée.

Nous donnons ici quelques indications relatives à trois points importants :

– les problèmes que pose l'enseignement des rudiments du tracé géométrique ;

– la perspective cavalière ;

– la représentation des courbes planes les plus usuelles. ■

LE PREMIER APPRENTISSAGE DES FIGURES

Les paragraphes qui suivent sont écrits pour une sixième, mais les difficultés qui y sont signalées persistent pour beaucoup d'élèves en cinquième et au-delà. Elles sont aggravées par des difficultés proprement linguistiques•.

L'objectif fondamental assigné par le programme de sixième pour la géométrie est « la description et le tracé de figures simples ». On peut le trouver dérisoire tant il est élémentaire d'apparence, mais qu'en est-il dans la réalité ?

L'enfant qui arrive du CM2 a déjà travaillé sur des figures élémentaires, voire sur des figures élémentaires accompagnées de lettres. Il ne s'agit cependant pas là de compétences organisées, encore moins définitivement acquises, mais plutôt d'une familiarité hésitante et fragile. C'est tout au long de la sixième qu'il devra les étendre, les organiser, les rendre opératoires. *Manier les instruments de dessin, se servir à bon escient du vocabulaire de la géométrie, maîtriser le "code" qui permet de passer de la figure au texte et vice versa, tout cela forme un corpus d'une ampleur et d'une complexité souvent sous-estimées.* On a certes à onze ou douze ans une belle capacité de mémorisation, mais le professeur de mathématiques doit se rappeler que ses élèves sont soumis à une pression considérable par la multiplicité des disciplines et par le flot de mots et de concepts nouveaux qu'elles charrient (voir le tableau de la page 24).

LE « JEU DE CONSTRUCTION » DES FIGURES

En un sens, *faire une figure n'est rien d'autre que se servir d'un vaste jeu de construction.* Vaste, mais simple. Le nombre de types de pièces est faible : segment, demi-droite, droite, cercle, arc de cercle. C'est tout, pour la géométrie plane du collège en tout cas.

On peut même, lors des premières séances avec une sixième, ne se servir que des seuls segments, ce qui laisse encore une très grande variété de possibilités. Mais si les pièces du jeu sont simples, les règles permettant de les manipuler le sont beaucoup moins. Essayons donc de faire un état des problèmes auxquels se heurte l'enseignant de sixième qui veut faire décrire, produire ou reproduire une figure.

UTILISER LE MATÉRIEL DE DESSIN

L'élève doit prendre l'habitude d'avoir dans son cartable, les jours de cours de mathématiques, le matériel classique : règle graduée, compas, équerre, rapporteur, papier. Selon les cas on se servira de papier quadrillé (5×5 plutôt que le 8×8 dit « écolier », c'est nettement moins cher et moins impressionnant que le papier millimétré, et cela rend des services voisins) ou de papier blanc (ni quadrillé, ni réglé) et, à l'occasion, de papier-calque. Le maître doit s'armer de patience et admettre que se servir de cet arsenal n'est pas si facile. Nous listons ci-après quelques « points durs » :

– amener les branches d'un compas à l'écartement voulu ;
– planter la pointe du compas à l'endroit imposé ;
– mesurer une longueur sans erreur de parallaxe ;
– reporter, sur une droite, à partir d'un point une longueur donnée ;
– utiliser l'équerre pour tracer une perpendiculaire (passant par un point donné) ;
– utiliser la règle et l'équerre pour tracer une parallèle (passant par un point donné) ;
– mesurer un angle avec le rapporteur ;
– tracer à l'aide du rapporteur une demi-droite faisant avec une demi-droite donnée un angle donné ;
– trouver à la règle graduée le milieu d'un segment ;

• Voir le chapitre *Mathématiques et langage*, pages 88 à 104.

Pour qu'un terme puisse être considéré comme acquis, il ne suffit pas que l'élève en connaisse la définition et la comprenne.

– trouver au rapporteur la bissectrice d'un angle ;
– immobiliser une feuille de papier calque le temps de son utilisation !

Le lecteur puriste pourra considérer comme indignes du nom de « construction » certains des tracés évoqués ici, qui utilisent l'équerre ou le rapporteur (et le calcul dans le cas du milieu et de la bissectrice), et regretter le temps où la règle et le compas étaient les seuls instruments autorisés. Les constructions du milieu et de la bissectrice à la règle et au compas sont d'ailleurs des exercices très formateurs, bien à la portée d'un élève de sixième et agréablement liés à la notion de symétrie axiale ; imposer aux élèves de les retenir et surtout de les utiliser systématiquement est une autre affaire. L'important en effet, à ce stade surtout, est d'*apprendre aux élèves comment faire, à vitesse acceptable, des tracés ayant une certaine dose de vraisemblance*.

Tracer une droite

La représentation de la droite et la demi-droite se heurte à des difficultés conceptuelles : elles ne peuvent évidemment être figurées que par un segment. L'élève est donc convié à imaginer que l'on puisse prolonger indéfiniment le tracé, ce qui est un saut considérable. À cet âge, on a, il est vrai, plus d'imagination qu'un adulte... ce qui ne veut pas forcément dire beaucoup. Le professeur peut se servir temporairement d'une béquille : on dessine sur la feuille un cadre délimitant la zone assignée à la figure et l'on arrête donc le tracé de chaque droite aux points où elle rencontre le bord du cadre.

Les avis sont partagés : astuce pédagogique qui permet de laisser mûrir par l'usage le concept de droite, artifice qui ne fait que compliquer une situation déjà délicate.

Reconnaître des objets géométriques

Au collège, le vocabulaire utilisé en géométrie est relativement simple et d'ampleur modeste au regard de ce que l'on peut trouver dans d'autres disciplines (voir la page 24). Cela ne veut pas dire pour autant qu'il soit aisément acquis, ni qu'il soit aussi réduit que nous l'imaginons. Pensons au cercle. À son propos, il nous faut enseigner dès la sixième : cercle, centre, rayon (deux sens : dessine un rayon, le rayon est 3 cm), diamètre (deux sens également), demi-cercle, arc de cercle (il faudra sans doute dire aussi que ce que l'on appelle centre d'un demi-cercle ou d'un arc de cercle est le centre du cercle).

On peut s'en tenir là si on se limite au strict programme, mais il est bien tentant et bien commode de parler d'intérieur et d'extérieur du cercle, de corde, voire de cercles concentriques,...

Pour qu'un terme puisse être considéré comme acquis, il ne suffit pas que l'élève en connaisse la définition et la comprenne. Il faut qu'il soit capable de l'utiliser à bon escient dans des situations simples : nommer l'objet sur une figure, le dessiner à partir d'instructions écrites ou orales. Les statistiques figurant à la fin de l'encadré ci-après donnent une idée des difficultés qui subsistent dans ce domaine à l'issue de la sixième.

MAÎTRISE DU VOCABULAIRE GÉOMÉTRIQUE DE BASE

Nous reproduisons ici une partie (7 questions sur 34) d'un test de 50 minutes qui a été donné en fin d'année scolaire 86-87 à un échantillon d'environ 5000 élèves de sixième, lors de l'évaluation AMPEP 6/87.

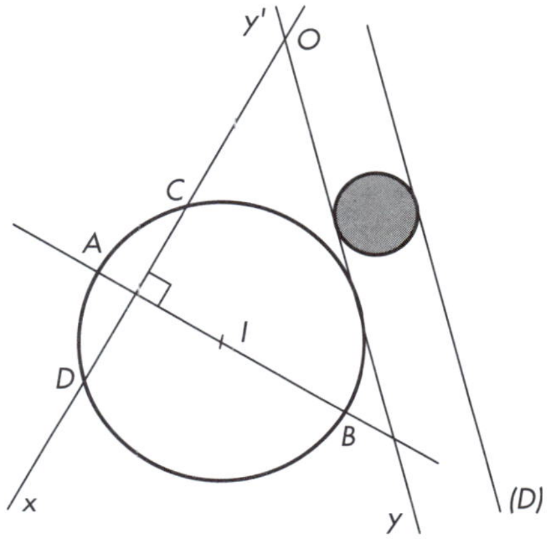

Regarde la figure et complète le texte ci-contre en employant, dans chaque cas, le mot ou l'expression qui te semble le mieux convenir.

Dans cette figure, les droites (AB) et (DC) sont ....

Le point I est le centre d'un .... passant par A. I est donc le .... du segment [AB].

Les droites (D) et (yy') sont .... Entre ces deux droites on a hachuré un .... Les .... Ox et Oy, d'origine O, sont les côtés de l'angle $\widehat{xOy}$.

La droite (CD) partage le cercle de centre I en deux ....

Nous donnons ci-dessous, dans l'ordre, le pourcentage de réponses correctes :
- perpendiculaires 83 % ;
- cercle 66 % ;
- milieu 51 % ;
- parallèles 65 % ;
- disque 20 % ;
- demi-droites 11 % ;
- arcs de cercle 11 %.

Marquer et désigner

Nous avons parlé du travail sur les figures comme d'un « jeu de construction » simple. En fait, il reste simple tant qu'on manipule les objets sans avoir à les nommer, car on évite alors d'avoir à assimiler tout un système de codage dont nous allons parler dans le détail. Évidemment, si l'on se prive du secours des lettres, on est très vite limité dans ce que l'on peut faire : on peut tracer des figures compliquées, mais il devient difficile de les décrire et plus encore de raisonner dessus.

Nommer un point

Au début de la sixième, bien souvent, la désignation même des points d'une figure ne va pas de soi. Il y a là en effet tout un rituel qui est naturel pour nous mais pas pour nos ouailles :

– les points sont désignés par des majuscules ;
– si, quelque part dans la figure, on marque une petite croix et une lettre à côté, celle-ci désigne le point qui est au centre de la croix ;
– si, à un endroit, le tracé d'une droite ou d'un cercle est barré par un petit trait (parfois deux en croix) avec une lettre à côté, elle désigne le point de la droite ou du cercle ainsi repéré ;
– si à côté d'une extrémité d'un segment il y a une lettre, elle désigne ce point ;
– si à côté d'un sommet d'un angle, d'un triangle, d'un quadrilatère ou d'ailleurs d'une ligne polygonale il y a une lettre, elle désigne ce sommet ;
– si à côté d'un point où se coupent deux droites, ou deux cercles, ou une droite et un cercle il y a une lettre, alors elle désigne ce point. La liste n'est pas exhaustive...

« *Le sage donne aux choses le nom qui leur convient.* » *Confucius.*

DES FIGURES ET DES LETTRES

Le fait que toute figure géométrique comporte deux sortes d'objets, les tracés et les lettres, les secondes permettant de raisonner sur les premiers, n'est pas une vérité de la Palisse mais un acquis important de la formation. Encore faut-il que les élèves en perçoivent la nécessité et que l'apprentissage soit mené prudemment. Les règles et les conventions étant introduites au fur et à mesure de travaux effectués en classe, il est nécessaire de travailler sur les figures tout au long de l'année et d'y consacrer un temps suffisant. Nous donnons ci-après quelques types d'activités classiques dans ce domaine. (Voir aussi le chapitre « Mathématiques et langage » , pages 88 et suivantes).

Sans lettres

• *Faire recopier une figure donnée* : l'élève prend avec la règle graduée et le rapporteur les mesures de longueurs et d'angles qu'il estime nécessaires.

• *Dicter une figure* : « Dessine un losange dont les côtés ont pour longueur 6 cm et dont un angle vaut 45°. » Compliquer peu à peu le jeu : « Marque les milieux des quatre côtés, etc. »

• *Donner une figure à un élève et lui demander de la dicter aux autres.*

Ce type de travail, dont il ne faut pas abuser, est utile au début comme révision des compétences de CM2 et comme préparation à l'usage systématique des lettres, afin que l'élève perçoive que ces dernières ne sont pas une complication supplémentaire, mais une aide.

Sans lettres, puis avec

• *Dicter une figure sans lettres, puis recommencer le travail avec des lettres*, pour montrer le gain d'effort : il est plus facile de parler du « côté *AB* » que du « côté situé en bas à gauche ».

• *Faire mettre des lettres sur une figure qui n'en comporte pas*, y faire marquer éventuellement les égalités de longueurs et d'angles ou les mesures des longueurs et des angles.

Avec des lettres

Ce type de travail devra arriver assez vite et faire l'objet de nombreux exercices.

• *Dicter une figure aux élèves.* Dicter aux élèves des tracés sur une figure donnée.

• *Faire dicter par un élève une figure* (jeu dit du téléphone) ; comparer les figures obtenues à la figure initiale.

NOMMER UN OBJET

On peut continuer l'énumération. L'élève doit aussi *apprendre à marquer* sur une figure :

- le nom d'une droite, (D) ou xx' ;
- le nom d'une demi-droite Ay ;
- le nom d'un cercle $(\mathscr{C})$;
- un angle droit ;
- des égalités de segments ou d'angles ;
- la longueur d'un segment, la mesure ou le nom d'un angle.

Le marquage étant fait, *il faut apprendre à lire et à transcrire par écrit ce qui a été marqué*, ce qui apporte encore de nouvelles conventions : droite (AB), segment $[AB]$, distance AB, angle $\widehat{xOy}$.

Observons que si la convention qui consiste à écrire entre parenthèses la lettre représentant une droite ou un cercle est utile et commode, surtout pour les débutants, puisqu'elle permet d'éviter certaines confusions, il convient de rester aussi simple que possible et donc d'éviter, au moins dans les premiers temps, les subtilités un brin perverses telles qu'écrire $[Ox)$ au lieu de Ox pour une demi-droite.

PARENTHÈSE : IL N'Y A PAS DE BEAUX TRIANGLES

Pour simplifier le travail des élèves, le professeur pourrait souhaiter, au collège notamment, disposer d'un lot de figures où les distances et les angles aient des valeurs « simples ». Il est bon de savoir que c'est un rêve sans espoir, à cause du fatal théorème T suivant : *« Si un angle a une mesure rationnelle en degrés et si son cosinus est rationnel, alors ce cosinus vaut 0, 1, –1, 1/2 ou –1/2 ; autrement dit l'angle est un multiple de 60° ou de 90° ».*

Prenons donc un triangle dont les trois côtés ont des longueurs rationnelles. De la fameuse formule $a^2 = b^2 + c^2 - 2bc \cos A$, on tire que les trois angles A, B, C du triangle ont un cosinus rationnel ; si nous voulons que chacun ait une mesure rationnelle en degrés, la seule possibilité est, d'après T, que le triangle soit équilatéral.

Autrement dit : *hors le cas trivial du triangle équilatéral, il n'est pas possible, dans un triangle, que la mesure en degrés des trois angles* **et** *la longueur des trois côtés soient rationnelles.*

On peut prendre le problème sous un autre aspect. Soit dans un repère orthonormal deux vecteurs de coordonnées (x, y) et (x', y') rationnelles. Supposons que leur angle θ ait une mesure, en degrés, rationnelle.

De $\tan\theta = \dfrac{xy' - yx'}{xx' + yy'}$ et $\cos 2\theta = \dfrac{1 - \tan^2\theta}{1 + \tan^2\theta}$,

on déduit que 2θ est rationnel (y compris si les deux vecteurs sont orthogonaux, c'est-à-dire si $\tan\theta$ est infinie). D'après le théorème T, θ est multiple de 30° ou 45°, mais comme $\tan\theta$ est rationnelle, θ est multiple de 45°. Appliquons le résultat aux triangles : *si un triangle a des sommets de coordonnées rationnelles et des angles de mesure, en degrés, rationnelle, il est rectangle isocèle.*

En résumé, lorsqu'un professeur choisit un exemple de triangle, il doit *arbitrer entre deux maux* : s'il veut, par exemple, des distances entières ou des coordonnées entières, il aura de « vilains » angles, s'il veut de « beaux » angles, il aura de « vilaines » coordonnées et de « vilaines » distances.

« *Si les triangles faisaient un dieu, il aurait trois côtés.* » *Montesquieu*, Lettres persanes.

DÉMONSTRATION DU THÉORÈME T

Énoncé : *Si un angle a une mesure rationnelle en degrés et si son cosinus est rationnel, alors ce cosinus vaut* 0, 1, – 1, 1/2 *ou* – 1/2.

Ce travail est faisable avec une terminale S, sous réserve d'admettre le théorème élémentaire d'arithmétique suivant : *si trois entiers a, b, c sont tels que a divise bc et si a est premier avec b, il divise c.* Nous en donnons le schéma (les angles sont ici exprimés en radians).

On fait les hypothèses (H) suivantes : $\theta = \frac{k\pi}{n}$, $\cos\theta = \frac{p}{q}$, avec p, q, k, n entiers non nuls, n et q positifs, les fractions k/n et p/q étant irréductibles.

On exploite l'idée que $\cos n\theta = (-1)^k$ afin de montrer que $p = +1$ ou $p = -1$ et que $q = 1$ ou $q = 2$.

Résultats préliminaires

1°) $\cos n\theta$ s'exprime en fonction de $\cos\theta$ sous la forme $\cos n\theta = T_n(\cos\theta)$, où T_n est un polynôme de degré n [utiliser $\cos(n+1)\theta + \cos(n-1)\theta = 2\cos\theta\cos n\theta$ et raisonner par récurrence].

2°) $T_n(X)$ est à coefficients entiers, le terme de plus haut degré est $2^{n-1}X^n$, le terme constant est nul si n est impair.

Étude pour *n* impair

3°) On a $T_n(p/q) = \cos k\pi = (-1)^k$. Si $T_n(X) = 2^{n-1}X^n + \ldots + a_iX^i + \ldots + a_1X$, il vient :

(F) $2^{n-1}p^n + \ldots + a_ip^iq^{n-i} + \ldots + a_1pq^{n-1} = (-1)^kq^n$.

Dans cette relation entre entiers, p divise tous les termes du premier membre, donc il divise aussi le second membre et, comme p est premier avec q, p vaut 1 ou – 1. De même, q divise tous les termes autres que $2^{n-1}p^n$ et divise donc aussi ce terme. Étant premier avec p, q divise 2^{n-1} ; c'est donc une puissance de 2, disons 2^r.

4°) Supposons maintenant que $r > 1$.

On a $\cos 2\theta = \cos\frac{2k\pi}{n} = 2\cos^2\left(\frac{k\pi}{n}\right) - 1 = \frac{1-2^{2r-1}}{2^{2r-1}} = \frac{p'}{q'}$;

on vérifie aisément que les quatre nombres $2k$, n, p', q' satisfont aux mêmes hypothèses (H) que k, n, p et q. D'après le 3) on a donc $p' = \pm 1$, d'où 2^{2r-1} vaut 0 ou 2, ce qui conduit à une contradiction. Le théorème est ainsi établi pour n impair.

Étude pour *n* pair

5°) On voit sans peine que :

a) si un angle α est tel que $\cos\alpha$ soit rationnel, alors $\cos 2\alpha$ est rationnel ;

b) si α est tel que $\cos\alpha$ soit rationnel et que $\cos 2\alpha$ appartienne à E = {0, 1, -1, 1/2, -1/2}, alors $\cos\alpha$ appartient à E.

6°) Soit $\theta = \frac{k\pi}{2^s . m}$, où k, m, s sont entiers strictement positifs, m impair.

On suppose que $\cos\theta$ est rationnel. Alors $\cos 2^u\theta$ est rationnel pour tout entier $u > 0$.

D'après l'étude faite pour n impair, $\cos 2^s\theta = \cos\frac{k\pi}{m}$ appartient à E. D'après 5) b), $\cos 2^{s-1}\theta$ appartient à E et, de proche en proche, $\cos\theta$ appartient à E.

LA PERSPECTIVE CAVALIÈRE

La représentation d'une figure de l'espace, au tableau ou sur une feuille de papier, n'est pas conçue pour donner l'illusion du vrai, comme le ferait une photographie. C'est un *compromis entre l'illusion de la réalité, la facilité d'exécution et la conservation de certaines propriétés mathématiques*. Elle obéit à un ensemble de conventions qui sont rarement explicitées, mais que le professeur se doit d'avoir présentes à l'esprit, même si - comme il n'est pas rare - nul n'a jamais pris la peine de les lui exposer.

CE QUE DISENT LES PROGRAMMES

Les programmes des collèges et des lycées sont en la matière assez discrets. En témoignent les quelques phrases suivantes, prises dans les programmes des quatre dernières années d'études secondaires, c'est-à-dire là où les exigences pourraient être les plus strictes.

CLASSE DE TROISIÈME

« L'objectif est toujours d'apprendre à voir dans l'espace et de calculer des longueurs, des aires et des volumes, ce qui implique un large usage des représentations en perspective et de la fabrication des patrons. »

CLASSE DE SECONDE

« Les activités exploiteront conjointement des **maquettes** des objets étudiés et des **représentations** de ces objets effectuées, selon les problèmes posés, à main levée ou à l'aide des instruments de dessin. » [Les mots en gras le sont dans le texte original.]

CLASSES SCIENTIFIQUES DES LYCÉES

Aucune mention n'est faite de la représentation des figures de l'espace dans le programme de terminale S ; en revanche, à la dernière page du programme de première S figure le texte suivant :

« Exemples simples de recherche et de représentation (en perspective et en vraie grandeur) de sections planes (sections de prismes et de pyramides par des plans parallèles au plan de base ; méridiennes et parallèles de surfaces de révolution...).
On s'assurera qu'ils ont une bonne pratique des règles permettant la réalisation de tels croquis, mais tout exposé sur la perspective cavalière est exclu. »

Les instructions officielles sont donc de donner aux élèves « une bonne pratique » de la perspective cavalière, mais sans pour autant leur en donner systématiquement les règles ; c'est en quelque sorte un point de vue empiriste à l'anglo-saxonne.

CE QUE DOIT SAVOIR LE PROFESSEUR

Ainsi, de même que monsieur Jourdain faisait de la prose sans le savoir, l'élève doit faire de la perspective cavalière en l'ignorant. L'enseignant, lui, ne peut se contenter d'appliquer d'instinct des principes qu'il ne saurait énoncer explicitement, et ce, pour deux solides raisons :

– il doit pouvoir répondre aux questions de sa classe, questions qui peuvent être fort subtiles ou fort perfides (« Cet âge est sans pitié. ») ;

– les principes de la représentation perspective sont moins simples et moins évidents qu'il n'y paraît *a priori* ; ils ne sont d'ailleurs exempts ni d'arbitraire, ni de contradictions.

LA PERSPECTIVE CONIQUE

La représentation fidèle sur une surface plane (tableau ou feuille de papier, mais nous parlerons de tableau) est évidemment un problème insoluble. *La méthode la plus réaliste (au sens de : qui donne le mieux l'illusion de la réalité) est celle de la « perspective conique » des peintres figuratifs classiques.* Le tableau est en quelque sorte considéré comme une fenêtre par laquelle le spectateur regarde les objets représentés.

BIBLIOGRAPHIE

***La perspective en jeu*, coll. Découvertes, n° 138, Gallimard, 1992 (pour l'aspect artistique et historique).**

***La perspective*, coll. Que sais-je ?, n° 1050, PUF 1994 (austère et solide).**

« *Il n'y a qu'un point indivisible pour voir un tableau. Les autres sont trop près, trop loin, trop haut ou trop bas.* » *Pascal*, Pensées.

Mathématiquement, la traduction est la suivante : si *O* est l'œil du peintre, un point M de l'objet sera représenté par l'intersection *M'* de la droite *OM* avec le plan du tableau (*projection conique* de *M* sur le plan à partir du « point de vue » *O*). Pour qui placera son œil, par rapport à l'œuvre, à l'endroit exact où était celui de l'artiste, l'illusion sera alors parfaite.

On impose habituellement• de plus :

– que le point *O* privilégié soit en face du tableau, c'est-à-dire que la projection orthogonale *P* de *O* sur le plan du tableau, dite point principal de la perspective, soit sur le tableau•• ;

– que le tableau soit inclus dans un cône de sommet *O*, d'axe *OP* et d'angle assez faible.

Observons que l'image que donne un appareil photographique est une image de ce type, mais en photographie le point principal est automatiquement le centre de la photo.

Soit a la distance de O au plan Π du tableau ; si M' est la perspective d'un point M et si x est la distance à O du plan passant par M et parallèle à Π, on a : $OM'/OM = a/x$. Quand M décrit une figure Φ située dans un plan parallèle à Π, M' décrit l'homothétique de Φ dans le rapport a/x :

– la forme des tracés parallèles au plan du tableau est conservée ;

– leur taille diminue au fur et à mesure qu'augmente l'éloignement.

EXERCICE (NIVEAU SECONDE)

Il s'agit ici de visualiser sur un exemple quelques propriétés simples de la perspective conique. Un cube transparent *ABCDEFGH* de 20 cm d'arête est posé sur une table horizontale, derrière une vitre verticale, la face *ABCD* étant contre la table et la face *ABFE* contre la vitre. Un observateur est placé de telle sorte que son œil *O* soit à 100 cm devant la vitre, à 60 cm plus haut que la table et à 60 cm à droite de la verticale de *A*, conformément à la figure suivante. Par transparence, il aperçoit le cube comme un dessin tracé sur la vitre. Déterminer le dessin (fig. a).

La face antérieure *ABFE* du cube (fig. b) est vue telle quelle ; il reste à trouver la vue perspective de la face postérieure, autrement dit la section *D'C'G'H'* de la pyramide de base *DCGH* et de sommet O. Cette section est homothétique de *DCGH* dans le rapport 100 / 120 = 5 / 6. Par projection orthogonale de la pyramide et de sa section sur la vitre (*O* se projette en *P* et *DCGH* en *ABFE*), on voit aisément que l'on passe de *ABFE* à *D'C'G'H'* par l'homothétie de centre *P* et de rapport 5/6, ce qui permet d'avoir la position des points.

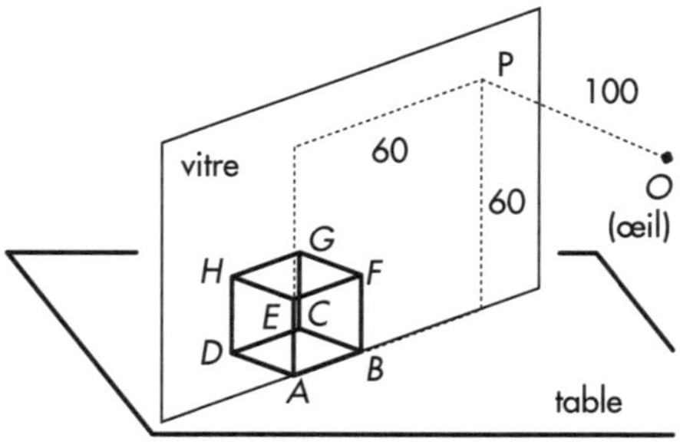

fig. a

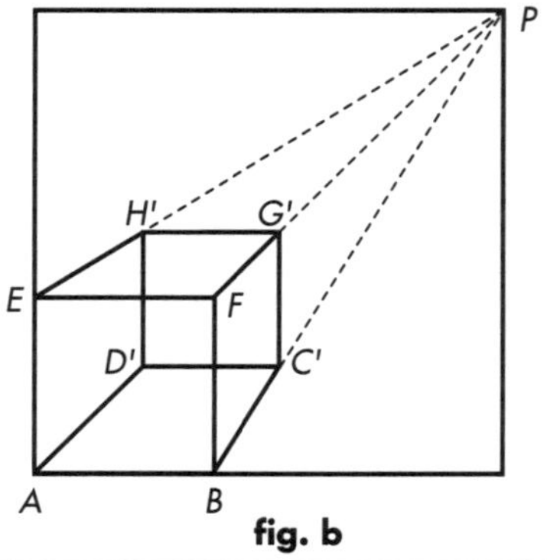

fig. b

• **Pour éviter les déformations trop importantes et pour tenir des conditions dans lesquelles on regarde normalement un tableau.**

De plus, si un point M part d'une position J dans Π et s'éloigne indéfiniment derrière le tableau (*figure 1*), à vitesse constante, sur une demi-droite (d), et si L est le point d'intersection avec Π de la parallèle à (d), issue de O, sa perspective décrit $[JL[$ en allant de J vers L de plus en plus lentement. Ce point J, qui ne dépend que de la direction δ de (d), est dit *point de fuite*• de δ.

En particulier, le point principal P est le point de fuite•• des droites perpendiculaires à Π.

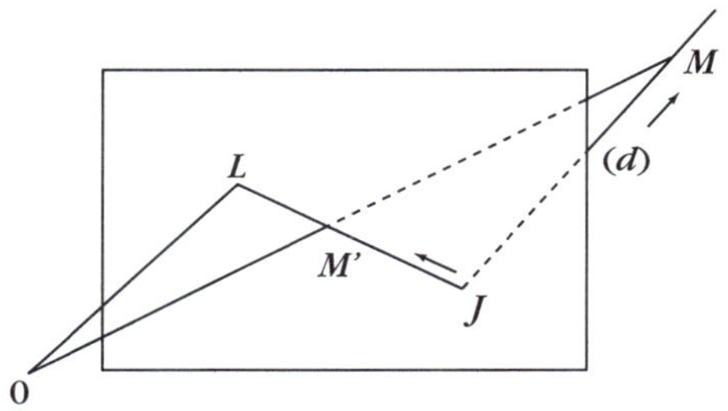

fig. 1

LES PRINCIPES DE LA PERSPECTIVE CAVALIÈRE

La perspective conique ne conserve ni le parallélisme, ni les rapports de segments de même direction ; elle a de plus un aspect technique assez délicat : la construction de la perspective d'une figure aussi simple qu'un cube dont une face est parallèle au plan du tableau nous a demandé un certain effort. C'est pourquoi *les mathématiciens ont adopté un mode de représentation simplifié, qui sacrifie le réalisme de l'image à sa facilité de construction.*

L'IDÉE DE BASE

La représentation au tableau (supposé vertical) d'un objet de l'espace doit être telle qu'elle donne, pour un photographe situé très loin, en haut et à droite••• par rapport au plan du tableau, la même image que l'objet lui-même. Il est bon de noter qu'*elle ne correspond* **pas** *à la photographie qui serait prise* : le plan du tableau est en effet de biais par rapport au plan de cette dernière, qui est perpendiculaire à l'axe de l'appareil, c'est-à-dire à la direction D selon laquelle on effectue la perspective.

Une autre interprétation est la suivante : l'objet étant supposé semi-transparent, placé devant le tableau et éclairé obliquement par le soleil, ce que l'on dessine, c'est son ombre.

Énonçons les choses mathématiquement : on représente sur le tableau la *projection de l'objet sur le tableau parallèlement à une direction D qui n'est ni horizontale, ni verticale.*

CONVENTIONS COMPLÉMENTAIRES

1) *Les objets non bornés sont représentés comme s'ils étaient bornés.* Les conventions en la matière sont peu nettes : une droite est évidemment représentée par un segment ; pour un plan, on représente au tableau la perspective d'un rectangle situé dans ce plan.

2) *Les surfaces et les volumes sont considérés comme semi-transparents.* Si l'on prend, par exemple, un cube, les faces situées devant ne cacheront pas les faces situées derrière ; mais les arêtes antérieures seront représentées en trait plein (ou épais), les arêtes postérieures en pointillé (ou en trait fin). C'est la convention dite de *ponctuation.*

3) *La représentation perspective d'une surface ou d'un volume est délimitée par une courbe appelée son contour apparent sur le plan du tableau.*

Ce contour apparent, qui sépare les points du tableau représentant des points de l'objet et ceux qui n'en représentent pas, joue un grand rôle dans la perception de l'objet à partir de sa représentation.

La représentation d'une courbe tracée sur la surface ne peut donc franchir ce contour ; si elle a un point commun avec lui, ce sera, sauf cas singulier, un point de contact.

• On dit que Vermeer, par exemple, n'hésitait pas à planter des clous dans ses toiles pour marquer les principaux points de fuite.

•• Plus généralement, on voit que l'ensemble des lignes de fuite des directions horizontales de l'espace est la droite horizontale issue de *P* dans le plan du tableau ; elle est dite *ligne d'horizon* du tableau.

••• On peut aussi bien remplacer « droite » par « gauche » et/ou « haut » par « bas » ; mais la convention que nous donnons correspond à la pratique majoritaire. La figure a de l'encadré donne un exemple de perspective cavalière vue du haut et de la gauche ; les autres figures de ce chapitre sont vues du haut et de la droite.

La perspective cavalière est un compromis : moins réaliste que la perspective conique, elle est plus facile à construire.

Deux remarques importantes

La *ponctuation* joue un rôle essentiel dans l'interprétation d'un croquis perspectif, comme le montre la figure, dans laquelle deux tétraèdres ayant la même représentation à la ponctuation près apparaissent comme très différemment situés dans l'espace.

De plus, ne jamais perdre de vue que *la perspective d'un objet de l'espace ne détermine pas cet objet* : le tétraèdre du haut, par exemple, peut être interprété ou non comme ayant la face ABD horizontale. Si donc l'on veut faire raisonner les élèves sur une figure perspective, il faudra *préciser au tableau les hypothèses complémentaires* : tel plan est horizontal ou vertical, tel angle est droit, etc.

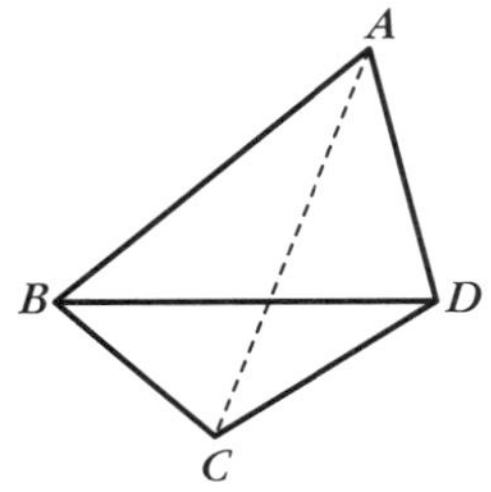

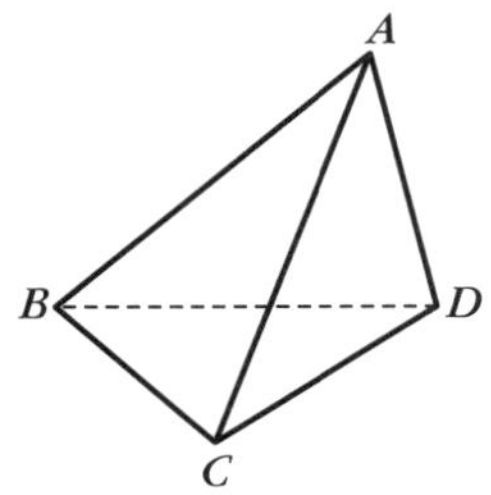

La mise en forme mathématique

La perspective cavalière est totalement déterminée lorsque l'on a fixé la représentation perspective d'un vecteur de norme 1 orthogonal au plan du tableau.

Prenons en effet dans l'espace un repère orthonormal $Oxyz$ de vecteurs de base $\vec{i}$, $\vec{j}$, $\vec{k}$; le plan Oxz est supposé être le plan du tableau (transparent, bien sûr, afin que l'on puisse représenter aussi bien des objets situés derrière le tableau !).

Afin de définir la façon dont nous opérons notre projection oblique de l'espace sur le plan Oxz, il nous suffira de fixer l'image A' du point A d'ordonnée 1 sur Oy (ou, ce qui revient au même, celle du vecteur $\vec{j} = \overrightarrow{OA}$) ; la direction selon laquelle se fera la projection sera alors déterminée puisque ce sera celle de $\overrightarrow{AA'}$. Si nous appelons (p, q) les coordonnées de A' dans le plan Oxz du tableau, la direction projetante sera donc celle du vecteur $\vec{v} = (p, -1, q)$.

Cherchons maintenant la perspective cavalière M' d'un point M de l'espace. Soit (x,y,z) les coordonnées de M et $(x', 0, z')$ celles de M'. $\overrightarrow{MM'}$ est colinéaire à $\vec{v}$; en comparant leurs coordonnées selon l'axe Oy, on a même $\overrightarrow{MM'} = y\vec{v}$, d'où :

$$\begin{cases} x' = x + py \\ y' = z + qy \end{cases}$$

Si l'on note H la projection orthogonale de M sur le plan Oxz, on a donc $\overrightarrow{HM'} = y\overrightarrow{OA'}$, égalité qui n'est autre que la projection sur ce plan de l'égalité $\overrightarrow{MM'} = y\vec{v}$; on voit ainsi (*figure 2*) comment se construit la perspective M' d'un point M à partir de sa projection orthogonale H sur le plan du tableau et de sa distance (orientée) y à ce plan.

Ces formules permettent de déterminer les images de toute figure de l'espace par la perspective choisie. On voit que ce sont des formules du premier degré, autrement dit que la perspective est une *application affine*.

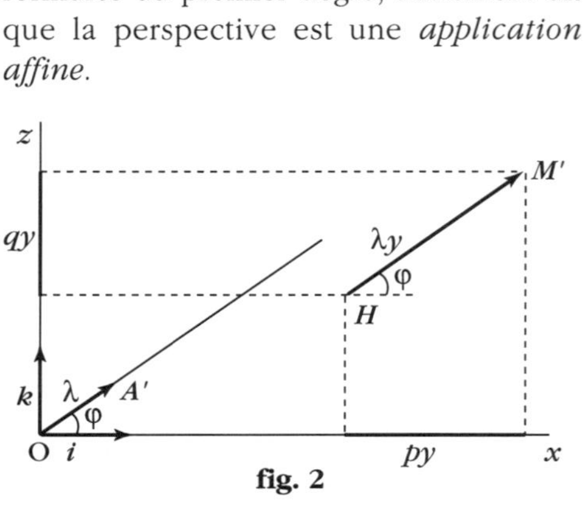

fig. 2

CHOIX DES PARAMÈTRES DE LA PERSPECTIVE CAVALIÈRE

La mise en forme mathématique a montré que *la perspective cavalière dépend de deux paramètres p* et *q*, qui déterminent la direction projetante. Si l'on pose $p = \lambda\cos\varphi$ et $q = \lambda\sin\varphi$, avec λ positif, les paramètres λ et φ s'interprètent assez aisément (voir les figures). Si l'on appelle, conformément à la tradition, *fuyantes* les droites perpendiculaires au plan du tableau, φ est l'angle avec l'horizontale de la perspective de toute *fuyante* ; on le nomme *angle de fuite*. Quant à λ, il est dit *rapport* (ou *coefficient*) *de réduction* ; en effet, si un segment porté par une fuyante a pour longueur *L* pour tout segment, sa perspective a la longueur λL. Le terme *réduction* est utilisé parce que l'on suppose toujours, pour des raisons de vraisemblance graphique (voir plus loin), que l'on a $\lambda < 1$.

Disons deux mots du lien entre λ et φ, d'une part et la direction projetante D, d'autre part. Nous laissons au lecteur le soin de vérifier que :

– λ est la tangente de l'angle que fait D avec la perpendiculaire au plan du tableau ;

– φ est l'angle que fait avec l'horizontale le plan déterminé par D et la perpendiculaire au plan du tableau.

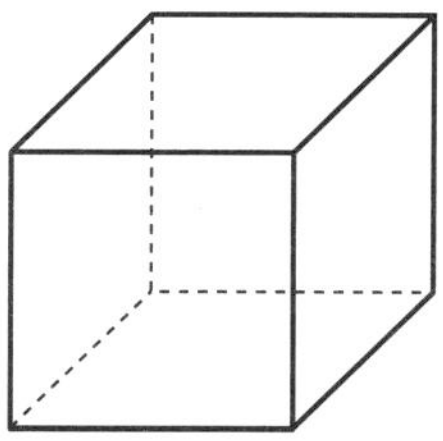

fig. a (perspective « normale »)

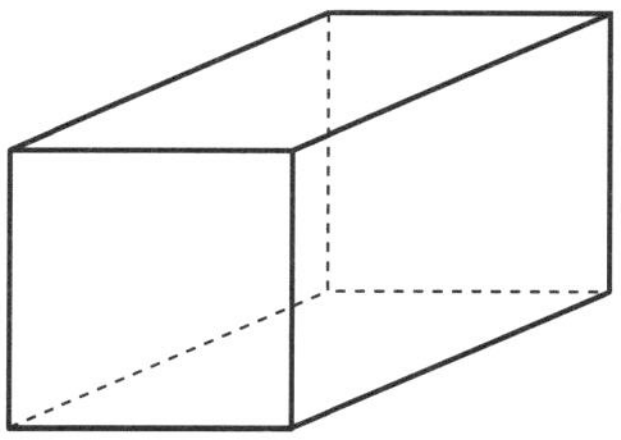

fig. b (perspective « étirée »)

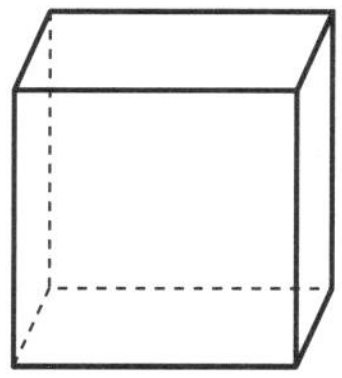

fig. c (perspective « raccourcie »)

Trois perspectives d'un cube

Les figures a, b, c, montrent trois perspectives d'un même cube, la première avec $p = q = 0{,}5$ (soit $\lambda \approx 0{,}7$, $\varphi = 45°$), la seconde avec $p = 1{,}4$; $q = 0{,}5$ (soit $\lambda \approx 1{,}5$; $\varphi \approx 20°$), la troisième avec $p = 0{,}1$; $q = 0{,}3$ (soit $\lambda \approx 0{,}32$; $\varphi \approx 72°$).

On touche ici du doigt l'une des invraisemblances de la perspective cavalière : les segments de longueur 1 orthogonaux au plan du tableau ont une représentation perspective de longueur λ (il suffit de le voir pour le segment *OA*). Si λ est supérieur à 1, comme dans la figure b, les segments orthogonaux au plan du tableau sont représentés plus grands que nature, donnant un effet d'étirement de la perspective choquant pour l'oeil et pour le bon sens.

Il faut donc prendre pour λ une valeur inférieure à 1. Cela revient à dire que l'on ne tolère pas une obliquité de la direction projetante supérieure ou égale à 45°. Mais la figure c montre les inconvénients d'une trop faible valeur de λ : on a un effet de raccourci des segments perpendiculaires au plan du tableau, qui ne nuit pas à la vraisemblance du tracé mais qui nuit à sa lisibilité.

Dans la pratique, un choix assez courant est $p = q = 0{,}5$ ($\lambda = 1/\sqrt{2}$, $\varphi = 45°$) ; on ne s'écarte guère des fourchettes $0{,}5 \leq \lambda \leq 0{,}8$; $30° \leq \varphi \leq 60°$, la condition sur φ étant destinée à éviter que les perpendiculaires au plan du tableau n'apparaissent trop horizontales ou trop verticales sur le dessin.

« *Traitez la nature par le cylindre, le cône, la sphère, le tout mis en perspective.* » *Cézanne.*

Propriétés élémentaires

Comme toute application affine, la perspective cavalière :

– transforme *toute droite en droite, toute demi-droite en demi-droite, tout segment en segment*... sauf lorsqu'elle les transforme en un point, c'est-à-dire lorsque leur direction est la direction projetante ;

– *conserve le parallélisme et les barycentres* (conservation du milieu, du centre de gravité, des rapports de mesures de segments sur une même droite ou sur des droites parallèles) ;

– *transforme toute ellipse, hyperbole ou parabole respectivement en une ellipse, une hyperbole ou une parabole* (sauf si la courbe initiale est tracée dans un plan parallèle à la direction projetante, auquel cas la projection de son plan est son intersection avec le plan du tableau.

De plus, *toute figure tracée dans un plan parallèle au plan du tableau* ($y = C^{te}$) *est représentée en vraie grandeur, les orientations étant conservées* ; les formules montrent immédiatement que la perspective de la figure se déduit alors de celle-ci par translation.

En revanche ne sont pas conservés, sauf cas particuliers, les longueurs, les angles, l'orthogonalité.

Quelques figures courantes

La représentation de deux droites sécantes ou non sécantes

L'une des confusions les plus fréquentes que font les élèves est de penser que s'il y a intersection sur le dessin, il y a intersection dans l'espace. La convention schématisée ci-contre (*figure 3*) peut rendre service : le tracé de la *figure 3a* correspond à une situation où l'on ne connaît pas la position relative de *d* et *D*, les tracés des *figures 3b* et 3c à deux droites ne se coupant pas, *D* étant devant *d*, *fig. 3b* correspondant au cas général et *fig. 3c* au cas où *D* et *d* sont situées sur un solide que l'on figure, enfin le tracé de la *figure d* représente deux droites sécantes.

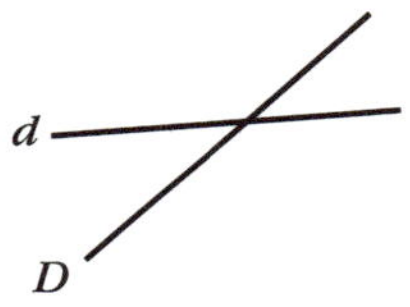

fig. 3a

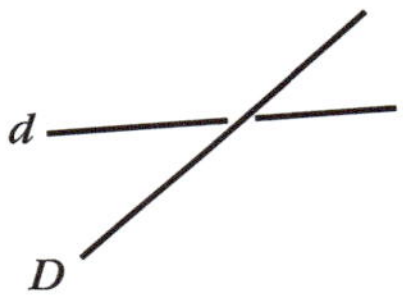

fig. 3b

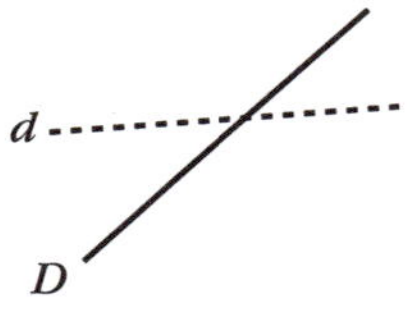

fig. 3c

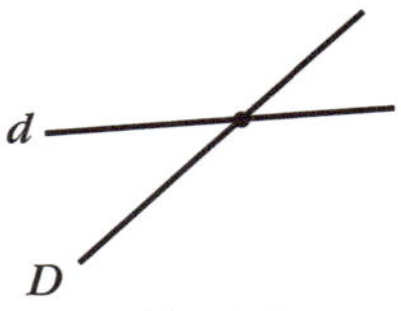

fig. 3d

La représentation d'un cercle de l'espace

La perspective cavalière d'un cercle est une ellipse (sauf lorsque le plan du cercle est parallèle à la direction projetante, auquel cas la perspective du cercle est un segment).

Mais la tendance spontanée des élèves, en cinquième notamment, est de tracer à la place de cette ellipse deux arcs de cercle sécants (*figure 4a*). Cette tendance est d'autant plus forte que l'ellipse n'est pas si facile à dessiner, que c'est la première courbe mathématique autre que la droite et le cercle qu'ils aient à affronter et qu'enfin (surtout si l'ellipse est assez aplatie) ce dessin faux n'est pas terriblement éloigné de la réalité.

Le professeur devra donc convaincre les élèves qu'ils se trompent avant de leur proposer son propre tracé. Et pour cela, il lui faudra leur faire constater qu'une observation attentive ne montre pas dans la réalité (ombre d'un disque sur le mur, photo,...) les deux points anguleux figurant dans leur dessin. On pourra alors se contenter d'une représentation approximative obtenue en remplaçant les parties avoisinant les deux points anguleux par deux arrondis (*figure 4b*). La qualité d'une telle figure est d'ailleurs supérieure à ce qu'on pourrait penser, à cause de la proximité de l'ellipse et de ses cercles surosculateurs aux sommets (voir la page 56). Afin de ménager l'avenir, il est évidemment sage de bien dire qu'il ne s'agit là que d'un pis-aller provisoire.

fig. 4a

fig. 4b

LA REPRÉSENTATION D'UNE SPHÈRE

Le contour apparent d'une sphère sur le plan du tableau est, si l'on applique strictement les principes de la perspective cavalière, une ellipse, puisque c'est la section d'un cylindre de révolution, circonscrit à la sphère et d'axe parallèle à la direction projetante, par un plan qui est *oblique relativement à cet axe*. Il est bien connu d'ailleurs que l'ombre d'une sphère éclairée obliquement est une ellipse. Or, quand nous regardons une sphère, nous la percevons toujours comme ayant un contour circulaire correspondant au cercle de contact de la sphère avec le cône circonscrit à la sphère ayant pour sommet notre œil.

Ici encore, donc, la perspective cavalière se montre d'un irréalisme choquant. Aussi, traditionnellement, triche-t-on alors avec elle : on donne à la sphère, sur le tableau, un contour apparent circulaire... ce qui oblige à tricher aussi pour la représentation des grands cercles de la sphère. Autrement dit, on fait une figure fausse pour l'amour de la vraisemblance !

Les *figures 5a* et *5b* ci-contre représentent l'une et l'autre une sphère ($\mathcal{S}$), trois axes rectangulaires passant par son centre (Oz vertical, Ox horizontal dans le plan du tableau, Oy orthogonal à ce dernier) et le grand cercle horizontal ($\mathcal{C}$) de la sphère ; A et B sont

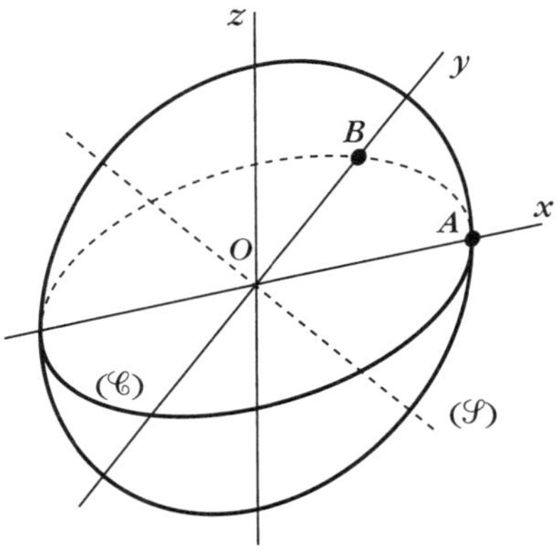

fig. 5a

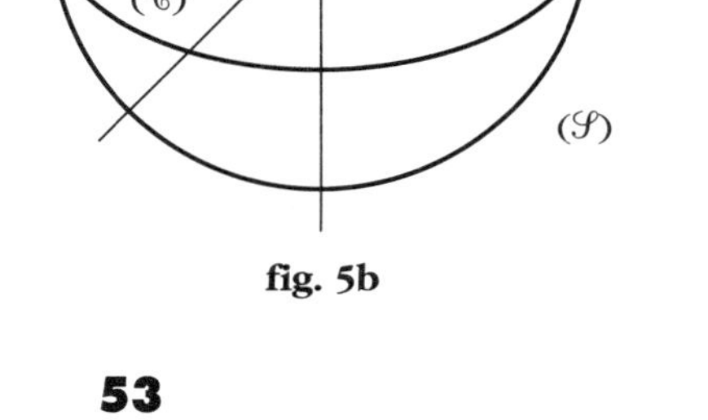

fig. 5b

« Toute ligne qui n'est ni droite ni composée de lignes droites est une ligne courbe. »

Legendre.*

les intersections respectives de ($\mathscr{S}$) avec les demi-droites *Ox* et *Oy*. La figure du haut est une perspective cavalière mathématiquement correcte : le contour apparent est une *ellipse* dont le grand axe est la perspective de *Oy* et dont le petit axe, représenté en pointillé, a pour le longueur le diamètre de la sphère. Noter que ($\mathscr{C}$) donne l'impression de ne pas être dans un plan horizontal et que l'on a bien du mal à imaginer que ce dessin puisse figurer une sphère. La figure du bas est la représentation habituelle, telle qu'on la trouve dans tous les manuels. Elle n'a aucune rationalité mathématique : aucune projection cylindrique ou conique de la sphère ne donne ce résultat. Elle n'est pas non plus cohérente sur le plan visuel : si *Oy* semble vu de haut et de droite, conformément aux usages de la perspective cavalière, ($\mathscr{C}$) semble vu de haut également, mais de face, ce que paraît confirmer le fait que le point *A* soit sur le contour apparent. ■

EXERCICE : TESTEZ VOTRE MAÎTRISE DE LA PERSPECTIVE CAVALIÈRE

Énoncé

La figure ci-dessous représente un cube *ABCDEFGH* d'arête 6 cm. Le point *M* est le milieu de [*GH*], le point *N* est sur [*HE*] à 4 cm de *E*, le point *P* est sur [*AB*] à 2 cm de *A*.

a) Dessiner une perspective cavalière du cube.

b) Le plan (*MNP*) coupe les segments [*BC*], [*CG*] et [*EA*] en *Q*, *R* et *S* respectivement. Construire sur la figure précédente les perspectives des trois points *Q*, *R*, *S* et celle de la section du cube par le plan (*MNP*).

c) En utilisant les tracés précédents, déterminer les distances *BQ*, *CQ*, *CR*, *GR*, *ES*, *AS*.

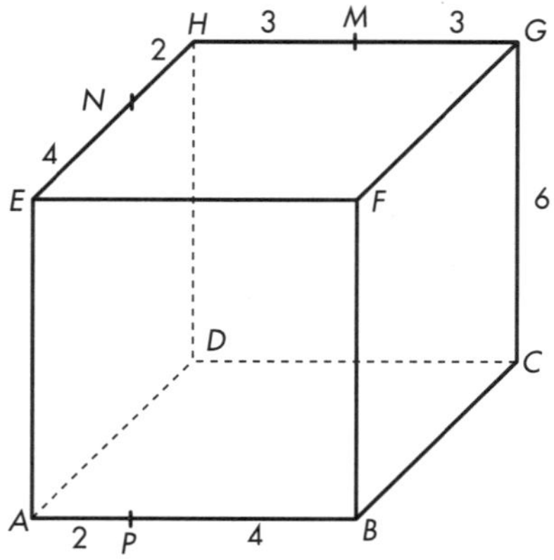

Indications

Si vous voulez faire faire l'exercice à vos élèves (niveau seconde minimum)... ou si vous avez "séché" , voici une démarche possible :

- Commencer par chercher *Q* (*PQ* est parallèle à *MN*) ;
- Marquer les points *I* et *J* intersections de la droite *PQ* avec les droites *AD* et *CD* respectivement ;
- la droite *IN* coupe la droite *AE* en *S*, la droite *JM* coupe la droite *CG* en *R* ;
- la section cherchée est l'hexagone *PQRMNS* ;
- pour les calculs, projeter orthogonalement *M* et *N* sur le plan *ABCD* ; le théorème de Thalès donne alors $BQ = 8/3$, puis $CJ = 5$ et $AI = 4/3$; l'application du même théorème dans le plan *ADHE* et dans le plan *CDHG* permet de trouver $AS = 3/2$ et $CR = 15/4$.

N.B. : On observera (et on fera observer aux élèves) que, pour les calculs ci-dessus, des figures partielles faites dans les plans *ABCD*, *ADHE* et *CDHG* facilitent considérablement le travail.

* **Éléments de géométrie, 1794.**

TRACÉ DE COURBES

Le tracé de courbes au tableau, où le professeur comme l'élève doivent sinon faire vite et bien, au moins donner une représentation convenable en un temps acceptable, demande un minimum d'attention et d'entraînement. Nous donnons ci-après quelques exemples de règles simples dont le maître peut se servir. Le lecteur pourra les trouver puériles ou au contraire sophistiquées à l'excès et en préférer d'autres. À lui aussi de juger s'il peut ou non transmettre les plus simples à sa classe. L'essentiel est, au bout du compte, qu'il ait réfléchi à la question, qu'il se soit fait son propre carnet de recettes et qu'il ait *habitué ses élèves à une certaine exigence quant à la qualité des courbes.*

N.B. : On utilise à plusieurs reprises dans ce qui suit le cercle osculateur en un point M à une courbe Γ. Ce cercle Ω, qui a pour rayon le rayon de courbure, est celui qui approche le mieux Γ au voisinage du point M (au sens suivant : quand un point M' de la courbe tend vers M, la distance $M'H$ de M' au point H du cercle Ω qui en est le plus proche est, par rapport à la distance MM', un infiniment petit d'ordre au moins 3, alors que pour tout autre cercle tangent elle est d'ordre 2).

Si l'arc de courbe envisagé est symétrique par rapport à la normale à la courbe en M, ce qui est le cas pour les sommets d'une conique, il y a alors surosculation : le cercle osculateur « serre la courbe » d'encore plus près et est graphiquement indiscernable de la courbe sur un arc assez étendu.

La *figure 6* correspond à un cercle non osculateur ; le cercle osculateur « traverse » habituellement la courbe, sauf s'il y a surosculation.

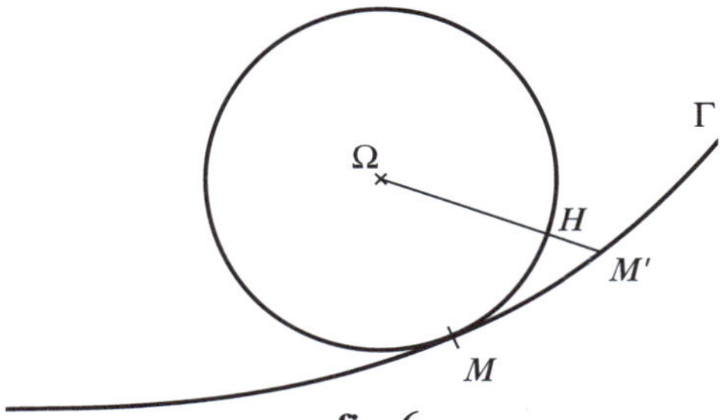

fig. 6

TRACÉ D'UNE ELLIPSE

Bien que l'ellipse ne fasse évidemment pas partie du programme des collèges, on l'y rencontre très tôt.

Le cours de géographie utilise les méridiens et parallèles de la sphère terrestre, que l'on est bien obligé de figurer sous forme d'ellipses.

La géométrie dans l'espace amène à représenter des cylindres et cônes de révolution, des sections planes de sphères.

Si bien qu'il est préférable que le collégien sache au moins ceci : un cercle placé obliquement se représente par une courbe dite ellipse qui est une sorte de « cercle aplati » (voir la page 53).

TRACÉ PAR AFFINITÉ

L'ellipse d'équation $\frac{x^2}{a^2} + \frac{y^2}{b^2} = 1$ se déduit aisément du cercle $x^2 + y^2 = a^2$ par affinité : on obtient les points de l'ellipse à partir des points du cercle en multipliant les ordonnées par $\frac{b}{a}$ sans changer les abscisses.

Cela peut donner au collège une séance de travaux dirigés (voir l'encadré).

Pour les amateurs de constructions à la règle et au compas, rappelons qu'un point M du cercle étant choisi, on en déduit un point M' de l'ellipse comme suit : la droite MM' est parallèle à Oy, les droites BM et $B'M'$ se coupent sur Ox (*figure 9* ci-après).

« Si la grâce préfère les courbes aux lignes brisées, c'est que la ligne courbe change de direction à tout moment. » Bergson.•

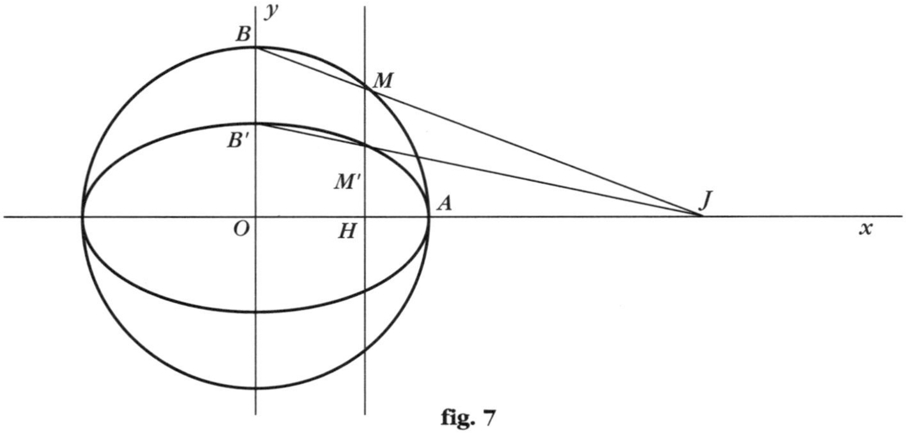

fig. 7

OBTENIR UNE ELLIPSE PAR APLATISSEMENT D'UN CERCLE (niveau quatrième ou troisième)

Dessiner sur du papier quadrillé 5 × 5 ou millimétré un demi-cercle (C) de rayon 10 cm, limité par un diamètre (*D*) horizontal. Graduer (*D*) de cm en cm à partir du centre *O* des deux côtés. Par chaque point *H* de la graduation faire passer une verticale, qui coupe le demi-cercle en un point *M* ; marquer *M'* tel que *HM'* = *HM*/3 (c'est le moment de faire utiliser le facteur constant de la calculatrice).

Joindre les points obtenus par un tracé continu aussi peu sinueux que possible.

Compléter la courbe obtenue par symétrie par rapport à (*D*).

Le professeur fera observer que la précision est très faible vers les extrémités du diamètre et peut être améliorée en prenant des points supplémentaires, OH = 9,5 cm, puis OH = 9,8 cm par exemple.

UNE CONSTRUCTION APPROCHÉE RAPIDE

Il peut être utile de connaître un tracé approché utilisant les cercles osculateurs (en fait surosculateurs) aux sommets de l'ellipse.

On se donne le rectangle circonscrit dont les côtés sont parallèles aux axes de l'ellipse. Avec les notations de la *figure 8* ci-contre, les centres des cercles osculateurs en *A* et *B* sont respectivement *I* et *J*, points d'intersection avec les axes de la perpendiculaire menée de *M* à la diagonale *NQ* ; les rayons de courbure en *A* et *B* sont respectivement b^2/a et a^2/b (ces résultats se prouvent aisément par le calcul, en transportant l'origine des axes de coordonnées en *A* ou *B*). On obtient ainsi une très bonne approximation de la courbe, qui permet un tracé immédiat à main levée.

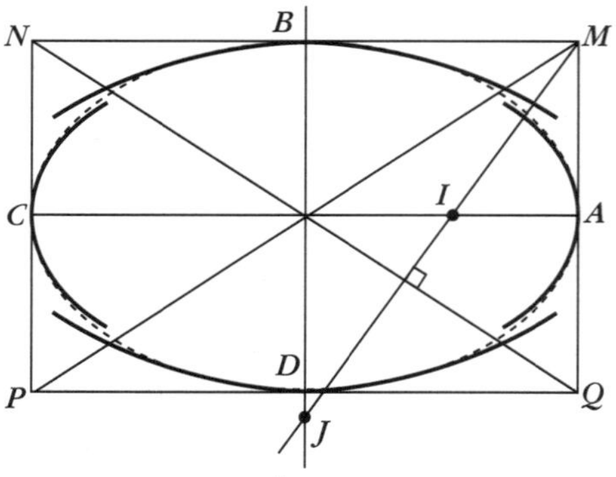

fig. 8

• Essai sur les données immédiates de la connaissance, 1899.

TRACÉ D'UNE PARABOLE

Rappelons que toutes les paraboles sont semblables ; il est bon, de plus, qu'un élève de première sache, comme le dit joliment le programme ES, « que le coefficient a détermine à lui seul l'allure de la parabole $y = ax^2 + bx + c$ », autrement dit que celle-ci se déduit de la parabole $y = ax^2$ par translation. La chose peut parfaitement être présentée dès la seconde sur un ou deux exemples numériques.

Le tracé par points de la parabole $y = ax^2$ (*figure 9*) peut se faire vite et proprement en utilisant la remarque suivante (valable dans un repère quelconque), dont la démonstration est aisée à faire en première : *la tangente au point M d'abscisse x coupe l'axe des x au point L d'abscisse x/2, c'est-à-dire au milieu de OH, où H est la projection de M sur Ox parallèlement à Oy.*

Pour dessiner la courbe, il peut être commode d'utiliser les points où les tangentes ont respectivement pour pente 1/2, 1 et 2. Notons que, si le repère est orthonormé, le rayon de courbure en O est égal au paramètre $p = \dfrac{1}{2|a|}$ et que le cercle osculateur en O est alors surosculateur.

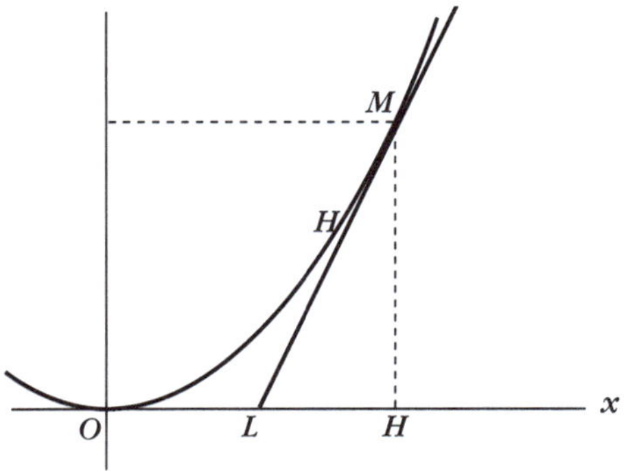

fig. 9

TRACÉ D'UNE HYPERBOLE

Le tracé de l'hyperbole est grandement facilité par la présence des asymptotes. Rappelons une construction classique (*figure 10*). Étant donné deux droites sécantes (non nécessairement orthogonales) Ox et Oy et un point A qui n'est situé sur aucune des deux, l'unique hyperbole passant par A et d'asymptotes Ox et Oy est le lieu des points M tels que : si la droite AM coupe Ox en P et Oy en Q, les segments AM et PQ aient même milieu.

De plus la tangente en un point (A sur la figure) s'obtient comme suit : on trace le parallélogramme qui a pour centre ce point et dont deux côtés sont portés par Ox et Oy. Sa diagonale ne passant pas par O est la tangente cherchée.

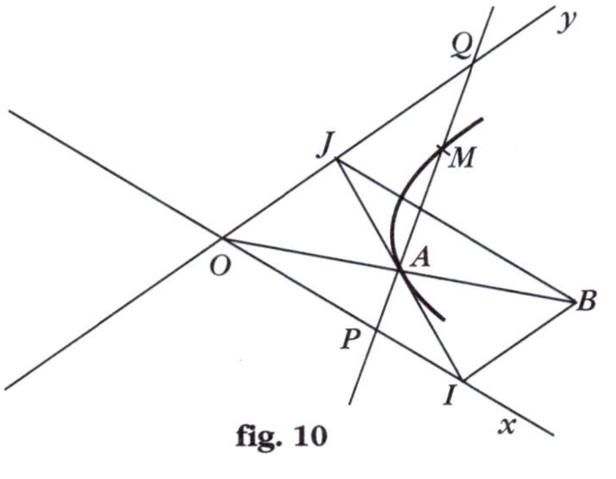

fig. 10

La large diffusion des calculatrices graphiques ne dispense pas l'élève d'apprendre à tracer et à « lire » des courbes.

Tracé d'une sinusoïde

Deux tentations classiques chez les élèves : dessiner une suite de dents de scie ou une suite d'arcs de cercles approchant les schémas caricaturaux ci-contre (*figure 11*).

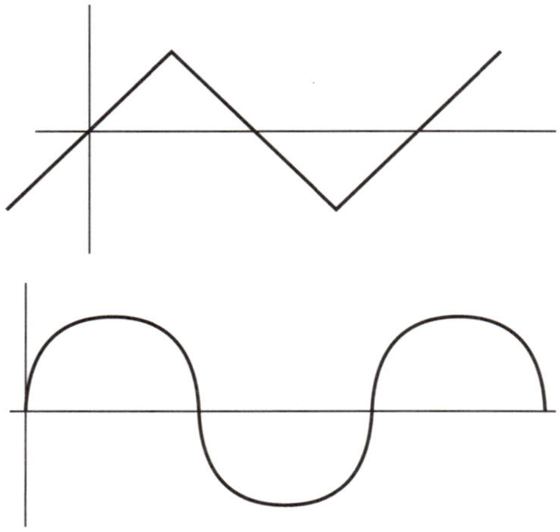

fig. 11

Une assez bonne construction approchée d'une arche de sinusoïde peut se faire au tableau comme suit (*figure 12*) : dessiner un triangle isocèle rectangle OBA d'hypoténuse OA située sur Ox ; marquer sur les segments BO et BA les points D et E tels que $BD = BE = BO/3 = BA/3$; arrondir les angles de la ligne brisée $ODEA$.

On a alors une courbe dont les proportions sont très proches de celles de la sinusoïde authentique : les angles faits avec Ox sont les mêmes, le rapport entre la hauteur et la largeur de l'arche est de $1/3$ au lieu de $1/\pi$, soit une erreur relative inférieure à 5%.

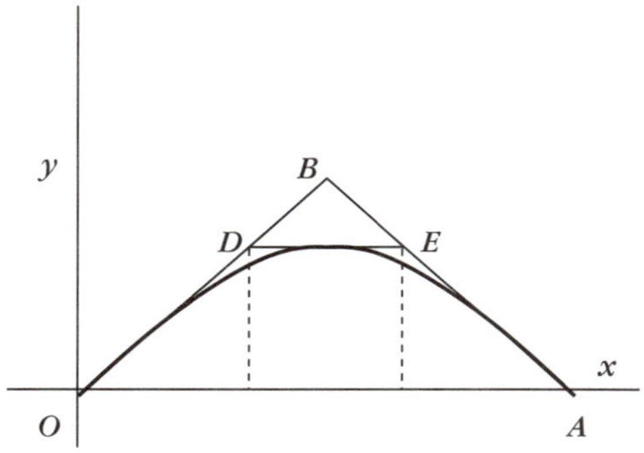

fig. 12

Ne pas oublier d'insister sur le fait que la représentation graphique du cosinus se déduit de celle du sinus par une translation...

Notons enfin, pour les esprits méticuleux, que le centre du cercle osculateur (en fait surosculateur) au sommet d'une arche de sinusoïde est le milieu de la base de l'arche.

Pour en finir avec le tracé de courbes $y = f(x)$...

La recherche de représentations graphiques de fonctions a été pendant longtemps la tarte à la crème de l'enseignement de l'analyse au lycée, comme en témoignent d'innombrables problèmes de baccalauréat.

La large diffusion des calculatrices graphiques et particulièrement de celles qui possèdent la fonction « zoom » risque de modifier sérieusement la situation.

Quelle que soit l'évolution future des règles touchant sur leur usage à l'examen, deux choses apparaissent certaines : le professeur doit, dès maintenant, former les élèves à l'usage de cet outil puissant, mais pas si facile à manipuler intelligemment (voir pages 244-245), mais il doit aussi les rendre capables de se faire une idée de l'allure d'une courbe « à la main » et, plus encore sans doute, de « lire » sur une courbe les propriétés de la fonction qu'elle représente (voir pages 205-212). ■

Une discipline nouvelle au statut encore mal défini.

QUELQUES PISTES POUR UNE UTILISATION DE L'INFORMATIQUE DANS L'ENSEIGNEMENT DES MATHÉMATIQUES

RAPIDE HISTORIQUE

AUTEUR

Chantal BOUVATIER, inspecteur pédagogique régional.

Le dernier demi-siècle a vu naître et se développer spectaculairement une discipline nouvelle, l'informatique, dont le nom a été reconnu officiellement par l'Académie française en 1966.

Les premiers ordinateurs étaient des outils volumineux réservés à des spécialistes. Ils permettaient d'effectuer des calculs scientifiques ou d'automatiser des tâches de gestion. C'est seulement vers les années 60 qu'apparaissent les micro-ordinateurs ; leur utilisation exige alors la connaissance d'un langage de programmation. *L'expansion notable des ordinateurs n'a vraiment commencé que vers les années 80 avec l'invention et la commercialisation de logiciels utilisables par des non-informaticiens.* Depuis quelques années, les conditions d'utilisation ont été tellement simplifiées (notamment grâce à l'environnement Windows) que l'ordinateur a même fait son entrée dans les foyers (c'est le cas pour environ 15% des ménages français).

Depuis une trentaine d'années, l'informatique s'est introduite dans les systèmes de formation de la plupart des pays. Initialement, c'est l'aspect programmatique qui fut essentiellement développé. En France, vers 1965, des maîtrises d'informatique commencent à se mettre en place dans les universités. Puis, en liaison avec l'évolution des ordinateurs et des logiciels, l'informatique s'est étendue dans l'enseignement secondaire comme outil pédagogique et comme outil professionnel spécifique à certaines sections.

ÉQUIPER LES LYCÉES ET LES COLLÈGES

Après diverses expériences spontanées, une expérience nationale concernant les lycées fut lancée en 1970. Elle visait à développer une formation de culture générale à l'informatique et à en exploiter les démarches intellectuelles, algorithmiques et organisatrices, ainsi qu'à favoriser une rénovation pédagogique dans toutes les disciplines.

À partir de 1980, des plans nationaux permirent d'implanter 10 000 puis 100 000 micro-ordinateurs dans les établissements (en priorité dans les écoles et les lycées professionnels). Dans le même temps, des centres de formation furent créés dans toutes les académies.

En 1985, le « *Plan Informatique pour Tous* » permit d'équiper tous les collèges d'un réseau minimal de six ordinateurs. Conjointement, les actions de formation s'intensifiaient et apparaissaient de nouveaux logiciels mieux adaptés aux besoins de l'enseignement. Une *option informatique* fut

LA NOUVELLE OPTION INFORMATIQUE

Les programmes, les horaires, l'organisation de cette nouvelle option, qui débute en seconde et se prolonge jusqu'au baccalauréat, sont définis par les B.O. n° 18 du 4/5/1995, n° 28 du 13/7/1995 et n° 32 du 14/9/1995. Il ne s'agit plus d'apprendre un langage de programmation particulier, mais plutôt d'étudier des notions et des concepts informatiques, au travers de l'utilisation de logiciels et notamment de la programmation sous-jacente à certains logiciels.

mise en place en 1985 après diverses expérimentations ; elle avait pour but de développer une connaissance de l'algorithmique à partir de l'apprentissage de langages informatiques (fortran, basic, pascal). Cette option très demandée fut victime de son succès : on la supprima par crainte de voir se créer une section « d'élite » . Remplacée provisoirement par les « Ateliers de pratique informatique » , elle renaît en septembre 1995.

Depuis les lois de décentralisation, les conseils généraux et les conseils régionaux ont pris la responsabilité d'une partie de l'acquisition des matériels. *En 1996, environ 350 000 micro-ordinateurs étaient installés en France dans les 12 000 établissements scolaires du second degré* publics et privés sous contrat de l'enseignement général, technique et professionnel. Ce parc est essentiellement constitué d'ordinateurs compatibles PC. À cela, il faut ajouter l'ensemble des matériels périphériques, dont par exemple les quelque 12 000 lecteurs de CD-ROM installés à cette date dans les collèges et les lycées.

La tendance actuelle dans les établissements est de mettre en réseau les ressources informatiques ; à la même date, 400 établissements étaient même engagés dans un processus de raccordement à Internet.

Le ministère a consacré environ 80 millions de francs en 1996 à l'acquisition de logiciels, au travers notamment de la procédure originale dite des « *licences mixtes* » .

Ce dispositif consiste à établir, avec les éditeurs, des marchés portant sur un droit d'usage, pour une période illimitée, de certains logiciels sélectionnés pour leurs qualités techniques et pédagogiques (les établissements scolaires peuvent alors les commander directement auprès des éditeurs, pour un coût modéré et pendant trois ans - voir les encadrés des pages 66 et 67).

LES AIDES À LA FORMATION

Si l'engagement des collectivités territoriales va croissant dans le domaine des équipements, le ministère de l'Éducation nationale, au travers de la DISTENB (Direction de l'information scientifique, des technologies nouvelles et des bibliothèques), continue d'impulser un certain nombre d'actions : plans nationaux de formation, actions expérimentales dans le domaine de l'usage pédagogique des nouvelles technologies, animation de groupes de recherche, publication de documents (voir la bibliographie à la page 71). Dans chaque académie, les MAFPEN consacrent une part importante de leur budget à des *formations concernant les nouvelles technologies*. Le professeur qui souhaite découvrir l'informatique peut s'inscrire au plan académique de formation et dans un premier temps participer à des stages d'initiation (3 à 5 jours) qui lui permettent de s'approprier des logiciels de bureautique et de s'initier à un environnement informatique ; une fois qu'il possède les bases indispensables, il a la possibilité de suivre des stages plus ciblés qui lui feront découvrir des logiciels dédiés aux mathématiques. Lors de ces stages, la réflexion porte alors sur la pertinence de l'outil informatique dans la discipline ; les stagiaires sont amenés à construire des séquences pédagogiques exploitant tel ou tel logiciel.

Nous nous intéresserons maintenant non pas à l'informatique en elle-même mais, au travers de l'étude des logiciels actuellement disponibles sur le marché, à *son utilisation comme outil didactique et à ses apports dans l'enseignement des mathématiques.*

■

Une profusion d'outils dans laquelle le professeur doit apprendre à se retrouver.

L'INFORMATIQUE DANS LES PROGRAMMES DE MATHÉMATIQUES DE LA SIXIÈME À LA SECONDE

Sixième :

« Leur [les programmes] mise en œuvre sera grandement facilitée par l'emploi des instruments de calcul, de dessin et de traitement (calculatrices, ordinateurs) ».

« Les travaux géométriques prennent appui sur *l'usage des instruments de dessin et de mesure y compris dans un environnement informatique.* »

« L'usage d'outils informatiques (logiciels de géométrie dans l'espace, ...) peut permettre de mieux visualiser les différentes représentations d'un objet. »

Cinquième (rentrée 1997) **:**

« Les travaux de géométrie plane prennent toujours appui sur des figures, dessinées suivant les cas à main levée ou à l'aide des instruments de dessin et de mesure, y compris dans un environnement informatique. »

« L'usage d'outils informatiques (logiciels de géométrie dans l'espace) peut se révéler utile pour une meilleure visualisation des différentes représentations d'un objet. »

Quatrième (rentrée 1998) **:**

« La pratique du calcul exact ou approché sous différentes formes complémentaires (calcul mental, calcul à la main, calcul à la machine ou avec un ordinateur) [...] »

Les tableurs-grapheurs, utilisés dès la cinquième en technologie [...] »

Troisième :

« L'utilisation d'un ordinateur peut accompagner utilement ces [l'ensemble des] activités. »

« *Analyse (et construction) d'algorithmes comme suite d'instructions aboutissant à la résolution d'un problème donné.*

Application numérique à l'aide d'un ordinateur.

Il s'agit d'une simple initiation, par exemple sur des situations telles que la croissance d'une population, les intérêts composés, ..., mais aucune compétence n'est exigible à ce propos. Les calculatrices ou l'ordinateur pourront être utilisés avec profit. »

Seconde :

« Dans les classes de lycée, l'emploi des calculatrices en mathématiques a pour objectif, non seulement d'effectuer des calculs, mais aussi de *contrôler des résultats, d'alimenter le travail de recherche et de favoriser une bonne approche de l'informatique.* »

« L'emploi des *matériels informatiques* existant dans les établissements est à encourager, notamment à travers l'exploitation de la *lecture graphique sur écran.* »

« L'exploitation des écrans graphiques d'ordinateurs peut aider efficacement les élèves à développer leur perception des objets du plan et de l'espace. »

ESSAI DE CLASSIFICATION DES LOGICIELS

On peut distinguer trois types de logiciels : *logiciels-outils, didacticiels (ou tutoriels), imagiciels.*

LES LOGICIELS-OUTILS

Ce sont des logiciels puissants, généralistes, qui couvrent une très vaste gamme d'applications et qui ont un point commun : c'est essentiellement l'utilisateur qui décide de l'usage qui en sera fait. Nous les avons classés en six catégories, dont les trois dernières sont plus spécifiquement orientées vers les mathématiques.

TRAITEMENTS DE TEXTES

Ces logiciels ne sont pas des logiciels de mathématiques mais peuvent être utilisés lors d'activités dont l'objectif est d'apprendre aux élèves à rédiger une démonstration ; ils sont surtout *un outil personnel de l'enseignant* pour réaliser des fiches, des feuilles d'exercices, des documents, des sujets de devoirs, pour gérer ses cours. La possibilité d'inclure des représentations graphiques est intéressante. Certains logiciels (*Word* par exemple) comportent un éditeur d'équations qui facilite les écritures mathématiques. Il existe également des logiciels spécialisés dans le traitement de textes scientifiques*.

TABLEURS

Ils permettent de gérer, d'organiser et de structurer des données numériques sous la forme de feuilles de calcul. Si on modifie un des paramètres du calcul, toute la feuille de calcul est recalculée instantanément. Ces logiciels déchargent les utilisateurs des tâches fastidieuses ou répétitives de calculs ou de recopies et permettent de recentrer la réflexion mathématique. Ils facilitent les apprentissages de concepts nouveaux (notion de variable, d'algorithme, de suite,...). Les tableurs sont enseignés pour eux-mêmes dans les sections de STT.

Excel (Microsoft) est banalisé dans les établissements ; c'est le tableur utilisé dans les sections de STT. Certains tableurs sont intégrés à des logiciels polyvalents (*Works*, par exemple).

GRAPHEURS

Souvent associés à un tableur, ils permettent une *visualisation des différentes représentations associées à des ensembles de données numériques* (diagrammes à barres, diagrammes circulaires, histogrammes). Dans certains cas, ils permettent d'effectuer des calculs statistiques (moyenne, écart type, variance, corrélation, régression, ...). Ils sont dès le collège un outil d'accompagnement de l'enseignement des statistiques.

LOGICIELS DE CONSTRUCTIONS GÉOMÉTRIQUES

Ils permettent de construire, à l'écran, des figures géométriques, déformables en continu par déplacement des objets de base, et peuvent en particulier fournir des indications sur les mesures d'angles et de segments. Ces logiciels sont particulièrement adaptés pour aider les élèves à utiliser un vocabulaire précis de géométrie, à mettre en évidence des propriétés géométriques, à visualiser des ensembles de points. Ils aident à la mise en place d'une démarche expérimentale en favorisant l'émission de conjectures et leur vérification. Ils facilitent la compréhension des concepts de base de la géométrie.

La plupart de ces logiciels ont un tronc commun de fonctionnalités semblables. On peut citer : *Atelier de géométrie* (Nathan), *Cabri-Géomètre* (Nathan), *Calques géométriques* (Topiques Éditions), *Calques 2* (version Windows du précédent qui, outre les possibilités liées à l'environnement Windows, permet de créer des « greffes » , c'est-à-dire des éléments de figures que l'on peut recoller à une autre figure, de marquer des points pour conserver à l'écran leur empreinte au cours des déplacements liés à une modification de la figure, de créer des lieux géométriques de manière automatique), *Géoplan Dessiner*

* Le plus connu est TeX.*

l'espace (Topiques Éditions) et *Géospace* (CREEM/CNAM; CRDP Poitiers).

Cabri-Géomètre, le plus connu, est accompagné d'une abondante documentation pédagogique (voir la bibliographie de la page 71).

Traceurs de courbes

Ils servent essentiellement à représenter des fonctions mais permettent également d'autres utilisations : calculs d'aires, résolution graphique d'équations, ... Citons les plus courants.

• *Graph'x* (Softia), de prise en main facile, offre les fonctionnalités graphiques classiques : représentation de courbes d'équation $y = f(x)$, tracé de courbes données sous forme paramétrique ou polaire, résolution graphique d'équations différentielles d'ordre 1 ou 2, représentation de dérivées ou de primitives.

• *Graphe* (Nathan) offre de plus la recherche d'expressions à partir d'une courbe donnée (jeu de cible) et le calcul approché d'aires.

• *Math-Graph* (Agi-Soft), outre les fonctionnalités graphiques classiques, offre les possibilités suivantes : utilisation d'échelles logarithmiques, représentation de fonctions implicites, nuages de points dont les coordonnées sont entrées au clavier ou importées, droites de régression, ajustements polynomiaux, résolutions d'équations par diverses méthodes.

Logiciels de calcul formel

Ils permettent toutes sortes de calculs : calculs exacts sur les nombres entiers, décimaux, réels ou complexes, calculs sur les polynômes (factorisation, développement), calculs sur les vecteurs et les matrices. Ils permettent également d'opérer formellement sur les fonctions (calcul de limites, dérivation, intégration, résolution d'équations) et de les représenter.

Ces logiciels, conçus pour assister les mathématiciens professionnels, sont « détournés » à des fins pédagogiques : l'élève, dégagé des difficultés calculatoires prises en charge par le logiciel, peut davantage se consacrer à l'activité proprement mathématique (formulation de conjectures, vérification, compréhension des concepts, mise en place de stratégies de calcul ou de raisonnement, acquisition de méthodes).

Dans cette catégorie, on trouve *Dérive*• (Microsoft) qui est sous licence mixte. Ce logiciel permet, outre les fonctionnalités citées plus haut, de réaliser des tracés 3D, d'importer des données numériques en provenance de tableurs ou de bases de données, d'effectuer tous les calculs statistiques, d'exporter des images graphiques vers des logiciels de traitement de textes. La prise en main par les élèves en est simple et rapide. *Maple* et *Mathematica*, également sous licence mixte, sont plus adaptés aux classes préparatoires.

• Voir aussi le chapitre sur la calculatrice au lycée.•

Les didacticiels ou tutoriels

Sont regroupés indifféremment sous ces deux termes tous les logiciels qui traitent *d'un thème mathématique particulier qu'il s'agit de découvrir ou d'approfondir.* Ils proposent un certain nombre d'exercices et d'activités et comportent généralement des possibilités d'aides, des rappels de cours, des analyses d'erreurs, des fiches d'auto-évaluation. Ils peuvent être utilisés en salle informatique où, sous la conduite du professeur, ils permettent *un véritable enseignement différencié*, chaque élève travaillant à son propre rythme. Le professeur peut aussi décider de faire des groupes de niveau en sélectionnant les exercices en fonction de leur difficulté.

Ces logiciels sont appréciés par les élèves lors d'une utilisation en libre-service : ils leur permettent en effet de tester et d'approfondir leurs connaissances, de s'évaluer, de s'initier à l'apprentissage d'un travail autonome dans un contexte où l'infinie patience et la confidentialité de l'ordinateur créent une relation motivante.

Citons, par exemple :

• *Équations* (Profil), qui propose des équations à résoudre pas à pas et signale chaque erreur ;

• *Calnum* (Chrysis), qui fonctionne de la même manière mais traite du calcul numérique au collège (pratique des opérations, règles de priorité, calculs en écriture fractionnaire, calcul littéral, factorisations, résolution d'équations et d'inéquations, ...) ;

- *Imagimath* (Chrysis), dont les différents modules recouvrent les programmes de collège ;
- *SMAO* (6e, 5e, 4e, 3e) et *SAMAO* (2de) (Chrysis), qui couvrent les programmes de la 6e à la 2de ;
- *Visiamath* (Archimède), qui concerne les représentations graphiques de droites, les équations de droites, les images de droites par transformations, les systèmes d'équations et d'inéquations linéaires (3e et 2de).

Les imagiciels

Ces logiciels fournissent de nombreuses illustrations graphiques. *Les figures, paramétrables, défilent au gré du professeur ou de l'élève* qui actionne le clavier. Ces logiciels se prêtent facilement à une utilisation en classe : il suffit que la salle soit équipée d'un ordinateur et d'une tablette rétroprojetable. Le tableau noir est ainsi transformé en un véritable tableau animé.

Ces logiciels permettent de *montrer des configurations géométriques, de les modifier et de les animer*. Ils aident à introduire les notions de façon concrète (par exemple la notion de fonction, de tangente, de vecteur, ...), ils favorisent la visualisation, la compréhension, la mémorisation des notions étudiées. L'animation des figures stimule les conjectures des élèves, encourage les démarches inductives et plus généralement permet de mettre en œuvre une véritable activité scientifique.

Citons certains logiciels :

- *Imagimath* (Chrysis) (4e et 3e) : 5 modules en 4e (triangles, translations, rotations, orientation, cosinus), quatre modules en 3e (Thalès, trigonométrie, vecteurs, droites). L'élève peut construire des figures ; des exercices permettent également un entraînement sur les notions présentées ;
- *Dessiner l'espace* (Topiques) permet de visualiser puis d'animer des figures rencontrées dans les exercices (l'élève peut faire tourner la figure, faire apparaître des éléments plans en vraie grandeur, supprimer ou ajouter de nouveaux éléments) ;
- *Images logicielles* (CREEM/CNAM, CRDP Poitiers), logiciels de construction et d'animation de figures pour les classes de lycée, issus de l'ensemble « Mathématiques avec images logicielles » ci-dessous ;
- *Mathématiques avec images logicielles*, classe de seconde (Hachette) : ensemble de situations précises accompagné d'un manuel de seconde intégrant l'usage des logiciels dans la progression pédagogique proposée ;
- *Trigo* (Chrysis) permet l'introduction des notions d'angle orienté, de cosinus et de sinus avec visualisation sur quatre fenêtres simultanément des courbes représentatives des fonctions sinus et cosinus, du cercle trigonométrique, des valeurs (en degrés, radians, tours) de deux angles demandés, des valeurs du sinus et du cosinus de deux angles demandés.

Conclusion

Au travers de la description des différents logiciels qui peuvent intervenir dans l'enseignement des mathématiques, les atouts de leur utilisation apparaissent clairement : *facilitation de la compréhension des concepts mathématiques, aide à la mise en place d'une véritable activité mathématique, aide à la visualisation, à la mémorisation, motivation renouvelée de l'élève*, ... Il ne fait pas de doute que les jeunes professeurs, baignés de culture technologique, devront s'approprier ces nouvelles méthodes liées à l'informatique, que leurs propres professeurs ignoraient.

La facilité d'utilisation des matériels informatiques, l'amélioration de la qualité pédagogique et technique des logiciels actuellement disponibles sur le marché laissent à penser que le développement des pratiques professionnelles liées à l'utilisation d'un ordinateur est en expansion.

Une réflexion devra s'instaurer sur la part de travail à transférer de l'élève à la machine.

L'utilisation d'un traitement de textes, d'un tableur, d'outils de calcul conduit à *des modifications des pratiques pédagogiques*, sans que cela soit toujours explicité.

Enfin l'arrivée de nouveaux matériels, comme la calculatrice « TI 92 »•, conduit à se poser des questions sur le développement des salles informatiques : faut-il poursuivre leurs implantations, coûteuses en moyens matériels et humains, ou équiper les établissements de calculatrices de la nouvelle génération, moins onéreuses, plus maniables ?

De manière plus générale, ***une véritable réflexion devra s'instaurer sur la part que l'on pourra ou que l'on voudra transférer de l'élève à la machine***, sur les nouveaux apports de formation véhiculés par l'informatique, sur leur évaluation ; cette réflexion amènera nécessairement à s'interroger, en fonction de ce nouveau contexte, sur les objectifs et les missions de l'enseignement des mathématiques. ■

LOGICIELS DE MATHÉMATIQUES ET LOGICIELS-OUTILS EN LICENCE MIXTE••

Logiciel	Société	Type	Date de fin de marché	Prix monoposte
Atelier de Géométrie	ÉDUSOFT	constructions géométriques	06/10/98	850 F
Calques 2 Windows	TOPIQUES ÉDITIONS	constructions géométriques	06/10/98	847 F
Dérive	ÉDUSOFT	calcul formel	01/01/99	1990 F
Excel 5.0	MICROSOFT	tableur	24/05/97	990 F
Graph'x Windows	SOFTIA	traceur de courbes	26/08/97	700 F
Maple	RITME INFORMATIQUE	calcul formel	01/01/99	2550 F
Mathematica	INTEGRAL SOFTWARE	calcul formel	01/01/99	2350 F
SMAO 2de (T. 1)	CHRYSIS	didacticiel	30/08/97	1100 F
TTS	CHRYSIS	traitem. de texte scientifique	30/08/97	1200 F
Works 3.0	MICROSOFT	polyvalent	24/05/97	590 F

• Voir le chapitre consacré à la calculatrice au lycée.*

•• Liste à jour au 1/01/97.*

QUELQUES LOGICIELS AYANT OBTENU UNE LICENCE MIXTE MAIS DONT LA DATE DE FIN DE MARCHÉ EST ARRIVÉE À ÉCHÉANCE*

Logiciel	Société	Type	Date de fin de marché
Atelier de géométrie collège	ÉDUSOFT	constructions géométriques	3/95
Atelier de géométrie lycée	ÉDUSOFT	constructions géométriques	3/95
Calnum ++	CHRYSIS	didacticiel	9/95
Graphe	ÉDUSOFT	traceurs de courbes	11/94
Graph'x	SOFTIA	traceurs de courbes	12/93
Imagimath 4ᵉ et 3ᵉ	CHRYSIS	imagiciels	9/95
Le Géomètre	ÉDUSOFT	constructions géométriques	fin 91
Math type	CHRYSIS	trait. de textes scientifiques	12/96
Multiplan 3	MICROSOFT	tableur	8/89
Quattro Pro	BORLAND	tableur	12/96
SMAO 4ᵉ	CHRYSIS	didacticiel	10/96
SMAO 5ᵉ	CHRYSIS	didacticiel	12/94
SMAO 6ᵉ	CHRYSIS	didacticiel	12/94

QUELQUES EXEMPLES D'UTILISATION DE LOGICIELS **

On peut employer un logiciel d'au moins trois façons.

• *En salle de classe,* avec un dispositif de projection sur grand écran. En s'appuyant sur le matériel informatique dont il dispose, le professeur joue le rôle qui lui est familier : il dirige des activités, oriente la réflexion, corrige des exercices.

• *En travaux dirigés*, les élèves utilisant l'ordinateur individuellement ou par groupes de deux ; ceci se pratique généralement en salle informatique.

• *En utilisation autonome* (au CDI ou en salle informatique), les logiciels cités peuvent permettre aux élèves d'effectuer des recherches personnelles, de contrôler les réponses qu'ils ont données à des exercices, etc.

Au collège, les programmes de mathématiques comprennent trois aspects : activités géométriques, activités numériques, gestion de données.

Dans chacun de ces domaines, il existe des logiciels qui peuvent apporter une aide efficace.

* Il est toujours possible de commander ces logiciels chez l'éditeur, au prix courant, mais ils font généralement partie des logithèques des établissements.

** Les exemples ci-après sont relatifs au collège.*

Les logiciels de constructions géométriques éduquent l'intuition de l'élève en lui apprenant à observer et à conjecturer.

Activités géométriques

Deux exemples d'utilisation de Cabri-géomètre*

Ce logiciel permet d'effectuer toutes les constructions réalisables avec une règle et un compas. On peut déformer les figures, observer, mesurer et conjecturer.

Exemple 1 (classe de quatrième)

Construisons le centre O du cercle circonscrit au triangle ABC (*figure 1*).

En faisant varier A, on constate que O est à l'extérieur du triangle lorsque celui-ci a un angle obtus. On en « déduit » que O doit être situé sur le côté $[BC]$ lorsque l'angle A est droit (*figure 2*).

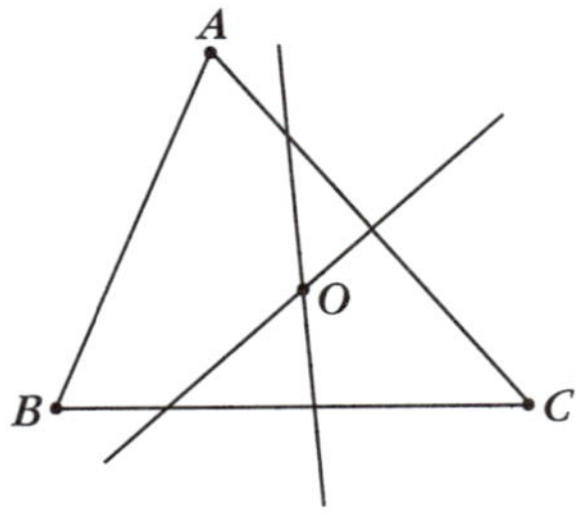

fig. 1

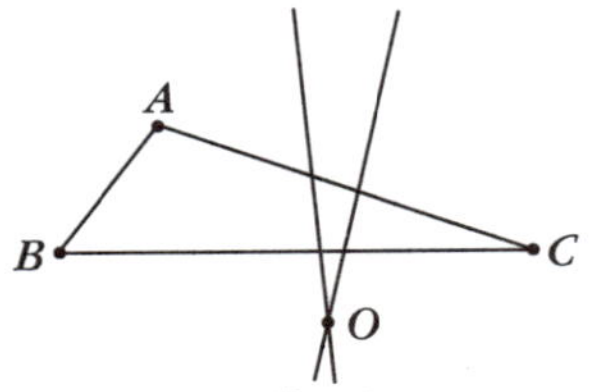

fig. 2

Exemple 2 (classe de troisième)

À l'aide des règles de la perspective cavalière, on peut également utiliser *Cabri-géomètre* pour représenter des cubes, des prismes, des pyramides et les animer.

La *figure 3* représente la section d'une pyramide régulière à base carrée par un plan parallèle à la base. On fait bouger le point M sur le segment SA pour observer la façon dont se modifie la figure et principalement le carré $MNPQ$.

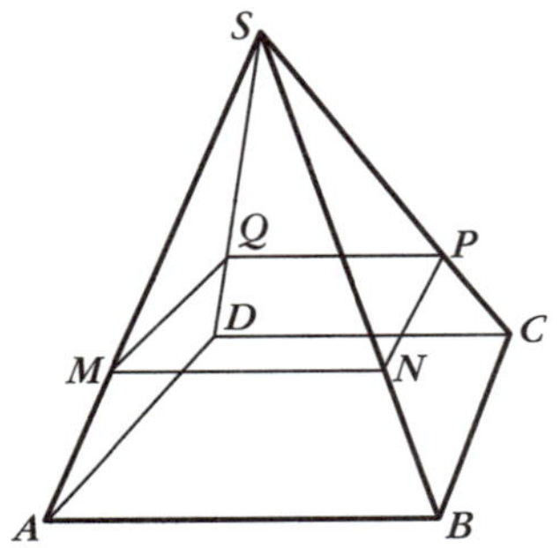

fig. 3

Activités numériques

Utilisation des tableurs

Un *tableur* offre la possibilité de résoudre numériquement de multiples problèmes, du plus simple au plus compliqué.

Ces problèmes peuvent être « concrets » (prix, aires, volumes) ou bien relever des mathématiques « pures» (valeurs d'une fonction, résolution d'une équation). On entre les données dans le tableau, chacune à une adresse (par exemple L4C2 pour *ligne 4, colonne 2*) ; on calcule sur ces données à partir de formules en utilisant les signes usuels d'opération et les adresses, par exemple L4C2 * L5C2.

Lorsque l'on modifie les données, tous les calculs sont refaits automatiquement.

L'emploi d'un tableur correspond à la progression du collège : on commence par manipuler des nombres, on désigne ensuite ces nombres par des noms pour les utiliser dans des formules.

Il peut faciliter grandement l'acquisition, par nos élèves, d'une pensée symbolique et leur faire toucher du doigt l'utilité des écritures littérales. Il est aussi d'un puissant secours dans le travail sur la proportionnalité.

*** Pour plus de détails sur ces deux exemples, se reporter à *Dessiner l'espace*, de Michel Rousselet, éditions Archimède.**

APPLIQUER *DÉRIVE* À LA RÉSOLUTION DES SYSTÈMES LINÉAIRES (CLASSE DE TROISIÈME)

Dérive n'est pas qu'un logiciel de calcul symbolique et numérique. Il possède aussi un module graphique. L'exemple ci-après utilise cette double capacité.

Pour résoudre un système de deux équations du premier degré à deux inconnues, on utilise habituellement deux méthodes de calcul, par *substitution* ou par *combinaison*, et une méthode *graphique*. Examinons comment pratiquer ces méthodes avec *Dérive*.

1° ***La méthode de substitution*** utilise les commandes *résoL* et *reMplace*. Soit, par exemple, le système formé des équations : $5x + 2y = 3$ (1) et $4x - 3y = -5$ (2).

Appliquée à l'équation (1), la commande *résoL* donne $y = \frac{-5x+3}{2}$.

Appliquée à l'équation (2), la commande *reMplace* permet de remplacer y par la valeur trouvée.

On obtient alors l'équation :

$$4x - 3\left(\frac{-5x+3}{2}\right) = -5,$$

dont la solution $x = -\frac{1}{23}$ est donnée par la commande *résoL*.

2° ***La méthode de combinaison*** utilise l'opérateur **:=** qui permet de donner un nom à une expression. Celle-ci devient alors un objet que l'on peut manipuler. Dans l'exemple précédent, il suffit de nommer équ1 et équ2 les deux équations pour voir que 4*équ1 – 5*équ2 devient $23y = 37$. Avec *Dérive*, on peut réellement combiner des équations !

3° Notons que l'usage sur les deux équations de la commande *résoL* offre une méthode de calcul différente des deux premières (que l'on pourrait nommer ***méthode de comparaison***). Pour trouver x :
- on exprime y en fonction de x à partir de chaque équation ;
- on égale les deux valeurs de y ;
- on résout l'équation en x ainsi obtenue.

4° ***La méthode graphique*** est particulièrement simple à mettre en œuvre :
- écrire les deux équations ;
- ouvrir une fenêtre graphique ;
- tracer les représentations graphiques correspondantes ;
- amener le curseur sur le point d'intersection des deux droites (s'il existe) et lire ses coordonnées en bas de l'écran ; on peut faire des zooms pour améliorer la lecture.

Choix pédagogiques

L'expérience montre que la troisième méthode de calcul est un bon point de départ pour aborder la résolution d'un système 2 x 2.

Il semble en effet que ce soit la méthode la plus facile d'accès pour les élèves.

La méthode qui consiste à éliminer une inconnue en combinant les équations est bien acceptée par eux ; l'emploi de l'opérateur **:=** ne semble pas leur poser de problème. Au contraire, la substitution est jugée comme difficile à comprendre ; aussi peut-il être sage de la traiter en dernier.

Observons que l'application aux deux équations de la commande *résoL* ne donne pas seulement une méthode de résolution numérique (celle que nous avons appelée « de comparaison ») ; elle a aussi l'avantage de mettre les deux équations sous la forme classique de l'équation de droite telle qu'on la voit en troisième et donc de faciliter l'interprétation graphique.

Reprenons l'exemple du système formé des équations $5x + 2y = 3$ et $4x - 3y = -5$.

L'application de la commande *résoL* aux équations (1) et (2) donne :

$$y = \frac{-5x+3}{2} \text{ et } y = \frac{4x+5}{3}.$$

Les deux droites représentatives ont des coefficients directeurs différents. Elles sont donc sécantes et possèdent un seul point commun.

On a donc *prouvé* l'existence et l'unicité de la solution du système.

Le tableur est d'un grand secours pour l'apprentissage de la proportionnalité et celui de la gestion de données.

Gestion de données

L'outil privilégié dans ce domaine est le *tableur* qui permet, grâce au *grapheur* qui lui est généralement associé, de visualiser toutes sortes de diagrammes (en barres, circulaires, etc.)

Exemple : la répartition des forêts dans l'Europe des douze (niveau : à partir de la 5e)

Le tableau ci-contre donne la superficie totale des douze pays de la CEE en 1991 et celle des forêts de ces pays.

Pays	**Superficie** (en milliers de km^2)	**Surface boisée** (en milliers de km^2)
Allemagne	357	102
Belgique	30	6,2
Danemark	43	4,9
Espagne	505	84
France	547	132
Grèce	132	25
Irlande	70	4,0
Italie	301	64
Luxembourg	2,6	0,8
Pays-Bas	37	3,5
Portugal	92	30
Royaume-Uni	245	22

Travail à faire

Première partie

D'après ce tableau :

Quel est le pays le plus petit ? ....

Lequel a la plus grande surface boisée ? .....

....

Deuxième partie

Une partie des données du tableau ont été utilisées pour construire le diagramme suivant avec *Excel*.

Quel est le nom de ce type de diagramme ?

....

Que représente-t-il ? ....

A quoi correspond la hauteur d'un carreau ?

....

Quelles informations données par le tableau n'ont pas été utilisées ? ....

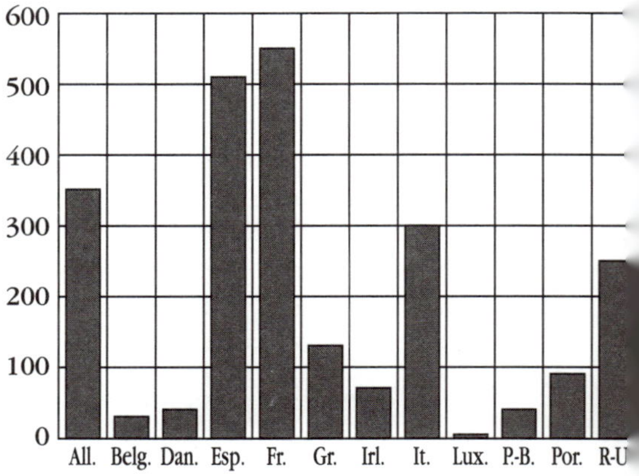

Troisième partie

Recopie les données du tableau sur une feuille d'*Excel*. Ouvre une quatrième colonne et calcule pour chaque pays le pourcentage de sa surface qui est recouvert par la forêt (*préciser la forme demandée* : 40 % ou 0,40). Quelles opérations vas-tu faire faire ?..........

Quatrième partie

Représente les différents pourcentages trouvés par un diagramme à barres verticales. N'oublie pas les légendes !

Quelle est le pourcentage de surface boisée en France ? ....

Quelle est le pourcentage de surface boisée en Allemagne ? ....

De ces deux pays, lequel est le plus boisé ?
....

Lequel des douze pays est le moins boisé ?
....

Cinquième partie

Calcule la superficie totale de l'Europe des douze. ....

Quel pourcentage de sa surface est couvert par la forêt ? ....

L'Italie est-elle plus boisée que la moyenne des douze ?..

Remarques

Si le niveau de la classe le permet, on peut :

– essayer de faire deviner aux élèves pourquoi certaines données du tableau initial (par exemple celles qui ont trait au Luxembourg) comportent un chiffre après la virgule ;

– présenter un diagramme où l'ensemble des informations du tableau soit reporté pour chaque pays sous forme d'un bâton dont une partie est hachurée.

INDICATIONS BIBLIOGRAPHIQUES

– *Réaliser des graphiques au collège*, M. Rousselet, CDDP des Hauts de Seine, 1993.

– *Géométrie expérimentale au collège*, P. Béthune, CDDP des Hauts de Seine, 1993

– *Expérimenter en géométrie* (pour lycées), Y. Martin, éd. Archimède.

– *Cabri-classe. Apprendre la géométrie avec un logiciel*, B. Capponi et al, éd. Archimède, 1994.

– *Dessiner l'espace avec Cabri-Géomètre*, M. Rousselet, éd. Archimède, 1995.

– *Faire de la géométrie en jouant avec Cabri-Géomètre*, R. Cuppens, tomes 1 et 2, publication de l'APMEP, 1996.

– *Dérive - classe (pour le collège)*, M. Rousselet, coédition APMEP-Tangente.

– *Dérive, Maple, Mathematica*, J. Zizi, éd. Archimède.

Les trois ouvrages suivants ont été diffusés gratuitement dans les établissements par le Ministère de l'Éducation Nationale (DISTENB) :

– *Faire des Mathématiques au Collège avec l'ordinateur* (1993) ;

– *Faire des Mathématiques au lycée avec l'ordinateur* (1993) ;

– *Dérive, un outil à intégrer.*

Un instrument qui vaut beaucoup mieux que sa réputation.

LE Q.C.M. COMME OUTIL PÉDAGOGIQUE

AUTEUR

Pierre LEGRAND.

En France, les tests suscitent une méfiance instinctive dont on peut en un sens s'étonner puisqu'ils y sont nés avec la publication, en 1911, par Binet et Simon, de *l'Échelle métrique de l'intelligence*. Le *questionnaire à choix multiple*, ou QCM, leur avatar le plus courant, est issu d'un double impératif, docimologique et économique : évaluer de façon aussi objective que possible et évaluer des effectifs élevés sans pour autant consacrer à la correction une somme de travail prohibitive. Les considérations pédagogiques n'ont ainsi joué aucun rôle dans la mise sur pied de ce mode d'évaluation.

Un certain scepticisme, quant à l'usage du QCM par le professeur au cours de son enseignement, est donc *a priori* assez naturel. Il serait cependant fort aventuré de considérer, comme beaucoup le font, qu'il s'agit là d'un instrument de mesure primitif, tout juste bon à jauger des opérations mentales élémentaires. Il existe une très grande variété* de QCM et certains sont fort difficiles ou fort subtils. *Nous nous limiterons ici à donner quelques suggestions quant à l'usage que l'on peut faire de cet outil dans la conduite de la classe.*

*** On trouvera une étude détaillée (notamment sur les QCM aux USA et au Japon), des exemples et des références dans *Le bac chez nous et ailleurs*, de P. Legrand, chez Hachette Éducation, pages 105 à 132.**

L'usage du QCM en classe permet-il de gagner du temps ?

La lecture de ces « copies » préfabriquées dans lesquelles l'élève n'a qu'à cocher la bonne réponse se fait très vite (les machines à corriger les tests avalent dix mille feuilles à l'heure, mais, même « à la main », on ne met que quelques minutes pour venir à bout d'un paquet). L'avantage est donc réel... pour qui dispose d'une collection de QCM tout prêts. On trouve hélas peu de choses actuellement en France dans ce domaine, alors qu'une littérature abondante existe aux États-Unis (voir la bibliographie). L'enseignant devra donc élaborer le plus souvent ses propres QCM, ce qui demande un effort de réflexion et un travail amusant, instructif, mais assez long. Aussi est-il préférable, tant pour l'économie de matière grise que pour la qualité du résultat, de se mettre à deux (ou plusieurs) professeurs exerçant dans des classes parallèles pour mettre sur pied un questionnaire.

Dans le cadre de la classe, en revanche, le bénéfice est indiscutable : *un contrôle par QCM se fait plus vite qu'un contrôle de type classique, sa correction en classe peut être menée plus rondement et, du coup, donner lieu à un dialogue plus soutenu.*

Une évaluation biaisée, mais utile et agréable

Le véritable intérêt pédagogique du QCM, qu'il soit « artisanal » ou pris dans une banque de sujets, est cependant ailleurs que dans le temps qu'il permet de transférer de l'évaluation à l'apprentissage mathématique proprement dit.

Le QCM permet au maître de jeter un regard différent sur sa classe et à l'élève de découvrir ses capacités sous un autre éclairage.

Il serait naïf de considérer l'évaluation par QCM comme un remède miracle. Elle a, certes, une certaine aura d'objectivité, puisqu'elle élimine les réactions personnelles du correcteur, mais elle laisse cependant entiers les problèmes liés aux choix pédagogiques et docimologiques du concepteur de l'épreuve. Il n'est de plus guère discutable que, si soigneusement construit qu'il puisse être, *le QCM constitue une évaluation biaisée* : les réactions instinctives, l'habileté à conjecturer, le sang-froid sont surévalués alors que la rigueur, la méthode, la capacité de bâtir un raisonnement à plusieurs étapes et surtout les qualités d'expression passent à l'arrière-plan.

Le QCM ne saurait donc se substituer aux exercices traditionnels, mais il en constitue un complément intéressant.

En effet :

– il revêt, pour peu qu'il ne soit pas utilisé trop souvent, un *aspect ludique* qui plaît aux élèves (qui d'entre nous d'ailleurs n'a pas eu un jour ou l'autre la faiblesse de faire dans son hebdomadaire favori un *quiz* du genre « Seriez-vous reçu au bac ? » ou « Testez vos connaissances gastronomiques » ?) ;

– il donne, de par ses biais même, une prime discrète à des *aptitudes peu récompensées par les évaluations classiques*, la rapidité des réflexes, l'intuition, le souci du plausible (plus d'une fois, le choix de la bonne réponse se fait par élimination des réponses absurdes). Ce faisant, il peut permettre à des élèves handicapés par leurs difficultés d'expression ou leur méconnaissance des règles de mise en forme des énoncés mathématiques de faire la preuve qu'ils ont malgré tout un certain potentiel scientifique qui ne demande qu'à se développer ;

– il permet d'estimer, à la différence des épreuves habituelles, les connaissances et la maîtrise des mécanismes *indépendamment des qualités de rédaction*, ce qui permet de mieux situer les problèmes de la classe ou d'une partie de la classe ;

– il constitue un intermédiaire valable entre les questions directives du type « montrer que » et les questions à réponse ouverte (« Quelle est l'aire du triangle ABC ? »).

LA VARIANTE LA PLUS SIMPLE

Le modèle le plus rudimentaire, comme le plus simple à fabriquer, est naturellement **le questionnaire à réponse VRAI-FAUX**. Il est commode pour dresser un rapide état des lieux, soit que l'on désire, avant d'aborder une partie du cours, avoir une idée des connaissances et des savoir-faire sur lesquels on pourra s'appuyer, soit que l'on veuille déceler, à la fin du traitement d'un chapitre, les points sur lesquels il sera nécessaire de revenir plus tard. Il peut être utilisé à tous niveaux comme le montrent les deux exemples figurant en encadré.

Le travail peut être fait en quelques minutes

SIXIÈME (DÉBUT D'ANNÉE) : LES NOMBRES ENTIERS

Marquer « vrai » ou « faux » devant chacune des affirmations suivantes.

1. Seize heures font 960 minutes.

2. Dans l'écriture en chiffres de deux millions cent mille treize, il y a trois zéros.

3. 384 est divisible par 4.

4. 383 est divisible par 3.

5. 131 095 < 130 590.

6. Jean a un billet de 100 francs. Il veut acheter 3 cassettes à 35 francs chacune, mais il n'a pas assez d'argent.

7. Neuf mille neuf cent quatre-vingt-dix-neuf plus douze égale dix mille onze.

8. Le reste de la division d'un nombre entier par 4 est toujours 1, 2 ou 3.

9. 5264 – 1396 = 3878.

10. Un autobus démarre avec 36 passagers. Au premier arrêt, il descend 13 personnes et il en monte 8. Au second arrêt, aucun passager ne descend, mais il monte 6 personnes. L'autobus repart avec 35 personnes.

Le QCM à réponses « vrai-faux » est un outil simple et commode pour dresser un rapide état des lieux.

TERMINALE ES OU S :
EXPONENTIELLE ET LOGARITHME

Marquer « vrai » ou « faux » devant chacune des affirmations suivantes :

1. $\ln 2 + \ln 3 = \ln 5$.

2. $e = \ln(e^e)$.

3. $\ln 0 = 1$.

4. La dérivée de $x \to \ln(2x)$ est $x \to 2/x$.

5. La dérivée de $x \to e^{-2x}$ est $x \to -2\,e^{-2x}$.

6. Pour tout réel x, $\ln x < e^x$.

7. $(e^2)^{-5} = (e^{-5})^2$.

8. La fonction $x \to x^{1/a}$ $(x > 0)$ est strictement croissante si et seulement si $0 < a \leq 1$.

9. Pour tout $x > 0$, $x^{1/2} . x^{1/3} = x^{1/6}$

10. Quand x tend vers $+\infty$, $\dfrac{\ln(2x+7)}{\ln(x-1)}$ tend vers $\ln 2$.

(on peut corser le jeu en demandant de travailler de tête et donc de ne rien écrire en dehors de V ou F), avec correction immédiate par les élèves eux-mêmes. Le point faible de ce type de test est justement (il n'y a pas de miracle) ce qui fait son extrême simplicité de conception et d'exécution : le fait que le choix proposé à chaque item est un choix binaire. On ne peut ainsi jauger que des réflexes de base et des capacités élémentaires.

De plus, si l'on veut prendre en compte la note, il faut choisir entre deux attitudes, qui sont effectivement l'une et l'autre utilisées par les spécialistes des tests.

Ou bien l'on souhaite décourager chez les élèves la tendance à répondre au hasard, tendance qui, de fait, n'a vraiment pas besoin d'être stimulée : on attribue alors + 1 pour une bonne réponse, – 1 pour une mauvaise, 0 pour l'absence de réponse, ce qui a l'avantage d'être statistiquement neutre.

Ou bien l'on estime qu'un tel système est paralysant pour les élèves, ce qui peut se produire avec les plus jeunes ou les classes en difficulté, et l'on se contente de totaliser les réponses correctes.

Le Q.C.M. « canonique »

Les questionnaires habituellement élaborés par les spécialistes sont à quatre ou cinq réponses possibles. Le choix des réponses à proposer est un travail délicat : les réponses fausses (les *distracteurs*, pour employer le terme technique) doivent avoir un certain degré de vraisemblance sans pour autant constituer une incitation déloyale à l'erreur. Le pire distracteur est évidemment celui qui est fait d'une réponse correcte sur le fond, mais incorrectement formulée. Les meilleurs distracteurs sont ceux qui sont modelés sur les erreurs le plus souvent commises par les élèves.

Une bonne façon de fabriquer un QCM valable est donc de partir d'un questionnaire à réponses libres et d'un paquet de copies lui correspondant.

Pour la notation, on a là encore le choix. Si N est le nombre d'items, C le nombre de réponses correctes, F le nombre de réponses fausses et si les items sont tous à 5 réponses possibles, on peut attribuer :

– ou la note 20 C/N si l'on ne souhaite pas pénaliser les erreurs ;

– ou la note 20 $(C - F/5)/N$, ce qui élimine statistiquement l'effet des réponses faites au hasard... mais peut conduire à des notes fort basses, voire négatives.

La première solution pousse à aller vite et récompenser les réponses réflexes. La seconde encourage un travail plus posé et plus réfléchi.

L'exemple figurant en encadré n'a d'autre but que de montrer deux choses :

– le niveau des questions peut être variable ;

– il est possible de grouper plusieurs questions autour d'un même thème et même de prévoir certains enchaînements.

DISTANCES, ANGLES ET AIRES EN QUATRIÈME

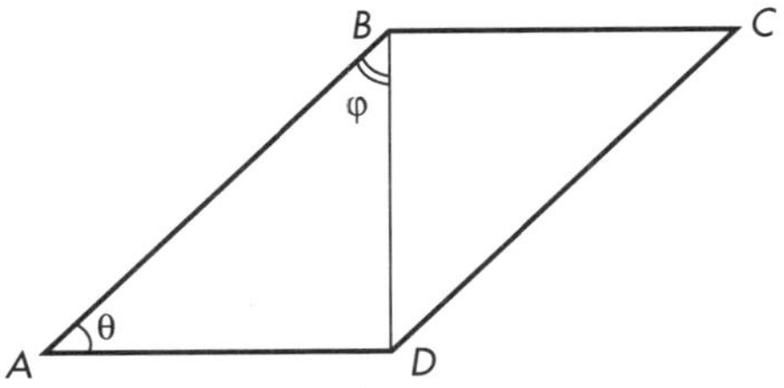

fig. a

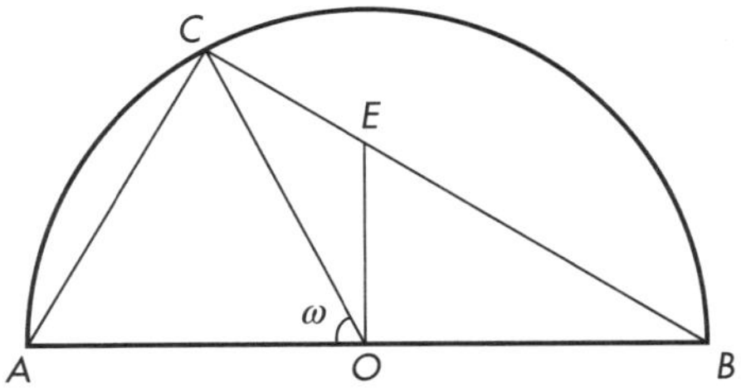

fig. b

Assez facile

Dans la *figure a* ci-dessus, *ABCD* est un parallélogramme, les droites (*AD*) et (*DB*) sont perpendiculaires, *AD* = 4 cm, *BD* = 3 cm.

1. *L'aire du parallélogramme ABCD est :*
a) 6 cm^2 ; **b)** 9 cm^2 ; **c)** 12 cm^2 ; **d)** 15 cm^2 ;
e) les données ne suffisent pas pour la trouver.

2. *La distance AB, mesurée en centimètres, vaut :*
a) 4,5 ; **b)** 5 ; **c)** 6 ; **d)** $\sqrt{12}$; **e)** $\sqrt{15}$.

3. *La distance AC, mesurée en centimètres, vaut :*
a) 8 ; **b)** 10 ; **c)** $2\sqrt{15}$; **d)** $6\sqrt{2}$; **e)** $\sqrt{73}$.

4. *Les angles θ et φ marqués sur la figure a sont :*
a) adjacents ; **b)** alternes-internes ;
c) complémentaires ; **d)** correspondants ;
e) supplémentaires.

5. *L'angle θ a pour valeur approchée, en degrés, à une unité près par défaut :*
a) 26 ; **b)** 30 ; **c)** 36 ; **d)** 40 ; **e)** 41.

Difficile

Le demi-cercle de la *figure b* a pour rayon 4 cm. La droite (*OE*) est perpendiculaire à la droite (*AB*). L'angle ω vaut 60°.

1. *La distance CA, exprimée en centimètres, est égale à :*
a) 4 ; **b)** $2\sqrt{2}$; **c)** $2\sqrt{3}$; **d)** 9/2 ;
e) $3\sqrt{3}$.

2. *L'aire S du triangle ABC, exprimée en cm^2, vaut :*
a) 14 ; **b)** 15 ; **c)** 12 ; **d)** $9\sqrt{2}$; **e)** $8\sqrt{3}$.

3. *L'angle $\widehat{EAB}$ est égal à :*
a) 45° ; **b)** 36° ; **c)** 30° ; **d)** environ 27° ;
e) 22,5°.

4. *Si S est l'aire du triangle ABC, celle du triangle OBE est :*
a) S/4 ; **b)** S/3 ; **c)** S/2 ; **d)** $S/\sqrt{3}$;
e) $S\sqrt{2}/4$.

5. *L'aire du triangle OCE, exprimée en cm^2, vaut :*
a) 2 ; **b)** 5/2 ; **c)** $\sqrt{3}$; **d)** $4/\sqrt{3}$;
e) $2\sqrt{2}$.

6. *La distance de E à la droite (OC), exprimée en cm, vaut :*
a) 1 ; **b)** 3/2 ; **c)** $\sqrt{3}$; **d)** $2\sqrt{3}/3$; **e)** $\sqrt{2}$.

Plus souple que le QCM, le questionnaire à réponses ouvertes courtes est lui aussi un utile contrepoids aux problèmes « montrer que ».

DES QCM DE LUXE

Signalons pour finir que, pour lutter contre le caractère « fermé » des QCM, qui pousse un peu trop les élèves à éliminer les mauvaises réponses plus qu'à chercher la bonne, on peut donner à ces questionnaires une forme plus souple et plus sophistiquée (les Japonais en sont les grands spécialistes et les Américains commencent à les imiter). Une première solution consiste en l'utilisation d'items où parmi les réponses proposées, plusieurs peuvent être correctes ; mais on peut faire nettement mieux, comme le prouve l'exemple figurant en encadré.

QCM À LA JAPONAISE

L'exercice ci-dessous (dont la formulation a été quelque peu adaptée) a été donné en 1990 au concours national d'entrée dans les universités publiques nippones ; il représentait le tiers d'une épreuve d'une heure. Il est conçu, comme un QCM classique, pour une correction automatique par lecteur optique. Mais, pour donner les bonnes réponses, le candidat doit faire calculs et raisonnements ; la seule chose qui lui est épargnée est la rédaction.

Dans cet énoncé, les lettres majuscules italiques maigres A, B, C... jusqu'à U désignent l'un des symboles suivants : 1, 2, 3, 4, 5, 6, 7, 8, 9, 0, +, – . On demande de déterminer pour chacune le symbole correspondant. Aucune justification n'est à donner.

Soit λ une constante. On considère la parabole $\Pi\lambda$ d'équation : $y = -x^2 + \lambda x + \lambda^2$.

1. Trouver les coordonnées $x = \lambda / A$ et $y = B\lambda^2 / C$ du sommet de Π_λ. Ce point est situé sur une courbe $y = Dx^2$.

2. Soit Δ la droite joignant les deux points $\boldsymbol{V}(-1, 1)$ et $\boldsymbol{W}(2, 4)$. Pour que Π_λ et Δ aient au moins un point commun, il faut et il suffit que l'on ait $\lambda \leq EF$ ou $\lambda \geq G/H$.

3. Lorsque $\lambda = EF$, Π_λ et Δ ont un point commun unique de coordonnées (JK, L). Lorsque $\lambda = G/H$, Π_λ et Δ ont un point commun unique de coordonnées $(M/N, PQ/R)$.

4. Pour que Π_λ et le segment $[\boldsymbol{VW}]$ aient deux points communs distincts, il faut et il suffit que $S/T < \lambda \leq U$.

LES QROC

Une variante intéressante est le QROC (prononcer *croque*), le « questionnaire à réponses ouvertes courtes » , où l'on demande non un raisonnement en forme, mais seulement un résultat, accompagné ou non d'une brève explication. Les évaluations qu'organise régulièrement la D.E.P., Direction de l'Évaluation et de la Prospective, à l'entrée en sixième et en seconde, et celles de l'APMEP (voir les pages 344-347) sont pour l'essentiel composées d'items de ce type. En voici deux exemples correspondant à la classe de troisième, tirés de l'évaluation EVAMP3/90.

EXEMPLE 1

• **Dessine le triangle équilatéral ABC sachant que O est son centre.** *(Laisse les traits de construction)*

EXEMPLE 2

• **Pour chacune des trois équations ci-contre, on te demande de répondre aux questions suivantes :**

– si elle admet une ou plusieurs solutions, quelles sont (ou quelle est) ces solutions ?

– dans le cas contraire, pour quelle raison l'équation n'admet-elle pas de solutions ?

Équation : $x^2 = 25$

....

....

....

Équation : $y^2 = -\ 49$

....

....

....

Équation : $z^2 = 17$

....

....

....

POUR FINIR

L'ennui naquit un jour de l'uniformité.

Si nous voulons que nos élèves ne considèrent pas les exercices faits au tableau, les contrôles et les devoirs à la maison comme des pensums fastidieusement répétitifs, il nous faut varier la forme du travail qui leur est donné.

Le QCM et le QROC, pour peu qu'on les utilise avec discernement, constituent à la fois *une agréable diversion et un contrepoids* face aux évaluations calquées sur le sempiternel modèle des textes de baccalauréat et de brevet.

On a même fait des expériences où l'on demandait aux élèves eux-mêmes d'élaborer un QCM sur un chapitre du cours ; un tel procédé nous semble trop exceptionnel pour pouvoir être recommandé à tous, mais peut-être le lecteur serait-il tenté...

Notons enfin, qu'à l'opposé du QCM, et tout aussi éloigné que lui du problème « montrer que », il y a le *problème ouvert*, de manipulation plus délicate, mais très efficace pour motiver une classe•. ■

• Voir par exemple G. Arsac et M. Mante, *Problème ouvert et situation-problème*, IREM de Lyon, 1988.

« Même les jeux tant d'adresse que de hasard fournissent de quoi augmenter considérablement les sciences utiles. » **Leibniz.**

JEUX ET COMPÉTITIONS MATHÉMATIQUES

AUTEURS

Claude DESCHAMPS, président du Comité consultatif des Olympiades internationales de mathématiques.
Pierre LEGRAND.

Le jeu et la compétition sont inséparables de l'histoire des mathématiques. De nombreux problèmes retrouvés dans les papyrus égyptiens ou les tablettes babyloniennes ne semblent correspondre à d'autre nécessité que d'énoncer et de résoudre une énigme ingénieuse. Archimède ne crut pas indigne de lui de « coller » les savants de l'école d'Alexandrie, le grand centre mathématique de l'Antiquité, en leur posant le problème des *Bœufs du Soleil*. Au XVIIe siècle, certains ouvrages de jeux mathématiques furent parmi les grands succès de librairie, depuis les *Problèmes plaisants et délectables qui se font par les nombres*, de Bachet de Méziriac (1613), jusqu'aux *Récréations mathématiques et physiques* d'Ozanam (1694). Les probabilités sont nées en 1654 d'un problème de partie de dés interrompue (voir la page 255) ; les jeux de hasard sont d'ailleurs restés un de leurs objets d'étude favoris. À cette époque, comme au siècle suivant, les sociétés savantes organisaient des concours entre chercheurs sur des thèmes à l'ordre du jour et les savants n'hésitaient pas à lancer des défis à leurs collègues de l'Europe entière.

Ils n'hésitaient pas non plus à réfléchir longuement sur des problèmes ludiques d'apparence frivole ; c'est ainsi que la théorie des graphes, par exemple, procède d'un divertissement étudié par Euler, le problème des *ponts de Koenigsberg* (voir la page 80).

Cet état d'esprit subsiste encore dans une large mesure de nos jours. La recherche de plusieurs décennies a été largement influencée par les vingt-trois problèmes que Hilbert formula en 1900 lors du Congrès de Paris. Et les mathématiques continuent à avancer pour bonne part grâce à l'annonce publique de conjectures qui ont pris le relais des défis d'autrefois. Faut-il ajouter, enfin, que la théorie des jeux est une des branches des mathématiques contemporaines les plus actives et les plus fécondes ? ■

DES JEUX MATHÉMATIQUES POUR NOS ÉLÈVES

Si des mathématiciens, parmi les plus grands, ont pris au sérieux le jeu au point de lui consacrer une partie de leurs recherches, il serait absurde que nous, professeurs de mathématiques, refusions de lui faire une place dans notre enseignement. Le jeu peut constituer pour les élèves, comme il l'a fait pour les mathématiques elles-mêmes, un puissant facteur de progrès. Pourquoi, donc, ne pas s'appuyer sur lui pour motiver une démarche, pour introduire ou illustrer une notion ?

Un phénomène curieux est à signaler à ce propos. La géométrie (au moins la géométrie plane) a eu de tout temps la réputation d'un sujet d'études raisonnablement concret et accessible, bien étayé par son support visuel, alors que l'algèbre et l'arithmétique ont gardé au long des siècles une réputation d'hermétisme un peu morose, à tel point que la seconde a pratiquement été bannie de nos programmes : les figures ont, si l'on ose dire, une meilleure image que les nombres.

Et pourtant *le nombre de problèmes récréatifs à thème numérique a toujours été très supérieur à celui des récréations à thème géométrique*. Une explication possible est l'extrême difficulté de beaucoup de problèmes de géométrie dite élémentaire.

Si bien que le professeur soucieux d'initier efficacement ses élèves aux mystères des x et des y n'a que l'embarras du choix lorsqu'il veut illustrer son cours d'exemples stimulants. Il lui suffira, pour en trouver le temps, de diminuer un peu le nombre de corvées du genre : « développer $(5x - 3)(3x - 1) - 2x(x + 5)$ » ou « factoriser $9(-2x + y)^2 - 25(x - 3y)^2$ ». Ces exercices techniques, comparables aux gammes des pianistes, sont utiles ; mais les multiplier, c'est risquer ce que le programme de cinquième appelle « l'écueil connu d'apprentissages aboutissant à la mise en œuvre d'algorithmes dépourvus de véritable sens ». C'est surtout risquer de tuer dans l'œuf toute curiosité intellectuelle et de faire totalement oublier que l'algèbre est avant tout, comme le dit Stendhal (voir la page 28) un merveilleux instrument de résolution de problèmes.

Pour faire comprendre aux élèves qu'en introduisant des lettres dans les calculs, on ne les lance pas dans un jeu compliqué, gratuit et pervers, la meilleure méthode est de proposer des énoncés qui ne sont pas posés *a priori* dans un cadre algébrique, mais où il faudra mathématiser la situation et choisir l'inconnue (ou, à partir de la troisième, les inconnues). Cet entraînement à la mathématisation est d'ailleurs une composante indispensable de la formation scientifique.

Les manuels français contiennent relativement peu de problèmes à caractère ludique. Mais il en existe des recueils, et les compétitions en apportent chaque année une moisson. La difficulté est évidemment de trier ce qui est destiné à une élite et ce qui peut réellement être utilisé avec une classe moyenne, en travaux dirigés par exemple. La bibliographie que nous donnons essaie de d'esquisser un tel tri. Pour les annales des compétitions, le tri est simplifié : sont évidemment à privilégier les exercices provenant des compétitions de masse (voir la page 85).

QUELQUES « CLASSIQUES »

Les énoncés qui suivent sont doublement classiques : ils sont célèbres, ils peuvent aisément être traités en classe dans le cadre du programme.

LA TOMBE DE DIOPHANTE (4e OU 3e)

Sur la tombe de Diophante d'Alexandrie (mathématicien mort vers l'an 400 de notre ère), figurait, dit-on, une inscription que nous reproduisons approximativement : « Passant, ci-gît Diophante. Son enfance fit le sixième de sa vie ; pendant le douzième suivant son menton se couvrit de duvet ; il attendit encore un septième de sa vie avant de se marier ; au bout de cinq années de mariage, il eut un fils. Hélas, ce fils vécut deux fois moins que son père. Plein de tristesse, le vieillard mourut quatre ans après son fils. Passant, dis-moi à quel âge mourut Diophante. »

C'est un bon exercice de révision sur les fractions, mais c'est surtout un exemple permettant de montrer à quel point l'introduction d'une inconnue x peut faciliter la résolution. L'inconnue à utiliser est évidemment la durée de la vie du grand homme ; la réponse est $x = 84$.

LE CHEVAL ET L'ÂNE (3e)

« Ce n'est pas juste, dit l'âne au cheval. Je suis presque aussi chargé que toi. Si tu me donnais un de tes sacs, j'en aurais autant que toi.
– Oui, répond le cheval, mais songe que si je prenais l'un des tiens, je serais deux fois plus chargé que toi. »

Combien de sacs portent l'un et l'autre ?

Ce problème remonte sans doute au Moyen Âge, son origine est inconnue. Il peut introduire plaisamment les systèmes 2×2.

LES MARCHANDS DE VIN (3e)

Deux marchands se présentent à une porte de Paris, l'un avec 64 tonneaux de vin, l'autre avec 20. Comme ils n'ont pas assez d'argent pour payer la taxe d'entrée due sur chaque tonneau, ils paient en nature : le premier donne 5 tonneaux et 40 écus, le second donne 2 tonneaux et on lui rend 40 écus. Quel est le prix d'un tonneau ? Quelle est la taxe par tonneau ?

Problème dû à Chuquet, vers la fin du XVe siècle. Même utilité que le précédent.

LES FERMIÈRES ET LES ŒUFS (2de OU 1re)

Deux fermières apportent au marché 100 œufs à elles deux. Elles ne les vendent pas le même prix, mais toutes les deux reçoivent la

« *Je ne sais s'il y a quelque rapport entre l'esprit du jeu et le génie mathématique, mais il y en a beaucoup entre un jeu et les mathématiques.* »

Diderot.

même somme. La première dit à la seconde : « Si j'avais eu autant d'œufs que toi, j'aurais touché 15 kreutzers ». L'autre répond « Et si moi, j'avais eu autant d'œufs que toi, j'aurais touché 6 kreutzers 2/3. » Combien d'œufs avait chacune ?

Ce problème est dû à Euler. Si la première fermière a vendu x œufs à p kreutzers pièce et la seconde y œufs à q kreutzers pièce, on a :

$x + y = 100$, $px = qy$, $py = 15$, $qx = 20/3$.

x vérifie une équation du second degré, qui a deux racines, 40 et -200, la racine positive étant évidemment seule à retenir. Avec un peu plus d'ingéniosité, on peut éviter de recourir à quatre inconnues.

Deux « marginaux » célèbres

Les problèmes qui suivent n'ont rien à voir avec les programmes scolaires, mais ils sont très formateurs et très stimulants pour l'imagination mathématique ; ils peuvent agrémenter, par exemple, la dernière séance d'un trimestre.

Les trois maris jaloux

Ce problème est de la même veine que le fameux problème « Le loup, la chèvre et le chou » dont on affirme qu'il fut posé à Charlemagne lui-même. Le voici dans la formulation donnée par Bachet de Méziriac, qui le popularisa.

Trois maris jaloux se trouvent avec leurs femmes au passage d'une rivière, ils rencontrent un bateau sans batelier. Ce bateau est si petit qu'il ne peut porter plus de deux personnes à la fois. On demande comment ces six personnes passeront, de telle sorte qu'aucune femme ne demeure en présence d'un ou deux hommes si son mari n'est présent.

Posé avec deux couples seulement, il peut être aisément résolu par un collégien moyen (notons qu'avec quatre couples il est infaisable). Le problème à trois couples tel que le pose Bachet constitue un exercice assez difficile d'organisation et de gestion de données... et une introduction à l'idée d'algorithme. Pour le traiter commodément, le mieux est de faire un tableau sur deux colonnes (ou trois : rive 1 / bateau / rive 2) indiquant à chaque phase lesquelles des six personnes (qu'on peut noter conformément à la tradition A, B, C, a, b, c) sont sur chaque rive. Esquissons une des solutions :

– les deux femmes a et b traversent et b ramène le bateau ;
– b et c traversent et c ramène le bateau ;
– A et B traversent et rejoignent leurs femmes, B et b ramènent le bateau ;
– B et C traversent et a ramène le bateau ;
– tous les maris sont alors sur la seconde rive et leurs femmes sur la première ; la suite est aisée.

Les ponts de Koenigsberg

Comment se promener dans une ville en empruntant une fois et une seule chacun de ses ponts ?

Pour la ville de la *figure 1*, une classe même faible trouve rapidement une solution (la seule précaution à prendre, mais elle est impérative, est de partir de la zone D ou de la zone E). Pour la ville de Koenigsberg (*figure 2*), le problème, en apparence plus simple, est insoluble. Le fleuve délimite quatre zones A, B, C, D. Tout passage dans une zone, sauf au départ et à l'arrivée, utilise deux ponts, l'un pour entrer, l'autre pour sortir (sur ce point, on sera obligé de guider les élèves). Il devrait donc y avoir au plus deux zones où aboutissent un nombre impair de ponts ! ■

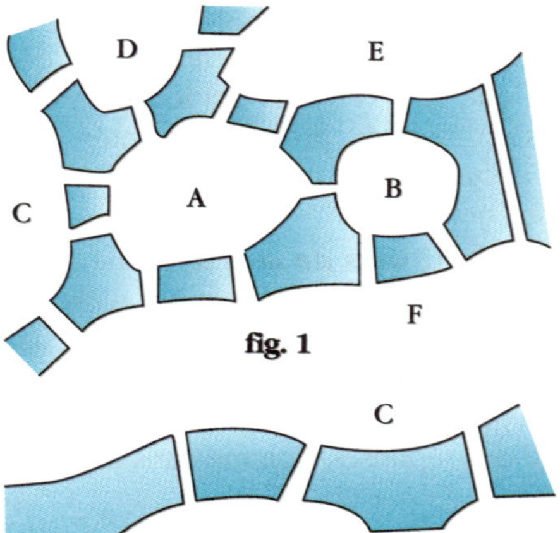

fig. 1

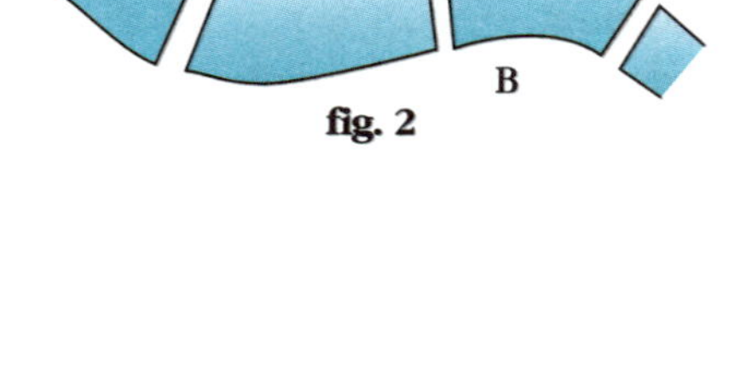

fig. 2

LES COMPÉTITIONS MATHÉMATIQUES*

Quel que soit le domaine (sport, échecs, bridge, mais aussi cinéma, musique, littérature...) les concours et compétitions ne laissent jamais indifférent. Pour les participants il s'agit souvent d'un engagement très fort ; c'est également un moment de tension extrême pour eux comme pour leurs supporters éventuels. Les compétitions mathématiques ne font pas exception. Cette tension individuelle ou même collective qu'elles peuvent engendrer conduit certains enseignants à les considérer comme inutiles, voire dangereuses. Elles ont, il est vrai, certains aspects négatifs auxquels il convient d'être attentif, mais sont un extraordinaire outil au service des mathématiques.

L'enseignement scientifique doit en effet accorder autant d'importance à l'éveil de l'esprit de curiosité des élèves qu'à l'appropriation, par eux, des contenus des programmes. L'idée est très ancienne, mais elle a peut-être encore plus de force à l'heure actuelle où le développement industriel repose sur une aptitude constante à l'innovation. Les compétitions mathématiques peuvent constituer un formidable levier de développement de cet esprit de curiosité. Chacune d'elles, qu'il s'agisse de compétitions de masse ou de compétitions s'adressant à une élite d'élèves particulièrement doués ou motivés, présente un intérêt. Il serait absurde de les opposer ; elles ne font que se compléter.

Les compétitions de masse essaient de rassembler le plus grand nombre d'élèves possible. Cette contrainte a conduit à deux solutions :

– une épreuve courte et un traitement informatisé des réponses, comme dans le *Kangourou ;*

– une épreuve où chaque classe remet une copie collective, comme dans plusieurs rallyes régionaux.

Il s'agit dans les deux cas d'un instrument très efficace de popularisation des mathématiques, de dédramatisation de celles-ci. À travers les questions ludiques, posées souvent sous forme d'énigmes, nécessitant astuce et logique plus que connaissances scolaires, nombre d'élèves vont constater que les mathématiques ne se réduisent pas à des exercices stéréotypés, mais peuvent être amusantes et même captivantes.

Les compétitions destinées à un public plus restreint permettent évidemment de repérer des élèves très attirés par les mathématiques et par ce biais constituer un vivier de futurs scientifiques que l'on entourera particulièrement. Il est naturel de détecter le plus tôt possible les jeunes talents, de les encourager et de les encadrer, mais cet aspect est marginal. L'intérêt principal de ces compétitions est ailleurs. Il est de permettre aux participants de se confronter à des problèmes qui élargissent leur culture : ils sont ainsi conduits à tâtonner, à expérimenter, à trouver seuls leur chemin et acquièrent ainsi le goût de la recherche.

Qu'elles soient de l'un ou l'autre type, les compétitions entraînent un vigoureux développement des activités mathématiques :

– elles favorisent la création de clubs mathématiques, d'écoles d'été, de stages ;

– elles entraînent la diffusion de documents les concernant, la publication de livres et de revues destinées aux élèves ;

– jouissant de plus de liberté que l'enseignement, qui est lié à son programme, elles permettent d'ouvrir largement le champ d'étude proposé aux élèves ;

– elles constituent une occasion unique de créer des relations amicales entre les compétiteurs (particulièrement dans les rallyes par classes entières), mais aussi entre les enseignants qui sont amenés à se rencontrer et à échanger des idées ;

– ce dernier point est encore plus frappant lorsqu'il s'agit de compétitions internationales ; celles-ci permettent en outre aux professeurs de prendre conscience des points forts et des faiblesses de l'enseignement français. ■

*** On trouvera plus de détails et de nombreux exemples d'énoncés dans *Panorama Math 96*, co-édité par le Comité international des Jeux Mathématiques, l'A.P.M.E.P. et A.C.L. éditions.**

*« Les recueils de problèmes amusants fourniront de nombreux exemples qui frapperont l'esprit de l'élève. »**

PANORAMA DES COMPÉTITIONS FRANÇAISES

Les compétitions ne sont pas encore très répandues en France ; nous sommes en retard sur de nombreux pays. Cependant, au cours de ces dernières années, un effort important a été fait.

COMPÉTITIONS NATIONALES

Le *Concours général* est la plus ancienne (la première édition eut lieu en 1744) et la plus prestigieuse des compétitions françaises. Les candidats sont proposés par leurs professeurs. L'épreuve, très difficile, est constituée de cinq exercices pour cinq heures de travail.

Le *Kangourou des collèges* et le *Kangourou des lycées*•• sont des compétitions de masse, inspirées du modèle créé en 1976 par Peter O'Halloran en Australie et qui a connu un succès impressionnant dans ce pays. L'épreuve est de 1h15, elle comporte trente questions à choix multiples de difficulté croissante. Elle comprend quatre catégories (6e, 5e, 4e, 3e) pour les collèges et plusieurs (selon le niveau et le type de classe) pour les lycées. Plus de 600 000 candidats y ont participé en 1996.

Le succès de ces deux dernières compétitions a inspiré la création d'un *Kangourou sans frontières*, l'épreuve (niveau 4e-3e) étant maintenant commune à plus de quatorze pays. Des échanges d'élèves sont organisés à l'issue de la compétition entre les différents pays impliqués.

Le *Championnat international des jeux mathématiques et logiques*••• propose des énigmes plus éloignées des programmes scolaires que celles des compétitions précédentes. Il comporte sept catégories dont deux touchant les collèges, C1 (6e-5e) et C2 (4e-3e), et une, L1, touchant les lycées. Il rassemble aussi plusieurs centaines de milliers de participants.

COMPÉTITIONS RÉGIONALES À CARACTÈRE INTERNATIONAL

Mathématiques sans frontières Alsace•••• est une compétition par classes entières, de niveau 3e-2de. Dans la dizaine d'exercices à résoudre, l'un est proposé dans quatre langues étrangères et doit être résolu dans l'une d'elles. En 1996, il y a eu 76 000 participants dans 20 pays.

Mathématiques sans frontières Aquitaine••••• est, comme la précédente, une compétition par classes entières de 3e ou 2de. Elle touche les académies de Bordeaux et Toulouse, l'Aragon, la Galice et le Pays basque espagnol. Les huit ou dix exercices sont à résoudre en 2h.

COMPÉTITIONS RÉGIONALES

Le tableau ci-après donne la liste des rallyes et tournois académiques, départementaux ou locaux existant en 1996.

Ils sont le plus souvent organisés par l'IREM avec le soutien de l'inspection pédagogique régionale et l'appui du Conseil régional et/ou général.

Le plus ancien est le Rallye d'Alsace, créé en 1973 ; celui qui rassemble les plus gros effectifs est le Rallye du Centre, avec plus de 20 000 participants.

La plupart valorisent fortement l'esprit d'équipe : la compétition est organisée entre classes, parfois entre équipes de deux, rarement entre individus. L'aspect ludique est privilégié.

Notons que certaines de ces compétitions ont lieu en deux étapes (demi-finale, finale) ou en trois ; elles sont marquées dans le tableau du symbole ② (deux étapes) ou ③ (trois étapes).

• Instructions du 27/7/1905.

•• Adresse : 50 rue des Écoles, 75005 Paris.

••• Adresse : FFJM, 1 avenue Foch, 94700 Maisons-Alfort.

•••• Adresse : MSF, collège Fustel de Coulanges, 67085 Strasbourg Cedex.

••••• Adresse : IREM de Toulouse.

Nom	Type	Niveau	Épreuve	Adresse
Compétitions académiques				
Rallye mathématique d'Alsace	par binômes	1re term	3 exer., 4h 3 exer., 4h	IREM de Strasbourg
Rallye mathématique de Bourgogne	au choix	lycée (3 classements)	6 exer. 4h	IREM de Dijon
Rallye mathématique du Centre	par classes	3e 2de	11 exer., 1h45 14 exer., 1h45	IREM d'Orléans
Rallye mathématique de Champagne-Ardennes②	par classes	4 (6e, 5e, 4e, 3e)	12 exer., 1h30	IREM de Reims
Tournoi mathématique du Limousin	par binômes	4e 1re-term	2h 4h	IREM de Limoges
Rallye mathématique du Poitou-Charentes	par classes	3e 2de	10 exer., 12 exer.	IREM de Poitiers
Autres compétitions				
Rallye mathématique de Loire Atlantique③	par classes	8 catégories, du CM1 à la 3e	10 exer., 1h	IREM de Nantes
Rallye mathématique de la Sarthe③	par classes	6e ; 4e		Collège "Vieux Colombier" Le Mans
Rallye mathématique de Lyon	par classes	6e-5e 4e-3e-2de 1e-term	2h30 2h30 2h30	IREM de Lyon
Rallye mathématique de Ganges (Hérault)③	individuel	6 catégories	4 exer., 1h30	Collège de Ganges
Tournoi mathématique. de St Michel-en-l'Herm (Vendée)	individuel par binômes	9 catégories 1 catégorie		8 rue Fleming St Michel-en-l'Herm

COMPÉTITIONS DANS LE MONDE

Chaque pays a ses propres compétitions mathématiques. Les pays d'Europe orientale, en particulier, ont une très forte tradition dans ce domaine, avec souvent un système d'Olympiades locales, régionales et nationales, largement répercutées dans la presse, voire à la télévision.

Il existe des compétitions internationales par zone géographique (Olympiade balkanique) ou linguistique (Olympiade ibéro-américaine). Mais la plus prestigieuse de toutes est l'Olympiade Internationale de Mathématiques (voir l'encadré suivant).

■

« Aux Jeux Olympiques, ce ne sont ni les plus beaux ni les plus forts qui obtiennent la couronne, mais ceux-la seul qui prennent part aux compétitions. »

Aristote, **Éthique à Nicomaque.**

LES OLYMPIADES INTERNATIONALES DE MATHÉMATIQUES

L'idée est née en Roumanie. La première Olympiade internationale de mathématiques fut organisée en 1959 à Bucarest avec la participation de sept pays de l'Est. En 1968, les organisateurs décidèrent d'inviter quelques pays occidentaux. Depuis, le nombre de pays participants n'a cessé de croître, pour atteindre 75, à Bombay, en 1996.

Parmi les participants de 1996 : tous les pays européens, les États-Unis, le Canada, les plus grands pays d'Amérique latine (Argentine, Brésil, Chili, Colombie, Mexique), l'Australie, la Chine populaire, le Japon et la plupart des pays du Sud-Est asiatique, mais un seul pays africain, le Maroc.

Le concours se passe sur deux journées : deux épreuves de 4h30 chacune avec trois exercices à résoudre : chaque candidat (en principe six par pays) reçoit les textes dans sa langue maternelle et compose de même. Le niveau de connaissances nécessaire est celui de la terminale. Les sujets proposés sont difficiles ; ce sont souvent de magnifiques thèmes d'étude à conseiller à un élève de terminale désirant se mesurer à des problèmes demandant une grande imagination.

Le Palmarès

Chaque candidat a un total sur 42, chaque exercice étant noté sur 7. En 1996 il y a eu 35 médailles d'or (total d'au moins 28), 66 d'argent (20 à 27), 99 de bronze (12 à 19) pour 426 candidats.

Les résultats français

Cette épreuve prestigieuse est pour certains candidats des pays d'Europe orientale l'aboutissement d'une longue carrière de compétition ; on ne saurait donc s'étonner de les retrouver nombreux en tête du classement, de même que les candidats d'Extrême-Orient, soumis à un entraînement intensif.

On peut néanmoins s'inquiéter de voir qu'en 1996, le meilleur des candidats français, tous primés au Concours Général, s'est retrouvé 82e et qu'au classement officieux des nations, la France était 36e (30e en 1995, 18e en 1994), loin derrière les États-Unis, la Grande-Bretagne, l'Allemagne et l'Italie.

BIBLIOGRAPHIE

Quelques classiques

• G. Bachet de Méziriac,
Problèmes plaisants et délectables, 1613,
réédité Blanchard 1993.

• E. Fourrey,
Récréations arithmétiques, 1899,
réédition Vuibert 1994,
présenté par J.L. Nicolas.

• E. Fourrey,
Curiosités géométriques, 1907,
réédition Vuibert 1994,
présenté par E. Barbin.

• E. Lucas,
Récréations mathématiques
(4 tomes, le premier actuellement épuisé),
1882-1894 réédité Blanchard 1979.

• A. Sainte Laguë,
Avec des nombres et des lignes, 1937,
réédition Vuibert 1994,
présenté par A. Deledicq et C. Berge.

Publications de l'APMEP 26 rue Duméril, 75013 Paris

• *Les problèmes de l'APMEP*
– Tome 1 *Arithmétique*, 1993.
– Tome 2 *Géométrie*, 1994.
– Tome 3 *Combinatoire, Algèbre, Analyse*, 1994.

• *Jeux IV, De l'intérêt des problèmes de rallyes*, 1995 (collège et lycée).

• *Fichier Evariste*,
fiches présentant des problèmes de compétitions (collège et lycée).

• *Panoramath 96*
Compétitions 1996, avec un choix de sujets et des indications sur les solutions (coédité avec CIJM et ACL).

Problèmes de compétitions publiés par d'autres éditeurs

• Archimède, 5 rue Jean Grandel, 95100 Argenteuil.
– *Olympiades et Concours Général* 1983-1987
– *Concours Général* 1988-1994

• Hatier, diffusion FFJM (1, avenue Foch 94700 Maisons Alfort)
– *Les mètres du mystère* (collège).
– *Le triangle patriotique* (collège).
– *La fraction du bicentenaire* (lycée).
– *Les rouges et les noirs* (lycée).

• Pôle diffusion Belin
– *Les pentagones patagons* (collège).
– *Le trésor du vieux pirate* (collège).
– *Le singe et la calculatrice* (collège).
– *La biroulette russe* (lycée).
– *Le pin's tourneur* (lycée).
– *Le roi des nuls* (lycée).
– *Le sabre d'Aladin* (lycée).
– *Double détente* (lycée).

Ouverture
Pratique de la classe
Pour approfondir

PARTIE 2

PRATIQUE DE LA CLASSE

Comment les enseignants de français pourraient-ils construire seuls les compétences de langage dont l'élève a besoin en mathématiques ?

MATHÉMATIQUES ET LANGAGE

PRÉAMBULE

AUTEURS

Roberte TOMASSONE, maître de conférences de linguistique à l'IUFM de Versailles.

Marianne LE GALL, professeur de mathématiques au collège Versailles de Marseille.

DES DIFFICULTÉS DE LANGAGE

Depuis la réforme Haby (1975), tous les enfants sortant de l'école primaire entrent en sixième. Ceux d'entre eux - et ils ne sont pas rares - qui maîtrisent imparfaitement la langue maternelle rencontrent des obstacles qui se traduisent, tant au niveau de la compréhension que de la production, par des difficultés à lire et à écrire et, en particulier, par l'incapacité à traiter les informations, à résumer, argumenter et démontrer.

LA TENTATION DES PALLIATIFS

L'origine de ces difficultés étant d'ordre langagier, bien des enseignants de mathématiques (comme d'ailleurs d'autres disciplines) préfèrent encore s'en remettre à l'enseignant de français pour y remédier ; s'ils ont pris conscience de ces problèmes, ils hésitent à les prendre en charge dans leur propre discipline.

Ceux qui tentent d'agir ont trop souvent *des solutions ponctuelles, à la surface du phénomène* : expliquer le sens d'un mot, d'une tournure, réduire la part de langage au profit des schémas afin de pallier les difficultés de lecture ou d'expression en dissociant la forme d'exposition des procédures mathématiques.

Se contenter de tels « dépannages », c'est méconnaître *le rôle des apprentissages langagiers dans les apprentissages scientifiques.*

DES APPRENTISSAGES À POURSUIVRE...

Il faut admettre - et tous les résultats d'enquêtes et d'évaluations le confirment - que *l'apprentissage de la lecture n'est pas achevé à l'entrée en sixième* : un élève de sixième n'est pas capable de lire n'importe quel type de textes.

L'apprentissage de la lecture doit donc se poursuivre au collège, en priorité dans le cours de français.

Il est donc indispensable, en français, de s'appuyer sur tous les types et genres de textes y compris les textes mathématiques. Mais les enseignants de français sont-ils préparés à les aborder ?

L'une des caractéristiques du langage mathématique est l'usage de mots du vocabulaire courant dans un sens spécifique : il n'est pas sûr que ces significations soient toujours bien perçues ; de même l'apprentissage de la lecture d'un texte mathématique implique l'apprentissage d'un code.

Derrière l'écorce linguistique, il y a des concepts, des modes de raisonnement : les pratiques langagières spécifiques sont inséparables du savoir disciplinaire qu'elles structurent. L'apprentissage de la lecture en mathématiques est l'une des composantes de l'apprentissage des mathématiques.

Ceci étant, *comment les enseignants de français pourraient-ils construire seuls les compétences langagières dont l'élève a besoin en mathématiques ?*

••• EN INTERDISCIPLINARITÉ

Il est donc primordial de travailler, en mathématiques, sur la langue des textes mathématiques à des fins d'apprentissage des mathématiques. Mais les enseignants de mathématiques ne sont généralement pas des spécialistes du langage : une collaboration entre enseignants de mathématiques et enseignants de français est donc souhaitable.

La question préliminaire est de définir, d'une part, dans quelles situations les élèves sont confrontés à des textes mathématiques et amenés à lire et à écrire en mathématiques et, d'autre part, quels sont les écueils qu'ils rencontrent et quels sont les besoins.

LANGAGE ET MATHÉMATIQUES

Parmi toutes les disciplines, les mathématiques ont un statut particulier et des liens spécifiques avec le français qui découlent de leur rapport au langage. Les notions mathématiques, les propriétés, les relations, les théorèmes et les définitions ne sont accessibles que par divers modes d'expression : la langue naturelle (le français), une écriture symbolique ayant ses propres règles de fonctionnement (différentes de celles de la langue naturelle), des dessins et représentations graphiques, des figures géométriques.

LES SPÉCIFICITÉS DE LA LANGUE MATHÉMATIQUE

La langue naturelle utilisée en mathématiques présente des usages grammaticalement recevables mais peu usités dans d'autres contextes. Le sens de certains mots peut être différent. Au-delà des mots, des tournures spécifiques nécessitent un apprentissage parce que leur sens ou leur structure les distingue de l'usage courant, par exemple : *on donne..., ABC est un triangle..., soit...* Les textes mathématiques sont souvent complexes : phrases longues, forte densité de l'information. Une complexité inévitable est cependant due aux spécificités des objets mathématiques mêmes et au traitement que l'on en fait (la démonstration par exemple). Un objet mathématique est rarement indépendant d'un autre objet, il ne peut être déterminé qu'en fonction d'autres objets : ainsi un cercle est déterminé par son centre et un point, la parallèle à une droite par le point dont elle est issue et la droite en question. Il en résulte une grande complexité syntaxique des groupes nominaux• dans lesquels les prépositions jouent un rôle fondamental et spécifique.

LE LANGAGE AU SERVICE DE LA PENSÉE

Par ailleurs, *le langage n'intervient pas seulement en mathématiques comme moyen d'extériorisation de la pensée, il contribue lui-même au développement de la pensée.* Un mathématicien sait bien qu'avoir à formuler la solution d'un problème peut lui permettre de prendre conscience de l'utilisation de résultats implicitement admis au cours de la résolution et le conduire à revenir sur sa solution.

Pour l'élève, une chose est de faire des mathématiques, une autre est de présenter et de faire évaluer ce qu'il fait. Ainsi, un élève de sixième peut être capable de savoir construire le symétrique d'une figure par rapport à une droite sans pouvoir exprimer de façon précise, et dans les termes adéquats, le processus suivi. L'obligation de mettre en mots son action, de se plier aux exigences de l'écriture et de conventions pourrait le conduire à analyser sa propre activité, à la structurer, à prendre de la distance par rapport à son action. Ceci n'est pleinement praticable qu'à un niveau élevé (après le baccalauréat) mais doit être commencé très tôt, au moins dès le collège.

L'enseignement des mathématiques se doit donc d'apprendre aux élèves non seulement à utiliser le code, mais aussi à savoir lire des textes mathématiques reposant sur les usages spécifiques de la langue naturelle et à en formuler eux-mêmes en respectant ces usages.

La maîtrise du langage dans et par les mathématiques contribue à la maîtrise de la langue française et au développement de capacités cognitives s'exerçant dans les deux domaines.■

• Sous sa forme minimale, un groupe nominal est constitué d'un nom et d'un déterminant (*un, le ,tout, chaque, trois, ...*) ; mais le nom peut être complété par des adjectifs (*deux droites perpendiculaires*), des compléments introduits par des prépositions (*un demi-cercle de centre O*), des propositions relatives (*la droite qui joint les deux points A et B*).

« Or une science bien traitée n'est qu'une langue bien faite. » Condillac*

DIFFICULTÉS DE LECTURE

QUELQUES EXEMPLES

L'examen des premiers *Cahiers d'évaluation des élèves à l'entrée en sixième*, en 1989, a mis en évidence des difficultés de compréhension d'énoncés de problèmes. Celles-ci sont dues, en particulier, à une ignorance non seulement du vocabulaire spécifique, mais aussi de constructions et d'usages syntaxiques, à une analyse erronée de la phrase et à des pratiques de lecture sélective négligeant des informations explicites ou élaborant, à tort, des informations implicites. Voici deux exemples tirés de ces cahiers.

EXEMPLE 1 : MATHÉMATIQUES, EXERCICE 1

La figure ABCD représente un rectangle.

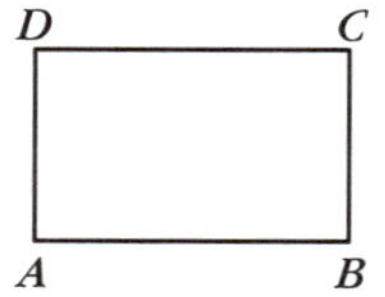

Complète les phrases en utilisant les mots de la liste : parallèle, perpendiculaire, rectangle, isocèle, sommet.

– *Les droites (AD) et (BC) sont ...*

– *Les droites (AB) et (BC) sont ...*

– *Le triangle ABC est ...*

Les réponse suivantes sont assez fréquentes :

– « Les droites (*AD*) et (*BC*) sont parallèles et perpendiculaires. »

– « Les droites (*AB*) et (*BC*) sont parallèles et perpendiculaires. »

– « Le triangle *ABC* est isocèle et *B* est son sommet. »

De telles réponses sont normalement appelées par l'énoncé qui est fautif : *utiliser* n'implique pas l'idée de choix et l'article défini *les* pousse à utiliser tous les mots de la liste. Enfin, l'ignorance du vocabulaire spécifique est moins grande qu'on pourrait le croire à première vue, et la contradiction *droites parallèles et perpendiculaires* n'est qu'apparente car les droites (*AD*) et (*BC*), par exemple, sont d'une certaine manière *parallèles* et d'une autre *perpendiculaires* : elles sont *parallèles* entre elles, et *perpendiculaires à* deux droites de la figure, (*AB*) et (*CD*).

D'autres réponses sont :

– « Les droites (*AB*) et (*BC*) sont rectangle. »

– « Les droites (*AB*) et (*BC*) sont des rectangles. »

– « Le triangle *ABC* est sommet. »

Ces erreurs ne sont pas du même ordre : dans ces réponses le mot *sommet* ne peut être qu'un nom, le mot *rectangles* aussi (il est le noyau d'un groupe nominal puisque précédé du déterminant *des*) ; mais *rectangle* comme *parallèle* ou *perpendiculaire* peut être aussi bien un adjectif qu'un nom. S'agit-il dans ce cas d'une erreur ?

EXEMPLE 2 : FRANÇAIS, EXERCICE 18

Trace un triangle avec un côté en couleur. Puis trace un segment qui joint le milieu du côté colorié au sommet opposé.

Bien des dessins fantaisistes ont été proposés en réponse à différentes « lectures » de la consigne. Mais étaient-ils tous vraiment fantaisistes ? Certaines ignorances relèvent du cours de mathématiques : un rectangle est tracé au lieu d'un triangle, la confusion (attendue) est faite entre *droite* et *segment*. Mais d'autres ?

* **Préface de *La langue des calculs.***

1. Ignorance du sens spécifique d'un mot

Des élèves ont tracé à partir d'un sommet un segment aboutissant quelque part sur le côté opposé (*figure* 1) : mais c'est un exercice de français et *au milieu de* n'implique pas l'usage de la règle graduée (!). D'autres ayant divisé leur triangle en deux parties en ont colorié une, c'est-à-dire *un côté* (*figure* 2).

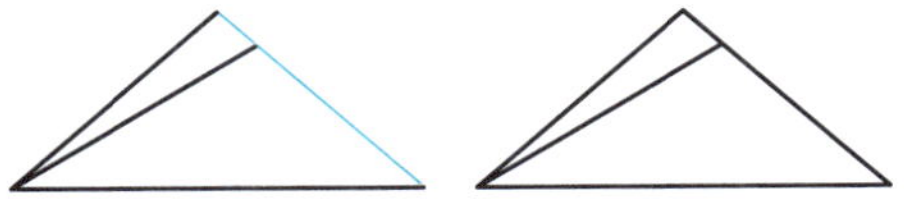

fig. 1 : Ignorance du sens du mot "milieu"

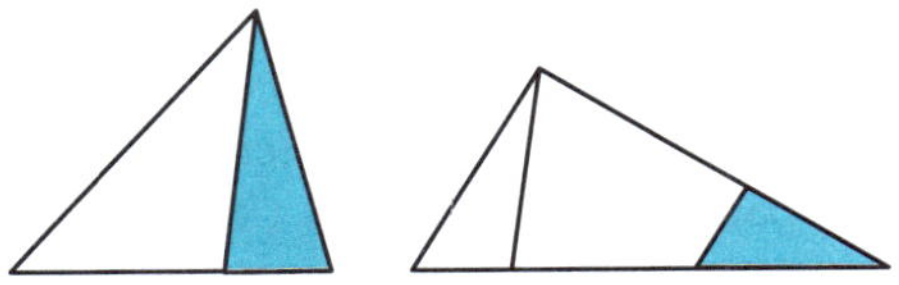

fig. 2 : Ignorance du sens du mot "côté"

2. Lecture sélective

Parfois le triangle est entièrement en couleur (*figure* 3) ou n'est pas du tout en couleur (*figure* 4). Dans la phrase *Trace un triangle avec un côté en couleur*, une partie du complément (*avec un côté*) ou la totalité de ce complément (*en couleur*) a été occultée, effacée.

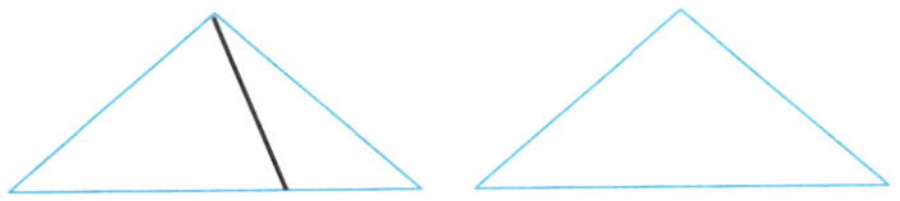

fig. 3 : lecture "trace un triangle en couleur"

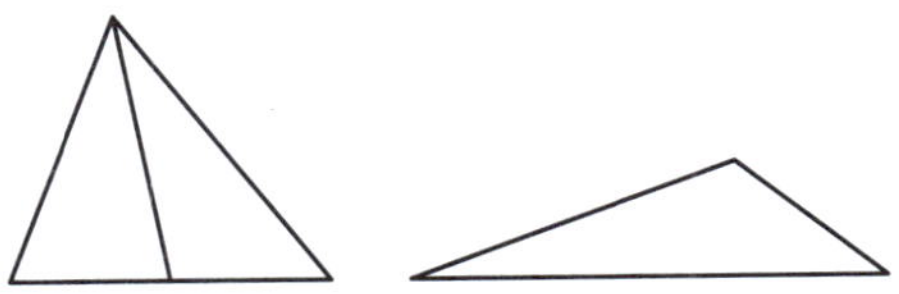

fig. 4 : lecture "trace un triangle"

3. Poids du connu

Découverte d'informations implicites, hiérarchisation d'où sélection d'informations : un segment qui joint un côté au sommet opposé ne peut qu'être perpendiculaire. *Milieu* est alors occulté, la perpendiculaire est tracée (*figure* 5). Il faut savoir qu'on apprend, en français que certains éléments de la phrase sont *facultatifs*, que l'on peut les effacer. Si cette manipulation, par ailleurs fort importante en grammaire, n'est pas introduite avec assez de précautions, elle peut entraîner ce type de mauvaise lecture. Enfin, mais cela dépasse la relation entre le français et les mathématiques, le poids du connu peut être tel que l'exercice de lecture est parfois remplacé par un exercice de divination, par la découverte erronée d'informations implicites, par une hiérarchisation et une sélection des informations qui nuisent à la compréhension du texte (par exemple, un segment qui joint un côté au sommet opposé ne peut être que perpendiculaire, et donc *milieu* est occulté...). Ce qui arriverait moins si la pratique de la lecture était généralisée en classe de mathématiques.

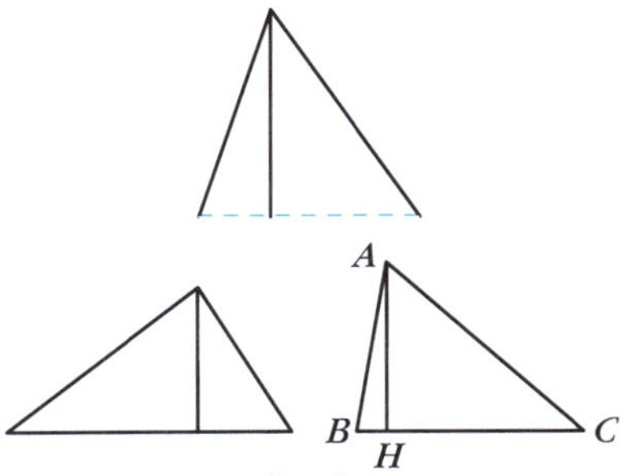

fig. 5

CE QUE RÉVÈLE UN EXERCICE DE LECTURE SYSTÉMATIQUE : ANALYSE D'UNE CONSIGNE

Les élèves doivent faire un exercice de mathématiques. Pour les aider dans cette tâche, une consigne d'accompagnement est censée guider leur lecture et leur analyse de l'énoncé.

La consigne

Bien observer la figure• (et ses codages), puis recopier et compléter, sans effectuer de mesures, les égalités suivantes :

$\widehat{AMO}$ = ... ; $\widehat{OAB}$ = ... ;

$\widehat{BAM}$ = ... ; $\widehat{xAM}$ = ... ; $\widehat{xAB}$ = ... ;

On t'a donné à faire cet exercice. Avant de le faire :

– entoure les verbes qui indiquent ce que l'on doit faire ;

– souligne les noms qui complètent les verbes entourés ;

– écris la liste de tout ce que tu as à faire pour répondre à cet exercice.

• Nous laissons celle-ci à l'imagination du lecteur*.

« Un langage est aussi nécessaire aux hommes pour poursuivre et utiliser leurs propres pensées que pour communiquer avec les autres. » **Euler.***

Quelques réponses d'élèves

- « Je dois observer une figure ? Je dois la recopier et la compléter sans effectuer de mesures. »
- « J'observe et recopie la figure et je complète (sans effectuer de mesures) les égalités suivantes. »
- « 1 - J'observe bien la figure de l'exercice (et ses codages). 2 - Sans effectuer de mesures, sur un brouillon, je complète les égalités de l'exercice. 3 - Je recopie proprement l'exercice sur une feuille. »

La grande majorité des élèves ont commis ces mêmes erreurs, qui découlent à la fois de la formulation de la consigne de mathématiques et de l'inadéquation des questions de langue.

Analyse de la consigne

Cette consigne fait appel à des notions de langue que les élèves doivent maîtriser à ce niveau : ils savent ce que c'est qu'un nom et connaissent la relation verbe-complément. Ils devraient donc n'avoir aucune difficulté à exécuter cette consigne d'accompagnement et à lister ce qu'ils doivent faire. Pourquoi se sont-ils presque tous trompés ? La consigne de mathématiques est une longue phrase complexe : à l'entrée en sixième, les élèves n'ont pas étudié la phrase complexe, ils ne sont pas entraînés à analyser des phrases à plusieurs verbes. Il faut donc les guider dans l'analyse et le repérage des diverses parties de la phrase.

Or, la consigne de langue les invite à considérer globalement le texte : *les verbes,... les noms,...*

Elle contient deux mots articulateurs, *puis* et *et* qui peuvent être à l'origine d'un mauvais découpage de la phrase, d'une segmentation erronée. Deux possibilités se présentent à eux :

A	B
1 - *observer*	1 - *observer*
puis	*puis recopier*
2 - *recopier*	*et*
et compléter	2 - *compléter*

Un repérage global des verbes et des compléments ne suffit pas pour lever l'ambiguïté. En effet, dans la langue scolaire (le discours magistral), l'emploi du verbe *recopier* sans complément explicite est courant : *recopie* ; *lis le texte et recopie* ; *fais l'exercice et recopie.* La lecture B est donc naturelle : *observe la figure puis recopie (la figure) et complète les égalités.*

Il faut donc avant tout aider les élèves à distinguer les articulations du texte, à les hiérarchiser en travaillant sur le choix des termes « articulateurs » et les niveaux de coordination : [a puis (b et c)] : *observe puis (recopie et complète)* - le parenthésage peut être utile. Pour justifier ce choix, il faut aussi s'appuyer sur la ponctuation : la virgule isole les deux étapes. Du coup, le rattachement de chaque verbe à son complément devient aisé : il faut alors demander non pas de relever les verbes, puis les compléments, mais de repérer le complément de chacun des verbes séparément.

En sixième, les élèves ne sont pas capables de faire seuls ce type d'analyse. Il faut faire avec eux ce travail préliminaire, les entraîner à se confronter à ce type de formulation, fréquent dans les consignes.

Dans notre exemple (les élèves travaillant seuls) il eût été sans doute préférable de formuler la consigne autrement : *Bien observer la figure (et ses codages). Recopier ensuite les égalités suivantes, en les complétant sans effectuer de mesures.* Les questions d'accompagnement auraient alors été plus claires.

Lettre à une princesse d'Allemagne.

FACILITER LES APPRENTISSAGES

DES LECTURES DIFFICILES

Les manuels de mathématiques ne prennent pas en compte ces difficultés ou plutôt ces spécificités, même quand ils contiennent quelques exercices « de langue ».

UNE CONSIGNE OBSCURE

Voici par exemple le début d'un énoncé extrait d'un manuel de sixième :

Dessiner une droite D, puis marquer deux points M et N n'appartenant pas à D (du même côté de D) et construire les points A et B, symétriques respectifs de M et N par rapport à D.

Cette consigne, qui peut nous sembler fort claire, l'est-elle pour l'élève de sixième ? Elle est constituée d'une phrase longue et complexe qui coordonne trois verbes dont on peut se demander dans quelle mesure ils sont ou ne sont pas synonymes : *dessiner, marquer, construire*. Difficulté de vocabulaire donc, difficulté syntaxique surtout : les élèves qui entrent en sixième ne sont pas confrontés à des phrases d'une telle complexité de structure ailleurs qu'en mathématiques.

La tentation de la facilité

En classe, sans doute la relecture à haute voix, le commentaire ou la paraphrase de la consigne par l'adulte peuvent en faciliter la compréhension. Mais il y a là un danger double. Tout d'abord valoriser l'oral aux dépens de l'écrit, amener l'élève à considérer que l'écrit n'est pas indispensable (la reformulation par l'enseignant dans ce cas empêche l'accès aux spécificités de la langue mathématique dont il faut bien faire peu à peu l'apprentissage).

En second lieu, ce n'est pas en assistant en permanence les élèves qu'on les aide à devenir des lecteurs autonomes : à la maison ou en situation de contrôle, l'élève est seul face à l'écrit et il sera évalué sur sa capacité à comprendre et à produire un discours disciplinaire écrit.

Une analyse indispensable

Plutôt que de reformuler directement la première phrase de cet exercice, mieux vaudrait l'analyser avec les élèves, les amener à repérer les trois verbes et les deux coordinations (*puis, et*). Au niveau des articulations, nous retrouvons le même schéma que dans l'énoncé de la page 91 :

*Dessiner une droite, **puis** marquer...*

***et** construire...*

Notons en outre que, dans cette phrase, il y a quatre *et* qui ne sont pas sur le même plan. Trois *et* réunissent les deux composants d'une paire à l'intérieur d'un groupe nominal (c'est un peu comme si l'on avait *deux enfants, Pierre et Paul*). Le quatrième *et* réunit deux verbes et indique la succession des actions : il est l'équivalent de *puis*.

Repérer cela, c'est repérer qu'il faut accomplir trois actions successivement et que l'ordre des actions est donné dans le texte par l'ordre des verbes.

L'art de la reformulation

Continuons la lecture : les parenthèses *(du même côté de D)* sont employées avec un statut tout à fait particulier, bien différent de l'usage que l'on enseigne en français aux élèves. Ici, les parenthèses ne délimitent ni un exemple, ni un élément supprimable, mais une vraie donnée. La construction grammaticale est pour le moins peu orthodoxe : il est indispensable de faire trouver aux élèves les reformulations éclairantes.

Enfin, la reformulation est indispensable pour l'expression : *symétriques respectifs de ... par rapport à...* Cette construction *symétrique de... par rapport à...* doit sans doute être traitée en mathématiques, mais en termes d'analyse d'une construction grammaticale ; quant à l'emploi et au sens de *respectifs*, il impose un travail de vocabulaire.

On pourrait accumuler les exemples de cet ordre.

« Cette logique pratique qui nous vient de la géométrie dispose à mieux sentir celle qui est cachée dans l'arrangement des mots. »*

Disons seulement que la compréhension d'un énoncé de ce type nécessite tout un travail préliminaire dont le professeur de mathématiques doit être conscient. Il peut d'ailleurs prendre en charge une partie de ce travail, mais il ne sera efficace que s'il est sous-tendu par des activités de lecture-écriture, habituelles et indispensables aussi dans la classe de français.

LECTURE-ÉCRITURE D'UN PROGRAMME DE CONSTRUCTION DE FIGURE

La construction d'une figure est l'une des premières tâches auxquelles les élèves sont confrontés en mathématiques. L'exécution de la tâche implique la compréhension d'un texte « injonctif » qui en fixe toutes les étapes. La maîtrise de ce type de texte passe par un apprentissage systématique de sa « lecture », qui peut s'appuyer en un premier temps sur des activités de lecture-écriture. Voici, à titre d'exemple, une suite d'activités qui peuvent être conduites en mathématiques dans ce domaine.

EXEMPLE 1
Observation d'une opération de segmentation

1°) Voici, d'une part, un texte qui décrit une figure à réaliser et, d'autre part, la figure réalisée.

« Trace un segment [*AB*] de 6 cm de long et place le milieu *O* de [*AB*]. Dessine alors le demi-cercle de centre *O* et de diamètre [*AB*]. Trace ensuite la droite (d_1) perpendiculaire à [*AB*] en *B*, puis la droite (d_2) perpendiculaire à [*AB*] en *O*. Place le milieu *M* de [*AO*] et trace la droite (d_3) perpendiculaire à [*AB*] en *M* qui rencontre le demi-cercle en *C*. Trace enfin le triangle *ABC* en rouge. »

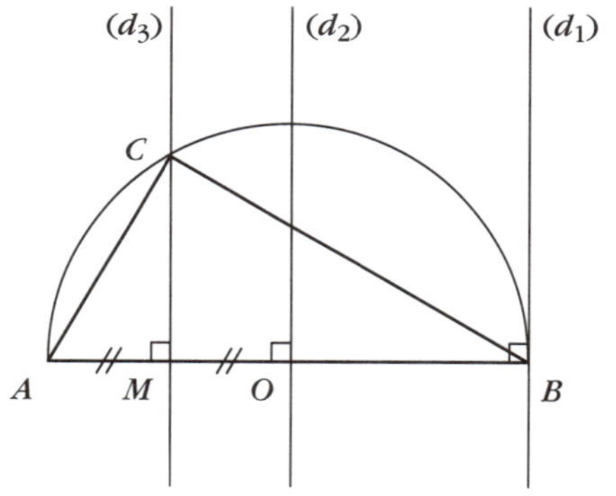

fig. 1

2°) Voici un tableau qui décrit ce que tu dois faire pour construire la figure 1 :

...		Trace	un segment [*AB*]	de 6 cm de long
...	et	place	le milieu *O*	de [*AB*]
...	alors	dessine	le demi-cercle	de centre O et de diamètre [*AB*]
...	ensuite	trace	la demi-droite (*d1*)	perpendiculaire à [*AB*] en B
...	puis		la demi-droite (*d2*)	perpendiculaire à [*AB*] en O
...		Place	le milieu *M*	de [*AO*]
...	et	trace	la droite (*d3*)	perpendiculaire à [*AB*] en M qui rencontre le demi-cercle en C
...		Trace	le triangle *ABC*	en rouge
...		....	....	....

* **Circulaire du 18 janvier 1842.***

Indique sur les pointillés de la dernière ligne de ce tableau la nature des mots écrits dans chaque colonne.

- *Combien y a-t-il d'actions à réaliser ?*

– Numérote-les sur les pointillés dans la première colonne dans l'ordre où elles sont écrites.

– Entoure les petits mots qui indiquent cet ordre chronologique.

– Que désignent chaque groupe de mots de la troisième colonne ?

– Que désignent chaque groupe de mots de la quatrième colonne ?

– Que désignent chaque groupe de mots de la cinquième colonne ?

EXEMPLE 2

Reproduction d'une opération de segmentation

1°) Voici un autre texte et la figure• qui lui correspond.

« Dessine un segment [*AB*] qui mesure 5 cm. Place ensuite un point *C* qui n'appartient pas à la droite (*AB*). Après avoir tracé le segment [*BC*], trace la droite (*xy*) qui passe par le point *A* et qui est parallèle à la droite (*BC*), puis trace la droite (*zt*) qui passe par le point *C* et qui est parallèle à la droite (*AB*). Les droites (*xy*) et (*zt*) se rencontrent en *D*. Inscris le point *D*. »

- *Sur le modèle du tableau utilisé dans l'exercice précédent, complète le tableau vide ci-dessous correspondant à ce texte.*

..	....	....	....	....
..	....	....	....	....
..	....	....	....	....
..	....	....	....	....
..	....	....	....	....
..	....	....	....	....
..	....	....	....	....

COMMENT EST RÉDIGÉ UN PROGRAMME DE CONSTRUCTION ?

2°) Le texte sur lequel tu viens de travailler et celui de l'exemple 1 sont des « programmes de construction », c'est-à-dire des suites « d'instructions » ou de « consignes » construites de la même manière :

une action *donnée* *par un verbe*	un objet *sur lequel* *porte l'action*	la description de l'objet *ses caractéristiques*

- *Écris sur chaque ligne une instruction sur ce modèle :*

- *Recopie ici la liste des petits mots qui sont écrits dans le texte et dans le tableau et qui indiquent l'ordre dans lequel les consignes doivent être exécutées.*

•Nous laissons au lecteur le soin de la faire.•

« On ne peut perfectionner le langage sans perfectionner la science, ni la science sans le langage. » Lavoisier.

CORRESPONDANCE TEXTE/LANGAGE GRAPHIQUE

1°) Filmer un programme de construction

Texte n°3

« Trace un segment [*AB*] de 4 cm puis place le point *O* milieu de [*AB*].
Trace le demi-cercle de centre O et de diamètre [*AB*], ensuite trace la demi-droite [*Ax*) perpendiculaire à [*AB*] en A et de l'autre côté du demi-cercle, puis place sur cette demi-droite le point *C* tel que *AC* = 4 cm. Trace enfin le segment [*BC*]. »

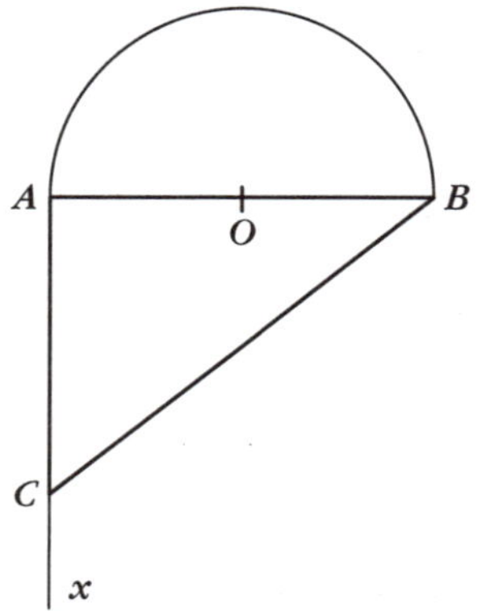

On peut considérer ce programme de construction comme le « script » d'un film de construction. Voici ce film :

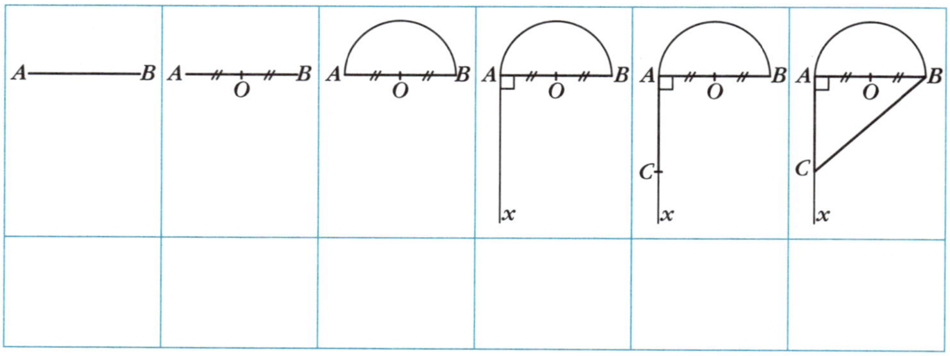

• *Pour chaque étape, inscris dans la case du bas la phrase du texte qui dit ce que l'on a fait dans la case du haut.*

2°) Un autre film de construction

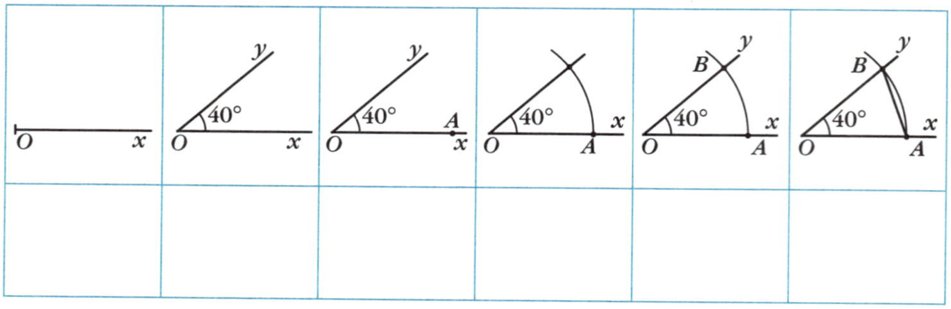

• *Invente et écris dans chaque case du bas du tableau la phrase du script correspondant à la construction faite dans la case au dessus.*
• *Recopie ce script dans un tableau (fait sur le modèle de la page 92) :*
À partir du script que tu viens d'écrire, rédige un énoncé comme ceux que tu lis dans ton livre de mathématiques. ■

LES ÉNONCÉS DE PROBLÈME : UN TYPE DE TEXTES PARTICULIER

Il n'y a pas de mathématiques sans problèmes. L'essentiel de la tâche des enseignants de mathématiques est d'amener les élèves à être capables de les résoudre. ***Or le premier écueil de la résolution de problèmes est la compréhension de l'énoncé.***

Cet écueil est d'autant plus grand que les élèves sont souvent « condamnés » à faire leurs problèmes seuls, à la maison ou lors des contrôles en classe, et qu'ils n'ont d'aide à attendre que d'eux-mêmes pour décrypter des énoncés souvent abscons.

Conscients des difficultés de leurs élèves, des enseignants de mathématiques les gomment en proposant à leurs élèves des énoncés faits de phrases simples, sans la moindre ambiguïté. Ce n'est pas la solution. Les textes mathématiques étant ce qu'ils sont, ils nécessitent un apprentissage qu'il n'y a aucune raison de reporter d'année en année jusqu'à le renvoyer au Lycée. L'apprentissage de la lecture d'énoncés est une étape nécessaire de l'apprentissage des mathématiques, un impératif d'autant plus absolu que le public est plus faible.

LES CARACTÉRISTIQUES RÉDACTIONNELLES DES ÉNONCÉS DE PROBLÈMES

En mathématiques, comme dans les autres disciplines d'ailleurs, *les énoncés sont des textes injonctifs*, c'est-à-dire des textes qui ont pour finalité la réalisation d'une tâche par les élèves.

Comme tels, ils ont certaines caractéristiques formelles propres dont le repérage a un double avantage :

– il développe chez l'élève l'habitude d'interroger le texte, préliminaire à sa compréhension ;

– il facilite évidemment sa tâche dans la résolution de problèmes.

Ce repérage nécessite en outre la consolidation, voire l'acquisition, de connaissances dans le domaine de la langue et devrait conduire les élèves à maîtriser les spécificités de la langue en mathématiques.

Quelle que soit la discipline, les énoncés sont constitués de deux parties : la partie informative qui contient les informations nécessaires à la réalisation de la tâche et la consigne qui explicite la tâche à effectuer. La première activité va donc consister à repérer et à isoler* ces deux parties, et en premier lieu, la consigne (facilement repérable par sa forme, voir le paragraphe suivant). La partie informative est ainsi délimitée par défaut : c'est « le reste » de l'énoncé.

LA CONSIGNE

C'est la partie injonctive à proprement parler. L'injonction peut se présenter de deux manières différentes : c'est soit un ordre, soit une question. Dans les deux cas, on attend un « faire » précis, qu'il soit explicité ou non. La consigne peut poser un problème par les demandes implicites qu'elle contient et auxquelles l'élève doit satisfaire.

* Voir l'encadré de la page 101.*

Le premier écueil de la résolution de problèmes est la compréhension de l'énoncé.

Si la consigne est un ordre

Sur ce point précis, le tableau ci-après montre comment les compétences disciplinaires nécessaires en français et en mathématiques se répondent et se complètent.

Si la consigne est une question

En français, l'interrogation peut se présenter sous trois formes différentes :

– **totale** : *Le quadrilatère ABCD est-il un rectangle ?*

– **partielle** : *Quelle est la nature du quadrilatère ABCD ?*

– **indirecte** : *Indique ce qu'est le quadrilatère ABCD.*

L'interrogation totale qui porte sur la phrase a, dans la pratique scolaire, un statut particulier. *La réponse* Oui / Non *attendue* (c'est ainsi qu'est définie en grammaire l'interrogation totale) *ne suffit pas, l'élève doit le savoir.* Une réponse à une question comme « *Existe-t-il... ?* » *doit comporter une justification* : la tâche attendue n'est pas explicitée, mais l'élève, pour la réussir, doit savoir ce qu'elle est et comment la réaliser. Cela relève des apprentissages disciplinaires : ce sont les connaissances disciplinaires qui permettent de « trouver » la justification, mais l'élève sera jugé, dans sa discipline, sur la formulation de la justification. Nous reviendrons sur ce point au paragraphe « Raisonner », à la page 102.

Dans le cas d'une interrogation partielle, le même mot peut conduire à des actions différentes, comme par exemple dans ***Quel*** *est le centre de ce cercle ?* (on demande à l'élève de le nommer) et ***Quel*** *est le périmètre de ce rectangle ?* (on attend que l'élève calcule ce périmètre).

Ici encore, la question peut ne pas être explicite : *Que peut-on dire du triangle CBE ?* (on attend la nature du triangle) ou encore *Quelle remarque peux-tu faire sur les points A, B, C ?* (ils peuvent appartenir à un même cercle ou être alignés ou être les milieux de...).

En outre, ici encore, l'élève peut être tenté d'affirmer sans apporter une justification que la forme de la question ne réclame pas.

Ce qu'il faut savoir	
En mathématiques	**En français**
	Grammaire • Reconnaître le verbe. • Reconnaître et utiliser : – l'impératif, – l'infinitif à valeur impérative.
Le sens du verbe • Une même action peut répondre à des verbes injonctifs différents : *dessiner, tracer représenter,... effectuer, calculer, trouver, déterminer,... démontrer, prouver, établir...*	**Vocabulaire** • Connaître les synonymes ou presque synonymes (École élémentaire, cycle 2 : *l'élève doit connaître quelques homonymes et synonymes ;* compétence évaluée dans les tests d'évaluation à l'entrée en 6e).
• Les verbes injonctifs employés n'appellent pas nécessairement un seul type de réponse : – *simplifier une fraction*, c'est diviser le numérateur et le dénominateur par le même nombre ; *simplifier une expression*, c'est réduire son écriture.	• Maîtriser la polysémie (Cycle 3 : *l'élève doit distinguer grâce au contexte différents sens d'un mot*).

Les difficultés sont cumulées dans le cas de **l'interrogation indirecte** : aux difficultés de l'interrogation ci-dessus évoquées s'ajoutent la difficulté de la tournure syntaxique (subordination) et la nécessaire présence d'un verbe introducteur injonctif : *Que deviennent les nombres suivants quand on les multiplie par 10 ? / Indiquer ce que deviennent les nombres suivants...* Signalons la surcharge que peut constituer le cumul de la forme impérative et de la forme interrogative par le biais de l'interrogation indirecte.

LA PARTIE INFORMATIVE

Elle peut se présenter sous des formes différentes : être non textuelle (dessin, schéma, graphique), combiner texte et image, être constituée de textes de types différents (récits, textes ludiques, ...). Ces différences peuvent s'expliquer : des énoncés différents peuvent solliciter différemment les élèves et modifier leur attitude vis-à-vis des énoncés et donc des problèmes à résoudre. Toutefois, il faut savoir que les énoncés qui ne sont pas proprement mathématiques peuvent être la source, dans certains cas, de difficultés supplémentaires, dans la mesure où les informations doivent être triées et transformées en données mathématiques.

Tout comme la consigne, la partie informative peut présenter une grande densité informationnelle (en particulier lorsqu'elle se trouve mêlée à la consigne•). Dans ce cas, il arrive aussi que l'ordre des informations dans le texte soit différent de celui de leur utilisation, par exemple :

Dessine un parallélogramme ABCD, puis H symétrique de A par rapport au milieu E de [BC]...

Dans d'autres cas, la partie informative n'est pas donnée entièrement dans le texte du problème, mais se constitue au fur et à mesure de l'avancée de la résolution, par l'apport de réponses aux questions successives :

Dominique, Cécile et Anne-Laure se partagent 4200 F de la manière suivante : Dominique en prend les 2/3, Cécile prend le tiers de ce qui reste et Anne-Laure reçoit l'argent restant. Quelle est la part de Dominique ? celle de Cécile ? celle d'Anne-Laure ?

Enfin, lorsque la partie informative comporte une phrase utilisant le verbe *être*, de la forme « groupe nominal - *est* - groupe nominal », l'interprétation est à construire en fonction du contexte linguistique. En effet, en mathématiques, cette forme peut aussi bien introduire la désignation d'un nouvel objet (*ABC est un triangle isocèle*), donner une information supplémentaire sur un objet déjà connu (*M est le milieu de BC*) ou être la conclusion d'une démonstration (*AM est perpendiculaire à BC*).

LA PLACE DE LA CONSIGNE

Par rapport à la partie informative elle n'est pas fixe. Elle peut être à la fin de l'énoncé, plus rarement au début, mais *elle est souvent mêlée à la partie informative, ce qui rend difficile la distinction entre les deux et donc la lecture de l'énoncé.*

Nous n'en donnerons qu'un exemple dans lequel informations et propositions d'action se trouvent imbriquées dans une structure grammaticale complexe :

1° Soient A, B, C, D, quatre points d'une droite (d) disposés dans cet ordre, tels que AB = 6, BC = 4, CD = 3 (en cm). Une droite (Δ) coupe (d) au point B, placer sur (d) un point E tel que BE = 4,5.[...]

2° Montrer que, si I est le point de la demi-droite [BE) tel que BI = 5,4 cm et J le point de la demi-droite [BC) tel que BJ = 4,8 cm, les droites (IJ) et (EC) sont parallèles.

La dernière phrase (2°) est une phrase complexe qui présente une subordination à plusieurs niveaux, une coordination avec omission de la conjonction introductrice et du verbe de la seconde proposition, l'inclusion des subordonnées circonstancielles (introduites par *si*) à l'intérieur de la subordonnée complétive (introduite par *que*). Elle impose, à chaque pas, une lecture récurrente dont on sait qu'elle correspond au stade ultime des acquis de compétences en lecture. Ce type d'énoncé, proposé en classe de troisième, présente une complexité syntaxique extrême qu'un élève de collège devra peu à peu apprendre à maîtriser, grâce à une apprentissage de lecture adapté.

• Voir le paragraphe sur la place de la consigne.

L'élève doit apprendre à identifier et à séparer, dans un énoncé, la partie informatique et la partie injonctive.

Discordance de point de vue entre consigne et partie informative

Fréquente, elle rend difficile, pour l'élève, la détermination de la tâche à accomplir.

L'élève, dont on attend un « faire », à qui l'on s'adresse et que l'on interpelle dans la consigne, de façon parfois très directe à la seconde personne du singulier de l'impératif présent, n'est pas impliqué dans la partie informative.

Par exemple : *On considère un triangle rectangle... ; Soit un triangle ABC...* Dans la première expression, la partie informative est au présent, sans mention d'énonciateur ni de destinataire : l'emploi du pronom personnel *on* est caractéristique de cette « neutralité énonciative » ; le choix du verbe introducteur des informations, *considérer*, qui dans la langue courante suggère la contemplation passive et non pas l'action, suppose accomplie (quand ? par qui ?) la première étape du tracé de la figure.

Si celle-ci est d'abord à construire par l'élève, alors l'information est implicite et doit être décodée. Les exigences des enseignants sont-elles toutes identiques sur ce point ?

Dans le second exemple, qui songera à rattacher la forme *soit* à sa valeur étymologique (*que la lumière soit...*) et à y voir une injonction à dessiner le triangle *ABC* ?

La situation d'énonciation est claire seulement dans la consigne où l'élève se reconnaît comme destinataire, interpellé qu'il est par l'impératif (ou l'infinitif). Des formules comme *on considère...*, *soit...*, censées introduire des informations, peuvent être implicitement injonctives elles aussi, surtout si l'on admet qu'à l'école et au collège l'élève a besoin de construire la figure et ne peut se contenter d'un support abstrait de réflexion pour résoudre le problème.

Les spécificités de tout texte mathématique

Elles se retrouvent bien entendu dans les énoncés de problème. Le lexique* tout d'abord. Assurément, l'apprentissage du lexique spécifique aux mathématiques, des mots techniques nouveaux (*numérateur, dénominateur, hypoténuse, équation, factorisation,...*) fait partie de l'apprentissage des mathématiques.

* Voir les pages 105 à 108 à la fin de ce chapitre.*

Un certain nombre de termes, cependant, posent un problème : ce sont les mots du langage courant qui trouvent une signification spécifique dans un contexte mathématique : *carré, puissance, racine, exposant, variable, rationnel, naturel, entier, égalité, inégalité, facteur, déduire,...* Les acquisitions lexicales, dans ce cas, passent par un travail en contexte, plusieurs disciplines étant concernées.

Compréhension globale de l'énoncé

Si la plupart des caractéristiques, et partant des difficultés relevées jusqu'ici, concernent le niveau de la phrase, les surmonter ne garantit pas une compréhension globale de l'énoncé par l'élève qui doit être capable de *se représenter la situation mathématique dans son ensemble* en sélectionnant et reliant les informations provenant de différentes phrases.

Lecture d'un énoncé

Considérons l'énoncé suivant :

Si tous les inscrits étaient venus, la sortie aurait coûté 25 F par personne. Mais il y a eu trois absents et chaque participant a dû payer un supplément de 1,5 F. Combien y a-t-il eu de participants ?

En plus de la subtile distinction entre *participants* et *inscrits*, cet énoncé exige de l'élève la reconstruction et la coordination de deux scénarios : la sortie avec tous les inscrits, la sortie avec trois personnes de moins. Cette coordination ne peut être faite qu'à partir d'une appréhension globale du texte.

Autre énoncé

Des solutions au problème suivant données par les élèves montrent qu'ils n'ont pas lu le texte dans sa globalité.

Construis un triangle ABC tel que AC > BC. Construis ensuite un triangle ABD tel que C et D soient du même côté de (AB) avec AC = BD et AD = BC.

Ils ont construit le triangle ABD avec deux nouveaux points A et B. L'adverbe *ensuite*

ÉTABLIR LA PARTITION CONSIGNE / PARTIE INFORMATIVE

Repérer la consigne

1. Sa nature :

• *injonctive :*

– repérer les infinitifs, les impératifs,

– repérer le nombre d'actions demandées,

– repérer la chronologie de ces actions (marqueurs de temps),

– recenser les verbes d'actions utilisés dans les énoncés mathématiques, classer ces verbes selon différentes catégories d'actions (graphies, manipulation, ...).

• *interrogative :* repérer la question directe (marquée par le « ? ») ou indirecte (*vous direz quelle est la nature...).*

2. Sa place : repérer la place de la consigne dans le texte (non constante : au début, en fin d'énoncé, intermédiaire).

3. Sa forme : distinguer la consigne « pure » (*montrer que ABCD est un parallélogramme)* de la consigne « fragmentée », entrecoupée de données *(montrer que, si M est le milieu de [AC], ABCD est un parallélogramme).*

4. Les contraintes dont elle est assortie :

• repérer celles concernant les outils à utiliser (avec / sans calculatrice, avec calque, équerre, ...) ;

• repérer celles concernant le mode de présentation (au crayon, en couleur, ...) ;

• repérer celles concernant l'espace donné (dans un cadre, en haut, en colonne, ...).

Analyser la partie informative

1. Identifier la partie informative : tout ce qui ne fait pas partie de la consigne.

2. Recenser les éléments informatifs :

• non discursifs : tableau, schéma, ...

• discursifs : présence de termes introducteurs (*on donne, soit, on considère, ...*).

3. Repérer les objets mathématiques :

• leur nature : distinguer objets algébriques (fractions), géométriques (triangle, droite, ...) ;

• leur identité : exprimée

  – en langage mathématique (*AB*),

  – en français (*la droite AB*),

  – ou par leur configuration ;

• leurs caractéristiques : distinguer

  – leurs éléments constitutifs (centre, rayon d'un cercle),

  – les grandeurs qui leur sont associées (*longueur, ...*) ;

• les relations qu'ils entretiennent : repérer la nature de ces relations (rapports d'appartenance, d'égalité, ...).

4. Changer de registre : transcrire par équivalence dans les trois langages (graphique, codé, français).

5. Segmenter le texte ; faire apparaître les différentes propositions :

• en français ;

• en langage mathématique.

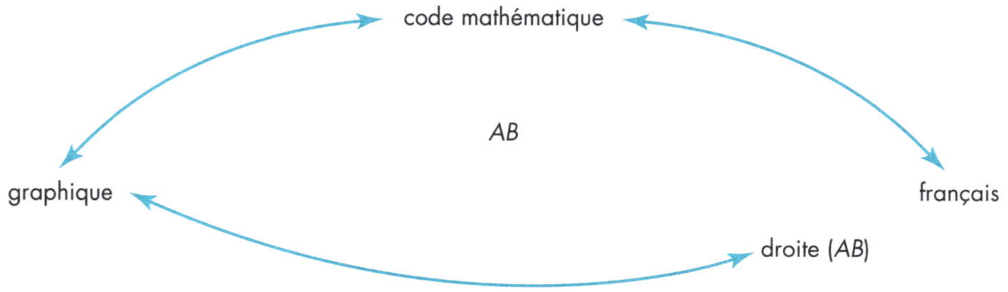

L'apprentissage de l'argumentation et de la démonstration est à planifier sur l'ensemble des quatre années de collège.

a renforcé la tendance à disjoindre les actions commandées par l'une puis l'autre des deux phrases de l'énoncé, et cela indépendamment de la règle qui impose de désigner des objets différents par des noms différents.

LIRE ET ÉCRIRE DES ÉNONCÉS DE PROBLÈMES : DES PISTES

En mathématiques, les étapes d'apprentissage qui conduisent à la résolution d'un problème pourraient se concevoir de la façon suivante :

1° *établir la partition consigne /partie informative ;*

2° *enrichir le texte en explicitant les informations implicites qu'il contient* : par exemple, si l'énoncé fait mention d'un *triangle isocèle*, « l'enrichissement » sera constitué par la liste des propriétés du triangle isocèle ;

3° *organiser et mettre en relation* ;

4° *exécuter.*

Les activités décrites dans l'encadré de la page 101 correspondent à la première étape : établir la partition consigne / partie informative.

Ces activités sont classées, mais non suivant une progression chronologique.

Pour les mettre en place, il reste à construire des outils selon les niveaux concernés, les besoins repérés.

■

RAISONNER

Si la première étape d'apprentissage de la résolution des problèmes est la compréhension de l'énoncé et de la consigne, le second volet de cet apprentissage est celui du « raisonnement » qui conduit à la démonstration. La faculté de *raisonnement*, l'action de *raisonner* se manifestent à travers différentes activités, voisines en apparence, mais distinctes fondamentalement. Ainsi, on rapproche facilement *démontrer* et *argumenter*. Ce rapprochement est d'autant plus tentant qu'il réunit les mathématiques, domaine de la démonstration, et le français, domaine de l'argumentation. Mais ce rapprochement est trompeur : l'objet de la démonstration est de *prouver*, l'objet de l'argumentation est de *convaincre*. Sans doute imagine-t-on difficilement une preuve qui ne soit pas convaincante, mais on peut aisément convaincre sans prouver. La démonstration vise le *vrai*. L'argumentation vise tout autant le vrai que le faux : elle veut assurer l'assentiment d'un interlocuteur, la validation d'un point de vue, qui peut par ailleurs rester implicite. L'implicite est exclu de la démonstration. Les ressemblances entre la démonstration et l'argumentation ne vont pas au-delà de phénomènes de surface : il s'agit dans les deux cas d'un discours orienté vers une conclusion dont l'organisation repose sur l'emploi de termes de liaisons qui marquent des relations logiques entre des propositions. Nous ne pousserons pas plus loin l'analyse comparative des deux types de « discours » : une telle analyse peut être importante, en français, dans le cadre de l'étude des textes et ne peut que renforcer les compétences en mathématiques. Mais l'aborder ici en détail nous entraînerait trop loin ! Nous nous arrêterons sur les différents « paliers » de raisonnement qui, en mathématiques, peuvent conduire à la maîtrise de la démonstration : *déduire*, *justifier*, *démontrer* et *conjecturer*.

Le tableau suivant présente, sous une forme condensée, une planification possible de ces apprentissages sur les quatre années du collège. On peut y remarquer, à chaque stade, la part réservée à la compréhension et à la formulation. ■

Planification sur le cycle « Collège »

Sixième	Cinquième	Quatrième	Troisième
1 - **Reconnaître** la vérité d'une phrase, en français et en langage mathématique, formulée à partir d'un schéma, d'un tableau ou dans un texte descriptif. 2 - **Produire** des phrases vraies (sans justification) en français ou en langage mathématique, en passant d'un langage à l'autre.	1 - **Reconnaître et produire** des phrases vraies, à partir d'un schéma, d'un tableau ou d'un texte.	1 - **Reconnaître, produire et justifier** des phrases vraies à partir d'un schéma, d'un tableau ou d'un texte.	
3 - **Justifier** des phrases vraies (ou fausses), par différentes preuves.	2 - **Justifier** : idée de *preuve* fiable valide ; lexique de la justification. 3 - **Déduire** des phrases vraies à partir d'une situation reconnue par tous en utilisant les théorèmes ; lexique de la déduction.	2 - **Déduire** des phrases vraies et les justifier : – *repérer* des déductions / justifications dans un texte ; – *produire* des déductions / justifications.	1 - **Déduire** des phrases vraies à partir d'une situation donnée (texte, schéma, tableau).
		3 - **Démontrer** la vérité d'une phrase relative à une situation donnée ; l'écrire en français.	2 - **Démontrer** la vérité d'une phrase relative à une situation donnée ; l'écrire en français.
4 - **Conjecturer :** énoncer des phrases qui « semblent » être vraies.	4 - **Conjecturer :** idem, mais avec preuve (non rigoureuse).	4 - **Conjecturer** : idem, avec preuve.	3 - **Conjecturer :** proposer une réponse et prouver sa vérité.

Les enseignants de mathématiques doivent admettre que le travail de la langue est partie intégrante de leur enseignement.

UN EXEMPLE DE TRAVAIL INTERDISCIPLINAIRE

UNE LECTURE D'ÉNONCÉ DE PROBLÈME*
(menée conjointement en mathématique et en français dans une classe de 6e)

Énoncé de problème
Dessine un triangle ABC. Soit I et J les milieux respectifs de [AB] et [AC], puis soit E le symétrique de C par rapport à I et F le symétrique de B par rapport à J.
Que sont les quadrilatères ABCF et ACBE ?
Que dis-tu de [AF] et [BC] ? de [AE] et [BC] ?
Qu'est A pour [EF] ?

• Cet énoncé est proposé aux élèves accompagné des consignes suivantes :
– Lis le texte.
– Repasse en rouge les noms des points cités dans le texte.
– Les deux premières phrases du texte sont une consigne de dessin. Relis ces phrases puis repasse-les en rouge.
– Essaie de faire le dessin. Chaque fois que tu auras une question à poser à propos du texte, pose-la par écrit et préviens. La réponse te sera donnée par écrit.
– La seconde phrase est compliquée. Transforme-la en un paragraphe formé de phrases simples.
– Maintenant tu peux sans doute répondre aux questions posées dans le texte. Fais-le.

• La première partie du travail s'est déroulée dans le cadre du cours de mathématiques puis du cours de français, les deux enseignants étant présents conjointement. Les questions les plus fréquemment posées ont été les suivantes :
– Que veut dire « milieux respectifs » ?
– Que veut dire « *E* symétrique » ?
– Que veut dire « *E* symétrique de *C* par rapport à *I* et *F* ? »
– Que veut dire « les milieux respectifs de [*AB*] et [*AC*] » ?
– Que veut dire « *B* par rapport à *J* » ?
– Que veut dire « symétrique de *B* par rapport à *J* » ?

• La seconde partie du travail s'est déroulée en classe de français en présence du seul enseignant de français :
oral :
– lecture de l'énoncé de problème proposé ;
– explication du texte : vocabulaire (soit, respectifs, quadrilatère, symétrique par rapport à) substitutions...
– écriture : *ABC*, [*AB*] ;
– syntaxe : étude de la ponctuation, coordination, découpage en phrases simples ;
écrit :
mise par écrit du vocabulaire, des phrases simples obtenues.

• La troisième partie du travail est exécutée en classe de mathématiques en présence du seul enseignant de mathématiques :
– exécution au tableau des consignes de dessin écrites au cours de français ;
– remaniement éventuel du texte si les consignes ne permettent pas de faire le dessin.

* **Exemple proposé par M.J. Houssin (mathématiques) et M.F. Guignard (lettres).**

EN GUISE DE CONCLUSION

Ces quelques pages ne permettent pas d'épuiser la question qui est abordée ici. Il s'en faut de beaucoup. On pourrait proposer d'autres voies, mais bien des pistes sont encore à explorer. Nous avons seulement voulu montrer, par ces approches encore fragmentaires, que le travail sur la langue est fondamental en mathématiques.

Ce travail ne diffère pas du travail sur la langue dans la classe de français. Toutes les activités que nous avons suggérées, à titre d'exemple, font alterner les tâches de lecture, d'analyse, de production et d'écriture, privilégiant tantôt les unes, tantôt les autres selon l'objectif visé. La lecture des consignes et la rédaction des démonstrations nécessitent un apprentissage qui implique cette alternance et la référence aux écrits de français correspondants.

Les enseignants de mathématiques doivent admettre que le travail de la langue est partie intégrante de leur enseignement et qu'il implique une approche rigoureuse dont ils peuvent difficilement se passer.

S'appuyer sur les enseignements de français ne peut être que bénéfique. Il reste à convaincre les enseignants de français qu'ils doivent aussi « faire des mathématiques » ! ■

APPENDICE* : LE VOCABULAIRE MATHÉMATIQUE DE LA SIXIÈME

UN INVENTAIRE MÉTHODIQUE

Le tableau suivant est le fruit d'une étude menée dans le cadre du Laboratoire de Psychologie Expérimentale de l'Université de Rennes par le professeur Alain Lieury et son équipe. Ils ont eu l'idée, afin de mesurer l'effort de mémorisation et d'assimilation demandé aux élèves de sixième, de *comparer le vocabulaire utilisé par les manuels d'un collège dans les différentes disciplines à un répertoire d'environ 3 000 mots* (Vocabulaire fondamental du français, *de Dottrens et Massarenti) qui peut être considéré comme le bagage usuel de l'élève qui arrive en sixième.*

Pour chaque matière, ils ont ainsi publié** une liste de mots ou d'expressions spécifiques *a priori* inconnus du collégien débutant et qu'on lui demande de maîtriser en un an.

Chaque terme de la liste est accompagné d'un indice de difficulté, déterminé par un sondage auprès de dix enseignants, dont cinq mathématiciens.

1 : *très facile* ; usage courant ; minimum pour la sixième ;

2 : *facile* ; doit faire partie des connaissances de la sixième ;

3 : *moyen* ; doit pouvoir être acquis en sixième ;

4 : *difficile* ; pourrait être réservé à une année ultérieure ;

5 : *trop difficile* ; doit absolument être reporté à une année ultérieure.

Nous donnons ci-après la liste dressée pour les mathématiques. Nous nous sommes permis de supprimer, ou exceptionnellement de modifier, un petit nombre de termes trop liés au manuel utilisé (exemples issus d'autres disciplines, mots s'écartant de l'usage mathématique courant).

*** Cet appendice est dû à Pierre Legrand.**

**** A. Lieury, P. Durand, M. Clévède : *Inventaire du vocabulaire des manuels de la classe de 6e*, 1992, publication du CCAFE, Université de Rennes 1, 35042 Rennes Cedex. La même équipe a publié un *Inventaire du vocabulaire des manuels de la classe de 5e*, que l'on pourra consulter avec profit.**

Il est sage de dresser au fur et à mesure de l'avancement du cours un inventaire des mots qui, a priori risquent de ne pas être compris... et de ceux qui n'ont pas été compris.

Comment utiliser ce tableau

Cette liste n'a qu'une valeur indicative

La liste reproduite ici et, *a fortiori,* les indices de difficulté sont évidemment empreints d'une certaine subjectivité. On ne doit évidemment en aucun cas la considérer comme un contrat à réaliser (faire assimiler, par exemple, les termes de niveau 1 à 4 et eux seulement), mais comme un exemple de réflexion méthodique sur la question.

Termes indiqués comme de difficulté 1 ou 2

La plupart d'entre eux ont été vus (abondamment parfois) à l'*école primaire* ; bon nombre figurent en toutes lettres dans les programmes de l'enseignement du premier degré. Leur présence dans la liste est une incitation à la prudence : il s'agit de termes en cours d'acquisition que l'on ne peut considérer comme maîtrisés par tous. Le professeur agira sagement en s'assurant de leur bonne compréhension lors de la première utilisation avec sa classe.

Termes de difficulté 3

Ces termes doivent être acquis à l'issue de la sixième. Ce sont pour la plupart des vocables techniques de base comme *axe*, *coordonnée*, *moyenne*, *parallélogramme*. Mais il est assez probable que la majeure partie de la classe les ignore au départ ; ils devront donc être présentés et définis avec soin.

Termes de difficulté 4 et 5

Les termes affectés d'un 4 (écrits en italique) nous paraissent pouvoir être *utilisés à l'occasion, avec modération*, sans que leur maîtrise puisse être considérée comme un objectif de la classe. Quant aux termes marqués 5, en italique et entre parenthèses dans le tableau, *ils débordent pour la plupart à la fois le programme et le niveau conceptuel* des enfants de cet âge.

Autres termes

Il serait imprudent de penser qu'un mot ou une expression ne figurant pas dans ce tableau est forcément sans problème pour les élèves.

Voici par exemple quelques termes qui ne sont pas dans la liste mais qui *figurent au programme de sixième* et dont le sens mathématique nous semble inconnu ou mal connu des élèves qui arrivent dans cette classe :

conservation, conserver, constant, construction, construire, encadrement, encadrer, image, opérateur, ordre de grandeur, ranger, repère, transformation, troncature.

Nous craignons fort, d'ailleurs, que le lecteur n'ait aucun mal à allonger notablement cette liste.

Dresser et faire dresser un lexique

Un exercice fructueux, pour le jeune professeur, est de dresser au fur et à mesure de l'avancement du cours un inventaire des mots qui semblent *a priori* devoir poser à la classe des problèmes de compréhension ou qui, *a posteriori* et de façon parfois fort surprenante, ont été mal compris... et de conserver pieusement pour l'année suivante les notes ainsi prises.

L'efficacité de cette discipline personnelle sera grandement augmentée si l'on fait *dresser au fil des semaines par les élèves un petit lexique du français mathématique*.

L'attention aux problèmes de vocabulaire ne doit pas se borner à la sixième. C'est là que ces problèmes sont le plus aigus, mais ils subsistent tout au long du collège et à un moindre degré au lycée.

■

LES MOTS NOUVEAUX DU LANGAGE MATHÉMATIQUE EN SIXIÈME

abaisser	1	décimètre	1
abscisse	*4*	décroissant	2
adjacent	*4*	déduire	2
aigu	1	demi-droite	2
aire	1	dénominateur	2
angle	1	(*développer*)	*5*
(*angle rentrant*)	*5*	diagonale	2
(*angle saillant*)	*5*	*diagramme*	*4*
approximation	2	diamétralement	3
arc de cercle	2	diamètre	1
(*are*)	*5*	*disjoint*	*4*
arête	2	disque	2
arrondir	2	dividende	2
axe	3	diviseur	2
bissectrice	2	divisibilité	2
calque	1	divisible	2
carré [arithmétique]	3	dixième	1
carré [géométrie]	1	dizaine	1
centaine	1	droite	1
(*centiare*)	*5*	échelle	2
centième	2	entier relatif	3
centimètre	1	équation	3
chiffre	1	équerre	2
coefficient	*4*	équidistant	3
coefficient multiplicatif	*4*	*équivalent*	*4*
coïncider	3	fraction	1
compas	1	fractionnaire	2
concourant	3	gradué	3
consécutif	2	graphique	2
convertir	1	hectare	3
(*convexe*)	*5*	hectomètre	2
coordonnée	3	*hexagonal*	*4*
coplanaire	*4*	*hexagone*	*4*
(*couple*)	*5*	(*histogramme*)	*5*
courbe	*4*	horizontale	1
croissant	2	hypoténuse	2
cube	2	illimité	2
cylindre	3	impair	2
décamètre	2	intervalle	3
décimal	1	*invariant*	*3*

« On ne saurait croire combien un mot bien choisi peut économiser de pensée. »

***Poincaré,* Science et méthode.**

irréductible	3	pourcentage	2
kilomètre	1	(*prisme*)	*5*
latéral	3	proportionnalité	2
ligne polygonale	*4*	proportionnel	2
longueur	1	(*pyramide*)	*5*
losange	2	quadrilatère	2
médiatrice	2	(*qualitatif*)	*5*
millième	1	(*quantitatif*)	*5*
millimètre	1	quotient	2
moyenne	3	rapporteur	1
multiple	2	rayon	1
nombre	1	rectangle	1
nombre entier	1	réduire au même dénominateur	2
nombre négatif	3	repérage	2
numérateur	2	reste	1
obtus	2	sécant	2
(*octogone*)	*5*	(*secteur angulaire*)	*5*
opposé	2	segment	2
ordonnée	*4*	signe négatif	3
ordre croissant	2	signe positif	3
ordre décroissant	2	simplifier une fraction	2
orthogonal	*4*	solide	3
(*orthonormal*)	*5*	sommet	1
pair	1	superposable	1
parallèle	1	symétrie	2
parallélépipède	*4*	symétrie axiale	2
parallélogramme	3	symétrie orthogonale	2
patron	2	tangent	3
pavé droit	2	triangle équilatéral	1
périmètre	2	triangle isocèle	1
perpendiculaire	1	triangle rectangle	1
perspective cavalière	3	unité	1
point d'intersection	2	(*valeur absolue*)	*5*
(*polygonal*)	*5*	verticale	1
polygone	*4*	volume	2

LES ANGLES EN CINQUIÈME

AUTEUR

Groupe de géométrie de l'IREM d'Aquitaine

En forçant à peine le trait, on peut dire qu'**en sixième** le *travail sur les angles est en quelque sorte du ressort de la « leçon de choses »* : on s'appuie constamment sur l'observation, la reproduction et la construction de figures, accompagnées du maniement intensif du rapporteur. C'est d'ailleurs sensiblement ainsi (voir l'encadré ci-après) que le programme voit les choses.

En cinquième, la situation s'améliore progressivement. *La notion d'angle, qui au début est une notion quasiment physique* (puisqu'on lit une mesure sur un rapporteur comme on en lirait une sur un mètre, une balance ou une montre), *va se mathématiser au fur et à mesure* que l'on disposera, à son sujet, d'un réseau de notions annexes et de propriétés élémentaires. Ce réseau est réduit (voir l'encadré). Mais, compte tenu justement du faible nombre de propriétés sur lesquelles s'appuyer à ce stade et de la simplicité de leur formulation, *les angles constituent un excellent thème d'initiation au travail mathématique.*

On entend par là non seulement la mise en place de « courtes séquences déductives », pour reprendre la formulation officielle, mais aussi le raisonnement mathématique complet qui ne se limite pas à la phase déductive, mais comporte expérimentation, conjecture et justification.

Si bien qu'en respectant strictement la lettre et l'esprit de ce modeste programme de cinquième, on peut faire une gamme étendue d'exercices, allant du très simple au très difficile•.

CE QUE DIT LE PROGRAMME

Le point de départ

À l'issue de la sixième, l'élève est censé :

– savoir « reproduire un angle » ;

– avoir une certaine habitude du rapporteur, utilisé « à l'occasion de la construction et de l'étude des figures » ;

– connaître et savoir utiliser la conservation des angles par symétrie axiale ;

– savoir construire la bissectrice d'un angle ;

– savoir ce qu'est un triangle rectangle ;

– savoir caractériser un triangle isocèle (respectivement : équilatéral) par l'égalité de deux (respectivement : trois) angles.

Pendant l'année de cinquième

Compétences exigibles en matière d'angles :

– la symétrie centrale conserve les angles ;

– relations existant entre les angles d'un parallélogramme ;

– caractérisations angulaires du parallélisme (les termes « angles correspondants », « angles alternes-internes » sont cités, non imposés) ;

– angles adjacents, angles complémentaires, angles supplémentaires (l'expression « angles opposés par le sommet » est facultative) ;

– somme des angles d'un triangle ; application aux triangles équilatéraux, isocèles, ou rectangles ;

– construire un triangle connaissant la longueur d'un côté et les deux angles qui lui sont adjacents, ou la longueur de deux côtés et l'angle compris entre eux.

• Ce texte introductif est dû à P. Legrand.*

RAPPELS ET VOCABULAIRE SUR LES ANGLES

Un angle est déterminé par la donnée de deux demi-droites (non opposées) issues d'un même point.

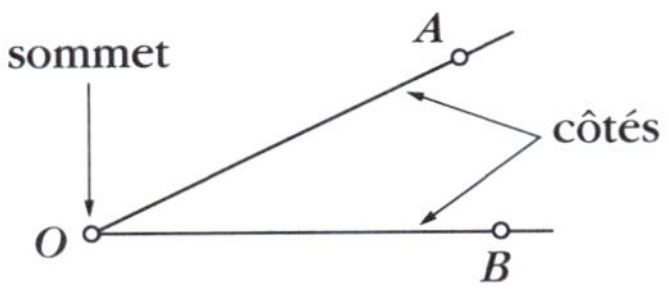

Dans le premier cycle, l'« ouverture » d'un angle se mesure en degrés à l'aide d'un instrument demi-circulaire gradué régulièrement de 0 à 180° (rapporteur). Un angle a donc une mesure comprise entre 0° et 180°.

On notera $\widehat{AOB}$, à la fois, l'angle et sa mesure.

Angle aigu	$0° < \widehat{AOB} < 90°$	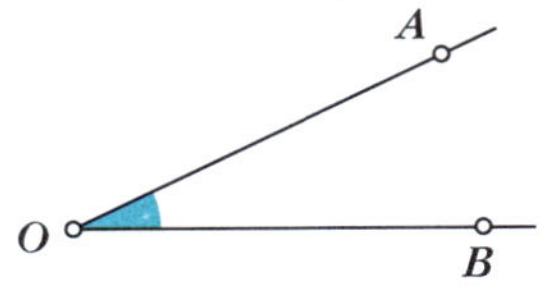
Angle droit	$\widehat{AOB} = 90°$	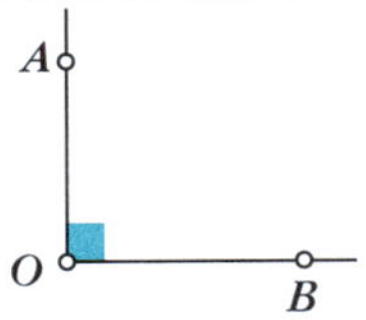
Angle obtus	$90° < \widehat{AOB} < 180°$	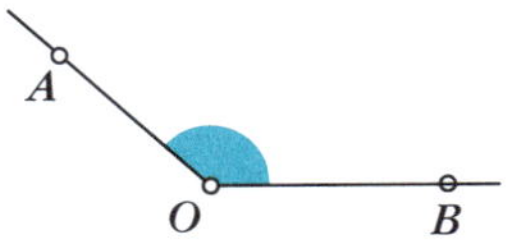

ANGLES DE MÊME MESURE

On admet que :
– deux angles superposables ont même mesure ;
– deux angles de même mesure sont superposables.

Les symétries et le « glissement » transforment un angle en un angle de même mesure. On codera avec le même signe, sur une même figure, deux angles de même mesure.

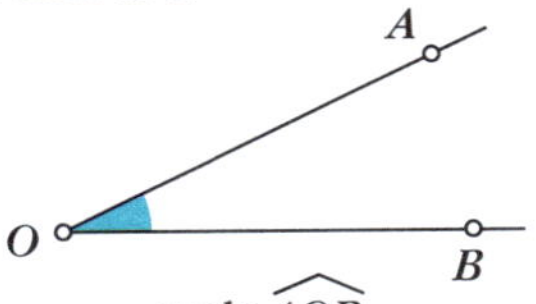

angle $\widehat{AOB}$

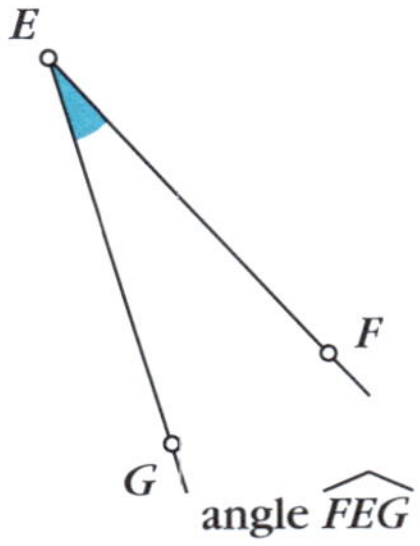

angle $\widehat{FEG}$

Pour signifier que les angles $\widehat{AOB}$ et $\widehat{FEG}$ ont même mesure on dira tout simplement qu'ils sont égaux et on écrira :

$$\widehat{AOB} = \widehat{FEG}.$$

NOTE

• Le fait que deux angles soient superposables peut être suggéré très simplement à un élève de cinquième par l'utilisation du papier-calque.

• Une autre méthode peut consister à dessiner un demi-cercle (ou un cercle) sur du papier-calque et à « mesurer » l'angle exactement comme on peut le faire avec une bande de papier pour des segments que l'on désire comparer.

feuille de papier-calque

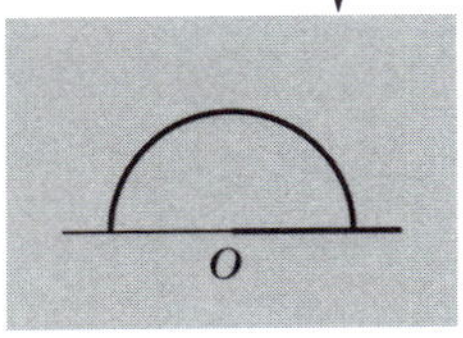

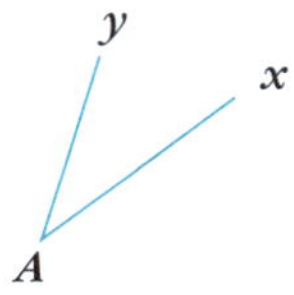

angle à « mesurer »

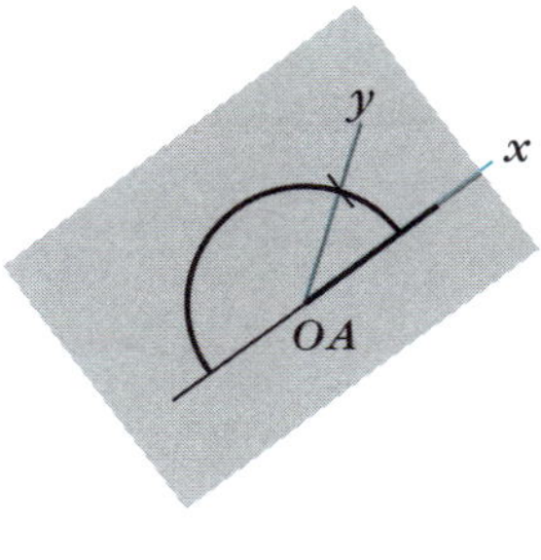

« *Un angle plan est l'inclinaison mutuelle de deux droites de ce plan, qui se rencontrent mais n'ont pas la même direction.* » Euclide.*

Angles adjacents

Définition

Deux ***angles adjacents*** sont deux angles :
- ayant même sommet ;
- ayant un côté commun ;
- dont les côtés non communs sont situés de « part et d'autre » du côté commun.

Exemples

Angles adjacents

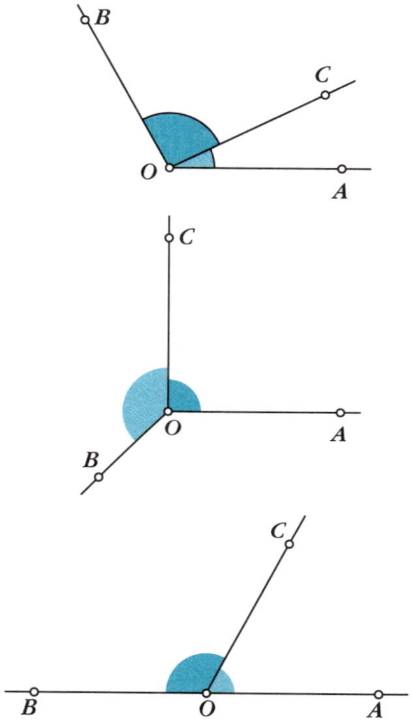

Angles non adjacents

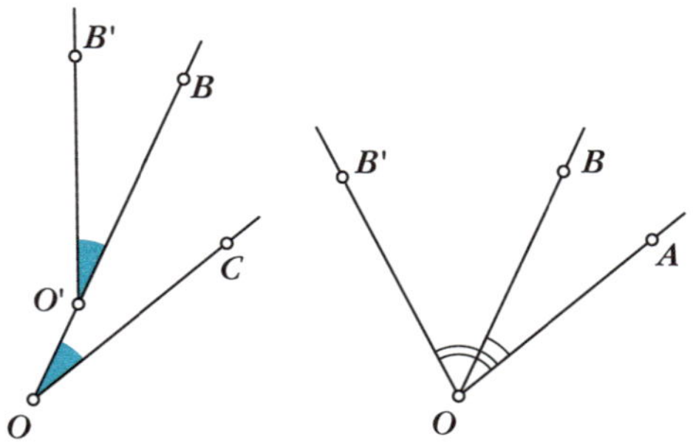

Configurations de base

$\widehat{AOC} + \widehat{COB} = 180°$

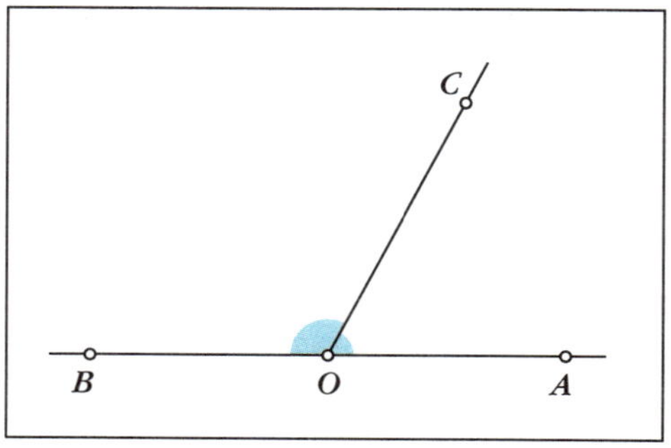

$\widehat{AOC} + \widehat{COB} < 180°$

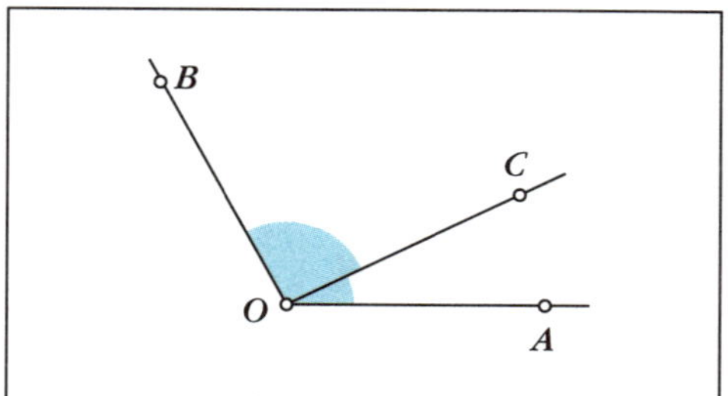

$\widehat{AOC} + \widehat{COB} = \widehat{AOB}$

$\widehat{AOC} + \widehat{COB} < 180°$

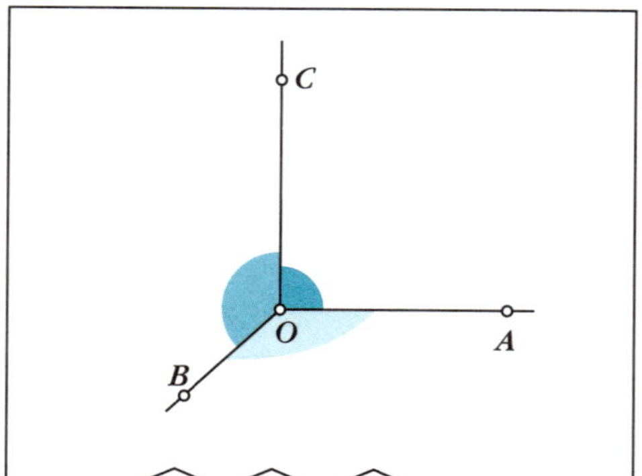

$\widehat{AOC} + \widehat{COB} + \widehat{AOB} = 360°$

$\widehat{AOC} + \widehat{COB} = 360° - \widehat{AOB}$

Deux angles dont la somme des mesures est égale à 180° sont dits ***supplémentaires***.

* ***Éléments*, livre I, définition 8.***

Bissectrice d'un angle

La bissectrice d'un angle $\widehat{BAC}$ est la droite d qui est l'axe de symétrie de l'angle $\widehat{BAC}$.

Cette droite d peut être obtenue par pliage.

Pour tout point M situé sur d, distinct de A, on a : $\widehat{BAM} = \widehat{CAM}$.

Remarque

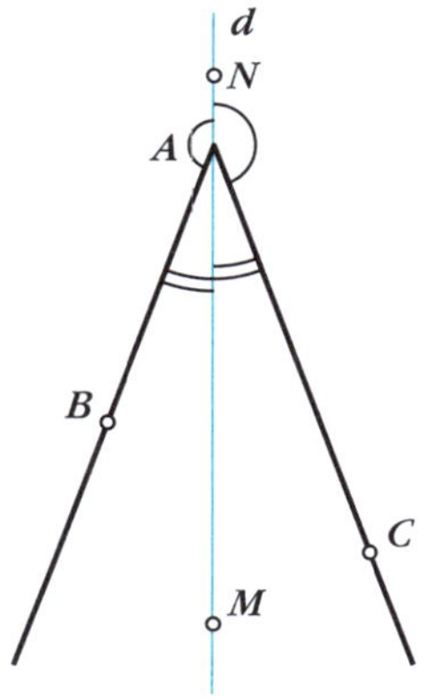

Il est intéressant de distinguer deux cas selon que M est dans l'angle $\widehat{BAC}$ ou n'est pas dans l'angle $\widehat{BAC}$.

On se permettra même d'écrire lorsque :
– M est dans l'angle $\widehat{BAC}$:

$$\widehat{BAM} = \widehat{CAM} = \frac{1}{2}\widehat{BAC}$$

– N n'est pas dans l'angle $\widehat{BAC}$:

$$\widehat{BAN} = \widehat{CAN} = 180° - \frac{1}{2}\widehat{BAC}$$

Résultat important

Pour tout point M situé « dans » un angle $\widehat{BAC}$ et sur la bissectrice d de cet angle, on a : $MH = MK$.

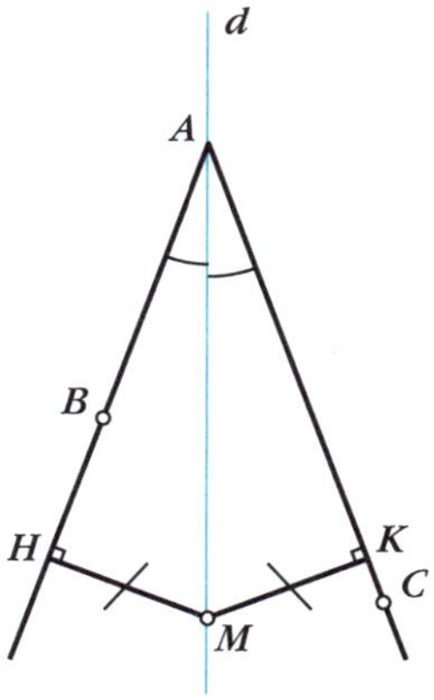

Remarque

Il est intéressant de lier ce résultat au losange.

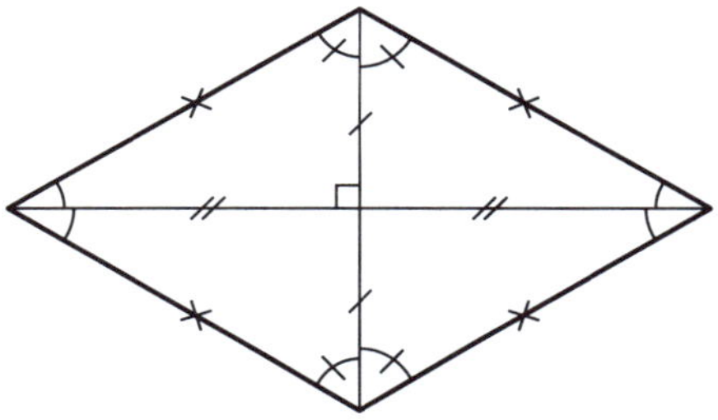

Caractérisation angulaire d'un triangle isocèle

Étant donné un triangle ABC.

Si ABC est isocèle en A **alors** $\widehat{ACB} = \widehat{ABC}$.

Si $\widehat{ACB} = \widehat{ABC}$ **alors** ABC est isocèle en A.

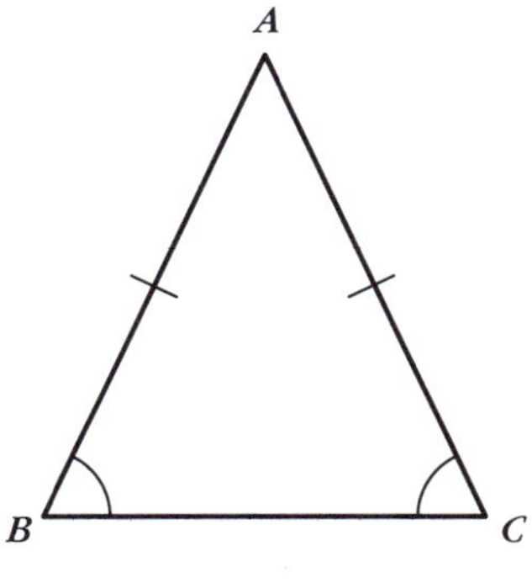

« Lorsque deux lignes AB, AC se rencontrent, la quantité plus ou moins grande dont elles sont écartées l'une de l'autre, quant à leur position, s'appelle angle. » Legendre.*

DÉMONSTRATION

• **Hypothèse : *ABC* est isocèle en *A***

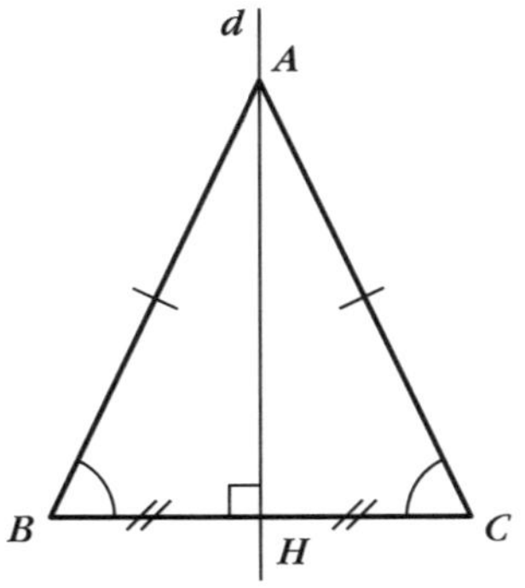

La médiatrice d de $[B,C]$ passe par A puisque le triangle ABC est isocèle en A.
Considérons la symétrie S par rapport à d.
$A \rightarrow A$,
$B \rightarrow C$ par conséquent $\widehat{ABC} = \widehat{ACB}$,
$C \rightarrow B$.

• **Hypothèse :** $\widehat{ABC} = \widehat{ACB}$

Deux possibilités se présentent pour cette démonstration.

1re possibilité

On sait que la somme des angles d'un triangle est égale à 180°.

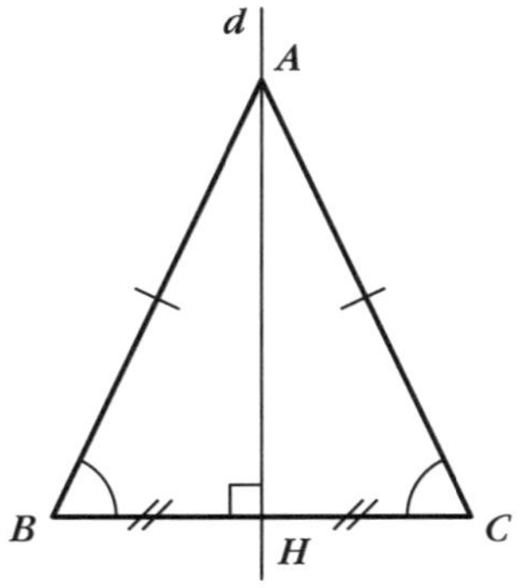

On considère la droite d passant par A orthogonale à (BC) qui coupe (BC) en H.
On obtient aisément : $\widehat{BAH} = \widehat{CAH}$.

Ainsi d est la bissectrice de l'angle $\widehat{ABC}$.
C'est-à-dire que d est axe de symétrie de l'angle $\widehat{ABC}$.
Soit la symétrie S par rapport à d. On a :
$A \rightarrow A$
$(AB) \rightarrow (AC)$
$(BC) \rightarrow (BC)$
Par conséquent, le symétrique de B intersection des droites (AB) et (BC) est l'intersection C des droites (AC) et (BC).
Ainsi le symétrique du segment $[A, B]$ est le segment $[A,C]$, donc $AB = AC$, donc le triangle ABC est isocèle en A.

2de possibilité

On ne sait pas que la somme des angles d'un triangle est égale à 180°.

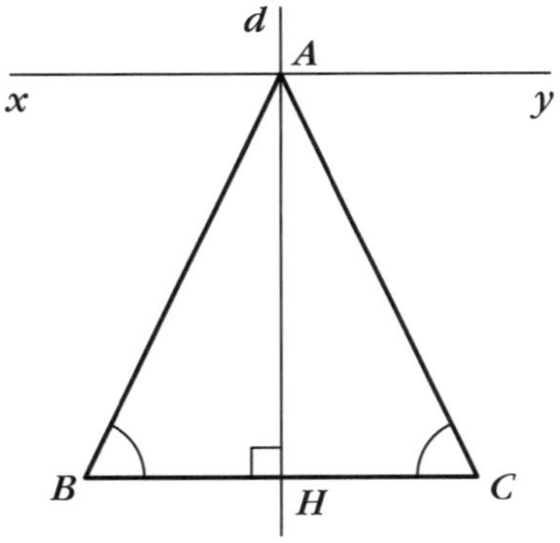

On considère :
– la droite d passant par A orthogonale à (BC) qui coupe (BC) en H ;
– la droite (xy) passant par A parallèle à (BC).
Les angles $\widehat{xAB}$ et $\widehat{ABC}$ occupent une position d'angles alternes-internes par rapport aux parallèles (xy) et (BC) et à la sécante (AB), donc $\widehat{xAB} = \widehat{ABC}$. Par analogie $\widehat{yAB} = \widehat{ACB}$.
On obtient aisément : $\widehat{BAH} = \widehat{CAH}$.
On reprend alors le cours de la démonstration précédente.

* ***Éléments de géométrie*, 1794, définition IX.***

NOTE SUR L'ANALOGIE

Souvent, en mathématique, on obtient des résultats par analogie. Il paraît important de temps en temps de bien préciser ce que signifie une analogie. D'un point de vue purement mathématique :

– on établit une correspondance entre des points d'une figure ;

– les points de « départ » engendrent des objets (droites, segments, ...) qui vérifient certaines relations ;

– les objets (droites, segments, ...) engendrés par les points correspondants vérifient les mêmes relations ;

– les conséquences concernant les objets de « départ » seront encore vraies en ce qui concerne les objets à « l'arrivée ».

Mettons ceci en évidence sur l'exemple suivant (voir tableau ci-après).

<table>
<tr><th rowspan="2">Correspondance</th><th colspan="2">Relations</th></tr>
<tr><th>« objets » au départ</th><th>« objets » à l'arrivée</th></tr>
<tr><td rowspan="4">$x \to y$
$y \to x$
$A \to A$
$B \to C$
$C \to B$</td><td>(xy) passe par A
$(xy) // (BC)$
$[Ax)$ et $[CB)$ ont même sens</td><td>(yx) passe par A
$(yx) // (CB)$
$[Ax)$ et $[CB)$ ont même sens</td></tr>
<tr><th colspan="2">Conséquence</th></tr>
<tr><td>$\widehat{ABC} = \widehat{BAx}$
$[Ay)$ et $[BC)$ ont même sens</td><td>$\widehat{ACB} = \widehat{CAy}$
$[Ay)$ et $[BC)$ ont même sens</td></tr>
</table>

QUELQUES RÉSULTATS IMPORTANTS

ANGLES OPPOSÉS PAR LE SOMMET

Deux angles opposés par le sommet ont la même mesure.

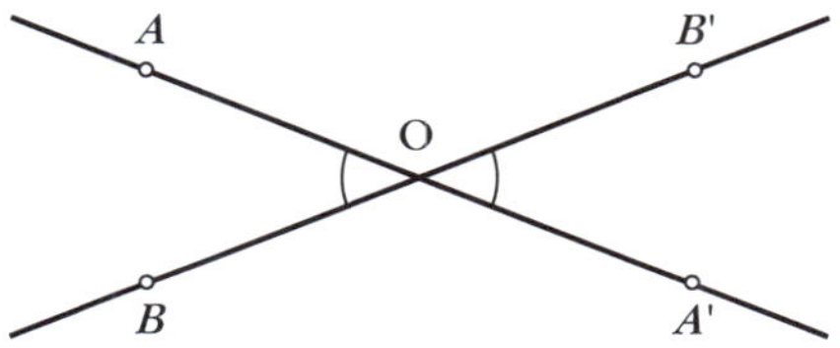

ANGLES ALTERNES-INTERNES, ANGLES CORRESPONDANTS

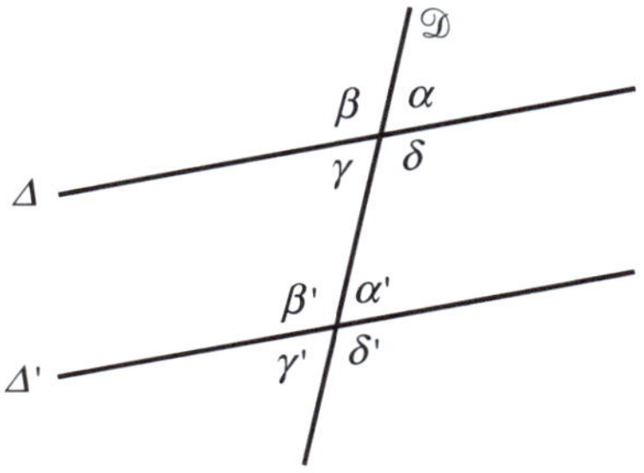

« N'employez dans la définition des termes que des mots parfaitement connus, ou déjà expliqués. » Pascal•, De l'esprit géométrique.

DÉFINITION••

Deux droites parallèles Δ et Δ' coupées par une sécante $\mathcal{D}$ forment quatre angles de sommet O et quatre angles de sommet O'.

Les angles :

– δ et β', α' et γ sont *alternes-internes* ;

– α et α', β et β', δ et δ', γ et γ' sont *correspondants*.

PROPRIÉTÉ

Les anges alternes-internes sont égaux. Les angles correspondants sont égaux.

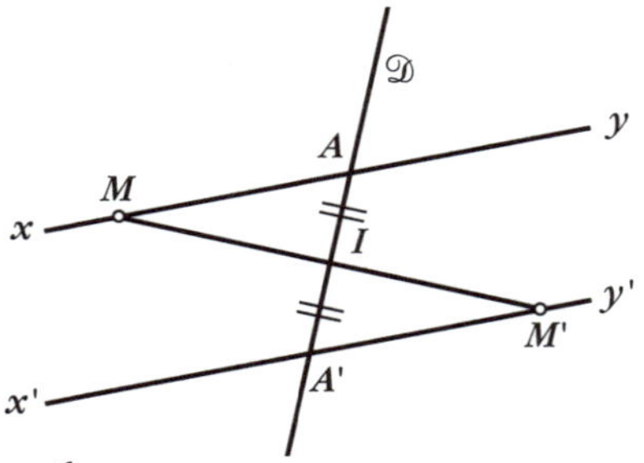

Données :

– deux droites parallèles (xy) et $(x'y')$;

– une droite D coupe (xy) en A et $(x'y')$ en A'.

Propriété à prouver : $\widehat{xAA'} = \widehat{yA'A}$.

Démonstration :

On appelle I le milieu de $[AA']$ et on considère la symétrie S de centre I.

Le symétrique de A est bien évidemment le point A'.

La symétrique de la droite (xy) est une droite passant par A' et parallèle à (xy), c'est donc la droite $(x'y')$.

Considérons un point M situé sur la demi-droite $[Ax)$, son symétrique est un point M' situé sur la demi-droite $[A'y')$.

En résumé :

$$\left.\begin{array}{l} M \to M' \\ A \to A' \\ A' \to A \end{array}\right\} \text{donc } \widehat{MAA'} = \widehat{M'A'A}.$$

•Les « définitions » de l'angle données par Euclide et Legendre (p. 112 et 114) contreviennent évidemment à cette règle.*

•• Voir la figure à la p. 115.*

Note

Pour un élève de cinquième il semble plus judicieux d'éviter de parler d'image de demi-droites. C'est ce que nous avons essayé de faire en prenant un point sur la demi-droite $[Ax)$ et en passant sous silence les problèmes sous-jacents de convexité.

SOMMES DES ANGLES D'UN TRIANGLE

La somme des angles d'un triangle est égale à 180°.

$\widehat{ABC} + \widehat{BCA} + \widehat{CAB} = 180°$

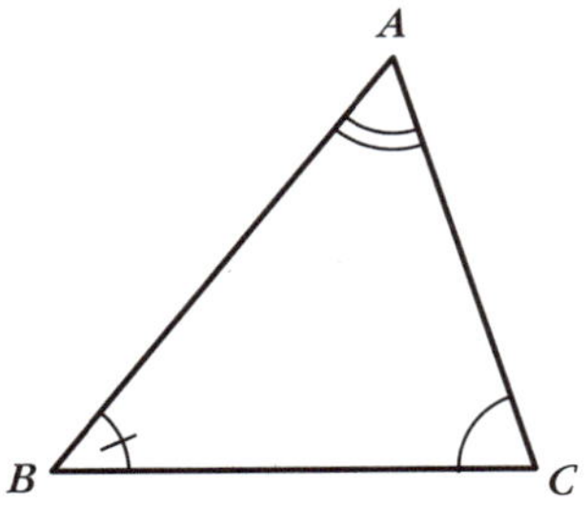

DÉMONSTRATION

On considère la droite (xy) passant par A parallèle à (BC).

Les angles $\widehat{ABC}$ et $\widehat{BAx}$ sont alternes-internes par rapport aux parallèles (xy) et (BC) et à la sécante (AB), donc $\widehat{ABC} = \widehat{BAx}$.

Par analogie, $\widehat{ACB} = \widehat{CAy}$.

Ainsi : $\widehat{ABC} + \widehat{BCA} + \widehat{CAB} = 180°$.

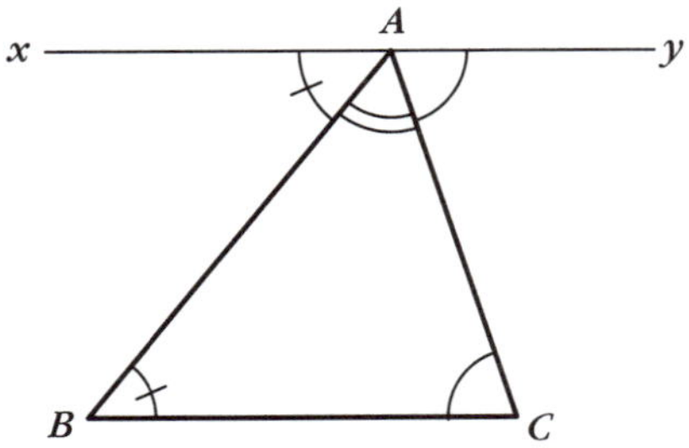

APPLICATION

La somme des angles d'un quadrilatère convexe est égale à 360°.

ACTIVITÉS ET EXERCICES

« VRAI-FAUX »

– Un triangle isocèle qui a un angle de 60° est équilatéral ☐
– Un triangle rectangle qui a un angle de 45° est isocèle ☐
– Un triangle peut avoir deux angles obtus ☐
– Un triangle qui a deux angles de 60° est équilatéral ☐

AUTOUR D'UNE TACHE D'ENCRE

EXERCICE

Après avoir tracé un triangle ABC une tache d'encre cache le point A.

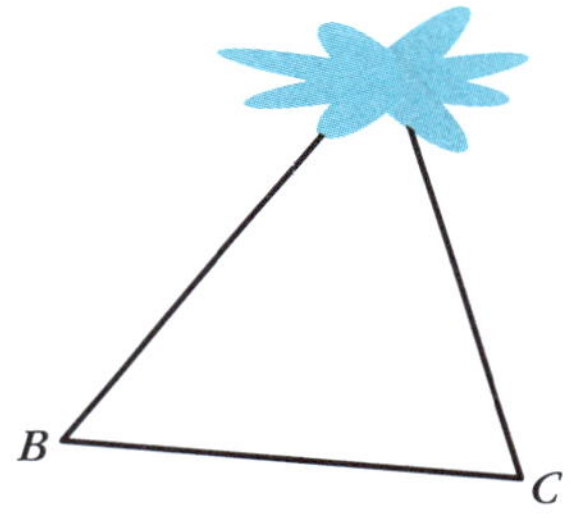

Combien mesure l'angle $\widehat{BAC}$ *?*

1re méthode

L'élève mesure $\widehat{ABC}$, puis l'angle $\widehat{BCA}$, puis réinvestit le fait que la somme des angles d'un triangle est égale à 180°.

2de méthode

L'élève trace une parallèle (*xy*) à (*BA*), qui coupe (*CA*) en *A*'.

$\widehat{BAC} = \widehat{xA'C}$ angles correspondants ou

$\widehat{BAC} = \widehat{yA'A}$ angles alternes-internes.

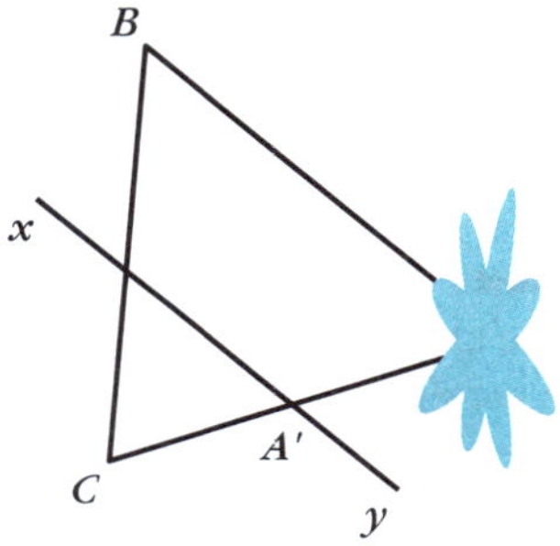

EXERCICE

Après avoir tracé deux droites sécantes en A, une tache d'encre cache le point A. On se donne un point B sur Δ. Construire un point C sur Δ' afin que le triangle ABC soit isocèle en A.

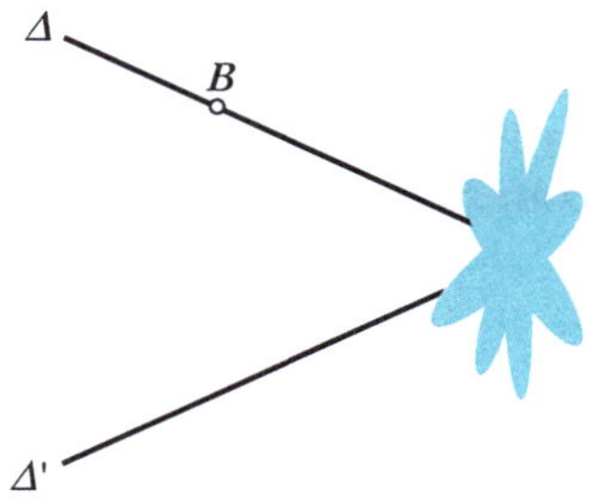

1re méthode

On construit une droite quelconque passant par *B* qui coupe Δ_2 en *D*.

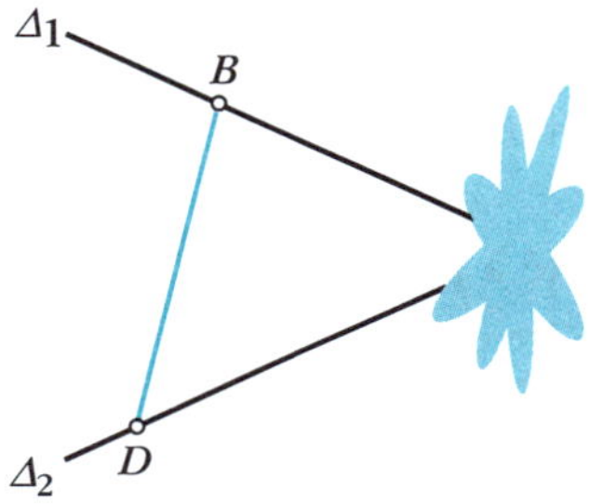

On mesure avec le rapporteur les angles $\widehat{ABD}$ et $\widehat{ADB}$. On calcule $\widehat{ABD} + \widehat{AD'B}$,

et on a : $\widehat{ABC} = \frac{1}{2}(\widehat{ABD} + \widehat{ADB})$.

2de méthode

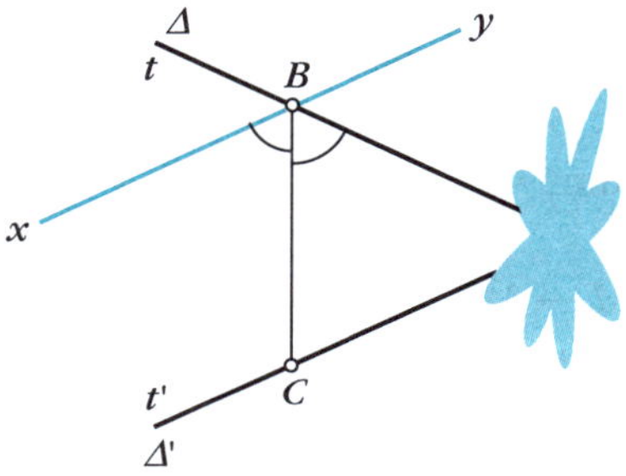

On construit la parallèle (*xy*) à Δ' passant par *B*. Soit *C* le point cherché.

« On ne perdra pas de vue que c'est en faisant de nombreux exercices que l'on habitue les élèves à manier avec sûreté les éléments dont ils disposent. »*

On a : $\widehat{tBx} = \widehat{BAt'}$ (angles correspondants).

Donc $\widehat{xBA} = \widehat{ABC} + \widehat{ACB}$.

La bissectrice de $\widehat{xBA}$ coupe Δ' au point *C* recherché.

Alignements de points

Exercice

Données :

– un triangle ABC rectangle en A ;

– un carré ABDE extérieur au triangle ABC ;

– un carré ACFG extérieur au triangle ABC.

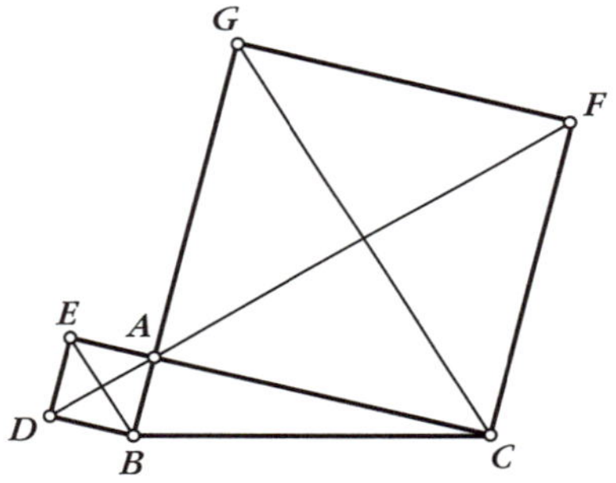

1) *Faire une figure.*

2) *Démontrer que les points A, D et F sont alignés.*

3) *Démontrer que les droites (BE) et (CG) sont parallèles.*

Exercice

Données :

– un cercle $\mathscr{C}$ de centre O ;

– un point A sur le cercle $\mathscr{C}$;

– le cercle $\mathscr{C}_1$ de centre A passant par O coupe le cercle $\mathscr{C}$ en B et C ;

– le cercle $\mathscr{C}_2$ de centre C passant par O coupe le cercle $\mathscr{C}$ en A et D.

Démontrer que O est le milieu de [B, D].

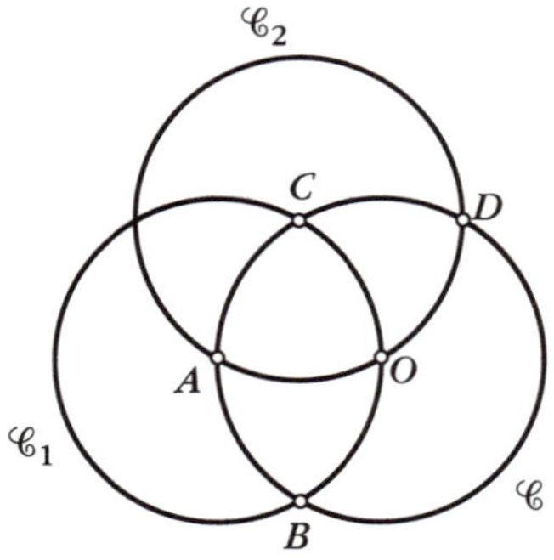

Note

Cet exercice réinvestit le fait que dans un triangle équilatéral les angles mesurent 60°.

Un petit prolongement intéressant peut y être adjoint.

Comment doubler un segment avec le compas seul ?

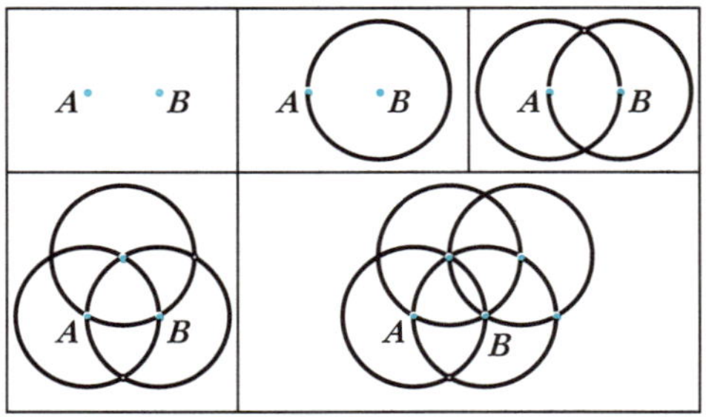

Exercice

Sur la figure ci-dessous :

– ABCD est un carré ;

– ABE et CBF sont des triangles équilatéraux.

Démontrer que les points D, E et F sont alignés.

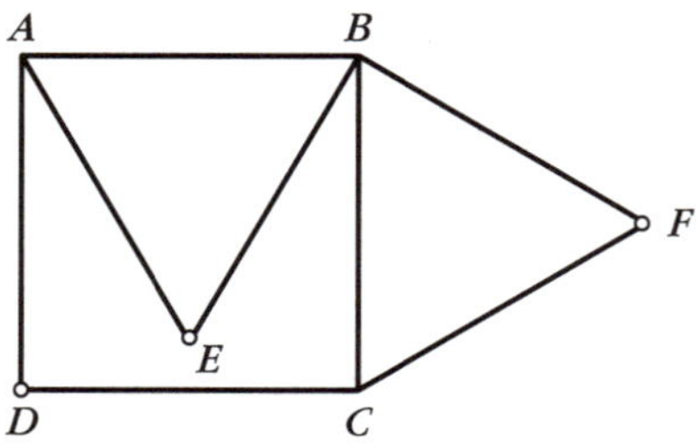

* Instructions du 27 juillet 1905.*

EXERCICES DIVERS

EXERCICE

Dans la figure ci-dessous I est l'intersection des bissectrices des secteurs $\widehat{ABC}$ *et* $\widehat{ACB}$.

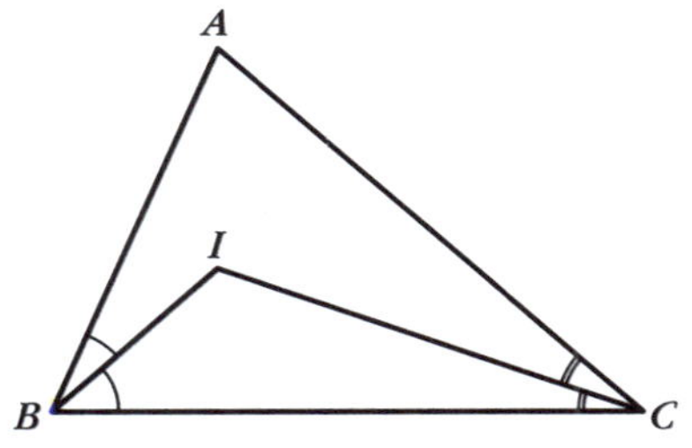

Montrer que : $\widehat{BIC} = \frac{1}{2}\widehat{BAC} + 90°$.

Note

Il serait souhaitable de donner une valeur à l'angle $\widehat{BAC}$ (la même pour toute la classe) et différentes valeurs à l'angle $\widehat{ABC}$ et de faire remarquer que l'angle $\widehat{BIC}$ a toujours le même valeur. Ensuite on traite le cas général.

EXERCICE

Dans la figure ci-dessous :

– le triangle ABC est isocèle en A ;

– I est l'intersection des bissectrices des secteurs $\widehat{ABC} = \widehat{ACB}$;

– $\widehat{BIC} = 3\widehat{BAC}$.

Combien mesurent les angles du triangle ABC ?

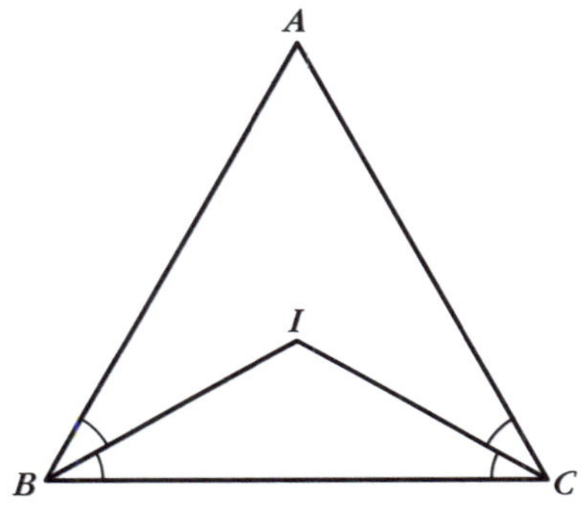

Note

Cet exercice doit être présenté à la suite de l'exercice précédent.

EXERCICE

Dans la figure ci-dessous :

– le triangle ABC est rectangle en A et AB < AC ;

– E ∈ [BC] et BA = BE ;

Montrer que [*A E*] est la bissectrice de $\widehat{CAH}$.

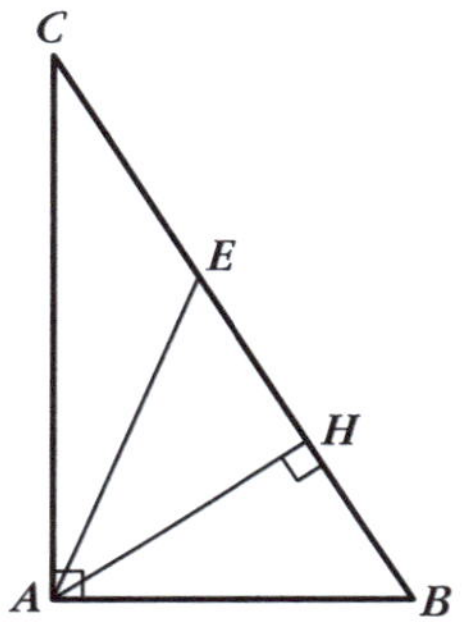

Note

Donner la figure toute faite aux élèves afin d'éviter les « cas de figure ».

EXERCICE

Dans la figure ci-dessous :

– le triangle ABC est rectangle en A et AB < AC ;

– [AE] est la bissectrice de $\widehat{CAH}$.

Montrer que BA = BE.

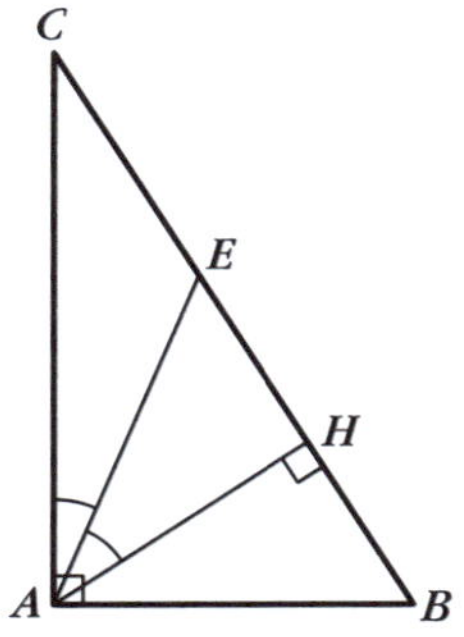

Note

Donner la figure toute faite aux élèves afin d'éviter les « cas de figure ».

Exercice

Dans la figure ci-contre :

– le triangle ABC est rectangle en A ;

– B', A et B sont alignés ;

– C', A et C sont alignés ;

– AC' = AB ;

– AC' = AB.

Montrer que les triangles AB'E et AC'E sont isocèles.

En déduire que E est le milieu de [B',C'].

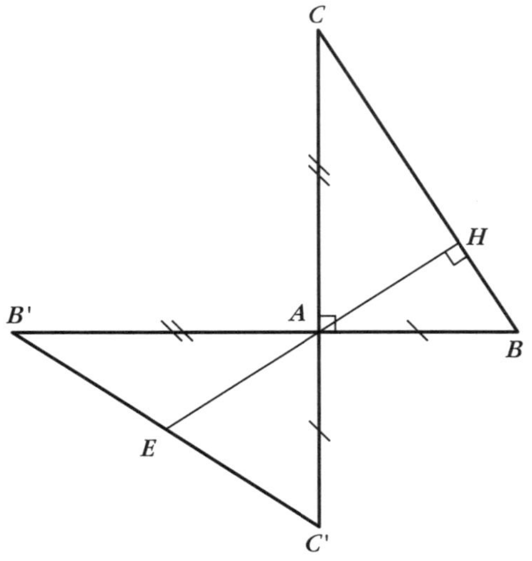

LA TRISECTION DE L'ANGLE*

Procédé de Laisant

Laisant (1841-1920) avait imaginé un système articulé pour réaliser la trisection de l'angle.

Les « cercles » sont des articulations et les « carrés » des glissières.

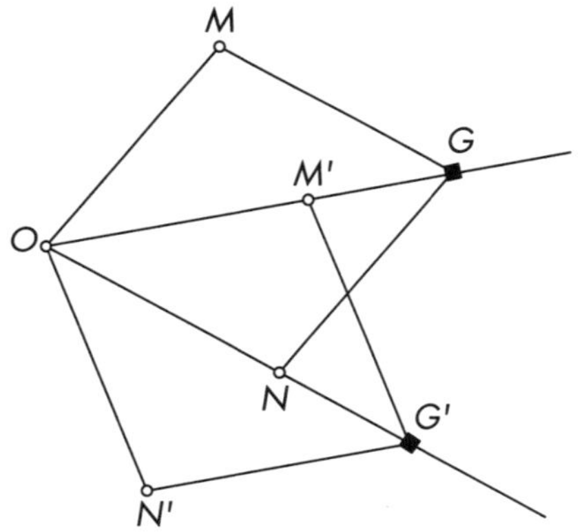

Les quadrilatères *OMGN* et *OM'G'N'* sont des losanges.

Procédé d'Archimède

Voici le procédé proposé par Archimède pour réaliser la trisection de l'angle.

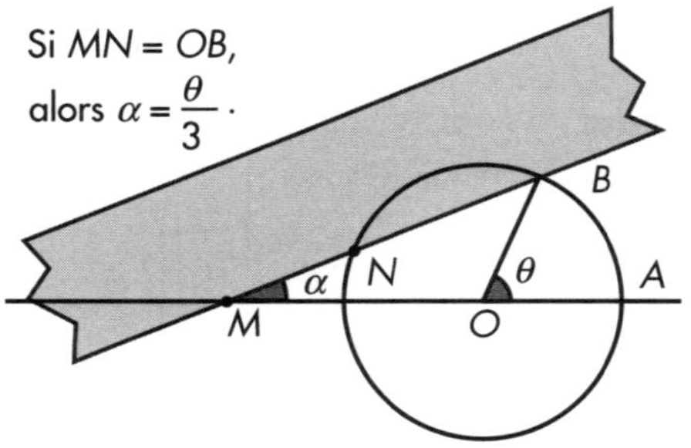

Note

La trisection de l'angle est un problème très ancien. D'un point de vue mathématique la question qui se pose est la suivante :

« Peut-on diviser un angle en trois parties égales à la règle et au compas ? »

La réponse est négative. En effet cela reviendrait à être en mesure de construire à la règle et au compas la racine cubique de n'importe quel nombre donné, et on sait que ceci est impossible.

*** Sur ce problème voir la brochure de J. Aymes, *Ces problèmes qui font les mathématiques* (la trisection de l'angle) publiée par l'APMEP.**

LES TROIS CARRÉS

Sur la figure ci-après ABCH, CDGH et DEFG sont des carrés. Démontrer que $\alpha = \beta + \gamma$.

Bien évidemment nous devons démontrer que $\beta + \gamma = 45°$. Pour cela, nous allons transporter $\widehat{BGA}$ pour le rendre adjacent à $\widehat{BFA}$.

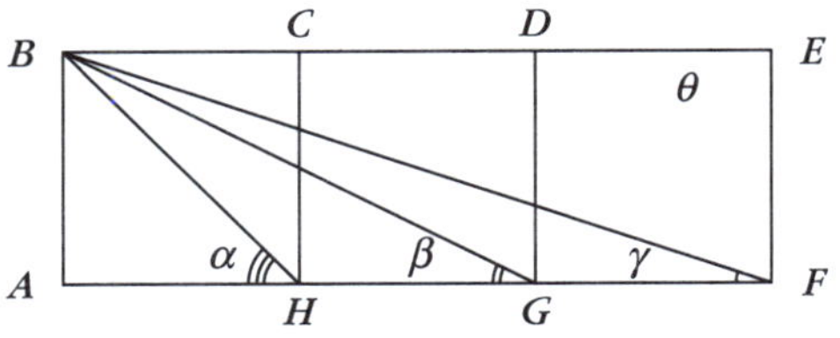

Nous travaillons sur un quadrillage.

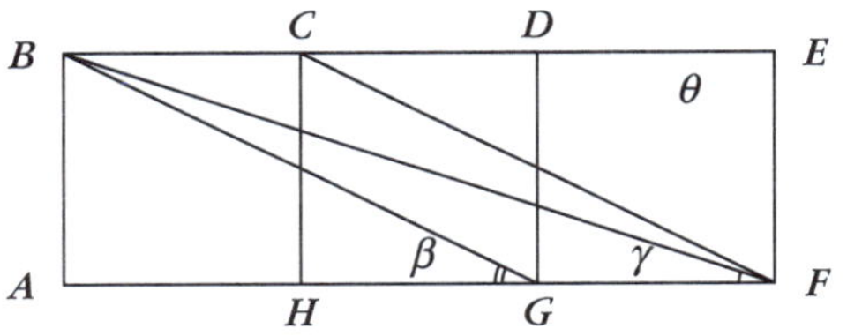

$\widehat{BGA} = \widehat{CFH}$, par « glissement ».

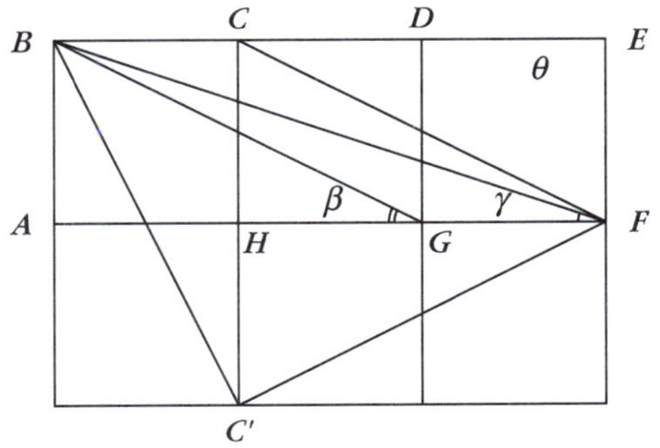

$\widehat{CFH} = \widehat{C'FH}$, par symétrie par rapport à (AF). Le triangle $BC'F$ est rectangle isocèle en C'.

Remarque

Ce dernier point peut être intuitif pour un élève de cinquième, mais parfaitement démontré en classe de quatrième.

En voici la clef. Les élèves travaillent presque toujours sur une feuille quadrillée. On considère un rectangle *ABCD* auquel on fait subir un quart de tour (indirect ici) de centre *D*.

$A \to A'$, $B \to B'$, $C \to C'$, $D \to D'$.

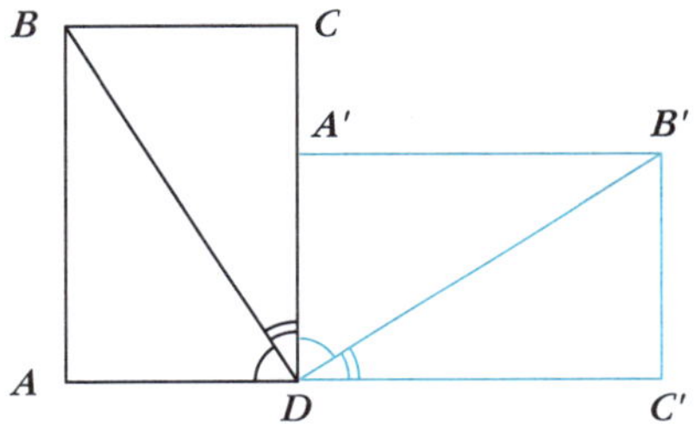

On a $\widehat{ADB} = \widehat{A'DB'}$ et $\widehat{BDC} = \widehat{B'DC'}$.

Or $\widehat{ADB} + \widehat{BDC} = 90°$,

donc $\widehat{BDC} + \widehat{A'DB'} = 90°$.

Donc le triangle BDB' est rectangle en *D*.

De plus, $DB = DB'$.

ARITHMÉTIQUE ET ALGÈBRE AU COLLÈGE

FILIATIONS ET RUPTURES DU POINT DE VUE DE L'ÉLÈVE

AUTEUR

Gérard VERGNAUD,
Directeur de recherche
au CNRS

La compréhension par les enfants des principales relations additives et multiplicatives que l'on trouve dans les problèmes d'arithmétique élémentaire est loin d'être terminée lorsqu'ils entrent au collège ; elle est encore inachevée lorsqu'ils en sortent. Dans la même période les mêmes enfants sont introduits à l'algèbre élémentaire. On comprend aisément que leur intelligence de l'algèbre soit influencée par leur intelligence de l'arithmétique, et qu'en retour, l'apprentissage de l'algèbre favorise éventuellement leur compréhension de l'arithmétique.

C'est un défi intéressant pour la recherche sur l'enseignement et l'apprentissage des mathématiques que d'essayer de dresser un tableau intelligible des principaux problèmes rencontrés par les élèves pendant cette période de la scolarité qu'est le collège, et notamment de permettre aux enseignants d'apprécier plus clairement les points d'appui et les obstacles que l'algèbre trouve dans l'arithmétique. Ce tableau devrait indiquer en même temps quels concepts et quelles opérations de pensée sont véritablement spécifiques à l'algèbre du collège, de manière que les enseignants de mathématiques puissent aider les élèves dans les prises de conscience nécessaires.

Le présent chapitre vise à apporter une contribution à l'élaboration d'un tel tableau.

PEUT-ON S'INTÉRESSER AUX NOMBRES SEULEMENT ?

L'algèbre du collège se présente comme une algèbre du numérique ; elle n'a l'ambition de représenter ni les vecteurs, ni les fonctions, encore moins la logique des classes ou des propositions. Plus simplement, et en étant peut-être excessif dans l'appréciation, on peut dire que *les lettres utilisées dans l'algèbre du collège représentent toujours des nombres et, même, presque toujours des mesures*, du moins lorsqu'il s'agit de mettre en équation des problèmes ordinaires et de les résoudre par l'algèbre.

Comme l'opération de mesure est l'association d'un nombre à une quantité discrète ou à une grandeur continue et est considérée comme acquise à la fin de l'école élémentaire, on s'interroge peu sur les limites conceptuelles que ce choix engendre implicitement. Nous allons montrer que l'analyse des relations additives et des relations multiplicatives présentes dans les situations d'arithmétique élémentaire conduit à tempérer ce point de vue.

ÉQUATIONS $a + x = b$ OU $x + a = b$

Prenons plusieurs exemples de problèmes représentables par une équation $a + x = b$ ou $x + a = b$ et leur solution $x = b - a$.

Nous commençons (voir l'encadré suivant) par des problèmes triviaux, dans le but de faciliter l'analyse et la compréhension. Nous prendrons plus loin des problèmes moins triviaux.

ÉNONCÉS 1 À 4

Problème 1
Il y a 12 enfants au goûter d'anniversaire de Pierre ; 7 sont des garçons, combien y a-t-il de filles ?

Problème 2
Robert vient de gagner 15 billes en jouant avec Bernard. Il en a maintenant 36. Combien en avait-il avant de jouer ?

Problème 3
Fatima a 12 ans. Son frère Karim en a 8. Combien d'années de plus Fatima a-t-elle ?

Problème 4
Bernard avait 32 billes avant de jouer avec Robert. Il n'en a plus que 17. Que s'est-il passé ?

Les élèves n'ont évidemment aucun besoin de l'algèbre pour résoudre ces problèmes mais c'est dans de tels exemples de problèmes dits « concrets » que les élèves de collège puisent le sens des équations $a + x = b$.

Or ils illustrent des relations de nature différente :

– la *réunion* de deux parties en un tout (problème 1) ;

– la *transformation* d'un état initial en un état final (problèmes 2 et 4) ;

– la *comparaison* de deux grandeurs (problème 3).

À partir de ces trois relations de base, on peut engendrer des problèmes plus difficiles, voire franchement délicats, et pour lesquels une solution algébrique peut apparaître comme une alternative fonctionnelle au raisonnement purement arithmétique. Nous en verrons des exemples plus loin•.

Dans le problème 1, la solution ($x = 12 - 7$) consiste en la soustraction du cardinal d'une partie au cardinal du tout. La soustraction correspond donc à la recherche du complément.

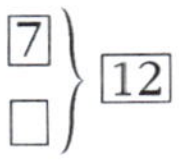

Dans le problème 2, le signe « – » de la solution ($x = 36 - 15$) correspond à l'inversion de la transformation (+ 15) comme on peut le comprendre avec le schéma ci-dessous :

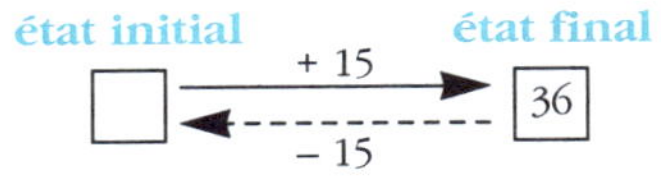

La preuve qu'il s'agit de l'inversion d'une transformation et non d'une opération de recherche du complément, est qu'une inversion analogue serait nécessaire si, au lieu d'avoir gagné 15 billes, *Robert en avait perdu 12, et en avait maintenant 9* (problème 2 bis) :

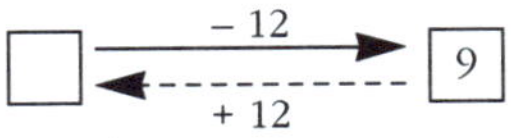

Cette symétrie des théorèmes :

$$x + 15 = 36 \Rightarrow x = 36 - 15$$
$$x - 12 = 9 \Rightarrow x = 9 + 12$$

a du sens pour la relation état-transformation-état, mais non pour la relation partie-partie-tout.

Lorsque le concept de loi de composition binaire commutative et associative est le seul modèle utilisé pour introduire l'addition à l'école élémentaire, celle-ci est inévitablement associée à la relation partie-partie-tout, sans que soit reconnu qu'au même moment les jeunes enfants développent parallèlement une conception de

• **Voir les problèmes 5 à 9.**

« Je ne connais aucun ouvrage où la théorie des quantités négatives soit parfaitement éclaircie. » d'Alembert.

l'addition comme augmentation d'une quantité, conception qui correspond à une opération « unaire » de transformation d'un état initial, et non à une loi binaire.

Les conséquences pour la soustraction sont évidentes : elle est introduite comme complément (parfois en association étroite avec la procédure dite d'addition à trou), alors que d'autres sens de la soustraction sont possibles, et éventuellement plus accessibles aux enfants, comme c'est le cas de la soustraction-diminution.

Or l'addition et la soustraction ne sont clairement symétriques l'une de l'autre que comme transformations, non pas comme lois de composition binaires. Elles sont d'ailleurs symétriques en deux sens distincts et complémentaires :

– lorsque l'on connaît l'état initial et la transformation et qu'on cherche l'état final :

augmentation ⇒ addition

diminution ⇒ soustraction

– lorsque l'on connaît l'état final et la transformation et que l'on cherche l'état initial :

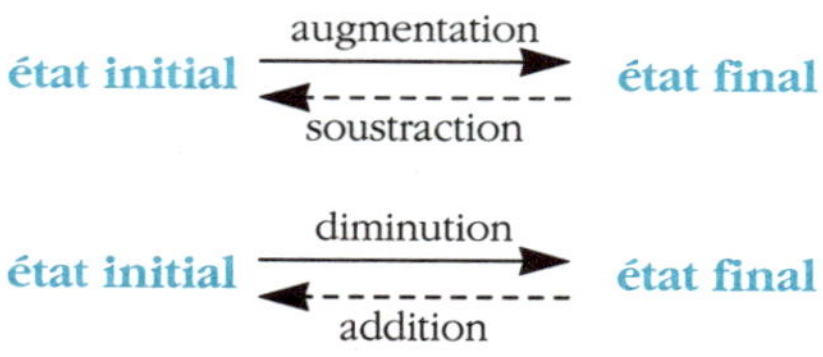

Cette analyse n'a aucun sens pour la relation partie-partie-tout et les enfants sont privés d'un secours puissant lorsque l'on n'établit aucune référence entre les opérations additives et les transformations.

Le signe « – » a donc plusieurs sens :

– *la recherche du complément* (problème 1),

– *une diminution* (problème 2 bis)

– *l'inversion d'une augmentation* (problème 2).

Dans le problème 3, la soustraction ($x = 13 - 8$) correspond à la recherche d'une relation entre une grandeur comparée, l'âge de Fatima, et une grandeur de référence, l'âge de Karim. Ce n'est ni une partie (il n'y a pas de relation d'inclusion), ni une transformation (la relation de comparaison recherchée exprime l'état des choses à un moment donné, et il n'y a pas d'état initial ou final).

Mettre en équation dans $\mathbb{N}$ ou dans $\mathbb{Z}$

Le problème 4 donne deux représentations possibles :

$$32 + x = 17 \Rightarrow x = 17 - 32$$

$$32 - x = 17 \Rightarrow x = 32 - 17.$$

Il illustre la double possibilité que nous avons d'exprimer une transformation inconnue sous la forme $(+\,x)$ ou $(-\,x)$:

– dans le cas de $+\,x$: on admet que x puisse être négatif ;

– dans le cas de $-\,x$: l'idée de perte est alors indiquée dans le signe « – » de $(-\,x)$, et le nombre x est alors pensé exclusivement comme un nombre positif.

Selon que l'on met le problème en équation dans $\mathbb{Z}$ ou dans $\mathbb{N}$, la forme change, de même s'il s'agit de $\mathbb{R}$ ou de $\mathbb{R}^+$.

La sémantique des signes « + » et « – » est donc nécessairement variable pour les élèves.

Différentes significations de la multiplication et de la division

On peut de la même manière essayer de repérer différentes significations de la multiplication et de la division. Sans entrer dans trop de détails, distinguons quelques cas différents de multiplication et de division :

• *Une grandeur ou une quantité peut en effet être multipliée ou divisée par un nombre scalaire, sans dimension.* C'est ce qu'expriment les expressions « 3 fois plus » ou « 3 fois moins ». Le résultat de cette opération est une grandeur de même nature que la grandeur dont on est parti.

• *Une grandeur peut être multipliée par une grandeur de même nature qu'elle-*

même : une longueur par une longueur par exemple. Cela donne alors une dimension carrée : l'aire s'exprime en effet en mètres carrés.

À l'inverse *une grandeur divisée par une grandeur de même nature qu'elle-même* donne comme résultat un nombre sans dimension. Une aire divisée par une aire donne un rapport numérique : le salon est 2,5 fois plus grand que la salle à manger (2,5 est un nombre, un scalaire).

• *Une grandeur peut être divisée par une grandeur de nature différente* : une distance par une durée par exemple, ou une dépense par une quantité de marchandise. Cela donne alors un quotient de dimensions : en l'occurrence une vitesse et un prix unitaire dans ces deux exemples.

• *Une grandeur peut enfin être multipliée par une grandeur de nature différente* : une durée par une vitesse, un volume par une masse volumique, un nombre de voyageurs par un nombre de kilomètres. Cela donne alors une troisième grandeur : une distance, une masse, un nombre de kilomètres-voyageur.

HOMOGÉNÉITÉ DES ÉQUATIONS

Ces considérations ont une place en physique, notamment pour le contrôle de *l'homogénéité des équations* : les deux termes d'une équation doivent exprimer la même grandeur. On se soucie peu de cela en mathématiques, surtout au niveau du collège, où il serait peut-être intéressant de s'en préoccuper pour repérer les problèmes susceptibles d'être mis en équation et résolus par l'algèbre à ce niveau.

L'ALGÈBRE ET LE CONCRET

En effet, dans un premier temps de l'apprentissage de l'algèbre, *un grand nombre d'élèves ont besoin d'imaginer un contenu concret* derrière les lettres et les nombres utilisés. Ils le font le plus souvent de manière subjective, sans véritablement se préoccuper de la cohérence de leur système d'interprétation. À défaut de cette interprétation cohérente, ils peuvent accepter d'entrer dans le jeu des traitements algébriques sans se soucier de ce qui est représenté. Mais *cette attitude fait de l'algèbre un système clos sur lui-même, sans rapport avec la conceptualisation des grandeurs et des quantités.*

Beaucoup d'enseignants se contentent de cela, mais c'est une position épistémologiquement dangereuse, qui tourne le dos à une partie de l'histoire de l'algèbre. En effet, cette histoire est jalonnée de préoccupations de nature différente. Il existe à la fois des phases au cours desquelles la réflexion et le travail des mathématiciens sont tournés presque exclusivement vers la structure de l'algèbre, et des phases au cours desquelles leur activité est plutôt tournée vers la modélisation algébrique : de la géométrie et de la mécanique notamment.

QUESTIONS DE DIMENSIONS

Au niveau du collège, et dans la mesure où les programmes ne vont guère au-delà des systèmes d'équations du premier degré, les remarques ci-dessus sont inégalement pertinentes. Les produits et les quotients de dimensions, par exemple, ne peuvent constituer une référence véritablement intéressante qu'avec les systèmes d'équations susceptibles de modéliser des phénomènes physiques complexes. En revanche, les différentes relations additives fournissent des sens différents à l'addition, à la soustraction et aux nombres relatifs, c'est-à-dire à ce qui est justement de l'ordre de l'algébrique : c'est avec les nombres positifs et négatifs que l'algébrique acquiert l'un de ses premiers caractères distinctifs d'avec l'arithmétique.

Certes, on peut faire référence, au collège, à quelques problèmes mettant en jeu des aires et des longueurs à la fois, comme par exemple le problème classique de la recherche des dimensions d'un rectangle dont on connaît le périmètre et l'aire, et l'on peut rendre le problème plus complexe en choisissant comme inconnues, une aire et une longueur. *Cependant, la plupart du temps, on s'en tient à la modé-*

lisation de situations dans lesquelles n'interviennent qu'une seule catégorie de grandeurs inconnues : des quantités d'objets, des sommes d'argent, des longueurs, des masses, éventuellement des grandeurs plus complexes. Ces grandeurs ne sont pas alors considérées comme des produits ou des quotients d'autres grandeurs, mais seulement comme des grandeurs « unidimensionnelles ». En effet, quand on compose additivement des aires entre elles, comme on le fait par exemple lorsque l'on calcule la « surface » d'un appartement en additionnant les aires des différentes pièces, on traite les aires comme des grandeurs « unidimensionnelles ». Quand on calcule l'aire d'une pièce rectangulaire en multipliant la longueur par la largeur, on traite l'aire comme une grandeur « bidimensionnelle ». De manière analogue, la consommation d'un produit comme le pain peut être tantôt considérée comme une grandeur unidimensionnelle, tantôt comme une fonction de deux variables : le nombre de personnes à nourrir et la durée.

La conséquence de cette remarque est que des formes algébriques comme $ax + b = d$, $ax + b = cx + d$, ou $ax + dy = p$ ne peuvent adéquatement modéliser que des situations dans lesquelles les différents éléments ax, b, p, cx, dy représentent les mesures de grandeurs de même nature.

De ce fait, si les inconnues elles-mêmes sont des mesures, ce qui est le cas le plus naturel et le plus fréquent dans les exercices d'algèbre, les coefficients des inconnues ne peuvent être que des nombres sans dimension propre, des scalaires. Ils expriment des rapports entre grandeurs de même nature.

En abordant cette question de l'homogénéité des équations, nous ne proposons pas d'introduire l'analyse dimensionnelle au collège ; mais seulement d'*attirer l'attention des professeurs sur le fait que les élèves peuvent être conduits à se poser des questions de cet ordre lorsqu'ils cherchent à interpréter la signification des différents éléments d'une équation*, et que cela entraîne quelques conséquences didactiques sur le choix des situations susceptibles d'être modélisées par l'algèbre.

Un exemple de non-homogénéité

Plusieurs équipes de chercheurs ont utilisé, pour introduire des équations de type $ax + b = cx$, dans lesquelles l'inconnue se trouve à la fois dans les deux membres de l'équation, des situations faisant appel à des surfaces et à des calculs d'architecte :
L'aire b étant donnée, ainsi que les longueurs a et c, trouver x tel que l'aire du rectangle coloré soit égale à celle du rectangle hachuré.

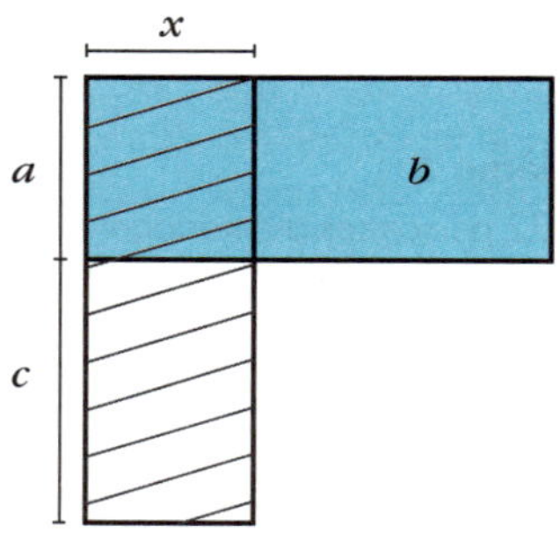

Par exemple, si l'on prend $a = 4$ m, $b = 24$ m^2 et $c = 8$ m, on obtient l'équation : $4x + 24 = 12x$.

Les deux principales difficultés rencontrées par les élèves débutant en algèbre concernent :

– les opérations sur les éléments comportant l'inconnue (« comment puis-je soustraire $4x$ des deux côtés si je ne connais pas x ! ») ;

– la non-homogénéité apparente des nombres en jeu : 4, x et 12 sont des mesures de longueur tandis que 24 est la mesure d'une surface.

Ces deux difficultés, apparemment anodines, peuvent conduire à des échecs durables pour les élèves de quatrième et de troisième, lorsque les nombres utilisés ne sont pas trivialement décomposables en sommes ou produits, si ce sont des décimaux par exemple, ou lorsque la situation géométrique de référence est encore un peu plus complexe que celle présentée ci-dessus.

Une conséquence pratique de ces remarques, est que *l'utilisation de relations de comparaison multiplicatives* (n fois plus, n fois moins; on multiplie, ou on divise par λ, etc.) est un des moyens privilégiés d'introduire, en cinquième ou quatrième, des expressions algébriques mettant en jeu des multiplications ou des divisions. C'est d'ailleurs le cas des problèmes 5 à 9 présentés ci-après, qui ont le mérite de donner aux élèves l'occasion de découvrir que l'on peut résoudre par l'algèbre des problèmes d'arithmétique devant lesquels on est déconcerté, alors même qu'on en comprend parfaitement le sens.

L'ALGÈBRE EST UN DÉTOUR, MAIS ENCORE !

ÉNONCÉS 5 À 9

Problème 5

Il y a 92 personnes au mariage de Tatiana. Il y a 4 femmes de plus que d'hommes. Combien y a-t-il de femmes ?

Problème 6

José a beaucoup de voitures-miniatures. Parmi les voitures françaises il a 3 Renault de plus que de Peugeot et 2 fois moins de Citroën que de Renault. Il a en tout 22 voitures françaises. Combien José a-t-il de voitures de chaque marque ?

Problème 7

Sara a 4 billes de plus que Robert. En jouant avec Sara, Robert perd la moitié des billes qu'il avait au départ. Il joue une nouvelle partie avec Sara et en gagne 7. Il en a maintenant 2 de plus que Sara. Combien Sara avait-elle de billes avant de jouer ?

Problème 8

Fatima a aujourd'hui 4 ans de plus que son frère Karim. Quand elle sera deux fois plus âgée, Karim aura le triple de son âge actuel. Quel âge a Fatima ?

Problème 9

André avait 23 billes. Il a joué une première partie le matin. Mais il a oublié ce qui s'est passé. Il joue une deuxième partie l'après-midi et gagne alors 15 billes. Il a maintenant 7 billes de plus que ce qu'il avait au départ. Que s'est-il passé au cours de la première partie ?

Les problèmes 5 à 9 sont inégalement difficiles pour les élèves de cinquième et de quatrième, mais les difficultés observées montrent qu'*aucun de ces problèmes n'est véritablement innocent*, même le premier.

Regardons le problème 5.

On trouve toujours des élèves qui, s'engageant dans une voie arithmétique de réso-

« *C'est en s'exerçant beaucoup à passer du langage ordinaire à l'écriture algébrique, et à rendre celle-ci dans le premier, qu'on parviendra à se familiariser avec l'Algèbre.* » Lacroix.•

lution, divisent d'abord 92 par 2, pour ensuite rajouter 4 à 46 de manière à trouver le nombre de femmes, ou éventuellement soustraire 4 de 46 pour trouver le nombre d'hommes. Dans les deux raisonnements le nombre total de personnes est modifié ; la réponse est donc erronée. S'ils font les deux opérations à la fois, le nombre total est conservé mais la différence est alors de 8. Erreur à nouveau !

En quoi le raisonnement algébrique constitue-t-il un détour ? et sur quelles conceptualisations ce détour repose-t-il ?

Le problème 5, à rigoureusement parler, est *un problème à deux inconnues* : le nombre de femmes et le nombre d'hommes. Cependant, la possibilité d'exprimer facilement l'une des inconnues en fonction de l'autre permet de le ramener immédiatement à un problème à une seule inconnue.

$$\left.\begin{aligned} x + y &= 92 \\ y &= x + 4 \end{aligned}\right\} \Rightarrow x + x + 4 = 92\ .$$

La mise en équation suspend le calcul au profit de l'écriture de deux relations nécessaires et suffisantes, ou bien d'une seule relation, directement traitable.

Considérons le problème 6.

Un raisonnement analogue permet de réduire le problème à la somme d'une inconnue, et de deux autres inconnues, fonctions de la première :

$$x + x + 3 + \frac{x+3}{2}.$$

L'expression des relations avec un symbole spécifique pour l'inconnue est un élément essentiel du détour algébrique, mais cet usage du symbolisme littéral suppose que soient comprises en même temps les idées de fonction et de composition de fonctions. Dans le problème 6, en effet, $x + 3$ exprime la relation entre le nombre de Renault et le nombre de Peugeot : c'est une fonction. De même $(x + 3)/2$ exprime le nombre de Citroën en fonction du nombre de Peugeot, et l'équation :

$$x + x + 3 + \frac{x+3}{2} = 22$$

exprime la valeur prise par la fonction composée : effectif total de voitures françaises.

L'idée d'inconnue va nécessairement avec celles d'équation et de fonction.

Le signe d'égalité traduit ici la valeur prise par la fonction $x + x + 3 + (x + 3)/2$. Souvent le signe d'égalité traduit l'égalité de deux fonctions pour une valeur correctement choisie de la variable.

Analysons le problème 8.

	au temps t	au temps t'
Fatima	x	$x' = 2x$
	↑ $+4$	
Karim	y	$y' = 3y$

C'est un problème à quatre inconnues x, y, x', y' qui peut assez aisément être réduit à un problème à une inconnue, grâce aux relations :

– entre y et x $x = y + 4 \Rightarrow y = x - 4$
– entre x' et x $x' = 2x$
– entre y' et y $y' = 3y \Rightarrow y' = 3(x - 4)$.

Parmi les raisonnements possibles, choisissons le suivant : le temps écoulé est le même pour Fatima et Karim ; on a donc une égalité entre deux fonctions, exprimées différemment selon qu'on considère Fatima ou Karim :

$$\begin{aligned} x' - x &= y' - y \\ 2x - x &= 3y - y \\ x &= 2y \\ x &= 2(x - 4). \end{aligned}$$

Cette dernière équation est du premier degré à une inconnue, elle peut être facilement résolue.

De deux choses l'une : ou bien l'enseignant essaie de faire prendre conscience aux élèves de ces différentes étapes du raisonnement (cela peut apparaître bien lourd !), ou bien il considère qu'elles vont de soi et n'ont nullement besoin d'être explicitées, et alors nombre d'élèves se révèlent incapables de tenir compte en même temps de toutes les relations implicites, et échouent.

• *Éléments d'Algèbre*, 1800. Ce manuel fut le premier cours d'algèbre des lycéens.*

Il est donc pédagogiquement utile de rechercher un compromis entre un nombre d'explications excessif et un enseignement de l'algèbre qui laisse trop d'opérations de pensée implicites. Ce compromis n'est pas facile à définir, il est d'ailleurs variable d'un exercice à l'autre, d'une classe à l'autre, selon ce qui a été vu et compris auparavant par les élèves.

UNE DÉMARCHE NOUVELLE

La relation entre arithmétique et algèbre est complexe : d'une part l'algèbre s'appuie sur les relations et opérations arithmétiques, d'autre part elle s'en écarte nettement, par une démarche qui suppose connues les grandeurs que l'on cherche à calculer.

Exprimer les relations entre grandeurs inconnues ou encore exprimer une grandeur inconnue en fonction d'une autre grandeur (ou de plusieurs autres), inconnue également, est une démarche évidemment nouvelle par rapport à la démarche arithmétique qui va des grandeurs connues à la grandeur inconnue la plus directement calculable, puis à la suivante.

Ce détour passe en outre par l'usage d'un symbolisme nouveau avec l'utilisation des lettres, d'une part, et une signification nouvelle du signe d'égalité, d'autre part.

Ce dernier n'annonce plus le résultat d'une opération numérique comme en arithmétique, mais énonce que telle fonction prend telle valeur ($f(x) = k$), ou bien que telle fonction doit prendre la même valeur que telle autre fonction ($f(x) = g(x)$).

Avec les identités remarquables, les élèves rencontreront même l'égalité de deux fonctions pour toutes les valeurs des variables.

Cela suppose donc la *conceptualisation, au moins partielle, d'objets mathématiques nouveaux* : équation et fonction, inconnue et variable, égalité de grandeurs inconnues, égalité de fonctions.

TROIS EXEMPLES

Nous allons étudier trois exemples qui montrent bien les filiations et les ruptures entre arithmétique et algèbre au collège.

Proposons à des élèves de cinquième et de quatrième l'une ou l'autre des trois équations suivantes :

A $3x + 46 = 64$
B $3x + 64 = 46$
C $64 - 3x = 46$.

L'équation A est assez aisément résolue. La résolution algébrique s'appuie sur une conception partie-partie-tout.

$\left.\begin{array}{l}\boxed{3x}\\ \boxed{46}\end{array}\right\}\boxed{64}$ trouver la partie $3x$

Il en va de même de la démarche de résolution, quelle que soit la forme symbolique qu'elle prenne :

la forme la plus longue	*ou une forme plus courte*
$3x + 46 - 46 = 64 - 46$	$3x = 64 - 46$
$3x = 64 - 46$	$3x = 18$
$3x = 18$	$x = \frac{18}{3}$
$\frac{3x}{3} = \frac{18}{3}$	$x = 6$
$x = \frac{18}{3}$	
$x = 6$	

Le contrôle du sens de la démarche algébrique s'appuie sur le sens des relations arithmétiques :

partie 1 + partie 2 = tout
⇒ partie 1 = tout – partie 2

Cela se retrouve dès la seconde ligne de la forme longue et dès la première ligne de la forme courte.

De même :

nombre 1 × nombre 2 = produit
⇒ nombre 2 = produit/nombre 1

Cela se retrouve à la cinquième ligne de la forme longue et à la troisième ligne de la forme courte.

« Faire de l'algèbre, c'est essentiellement calculer. »

Bourbaki, Algèbre.

Les seules bizarreries pour les élèves résident en fait dans la première ligne et la quatrième ligne de la forme longue : une même opération est effectuée sur les deux membres de l'équation, de manière à mettre en évidence les théorèmes de conservation de l'égalité, ou plus exactement de conservation de la valeur de la solution. La forme longue garantit mieux que la forme courte l'équivalence des écritures successives de la même relation, qui doit permettre de calculer x.

C'est là un contrôle proprement algébrique, que la solution courte ne reflète que partiellement.

L'équation B est difficile pour beaucoup d'élèves de cinquième et de quatrième. La soustraction 46 – 64 qu'il est nécessaire d'écrire dès la première ou la seconde ligne *n'a pas de sens dans le modèle partie-partie-tout* et conduit à écrire un nombre négatif puis à obtenir une solution négative. L'algorithme de traitement des équations $ax + b = c$ n'est donc pas général pour les élèves puisqu'il peut être utilisé avec une certaine assurance lorsque a, b et c sont positifs et que b est plus petit que c, et pas lorsque b est plus grand que c. Les connaissances mathématiques sont donc locales, y compris en algèbre.

L'équation C, bien qu'elle soit équivalente à l'équation A, est plus difficile. Sa difficulté est d'une autre nature : ajouter $3x$ aux deux termes de l'équation, c'est *opérer sur une grandeur inconnue comme si elle était connue*. C'est là un saut délicat pour beaucoup d'élèves, et qui est proprement algébrique. Le même élève peut n'avoir aucune hésitation à écrire :

$$\begin{aligned} 3x - 46 &= 64 \\ 3x - 46 + 46 &= 64 + 46 \\ 3x &= 64 + 46 \end{aligned}$$

et ne pas se résoudre à écrire :

$$\begin{aligned} 64 - 3x &= 46 \\ 64 - 3x + 3x &= 46 + 3x \\ 64 &= 46 + 3x \end{aligned}$$

malgré l'apparente similitude des deux démarches.

Une démarche délicate

En fait, la progression dans la résolution d'une équation algébrique repose sur des théorèmes-en-acte, qui sont assez aisément acceptés s'ils sont conformes au sens arithmétique installé depuis l'école élémentaire, et mal contrôlés s'ils s'en écartent.*

Le détour algébrique n'est donc pas une simple petite promenade, pas plus que l'algébrisation de la géométrie de la droite, faite en seconde, avec les relations de Chasles :

$$\overline{AB} = \text{abscisse } (B) - \text{abscisse } (A)$$
$$\overline{AC} = \overline{AB} + \overline{BC}.$$

Cette connaissance s'appuie en effet sur l'intuition lorsque les points sont sagement rangés à droite de l'origine, dans le sens positif, et lorsque l'ordre ABC correspond à l'ordre spatial :

Elle devient tout à coup obscure lorsque les points sont de part et d'autre de l'origine et dans un ordre spatial qui contredit l'ordre des écritures :

Le concept d'obstacle épistémologique de Bachelard**, repris par Brousseau pour la didactique, n'est pas excessif pour parler des difficultés rencontrées par les élèves avec les nombres négatifs, les transformations et les déplacements de signe contraire, les solutions négatives.

D'une manière générale, les opérations de pensée qui s'écartent de celles dont le sens arithmétique est contrôlable sont délicates.

Or, l'un des problèmes principaux de l'apprentissage de l'algèbre pour les élèves est justement de *substituer un contrôle proprement algébrique au contrôle arithmétique* du bien-fondé de leurs opérations.

*** On appelle théorème-en-acte, *une proposition tenue pour vraie dans l'action*, le plus souvent de manière totalement implicite. Un théorème-en-acte peut malheureusement être erroné (voir la page 313).**

**** G. Bachelard, *La formation de l'esprit scientifique*, ch. 1, Vrin, 1938.***

LES CONCEPTS DE FONCTION ET DE VARIABLE. UN EXEMPLE ESSENTIEL : LA PROPORTIONNALITÉ (SIMPLE ET DOUBLE)

ÉNONCÉS 10 ET 11

Problème 10
Jeanne veut acheter 4 gâteaux à 6 francs chacun.
Combien doit-elle payer ?

Problème 11
Madame Dupont distribue 4 bonbons à chacun de ses 6 petits-enfants. Combien distribue-t-elle de bonbons en tout ?

La rencontre avec la proportionnalité s'effectue à l'école élémentaire dès l'apprentissage de la multiplication puisque la plupart des problèmes de multiplication font référence à deux variables proportionnelles, qu'il s'agisse de gâteaux achetés et de sommes à payer comme dans le problème 10, ou de distribution de bonbons à des enfants comme dans le problème 11.

gâteaux	*francs*
1	6
4	☐

petits-enfants	*bonbons*
1	4
6	☐

Remarquons d'abord que la multiplication n'est pas commutative pour les jeunes enfants.

Dans le problème 10, en effet, lorsque l'on multiplie 6 par 4, on met en acte un théorème d'isomorphisme des fonctions linéaires :

$$f(4) = 4\,f(1)$$

cas particulier de :

$$f(n) = n\,f(1),$$

qui peut être interprété à l'aide d'un autre théorème d'isomorphisme :

$$f(1 + 1 + 1 + 1) = f(1) + f(1) + f(1) + f(1).$$

La grandeur 6 francs est multipliée par le scalaire 4, qui est un nombre sans dimension, et qui correspond à une itération :

6 francs + 6 francs + 6 francs + 6 francs (quatre fois).

En revanche, la multiplication de 4 par 6 correspond à la multiplication de 4 gâteaux par le coefficient 6, qui exprime un quotient de dimensions : 6 francs par gâteau.

$$4 \text{ gâteaux} \times \frac{6 \text{ francs}}{1 \text{ gâteau}} = \square \text{ francs}.$$

Dans le symbolisme des fonctions linéaires, on peut écrire :

$f(4) = k.4$, cas particulier de $f(n) = k.n$ avec $k = 6$.

La réduction de la multiplication à une addition itérée est cette fois impossible, parce que l'addition 6 fois de suite de 4 gâteaux ne peut pas donner des francs.

On ne saurait donc être étonné que, pour les élèves du cours élémentaire, la multiplication de 6 par 4 soit plus aisément comprise que celle de 4 par 6.

Dans le problème 11, la même analyse conduit à la conclusion inverse. C'est la multiplication de 4 par 6 qui correspond aux théorèmes d'isomorphisme :

$f(6) = 6\,f(1)$

$f(1 + 1 + 1 + 1 + 1 + 1)$

$= f(1) + f(1) + f(1) + f(1) + f(1) + f(1),$

alors que la multiplication de 6 par 4 correspond à la relation de deux variables entre elles :

$$f(6) = k.6 \quad \text{avec} \quad k = 4 .$$

$$6 \text{ enfants} \times \frac{4 \text{ bonbons}}{1 \text{ enfant}} = \square \text{ bonbons}$$

Beaucoup d'élèves développent une conception fausse selon laquelle « la multiplication ça fait plus grand et la division ça fait plus petit ».

OPÉRATEUR SCALAIRE CONTRE OPÉRATEUR FONCTION

Ainsi, la multiplication la plus aisément comprise par les enfants est la multiplication par un scalaire ; elle correspond à un théorème-en-acte d'isomorphisme :

$$f(n) = n\,f(1)$$

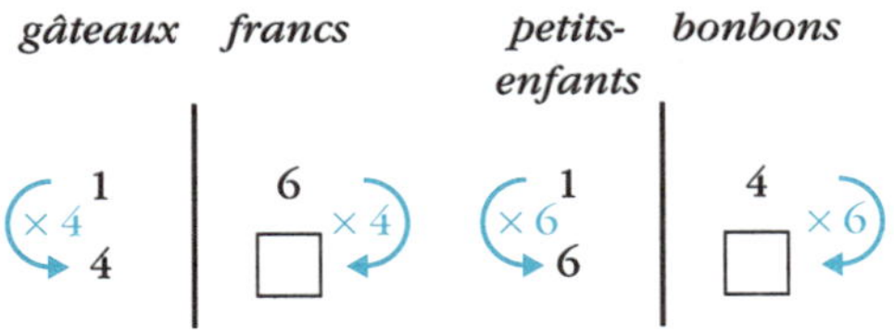

La multiplication par le coefficient constant k est plus délicate, elle correspond à l'opérateur fonction qui fait passer d'une variable à l'autre, et donc au théorème :

$$f(n) = k\,n.$$

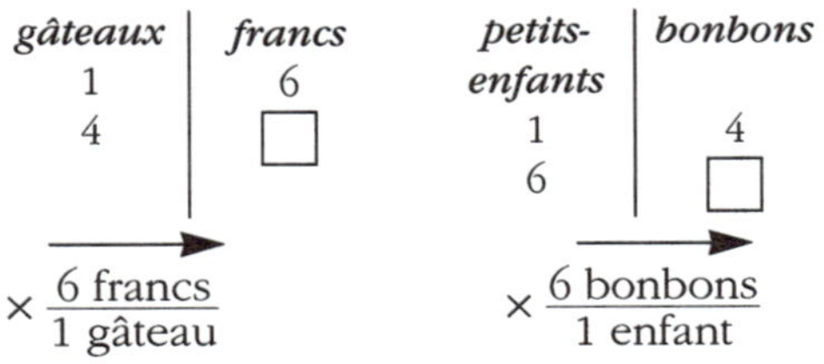

Cette analyse aurait peu d'intérêt pour les élèves de collège si cette non-commutativité initiale n'avait des séquelles prolongées chez les élèves de collège et même chez beaucoup d'adultes. Pour le voir, il suffit de présenter séparément aux élèves des situations dans lesquelles l'un des nombres est plus petit que 1 et de leur demander quelle opération il faut faire.

Dans le problème 12 ci-dessous, la réponse spontanée des élèves de collège est presque toujours « *une multiplication* ».

Dans le problème 13 ci-dessous, cette réponse est beaucoup moins spontanée, et parfois minoritaire (moins de 50 % de réponses dans certaines expériences). Essayons de comprendre pourquoi et représentons le raisonnement le plus naturel : $f(x) = x\,f(1)$.

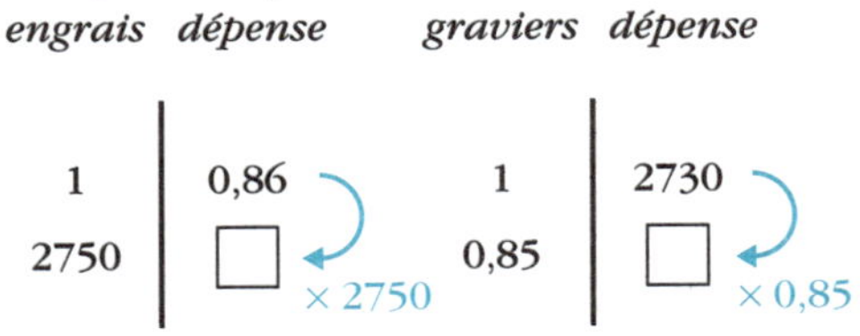

Le même raisonnement conduit dans le premier cas à multiplier 0,86 par 2 750, et dans le second cas 2 730 par 0,85.

Or, en même temps qu'ils apprennent la multiplication et la division à l'école élémentaire, *les élèves développent une conception fausse selon laquelle « la multiplication ça fait plus grand et la division ça fait plus petit »*. Cette conception est vraie pour les nombres entiers et pour les nombres plus grands que 1, fausse pour les nombres plus petits que 1. Mais les élèves n'en ont cure, compte tenu qu'ils ont relativement peu d'occasions dans la vie quotidienne de faire des multiplications et divisions par de tels nombres, et, qu'en outre, les enseignants, insuffisamment avertis de cette façon de penser, ne l'abordent guère en classe.

Si le multiplicande et le multiplicateur pouvaient aisément commuter, il n'y aurait pas de différence entre le problème 12 et le problème 13.

ÉNONCÉS 12 ET 13

Problème 12

Un cultivateur achète 2 750 kg d'engrais à 0,86 francs le kilo.

Quelle opération faut-il faire pour calculer la dépense ?

Problème 13

Un maçon achète 0,85 tonne de graviers de marbre rouge à 2 730 francs la tonne.

Quelle opération faut-il faire pour calculer la dépense ?

Mais comme les élèves conçoivent la multiplication comme une opération « unaire », et que leur raisonnement privilégie la relation scalaire $f(x) = x\,f(1)$ aux dépens de la relation $f(x) = k\,x$, ils sont gênés, dans le problème 4, par le fait que 0,85 tonne est plus petit que 1 tonne et que, par conséquent, la dépense correspondante est nécessairement inférieure à 2730 francs puisque $f(0{,}85) < f(1)$.

La connaissance intuitive de la propriété de croissance contredit la conception selon laquelle « la multiplication ça fait plus grand ». Cette contradiction conduit les élèves à l'hésitation, éventuellement à l'erreur.

Dans le problème 12, le choix de la multiplication de 0,86 par 2 750 ne contredit ni l'idée de fonction croissante, ni la conception fausse de la multiplication : la bonne réponse ne se heurte à aucun obstacle.

LES QUATRE CAS DE FIGURE DE LA PROPORTION SIMPLE ET LEUR COMBINAISON PAR ENCHAÎNEMENT ET PAR PRODUIT

La maîtrise des structures multiplicatives implique donc la conceptualisation de la proportion simple entre deux variables, avec ses quatre cas de figure, comme ci-après : la multiplication, la division-partition, la division-quotition et la quatrième proportionnelle.

multiplication

1	a
b	□

division-partition

1	□
b	c

division-quotition

1	a
□	c

quatrième proportionnelle

a	b
c	□

Elle implique également que soit comprise la composition de proportions simples par enchaînement ou par produit :

– **par enchaînement**, comme dans les recettes de cuisine, lorsque les quantités de farine, de sucre, de lait, d'œufs,... sont toutes proportionnelles entre elles.

On peut alors représenter la structure des données et des questions dans des colonnes successives :

Farine	sucre	lait	œufs	...	...	...

– **par produit,** lorsqu'une variable est proportionnelle à deux autres variables, indépendantes entre elles, comme dans le cas d'une dépense d'hôtel proportionnelle au nombre de personnes et à la durée du séjour.

On peut alors représenter la structure par un tableau de double proportionnalité :

	nombre de personnes 1	n
nombre de jours 1	k	
j		□ **dépense pour n personnes pendant j jours**

L'avantage de ces analyses n'est pas négligeable au niveau du collège, si l'on veut donner aux élèves les moyens de comprendre la structure de la proportionnalité simple, double ou multiple. Par exemple on peut montrer qu'il existe plusieurs catégories de problèmes, et qu'ils peuvent être résolus par une combinaison de multiplications et de divisions qui correspondent à des raisonnements différents.

Prenons la recherche d'une quatrième proportionnelle dans le cas de la proportion simple (énoncé 14).

La procédure du pr[illegible] manque de transparence, [illegible] à multiplier l'une par l'autre de[illegible]urs qui n'ont aucun rappo[illegible] entre elles.

ÉNONCÉ 14

Problème 14

Monsieur Bertrand a payé 873 francs pour 9 manuels de mathématiques.

Combien Madame Denis devra-t-elle payer si elle en achète 21 ? Et Monsieur Dupont s'il en achète 27 ?

Plusieurs procédures et raisonnements sont possibles :

– le passage par la valeur unitaire

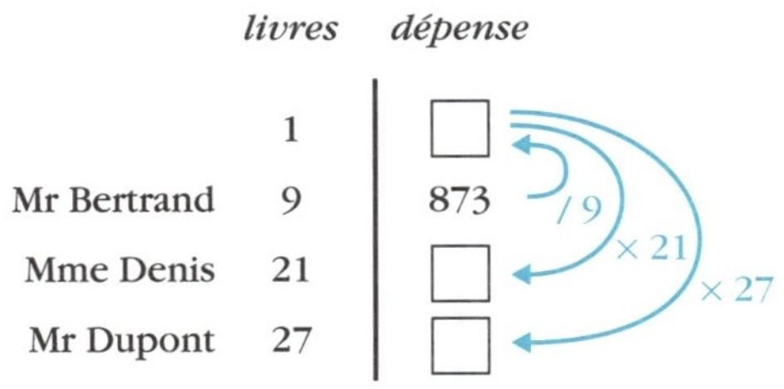

– le calcul du coefficient constant k

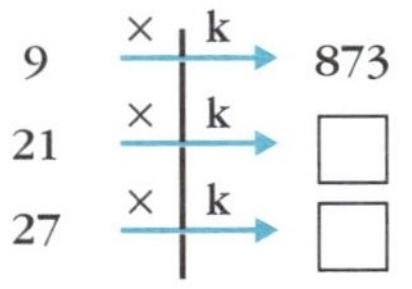

– le produit en croix

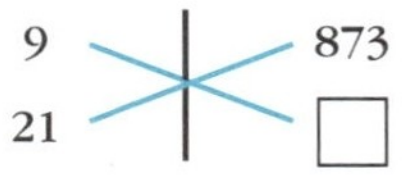

$x \times 9 = 873 \times 21$

$x = \dfrac{873 \times 21}{9}$

$x \times 9 = 873 \times 27$

$x = \dfrac{873 \times 27}{9}$

– la recherche du rapport direct

facile dans un cas

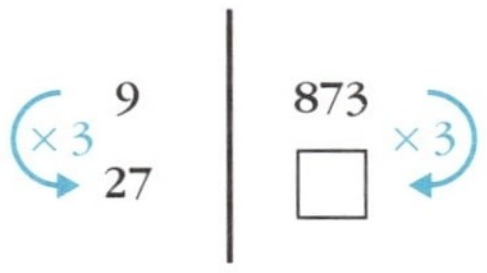

difficile dans l'autre

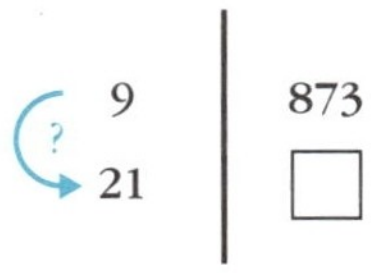

la décombinaison-recombinaison linéaire, justement utilisable dans le cas 9-21

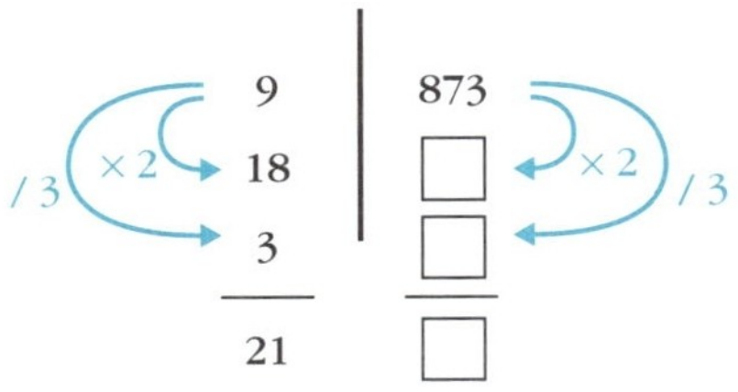

Il est intellectuellement utile que les élèves puissent utiliser l'une ou l'autre de ces méthodes selon les cas de figure auxquels ils ont affaire (selon les valeurs numériques principalement).

La compétence s'évalue dans une large mesure par l'éventail des ressources cognitives dans lesquelles on peut puiser.

Il est intellectuellement utile également, que les élèves puissent vérifier *l'équivalence mathématique de ces différents raisonnements*, même s'ils privilégient l'un d'eux.

On peut remarquer au passage que *la procédure du produit en croix n'est pas particulièrement transparente*, puisqu'elle conduit à multiplier l'une par l'autre deux grandeurs qui n'ont aucun rapport entre elles : 21 livres et 873 francs par exemple.

ÉNONCÉS 15 ET 16

Problème 15
Quelle consommation de sucre faut-il prévoir pour 50 enfants partant en classe de neige pendant 28 jours ? Une documentation indique qu'il faut compter 3,5 kg de sucre par semaine pour 10 enfants.

Problème 16
Mr Dupont a une piscine 2 fois plus large, 1 fois 1/2 plus profonde et 1 fois 1/2 plus longue que celle de Madame Denis. Combien de fois est-elle plus grande que celle de Madame Denis ?

EXEMPLES DE THÉORÈMES-EN-ACTE UTILISÉS PAR LES ÉLÈVES ET NON EXPLICITÉS

Il faut noter, enfin que chacun de ces raisonnements correspond à des connaissances mathématiques relatives à la linéarité.

Par exemple, la recherche du rapport direct repose nécessairement sur le théorème-en-acte : $f(n\,x) = n\,f(x)$, cas particulier de $f(\lambda x) = \lambda f(x)$. La décombinaison-recombinaison repose sur des théorèmes plus subtils encore :

$$f(\lambda_1\,x + \lambda_2\,x) = \lambda_1 f(x) + \lambda_2 f(x)$$

voire :

$$f(\lambda_1 x_1 + \lambda_2 x_2) = \lambda_1 f(x_1) + \lambda_2 f(x_2).$$

LA PROPOSITION DOUBLE

Étudions un autre exemple. **Dans le cas du problème 15**, plusieurs procédures et raisonnements sont là encore possibles :
– le passage par la valeur unitaire : consommation par enfant et par jour, puis la multiplication par 50 et par 28 ;
– le calcul de la quantité de sucre nécessaire pour 50 enfants pour une semaine, puis pour 4 semaines ;
– le calcul pour 10 enfants et 4 semaines d'abord, puis pour 50 enfants ;
– le calcul pour 20, pour 30, pour 40, pour 50 enfants ;
– etc.

Parmi les raisonnements intéressants, il en est un nouveau qui mérite d'être commenté :

5 fois plus, 4 fois plus ⇒ 20 fois plus.

Ce raisonnement est énoncé spontanément par une partie non négligeable des élèves. Il exprime un théorème des *fonctions bilinéaires*, que nous écrivons ci-dessous avec un certain détail pour être sûr d'être compris.

Cons.(50 élèves, 28 jours)
= Cons.(5 × 10 élèves, 4 × 7 jours)
= 5 × 4 Cons.(10 élèves, 7 jours)

C'est un cas particulier du théorème fondamental de la bilinéarité :

$$f(\lambda_1 x_1,\ \lambda_2 x_2) = \lambda_1 \lambda_2 f(x_1,\ x_2).$$

Ce théorème n'est jamais enseigné au collège, et sous cette forme il apparaît effectivement bien difficile. Mais il n'en est pas moins utilisé correctement lorsque les rapports λ_1 et λ_2 sont très simples comme c'est le cas dans l'exemple ci-dessus.

Le tableau de double proportionnalité a l'avantage de permettre une explicitation plus accessible aux élèves.

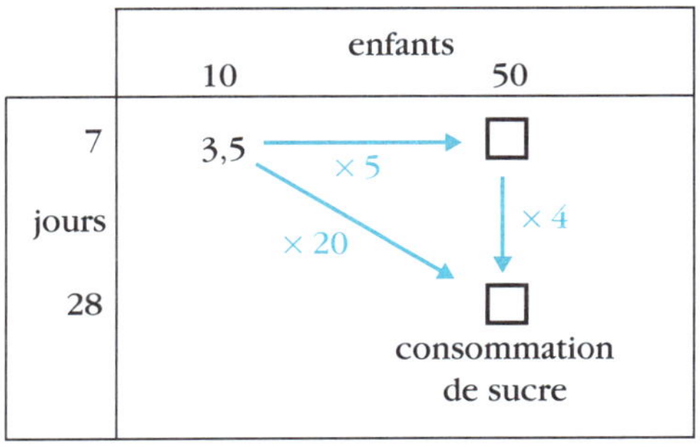

Au contrôle intuitif du sens, l'algèbre substitue des règles formelles.

Cette forme de représentation est généralisable. Elle permet également de construire et de commenter les formules, par exemple ici $S = kNJ$.

Elle permet aussi de montrer aux élèves que l'on peut raisonner sur des rapports, même lorsqu'on n'a pas d'informations sur les grandeurs en jeu.

Pour le problème 16, la lecture de la formule classique du volume du parallélépipède rectangle ($V = L \times l \times H$) peut se faire de plusieurs manières, selon les connaissances-en-acte dont dispose l'élève :

– une *lecture directe*, qui permet de calculer le volume quand on connaît la longueur, la largeur et la hauteur ;

– une *lecture indirecte*, qui permet de calculer une dimension lorsqu'on connaît les deux autres dimensions et le volume ;

– une *lecture en termes de variables proportionnelles* (par exemple, le volume est proportionnel à la longueur quand la largeur et la hauteur sont tenues constantes) ;

– une *lecture en termes de proportions inverses* : à volume égal, la longueur et la largeur sont inversement proportionnelles quand on tient constante la hauteur.

Il est un peu étonnant que les fonctions de plusieurs variables ne fassent pas l'objet de plus d'intérêt au niveau du collège, alors même que les formules d'aire et de volume expriment justement des fonctions de plusieurs variables.

En outre, on est amené, en algèbre, à utiliser des fonctions de plusieurs variables, notamment dans les systèmes d'équations à deux inconnues, qui sont souvent de la forme :

$$\begin{cases} ax + by = c \\ a'x + b'y = c'. \end{cases}$$

En guise de conclusion

Le collège est un moment de transition entre une mathématique des grandeurs, de leurs relations et de leurs transformations, et une mathématique des nombres et de leur organisation algébrique.

Cette transition demande à être soigneusement ménagée. Il ne semble pas qu'il y ait beaucoup d'autres moyens pour cela que ceux consistant à analyser les opérations de pensée impliquées dans la mise en équation, et ce qu'elles ont de spécifique en termes de fonctions et de variables, d'équations et d'inconnues.

Au contrôle intuitif du sens, l'algèbre substitue des règles formelles.

À la recherche de proche en proche des quantités inconnues à calculer, l'algèbre substitue l'établissement d'un ensemble de relations entre entités connues ou inconnues, préalablement à tout calcul.

C'est ce détour que beaucoup d'élèves saisissent mal, ainsi que les finalités du calcul algébrique qui tout à la fois s'appuie sur les connaissances arithmétiques installées depuis l'école élémentaire et les contredit.

Un médecin ami d'une collègue mathématicienne lui avoua un jour : « je n'ai jamais compris pourquoi $ax^2 + bx + c$ était égal à zéro. » Ce ne serait pas un mince progrès que d'éviter de tels malentendus.

*Pythagore, après avoir découvert son théorème, « transporté de joie envers les dieux de l'avoir si bien inspiré leur sacrifia cent bœufs ».**

LE THÉORÈME DE PYTHAGORE

AUTEUR

Antoine VALABRÈGUE, professeur de collège et au lycée Rodin, Paris

Voici une progression possible d'exercices autour du théorème de Pythagore. Elle prend en compte des configurations variées et des approches différentes.

EXERCICE 1

Démontrer le théorème de Pythagore.

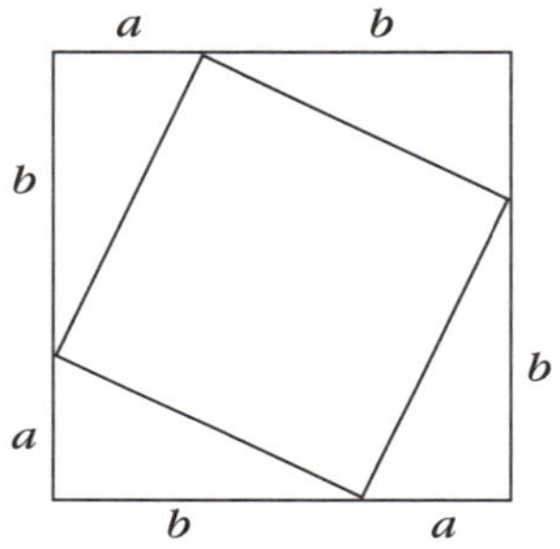

On part du carré représenté ci-dessus. Les quatre triangles rectangles sont superposables, chacun ayant pour aire 1/2 ab. Le quadrilatère central, qui est un carré, a donc pour aire : $(a + b)^2 - 2ab = a^2 + b^2$.

EXERCICE 2

Je sais que ABC est rectangle en B, AB = 4, BC = 7. Calculer AC.

EXERCICE 3

Le triangle dont les côtés valent 7,4 ; 4,5 et 6 est-il rectangle ?

EXERCICE 4

(À chercher à la maison)

Chercher trois triangles rectangles dont les mesures des côtés sont des nombres entiers, tels que le plus grand ne dépasse pas 13.

Il est conseillé de dresser une table des carrés des nombres de 1 à 13.

EXERCICE 5

Un triangle équilatéral a des côtés mesurant 7 cm.

Quelle est la longueur de la hauteur ?

Essayer de généraliser avec une mesure notée a du côté du triangle équilatéral.

EXERCICE 6

En observant la figure, calculer BC, BD, BE, BF.

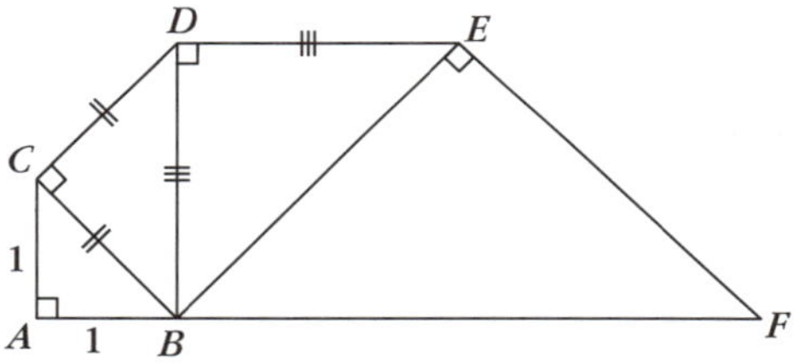

EXERCICE 7

(Devoir)

Calculer le volume d'une piscine en forme de prisme dont les cotes sont les suivantes :

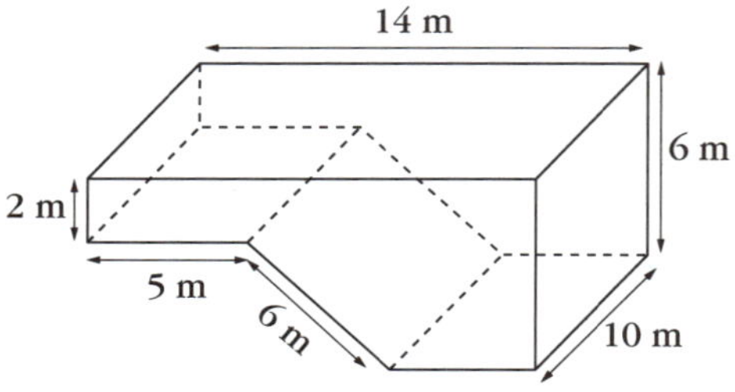

EXERCICE 8

Calculer la longueur de la diagonale d'un pavé droit de côtés donnés.

* **Légende rapportée par Bossut dans son *Histoire des mathématiques*, 1810. Il ajoute : « On a peine à concilier cette hécatombe avec la fortune bornée du philoshophe ».***

EXERCICE 9

Quelle est l'aire de la couronne hachurée ?

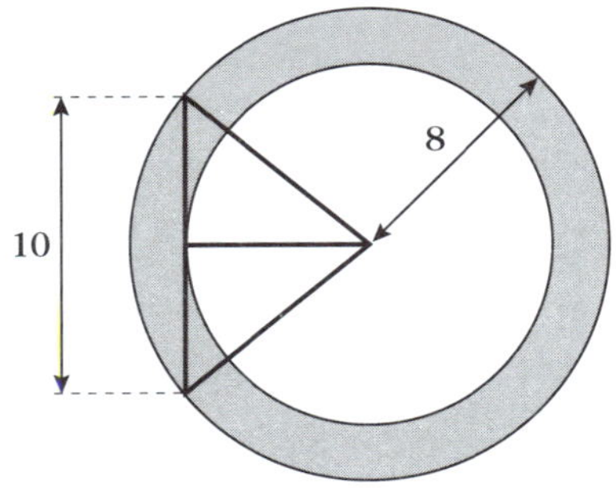

EXERCICE 10

Le triangle OBM est équilatéral, calculer AM.

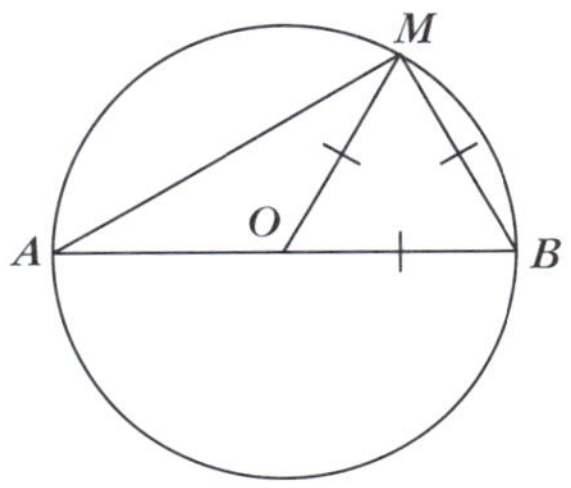

EXERCICE 11

Calculer l'aire du trapèze ABCD.

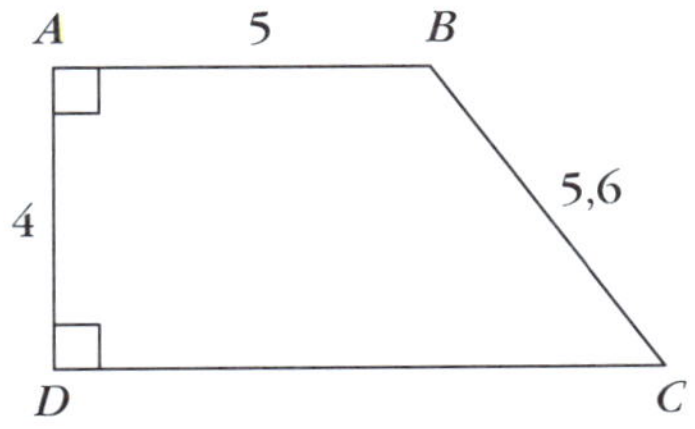

EXERCICE 12

Pourquoi les segments PM et PN, qui sont tangents au cercle, ont-ils la même longueur ?

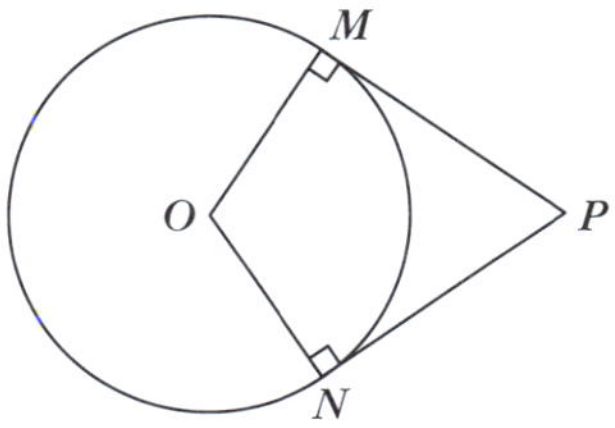

EXERCICE 13

(Activité donnant lieu à un programme informatique)

Nous allons approcher (calculer par approximations) l'aire d'un quart de cercle de rayon 10 cm.

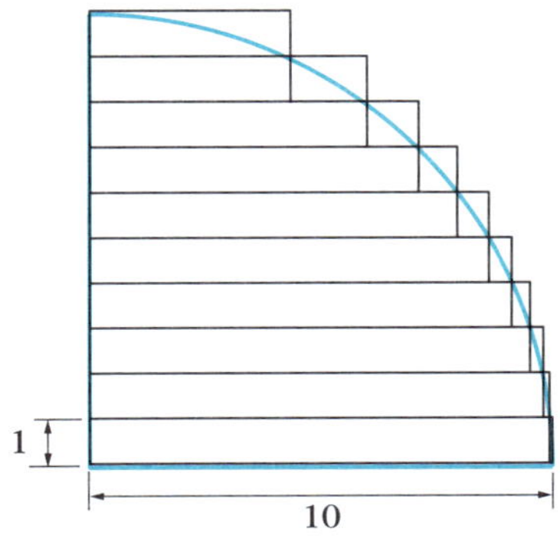

Calculer l'aire totale de tous les rectangles de 1 cm de largeur extérieurs au quart de cercle (se partager le travail par groupe de quatre pour les calculs).

Faire de même pour l'aire des rectangles intérieurs.

En déduire un encadrement de l'aire du quart de cercle.

En déduire une valeur approchée de π.

Maintenant, nous allons faire la même chose avec cent rectangles de 1 mm de largeur. Comme le calcul est un peu long nous allons utiliser un programme informatique en Basic. (Il est juste utile de donner la notion de boucle et d'expliquer les lignes 30 et 40).

```
10 S = 0
20 FOR D = 1 TO 100
30 T= SQR (100*100 -D*D)
40 S = S + T
50 NEXT D
60 PRINT S
70 END
```

Nous avons une valeur approchée de π meilleure.

Et si on faisait un calcul avec des rectangles de 1/10 de mm, quel programme faudrait-il écrire ? Quelle valeur approchée de π obtiendrait-on ?

*Thalès devenu vieux aurait rencontré Pythagore encore enfant et devant tant de génie se serait mis à son école.**

*** Légende transmise par divers mathématiciens alexandrins.***

TEST

A) *Calculer x pour que le triangle ci-dessous soit rectangle.*

(Permet de vérifier la bonne connaissance des règles de priorités et le lien avec les équations.)

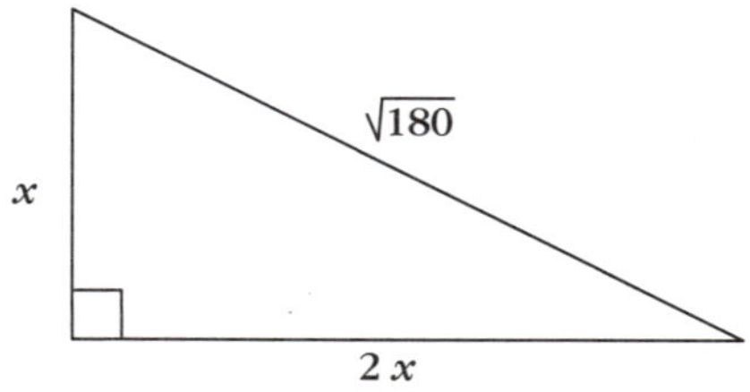

B) *Démontrer que MNC est rectangle.*

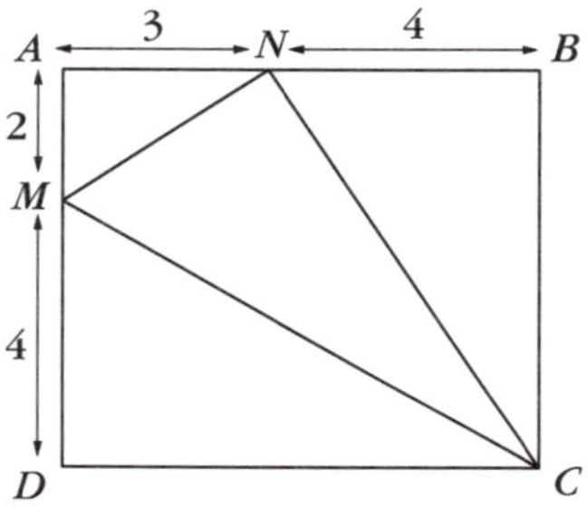

C) La figure représente un cube. *Quel est le chemin le plus court : O, J, I ou O, A, I ?*

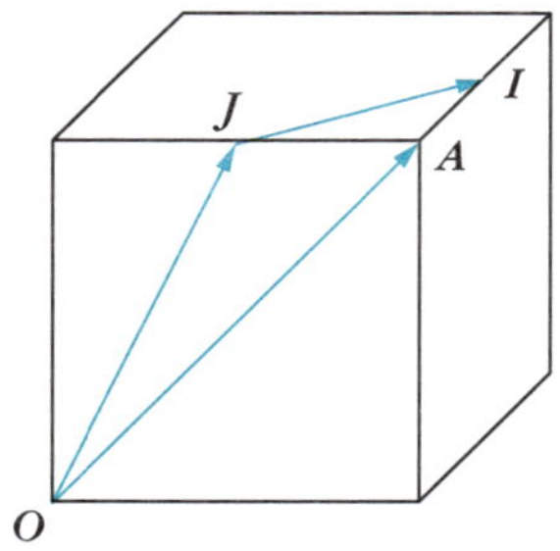

EXERCICE COMPLÉMENTAIRE

Deux oiseaux sont juchés, de chaque côté d'un fleuve, sur les sommets de deux palmiers de 20 m et de 30 m de haut.

Ils aperçoivent un poisson, s'envolent en même temps, à la même vitesse, et arrivent dessus ensemble.

Quelle est la largeur du fleuve ?

Organiser un ensemble d'exercices permettant d'aborder et de mettre en œuvre une notion.

LES ÉQUATIONS DE DROITES EN CLASSE DE TROISIÈME

AUTEUR

Catherine BRUNET,
professeur de collège
à Noisy-le-Sec.

Mon intention, dans ce texte, n'est pas de proposer une leçon « modèle » , mais plutôt de présenter une diversité d'activités, *un ensemble d'exercices permettant d'aborder et de faire travailler la notion d'équation de droite.* En les choisissant, il m'est apparu intéressant de mettre le doigt sur certaines des difficultés rencontrées par les élèves, mais aussi sur des notions simples qu'il est possible de leur faire acquérir tout en variant les plaisirs. On n'abordera ici qu'une partie du chapitre « équations de droites » .

Mais les problèmes de parallélisme et d'orthogonalité, la liaison entre coefficient directeur et tangente de l'angle aigu, etc., dont nous ne parlons pas, sont les prolongements attendus à ce niveau, autant que la notion de fonction et l'étude des applications affines.

QUESTIONS À SE POSER AVANT DE COMMENCER

QUEL EST LE PROGRAMME EN TROISIÈME ?

Les équations de droites sont étudiées sous la forme $y = mx$, $y = mx + p$, $x = k$; on se limite aux repères orthogonaux. Ainsi, l'équation cartésienne sous la forme $ax + by + c = 0$ est hors programme. Cependant, il est possible de travailler sur des exemples numériques de ce type, mais leur traitement se fera par retour à l'une des formes citées.

QUELS SONT LES OBJECTIFS EN TERMES DE COMPÉTENCES EXIGIBLES ?

Un élève de troisième doit être capable de :

– tracer une droite donnée par son équation, ou par son coefficient directeur et un point ;

– déterminer l'équation d'une droite définie par deux points, ou par son coefficient directeur et un point ;

– reconnaître ou exprimer à l'aide des coefficients directeurs le parallélisme de deux droites ou, en repère orthonormal, leur orthogonalité.

QUE PEUT-ON ATTENDRE D'UN ÉLÈVE ARRIVANT EN TROISIÈME ? QUELS SONT LES CONCEPTS NOUVEAUX QUI SONT INTRODUITS ?

Dès la sixième, les élèves ont rencontré des situations graphiques de points alignés - notamment de points alignés avec l'origine dans des situations de proportionnalité -, puis en cinquième et dans le cadre de l'étude des fonctions linéaires en classe de quatrième.

Ils savent traduire une situation de proportionnalité par une relation telle que $y = -3x$. Ils ont admis que la représentation graphique d'une telle relation est une droite passant par l'origine. Mais l'outil vectoriel est faible au collège : le produit d'un vecteur par un réel, la notion de colinéarité ne sont pas au programme. *Il s'agit donc de faire comprendre aux élèves qu'il est possible de traduire dans un repère des propriétés géométriques d'alignement, de parallélisme, d'orthogonalité par des relations numériques liant les coordonnées de points.*

Ce n'est pas pour eux un chapitre facile et la difficulté du concept ne sera pas surmontée complètement à la fin de l'année. **Ce concept reste en cours d'acquisition ; il sera repris et complété dans le second cycle.** Pour ce chapitre, il faut être conscient qu'un des écueils possibles est, à travers un traitement numérique de la question, de faire passer au second plan l'aspect géométrique, de ramener l'ensemble de la leçon à des calculs, les élèves n'appliquant alors qu'une technique apprise sans vraiment en comprendre le sens.

■

DES EXERCICES POUR DÉBUTER

Il est toujours utile et intéressant d'entamer une leçon en proposant aux élèves une série d'exercices pour faire le point de leurs connaissances et repérer d'une part le niveau de leurs difficultés et d'autre part les méthodes qu'ils mettent en œuvre.

EXERCICE 1

Dans un repère orthonormal, une droite (D_1) est représentée sur la figure ci-contre. En exploitant cette figure et en faisant clairement apparaître sur le dessin la méthode utilisée, répondre aux questions suivantes.

a) *Dire si les points suivants appartiennent à la droite (D_1) : A (1 ; – 3) , B (2 ; 0).*

b) *Le point M d'abscisse 4 est un point de la droite (D_1). Indiquer son ordonnée.*

c) *Le point P d'abscisse 0 est un point de la droite (D_1). Indiquer son ordonnée.*

d) *Le point R d'ordonnée – 1 est un point de la droite (D_1). Indiquer son abscisse.*

e) *Tracer la droite (D_2) passant par les points E (0 ; 3) et F (1 ; 1).*

f) *La droite (D_2) coupe la droite (D_1) en un point K. Indiquer les coordonnées du point K.*

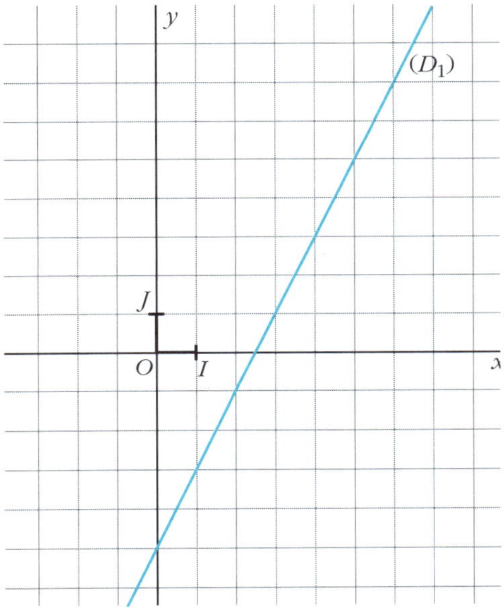

EXERCICE 2

En utilisant la figure et en faisant apparaître clairement sur le dessin la méthode utilisée :

a) *déterminer les coordonnées du point P, intersection de la droite (D) avec l'axe des ordonnées ;*

b) *déterminer les coordonnées du point M, intersection de la droite (D) avec l'axe des abscisses ;*

c) *déterminer les coordonnées du point R, intersection de la droite (D) et de la droite (Δ).*

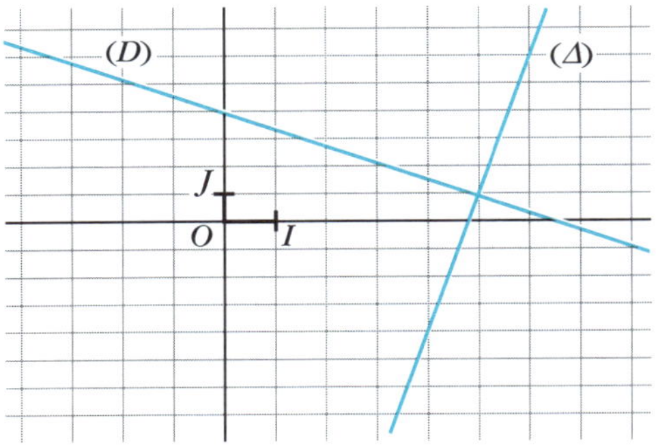

Apprendre à passer du graphique à l'équation et de l'équation au graphique.

Exercice 3

(EVAPM* 1991 pour la classe de quatrième)

La représentation graphique de l'application linéaire par laquelle x a pour image $2x$ est :

– *la droite D_1* VRAI FAUX

– *la droite D_2* VRAI FAUX

– *la droite D_3* VRAI FAUX

– *la droite D_4* VRAI FAUX

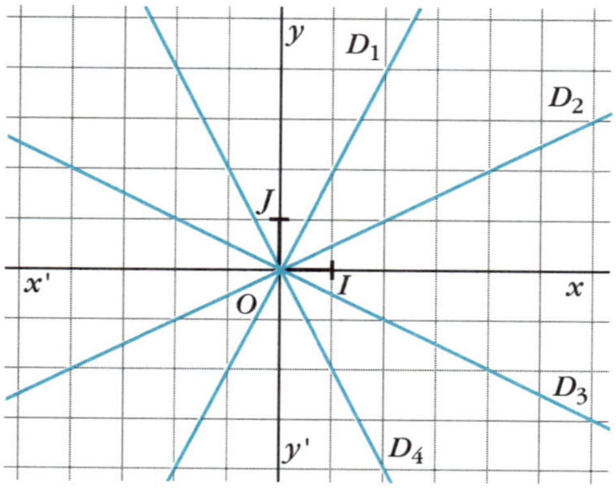

Exercice 4

(EVAPM 1991 classe de quatrième)

Les quatre droites ci-dessous sont les représentations graphiques des applications linéaires suivantes :

$y = \frac{1}{3}x$; $y = \frac{3}{2}x$; $y = -\frac{1}{2}x$; $y = -2x$.

Écris dans chaque cadre l'application linéaire correspondant à chaque droite.

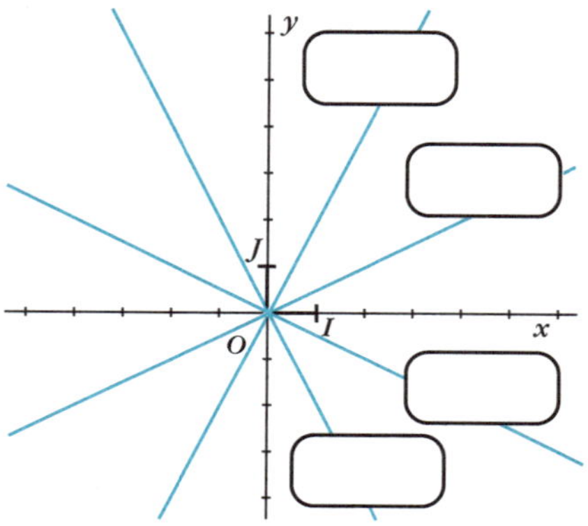

■

*** Le sigle EVAPM, que nous retrouverons plus loin, désigne les évaluations effectuées par l'APMEP (voir les pages 344-345).***

Comment introduire la notion d'équation de droite ?

Pour introduire la notion d'équation de droite, il est souvent commode d'utiliser l'un des deux points de vue suivants :

– la représentation graphique de solutions d'équations du type $y = mx + p$ ou $x = k$;

– la représentation graphique d'une application linéaire $y = mx$, à qui on fait subir une translation de vecteur parallèle à l'axe des ordonnées.

Je ne souhaite pas indiquer *la* méthode modèle, mais plutôt faire réfléchir sur ce qu'un élève devra avoir rencontré en troisième. À charge ensuite pour le professeur de choisir pour son introduction à partir de sa « sensibilité », de sa formation, des élèves qu'il a devant lui et de son vécu avec la classe. Tous les livres proposent ce type d'activités et le professeur peut alors adapter les exercices.

Pour un élève de troisième, *la principale difficulté résulte du concept de l'existence d'une relation entre les coordonnées des points d'une droite, relation qui caractérise cette droite.*

Ce concept est abstrait. Mais, à travers différents types d'activités, le professeur peut faire étudier son aspect graphique et la notion de coefficient directeur, au moins en mettant en évidence le lien entre ce dernier et l'inclinaison de la droite par rapport à l'axe des abscisses.

Un objectif de cette classe ne pourrait-il pas être de mettre en place et de développer *une représentation mentale du concept d'équation de droite ?* Une fois que cette notion est dégagée, il s'agit alors de la faire travailler en ayant en tête les capacités attendues des élèves. ■

SE FAMILIARISER AVEC L'ÉQUATION D'UNE DROITE

SAVOIR TRACER UNE DROITE D'ÉQUATION DONNÉE

EXERCICE 1

Dans le plan muni d'un repère, tracer :

a) *la droite* (D_1) *d'équation* $y = 2x + 3$ *;*

b) *la droite* (D_2) *d'équation* $y = -5x$ *;*

c) *la droite* (D_3) *d'équation* $y = 2$ *;*

d) *la droite* (D_4) *d'équation* $x = -4$.

Les élèves rencontrent des difficultés pour le tracé des deux dernières droites ; elles peuvent être liées à des confusions d'axes.

L'analyse des méthodes utilisées, et notamment des erreurs faites, mène toujours l'enseignant à infléchir ses choix et ses objectifs pédagogiques. Par exemple, ici, le choix des nombres proposés n'est pas dû au hasard. L'utilisation du coefficient directeur et de l'ordonnée à l'origine est facilitée par les nombres entiers, qui rendent possible aussi de calculer sans difficulté technique les coordonnées de points. En revanche, l'exercice serait beaucoup plus difficile si les nombres utilisés étaient non entiers, voire non décimaux.

Par exemple, le tracé de la droite d'équation $y = \frac{1}{3}x + 5$ met en échec un certain nombre d'élèves non entraînés à choisir des points adaptés.

La compréhension du concept d'équation de droite passe par la compréhension de la condition pour qu'un point soit sur une droite.

Aussi des exercices comme les suivants (exercices 2 à 5) sont à proposer de façon systématique.

Le choix pédagogique des nombres ne permet pas une réponse graphique, l'objectif est alors double : d'une part faire travailler le sens, d'autre part faire réinvestir les techniques opératoires relatives aux fractions.

VÉRIFIER QU'UN POINT EST SUR UNE DROITE DONNÉE

EXERCICE 2

Dans le plan muni d'un repère orthogonal, soit la droite (D) d'équation $y = 4x - 3$.

a) *Le point M (52 ; 204) appartient-il à cette droite ?*

b) *Calcule les coordonnées du point S intersection de (D) et de l'axe des abscisses.*

L'enseignant doit être conscient que la dernière question est plus difficile que la première. En effet, les élèves doivent mettre en œuvre un raisonnement qui leur paraît compliqué. Ils doivent organiser une démarche en rapprochant deux notions : la condition pour qu'un point appartienne à une droite donnée et la caractérisation des points de l'axe des abscisses.

SAVOIR TRACER UNE DROITE CONNAISSANT SON COEFFICIENT DIRECTEUR ET UN POINT

EXERCICE 3

Dans le plan muni du repère ci-contre (*un repère est donné sur une feuille*), tracer :

a) la droite (D_1) passant par A (– 2 ; 3) et de coefficient directeur 3 ;

b) la droite (D_2) passant par O et de coefficient directeur 1/2 ;

c) la droite (D_3) passant par B (3 ; – 1) et de coefficient directeur – 2.

On peut varier l'exercice en proposant des points déjà placés sur la figure, la difficulté est alors réduite au coefficient directeur. Les réactions des élèves peuvent aussi varier, et il est nécessaire de repérer :

– ceux qui ont du mal à ne pas confondre les axes, donc les coordonnées des points ;

– ceux qui ont besoin de retrouver l'équation de chacune des droites et se lancent donc dans des calculs.

Traduire une propriété géométrique par une relation numérique entre coordonnées est en troisième une nouveauté dont l'apprentissage prend beaucoup de temps.

Reconnaître sur un graphique une droite d'équation donnée

À l'examen du brevet des collèges, il est maintenant habituel de rencontrer des exercices où on attend de l'élève qu'il sache passer du cadre graphique au cadre « formule » et *vice versa*.

Les deux exercices suivants en sont de bons exemples.

Exercice 4

(Extrait de l'épreuve du brevet des collèges, académie d'Amiens, juin 1995)

Les cinq droites ci-dessous ont pour équation l'une des équations écrites ci-dessous : $y = -2$; $y = 2x$; $x = -3$; $y = -0{,}5x + 2$; $y = 2x - 3$.

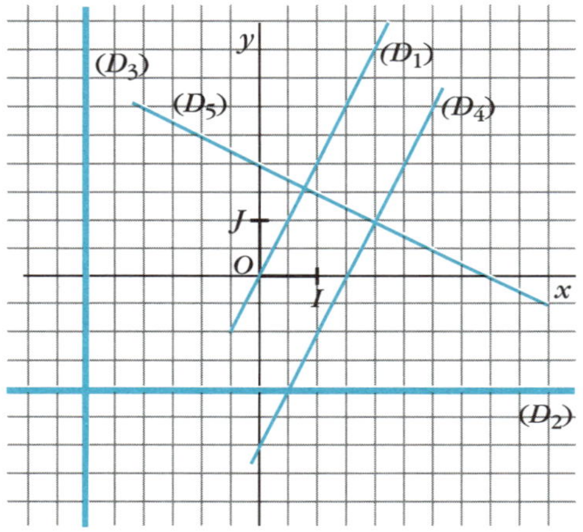

Recopier et compléter :

La droite (D_1) *a pour équation* ....

La droite (D_2) *a pour équation* ....

La droite (D_3) *a pour équation* ....

La droite (D_4) *a pour équation* ....

La droite (D_5) *a pour équation* ....

Exercice 5

(Extrait de l'épreuve du brevet des collèges, académie de Dijon, juin 1994)

Dans un repère orthonormal (O, I, J), on a construit les droites (D_1), (D_2), (D_3), comme l'indique le graphique.

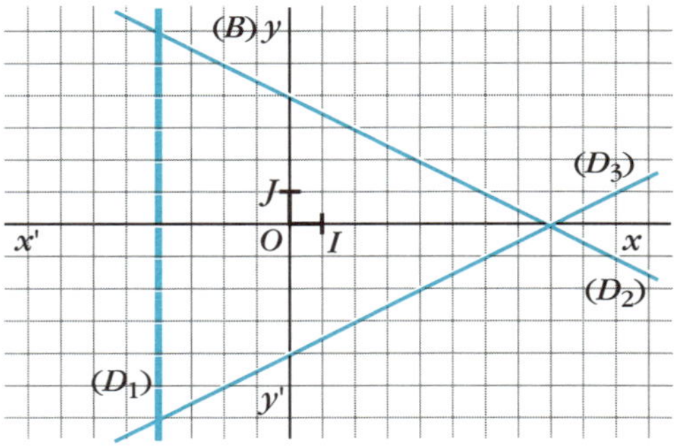

1° Donner une équation de (D_1).

2° Laquelle des deux droites (D_2) et (D_3) a pour équation $y = -\frac{1}{2}x + 4$?

3° Lire sur le graphique les coordonnées du point B, intersection des droites (D_1) et (D_2). Retrouver ce résultat par le calcul. ■

Savoir déterminer l'équation d'une droite

Droite définie par deux de ses points

Pour trouver l'équation d'une droite, les élèves de troisième ont besoin d'être entraînés à utiliser les méthodes suivantes :

– si les deux points n'ont pas la même abscisse, on recherche l'équation de la droite sous la forme réduite ;

– si les deux points ont la même abscisse, l'équation de la droite est sous la forme $x = k$.

Les deux exemples suivants sont classiques. Il est cependant judicieux de poser des exercices utilisant ces deux formes, car beaucoup d'élèves ne réussissent pas de la même façon selon que la droite est tracée ou non. Une figure peut davantage les inciter à utiliser la méthode du calcul du coefficient directeur. Il est donc formateur de leur apprendre à contrôler leurs calculs par une lecture graphique et à faire jouer le plus possible la liaison entre le graphique et la formule.

C'est aussi au professeur de proposer des exercices s'y prêtant, notamment au moment où les élèves sont en phase d'apprentissage.

Exemple 1

Dans le plan muni d'un repère, déterminer l'équation de la droite passant par A(– 1 ; 1) et B (5 ; – 1).

Exemple 2

Dans le plan muni d'un repère (voir la figure ci-contre), déterminer l'équation de la droite passant par les points A et B.

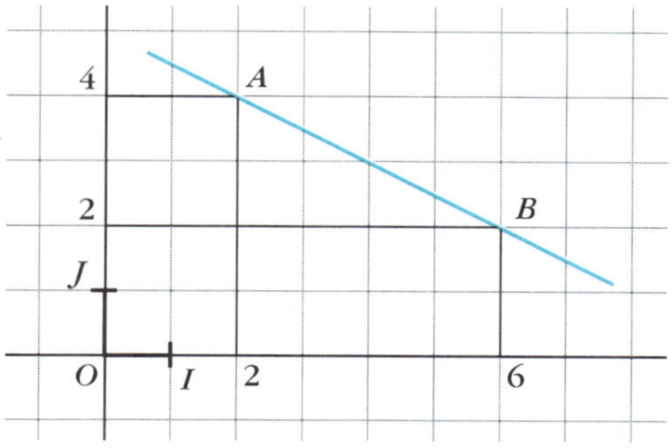

Droite définie par son coefficient directeur et l'un de ses points

Les exercices 1 et 2 sont d'un modèle habituel.

Exercice 1

Dans le plan muni d'un repère, déterminer l'équation de la droite passant par A(2 ; 1) et de coefficient directeur – 3.

Exercice 2

Dans le plan muni d'un repère, déterminer l'équation de la droite passant par A(2 ; 1) et parallèle à la droite d'équation $y = -4x + 1$.

Les exercices 3 et 4 sont peut-être beaucoup moins habituels.

Exercice 3

Les ronds (•) des graphiques ci-dessous indiquent des points de coordonnées entières par lesquelles passent les droites.
Par simple lecture graphique, détermine l'équation de chaque droite dans le repère (O, I, J).
Écris ces équations dans les cadres correspondants.

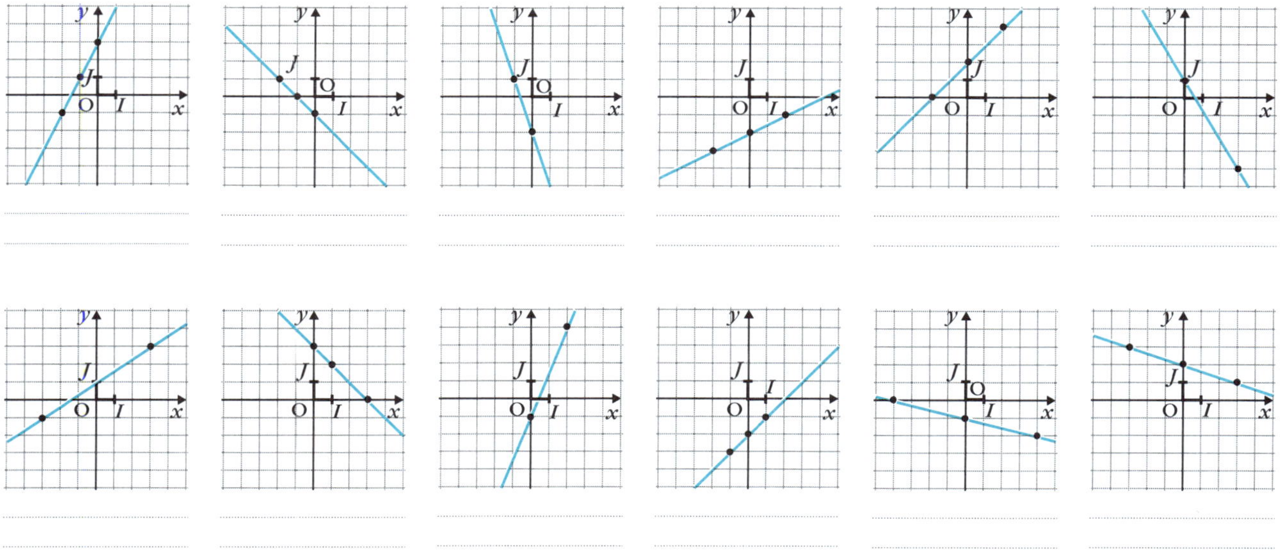

L'élève doit apprendre à lier le signe et la grandeur de a et de b à la position de la droite y = ax + b.

Exercice 4•

Douze droites et douze équations de droites vont être proposées. Repère la droite qui peut correspondre à chaque équation et écris cette équation au-dessous de la droite dans l'emplacement concerné.

Cet exercice peut être traité suivant deux règles du jeu :

– soit on donne, sur une feuille, la représentation des différentes droites et l'on annonce les équations l'une après l'autre ;

– soit on donne la feuille contenant les équations et l'on présente, par exemple au rétroprojecteur, les droites l'une après l'autre en demandant laquelle des équations convient à chacune.

$y = x + 2$	$y = -x - 1$	$y = 2x - 2$
$y = \frac{1}{2}x + 2$	$y = -2x + 3$	$y = -x + 2$
$y = \frac{3}{2}x + \frac{1}{2}$	$y = x - 1$	$y = -\frac{2}{5}x + \frac{1}{2}$
$y = -\frac{5}{3}x - 3$	$y = \frac{1}{3}x - \frac{1}{2}$	$y = -\frac{1}{2}x - 1$

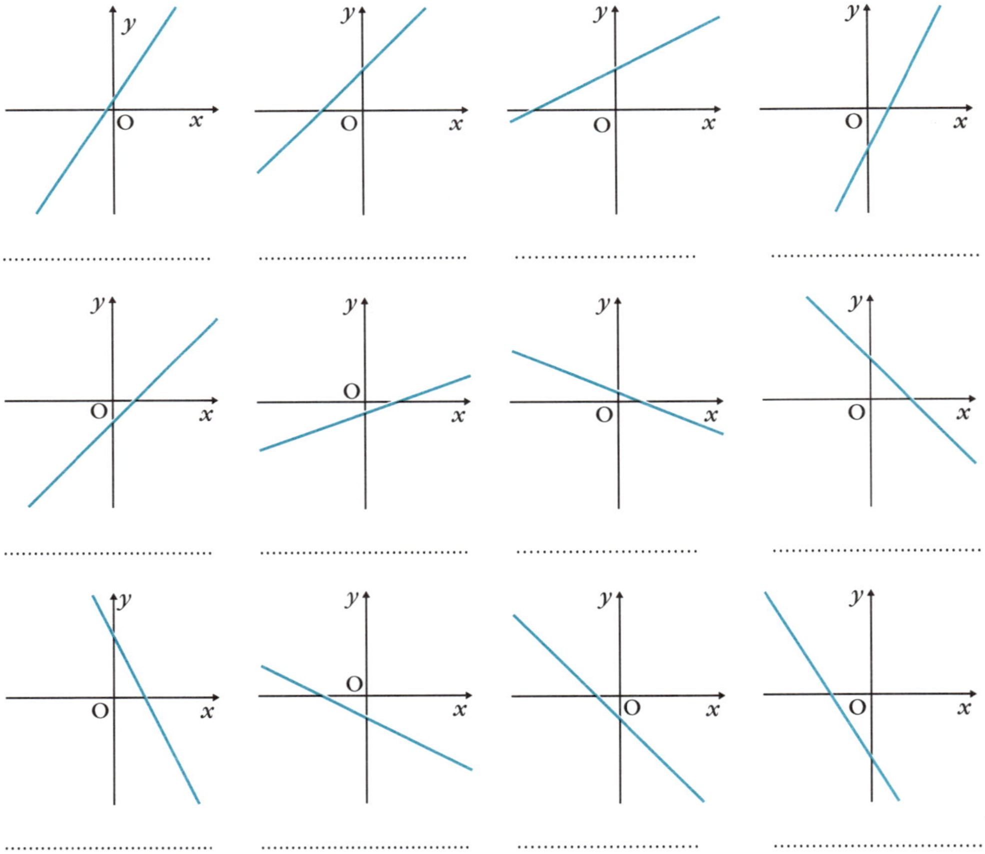

■

• Cet exercice et le précédent sont dus à J. Fromentin (séminaire APMEP 1995).

CONCLUSION

Il me semble que, pour ce sujet, il faut *éviter que les mécanismes de calcul prennent le pas sur la compréhension du concept*. Les évaluations de seconde et de troisième de l'APMEP (années 1990,1991,1992) ont montré, à l'époque, que les élèves étaient souvent plus à l'aise pour calculer une équation de droite connaissant un point et le coefficient directeur (cela ne fait appel qu'à un algorithme) que pour tracer une telle droite ou pour « lire » une équation de droite à partir de son dessin.

Dans ce dernier cas, en effet, on fait davantage appel à la compréhension du concept, ce qui accroît la difficulté. On retrouve ce problème quand on demande de relier l'équation d'une droite à sa position dans le plan.

En variant les exercices proposés, en alternant la lecture graphique et le calcul d'une équation de droite, en passant d'un cadre à l'autre, on augmente « l'expérience » des élèves et on leur donne une meilleure représentation mentale. Ainsi certains logiciels ayant recours à l'image permettent de centrer l'apprentissage sur le sens en laissant de côté l'aspect technique.

Il faut cependant avoir toujours à l'esprit le fait que traduire des propriétés géométriques, telles que l'alignement de points, par une relation numérique en utilisant des coordonnées dans un repère est *une démarche tout à fait nouvelle* pour un élève de troisième. Cette démarche n'a pas été rencontrée dans les classes antérieures et demande donc une certaine maturation avant d'être mobilisable.

Ce chapitre permet de faire jouer et d'améliorer aussi les connaissances des autres chapitres du programme, tels que la résolution des systèmes de deux équations à deux inconnues et l'étude des fonctions affines.

En ce qui concerne les fonctions, il apparaît parfois que les élèves rencontrent plus de difficultés avec les applications affines qu'avec les équations de droites, car si les techniques algébriques et graphiques sont assez semblables, les obstacles sont dans le premier cas d'ordre conceptuel. La notion de fonction apparaît dès le programme de sixième, mais les objectifs sont limités à l'utilisation de l'expression « est fonction de » ; les chapitres sur les fonctions linéaires et affines en quatrième/troisième développent davantage l'aspect technique que l'étude mathématique du concept de fonction.

La notion d'équation de droite reste en cours d'acquisition en troisième. Elle sera complétée puis enrichie dans le second cycle. Il faut donc rester modeste et vigilant quant au niveau des questions posées.

On doit accepter l'idée que les connaissances de la classe de troisième ne seront pas nécessairement disponibles l'année suivante, ou même en troisième dans des problèmes un peu complexes. ■

Un outil indispensable qui peut être dangereux.

LA CALCULATRICE AU COLLÈGE

AUTEUR

Jean FROMENTIN,
professeur de collège.

Le débat autour de la calculatrice à l'école (école élémentaire, collège et lycée) n'est certainement pas près d'être clos : les partisans comme les détracteurs développent en effet des arguments qu'il faut prendre en considération.

Mais les excès dans un sens comme dans l'autre étant dangereux, la meilleure conduite à tenir est de s'attacher à une *utilisation pertinente et sensée de la calculatrice.*

Le texte qui suit vise donc, à partir de nos expériences et de nos observations de terrain, à faire le point sur les avantages et les inconvénients de l'utilisation de la calculatrice en classe, exemples à l'appui, et ainsi, sans prétendre détenir LA vérité, à alimenter la réflexion sur le sujet.

QUELQUES « ÉVIDENCES »

La calculatrice est une réalité sociale. Savoir l'utiliser fait partie du « bagage » du citoyen.

Les fonctions de la calculatrice font que les mathématiques ne peuvent ignorer cet outil.

La formation à l'utilisation de la calculatrice doit être faite en mathématiques.

Si les deux premières affirmations ne peuvent que recueillir un large consensus, la troisième prête souvent à discussion.

En effet, il y a une nuance importante entre, d'une part, la formation à l'utilisation et, d'autre part, l'utilisation de la calculatrice.

À notre sens, le problème de la calculatrice en classe se situe à ce niveau.

LES TROIS DÉBATS SUR LES CALCULATRICES

Avant de développer les avantages et les inconvénients de l'utilisation de la calculatrice en classe, il est nécessaire de clarifier le débat actuel sur cet outil. Nous laissons ce soin à François Dusson* :

« Les discussions sur les calculatrices sont quelquefois passionnelles car les questions soulevées touchent aux représentations que chacun se fait du métier, des mathématiques, de l'égalité... Aussi est-il souhaitable de distinguer trois débats, même s'ils sont interdépendants.

Le premier débat est celui des relations entre mathématiques et outils de calcul*. Pour simplifier, il peut y avoir une position du type : « Il y a quand même beaucoup de mathématiques qui n'ont rien demandé aux machines ! On peut s'en convaincre en remontant le temps ». Une position à l'opposé soulignerait les possibilités nouvelles d'exploration, de conjectures, de nouveaux problèmes offerts par les machines : « L'histoire des mathématiques avance avec le développement des outils de calcul. »*

Le deuxième débat est celui des relations entre enseignement des mathématiques et calculatrices*. Une position, par exemple, peut être : « Les machines débarrassent les études de calculs techniques fastidieux, permettent de favoriser l'appropriation d'un concept par la rapidité de variations d'exemples, rendent les mathématiques plus attrayantes... »*

* Intervention au comité de l'APMEP.

Une autre position serait au contraire : « La gestion mentale des idées demande à se développer par des exemples à la main ; la machine gâche l'investissement intellectuel, s'oppose à une mémorisation nécessaire de certaines bases... »

***Le troisième débat est celui de la relation entre acteurs** (élèves, professeurs, constructeurs, établissements, ministres,...) concernés par les calculatrices et celui des compromis qui sont alors élaborés entre eux, dont certains sont fixés par des règlements, d'autres par la coutume.*

Ces trois débats, culturel, didactique, institutionnel balisent le terrain. »

Il est clair que nos préoccupations se situent essentiellement au niveau du deuxième débat.

Nous avons essayé de structurer ce chapitre suivant quelques thèmes dominants. Mais ces thèmes ne peuvent pas être complètement disjoints. Aussi ne faudra-t-il pas s'étonner de retrouver, dans une partie, une idée développée dans une autre : les différents points de vue s'éclairent et se complètent.

■

LA CALCULATRICE ET LE NOMBRE

TYPES DE CALCULATRICES

À l'école élémentaire, c'est essentiellement la calculette « 4 opérations » qui est utilisée. Son emploi est très variable d'un établissement à l'autre, d'un maître à l'autre.

Au collège, c'est la calculatrice scientifique qui est préconisée dès la sixième et jusqu'en troisième.

Signalons que la calculatrice devrait être *personnelle*. Il ne s'agit pas d'interdire un éventuel emprunt, mais de signaler la confiance que doit avoir l'utilisateur dans sa machine : bonne connaissance des fonctions, des réglages (modes d'affichage, unités de mesures des angles,...), mais aussi de la réponse mécanique des touches (appuyer plus ou moins fort, plus ou moins longtemps,...) pour ne pas omettre un chiffre ou au contraire le rentrer plusieurs fois. Il *doit exister une certaine « familiarité » entre l'utilisateur et sa machine* pour que le travail soit de qualité. À « l'allumage », par exemple, on ne pense pas toujours à effectuer les diverses vérifications sur l'affichage : un élève aura fait tout un travail de trigonométrie avec des angles mesurés en grades, d'autres seront perdus par un affichage involontairement réglé en écriture scientifique ou en « virgule fixe ».

LE NOMBRE

L'utilisation de plus en plus fréquente de la calculatrice n'aplanit pas les difficultés que rencontrent les élèves sur le concept de nombre. *L'écriture à virgule, fortement privilégiée, est considérée comme la seule «réalité» numérique.*

Ainsi, les élèves ont tendance à penser que tous les nombres sont des décimaux, et il est de plus en plus difficile de leur faire admettre par exemple que $\frac{2}{3}$ ou $\sqrt{3}$ sont des nombres. Si la majorité des élèves accepte que $\frac{2}{3}$ est le quotient de 2 par 3 ou que $\sqrt{3}$ est le nombre dont le carré est 3, ils acceptent difficilement ces écritures comme expressions exactes de ces nombres.

VALEUR EXACTE, VALEUR APPROCHÉE

La difficulté précédente en entraîne une autre à propos de valeurs exactes et valeurs approchées. On assiste même à de réels malentendus entre élèves et professeurs, l'élève ne comprenant pas pourquoi son professeur lui fait remarquer que le résultat devait être donné en valeur exacte alors qu'il a donné par exemple 1,732050807 pour $\sqrt{3}$.

« Une petite machine de mon invention, par le moyen de laquelle tu pourras, sans peine quelconque, faire toutes les opérations de l'arithmétique, et la soulager du travail qui t'a souvent fatigué l'esprit. » Pascal.*

L'erreur ici réside dans le fait que, *pour un certain nombre d'élèves, la valeur exacte est celle qu'on obtient avec tous les chiffres écrits à l'écran* et qu'une valeur approchée sera celle obtenue avec seulement 2 ou 3 chiffres après la virgule.

Dans le même ordre d'idée, il est difficile de faire accepter que 10 + 8 ou 6 × 8 sont des nombres. Il faut coûte que coûte obtenir le « RÉSULTAT » !

La touche « = » et le signe « = »

On en arrive ainsi tout naturellement à une troisième difficulté : *le sens de l'égalité.*

La touche « = » de la calculatrice met un terme au calcul ; elle donne le résultat tant attendu, un résultat qui, souvent, n'est pas « égal » à la valeur de l'expression calculée : 3 ÷ 7 « = » 0.4285714. Donc, si d'un point de vue mathématique, cette fonction de la touche « = » n'est pas complètement fausse, elle occulte cependant la véritable fonction du signe « = », celle d'indiquer que deux expressions d'écritures différentes désignent un même objet (un même nombre ici).

C'est ainsi que l'on rencontre, dans les travaux d'élèves, des écritures du style :

$$3 \times 12 + 6 \times 4 = 3 \times 12 = 36 = 6 \times 4$$
$$= 24 = 36 + 24 = 60$$

où la fonction du signe « = » est de donner des résultats intermédiaires ou, indirectement, de servir de ponctuation.

En effet, l'écriture : 3 × 12 + 6 × 4 ; 3 × 12 = 36 ; 6 × 4 = 24 ; 36 + 24 = 60 devient correcte par changement, dans la précédente, de certains signes « = » en « ; ».

Quelques suggestions

En ce qui concerne l'écriture d'un nombre, *il faut favoriser les activités de reconnaissance d'un même nombre à travers diverses écritures* (des écritures adaptées au niveau et qui puissent être traitées sans calculatrice) et bien sûr l'activité réciproque qui consiste à donner diverses écritures d'un même nombre.

L'encadré suivant nous donne des exemples d'exercices à ce sujet. Il est bien évident que de tels exercices ponctuels ne suffisent pas. Chaque fois que l'occasion se présente, il faut faire faire mentalement, oralement ou par écrit, mais *sans calculatrice*, des changements d'écritures pour mener, par exemple, astucieusement un calcul.

DIVERSES ÉCRITURES D'UN NOMBRE

1. Parmi les écritures suivantes, quelles sont celles qui désignent un même nombre ? Écrire les égalités correspondantes.

En sixième : 2, 5 ; 5 + 2 ; $\frac{5}{2}$; 3,5 x 2 ; 7, 5 – 5 ; $\frac{25}{5}$; 5 x 0,5 ; 12 – 5 ; $\frac{25}{10}$; $\frac{700}{100}$ ...

En troisième : $\frac{10}{6}$; 0,6 ; $\frac{\sqrt{25}}{\sqrt{9}}$; $\frac{18}{30}$; $5 \times \frac{1}{3}$; $\frac{1}{3} \div \frac{1}{5}$; 4 × 1,5 ; $\frac{\sqrt{9}}{5}$; 0,5 × 1,2 ...

2. *En sixième* : Trouve une écriture de 6 puis de 5 sous la forme d'une somme, d'une différence, d'un produit, d'un quotient, d'une fraction dont le dénominateur est 10...

En troisième : Trouve une écriture de 5, puis de $\frac{9}{4}$ sous la forme d'un produit, d'un quotient, d'un carré, d'une racine carrée...

*** Présentation de sa « machine arithmétique ».***

Si dans un problème ou un exercice, on rencontre des calculs de la forme $21 \times \frac{6}{7}$ ou $25 \times 12 \times 14$, ce n'est pas perdre du temps que de demander aux élèves comment ils ont trouvé le résultat.

Un tel échange permet de faire émerger plusieurs traitements d'un calcul, de faire apprécier le ou les plus astucieux et d'inciter ainsi à faire preuve d'ingéniosité pour traiter un calcul « à l'économie ».

C'est par cette gymnastique intellectuelle sur les écritures numériques que l'élève s'appropriera progressivement le concept de nombre.

■

FORMATION À L'UTILISATION DE LA CALCULATRICE

La formation à l'utilisation de la calculatrice ne doit pas être faite pour elle seule mais en liaison avec les diverses activités du programme.

LA CALCULATRICE EST AU PROGRAMME

Le programme de mathématiques du collège prend explicitement en compte la calculatrice sans toujours préciser dans le détail les objectifs de son utilisation.

En sixième, par exemple, on peut lire : *« Les procédés de calcul approché trouveront un développement naturel dans le calcul mental et dans l'usage des calculatrices. On apprendra notamment à prévoir et à contrôler des calculs à la machine par des calculs mentaux approchés ».*

En cinquième, à propos des priorités opératoires : *« Le fait que les calculatrices n'aient pas toutes les mêmes principes de fonctionnement est une occasion à saisir. En effet, l'activité consistant à répertorier leurs diverses modalités de fonctionnement, et à les mettre en œuvre, est hautement formatrice. On n'oubliera pas de penser, pour éviter d'introduire plusieurs fois un même nombre, à recourir à une mémoire de la machine ».* Et plus loin : *« Toutes les activités numériques fourniront des occasions de pratiquer le calcul mental et faire usage de la calculatrice ».*

En quatrième, à propos des racines carrées : *« Savoir trouver à l'aide de la calculatrice une valeur approchée de la racine carrée d'un nombre positif ».*

LES FONCTIONS DE LA CALCULATRICE AU FIL DES ANNÉES

Faisons rapidement un inventaire des fonctions de la calculatrice scientifique que l'on peut découvrir ou pratiquer au travers des programmes des quatre niveaux du collège.

EN SIXIÈME

– Les *quatre opérations.*

– La notion de *troncature et d'arrondi* est l'occasion de savoir si la calculatrice tronque ou arrondit, en cherchant par exemple le quotient de 1 par 3 puis de 2 par 3 (calcul à la main, puis calcul à la machine).

– La touche [π] à propos de la longueur d'un cercle.

EN CINQUIÈME

– Les *parenthèses*, en particulier dans une écriture fractionnaire où le dénominateur est une somme (la barre de fraction tenant lieu de parenthèses).

– La touche [+/–] (nommée : « changement de signe ») à l'occasion des entiers relatifs, touche à ne pas confondre avec la touche [–].

– Le respect par la calculatrice scientifique des *règles de priorité* des opérations : faire remarquer la « mise en réserve » de l'opération « 5 + » dans le calcul $5 + 8 \times 4$, en observant bien, à chaque frappe d'une touche, les nombres à l'affichage. Une astuce pour faire apparaître 32 (le produit de 8 par 4) à l'affichage consiste à multiplier par 1 avant d'appuyer sur la touche [=], c'est-à-dire à rentrer le calcul $5 + 8 \times 4 \times 1$.

« *On n'emploie ordinairement les décimales que dans la vue de faciliter les calculs en substituant à un calcul rigoureux une approximation suffisante.* » Bezout.*

– La fonction dite à tort « *facteur constant* » à l'occasion de la proportionnalité. Cette fonction devrait plutôt être appelée « opérateur constant » puisqu'elle permet aussi de « programmer » une addition, une soustraction ou une division par un même nombre. Cette fonction très utile dans les calculs répétitifs permet d'entrevoir ce qu'est « l'enregistrement » d'un processus de calcul.

– Éventuellement, à l'occasion des durées, la *fonction de passage entre le système sexagésimal et le système décimal.*

– Éventuellement, à l'occasion de calculs un peu complexes, les fonctions de « *mémoire* ».

– Éventuellement connaître le nombre de chiffres qu'utilise la calculatrice, celle-ci « travaillant » avec davantage de chiffres qu'elle n'en affiche à l'écran.

En quatrième

– Les fonctions [x^2] et [$\sqrt{\ }$] à propos de la propriété de Pythagore.

– La fonction [cos] et sa réciproque, et le réglage (degré - grade - radian).

– La touche [x^y] ou [y^x] et la fonction « puissance de 10 » à propos des puissances.

– Les modes d'affichage : *notation scientifique*, « virgule fixe », mode standard ...

– La fonction [$1/x$] à l'occasion du calcul sur les fractions.

En troisième

– Les fonctions [sin] et [tan].

C'est surtout en cinquième que se situe la découverte de la calculatrice, alors qu'ensuite elle devient obligatoire (en remplacement des tables numériques) avec la racine carrée, les statistiques et la trigonométrie. Ceci renforce l'idée *d'utiliser la même calculatrice sur les quatre niveaux du collège.*

Calculatrice et stratégies de calcul

Nous venons de considérer les fonctions purement techniques de la calculatrice. Mais il ne faut pas oublier les stratégies de calcul liées à l'utilisation de la calculatrice.

En tout premier lieu, il s'agit de mettre l'accent, comme nous l'avons déjà signalé, sur la notion de valeur exacte et de valeur approchée. Il faut, par exemple, penser à garder dans la machine les résultats intermédiaires pour obtenir la meilleure valeur approchée possible, ce qui ne veut pas dire donner un résultat avec tous les chiffres obtenus à l'affichage !

Là aussi, on doit apprendre à discerner le

À la découverte des chiffres cachés**

Pour découvrir le nombre de chiffres qu'utilise une calculatrice, il suffit de considérer par exemple le quotient de 10 par 7 : [1.4285714]. En enlevant la partie entière de ce quotient et en multipliant le résultat obtenu par 10, on fait apparaître un chiffre supplémentaire que la calculatrice " cachait " :

$(\frac{10}{7} - 1) \times 10$ donne [4.2857143] ; le « 3 » qui était caché apparaît à l'affichage.

En recommençant ce processus à partir du résultat précédent, on obtient ainsi tous les chiffres « cachés » : $[(\frac{10}{7} - 1) \times 10 - 4] \times 10$ donne [2.8571428].

Ici, si on poursuivait le procédé, on obtiendrait [8.571428] puis [5.71428] ce qui montre que « 8 » était le dernier chiffre pris en considération par la calculatrice. Cette calculatrice opérait donc avec dix chiffres significatifs bien qu'elle n'en affiche que huit.

* **Arithmétique, 1764.***

** **Cette activité permet aussi de mettre en évidence le fait que le signe « = » de la calculatrice correspond à une égalité *approchée* comme il a été dit précédemment.**

nombre de chiffres significatifs en fonction de la précision des nombres utilisés dans le calcul ou choisir la précision « raisonnable » du résultat en regard de la situation traitée : pour un diagramme circulaire, il serait ridicule de donner une mesure d'angle au centième ou au millième de degré.
Il faut veiller aussi à la cohérence d'une série de résultats : par exemple choisir un même niveau de précision dans un calcul de fréquences. Un dernier aspect que l'on peut aborder avec les élèves dans l'apprentissage spécifique de la calculatrice est la *gestion des calculs approchés* de la calculatrice.

L'usage de valeurs approchées à chaque étape d'un calcul peut diminuer la précision de la valeur approchée finale ou masquer un résultat simple qu'on pourrait obtenir par un calcul littéral. Ces deux aspects sont illustrés par l'encadré suivant.

CALCUL APPROCHÉ ET CALCUL FORMEL

Exercice 1

Le triangle ABC est rectangle en B, et [BH] est une hauteur.
AB = 9 et BH = 5.
Calculer les mesures des côtés et des angles de ce triangle.

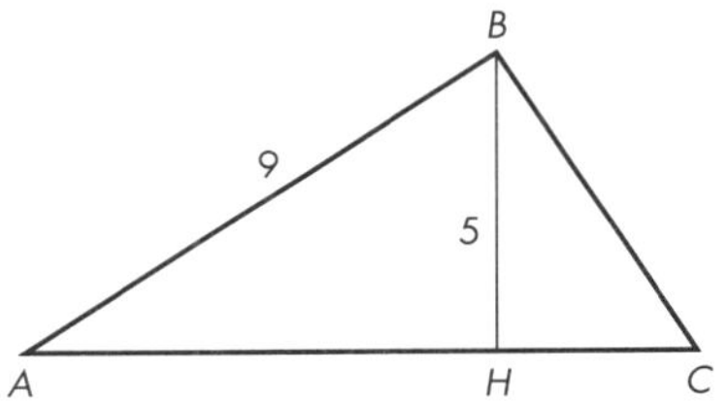

On peut obtenir la valeur exacte de AH par la propriété de Pythagore ($AH = \sqrt{56} = 2\sqrt{14}$).

On peut aussi obtenir une valeur approchée de l'angle $\widehat{BAH}$ en calculant son sinus dans le triangle rectangle ABH ($\widehat{BAH} \approx 34°$).

Cette valeur approchée est aussi celle de l'angle $\widehat{HBC}$ que l'on pourrait donc utiliser pour trouver HC et BC dans le triangle rectangle BHC. Mais en utilisant la valeur approchée 34°, on fait une erreur que l'on " transporte " dans les calculs.

Pour HC par exemple, on trouve, avec la tangente de l'angle 34°, $HC \approx 3,37$. Aussi, une meilleure méthode pour calculer HC est ici d'utiliser l'égalité des angles $\widehat{BAH}$ et $\widehat{CBH}$ et donc l'égalité de leurs tangentes : $\frac{BH}{AH} = \frac{CH}{BH}$.

On trouve alors $HC = \frac{25}{\sqrt{56}} \approx 3,34$.

Exercice 2

Une sphère de rayon 10 cm est inscrite exactement dans un cylindre (voir dessin).
Quelle fraction du volume du cylindre la sphère occupe-t-elle ?

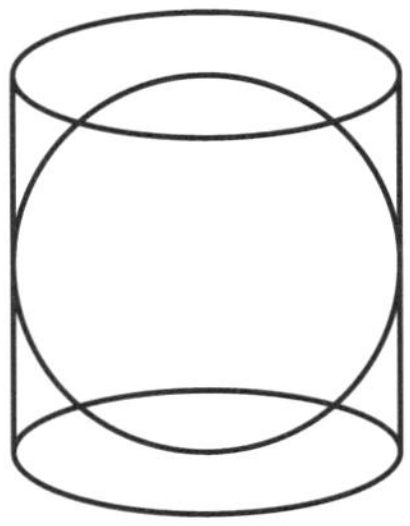

La situation, telle qu'elle est présentée (rayon de 10 cm), incite à un calcul numérique : celui du volume V_1 de la sphère, celui du volume V_2 du cylindre, puis celui du rapport des deux volumes. Par pur calcul numérique, on obtient alors :
$V_1 \approx 4188,79$; $V_2 \approx 6283,19$ et donc $V_1/V_2 \approx 0,6666666$ (en gardant les valeurs approchées de la calculatrice, car sinon $V_1/V_2 \approx 0,6666661$).

Mais l'un ou l'autre de ces deux résultats incite à conjecturer que $V_1/V_2 = 2/3$, donc à effectuer un calcul formel auquel on aurait pu penser en prévoyant des simplifications du fait que le nombre π et le même rayon R vont se retrouver dans les expressions des deux volumes.

Le volume de la sphère est : $V_1 = \frac{4\pi R^3}{3}$; le volume du cylindre est $V_2 = \pi R^2 \times 2R = 2\pi R^3$. Ainsi, après simplification par $2\pi R^3$, on obtient $V_1/V_2 = 2/3$.

Ici, le calcul formel est plus enrichissant et plus performant que l'emploi de la calculatrice.

Le contrôle du travail fait à la machine (et donc l'estimation de l'ordre de grandeur des résultats) doit devenir un réflexe.

Ces deux exemples montrent en même temps qu'il faut bien définir les objectifs de la tâche.

Si seul le résultat compte, alors peu importe la méthode pourvu qu'elle soit efficace. Une telle tâche peut être attendue par exemple dans la fabrication d'un objet.

Les mathématiques sont alors utilisées seulement comme outil d'exécution et la calculatrice peut être employée sans réserve.

Si, au contraire, on privilégie la méthode, alors les mathématiques sont dans ce cas utilisées comme outil de formation et la calculatrice n'est alors pas toujours un avantage. ■

CALCUL MENTAL, CALCUL À LA MAIN ET CALCUL À LA MACHINE

Avant l'existence des calculatrices, le calcul mental et le calcul à la main étaient bien entendu nécessaires. Leur développement était donc naturel. Avec l'avènement des calculatrices, ces activités ont été mises inconsciemment de côté, leur nécessité ne se faisant plus sentir.

Petit à petit, la nature humaine étant ce qu'elle est, et la calculatrice étant à portée de la main, une certaine paresse s'est installée.

Par ailleurs, l'idée que le calcul n'est pas une activité « noble » *(« on ne veut pas faire de nos élèves des machines, mais des gens qui réfléchissent ! »)* donnait une raison supplémentaire pour le laisser faire à un robot. Le problème se pose actuellement de la même manière au lycée avec l'apparition des logiciels de calcul formel.

Ainsi, au fil du temps, on observe une très nette dégradation des capacités au calcul avec des conséquences inquiétantes dans les autres domaines des mathématiques. D'ailleurs, les programmes de 1996 insistent beaucoup sur l'alliance du calcul mental et du calcul machine.

CALCUL MENTAL ET ORDRE DE GRANDEUR

En face de la calculatrice, le premier argument qui vient à l'esprit en faveur du calcul mental est bien sûr le contrôle du calcul de la machine et donc l'estimation de l'ordre de grandeur d'un résultat. Les erreurs de manipulation (mauvaise touche numérique ou opératoire) étant courantes, *le contrôle doit donc devenir un réflexe.*

Pour cela, il faut développer les techniques de calcul liées aux arrondis, aux ordres de grandeurs, à la réorganisation d'une somme ou d'un produit (associativité et commutativité)..., et, bien sûr, développer les capacités de calcul mental sur des nombres accessibles à ce mode de calcul. Par exemple, le calcul :

2359 + 348 + 4637 + 1756

peut devenir mentalement,

2300 + 400 + 4600 + 1700

puis être calculé en regroupant 2300 et 1700 d'une part, 400 et 4600 d'autre part pour obtenir un ordre de grandeur de 9000. Dans cet exemple, le choix d'arrondir 348 à 400 et non pas à 300, et 2359 à 2300 et non pas à 2400 ne découle pas des règles habituelles d'arrondi, mais de l'observation des autres nombres 4600 et 1700 pour obtenir des sommes faciles à calculer.

Ces « bons » choix, qui ne sont pas nécessairement uniques, demandent une *vision exercée* des expressions numériques, des « qualités » des nombres et des associations intéressantes de nombres.

Ils demandent donc des capacités de calcul mental pour *anticiper* les calculs réels simplifiés qui seront faits ensuite mentalement ou à la main.

PROBLÈME PROPOSÉ EN 1992 AU TOURNOI MATHÉMATIQUE DE SAINT-MICHEL-EN-L'HERM (VENDÉE)

J'écris tous les nombres à deux chiffres formés à l'aide de « chiffres impairs ».
Quelle est la somme de ces nombres ?

Ce problème, parmi d'autres, a été donné, en classe, à des élèves de troisième. Ayant une calculatrice à sa disposition, un élève a rentré un à un tous les nombres dans la calculatrice pour obtenir la somme. (Il ne l'aurait peut-être pas fait avec les nombres à trois chiffres !) Or, s'il n'avait pas eu de calculatrice, la nature humaine étant là aussi ce qu'elle est, il se serait ingénié, par « paresse », à éviter ce calcul fastidieux.

Voici une première méthode :

En commençant à écrire les nombres, puis en les organisant ainsi :
$(11 + 13 + 15 + 17 + 19) + (31 + \ldots + 39) + \ldots + (91 + \ldots + 99)$,
on peut se rendre compte que l'on a :
$(5 \times 10 + 5 \times 30 + 5 \times 50 + 5 \times 70 + 5 \times 90) + 5 \times (1 + 3 + 5 + 7 + 9)$,
c'est-à-dire : $5 \times (10 + 30 + 50 + 70 + 90) + 5 \times 25$
ou encore $5 \times 250 + 5 \times 25 = 5 \times 275 = 1375$.

Voici une seconde méthode :

En regroupant les nombres deux par deux, le premier et le dernier, le second et l'avant-dernier et ainsi de suite, on obtient :
$(11 + 99) + (13 + 97) + \ldots + (53 + 57) + 55$. Sachant que l'on a cinq nombres impairs par dizaine [$d1$, $d3$, $d5$, $d7$, $d9$], d désignant un chiffre de dizaine, la somme peut s'écrire :
$110 \times 5 \times 2 + 110 \times 2 + 55$, ce qui donne $110 \times 12 + 55 = 1320 + 55 = 1375$.

CALCUL MENTAL, DÉMARCHE MENTALE ET ACTIVITÉ MATHÉMATIQUE

Le calcul mental n'est qu'une partie de l'activité mentale qu'il faut développer chez nos élèves. Mais, à son niveau, il exerce l'esprit à une certaine agilité intellectuelle, comme les activités sportives exercent le corps. Le calcul mental habitue l'élève à observer, à établir des relations entre divers objets mathématiques, incite à une certaine rapidité de pensée, l'oblige à faire preuve d'initiative, d'ingéniosité, autant de qualités essentielles et pas uniquement en mathématiques.

L'exemple de l'encadré ci-dessus montre, tout d'abord, que la possibilité d'utiliser la calculatrice peut dissuader l'élève de faire preuve de réflexion et d'ingéniosité et rendre le problème inintéressant.

Il montre ensuite que, pour résoudre un problème numérique, le calcul à la main et le calcul mental vont souvent de pair. Il montre enfin qu'en mathématiques, le principal objectif de la résolution d'un problème n'est pas le résultat lui-même mais toute l'activité développée pour l'obtenir. Il faut donc veiller à ce que l'utilisation de la calculatrice ne réduise pas l'activité mathématique à une simple tâche de « presse-bouton ».

C'est pourquoi, en fonction des objectifs pédagogiques, il ne faut pas hésiter à interdire la calculatrice pour certaines activités, en donnant éventuellement les raisons de cet interdit aux élèves.

L'entraînement au calcul mental permet de développer la rapidité de pensée et la capacité de mémorisation.

Traitement mental et mémorisation

Nous évoquions précédemment les capacités de calcul mental qui permettent d'*anticiper* les calculs et donc de choisir une méthode « économique », une stratégie ingénieuse. Mais, plus généralement, il faudrait parler des traitements mentaux qui :

– obligent à faire fonctionner « instantanément » telle ou telle notion et donc à *mémoriser* ;

– habituent à repérer telle ou telle *structure caractéristique* d'une propriété ;

– favorisent l'établissement de *relations* entre diverses écritures ou diverses formes ;

– aident à se forger de bonnes *représentations mentales* ;

– permettent, en définitive, de mieux *s'approprier les concepts*.

Il va de soi que, pour être traitées mentalement, les données numériques doivent être choisies en conséquence.

C'est ainsi qu'on peut proposer aux élèves des sortes « d'interrogations rapides » (sans conséquence au niveau des notes !) pour développer une certaine agilité et une certaine rapidité de pensée ou pour faciliter la mémorisation.

Dans les « interrogations rapides » présentées dans l'encadré ci-dessous, les différentes expressions sont données les unes après les autres uniquement oralement, l'élève devant écrire presque immédiatement l'expression puis la réponse pour être prêt à prendre en note l'expression suivante.

INTERROGATIONS RAPIDES

Appliquer un pourcentage	Addition des relatifs	Simplification de fractions	Développements
35 % de 100	(– 5) + (– 8)	$\frac{12}{8}$; $\frac{10}{25}$; $\frac{14}{21}$;	$5x\,(x + 3)$
10 % de 250	(– 16) + 6		$x^2\,(2x + 5)$
5 % de 200	15 + (– 5)	$\frac{35}{15}$; $\frac{18}{42}$; $\frac{77}{33}$;	$3x\,(7 - 2x)$
50 % de 840	(– 3) + 15		$2x\,(x^2 + 3x + 1)$
25 % de 400	(– 13) + (– 7)	$\frac{26}{39}$; $\frac{84}{48}$; $\frac{75}{150}$;	$4x\,(2x^2 - x - 3)$
20 % de 500	9 + (– 14)		$(x + 2)(x + 5)$
60 % de 200	(– 5) + (– 3) + (– 9)	$\frac{630}{560}$; $\frac{123}{369}$; $\frac{421}{842}$.	$(2x + 3)(x - 1)$
25 % de 480	(– 8) + 18 + (– 20)		$(x - 2)(3x - 1)$

■

CALCUL NUMÉRIQUE ET CALCULATRICE

Nous voudrions, dans cette partie, mettre en garde contre les dangers ou d'un recours trop systématique à la calculatrice pour, par exemple, contourner des difficultés de calcul ou simplement parce que l'on a « le droit » de l'utiliser.

TABLES D'OPÉRATIONS ET CRITÈRES DE DIVISIBILITÉ

On ne le dira jamais assez, l'objectif essentiel au niveau de l'école élémentaire, dans le domaine numérique, est la connaissance et la maîtrise des tables d'addition et de multiplication. Si leur mémorisation n'a pas été faite à l'école, elle devient très difficile au collège et leur méconnaissance est alors un réel handicap dans les apprentissages.

Il ne faut pas minimiser ce handicap sous prétexte qu'on peut utiliser une calculatrice. Si la calculatrice permet en effet de le combler dans le sens « direct » : 7 × 8 = ?, elle reste impuissante dans le sens réciproque : 56 = ? × ? (calculs sur les fractions, sur les racines carrées,...). De toute façon, le handicap ne sera pas vaincu. Aussi, peut-on estimer que *la connaissance « directe », et sans hésitation, des tables d'opérations et leur connaissance « réciproque » sont une exigence incontournable* de la fin du cycle des approfondissements.

Dans le même ordre d'idée, la connaissance et la maîtrise des critères de divisibilité (par 2, 3, 5 et 9) est une exigence de fin de sixième.

UNE STRATÉGIE CHASSE L'AUTRE !

Nous avons déjà signalé• la résolution d'un problème par entrée systématique, dans la calculatrice, des termes d'une somme.

Voici un autre problème, toujours tiré du Tournoi de Saint-Michel-en-l'Herm, où la stratégie utilisant la calculatrice est tout de même plus évoluée.

Monsieur Squaire a une voiture dont la plaque comporte un numéro de quatre chiffres tel que :

- *ce nombre est un carré parfait ;*
- *les deux premiers chiffres sont les mêmes ;*
- *les deux derniers chiffres sont les mêmes.*

Quel est le nombre inscrit sur cette plaque ?

UNE SOLUTION BRUTALE

Un élève de troisième a trouvé la solution de ce problème, à la calculatrice, par « essais-corrections » (sic) et sans pouvoir donner des précisions sur sa stratégie ! Cette méthode aurait un certain intérêt si, dans les essais du style $\sqrt{1144}$, $\sqrt{1166}$ ..., l'élève avait éliminé les nombres se terminant par 2, 3, 7 et 8, c'est-à-dire ceux qui ne peuvent pas être le carré d'un entier.

UNE STRATÉGIE PLUS SUBTILE

Sans calculatrice, on est obligé de trouver une méthode « économique ». On pouvait par exemple développer la stratégie suivante : considérer un nombre qui répond aux deux dernières exigences, par exemple 2255, et observer alors que tous ces nombres sont divisibles par 11 : 11 × 200 + 11 × 5 = 11 × (100 × 2 + 5). Le nombre cherché est donc de la forme $11 \times (100a + b)$ et, comme c'est un carré, il faut donc que 11 divise $100a + b$.

Or $100a + b = 99a + a + b = 11 \times 9a + (a + b)$. Il faut donc que $a + b$ soit divisible par 11, c'est-à-dire $a + b = 11$ puisque a et b sont des nombres à un chiffre. *La calculatrice peut alors venir en aide* pour trouver, parmi les huit possibilités retenues, le carré cherché. Si on pousse plus loin le raisonnement en remarquant que le quotient de $100a + b$ par 11 doit être lui-même un carré, et donc que b ne peut être égal qu'à l'un des chiffres 4, 5, 6 ou 9, chiffres des unités possibles d'un nombre carré, exceptés 0 et 1, alors il ne reste plus que quatre possibilités à tester : 7744, 6655, 5566 et 2299. C'est 7744 qui convient.

• Voir l'encadré de la page 157.

Un usage machinal de la calculatrice ne prépare pas l'élève aux démarches et aux stratégies qui sont à la base du calcul algébrique.

Cet exemple montre que la possibilité d'utiliser la calculatrice n'incite pas toujours les élèves à développer des stratégies ingénieuses, faisant appel à toutes leurs connaissances. C'est vrai que dans les deux cas (usage de la seule calculatrice et raisonnement arithmétique) on a LA solution. Mais c'est un peu comme un alpiniste qui gravit une montagne et un pilote d'hélicoptère qui l'attend à son arrivée. Tous les deux sont parvenus au sommet ! En formation, il faut savoir se donner les contraintes de l'alpiniste, car la vraie prouesse, c'est l'ascension.

LECTURE ET STRUCTURE

Laisser les élèves faire tous les calculs numériques à la calculatrice (calculs mettant en jeu les règles de priorité des opérations, calcul d'une expression littérale avec remplacement des lettres par des valeurs numériques, calculs sur les fractions - sachant que certaines calculatrices ont les fonctions de calcul sur les fractions...) est un réel danger. Avec la calculatrice, l'expression numérique est rentrée symbole par symbole. L'élève fait alors une lecture « mot à mot », une lecture machinale (mot tout à fait approprié ici !) de l'expression et non une lecture en compréhension. Il ne prend pas la peine de considérer la structure de l'expression, qu'il sera pourtant important d'analyser en calcul algébrique.

Le calcul « à la main » d'expressions numériques, le calcul sur les fractions, sur les puissances ou sur les racines carrées sont une bonne préparation au calcul algébrique : ils permettent, à un niveau d'abstraction peu élevé, de mettre en place des démarches et des stratégies de calcul qui serviront de base au calcul algébrique. C'est le cas, par exemple, de la distributivité (développement, factorisation), des priorités des opérations, de la recherche d'un même dénominateur (et pourquoi pas le plus petit ?), de la simplification des fractions...

Par exemple, les élèves éprouvent une extrême difficulté, dans un produit de deux fractions, à écrire les produits des numérateurs, d'une part, et des dénominateurs, d'autre part, sans les effectuer. Pourtant, écrire ces produits sans effectuer, voire en décomposant les facteurs en facteurs plus petits, rend compte d'une bonne maîtrise du calcul numérique qui permettra une meilleure maîtrise du calcul littéral. ■

ACTIVITÉS FACILITÉES PAR (OU NÉCESSITANT) L'USAGE DE LA CALCULATRICE

EN SIXIÈME

Recherche du quotient et du reste d'une division euclidienne avec une calculatrice qui ne possède pas cette fonction. Partie entière, partie décimale.

EXEMPLE : DIVISION EUCLIDIENNE ET CALCULATRICE

Énoncé

1°) a) *À la main, effectue la division de 352 par 15, sans « dépasser la virgule ».*

b) *Quel est le quotient entier de 352 par 15 ? quel est le reste ?*

c) *Dans l'égalité suivante où tous les nombres sont des entiers :* $352 = 15 \times 23 + 7$, *retrouve le dividende, le diviseur, le quotient et le reste de la division précédente.*

2°) a) *Avec ta calculatrice, effectue la division de 4225 par 52.*

b) *À partir de ce que tu lis à l'affichage de ta calculatrice, peux-tu donner, comme tu l'as fait dans la question précédente, le quotient entier et le reste de cette division ?*

c) *Trouve, avec la calculatrice, une méthode qui te permettra d'écrire, comme précédemment, l'égalité où figurent le dividende, le diviseur, le quotient et le reste de la division de 4225 par 52.*

$4225 = 52 \times 81,25$; $52 \times 81 = 4212$;

$4225 - 4212 = 13$; donc $4225 = 52 \times 81 + 13$.

En passant à l'écriture fractionnaire :

$$\frac{4225}{52} = \frac{4212 + 13}{52} = \frac{81 \times 52}{52} + \frac{13}{52}$$

donc $\frac{4225}{52} = 81 + \frac{13}{52}$,
on peut faire remarquer que

$81,25 = 81 + 0,25$,

que 0,25 est l'écriture décimale de $\frac{1}{4}$,

qu'en effet, $\frac{13}{52} = \frac{1}{4}$ car $52 = 13 \times 4$.

Ainsi l'écriture « à l'anglo-saxonne » de $\frac{4225}{52}$ est $81\frac{1}{4}$ (81⌐ 1⌐ 4 comme affichent certaines calculatrices).

Cette activité permet bien sûr de faire utiliser à bon escient le vocabulaire lié à la division euclidienne et à l'écriture à virgule d'un nombre décimal. Mais elle permet aussi de prendre conscience des liens qui existent entre les divisions euclidienne et décimale. L'une et l'autre donnent le quotient entier (troncature à l'unité du quotient de la division décimale). En revanche, l'activité permet d'établir la correspondance entre la partie décimale du quotient de la division décimale et le reste de la division euclidienne et, éventuellement, d'aborder l'écriture fractionnaire à l'anglo-saxonne que donnent certaines calculatrices : $3\frac{2}{3}$ pour $\frac{11}{3}$.

EN CINQUIÈME

Découverte des règles de priorité des opérations

L'activité qui suit concerne seulement les calculatrices scientifiques (et les non scientifiques respectant les priorités algébriques). Après une telle activité, et une fois les règles de priorités établies, il serait bon de signaler aux élèves qu'il existe des calculatrices (appelées communément des calculettes) qui ne respectent pas ces règles de priorité. Ces calculettes effectuent les opérations dans l'ordre où on les rentre. Par exemple, si l'on tape $3 + 2 \times 5$, une calculette effectuera d'abord $3 + 2$ ($= 5$), puis ensuite 5×5 ($= 25$). Ainsi, *avant d'utiliser une calculatrice dont ils n'ont pas l'habitude de se servir, les élèves doivent vérifier si elle respecte ou non les priorités.* Il est alors intéressant de leur demander quel « calcul-test » il feraient (en expliquant leur choix) ou encore lequel des deux calculs suivant testerait le respect des priorités : $3 + 2 \times 5$ ou $3 \times 2 + 5$.

Exercice sur les priorités des opérations

1°) *Effectue à la main les calculs suivants :*
$A = (5 \times 8) + 15$; $B = 5 \times 8 + 15$;
$B = (23 + 7) \times 2$; $D = 23 + (7 \times 2)$.

2°) a) *Effectue à la calculatrice scientifique les calculs suivants :*
$B = 5 \times 8 + 15$; $F = 6 \times 11 - 12$;
$G = 23 + 7 \times 2$; $H = 45 - 5 \times 3$.

b) *Place convenablement des parenthèses comme au **1°)** de telle sorte que, en respectant ces parenthèses, on obtienne, à la main, les mêmes résultats qu'à la calculatrice scientifique.*

3°) *Quand une expression numérique contient à la fois des additions et des multiplications, et aucune parenthèse, dans quel ordre la calculatrice scientifique effectue-t-elle les opérations ?*

On ne peut maîtriser l'usage d'une calculatrice que si l'on en a longuement observé les priorités.

LA CALCULATRICE PAS À PAS (5e)

La séquence suivante est à effectuer avec toute la classe, le professeur donnant les directives et les élèves observant l'affichage de leur calculatrice scientifique à chaque frappe du clavier : il s'agit d'observer les « mises en attente » d'opérations et les calculs effectués en premier par la calculatrice scientifique.

1. Le professeur se propose de faire calculer 15 + 3 × 10, puis 3 × 10 + 15. Il n'écrit pas toute l'expression au tableau, mais élément par élément, pour que les élèves soient obligés d'effectuer le calcul en respectant les directives. Les tableaux ci-dessous présentent la chronologie de cette séquence. Les numéros des commentaires renvoient au texte qui suit les tableaux. Le professeur écrit 15 au tableau, les élèves entrent 15 au clavier de leur calculatrice et observent 15 à l'affichage. L'entrée du signe «+» ne modifie pas l'affichage. On entre ensuite 3 ; la calculatrice attend soit un autre chiffre, soit un signe opératoire ou le signe «=» qui indiquerait donc que l'entrée du nombre ou de l'expression est terminée.

2. En entrant le signe «x» (deuxième signe opératoire), on observe que la calculatrice n'effectue pas la somme 15 + 3. Elle met en «attente» le début du calcul «15 +» pour effectuer d'abord le produit annoncé par le signe «x».

3. Le signe «=» indique à la calculatrice que toute l'expression est rentrée. La calculatrice effectue donc et affiche 45.

4. Pour le deuxième calcul, réalisé avec le même scénario que le précédent, on peut faire remarquer que, cette fois, à l'entrée du signe «+» (deuxième signe opératoire), la calculatrice calcule 3 x 10, ce qui confirme bien qu'elle effectue les produits avant les sommes.

5. Le professeur peut alors proposer d'autres calculs comme, par exemple :
35 – 15 + 10 x 2 x 3 ou 14 + 6 x (23 - 13) x 1
et faire observer l'affichage au fur et à mesure de l'écriture au clavier pour que les élèves intègrent bien le fonctionnement de leur calculatrice et donc, ici, la règle des priorités.

Il peut aussi, à propos d'un autre calcul, faire remplir un tableau analogue aux précédents *avant même d'utiliser la calculatrice*, ce qui oblige l'élève à prévoir ce que ferait la calculatrice et donc à mettre en œuvre lui-même les règles des priorités.

Écriture au tableau	15	15 +	15 + 3	15 + 3 x	15 + 3 x10	15 + 3 x 10 =
Frappe au clavier	15	+	3	×	10	=
Affichage à l'écran	**15**	**15**	**3**	**3**	**10**	**45**
Commentaires	1			2		3

Écriture au tableau	3	3 x	3 x 10	3 x 10 +	3 x 10 + 15	3 x 10 + 15 =
Frappe au clavier	3	×	10	+	15	=
Affichage à l'écran	**3**	**3**	**10**	**30**	**15**	**45**
Commentaires				4		3

EN QUATRIÈME

Vérification expérimentale du théorème de Pythagore.

Les élèves ont découvert d'une manière ou d'une autre la propriété de Pythagore. Mais ils ne sont pas nécessairement convaincus par la démonstration qui leur a été présentée. Aussi, une vérification expérimentale, telle que le propose l'activité suivante, peut les aider à mieux s'en convaincre. Les nombres étant obtenus à partir des mesures effectuées sur les dessins, la calculatrice est ici tout à fait souhaitable.

Mais l'usage de la calculatrice permet surtout de considérer et de traiter, en un temps raisonnable, plusieurs situations, ce qui permet de faire découvrir aux élèves le principe des méthodes expérimentales.

Exercice sur le théorème de Pythagore

1°) *Trace avec soin un triangle ABC rectangle en A. Tu décides toi-même des longueurs des côtés perpendiculaires [AB] et [AC]. Marque leurs mesures sur le triangle.*

Mesure alors la longueur de l'hypoténuse [BC], marque-la sur le dessin et calcule, sous le dessin, d'une part $AB^2 + AC^2$ et d'autre part BC^2. Les côtés du triangle que tu as tracé vérifient-ils la propriété de Pythagore ?

2°) *Reprends l'exercice précédent avec d'autres triangles rectangles aux dimensions variées (au moins trois triangles).*

Bien évidemment, dans les situations que l'élève rencontrera, $AB^2 + AC^2$ *sera environ égal* à BC^2.

C'est l'occasion de faire état des imprécisions normales du dessin et des mesures, et d'apprécier, en fonction des écarts des valeurs obtenues, si le dessin et/ou les mesures sont corrects.

C'est donc l'occasion de comparer les démarches expérimentale et déductive.

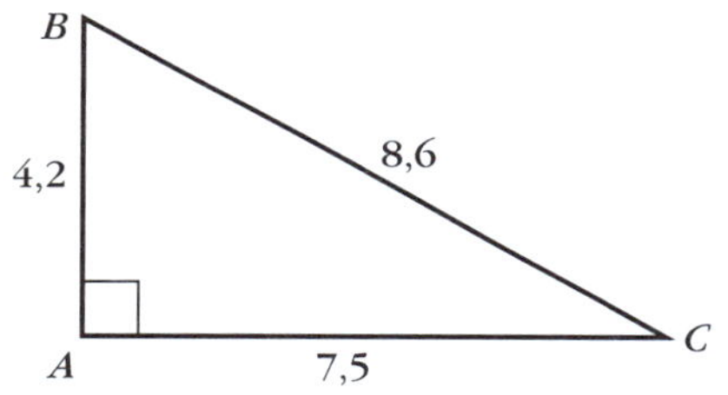

$AB^2 + AC^2 = 4{,}2^2 + 7{,}5^2$
$= 17{,}64 + 56{,}25$
$= 73{,}69$

$BC^2 = 8{,}6^2$
$= 73{,}96$

EN QUATRIÈME OU EN TROISIÈME

Valeur approchée de la racine carrée d'un nombre positif

Cherchons, par exemple, sans utiliser la touche [√], une valeur approchée de $\sqrt{7}$ c'est-à-dire, trouvons par encadrements successifs une valeur approchée du nombre qui a pour carré 7.

Une telle activité, conduite avec toute la classe, le professeur jouant le rôle d'animateur, de maître du jeu, permet de mieux intégrer la définition de la racine carrée d'un nombre puisque cette démarche fait systématiquement appel à la fonction « carré ».

Voici comment peut se dérouler cette activité :

7 est compris entre les carrés de 2 et de 3.
Donc $2 < \sqrt{7} < 3$. Ainsi $\sqrt{7} \approx 2, \ldots$

Pour obtenir le premier chiffre de la partie décimale, on calcule par exemple le carré de 2,5 :

$2{,}5^2 = 6{,}25$ puis $2{,}6^2 = 6{,}76$, puis $2{,}7^2 = 7{,}29$.

En découvrant expérimentalement les règles de calcul sur les racines carrées, les élèves se les approprieront mieux.

On en déduit que $2{,}6 < \sqrt{7} < 2{,}7$, donc que $\sqrt{7} \approx 2{,}6...$

Après les calculs successifs, à la calculatrice, de $2{,}65^2$ et $2{,}64^2$, on conclut que $\sqrt{7} \approx 2{,}64...$

En procédant ainsi par approches successives, on peut obtenir une valeur approchée de $\sqrt{7}$ avec autant de chiffres après la virgule que le permet la calculatrice, valeur qui validera le résultat obtenu avec la touche $\boxed{\sqrt{\ }}$, ici $\sqrt{7} \approx 2{,}645751311$.

Le professeur peut présenter au tableau, comme ci-dessous, les résultats obtenus par la classe.

Calculs	Encadrement	Approximation par défaut
$2^2 = 4$ $3^2 = 9$	$2 < \sqrt{7} < 3$	$\sqrt{7} \approx 2$
$(2{,}6)^2 = 6{,}76$ $(2{,}7)^2 = 7{,}29$	$2{,}6 < \sqrt{7} < 2{,}7$	$\sqrt{7} \approx 2{,}6$
$(2{,}64)^2 = 6{,}9696$ $(2{,}65)^2 = 7{,}0225$	$2{,}64 < \sqrt{7} < 2{,}65$	$\sqrt{7} \approx 2{,}64$
$(2{,}645)^2 = 6{,}996025$ $(2{,}646)^2 = 7{,}001316$	$2{,}645 < \sqrt{7} < 2{,}646$	$\sqrt{7} \approx 2{,}645$
$(2{,}6457)^2 = 6{,}9997285$ $(2{,}6458)^2 = 7{,}0002576$	$2{,}6457 < \sqrt{7} < 2{,}6458$	$\sqrt{7} \approx 2{,}6457$

En troisième

Découverte des règles de calcul sur les racines carrées

Les élèves connaissant l'écriture et le sens de $\sqrt{a}$ dès la classe de quatrième, on peut envisager une découverte « expérimentale » des règles de calcul sur les racines carrées par l'intermédiaire de la calculatrice. Bien sûr, l'activité « Des écritures différentes pour un même nombre », présentée dans l'encadré suivant, débouche seulement sur une conjecture des règles de calcul et ne dispense donc pas, si l'enseignant le souhaite, de les démontrer.

Outre la découverte des règles de calcul sur les racines carrées, cette activité a aussi comme objectif la familiarisation avec diverses *structures* d'écriture : la racine carrée d'un quotient et le quotient de deux racines carrées (de même pour un produit et une somme).

Au 3°) les élèves doivent faire preuve d'initiative pour imaginer des écritures de la forme indiquée, ce qui les incite à utiliser intuitivement les règles de calculs avant de les énoncer au 4°).

Les nombres utilisés étant relativement accessibles au calcul mental, on peut en effet espérer que, en cours d'activité, l'intuition des diverses identités précédera le calcul à la calculatrice : par exemple, l'élève devrait se douter fortement que $\sqrt{4} \times \sqrt{10}$ est égal à $\sqrt{4 \times 10}$.

Il sera par ailleurs étonné que $\sqrt{2} + \sqrt{3}$ ne soit pas égal à $\sqrt{2+3}$.

Ainsi, par cette découverte « expérimentale », on peut penser que les élèves s'approprieront mieux les règles de calcul sur les racines carrées et qu'ils en accepteront plus facilement la démonstration. ■

DES ÉCRITURES DIFFÉRENTES POUR UN MÊME NOMBRE (3^E^)

Tableau 1

5	$\dfrac{\sqrt{72}}{\sqrt{36}}$	$\sqrt{16}+\sqrt{9}$	7	$\sqrt{2}$	$4+3$	$\sqrt{2}\times\sqrt{3}$
$\dfrac{\sqrt{100}}{\sqrt{25}}$	$\sqrt{40}$	$\sqrt{25}$	$\sqrt{16+9}$	$\sqrt{\dfrac{100}{25}}$	$\sqrt{2}+\sqrt{3}$	4×3
$\sqrt{4}$	$\sqrt{5}$	$\dfrac{10}{5}$	$\sqrt{2+3}$	$\sqrt{16}\times\sqrt{9}$	2	$\sqrt{4}\times\sqrt{10}$
$\sqrt{\dfrac{72}{36}}$	12	$\sqrt{5\times 5}$	$\sqrt{4\times 10}$	$\sqrt{2\times 3}$	$\sqrt{16\times 9}$	$\sqrt{144}$
$2\sqrt{10}$	$10\sqrt{7}$	$\sqrt{6}$	$2\sqrt{7}+8\sqrt{7}$			

1. À partir de la liste figurant dans le tableau 1, regroupe les expressions qui semblent désigner un même nombre. *Utilise éventuellement les valeurs approchées obtenues à l'aide de ta calculatrice.*

2. Classe ces nombres du plus petit au plus grand dans la première colonne du tableau 2 et, sur chaque ligne, place les différentes écritures du nombre correspondant.

3. Complète, si possible, les cases restées vides dans le tableau 2 par une écriture de la forme indiquée. *Tu peux contrôler ces expressions à l'aide de la calculatrice.*

4. Quelles propriétés peux-tu éventuellement proposer pour un produit, un quotient, une somme de racines carrées ? Traduis ces propriétés par des égalités.

Les expressions du tableau 2, où *a* et *b* désignent des entiers positifs, sont des écritures « modèles ». *a* et *b* peuvent donc désigner chacun différents nombres.

Tableau 2

Écriture décimale exacte ou approchée	$\sqrt{a}$	$a\sqrt{b}$	$\sqrt{a+b}$	$\sqrt{a}+\sqrt{b}$	$\sqrt{a\times b}$	$\sqrt{a}\times\sqrt{b}$	$\sqrt{\dfrac{a}{b}}$	$\dfrac{\sqrt{a}}{\sqrt{b}}$	autre

Le professeur doit présenter à ses élèves un contrat clair sur l'usage de la calculatrice et dire pourquoi il conseille, accepte, déconseille ou interdit son emploi selon les objectifs visés.

Conclusion

Comme tout outil pédagogique, la calculatrice doit être utilisée de façon pertinente. Cette pertinence est à rechercher au niveau des objectifs de formation et de la tâche attendue des élèves.

Il faut bien avoir à l'esprit que, dans le cadre de la formation, *la calculatrice ne doit pas pallier un manque de compétences*, ou alors seulement de façon provisoire et ponctuelle.

Par exemple, au niveau de la classe de sixième, dans un travail où l'objectif principal est le sens des opérations, l'enseignant peut permettre l'usage de la calculatrice à des élèves handicapés au niveau des techniques opératoires pour résoudre les problèmes proposés.

Mais si cette autorisation est systématique, l'élève risque de s'accommoder de la situation et de ne pas faire l'effort de vaincre son handicap.

En revanche, *l'utilisation de la calculatrice permet de proposer des problèmes dont l'intérêt serait réduit à néant par des calculs à la main* non insurmontables, mais fastidieux.

La calculatrice apporte alors, ici, une aide réelle à la formation ; elle permet de ne pas détourner le travail de la tâche principale.

On comprendra donc qu'il est important que le professeur explique à ses élèves pourquoi il conseille, accepte, déconseille ou interdit la calculatrice suivant les objectifs visés.

En mettant les élèves en présence d'un *contrat clair vis-à-vis de la calculatrice*, les apprentissages n'en seront que meilleurs.

La calculatrice doit rester une aide pédagogique, un outil de formation, mais ne doit pas se substituer aux compétences attendues des élèves.

■

« Oh ! là là… je suis sûre que j'avais presque tout bon… ».

QUI CORRIGE QUOI ?

PRATIQUE DE CORRECTION DE DEVOIRS PAR LES COLLÉGIENS EUX-MÊMES

AUTEUR

Marie-José HOUSSIN, professeur au collège Albert Cron du Kremlin-Bicêtre.

Les devoirs sur table sont généralement corrigés sous la forme d'un exposé, complet ou par morceaux, dont la rédaction est celle attendue par l'enseignant. Cet exposé est donné oralement par l'enseignant lui-même ou par des élèves bien choisis ; il est ensuite recopié plus ou moins fidèlement par l'ensemble des élèves.

Parfois, mais plus rarement au niveau du collège, il est donné directement par écrit sous la forme d'un polycopié que l'élève est chargé de s'approprier à sa guise....

Cette façon de procéder a l'avantage d'être sécurisante. Le temps nécessaire est cadré, le travail est fait « proprement », les élèves, en théorie du moins, reçoivent tous la même chose. En revanche, l'élève est, de fait, considéré comme spectateur. Cette correction a pour beaucoup un côté magique contradictoire avec un réel apprentissage et une acquisition de méthodes de travail autonome, indispensable à long terme. Comme en témoignent les propos reproduits dans l'encadré, *les élèves restent souvent perplexes et sont de toute façon extérieurs à l'action.* ■

QUELQUES BRIBES D'UNE CONVERSATION ENTENDUE PAR HASARD DANS LE BUS

« Oh ! là là... je suis sûre que j'avais presque tout bon, il a fallu quand même que j'écrive tout pendant une demi-heure et en plus le prof ne nous a même pas rendu les contrôles aujourd'hui parce qu'il manque encore deux questions...»

« Ben moi c'est pire, il y a un exercice que je n'avais pas touché du tout le jour du contrôle, j'avais à peine eu le temps de lire l'énoncé... mais maintenant ça ne m'étonne pas puisqu'on n'a pas eu le temps de terminer la correction dans nos cahiers, sans réfléchir, juste en recopiant le tableau à toute vitesse...»

« C'est pareil pour moi, et en plus je ne saurai jamais si j'aurais su le faire puisque maintenant tout est écrit !... »

« Et la prof, elle, elle écrit à la vitesse de l'éclair, forcément pour elle tout est super facile, elle n'a jamais besoin de s'interroger sur ce qu'il faut faire ni de se demander si elle a bien expliqué ou si elle a oublié quelque chose : c'est elle qui décide ! »

« Bon, alors à demain. Pourvu au moins que j'aie la moyenne, je suis pressée de savoir ! »

QUELLE PEUT ÊTRE LA PLACE DE CHACUN, ENSEIGNANT ET ÉLÈVES ?

Depuis de nombreuses années, des remarques du genre de celles entendues dans ce bus confirment l'idée que je me fais de *la part prise par l'élève dans son apprentissage*. Certes le « rôle » du professeur ne saurait être minimisé, par exemple en ne lui reconnaissant plus qu'une fonction d'animateur : une part très importante de son travail consiste bien en une transmission. Toutefois, ce qui est transmis est aussi bien du domaine des compétences générales, de la prise de responsabilités, de la mise en place de méthodes adaptées, etc., que du domaine strict des connaissances et des contenus liés à la discipline.

UTILISER LA CORRECTION POUR ACCROÎTRE L'AUTONOMIE DE L'ÉLÈVE

L'une des occasions favorables à cette diversité est la correction des contrôles. *L'élève, pour progresser de façon durable, doit apprendre à repérer ses difficultés et ses erreurs, à les identifier, à chercher des moyens pour y remédier, à mettre en œuvre les moyens choisis et, enfin, à transmettre à d'autres et à réinvestir les nouvelles compétences ou connaissances acquises.* Ce travail n'est pas facultatif, ce n'est pas un luxe, c'est un point central de l'apprentissage. Il fait d'ailleurs l'objet d'activités spécifiques non nécessairement liées à la correction de devoirs. En fait, pour de nombreux jeunes, il est plus facile de commencer par étudier un travail qui leur est extérieur, ce qui leur permet de prendre de la distance et de pouvoir par la suite critiquer ce qu'ils ont écrit eux-mêmes. Cela présente aussi l'avantage d'être plus facile à organiser et plus confortable pour l'enseignant, tous les élèves ou tous les groupes pouvant étudier simultanément les mêmes textes comportant des erreurs bien identifiées.

Revenons à la correction. Dans le cadre précisé ci-dessus, le rôle de l'enseignant est alors d'accompagner l'élève (chaque élève ou petit groupe d'élèves et non pas systématiquement l'ensemble des élèves d'une classe) dans sa démarche aux différentes étapes citées et non d'imposer à tous ce qu'il a prévu a priori.

On peut se demander comment, dans la pratique, *rendre l'élève acteur principal lors de corrections*. Dans ma classe, les corrections collectives sont rares car je les pense peu utiles. En effet, ou bien l'élève a fait l'exercice juste et il ressent une perte de temps, ou bien il ne l'a pas fait et regarder une autre personne, le professeur lui-même ou l'un de ses camarades, écrire l'exercice au tableau lui montre *le savoir-faire de l'autre* mais ne lui apprend rien sur *l'importance et la nature de ses propres erreurs.*

LE TRAVAIL AU TABLEAU

En revanche, une technique complémentaire est utilisée à chaque fois qu'un élève est au tableau. La règle est simple : on n'intervient pas pour dire « c'est faux » ou « je ne trouve pas comme toi » ou pire « moi j'ai écrit... » mais *toujours* pour poser une question à propos de ce qui est écrit ou dessiné.

Cela évite les discussions inutiles et incite à la fois l'intervenant et le « répondant » à réfléchir sur les incompréhensions, les imprécisions et les erreurs. ■

Comment faire de l'élève l'acteur principal du processus de correction ?

QUESTIONS ET RÉFLEXIONS D'ÉLÈVES ACTEURS DE LEUR FORMATION

Ce qui suit a été relevé, un jour ou l'autre, dans l'une de mes classes (classes ordinaires d'un petit collège ordinaire de la région Île-de-France).

« Madame, Samia et moi avons beau chercher, nous n'arrivons pas à expliquer la réponse que nous avions pourtant toutes les deux trouvée juste le jour du contrôle. Comment faire ? »

« Est-ce que je peux emporter ma feuille pour continuer à la maison, et la rapporter au prochain cours ? Je la rapporte et j'aurai avancé, promis !... »

« Marion m'a aidé pour la dernière question, je n'arrivais pas à démarrer. Après je me suis débrouillé tout seul, mais c'est bizarre, en comparant on a constaté qu'on n'avait pas écrit du tout la même chose et pourtant elle a l'air de dire que les deux façons sont justes. Pourquoi ? »

« Quand fait-on un contrôle bis ? J'aimerais bien choisir « quadrilatères particuliers » ou bien « Pythagore » parce que maintenant ça y est, je crois avoir compris : en fait, ce n'était pas si difficile que ça, mais je n'avais pas assez d'entraînement... Dites, madame, il y en aura combien avant le prochain contrôle commun ? J'aimerais bien que d'ici là ma fiche soit plus remplie de vert ! »

« Le prof de Samuel leur donne toujours un corrigé type. Moi, j'en étais un peu jaloux ; mais Samuel m'a dit qu'il ne les regardait jamais, alors du coup je ne sais plus quoi penser. Et vous, madame, vous trouvez ça bien ou pas ? »

« Je n'en peux plus, je n'y arrive pas, dites-moi ce que je dois écrire... Je regrette d'avoir dit que je tenais à travailler tout seul et que je n'avais besoin de personne, maintenant j'ai compris qu'en s'y mettant à plusieurs, on y arriverait mieux. Je peux ?... »

« J'ai terminé. Vous pourrez vérifier que tout est bien ? Vous aviez dit qu'après on pouvait faire des exercices de calculs sur les ordinateurs, mais Nicky m'a demandé si je pouvais l'aider, je peux ? »

« Je n'ai pu corriger que le troisième exercice, mais celui-là je l'ai vraiment compris et pourtant je l'avais complètement raté. J'y ai passé du temps, mais maintenant pour les autres, ça va aller plus vite. Je n'ai à corriger que des erreurs d'étourderie ou des mauvaises formulations. »

« Non, non, ça va, pour l'instant je n'ai besoin de personne, par contre je vous appellerai certainement pour le suivant. Pourvu que ça ne sonne pas avant ... j'aurais peut-être dû commencer par celui-là... »

Quelques pistes pour une autre pratique

Les circonstances (classe, sujet)

Les exemples seront pris dans la correction d'un contrôle « multi-thèmes », en début de troisième trimestre de quatrième, qui est un galop d'essai pour un devoir long du genre épreuve de brevet.

Ce contrôle est d'ailleurs composé de vrais extraits d'épreuves utilisables dès la classe de quatrième. Pour éviter l'éparpillement et faciliter la lecture *on se restreindra à la question* d) *de l'exercice reproduit ci-dessous.*

Soit un cercle de centre O et de rayon 3 cm.

[AB] est un diamètre et C un point du cercle tel que AC = 4,6 *cm.*

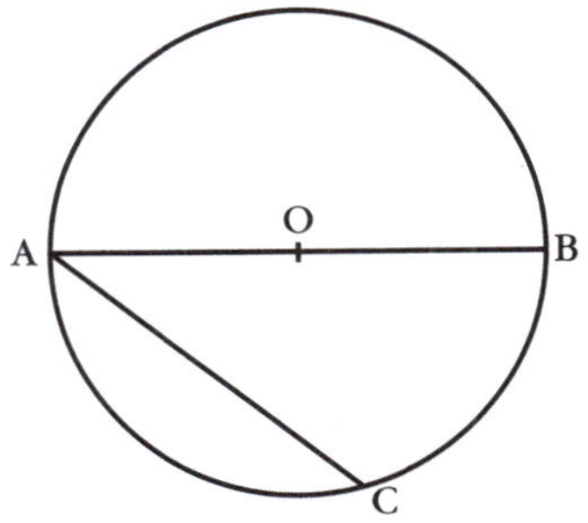

a. Faire la figure en vraie grandeur.

b. Démontrer que le triangle *ABC* est rectangle en *C*.

c. Déterminer, à l'aide d'un calcul, la mesure de l'angle $\widehat{BAC}$ (arrondir cette mesure à 1° près).

d. Par la symétrie de centre *C*, le point *A* a pour image *D* et le point *B* a pour image *E*.

Construire *D* et *E*.

Démontrer que le quadrilatère *ABDE* est un losange.

Annotations et remise des copies

Chaque élève reçoit sa copie avec l'indication de ce qui est juste et de ce qui ne l'est pas ; certains signalements d'erreurs sont accompagnés d'un commentaire, le plus bref possible, portant sur le type d'erreur ou d'imprécision.

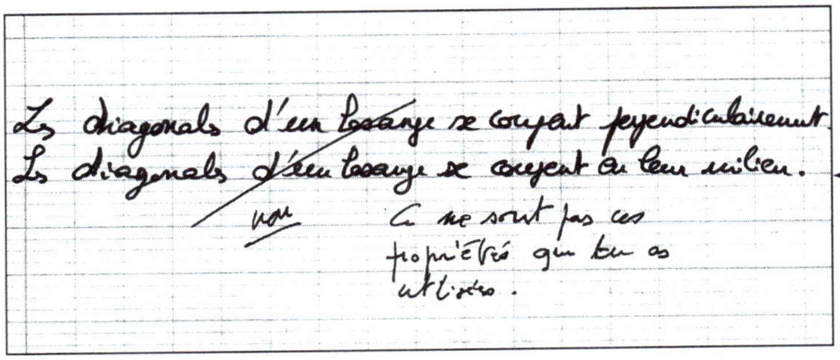

Cette annotation est volontairement brève et même sèche. Il s'agit d'une provocation pour amener l'élève concerné à s'interroger (à manier avec prudence selon les élèves...)

L'élève doit apprendre à repérer lui-même ses difficultés et ses erreurs. C'est là un point central de son apprentissage.

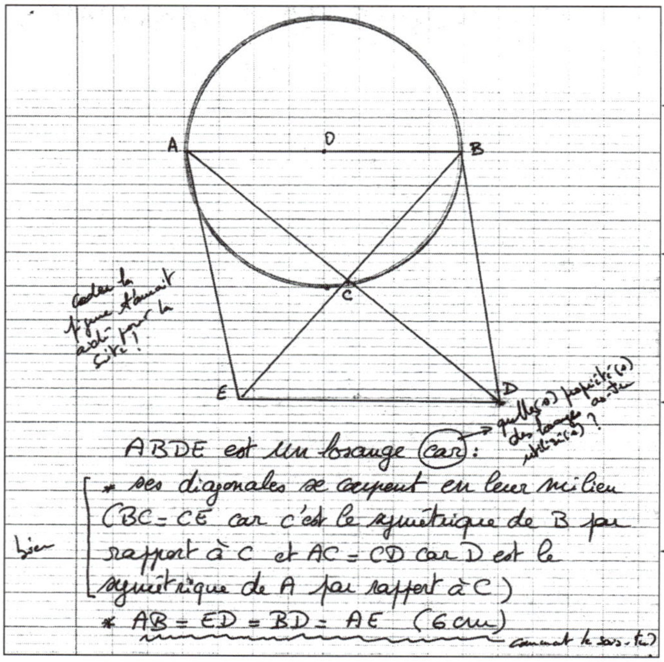

Observer la diversité des annotations :
– *rappel* (seule une figure codée ou légendée est utilisable) et *conseil* pour une prochaine situation similaire ;
– *avertissement* sur le mauvais usage des mots de liaison et l'imprécision de la réponse ;
– *encouragement, conseil* (partie à conserver telle quelle dans la correction) ;
– *avertissement* sur la confusion probable entre hypothèses et conclusions.

Parfois un commentaire global, sous forme de conseils ou d'avertissement, complète la note. Chacun est alors invité à prendre connaissance des annotations, à poser éventuellement des questions sur leur contenu et à réfléchir sur les erreurs ou les oublis signalés, par exemple en reliant attentivement les parties correspondantes de l'énoncé. Les réponses aux questions posées, généralement peu nombreuses dans cette phase, sont données individuellement par oral.

Correction en classe

Chaque exercice rédigé de façon incomplète ou erronée doit être retravaillé. Pour cela l'élève peut utiliser ses documents, interroger un autre élève, à condition que les exercices corrects ne soient pas « bêtement recopiés », débattre ou faire appel au professeur, entièrement disponible, puisque sa tâche principale au cours de telles séances est celle d'encourager et de conseiller. Les deux extraits qui suivent mettent en évidence des cas ou l'élève peut, en mobilisant ses connaissances ou en se reportant à ses documents, corriger seul. Dans le cas d'un élève plus « solide », la liste des mots pouvant être employés avec « milieu » aurait été plus longue (côtés, voire diamètres) ou au contraire vide.

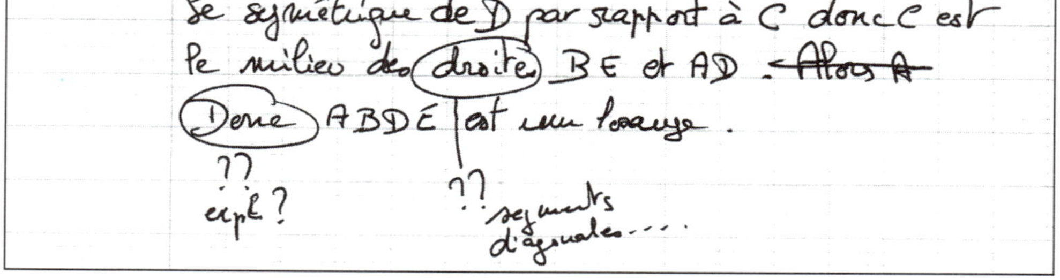

> Si une médiane d'un triangle est égal à la moitié du coté correspondant, alors le triangle est rectangle   oui   pourquoi la propriété que tu as écrite s'applique-t-elle au triangle ABC de cet exercice ?

EN DÉBUT D'ANNÉE

Lorsqu'il s'agit d'une classe inconnue, en particulier au tout début de l'année scolaire pour les nouvelles classes, il est nécessaire de mettre en place cette façon de procéder pour un *travail court,* les jeunes étant répartis en *groupes* (3 ou 4 élèves) *imposés* et *homogènes.*

Travail court : celui-ci permet à tous l'achèvement de la correction dans le cadre d'une seule séquence.

Par groupes : d'une part ils évitent les blocages ou aident à vaincre la réticence de certains élèves à se « lancer dans l'affaire », en particulier ceux qui ont obtenu de très mauvais résultats et ceux qui manquent de confiance en eux (« puisque je ne savais pas le faire le jour du contrôle, il n'y a aucune raison pour que je sache mieux aujourd'hui... ») ; d'autre part, ils permettent une meilleure disponibilité du professeur, qui répondra plus rapidement, donc plus efficacement, à un maximum de huit demandes simultanées qu'à une forêt de mains levées !

Imposés : les groupes composés librement sont plus efficaces pour certains travaux de recherche, des débats, ou certains problèmes ouverts. Ici on cherche à minimiser les pertes de temps, à réduire la part de l'affectif et à encourager les nouvelles connaissances.

Homogènes : afin d'éviter les inconvénients de la correction collective, cités plus haut, et les dérives consistant à passer beaucoup de temps sur les comparaisons ou à se reposer uniquement sur « ceux qui savent certainement faire ».

EN RÉGIME DE CROISIÈRE

Dans le cours de l'année, en régime de croisière, trois cas particuliers sont à traiter avec soin : *les élèves très rapides* ou ayant très peu de choses à corriger, *les élèves très lents* ou ayant beaucoup à corriger et enfin *les élèves qui n'ont pas rendu le devoir* en question.

Les élèves très rapides ou ayant très peu de choses à corriger peuvent avoir tendance à traîner. Il faut penser à leur proposer une activité motivante. Ce peut être un exercice sur feuille ou sur affichette sur un sujet voisin, par exemple lié à l'histoire des maths, ou la fabrication de fiches d'exercices autocorrectives, ou, en général très bien acceptés et même réclamés, des travaux sur ordinateur, par exemple des exercices d'entraînement ou de découverte sur un tout autre sujet que celui du devoir. Dans tous les cas il est nécessaire pour le fonctionnement de la classe que ces élèves puissent travailler dans le calme et de façon autonome. Certaines fois, mais pas de façon systématique, on peut aussi leur confier l'animation d'un groupe de correction.

Les élèves très lents ou ayant beaucoup à corriger n'auront sans doute pas terminé à la fin de la séquence. Ils sont fermement invités à établir un ordre de priorité pour les exercices : garder les exercices plus techniques ou contenant des erreurs facilement repérables et réparables pour la maison et commencer par les autres pendant que l'on dispose davantage d'aide.

C'est le cas des trois élèves dont les réponses sont reproduites ci-après.

La séance de correction doit être organisée de sorte que les élèves très lents et les élèves très rapides puissent eux aussi avoir une activité motivante.

En ce qui concerne les deux premiers, il est exclu que les annotations suffisent au jeune pour établir sa correction seul et les réponses seraient difficilement exploitées dans un débat ou un travail de groupe entre élèves : il y a vraiment trop à reprendre et l'intervention du professeur est pratiquement indispensable. Cette dernière est rendue possible par le fait que les autres élèves sont occupés par leurs propres travaux et elle est signalée par la mention : « à revoir ».

Elle peut être l'occasion - ce fut le cas ici - d'un travail spécifique en petit groupe de remédiation. Lorsque plusieurs jeunes sont concernés par le même type d'interventions, un tel groupe s'organise pour un temps limité.

> ABDE est un losange car ses diagonales se coupent en leur milieu et en formant des angles droits, les côtés opposés sont parallèles et de même mesure mais aucun des angles de ce quadrilatère ne fait 90° ce n'est donc pas un carré.
>
> *(en marge :)* à revoir

> Je démontre que ABDE est un losange. AD et EB sont des diagonales, elles se coupent en C qui est aux leurs milieux. Dans un losange les diagonales se coupent en leurs milieux donc ABDE est un losange.
>
> *(annotations :)* contradiction — pourquoi? — lecture à revoir

En revanche, les élèves qui produisent des textes du même genre que ceux de la troisième réponse peuvent, en groupe, prendre conscience des contradictions contenues dans leur texte et régler leur problème. En ce qui concerne cet élève précis, le progrès a été effectivement constaté. En effet, par la suite, il n'a plus produit de texte de ce genre dans des situations analogues.

> * Exercice 1 d (suite)
>
> Je dois démontrer que le quadrilatère ABDE est un losange.
> Comme B est symétrique de A par rapport à C et que C est symétrique de B aussi par rapport à C : BA et DE ont la même mesure. Par la symétrie centrale BA est devenu AE par un mouvement de rotation et BA est devenu BD par ce même mouvement de rotation donc ils sont parallèles. Quand les côtés opposés sont parallèles un quadrilatère est un parallélogramme.
>
> *(en marge :)* juste

Les élèves qui n'ont pas rendu le devoir en question peuvent être, selon les cas, amenés à effectuer diverses activités : à titre d'entraînement, rédiger les exercices du contrôle sur une feuille dans des conditions aussi proches que possible, ou bien s'intégrer à un groupe après avoir pris connaissance de l'énoncé pendant une dizaine de minutes, ou bien (dans le cas d'élèves performants) servir de personne ressource pour les élèves en difficulté, ou bien... ■

PROLONGEMENTS

La reprise des corrections constitue la phase suivante. Les élèves peuvent à nouveau poser des questions ou demander des compléments, mais cette fois individuellement et par écrit. Les questions et les réponses écrites sont très formatrices car elles sont l'occasion d'une réflexion et de la mise en place d'une *communication utile,* et non pas seulement « parce qu'en maths avec ce prof il faut toujours tout expliquer ». Si la réponse écrite n'est pas suffisante, il faut penser à provoquer l'occasion de répondre oralement, à un moment propice ! Les élèves qui le désirent, et parfois quelques-uns de façon obligatoire, peuvent rédiger tout ou partie du devoir qu'ils n'ont pas fait (en général deux modalités différentes ont été proposées). Simultanément, d'autres exercices sont donnés comme entraînement, ou approfondissement, aux élèves qui en ont besoin. Par exemple, dans ce cas précis, la reconnaissance de losanges dans une série de figures codées, à main levée, justifiée en choisissant les propriétés parmi une liste imposée. On trouvera ci-dessous un extrait de la réponse* d'un élève qui, par la suite, a été capable d'écrire des justifications convenables et d'expliquer à d'autres comment les élaborer et les rédiger.

Pourquoi les élèves acceptent-ils de passer du temps, de réfléchir, sur un devoir passé dont ils ont déjà les résultats (la sacro-sainte note...) ? En grande partie parce qu'ils ont compris que c'est un investissement pour la suite, en particulier pour augmenter leur capital d'objectifs atteints, d'autant plus qu'il nous arrive d'organiser en fin de trimestre un devoir sur l'un des thèmes contrôlés. ■

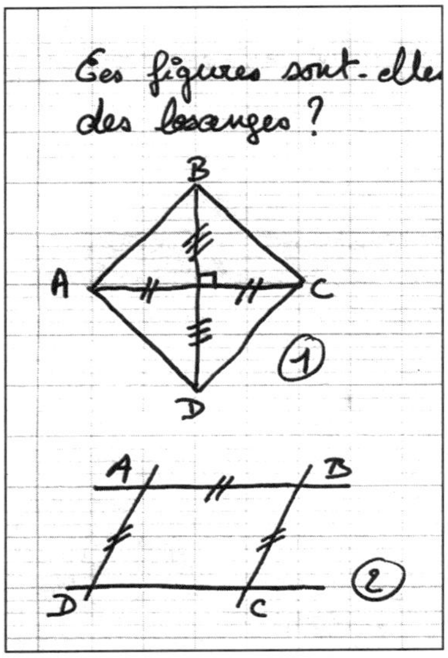

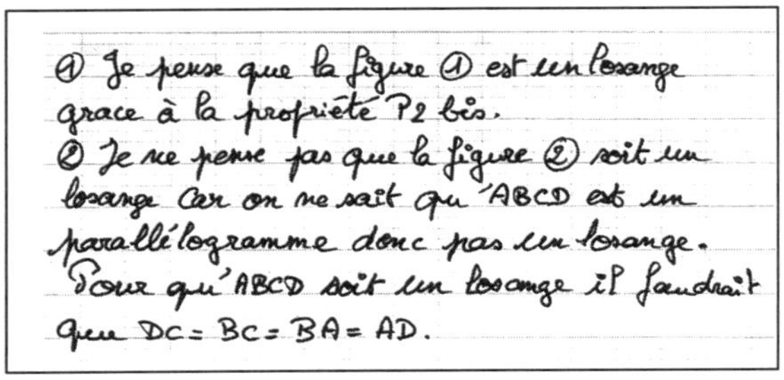

* Cet exercice est tiré d'une brochure de l'IREM de Brest.

« L'algèbre linéaire est à la fois l'une des plus anciennes branches des mathématiques, et l'une des plus nouvelles. » Bourbaki.

VECTEURS, TRANSLATION ET HOMOTHÉTIE

AUTEUR

Pierre LEGRAND.

La notion de vecteur est sans doute, de toutes les notions mathématiques élémentaires, celle qui s'est mise en place le plus tard et le plus péniblement. Cette image mentale, si simple et si naturelle, d'une flèche qui flotte dans le plan ou l'espace en gardant toujours le même cap n'est peut-être pas, au bout du compte, si naturelle que cela.

Un peu d'histoire nous en convaincra.

UNE NOTION AU PASSÉ COMPLIQUÉ

NAISSANCE DU VECTEUR

Quand le mot *vecteur* apparaît en mathématiques, c'est en tant qu'adjectif, vers 1760, dans l'expression *rayon vecteur*, pour désigner la droite qui joint un pôle fixe O à un point mobile M. Ce sens subsiste encore de nos jours. Mais il faut attendre 1865 avant de voir naître le substantif *vector*, en Angleterre (chez Hamilton), puis chez nous *vecteur*, en 1885, dans une traduction de Maxwell. Les premiers exposés systématiques sur les vecteurs en tant que tels sont dus à deux physiciens, Gibbs (*Vector Analysis*, 1901) et Heaviside•. Si les physiciens ont dès l'abord reconnu l'importance du nouvel instrument et l'ont adopté d'enthousiasme (l'analyse vectorielle est vite devenue l'outil de base de la physique), les mathématiciens ont mis du temps.

Plus étrange encore : *les vecteurs sont venus tard dans le développement de l'algèbre linéaire*. Les formules de Cramer pour la résolution d'un système linéaire $n \times n$ datent de 1750. Les déterminants furent étudiés systématiquement dès 1770 et Cauchy en publia en 1812 une théorie précise. L'algèbre des matrices fut étudiée par Cayley à partir de 1840 (le mot *matrix*, qui est de Sylvester, date de 1850). Les vecteurs ont donc été « dans l'air » bien avant qu'on songe à les considérer comme des objets d'étude intéressants en eux-mêmes.

De ce qui précède, nous pouvons tirer deux moralités :

– pensons, quand nous travaillons sur les vecteurs, à voir ce que fait, a fait ou fera le professeur de physique (actuellement les vecteurs apparaissent en troisième pour la représentation des forces) ;

– une notion dont la genèse a été aussi laborieuse mérite que l'on prenne, pour l'introduire, quelques précautions : les difficultés historiques de mise en place de la théorie peuvent bien être dues, plus qu'à un défaut d'imagination ou de logique de nos ancêtres, à des obstacles conceptuels auxquels nos élèves se heurteront aussi !

LE VECTEUR DANS L'ENSEIGNEMENT DEPUIS 1945

L'évolution des vecteurs•• dans notre enseignement secondaire depuis cinquante ans peut se résumer ainsi : *un quart de siècle d'avancée, un quart de siècle de recul.*

Dans l'immédiat après-guerre, on utilisait un peu les vecteurs dans les classes scientifiques

• Heaviside est l'auteur de la fameuse formule : « La mathématique est la servante de la physique et l'esclave doit se plier à la convenance de son maître ».

•• Ils sont apparus dans les programmes en 1902, à la rubrique « mécanique ».

(en mélangeant passablement « bipoint » - ou couple de points - et vecteur) pour étudier les translations et les homothéties. On parlait du produit d'un vecteur par un nombre, mais pas de l'addition des vecteurs. En 1957, les nouveaux programmes de troisième comportent la définition et l'addition des vecteurs (mais pas la translation). En 1971, la révolution des « mathématiques modernes » fait faire un bond en avant : l'addition des vecteurs et leur multiplication par un réel sont introduits en quatrième. Pour définir enfin correctement les vecteurs, on ne lésine pas, on démontre que l'équipollence de deux bipoints est une relation d'équivalence et l'on conclut : « La classe d'équivalence du bipoint (A, B) s'appelle un vecteur du plan [...] ; elle se note $\vec{AB}$ ».

En 1978 commence le repli : la multiplication d'un vecteur par un nombre émigre en troisième. Mais, surtout, le programme n'impose plus les classes d'équivalences de bipoints ; il observe sur le mode d'introduction un silence discret. Les instructions insistent simplement sur « l'utilisation de l'acquis intuitif des élèves » et rejettent l'idée d'une « présentation axiomatique de la géométrie ». En 1985, s'opère un nouveau recul : l'addition vectorielle passe en troisième, la multiplication par un nombre en seconde, et cette fois on annonce nettement que *les vecteurs sont introduits « naïvement » par direction, longueur, sens*. En 1998, ce sera la dernière étape : le programme de quatrième, tout en conservant la translation, repousse le vecteur à l'année suivante.

On voit bien les raisons de ce flux et de ce reflux : le désir de munir très vite les élèves d'un instrument irremplaçable, la crainte de leur proposer un outil qu'ils soient incapables d'appréhender.

LA NOUVELLE SITUATION

Désormais l'enseignement des vecteurs est donc réparti comme suit :

– en quatrième : un préliminaire, la translation ;

– en troisième : introduction des vecteurs, addition ;

– en seconde : multiplication par un scalaire, norme ;

– en première S et option de ES : produit scalaire du plan, notion de vecteur dans l'espace ;

– en enseignement de spécialité de terminale S : produit scalaire dans l'espace, produit vectoriel. ■

LA TRANSLATION EN QUATRIÈME

Nous ne proposons pas ici, pas plus que dans ce que nous dirons sur la troisième et la seconde, un guide de travail, mais seulement des réflexions sur les problèmes qui se posent dans la mise en place de la notion et des principaux résultats, ainsi que quelques exemples d'exercices.

UNE QUESTION DE LANGAGE

Bien que le programme n'emploie pas le mot *direction*, il semble difficile de s'en passer si l'on veut donner une maîtrise intuitive de l'idée de translation. Mais là se pose un problème de langage. Dans le vocabulaire quotidien, la direction est *orientée* (à quelques exceptions près, comme : « la piste de l'aéroport est dans la direction Est-Ouest » ou « la frontière suit la direction Nord-Sud »). Le mot *direction* est donc en général utilisé au sens mathématique, avec, en plus, le choix *d'un sens* : « regarder dans une direction », « aller dans une direction », « deux directions opposées ». *C'est pourquoi faire accepter aux élèves l'usage mathématique des termes direction et sens est un travail à la fois indispensable et délicat.* Il n'est pas si facile de faire comprendre à un non-mathématicien que lorsque

Une translation est déterminée par une direction, un sens et une longueur.

deux mathématiciens marchent à la rencontre l'un de l'autre, ils suivent la *même* direction, mais dans des sens opposés ! Le professeur de quatrième (surtout si celui de cinquième n'a pas évoqué la question à propos des parallèles) doit prendre le temps nécessaire pour s'assurer que la chose est clairement perçue et que ses élèves *associent bien le mot direction à une droite et non à un axe orienté.*

COMMENT INTRODUIRE LA TRANSLATION ?

Il nous faut désormais• traiter la translation avant d'avoir parlé des vecteurs. Évidemment, ils sont encore là, mais ils sont masqués. Lorsque le programme dit que « la translation est définie à partir du parallélogramme », il ne dit pas autre chose. Il ne faudrait en particulier pas tirer argument de cette formule pour donner de la translation la définition (1) que voici : « Étant donné deux points A et A', la translation qui transforme A en A' est la transformation qui à tout point M associe le point M' tel que $AA'M'M$ soit un parallélogramme » . Cette façon de faire, mathématiquement correcte, accumule les difficultés :

– elle privilégie un couple (A, A'), ce qui risque de suggérer aux élèves que, pour une translation, il existe un point plus remarquable que les autres ;

– elle est fort abstraite et cache la réalité essentielle, à savoir que l'on passe de M à M' par le même « glissement » que de A à A' ;

– elle envisage dès l'abord la translation non comme une manière de transformer une figure donnée, mais comme une transformation du plan ;

– elle ajoute une difficulté « accidentelle », liée au fait que le parallélogramme $AA'M'M$ peut être aplati.

On devra sans doute à un moment donné énoncer la propriété (1), mais pas comme définition et pas avant d'avoir commencé à visualiser convenablement le phénomène « translation ».

• Cette démarche, jusqu'alors simplement suggérée, devient obligatoire en 1998.

Il est bon, avant de prétendre donner une définition, d'effectuer un travail d'approche. Le programme le recommande et propose, par exemple, l'usage de frises et de pavages. L'idée est intéressante ; frises et pavages fournissent d'excellents terrains d'application de l'idée de translation. Il faut cependant prendre garde que frises et pavages montrent la répétition d'un motif par un *groupe* de translations (isomorphe à $\mathbb{Z}$ dans le cas de la frise, à $\mathbb{Z}^2$ dans le cas du pavage). Commencer par là revient à présenter un groupe de translations avant de présenter *une* translation. Cette approche fort plaisante demande donc quelques précautions.

UNE DÉMARCHE POSSIBLE

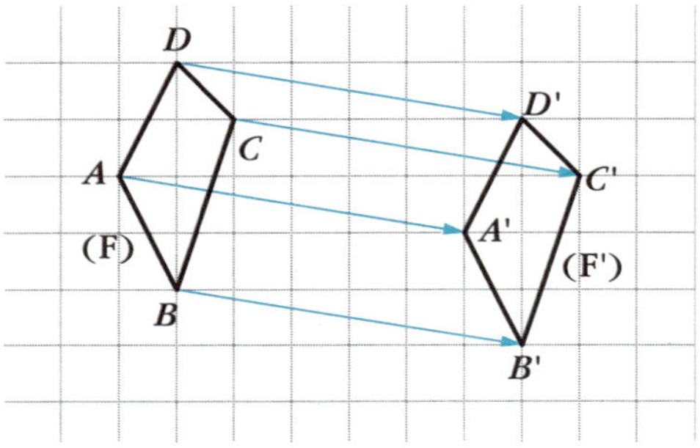

fig. 1

Voici une introduction *possible* parmi bien d'autres. On part d'une séance de travaux dirigés. Sur du papier quadrillé, on fait dessiner une figure simple (F), puis on demande de dessiner la figure (F') obtenue par exemple en faisant glisser de six carreaux vers la droite et d'un vers le bas (*figure* 1). On complique un peu (F) et l'on suit l'évolution de (F'). En sens inverse, on peut se donner ensuite deux figures (F) et (F') convenables et faire joindre quelques points de (F) à leur image par une flèche, en demandant d'observer ce que ces flèches ont de commun et de trouver quel glissement fait passer de (F) à (F'). On a donc trouvé un moyen de *déplacer une figure sans la déformer ni la faire tourner*. L'un et l'autre exercices seront sans doute à répéter avec des variantes, par exemple en utilisant un papier non quadrillé et un calque que l'on fait glisser, la difficulté étant de s'assurer que le calque garde bien une orientation fixe en vérifiant que ses bords restent parallèles à ceux de la feuille.

Puis vient le moment d'introduire le mot « translation » : transformer une figure par translation, c'est faire glisser tous ses points dans la même direction, dans le même sens et de la même quantité. Il est important de faire acquérir tout de suite l'idée que la figure, ainsi, n'est pas déformée et que (F') est une reproduction fidèle de (F). La définition, à ce stade n'est pas encore mise en forme, mais tout y est. On peut bien sûr formaliser plus ou moins :

– *une translation est déterminée par une direction, un sens et une longueur ; pour avoir l'image M' d'un point M, on reporte à partir de M, dans la direction et le sens imposés, la longueur donnée.*

Le moment et le degré de la formalisation sont une affaire de choix personnel, évidemment fonction de la classe. Rien n'empêche de matérialiser direction, longueur et sens choisis en dessinant une flèche dans un coin du tableau ou de la feuille : l'image de M est alors la pointe de la flèche qui part de M et qui a la même direction, le même sens et la même longueur que la flèche donnée. Cela ressemble beaucoup à une représentation du vecteur de la translation, mais c'est fort commode et, après tout, pourquoi ne pas préparer le terrain pour l'année suivante ?

LES PROPRIÉTÉS FONDAMENTALES

Une fois l'image mentale de la translation installée, il est indispensable de faire intervenir le parallélogramme pour disposer d'un instrument simple de raisonnement. Le résultat de base est évidemment : *si M et P ont pour images M' et P' dans une translation, le quadrilatère MM'P'P est un parallélogramme.* Le mettre en place exige deux précautions : l'une est élémentaire, c'est de bien faire observer que ce n'est pas $MM'PP'$ le parallélogramme, comme on pourrait être tenté de l'écrire ; l'autre demande plus de travail, c'est de montrer ce qui se passe si la droite (MP) est parallèle à la direction de la translation (ce qui exigera une extension de la notion de parallélogramme).

Inversement, il convient d'insister sur le fait que, si $ABCD$ est un parallélogramme, la translation qui fait passer de A à B est la même que celle qui fait passer de D à C, la translation qui fait passer de A à D est la même que celle qui fait passer de B à C.

QUESTIONS DE CONSERVATION

Faut-il démontrer les résultats habituels de conservation ? Ils sont nombreux : « image d'un segment, d'une droite, d'une demi-droite, d'un cercle », « conservation des longueurs, de l'alignement, des angles et des aires », selon le programme. Mais aussi conservation du milieu, du parallélisme, de l'orthogonalité. Et pourquoi pas : image d'un carré, d'un rectangle, d'un parallélogramme, etc. Voyons la chose de plus près.

La conservation des longueurs est immédiate. Mais, déjà, celle de l'alignement, intuitivement évidente (la figure ne se déforme pas par glissement), demande un petit effort pour la démontrer. On peut exploiter le fait que si M, N et P sont alignés, les droites ($M'N'$) et ($N'P'$), étant respectivement parallèles à (MN) et (NP), sont parallèles entre elles. Une méthode plus rapide est d'observer que si trois points M, N, P sont dans cet ordre sur une droite on a $MN + NP = MP$ et donc $M'N' + N'P' = M'P'$, ce qui, d'après un résultat vu en cinquième, prouve l'alignement. Cela prouve même que N est sur le segment MP. Si on maintient M et P fixes et que N varie sur [MP], la distance $M'N'$, égale à MN, prendra toute valeur entre zéro et MP ($= M'P'$), donc N' décrira le segment $M'P'$ tout entier. On aura donc fort proprement justifié que l'image d'un segment est un segment. Fort proprement, oui, mais *n'est-ce pas trop subtil pour un élève de quatrième* ?

L'image d'une droite, d'une demi-droite, d'un cercle posent un problème analogue à celui que pose l'image d'un segment. On montre aisément que les images des points d'une

La maîtrise du concept de translation ne peut être acquise que par l'habitude de sa manipulation.

droite, par exemple, sont sur une droite. Mais le fait que toute la droite soit décrite amène à faire un travail non immédiat sur l'antécédent d'un point par la translation.

Quant à la conservation des angles ou des aires, on ne peut espérer de démonstration satisfaisante étant donné le flou qui entoure les bases même des notions d'aire et d'angle à ce niveau. Tout ce que l'on peut dire est que cette conservation résulte de la possibilité de superposer par glissement la figure et son image.

Finalement, *s'il est bon de démontrer deux ou trois résultats de conservation, aller au-delà est fort décevant* : les démonstrations sont au mieux fastidieusement répétitives, au pire illusoires.

Et le caractère visuellement « évident » de ces propriétés donne aux élèves l'impression qu'on enfonce des portes ouvertes.

Mieux vaut consacrer un peu plus de temps à *faire fonctionner la translation* dans des exercices.

Quelques exercices

Pour les exercices de familiarisation avec la notion, mieux vaut se reporter à un manuel : ils en regorgent. Nous donnons ici quelques exemples où la translation est utilisée comme *outil* ; ils peuvent servir en quatrième ou en troisième, avec dans le second cas un guidage plus discret.

Découpages d'un parallélogramme

Soit un parallélogramme *ABCD*, on se propose de le découper en morceaux avec lesquels, en les faisant glisser sans les faire tourner, on fabrique un autre parallélogramme dont un côté est *AB*. On suppose, ce qui n'est pas restrictif, que l'angle $\widehat{BAD}$ est aigu.

Fabriquer un rectangle

C et D se projettent orthogonalement en H et K sur (AB) (figure 2). Chercher l'image du triangle BCH par la translation qui fait passer de B à A. Dans le cas où K est entre A et B, quel découpage faire ? Le procédé marche-t-il si K n'est pas entre A et B ?

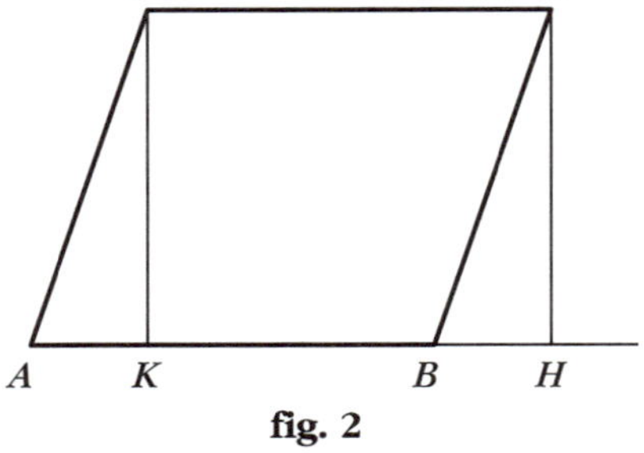

fig. 2

Fabriquer un autre parallélogramme

Soit E le point symétrique de C par rapport à D (figure 3). Trouver un découpage de ABCD, d'un seul coup de ciseaux, qui permette après collage de reconstituer ABDE.

Il suffit de considérer l'image du triangle *BCD* par la translation qui fait passer de *B* à *A*.

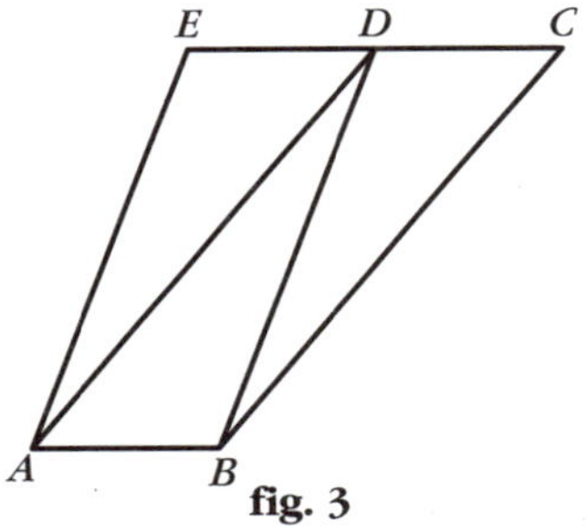

fig. 3

Fabriquer un autre parallélogramme

On prolonge [CD] d'une longueur égale du côté de D pour obtenir E, puis [DE] de la même longueur pour obtenir F. On appelle I, J, K les milieux respectifs de [BC], [AD], [AF] (figure 4). On découpe ABCD en 4 triangles : AJB, BJD, BID, DIC. En déplaçant ces morceaux, reconstituer ABEF.

Cet exercice est nettement plus difficile que les deux autres. Il permet une révision des propriétés de la droite qui joint les milieux de deux côtés d'un triangle.

Faire démontrer que *DEJI* et *FEJK* sont des parallélogrammes. Utiliser ensuite la translation qui fait passer de *C* à *D*.

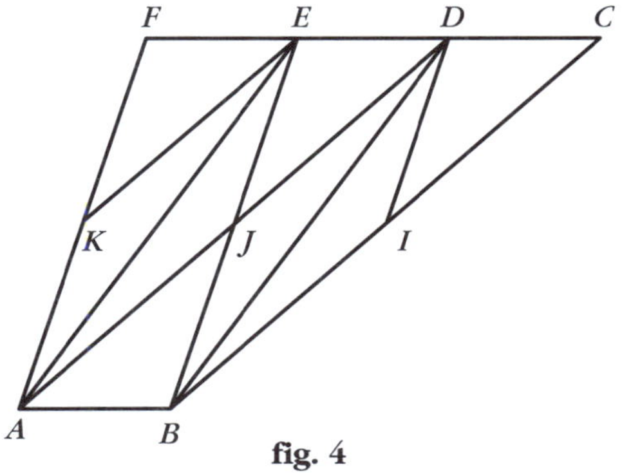

fig. 4

EXERCICES DE CONSTRUCTION

Le principe de ces exercices est souvent l'obtention du point cherché par l'intersection d'une courbe (droite ou cercle) de la figure avec l'image par la translation d'une autre courbe de la figure. Ne pas perdre de vue que, comme dans tout problème de construction, il y a deux phases :

– une solution étant supposée, on la dessine et on analyse la figure pour trouver la position du ou des points cherchés ;

– on montre que ce ou ces points conviennent effectivement.

Exemple 1 (assez facile)

Soit un triangle ABC (figure 5) ; trouver un point M sur [AB] et un point P sur [AC] tels que (MP) soit parallèle à (BC) et que MP = l, où l est une longueur inférieure à BC.

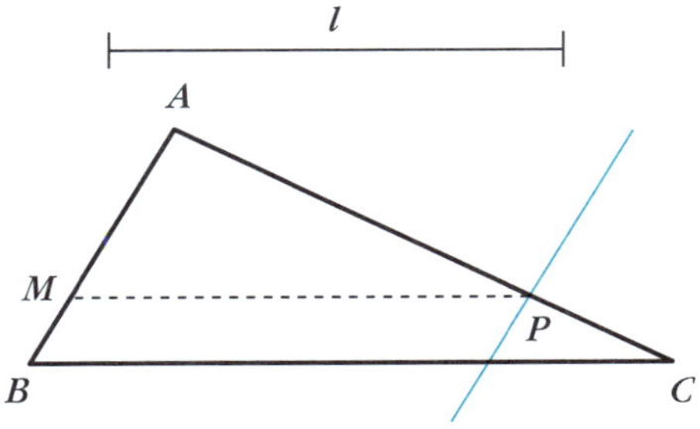

fig. 5

La clé est évidemment de couper [*AC*] par la droite image de (*AB*) dans la translation parallèlement à (*BC*), dont le sens est celui de *B* vers *C* et la longueur *l* (prendre des valeurs particulières pour les données).

Exemple 2 (assez difficile)

Soit (K) un cercle de centre J et de rayon 2, A un point de (K) et (C) le cercle de diamètre AJ (figure 6).
Trouver deux points, P sur (C) et Q sur (K), tels que le segment [PQ] soit de longueur 1 et orthogonal à [AJ].

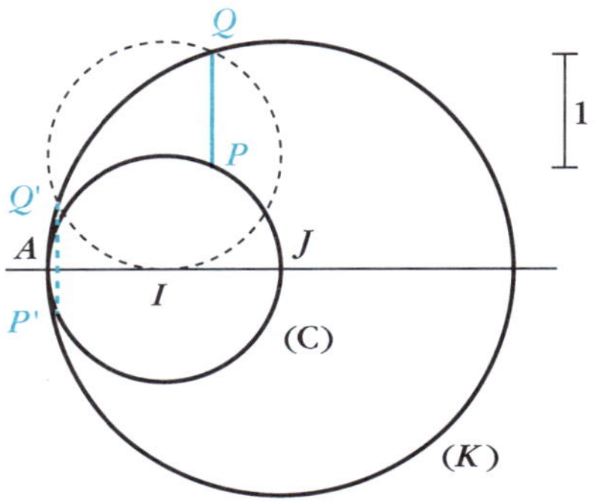

fig. 6

La méthode est la même ; le problème est compliqué par le fait qu'il y a deux translations opposées possibles donnant des résultats symétriques.

De nombreuses variantes sont possibles, le schéma général étant le suivant : un cercle (*C*) et un cercle ou une droite (*K*) étant donnés, trouver un point *P* sur (*C*) et un point *Q* sur (*K*) tels que le segment [*PQ*] ait une direction et une longueur donnée ; le problème est simplifié si l'on impose aussi à [*PQ*] d'avoir un sens donné. ■

L'important est moins de bien définir les vecteurs que de montrer qu'ils sont utiles.

Le vecteur en troisième

Bien rares sont les professeurs de troisième à qui un élève n'ait pas un jour posé cette question, moins naïve qu'elle n'en n'a l'air : *« Mais enfin, c'est quoi un vecteur ? »*. La réponse canonique des années 70 (« C'est la notion quotient de celle de couple de points par la relation d'équipollence ») était bien lourde à digérer pour un estomac de quinze ans et l'on comprend donc son abandon.

En fait, à ce niveau, il n'y a pas réellement de réponse satisfaisante, pas plus qu'à « C'est quoi une droite ? », « C'est quoi un nombre ? » ou « C'est quoi un angle ? ».

La sagesse, comme pour toutes les notions premières étudiées au collège, est de raisonner moins en termes de construction logique qu'en termes d'objectifs.

Pour exprimer crûment ce point de vue pragmatique : peu importe la manière dont on introduit et définit le vecteur (le choix des moyens est d'ailleurs limité, puisque la translation a déjà été vue), pourvu qu'elle rende la notion plausible et familière et que les élèves soient capables de s'en faire une représentation et de l'utiliser correctement dans des situations simples.

Introduire les vecteurs*

L'essentiel, au départ, est de faire le point sur ce que les élèves ont retenu de la translation, étudiée l'année précédente. Voici comment on *peut* procéder ensuite. Un petit nombre d'exercices simples permettent de leur remettre en mémoire la seule idée dont ils aient vraiment besoin pour aborder les vecteurs : *une translation est définie par une direction, un sens, une longueur*. Pour ces exercices, il est bon de représenter systématiquement ces données déterminant la translation par une flèche dessinée au tableau, l'emplacement de la flèche étant chaque fois changé, pour bien ancrer l'idée que *l'endroit où l'on met la flèche n'a aucune importance*.

La définition

Le stade suivant est la définition : *un vecteur, c'est la donnée d'une direction, d'un sens et d'une longueur*. Toute translation est donc définie par « son » vecteur, tout vecteur définit une translation. Il est ainsi tout naturel de représenter un vecteur par une flèche, étant entendu que seules importent la direction, le sens et la longueur de cette dernière, l'emplacement dans le plan étant indifférent.

Le vecteur et la flèche

C'est là qu'arrive la grosse difficulté : étant donné un couple de points (A, B), on peut dessiner la flèche d'origine A et d'extrémité B. *Cette flèche définit un vecteur ; elle le représente. Mais elle n'est pas le vecteur.* Elle en est seulement une des figurations possibles, parmi une infinité. Quand on parle du vecteur $\overrightarrow{AB}$ ou quand on dit qu'un vecteur est égal à $\overrightarrow{AB}$, on ne lui assigne pas pour autant une position dans le plan, on indique simplement que l'une de ses représentations est une flèche d'origine A et d'extrémité B.

Insistons sur le fait qu'*il n'y a pas là seulement un problème pédagogique lié à l'immaturité des élèves* ; ce que nous avons dit de l'histoire des vecteurs et de leur enseignement montre assez que *l'obstacle*** *est conceptuel* et pour tout dire épistémologique. Un manuel de 1950 parmi les plus diffusés écrivait sans complexes : « un vecteur $\overrightarrow{AB}$ varie en restant égal à un vecteur fixe, son origine A étant arbitraire », ce qui prouve que la confusion entre le vecteur et l'une de ses représentations était fort générale à l'époque.

Si bien que nous devons nous armer à la fois d'une infinie patience (comment reprocher à nos élèves de trébucher là où naguère les maîtres eux-mêmes s'égaraient !) et d'une volonté ferme de pourchasser les formules du genre « l'origine du vecteur », « la droite sur laquelle est le vecteur », voire « le milieu du vecteur » ou - heureusement fort rare - « la médiatrice d'un vecteur ».

*** En 1997-1998, cette rubrique concerne la classe de quatrième.**
**** Voir la p. 318.**

RETOUR SUR LE PARALLÉLOGRAMME

Aussitôt après avoir introduit les vecteurs et la notation $\overrightarrow{AB}$, il reste à s'en servir.

On ne dispose à ce stade d'aucun résultat nouveau.

Dire, par exemple, que la translation qui fait passer de A à B est celle de vecteur $\overrightarrow{AB}$ n'est rien d'autre qu'une nouvelle façon de parler.

Encore faut-il prouver qu'elle est plus commode que l'ancienne et, pour cela, reformuler certaines propriétés :

– il revient au même de dire que *ABCD* est un parallélogramme, ou que $\overrightarrow{AB} = \overrightarrow{DC}$, ou que $\overrightarrow{AD} = \overrightarrow{BC}$;

– *si* $\overrightarrow{AB} = \overrightarrow{DC}$ alors $\overrightarrow{AD} = \overrightarrow{BC}$ (*variante fort utile de la précédente*).

Pour inciter les élèves à se servir de ce nouveau langage, on peut en outre le faire employer très vite dans quelques exercices ; le suivant convient à une séance de travaux dirigés et peut être proposé à des niveaux variables, y compris en seconde.

DÉCOUPER UN RECTANGLE POUR EN FAIRE UN CARRÉ •

Soit un rectangle ABCD ; on pose AB = a, BC = b. On suppose $a \leq b \leq 2a$. On prend un point M sur le segment [BC].

1. Soit H la projection orthogonale de D sur la droite (AM). Montrer que H est entre A et M. (Observer que le cercle de diamètre [AD] ne peut couper [BC]).

*2. Soit **t** la translation de vecteur $\overrightarrow{MA}$. On appelle K, N, Q les images de H, C, D par **t**. Quelle est la nature du quadrilatère HDQK ? Comment peut-on construire le point N à partir de Q et du rectangle ABCD ?*

3. Quelle transformation fait passer du triangle ABM au triangle QND ?

4. En déduire qu'il est possible de découper le rectangle ABCD en trois morceaux tels qu'en les faisant glisser convenablement ils reconstituent le quadrilatère HDQK.

5. Peut-on choisir M pour que DH = AM ? Que dire alors de HDQK ?

Un guidage est nécessaire pour la question 5 ; en posant *AM* = *x*, la condition est $x = \sqrt{ab}$; on peut l'établir en considérant le cosinus des deux angles $\widehat{MAB}$ et $\widehat{ADH}$ ou en exprimant de deux façons l'aire du triangle *ADM* ; reste à montrer que le cercle de centre *A* et de rayon $\sqrt{ab}$ coupe bien [*BC*]. On peut arrêter là l'exercice.

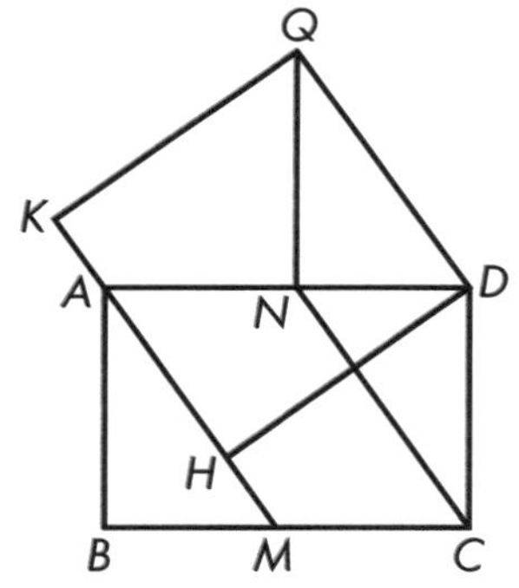

6. Montrer que tout rectangle peut être découpé en morceaux, qui, convenablement déplacés, reconstituent un carré.

Si $2a < b \leq 8a$, il faut d'abord couper le rectangle en deux moitiés par une parallèle à *AD* et placer les deux morceaux l'un sur l'autre pour se ramener au cas précédent, etc.

N.B. : Si l'on veut simplifier la situation, on prend $a = 3$, $b = 4$ et *M* tel que $\widehat{BAM} = 30°$. La question 5 peut alors être remplacée par « *Montrer que AM = DH et que HDQK est un carré* » et l'on supprime la question 6.

• Ce résultat est l'une des étapes de la démonstration d'un théorème dû à Hilbert : tout polygone peut être découpé en morceaux, qui, convenablement recollés, forment un carré.

Dehn a démontré au début du siècle, que le résultat analogue pour les polyèdres est faux.

L'image mentale de la somme de deux vecteurs doit être solidement liée au schéma du parallélogramme.

Addition des vecteurs

Deux grandes rubriques sont au programme de troisième : coordonnées d'un vecteur, addition des vecteurs.

L'ordre dans lequel les traiter est une affaire de goût plus qu'une nécessité logique ou pédagogique. La première ne nous semblant pas poser de problème majeur d'enseignement, limitons-nous à la seconde.

Définir la somme de deux vecteurs

Étant donné l'avance prise par les translations sur les vecteurs dans la conception même du programme, il paraît préférable de *partir de la composition des translations pour définir l'addition des vecteurs* (mais ce n'est pas la seule démarche possible).

Soit donc deux translations ***t*** et ***t'*** : le problème est de savoir si, quand on transforme une figure (F) par ***t*** puis la figure (F') ainsi obtenue par ***t'***, la figure finale (F") sera l'image de F par une nouvelle translation ***t"***. La chose est éminemment plausible puisque, pour passer de (F) à (F') et de (F') à (F") on « glisse sans tourner ».

On se fixe un point A, qui par ***t*** a pour image B, qui lui-même par ***t'*** a pour image C. On prend maintenant un point quelconque M, que l'on transforme en P par ***t***, P étant transformé en Q par ***t'***. Nous avons à prouver que la translation qui fait passer de A à C fait aussi passer de M à Q.

Données *(figure* 7)

(1) $\overrightarrow{AB} = \overrightarrow{MP}$ (vecteur de **t**)

(2) $\overrightarrow{BC} = \overrightarrow{PQ}$ (vecteur de **t'**)

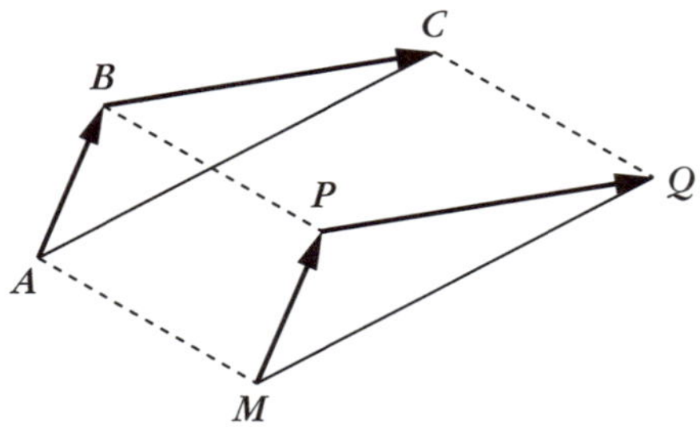

fig. 7

• **Voir à la page suivante.**

À démontrer

$\overrightarrow{MQ} = \overrightarrow{AC}$

Démonstration

On tire de (1) que $\overrightarrow{AM} = \overrightarrow{BP}$,

et de (2) que $\overrightarrow{BP} = \overrightarrow{CQ}$,

d'où $\overrightarrow{AM} = \overrightarrow{CQ}$ et donc $\overrightarrow{MQ} = \overrightarrow{AC}$.

Par suite, le vecteur $\overrightarrow{MQ}$ ne dépend pas de M.

Énonçons : *l'effet sur une figure de deux translations successives* - (F) donnant (F") par une translation ***t*** et (F') donnant (F') par une translation ***t'*** - *est encore une translation. Son vecteur est dit somme des vecteurs des deux translations.*

Étant donné trois points A, B, C, nous venons de démontrer qu'effectuer la translation qui fait passer de A à B, puis celle qui fait passer de B à C, c'est effectuer la translation qui fait passer de A à C. La première translation a pour vecteur $\overrightarrow{AB}$, la seconde $\overrightarrow{BC}$, la troisième $\overrightarrow{AC}$. D'après la définition même que l'on vient de donner pour la somme de deux vecteurs, on a la *formule de Chasles* :

$$\overrightarrow{AB} + \overrightarrow{BC} = \overrightarrow{AC}.$$

Note à l'intention des esprits scrupuleux

L'étude que nous venons de faire suppose A, B et C distincts. Ce qui se passe lorsque $B = A$ ou $C = B$ conduit droit aux idées de translation identique et de vecteur nul qui ne sont pas de digestion facile et ne sont d'ailleurs pas au programme de troisième (ce qui est dit... dans le programme de seconde). Le cas $C = A$ est encore plus délicat puisqu'il mène aux notions de translation réciproque et de vecteur opposé. Le sage glisse discrètement sur la difficulté, (mais il trouve alors souvent un doigt pour se lever : « Et si... ? »), le professeur honnête signale qu'il se limite au cas où les trois points sont distincts et que les autres cas seront réglés en seconde.

Addition vectorielle et parallélogramme

La *figure* 8•, où les égalités marquées sont des égalités vectorielles, permet :

– de justifier la commutativité de l'addition des vecteurs (donc aussi le fait que dans la

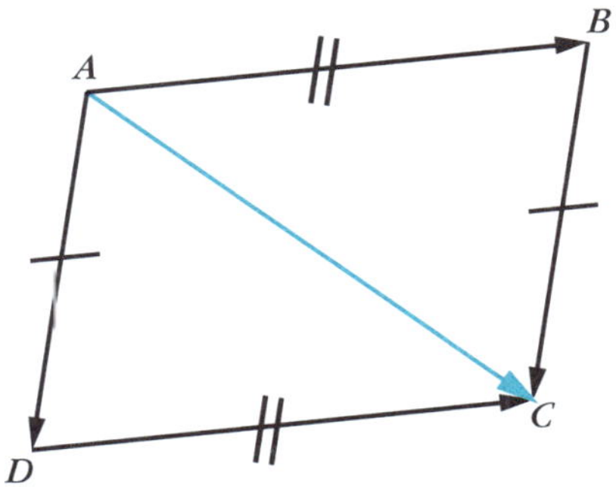

$\vec{AC} = \vec{AB} + \vec{BC}$

$\vec{AC} = \vec{AD} + \vec{DC}$

$\vec{AC} = \vec{AB} + \vec{AD}$

fig. 8

composition de deux translations, l'ordre dans lequel on les effectue n'a pas d'importance) ;
– de donner la construction d'une somme vectorielle lorsque les deux représentants utilisés ont la même origine A (comme lorsqu'on compose deux forces en physique).

Elle doit devenir, accompagnée des trois relations, une image mentale immédiatement disponible.

N.B. : Il convient de faire observer que tout cela reste valable si le parallélogramme est aplati.

Question inévitable : Comment faire la somme de deux vecteurs $\vec{AB}$ et $\vec{PQ}$ quand P n'est ni A ni B (et que Q n'est pas A !) ? Il est bon d'insister sur le fait qu'il y a deux solutions :

– représenter les deux vecteurs avec une même origine O et utiliser la « règle du parallélogramme » ;

– porter, par exemple, $\vec{OJ} = \vec{PQ}$, puis $\vec{JK} = \vec{AB}$ et appliquer la relation de Chasles.

EXERCICES

Nous ne donnons pas, ici non plus, d'exercice d'application immédiate tel que l'on en trouvera dans les manuels, mais deux exemples plutôt destinés à une séance de travaux dirigés (et pouvant aussi servir à une révision au début de la seconde).

Exercice 1 (vecteurs et parallélogramme)
Soit quatre points M, N, P, Q ; on construit R et S tels que $\vec{QR} = \vec{NP}$ et $\vec{RS} = \vec{MN}$. Que dire des vecteurs $\vec{MQ}$ et $\vec{PS}$?
Que dire des trois segments MS, NR, PQ ?
M, N et P étant fixés, comment choisir Q pour que R soit en N ? pour que S soit en P ?

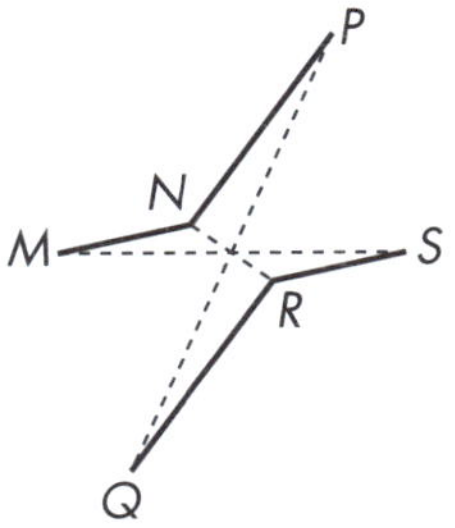

Exercice 2
On donne un parallélogramme ABCD. On appelle I le symétrique de A par rapport à B, J celui de B par rapport à C, K celui de C par rapport à D, L celui de D par rapport à A. Comparer les vecteurs $\vec{IJ}$ et $\vec{LK}$.
Montrer que IJKL est un parallélogramme de même centre que ABCD.

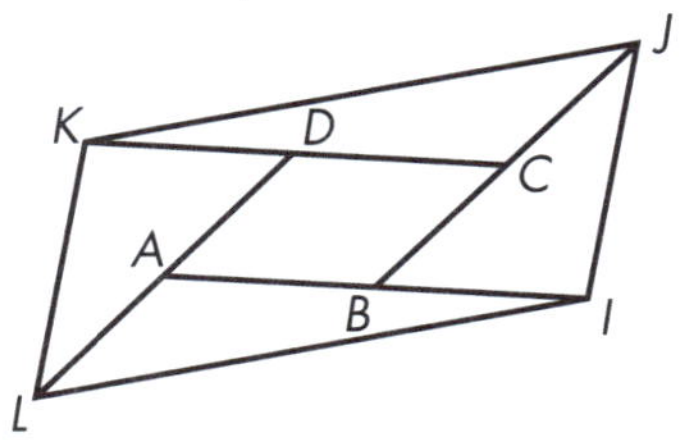

Question complémentaire, sans rapport avec les vecteurs, mais jolie :
Comparer les aires des deux parallélogrammes.
Il suffit de montrer que chacun des quatre triangles de la figure a même aire que *ABCD* (comparer les bases et les hauteurs). ■

Introduire dès que possible la notation « abstraite » $\vec{u}$ permet de limiter les risques de confusion entre le vecteur et ses représentants.

LES VECTEURS ET LEUR APPLICATION À L'HOMOTHÉTIE EN SECONDE

Le travail effectué en troisième n'est qu'une initiation et l'on ne saurait en particulier considérer l'addition vectorielle comme vraiment acquise.

UN PROBLÈME DE NOTATION

Selon le programme de seconde, *« la notation $\vec{u}$ n'a pas été introduite au collège »*. On a ainsi voulu éviter une écriture exagérément abstraite. La contrepartie de ce choix est que les élèves n'ont vu d'autre écriture pour un vecteur que $\overrightarrow{AB}$, ce qui, bien sûr, encourage la confusion entre le vecteur et l'un de ses représentants, confusion que nombre d'entre eux feront encore à l'arrivée en seconde. Il va donc falloir insister lourdement sur la distinction. Pour ce faire, une bonne méthode est d'*introduire très vite* « la notation $\vec{u}$ ».

Cela permettra en outre de revenir sur le schéma du parallélogramme (voir la page 185) et de rendre ainsi plus visuellement évidente la formule $\vec{u} + \vec{v} = \vec{v} + \vec{u}$ (*figure* 9).

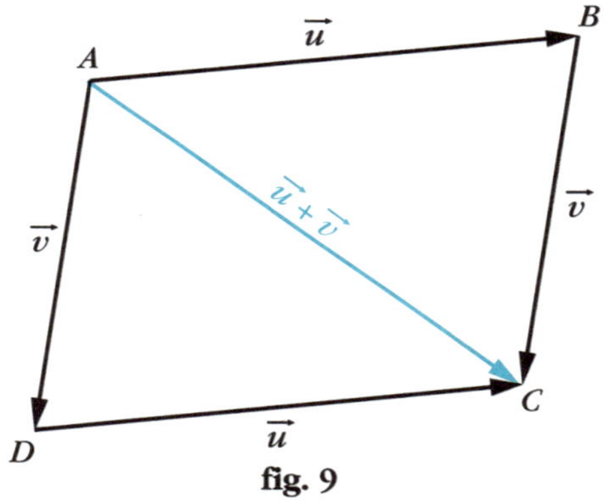

fig. 9

LE VECTEUR NUL ET L'OPPOSÉ D'UN VECTEUR

Pour introduire le vecteur nul, le plus simple est de *partir de la formule de Chasles* dont le côté visuel est un avantage évident. Elle a été établie pour trois points A, B et C distincts et on voudrait qu'elle reste valable dans tous les cas. Il faut distinguer deux situations : $B = A$ ou $C = B$, d'une part, $C = A$, d'autre part. Si $B = A$, par exemple, l'écriture devient : $\overrightarrow{AA} + \overrightarrow{AC} = \overrightarrow{AC}$. Pour que la formule conserve un sens, on est amené à dire que $\overrightarrow{AA}$ est nul, puis à introduire le symbole $\vec{0}$ et à écrire $\vec{0} + \vec{u} = \vec{u}$. Cela nous conduit à dire que « l'immobilité » est un cas particulier de translation. Les élèves ont quelque mal à s'y faire, d'autant plus qu'on leur a répété qu'un vecteur était défini par une direction, un sens et une longueur et que $\vec{0}$ n'a ni direction, ni sens, mais seulement une longueur : zéro. La similitude d'écriture entre $\vec{0}$ et 0 n'arrange pas les choses.

Il reste à étudier le cas $C = A$. Bizarrement *les élèves ont moins de mal à se faire à l'idée de vecteur opposé et à la notation* $-\vec{u}$ *qu'à l'idée de vecteur nul et à la notation* $\vec{0}$. Que le vecteur qui a même direction, même longueur et un sens opposé soit appelé l'opposé du vecteur leur semble tout naturel (leurs souvenirs sur l'équilibre de deux forces opposées les y aide). L'écriture $\overrightarrow{BA} = -\overrightarrow{AB}$ ne les troublera donc guère.

De là à parler de l'opposé avant de parler du vecteur nul, il y a bien sûr un pas ; la démarche est peu satisfaisante sur le plan de la logique, mais elle ne serait pas sans avantages sur le plan pédagogique.

QUELQUES ÉCRITURES

Pour finir la mise en place des règles fondamentales sur l'addition des vecteurs, il reste à introduire les écritures $\vec{w} = \vec{v} - \vec{u}$ et $\vec{u} + \vec{v} + \vec{w}$. Bien souvent, au détour d'un exercice, un élève aura déjà utilisé l'une ou l'autre sans se poser de questions : mieux vaut le laisser aller de l'avant (en disant éventuellement qu'on reviendra sur ce point) et se servir ensuite de cet exemple comme point de départ. Ils écriront alors peut-être spontanément des choses comme : si $\vec{w} = \vec{u} + \vec{v}$, alors..., c'est-à-dire qu'ils travailleront sans scrupule sur la soustraction vectorielle.

Aux deux écritures doivent solidement être associées, dans l'esprit des élèves, les deux schémas suivants qui sont d'ailleurs à la base de la justification de ces deux écritures : le premier rappelle que $\vec{v} - \vec{u}$ est le vecteur qu'il faut ajouter à $\vec{u}$ pour obtenir $\vec{v}$; le second visualise l'associativité de l'addition (*figures* 10 *et* 11) :

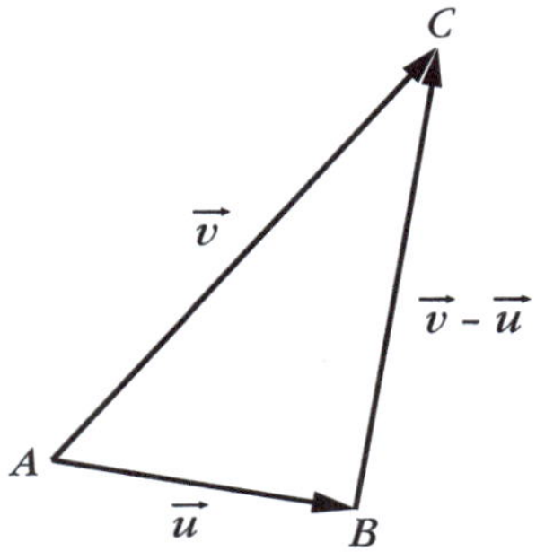

fig. 10

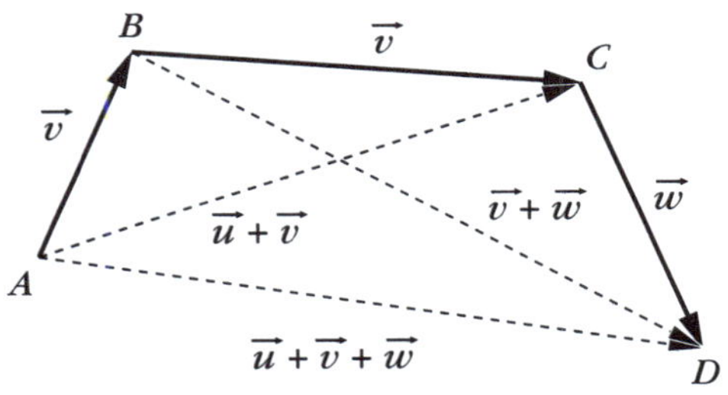

fig. 11

LA MULTIPLICATION D'UN VECTEUR PAR UN NOMBRE

L'apprentissage de la multiplication d'un vecteur par un nombre ne se heurte pas aux mêmes obstacles conceptuels que celui des vecteurs et de l'addition vectorielle. Cette multiplication a d'ailleurs été enseignée en quatrième dans les années 70, puis en troisième jusqu'à 1985. Aussi ne donnons-nous que quelques indications.

L'idée est simplette : *pour multiplier un vecteur par λ, on conserve sa direction, on multiplie sa longueur par $|\lambda|$ et on change le sens si λ est négatif.*

DES TRAVAUX D'APPROCHE

Il n'est pas mauvais de préparer un peu le terrain en introduisant, à propos de l'addition vectorielle, les écritures $2\vec{u} = \vec{u} + \vec{u}$, puis $\vec{v} = \frac{1}{2}\vec{u}$, à partir de $\vec{u} = 2\vec{v}$.

Avec ces seules armes, on peut déjà étudier la *caractérisation du milieu* :

– si I est le milieu de $[AB]$, alors, pour tout M, on a $\overrightarrow{MI} = \frac{1}{2}(\overrightarrow{MA} + \overrightarrow{MB})$;

– si, pour un M, on a $\overrightarrow{MI} = \frac{1}{2}(\overrightarrow{MA} + \overrightarrow{MB})$, alors I est le milieu de $[AB]$.

On peut également, à propos, par exemple, de l'*étude d'une frise* (motif répété par toutes les translations produit d'une translation donnée par un entier relatif), introduire la notation $k\vec{u}$ (k étant un entier naturel) pour désigner la somme de k vecteurs égaux à $\vec{u}$, voire étendre cette écriture à k entier négatif. Observons que, même si l'on introduit directement la multiplication par un nombre quelconque, il est indispensable de s'appesantir un peu sur le fait que :

– multiplier $\vec{u}$ par un entier positif , c'est ajouter $\vec{u}$ un certain nombre de fois à lui-même ;

– multiplier $\vec{u}$ par un entier négatif , c'est ajouter $-\vec{u}$ un certain nombre de fois à lui-même.

REMARQUES SUR L'HOMOTHÉTIE

L'homothétie est taillée sur mesure pour mettre en œuvre la multiplication d'un vecteur par un nombre. *Les deux procèdent de la même idée : multiplier les longueurs par une constante sans changer les directions.* Il serait donc absurde, ayant pris la peine d'introduire l'une, de ne pas s'en servir rapidement pour étudier ce qui est son application la plus immédiate et, à ce niveau, la plus spectaculaire. Nous nous bornerons à un petit nombre de remarques et de propositions d'exercices.

TROIS POINTS IMPORTANTS

Les homothéties de rapport négatif troublent souvent les élèves, qui peuvent notamment avoir quelque difficulté à admettre qu'elles

Le travail sur l'homothétie en seconde est une occasion privilégiée de mettre en évidence l'efficacité des méthodes vectorielles.

ne « retournent » pas les figures comme le fait une symétrie axiale. On peut alléger leurs tourments en montrant assez tôt qu'effectuer l'homothétie de centre O et de rapport k, avec $k < 0$, c'est effectuer l'homothétie de rapport $|k|$, puis effectuer un demi-tour autour de O.

L'unicité du centre d'homothétie n'est pas au programme. Cependant, il est trivial, et malgré tout utile à savoir, que si k est différent de 1, l'homothétie de centre O a comme seul point invariant O : il suffit de résoudre $(1 - k)\ \overrightarrow{OM} = \vec{0}$! Ainsi deux homothéties de centres différents sont forcément différentes... et l'unicité du centre est prouvée.

Outre les propriétés classiques de conservation et la multiplication des longueurs par $|k|$, il est une propriété importante de l'homothétie de rapport k que l'on néglige un peu : *elle multiplie les aires par k^2*. Un bon exercice est de le faire démontrer aux élèves pour un triangle (montrer que l'image de la hauteur est la hauteur du triangle image demande d'utiliser la conservation de l'alignement et de l'orthogonalité), puis pour un quadrilatère (décomposer en deux triangles), un cercle, un polygone. Ne pas hésiter à ajouter que c'est vrai en toute généralité, car l'idée est très importante en physique et n'est pas si évidente qu'elle en a l'air : elle a donné du fil à retordre aux mathématiciens grecs.

TROIS EXERCICES

Une relation à démontrer

Soit un parallélogramme ABCD. Un point M décrit la diagonale (BC). La droite (AM) coupe (BD) en P et (CD) en Q. Établir, en utilisant deux homothéties de centre M, l'égalité :

$$MA^2 = MP.MQ.$$

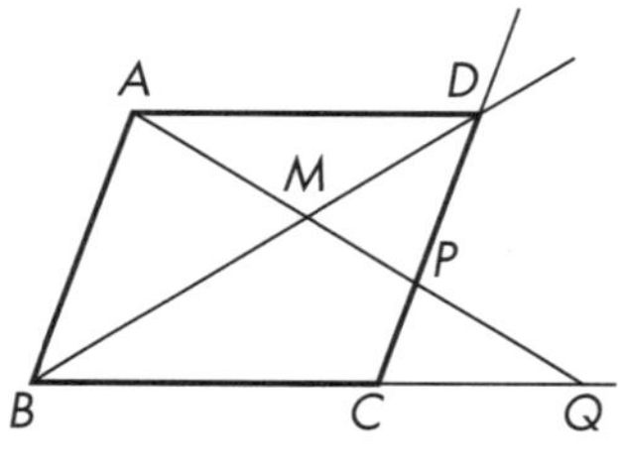

Un calcul vectoriel

On donne quatre points A, B, A′, B′, avec $A' \neq A$, tels que : (1) $\overrightarrow{A'B'} = 3\overrightarrow{AB}$.

Par le calcul vectoriel et ***sans faire de figure****, montrer qu'il existe une homothétie unique dans laquelle A et B ont pour images respectives A′ et B′, et trouver son centre.*

Thème classique, mais la contrainte fixée oblige à une bonne gymnastique sur la relation de Chasles.

S'il existe une homothétie solution, elle est forcément de rapport 3. Il est donc nécessaire et suffisant de trouver I vérifiant les relations :

(2) $\overrightarrow{IA'} = 3\overrightarrow{IA}$ et (3) $\overrightarrow{IB'} = 3\overrightarrow{IB}$ La relation (1) étant la différence de (2) et de (3), il faut et il suffit que I vérifie (2) qui, Chasles aidant, se transforme en $\overrightarrow{IA} = \frac{1}{2}\overrightarrow{AA'}$.

I est le symétrique du milieu de $[AA']$ par rapport à A.

Un problème de point fixe

Un cercle (C) de centre I et de rayon 1 et un cercle (Q) de centre J et de rayon 2 sont tangents extérieurement en A. Un point M décrit (C) et un point N décrit (Q), avec $(AM) \perp (AN)$.

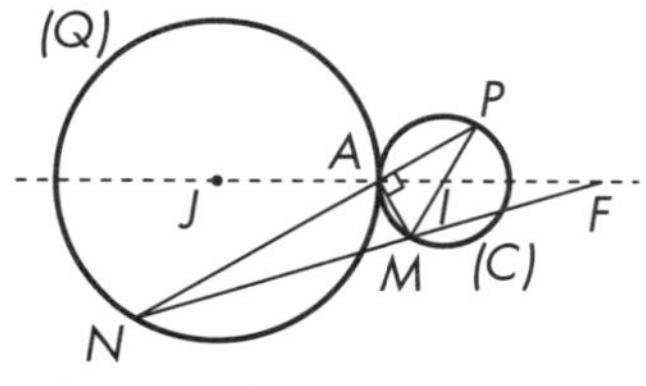

1. Soit P le point diamétralement opposé à M sur (C). Établir que N est l'image de P par une homothétie.

2. Établir : $\overrightarrow{AN} = 2\overrightarrow{AM} - 4\overrightarrow{AI}$.

3. Soit F tel que $\overrightarrow{AF} = 4\overrightarrow{AJ}$; préciser sa position.

4. Établir que la droite (MN) passe par F. Quelle relation existe-t-il entre M, N, F ?

UN PROBLÈME DE CONSTRUCTION (POUR UNE SÉANCE DE T.D.)

On donne un triangle ABC. On se propose de trouver un carré PQRS tel que P soit sur [AB], Q sur [AC], R et S sur [BC]. On veut étudier l'aire de ce carré.

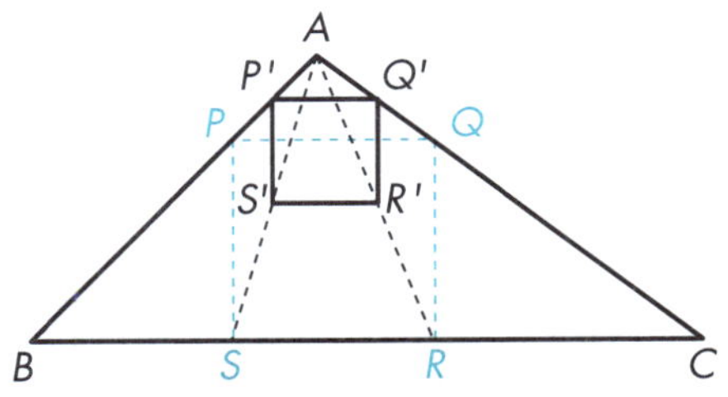

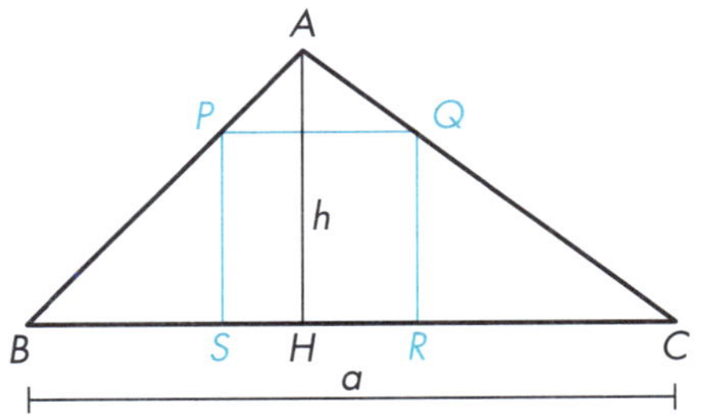

1. On prend P' sur [AB], Q' sur [AC], tels que (P'Q') // (AB). On construit sur [P'Q'] un carré P'Q'R'S' tel que R' et S' soient intérieurs à l'angle $\widehat{BAC}$.

Montrer que l'image de ce carré par une homothétie convenable de centre A est solution du problème posé.

2. Montrer que cette solution est la seule.

3. On pose BC = a et, H étant la projection orthogonale de A sur (BC), AH = h. Calculer en fonction de a et h le côté x du carré PQRS solution. On pourra évaluer de deux manières le rapport de l'homothétie de centre A qui fait passer de P à B.

Réponse : $x = ah/(a+h)$

4. On fait varier le triangle ABC en lui gardant une aire constante σ. Quelle valeur doit avoir le rapport $r = h/a$ pour que l'aire s du carré PQRS soit la plus élevée possible ? Que vaut alors s/σ ?

Cette question ne fait pas intervenir l'homothétie. On peut, par exemple, utiliser l'inégalité $(r + 1)^2 \geq 4r$. Les réponses sont $r = 1$ et $s = \sigma/2$* ■

*** Dans le même ordre d'idée, nous proposons à la sagacité du lecteur l'énoncé suivant :** ***Si un parallélogramme est inclus dans un triangle, son aire ne saurait excéder la moitié de celle du triangle.*** **La démonstration utilise les instruments de seconde : translation et homothétie.**

LES FONCTIONS

AUTEUR
Sylviane GASQUET,
agrégée de mathématiques.

LES FONCTIONS SE GLISSENT PARTOUT !

Les fonctions occupent une place fondamentale dans l'ensemble des études scientifiques, depuis la classe de quatrième jusqu'à la terminale et plus tard. Si nul n'ignore que l'enseignement de la physique utilise les fonctions, il faut savoir aussi qu'elles gagnent du terrain dans bien d'autres disciplines, et cela dès le collège, en particulier par le biais de leurs représentations graphiques. Ainsi l'élève, puis l'étudiant, risque d'avoir des difficultés en biologie, en chimie, voire en sciences humaines s'il est totalement imperméable au concept de fonction.

Dans les manuels de biologie, les graphiques sont de plus en plus fréquents (vitesse de réaction catalysée d'un enzyme en fonction de la température, intensité respiratoire, également en fonction de la température). On peut même observer parfois les représentations graphiques conjointes d'une fonction et de sa dérivée (à propos de la vitesse de sédimentation par exemple). En chimie, les fonctions sont également au menu.

On pourrait croire que seuls les élèves des sections scientifiques prennent ainsi un risque réel en ne sympathisant pas avec les fonctions. Cela est peut-être vrai tant que l'objectif reste l'obtention du baccalauréat. Mais, si un élève de la série économique et sociale souhaite poursuivre des études économiques, alors cette notion lui sera également indispensable.

Ainsi, dès que l'on aborde la démographie, on découvre les courbes représentant les taux de mortalité et de natalité.

Or ces courbes sont proposées parfois dès la classe de troisième !

COMMENT INTRODUIRE LES FONCTIONS

Rien ne dit que l'introduction des fonctions devrait se faire d'abord en mathématiques. On peut au contraire penser qu'une certaine familiarité avec des « fonctions du temps », et en particulier avec leurs représentations graphiques, peut donner à l'élève une sorte d'expérience pratique qui l'aide à passer aux fonctions « abstraites » des mathématiques, en particulier pour bien mettre en place le rôle des axes du repère.

En ce qui concerne plus précisément les représentations graphiques, sans doute faudrait-il une réflexion commune aux diverses disciplines pour limiter le niveau de lecture en fonction de l'âge des élèves. Ainsi, proposer à des élèves de troisième la représentation graphique des *variations* des prix ou du PNB est sans doute abusif : on voit la courbe « descendre » , mais il faut alors songer qu'il s'agit seulement d'une « augmentation moins forte ».

D'ailleurs les représentations graphiques d'une fonction dérivée (ou d'un taux), pourtant couramment présentées dans les journaux, ne sont pas accessibles à la majorité des lecteurs.

LES DIFFICULTÉS RENCONTRÉES

En résumé, comprendre ce qu'est une fonction, connaître ses propriétés et savoir la représenter est incontournable.

Il nous a donc semblé utile de résumer ici les principales causes de difficulté des élèves à ce sujet, et de proposer des pistes possibles, pistes que chaque lecteur pourra enrichir et compléter à sa façon.•

• Je m'appuie ici sur huit années de travail dans une section expérimentale conduisant en trois ans au baccalauréat scientifique des élèves non admis en première S standard. Le bilan détaillé de ce travail est publié chez ESF sous le titre *Les mathématiques au lycée.*

Les difficultés rencontrées par les élèves peuvent être liées :

– *au manque de sens donné au concept ;*
– *à l'écriture algébrique ;*
– *aux représentations graphiques.*

Ces difficultés ne sont pas indépendantes les unes des autres : une avancée dans l'un des domaines entraîne souvent un progrès dans la compréhension des autres. Aucun ordre d'acquisition n'est valable pour tous. Certains élèves approcheront mieux le concept de fonction en le découvrant d'abord dans une autre discipline qu'en mathématiques, d'autres au contraire préféreront appliquer les connaissances mathématiques. Certains encore maîtriseront le cadre algébrique tout en restant fort maladroits face à la lecture des représentations graphiques, alors que d'autres, parce qu'ils entrent de plain-pied dans les graphiques, pourront être plus motivés pour tenter de dépasser leurs difficultés algébriques...

L'essentiel est donc de varier les approches, de les faire se croiser, sans hésiter à revenir sur des notions déjà vues.

Le déroulement linéaire d'un cours favorise un seul cheminement et ne peut convenir à tous.

C'est donc la variété des exercices qui donnera vraiment corps à la compréhension du plus grand nombre. Un petit bilan après une période d'exercices, en complément du cours, est parfois bien utile pour s'adapter à la diversité d'approche de nos élèves. ■

LE MANQUE DE SENS

À QUOI ÇA SERT ?

Lorsque les élèves demandent « À quoi servent les mathématiques ? » , on pense souvent qu'ils réclament des applications concrètes. La tendance est alors de proposer des mathématiques « utilitaires », en particulier des problèmes à « habillage concret ». Montrer quelques applications des mathématiques est certes enrichissant pour les élèves, à condition que cela ne soit pas artificiel ; or cela est rarement possible, l'utilisation des mathématiques dans la réalité étant souvent trop complexe pour que des lycéens puissent en saisir la portée.

Il est donc inutile de vouloir « déguiser » toute activité mathématique en pseudo-concret. Plus simplement, il serait sans doute préférable d'expliquer aux élèves ce que peut leur apporter la pratique de l'activité mathématique quand elle est pour eux *authentique*.

Lorsqu'on a fait des années de football ou de judo, on oublie la majorité des péripéties des matchs ou des combats... mais l'activité sportive s'est imprimée dans le corps. Il peut en être de même en mathématiques.

On va oublier un devoir raté ou même les énoncés des théorèmes et les formules, mais il devrait rester un esprit mieux formé, des « méninges plus vives » ... Comme les qualités sportives, les qualités intellectuelles ainsi développées (capacité d'ordonner sa pensée, d'analyser une situation, de raisonner logiquement, de prendre des initiatives) pourront être appliquées à d'autres domaines que la résolution d'un problème scolaire.

Mais, répétons-le, il est nécessaire pour cela que l'activité mathématique ne soit

Il faut que l'élève comprenne l'enjeu et le sens de l'activité mathématique à laquelle on lui demande de se livrer.

pas fictive. Or pour qu'il y ait authenticité de l'activité mathématique, il faut que l'élève *comprenne l'enjeu de la question, saisisse le sens de la recherche proposée,* puisse se le redire - ou mieux, le redire à d'autres - avec ses propres mots. Ce n'est, il est vrai, pas toujours suffisant.

Oui, mais comment ?

Comment faire entrer le plus grand nombre possible d'élèves dans l'activité mathématique ? Il me semble qu'il faut essayer de jouer sur plusieurs cordes : provoquer, étonner, raconter et entraîner.

• Provoquer le bon sens de l'élève et la confrontation entre intuition et raisonnement.

Prenons un exemple.

En terminale ou en première, les élèves n'osent plus dire que la somme de deux fonctions décroissantes est elle-même décroissante. Ils proposent même souvent « croissante » parce que « moins par moins... ». Mais, si dans un couple le salaire de chacun baisse, ils sauront bien vous dire que le revenu total ne risque pas d'augmenter !

Et pour le produit ? Si la largeur et la longueur d'un rectangle augmentent, son aire augmente bien ! Oui, mais si vous faites construire les représentations graphiques de $x \mapsto x - 2$, de $x \mapsto x + 2$ et du produit ... $x \mapsto (x - 2)(x + 2)$ alors qu'observe-t-on ? Quelle est la force d'un contre-exemple ? Mais pourtant, le rectangle.... Il ne faut pas mépriser l'intuition, mais il faut aussi montrer aux élèves que l'intuition doit être contrôlée pour éviter les dérapages ! Ainsi, pour les fonctions, notre intuition repose sur les fonctions à valeurs positives.

Et pour la somme alors ? Il faut y revenir en effet, puisque l'intuition risque de nous mener à une conclusion fausse. La démonstration, si on souhaite la faire, ne prend son sens que dans ce cheminement en zigzag. Sinon les élèves ont trop souvent l'impression qu'en mathématiques « on démontre des évidences » .

On pourra aussi profiter du thème « sens de variation de la somme » pour travailler sur la somme de deux fonctions affines et montrer que les pentes s'ajoutent. Et surtout que la pente d'une droite... reste la même que la droite soit au-dessous ou au-dessus de *Ox* ! Il s'agit ici de faire un peu de prévention de la confusion classique entre « positif » et « croissant ».

• Accompagner les notions mathématiques en les racontant, en anticipant les « pourquoi ».

Ces « pourquoi », les élèves ne les posent plus guère lorsqu'ils gravissent les échelons des classes successives. Demander à une classe « Mais au fond, pourquoi vous fait-on travailler sur les fonctions ? »• est une provocation utile, y compris en terminale ! Ou encore : « pourquoi calcule-t-on avec des lettres ? »••.

• Se comporter comme des entraîneurs sportifs.

Depuis longtemps, les programmes nous incitent à nous appuyer sur « la résolution de problèmes ». Mais ne nous leurrons pas, et les élèves avec nous : il faut aussi s'entraîner, faire ses gammes dans le calcul, *huiler les automatismes pour avoir la pensée plus libre.*

Cela, les élèves peuvent très bien le comprendre. Quand on fait du sport, de la musique ou du bricolage, on accepte que certains gestes demandent un entraînement intense pour devenir spontanés. Mais un entraînement doit toujours être relié à ce qu'il va apporter.

Dans le cadre des fonctions, leur écriture algébrique demande sans aucun doute un entraînement systématique refusé par certains élèves. En effet, une fonction peut souvent s'écrire sous plusieurs formes ; on entraîne donc l'élève à « changer de forme ». Mais, trop souvent, on oublie de mener conjointement une réflexion *sur l'intérêt que présente chaque écriture.*

• Voir la page 195.
•• Voir la page 193.

CHERCHER LA BONNE FORME

Beaucoup d'élèves de terminale n'ont pas encore réalisé qu'une écriture livre certaines informations, mais en cache d'autres qu'une écriture synonyme pourra nous révéler.

Voici trois écritures synonymes :

(A) $x \mapsto f(x) = (x-3)^2 - 4$

(B) $x \mapsto f(x) = x^2 - 6x + 5$

(C) $x \mapsto f(x) = (x-1)\,(x-5)$

Que nous révèle « à vue » l'écriture (A) ? et l'écriture (C) ?

Quelle est la forme la plus sympathique pour déterminer les primitives ?

Donner du sens à l'entraînement algébrique, c'est faire entrer l'élève dans le jeu d'un détective qui va *modeler la forme algébrique d'une fonction pour la faire « parler »*. Le nombre d'exercices nécessaires pour que l'automatisme soit acquis varie suivant les élèves.

Rien n'impose de donner le même nombre d'exercices à chacun. Un élève peut acquérir très vite un automatisme et buter sur un autre. Les élèves, pas plus que les fonctions, n'ont une « forme » constante ! L'entraînement personnalisé dédramatise et évite un peu l'idée d'échec. « J'y arrive pas encore » prend la place de « j'y arrive pas ».

Ce n'est pas un mince détail pour garder intacte l'énergie d'apprendre.

SI ON RACONTAIT POURQUOI ON CALCULE AVEC DES LETTRES ?

Voici un scénario possible pour une séance de travaux dirigés. Le mot scénario sous-entend une construction un peu théâtrale de la séquence : il doit y avoir un peu de suspense ! L'activité proposée ici est du niveau du collège, mais peut aussi être exploitée en seconde ; ses prolongements atteignent même le niveau du lycée.

PRÉALABLE

Les élèves ont appris à calculer une valeur après une augmentation ou une baisse donnée en pourcentage. Ils savent que l'on « parle » en pourcentage (comme les journalistes), mais qu'on « calcule » avec les nombres décimaux :

– dire « augmenter de 12 % » c'est faire « la multiplication par 1,12 » ;

– dire « baisser de 7 % » c'est faire « la multiplication par 0,93 » .

ACTIVITÉ PROPOSÉE

Chaque élève reçoit un rectangle différent de celui des autres. Pour tous, la largeur augmente de 10 % et la longueur de 20 %. De combien augmente le périmètre ? De combien augmente la surface ? Est-ce que le résultat en pourcentage sera le même pour tous ?

SURPRISE

Pour la surface, tous les élèves trouvent le même résultat : l'aire augmente de 32 % ! Mais pourquoi 32 et pas 30 ? Pour le périmètre il y a des résultats différents et certains égaux entre eux ! Bizarre ! Peut-on trouver une explication ?

À LA RECHERCHE DE L'EXPLICATION

Avec le calcul sur les chiffres, on ne peut que constater sans expliquer. Car *le calcul avec les chiffres ne laisse pas de traces* et donc l'explication se sauve sans que l'on puisse la retrouver !

« Nous appellerons donc simplement fonction d'une ou plusieurs quantités, toute expression de calcul dans laquelle ces quantités entreront de manière quelconque. » Lagrange.*

Mais si on essaie de raconter les calculs avec des mots, puis avec des « mots abrégés » :

– la nouvelle longueur, c'est l'ancienne longueur multipliée par 1,20, soit :

$$L_{nouv} = L_{anc} \times 1{,}20$$

– la nouvelle largeur, c'est l'ancienne largeur multipliée par 1,10, soit :

$$l_{nouv} = l_{anc} \times 1{,}10$$

– la nouvelle surface est donc :

$$\begin{aligned} S_{nouv} &= L_{nouv} \times l_{nouv} \\ &= (L_{anc} \times 1{,}20) \times (l_{anc} \times 1{,}10) \\ &= L_{anc} \times 1{,}20 \times l_{anc} \times 1{,}10. \end{aligned}$$

Avec des chiffres, on a effectué les calculs les uns après les autres. Ici, on voit que l'on a une suite de multiplications et on sait que l'on peut en changer l'ordre et les grouper comme on le veut :

$$S_{nouv} = (L_{anc} \times l_{anc}) \times (1{,}20 \times 1{,}10)$$

Mais, $L_{anc} \times l_{anc}$ c'est la surface initiale S_{anc}.
Donc $S_{nouv} = S_{anc} \times 1{,}32$.

Voilà pourquoi tout le monde a trouvé que la surface a augmenté de 32 % (et non de 30 % !).

Pour aller plus vite

Pour « écrire encore plus vite » , on n'écrit pas avec des « mots abrégés » en notant en petit « nouvelle » ou « ancienne », on met une seule lettre *en posant nettement la légende* au début :

« J'appelle L et l les dimensions initiales, et L' et l' les dimensions après augmentation. »

Il faut prendre alors le temps de refaire les calculs. Ce passage des chiffres aux lettres est sans doute trop rapide pour beaucoup d'élèves et les « lettres accompagnées » pourraient être un bon intermédiaire...

Suivant la classe dans laquelle on se trouve, on pourra utiliser cette activité pour développer la réflexion sur les faux paradoxes des pourcentages.

Il reste des questions

– Mais ça n'explique pas pourquoi avec le périmètre on trouve des résultats différents !

– Mais si ! Regardons simplement le demi-périmètre : largeur plus longueur.

L'ancien demi-périmètre est :

$$P_{anc} = L_{anc} + l_{anc}$$

Le nouveau demi-périmètre est :

$$P_{nouv} = (L_{anc} \times 1{,}20) + (l_{anc} \times 1{,}10)$$

Ce n'est pas une suite de multiplications... Il intervient ici deux opérations. On ne peut pas « triturer » cette écriture pour la mettre sous la forme $(L_{anc} + l_{anc}) \times (1{,}???)$. Donc, a priori, on ne peut rien dire de l'augmentation du périmètre...

Prolongements possibles

Recherche d'un encadrement du périmètre

On pourra travailler par inégalités et montrer que :

$$\begin{aligned} P_{nouv} &= (L_{anc} \times 1{,}20) + (l_{anc} \times 1{,}10) \\ &< (L_{anc} \times 1{,}20) + (l_{anc} \times 1{,}20), \end{aligned}$$

qui peut s'écrire $(L_{anc} + l_{anc}) \times 1{,}20$, soit $P_{anc} \times 1{,}20$.

Donc l'augmentation « que l'on ne sait pas déterminer exactement » est sûrement inférieure à 20 %. On montrerait de même qu'elle est à coup sûr supérieure à 10 % (étant entendu que l'on exclura à ce stade l'idée que largeur ou longueur puissent être nulles !). L'idée que *les mathématiques ne permettent pas toujours de donner une réponse précise, mais un encadrement,* peut alors commencer à se mettre en place.

Figures homothétiques

Si on a choisi les exemples pour que certains élèves trouvent la même augmentation du périmètre, alors il faut les laisser chercher pourquoi. Ou bien, s'ils n'arrivent pas à « dire » ce qu'ils remarquent, leur demander d'inventer un rectangle qui donnerait la même augmentation que celle d'un élève donné. Le dessin des rectangles peut mettre les élèves sur la voie : des rectangles qui se « ressemblent » à un agrandissement près donneront la même augmentation. Autrement dit, quand le rap-

*** Leçons sur le calcul des fonctions, 1806.***

port longueur/largeur est le même. Si la longueur vaut une fois et demie la largeur, qu'observe-t-on en menant les calculs sur les lettres « accompagnées » ou seules ? et si la longueur vaut x fois la largeur ?

Une fonction plus complexe

Puisque l'augmentation du périmètre dépend du rapport longueur/largeur, on peut noter x ce rapport, qui varie donc sur $[1 ; +\infty[$.
Ensuite on fera chercher à la classe ce que vaut le rapport
$r(x) = P_{nouv} / P_{anc}$ en fonction de x.

On trouve $r(x) = \dfrac{1{,}2x + 1{,}1}{x + 1} = 1{,}2 - \dfrac{0{,}1}{x + 1}$.

Que se passe-t-il quand x tend vers $+\infty$ et comment cela s'interprète-t-il en ce qui concerne l'augmentation du périmètre ?

Quelle est la plus petite augmentation possible ? (Il est intéressant de voir que l'on diminue la fourchette trouvée précédemment. L'augmentation est comprise entre 15 % et 20 %).

Notion de modèle commun sous des apparences diverses

On pourra présenter des calculs similaires dans un autre contexte afin que peu à peu un élève puisse percevoir que derrière des décors différents, il peut y avoir le même modèle mathématique. L'élève peut alors développer sa capacité d'abstraction.

Exemple : dans un couple où Lui est augmenté de 5 % et Elle de 10 %, de combien augmente le revenu total du couple ?

Et si on sait que Lui gagne une fois et demie le salaire de Elle ?

SI ON RACONTAIT POURQUOI ON ÉTUDIE LES FONCTIONS ?

Cet exemple de travaux dirigés peut être traité indifféremment en fin de collège ou en début de lycée, voire en section littéraire pour réconcilier certains élèves avec les fonctions.

LE VOLUME DU CENDRIER (exemple classique pour les enseignants, mais néanmoins efficace pour susciter l'intérêt des élèves).

La situation

Partir d'un carré de papier de 12 cm de coté. Faire quatre encoches carrées, une à chaque coin, et replier les bords pour former un « cendrier » (une boite sans couvercle). Faire faire plusieurs cendriers avec des encoches de taille différentes, et faire calculer le volume. Collecter les résultats des élèves : le volume varie suivant l'encoche, il est donc « fonction » de l'encoche. Observer que l'on fait toujours le même calcul, on pourrait dire « la même recette de calcul » :

– 12 diminué de 2 fois la taille de l'encoche, donne le côté du fond carré ;
– ayant le fond, on le multiplie par lui-même, pour avoir la surface du fond ;
– ayant cette surface, on la multiplie par la hauteur, qui est justement la taille de l'encoche, pour avoir le volume.

La mise en forme

On peut écrire cette « recette de calcul » avec des abréviations : en utilisant les signes des opérations effectuées et en notant e la taille de l'encoche :

– le coté du fond est $(12 - 2e)$;
– la surface du fond est :

$$(12 - 2e) \times (12 - 2e)$$

ou avec une autre abréviation $(12 - 2e)^2$;
– le volume du cendrier est $(12 - 2e)^2 \times e$ ou avec d'autres abréviation :

$$v = e\,(12 - 2e)^2.$$

Cette écriture garde la trace des calculs à effectuer pour connaître le volume à partir de l'encoche. Si on donne cette écriture à une calculatrice programmable, elle donnera automatiquement le volume chaque fois qu'on lui fournit une dimension d'encoche.

Il nous faut convaincre les élèves de l'intérêt et de l'utilité du concept de fonction.

LES « DÉLIRES » DE LA CALCULATRICE !

Dans notre exemple, la taille de l'encoche a pour valeurs extrêmes 0 et 6. Or, si on donne des valeurs extérieures à cet intervalle, la calculatrice répond quand même !

D'ailleurs si la calculatrice est à écran graphique, on pourra observer une courbe qui a bien l'air de prendre toutes ses aises, de $-\infty$ à $+\infty$!

Les notions de prolongement et de restriction d'une fonction peuvent ainsi être découvertes à ce propos.

NOTRE INTUITION EST-ELLE BONNE ?

Y a-t-il un cendrier ayant un volume plus grand que tous les autres ? Si oui, lequel ?

Si l'encoche est minuscule, le cendrier sera « extra-plat », donc d'un volume pratiquement nul. Si, d'autre part, vous faites de très grandes encoches, presque 6 cm chacune, il ne restera presque plus de fond, et le cendrier aura pris une forme de tube, de volume pratiquement nul aussi... Et entre ces deux situations extrêmes, le cendrier aura parfois un volume « assez grand », on le voit bien si on le construit ! Notre intuition nous dit qu'il doit y avoir un volume maximum. Là elle a raison ! (Cette explication fut proposée par Gilles, élève de seconde, plutôt gêné par le calcul algébrique).

Mais ensuite, elle nous joue un tour, car parmi tous les cendriers possibles, il en est un et un seul qui prendra la forme d'un cube (si l'encoche mesure juste 4 cm) et on pense souvent que c'est ce cendrier-cube qui aura le volume maximum. Et bien non ! (Pourtant, dira Guillaume, élève de première en Art plastique, « Ce serait plus normal que ce soit le cube ! »).

Bien sûr on peut trouver ce volume maximum en tâtonnant, en faisant tous les essais possibles de millimètre en millimètre, avec une calculatrice programmable.• Mais les mathématiciens ont mis au point des « outils » pour savoir si certaines fonctions passent ou non par un maximum et, si oui, pour quelle valeur de la « variable » ? (ici pour quelle encoche ?).

On peut ainsi dès la classe de seconde prévenir de l'arrivée future de « l'outil dérivée ».

On peut évidemment le mettre en œuvre si l'on est en première.

LE « LEGO® » DES FONCTIONS...

PRÉALABLES : À PROPOS DES ERREURS COURANTES

Sans doute avez vous déjà vu des élèves :

– appliquer la méthode du tableau de signes à une expression telle que $(3x + 1)(x + 2) + (5x - 2)(2x + 1)$ en alignant scrupuleusement les quatre lignes liées aux quatre « facteurs »...

– ne pas savoir trouver l'image de 5 par la fonction $x \mapsto 3x^2$ et proposer au hasard 75 ou 225 ;

– ou encore réagir de façon réflexe : $\sqrt{1 - 3x}$ ou $\ln(1 - 3x)$, déclenche aussitôt « x positif ».

C'est qu'en fait, beaucoup d'élèves *ne savent pas reconstituer la structure cachée derrière l'écriture algébrique.*

Ils ne savent pas dire si cette expression est une somme, un produit ou une composée.

• Étude à mener en reportant les valeurs dans un tableau ou, mieux, sur un graphique.

QU'Y A T-IL DERRIÈRE LE MOT « FACTORISER » ?

Que les élèves hésitent à propos d'expressions comme $(x^2 - 4)(x + 1)$ ou $(x^2 + 4)(x + 1)$ n'est pas très grave et vient probablement de notre enseignement. Précisons-nous assez souvent que « factoriser » signifie décomposer en produit de la façon la plus poussée possible, chaque facteur étant irréductible ?

Mais voici une question qui fut réellement posée en début de première scientifique (section « lente• ») : « Les expressions suivantes sont-elles factorisées ? »

Et voici le relevé des réponses de cette classe de 33 élèves :

$(3x + 2)(x - 3)(2x - 1)$	3 Non
$(5x - 2)^2$	12 Non
$(5x - 2)^2 (3x + 1)$	8 Non
$(3x+1)(2x-1) + 2$	9 Oui
$(3x + 1)(2x - 1) + (5x - 2)(x + 3)$	15 Oui
$(x^2 + 1)(3x - 1)$	10 Non

On sent qu'il y a derrière le verbe « factoriser » une prégnance beaucoup plus forte de la forme d'écriture $(ax + b)(dx + c)$ que du sens réel de ce verbe.

Comment les élèves pourraient-ils, dès lors, choisir une méthode pour déterminer le signe d'une expression (ou même pour reconnaître que ce signe est apparent) s'ils ne savent même pas identifier la forme de cette expression ?

Comment pourront-ils chercher une limite, trouver une dérivée (même avec le formulaire) ?

Quand un élève écrit que « la dérivée de $\ln(x^2 + 1)$ est $x + \frac{1}{x} + 2x \ln x$ », avouons qu'il faut un certain temps pour réaliser qu'il a appliqué la formule de dérivation d'un produit, autrement dit qu'il a compris ce que nous écririons ainsi : $(\ln x)(x^2 + 1)$.

Il ne s'agit pas ici de dresser un catalogue d'erreurs, mais de montrer *à quel point les difficultés de lecture des formules peuvent faire barrage à l'activité mathématique.*

Ne pensons pas non plus que des élèves produisant de telles erreurs sont *a priori* perdus pour la cause scientifique••.

L'introduction des opérations sur les fonctions et leur traduction en écriture algébrique est donc un passage à la fois délicat et fondamental, compte tenu de ses conséquences à long terme pour l'élève.

LES OPÉRATIONS SUR LES FONCTIONS

LES BRIQUES DE BASE

De même que dans le jeu de LEGO®, il y a les briques de base, de même dans le cas des fonctions mathématiques, il y a les fonctions de référence. Pour être simple, on peut dire que ce sont les fonctions présentes sur les touches des calculatrices, avec en plus « ajouter *k* » et « multiplier par *k* » (voir le tableau de la page 198).

Remarque

Le nom de la variable ne figure pas ici, pour mieux faire percevoir que la lettre choisie est interchangeable et pour mieux faire sentir l'opération de composée des fonctions.

Toutes les fonctions du programme de première et de terminale sont des combinaisons de ces fonctions élémentaires.

On les assemble comme dans un jeu de construction !

• Voir la note de la page 190.*

•• Les élèves en question ont eu pratiquement tous un bac D (voire C), mais il est vrai qu'ils avaient pour les sciences une attirance que n'ont certes pas tous nos élèves en échec.

Toutes les fonctions utilisées en classe sont des combinaisons d'un petit nombre de fonctions de référence.

CATALOGUE DES FONCTIONS DE BASE			
Ajouter 3	$\xrightarrow{+3}$	**Prendre l'opposé**	$\xrightarrow{\text{opp}}$
Multiplier par 5	$\xrightarrow{\times 5}$	**Prendre le cube**	$\xrightarrow{(\ )^3}$
Prendre le carré	$\xrightarrow{(\ )^2}$	**Prendre la racine**	$\xrightarrow{\sqrt{\ }}$
Prendre l'inverse	$\xrightarrow{1/}$	**Prendre la valeur absolue**	$\xrightarrow{\lvert\ \rvert}$
Prendre le sinus	$\xrightarrow{\sin}$	**Prendre le cosinus**	$\xrightarrow{\cos}$
Prendre le logarithme	$\xrightarrow{\ln}$	**Prendre l'exponentielle**	$\xrightarrow{\exp}$

DES OPÉRATIONS QUI « COPIENT » CELLES DES NOMBRES

Déjà, on peut assembler les fonctions par des opérations qui ressemblent à celles des nombres : on ajoute, on multiplie des fonctions entre elles.

À ce propos, lire $(f + g)(x) = f(x) + g(x)$ pour tout x n'a jamais vraiment éclairé un élève. Percevoir que l'on définit ainsi une opération sur un nouvel ensemble, celui des fonctions, se fait bien plus tard, si l'on poursuit des études scientifiques. L'apprentissage n'est pas linéaire et nous avons tous comblé ainsi *a posteriori* des zones floues. L'important est que les parties floues ne forment pas un obstacle infranchissable à la poursuite de l'activité mathématique.

UNE OPÉRATION MYSTÉRIEUSE : LA COMPOSITION

Il existe aussi une opération « spéciale-fonction » très mystérieuse. C'est une opération « clandestine » car elle n'est pas issue des opérations chez les nombres, elle n'a pas de signe opératoire dans l'écriture algébrique usuelle (comme le produit, donc risque de confusion...) et pas de touches sur la calculatrice (alors que le produit, lui, exige un « multiplié »). Difficile alors de la reconnaître !

Ainsi, à propos de la fonction affine $x \mapsto ax + b$, si un collégien voit écrit :

$$f(x + h) = a(x + h) + b\ ,$$

il a de fortes chances de ne pas comprendre. Il doit identifier tout seul que pour la lettre a il s'agit du produit par $(x + h)$, mais pour la lettre f, ce n'est pas un produit ! Quant à savoir ce que c'est...

De même, au lycée, la formule de dérivation d'une fonction composée est bien obscure pour la majorité des élèves.

Comme cette opération n'a pas son équivalent chez les nombres, il ne faut pas hésiter à la raconter en s'aidant d'expression imagées (fonction à la queue leu-leu, fonctions enchaînées, fonctions qui se passent le relais), voire de schémas. Il faut faire percevoir son existence derrière les écritures algébriques rencontrées et sa différence avec les autres opérations (la non-commutativité en particulier).

La notation « $\circ$ » ne doit venir qu'ensuite, suivant la section bien sûr•. En effet le signe opératoire « $\circ$ » exige, lui, contrairement à la somme et au produit, de quitter l'ensemble des nombres pour se situer dans l'ensemble des fonctions. Cela étant dit, lorsqu'on fait découvrir aux élèves la notation de la composée et que l'on pénètre dans les brouillards du « $f \circ g$ », alors ne les laissons surtout pas dans l'idée que, si les mathématiciens ont choisi d'écrire « $f \circ g$ » quand ils font opérer d'abord g, puis f, ce n'est pas parce que ce sont des gens qui aiment faire compliqué quand on peut faire simple ! Les mathématiciens ont suivi l'ordre de la syntaxe française. Les compléments de nom sont écrits « à rebours » dans notre langue, « le chien du voisin du père de Paul » oblige à « remonter » de Paul à son père, puis au voisin, enfin au chien de celui-ci. C'est bien la langue française qui dit que « le triple du carré » de 5 est 75 et non 225.

• Cette notation apparaît en première S et en terminale ES.*

C'est par un *schéma visualisant la structure de l'assemblage des fonctions de référence* que l'on peut sans doute le mieux faire sentir ce qu'est la composition des fonctions.

LES CHAÎNES DE MONTAGE

L'écriture $x \mapsto 3\sqrt{x}$ peut s'illustrer par :

$$\xrightarrow{\sqrt{\ }}\ \xrightarrow{\times 3}$$

et $x \mapsto 3\sqrt{x}$ par :

$$\xrightarrow{\times 3}\ \xrightarrow{\sqrt{\ }}$$

alors que :

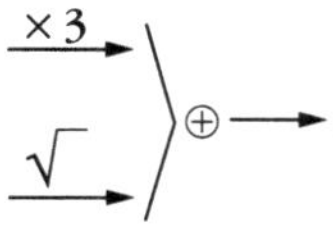

illustre $x \mapsto s(x) = 3x + \sqrt{x}$,

et

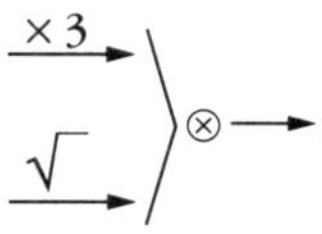

illustre $x \mapsto p(x) = 3x\sqrt{x}$.

Certaines écritures s'illustrent par des chaînes plus ou moins longues.

Ainsi, l'écriture

$$x \mapsto \frac{2}{\sqrt{5x^2+1}} + 3$$

se traduit par la « chaîne de montage » suivante :

$$\xrightarrow{()^2}\ \xrightarrow{\times 5}\ \xrightarrow{+1}\ \xrightarrow{\sqrt{\ }}\ \xrightarrow{1/}\ \xrightarrow{\times 2}\ \xrightarrow{+3}$$

MONTAGES « RAMIFIÉS »

Cette structure en chaîne se distingue nettement de la somme et du produit qui ont des montages « ramifiés ».

Remarquons aussi qu'il est assez rare de travailler sur des sommes ou des produits de fonctions de base : en général on assemble des chaînes plus ou moins longues par addition ou multiplication.

$x \mapsto 3x + 1 + \dfrac{2}{x-5}$ se visualise par :

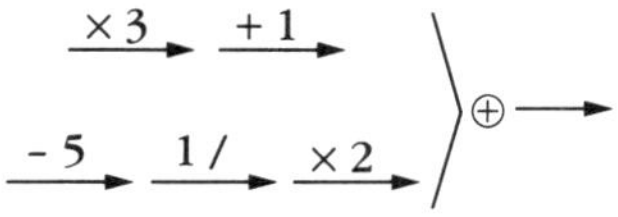

et $x \mapsto (3x + 1)(x^2 - 5)$ a pour montage :

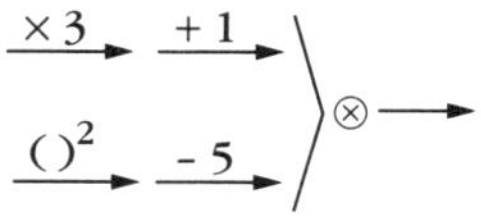

Ces assemblages présentent deux chaînes « parallèles », l'une étant mise en attente tandis que l'autre se déroule avant « fusion » des résultats des deux branches, soit par addition, soit par multiplication. C'est bien ce qu'il faudrait faire mentalement pour calculer l'image d'un nombre.

Une pratique répétée des « montages » depuis plusieurs années m'a finalement conduit à écarter « soustraction » et « division », préférant utiliser les fonctions « opposé de » et « inverse de ».

D'abord parce qu'un signe lié à une opération commutative permet de ne pas imposer un ordre dans les branches ; ensuite car cela permet de prendre conscience des fonctions qui interviennent (par exemple, lorsque l'on veut repérer les fonctions décroissantes).

Pour visualiser :

$x \mapsto \dfrac{A(x)}{B(x)}$ j'ai renoncé à :

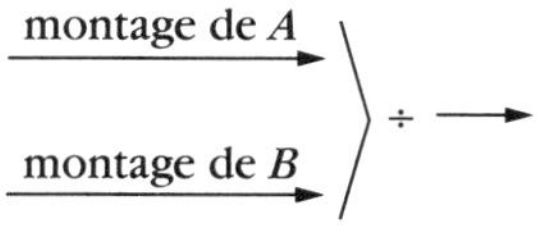

pour préférer :

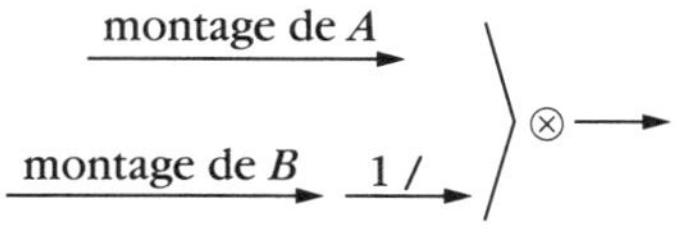

Cela oblige aussi à bien mettre en place tout le codage algébrique qui n'est pas encore établi fermement chez beaucoup de lycéens.

Voici, par exemple, une question mettant en difficulté bon nombre d'élèves : la fonction « opposée de » intervient-elle dans les fonctions suivantes :

$x \mapsto \dfrac{2}{x-3}$; $x \mapsto \dfrac{2}{3-x}$; $x \mapsto \dfrac{-2}{x+3}$.

Apprendre à reconnaître sur l'écriture d'une fonction le schéma de « montage » qui permet de la construire à partir des fonctions de base.

Certains ne l'identifient pas dans le dernier cas, d'autres la voient intervenir dans le premier exemple•.

Parler de composée en chaîne pendant un certain temps semble donc utile, faire des thèmes et versions sur « montage » et « écriture » aussi ; tout en disant bien aux élèves que *le montage est un outil d'apprentissage, donc un outil provisoire* qui deviendra superflu lorsqu'il saura reconnaître la structure de la fonction à la seule vue de son écriture.

UNE FONCTION A EN GÉNÉRAL PLUSIEURS FORMES POSSIBLES

Ceci est une réelle difficulté pour les élèves et c'est pourtant la clé de l'aisance algébrique.

Un élève doit comprendre que *la forme d'une fonction peut se modeler suivant ce que l'on cherche.*

Ainsi $x \mapsto f(x) = (3x - 2)(x - 2)(1 - 2x)$ se présente ici sous forme de produit : idéal pour étudier le signe, pour résoudre l'équation $f(x) = 0$.

Mais si on cherche une primitive, cette forme ne permet pas de répondre.

Il est fondamental de faire distinguer aux élèves :

– le choix de la forme la plus adaptée à ce que l'on cherche ;

– les techniques pour changer de forme si cela est nécessaire.

Ce sont deux apprentissages complémentaires.

Trop souvent on ne détaille que le second, alors que le premier est largement aussi important, pour la simple raison que certains élèves savent faire spontanément « le bon choix » ou qu'il est plus ou moins coutumier de l'indiquer aux élèves.

Or, choisir, cela peut s'apprendre à condition d'expliciter cet apprentissage.

Donnons des exemples de questions :

• Voici trois écritures de la même expression :

Forme 1 : $E(x) = \dfrac{(2x-1)(x+1)}{x-2}$

Forme 2 : $E(x) = \dfrac{2x^2 + x - 1}{x-2}$

Forme 3 : $E(x) = 2x + 5 + \dfrac{9}{x-2}$

Quelle forme permet le plus simplement de calculer $E(0)$? $E(0,5)$? de déterminer le signe ? de déterminer l'existence éventuelle et l'équation d'une asymptote ? de trouver le sens de variation ? de dériver ? de trouver une primitive ?

• Mêmes questions pour l'expression $F(x)$:

Forme 1 : $F(x) = \dfrac{2(x-3)(x+4)}{x-2}$

Forme 2 : $F(x) = \dfrac{2x^2 + x - 6}{x-2}$

Forme 3 : $F(x) = 2x + 5 - \dfrac{2}{x-2}$

• On remarque ainsi qu'il faut éviter le réflexe conditionné. Certaines formes ont un usage de prédilection, mais il peut y avoir des variantes. Ainsi pour E, aucune forme ne signale simplement le sens de variation, il faudra donc dériver. Tandis que pour F, la forme 3 montre à l'œil exercé la somme de deux fonctions croissantes... dans chacun des intervalles $]-\infty, 2[$ et $]2+\infty[$. Mais « exercer l'œil » à regarder une écriture algébrique, cela s'apprend aussi !••

• Réaliser que $\dfrac{2}{x-3}$ s'écrit aussi $2 \times \dfrac{1}{x-3}$ n'est pas non plus si naturel, même en terminale (dans la recherche des primitives, $2 \times \dfrac{u'}{u}$ ne pose pas de problème, mais $\dfrac{2u'}{u}$ si !).

•• On dit souvent que les élèves préfèrent « dériver » parce que cela les rassure... Comment juger si on ne donne pas aux deux outils (la composée et la dérivation) une importance comparable ? Nos élèves sont aussi le reflet de nos propres choix.

En terminale...

Bien que les montages soient un outil provisoire, il est souvent utile de les *reprendre pour bien associer les fonctions logarithme et exponentielle aux autres fonctions.*

Cela est particulièrement important dans les séries où les élèves, ayant oublié entre-temps les fonctions sinus et cosinus, redécouvrent à cette occasion des fonctions non algébriques.

On pourra alors considérer des montages moins détaillés :

$$\left.\begin{array}{l} \xrightarrow{()^2}\ \xrightarrow{\times 3} \\ \xrightarrow{\times 2}\ \xrightarrow{+1} \end{array}\right\rangle \oplus \longrightarrow$$

devenant tout simplement $\xrightarrow{\text{(polynôme)}}$

Il est important que devant des fonctions telles que :

$x \to a(x) = \ln(3x^2 + 2x + 1)$;

ou $x \to b(x) = 3(\ln x)^2 + 2\ln x$

ou enfin $c(x) = 2x + 1 + \ln(x + 3)$

les élèves sachent reconstituer la « chaîne de montage ».

Si les fonctions a et b peuvent se résumer en $\xrightarrow{\text{(polynôme)}}\ \xrightarrow{\ln}$ ou $\xrightarrow{\ln}\ \xrightarrow{\text{(polynôme)}}$ en revanche, la fonction c montre un montage ramifié :

$$\left.\begin{array}{l} \xrightarrow{\text{(f. affine)}} \\ \xrightarrow{+3}\ \xrightarrow{\ln} \end{array}\right\rangle \oplus \longrightarrow$$

Il en serait de même avec les fonctions rationnelles.

Bien des difficultés sur les limites disparaissent lorsque l'on forme l'élève à reconnaître la structure ; il ne cherche plus alors à faire apparaître « $\ln x/x$ » quand il est devant un logarithme de polynôme...

Comment peut-il savoir s'il faut appliquer le théorème sur la somme des limites ou sur la composée, s'il ne sait pas identifier ces formes au vu de l'écriture ?

Face à une structure du genre :

$$\xrightarrow{\text{(polynôme) ou (f. rationnelle)}}\ \xrightarrow{\text{(f. logarithme) ou (f. exponentielle)}}$$

ou

$$\xrightarrow{\text{(f. logarithme) ou (f. exponentielle)}}\ \xrightarrow{\text{(polynôme) ou (f. rationnelle)}}$$

l'élève doit pouvoir se dire « il suffit d'appliquer les résultats de cours en suivant les flèches ! ».

Autrement dit, il faut utiliser le théorème sur la limite d'une fonction composée.

Face à une structure de la forme :

$$\left.\begin{array}{l} \xrightarrow{\text{(polynôme ou f. rationnelle)}} \\ \xrightarrow{\text{(exponentielle ou logarithme)}} \end{array}\right\rangle \begin{array}{c}\oplus \\ \text{ou} \\ \otimes\end{array} \longrightarrow$$

il doit savoir qu'en cas de difficulté il n'y a qu'une issue : se ramener à l'une des quatre limites ($x \ln x$; $\ln x/x$; $x \exp x$ ou $\exp x/x$) vues en cours.

Cet apprentissage de « reconnaissance de structure » est trop souvent oublié, comme s'il devait se faire « tout seul », magiquement.

Oui, certains élèves, dont sans doute ceux qui deviendront « prof de math » plus tard, ont mis en place d'eux-mêmes cette lecture globale de l'écriture algébrique.

Mais *ce n'est pas parce qu'une notion est spontanée chez certains qu'elle ne doit pas être enseignée.*

Il y a des élèves paralysés devant ces écritures, et qui pourtant portent en eux une capacité d'initiative en mathématiques que nous ne pouvons soupçonner tant que leur blocage fait écran.

Rien n'empêche de lancer le groupe des élèves spontanément à l'aise dans l'écriture à la recherche d'un problème ouvert, tandis que l'on travaille avec les autres...

Oui, cela prend du temps, mais si on reconnaît la gravité de l'obstacle, et si l'on croit à son dépassement possible, alors l'enseignant saura trouver le temps.

L'apprentissage de la composition des fonctions doit commencer tôt, très longtemps avant l'introduction de la notation « ○ ».

Une parenthèse sur la « communication »

Signalons cependant une difficulté à laquelle il faut s'attendre.

Cet apprentissage n'étant pas signalé explicitement dans les programmes ni de ce fait dans les manuels, un certain nombre d'élèves résistent : « on n'avance pas le programme ». Ce sont souvent ceux qui en ont le plus besoin.

Il est conseillé d'ébaucher un travail de ce genre en seconde ou en début de première, puis de montrer l'efficacité de la reconnaissance de la structure :

– pour *trouver le sens de variation* (est-ce une composée? une somme ?) ;

– pour *dériver*, (est-ce un produit ? une composée ?) ;

– pour *déterminer les limites* ;

– pour *trouver un signe* (voir l'encadré de la page 204).

Parfois, aussi, ce sont les parents qui développent une méfiance vis-à-vis des « méthodes modernes », tout ce qu'ils n'ont pas vu dans leur scolarité étant aisément qualifié ainsi. Sans doute faut-il prendre le temps de leur expliquer son projet, en particulier lorsqu'on est un jeune enseignant ou un nouvel arrivant dans un établissement.

SI ON ILLUSTRAIT LA COMPOSÉE DÈS LE COLLÈGE

Il suffit de semer quelques idées simples : chaque fonction reçoit ce qui « sort » de la précédente...

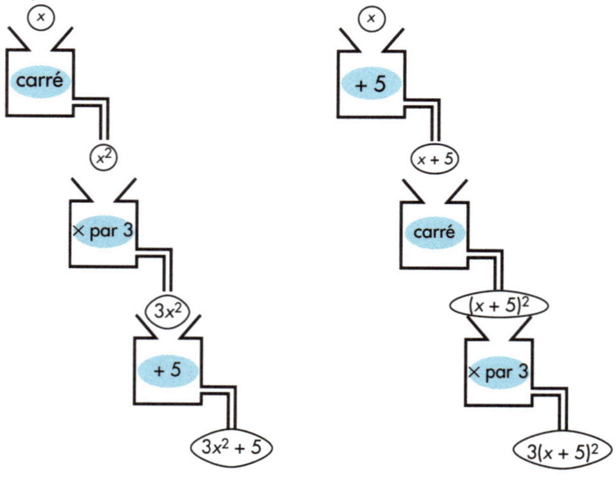

Avec les mêmes fonctions de bases, mais composées dans un ordre différent, on obtient une autre fonction. L'écriture « avec un x » est faite pour distinguer nettement l'ordre, alors que la syntaxe française risque d'être ambiguë : « le triple du carré d'un nombre augmenté de cinq »

Qui est augmenté de 5 ? Le triple du carré, comme dans la figure de gauche ? ou bien le nombre lui-même, comme dans la figure de droite ? Cela pourrait être aussi le carré du nombre, cas non dessiné ici, mais qui aboutirait à $3(x^2 + 5)$.

• Cet encadré est de Philippe Bardy, professeur au lycée de Guer, Morbihan.

Prolongement possible : à la recherche de l'ensemble de définition

L'ensemble de définition est en principe donné avec la fonction, puisqu'il participe à sa définition même.

Il n'est donc plus d'usage de le demander aux élèves, d'autant plus que cela reposait sur beaucoup d'implicite (en fait on demandait sans le dire, l'ensemble le plus « large » possible).

Cependant, pour faire « sentir » la notion de composée, tenter de comprendre les limitations obligées de l'ensemble de définition est formateur, l'idée étant *de déterminer toutes les valeurs de la variable pour lesquelles la chaîne de montage fonctionne.*

On peut commencer avec les « machines » vues précédemment...

On peut aussi utiliser les montages pour faire percevoir aux élèves que, dans une structure de composition, *chaque fonction ne voit pas plus loin que le début de sa flèche.*

C'est la fonction racine carrée qui ne « digère » que les nombres positifs et la fonction inverse qui n'accepte que les nombres « non nuls », mais les autres fonctions (mise à part la fonction logarithme en terminale) sont « de bonne composition », elles acceptent tout sans broncher !

Dans la tête de l'élève, il s'agit donc de faire situer la contrainte là où elle est et non en début de chaîne comme ils le proposent souvent : $x \mapsto \sqrt{x+3}$ entraîne trop souvent « $x > 0$ ».

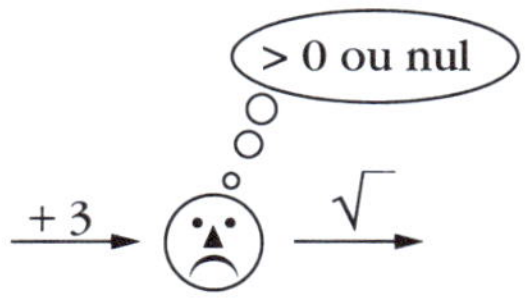

ou bien

On peut alors montrer un visage plus sympathique de la fonction valeur absolue dont les élèves ont souvent peur, ainsi pour $x \mapsto \sqrt{|x+3|}$:

par exemple :

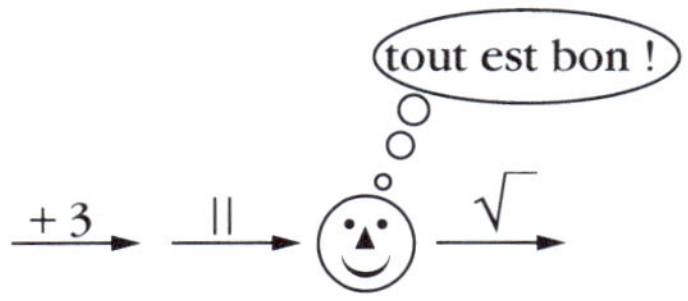

Le signe d'une fonction est-il toujours aussi caché qu'il en a l'air ?

TROUVER LE SIGNE D'UNE EXPRESSION *E*(*x*)

La première chose est de *regarder* l'expression ... Peut-être nous révèle-t-elle son signe sans aucun calcul !

Par exemple :

• **Si c'est une composée**, contient-elle des fonctions ayant le pouvoir de « rendre positif » ? (la fonction carré ou valeur absolue, ou encore la fonction exponentielle) ?

Si une fonction « *qui positive* » agit en dernier, c'est gagné, toute la chaîne est positive.

Mais il y a des fonctions qui « *gardent le signe* » (la fonction inverse, la fonction cube, toute fonction « multiplié par un nombre positif » ,...). Alors, si une fonction « qui positive » est suivie d'une fonction qui « garde le signe », c'est gagné aussi !

Exemple : $\dfrac{2}{(x-3)^2}$ *correspond à :*

$$\xrightarrow{-3}\xrightarrow{(\,)^2}\xrightarrow{1/}\xrightarrow{\times 2}$$

Cette expression est toujours positive car la fonction carré rend positif et les deux fonctions qui suivent gardent le signe.

Il faut apprendre à voir cela sur l'écriture sans faire tout le montage.

• **Si c'est une somme :**

– est-ce la somme de deux expressions positives ? ou de deux négatives ?
– est-ce un polynôme du second degré ?
– sinon, peut-on la mettre en produit ?

• **Si c'est un produit**, la méthode du tableau de signe convient !

Mais avant de se lancer, observer encore : parfois on peut aussi « écarter » des facteurs qui n'ont pas d'effet pour le signe parce qu'ils sont toujours positifs. Par exemple, on dira : $E(x) = (x^2 + 3)\,(2x - 1)$ est du signe de $(2x - 1)$.

Il est donc important de savoir identifier, d'après l'écriture, si l'expression est une somme, une composée ou un produit,... puisque les tactiques seront différentes.

Exercices jumeaux

1) Les expressions suivantes révèlent-elles leur signe « à vue » ou bien faut-il les changer de forme ? (alors sous quelle forme faut-il les mettre ?). Ou encore faut-il conclure que l'on ne sait pas trouver leur signe pour toute valeur de *x* ?

$3 + \dfrac{2}{(x-1)^2}$	$3 + \dfrac{2}{x^2-1}$	$3 - \dfrac{2}{(x-1)^2}$
$3 - \dfrac{2}{(x+1)^2}$	$x + \dfrac{2}{x^2+1}$	$3 + \dfrac{2}{x^2+1}$

2) Voici des expressions algébriques.

Certaines d'entre elles disent leur signe sans aucun calcul. Savez-vous les reconnaître ? Alors indiquez leur signe en dessous.

D'autres peuvent s'alléger en disant : « Cette expression a le même signe que... ».

Dans ce cas, entourez le facteur donnant le signe.

Exemple : $(3x - 1)\,(x^2 + 1)$ *a le même signe que* $(3x - 1)$.

Enfin, s'il vous semble nécessaire de faire un tableau de signe, indiquez « TS » sous la case correspondante.

$\dfrac{2x-1}{e^{x-3}}$	$\dfrac{2x-1}{e^x-3}$	$\dfrac{2x-1}{e^x+3}$	$\dfrac{2x+1}{e^{-x}+3}$
$\dfrac{2x^2+1}{e^x+3}$	$\dfrac{2x^2-1}{e^x+3}$	$\dfrac{2x^2+1}{e^x-3}$	$\dfrac{2x^2+1}{e^{-x}+3}$

La représentation graphique

Les fonctions sont des objets mathématiques qui apparaissent sous trois aspects : numérique, algébrique et graphique. Ces trois façons d'entrer en contact avec une fonction sont complémentaires. C'est sans doute par une approche plurielle que les élèves auront le plus de chance de percevoir le concept de fonction.

Citons B. Malgrange (préface du livre cité en marge de cette page) :

« Mais les graphiques ont souvent mauvaise réputation ! Voici ce qu'écrivait Félix Klein, il y a un siècle•, à propos d'un mémoire de Riemann comportant un aspect graphique dans ses raisonnements :

« La méthode est, de nos jours, très peu prisée des mathématiciens, habitués aux recherches abstraites. Il est d'autant plus satisfaisant de voir une autorité scientifique comme Riemann en faire usage lorsque l'occasion s'en présente, et savoir en tirer les conséquences les plus remarquables ».

De nos jours la situation ne s'est guère améliorée. Si l'on veut « donner du sens » aux notions de base de l'analyse, fonctions, dérivées, etc. l'aspect graphique est indispensable. »

Nous souhaiterions montrer ici comment le travail sur le graphique peut aider le travail algébrique, et surtout montrer comment il est propice à l'élaboration de conjectures par les élèves eux-mêmes, sans doute parce qu'ils appartiennent à la génération de l'image.

Une difficulté à ne pas sous-estimer

Il est très fréquent qu'un élève ne sache pas, au fond, ce qu'est la représentation graphique d'une fonction. Pourtant, il a souvent une certaine aisance lorsqu'il s'agit de fonctions données par leur graphique en économie ou en biologie. Mais il est désarmé devant « l'ensemble des points de coordonnées $(x\,;f(x))$ » que lui propose le professeur de mathématiques. Notre façon d'aborder la représentation graphique n'est peut-être pas totalement innocente de ces difficultés. En effet, *passer du repérage d'un point à la représentation graphique d'une fonction est un réel obstacle.*

Lorsque l'on parle du repérage d'un point, les deux coordonnées jouent un rôle symétrique. On fixe juste par convention l'ordre dans lequel elles sont nommées.

De même, lorsque l'équation d'une droite est présentée sous la forme $3x + 2y = 8$, là encore, x et y jouent un rôle symétrique. Mais alors que par le calcul, l'égalité précédente équivaut aussi bien à $y = -\frac{3}{2}x + 4$, qu'à $x = -\frac{2}{3}y + \frac{8}{3}$, on dira pourtant que cette droite est la représentation graphique de la seule fonction

$$f : x \xrightarrow{\times\frac{3}{2}} \xrightarrow{\text{opposé}} \xrightarrow{+4} f(x),$$

tandis que la fonction :

$$x \xrightarrow{\times\frac{2}{3}} \xrightarrow{\text{opposé}} \xrightarrow{+\frac{8}{3}} g(x)$$

sera représentée par une autre droite. Cette difficulté est souvent escamotée. Elle trouve son prolongement dans un type d'exercices traditionnel, le régionnement du plan.

Que signifie en fait l'interprétation graphique de $3x + 2y - 8 > 0$, question dans laquelle on attend de l'élève qu'il hachure le demi-plan concerné. Nous revoilà avec la même droite et, à nouveau, un rôle symétrique des deux coordonnées. Qu'est-ce qui doit être positif au fait ? Que fait-on manipuler sans le dire ?

On s'intéresse ici, mine de rien, à une fonction de DEUX variables $(x, y) \mapsto 3x + 2y - 8$. C'est elle qui est positive sur le demi-plan « hachuré ».

BIBLIOGRAPHIE

Une étude détaillée de l'aspect graphique des fonctions est faite dans *Fenêtres sur courbes*, de S. Gasquet et R. Chuzille au CRDP de Grenoble, dont sont tirés certains exemples présentés ici.

• En 1894.

« On peut dire que c'est à la considération des courbes qu'on doit les principales méthodes de l'analyse. » Lagrange.*

Les élèves « savent faire », là n'est pas la question. Mais n'êtes-vous pas étonné qu'ils aient autant de mal à lire graphiquement la résolution de $f(x) > 0$, lorsque la fonction n'a qu'une variable ?

En particulier l'interprétation graphique de $ax + b > 0$ leur pose un problème, car elle n'a rien à voir avec l'entraînement aux demi-plans hachurés bien qu'il y ait une droite dessinée !

L'idée que la fonction *représentée par la droite d'équation* $y = ax + b$ a des valeurs positives quand la droite est au dessus de Ox est un étonnement pour beaucoup d'élèves !

Illustrer graphiquement des propriétés « naives » de la fonction

Quelques conventions nécessaires

Si on souhaite utiliser une courbe représentative, construite par l'élève ou donnée par le texte, pour conjecturer, voire pour prouver, il est nécessaire d'expliciter quelques conventions pour que l'activité graphique acquière autant de rigueur que le reste des mathématiques enseignées.

En particulier, il faut admettre clairement que les fonctions classiques (polynômes, fonctions rationnelles, fonction racine, fonctions trigonométriques, fonctions logarithme et exponentielle) se dessinent par un trait ininterrompu sur chaque intervalle où elles sont définies, puisqu'elles sont « continues ». Cela peut être justement une approche de la continuité. Sinon, toutes les questions de résolutions graphiques d'équation seraient de « l'à peu près ».

De même, si la représentation graphique est donnée par le texte, il faut dire qu'elle est « fidèle » au sens de variation. C'est-à-dire que tout grossissement par changement d'unité conserverait le sens de variation.

En effet, nos élèves sont amenés à voir d'autres courbes que les nôtres. En biologie comme en économie, il peut arriver qu'à une certaine échelle la courbe illustre une fonction croissante, alors qu'un grossissement montrerait des zigzags autour de la courbe plus lisse.

Il est difficile de demander à un élève de seconde le tableau de variation associé à une courbe donnée si cette convention de fidélité n'a pas été explicitée nettement.

Enfin, la représentation graphique des asymptotes par le professeur de mathématiques est elle aussi très conventionnelle, puisque l'on n'hésite pas à « fausser » volontairement le tracé de certaines courbes pour les disjoindre nettement de leurs asymptotes.

Ces conventions étant précisées, faire lire des propriétés de la fonction sur la représentation graphique est un travail très utile, en particulier pour les limites (voir les pages 211 et 212) dont beaucoup d'élèves ne saisissent absolument pas le sens.

Résoudre graphiquement une équation

Une des difficultés des élèves vient du fait que, suivant les disciplines, le croisement de deux courbes n'entraîne pas forcément les mêmes questions !

Voici par exemple l'évolution des populations rurales et urbaines en France. En voyant ce graphique, on peut se demander en quelle année les effectifs des populations sont égaux, mais aussi quel est alors cet effectif.

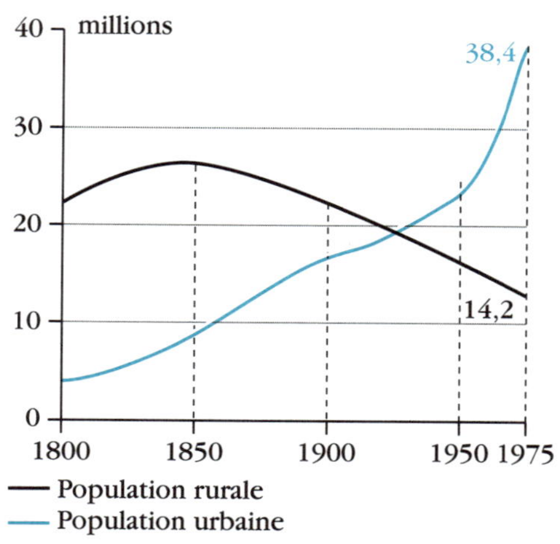

* *Leçons sur le calcul des fonctions, 1806.**

Autrement dit, dans les autres disciplines•, il est normal, intéressant au point de vue de la collecte d'informations, de regarder les *deux* coordonnées du point d'intersection.

Or, résoudre $f(x) = g(x)$ en observant les courbes représentatives de f et de g, consiste seulement à regarder les *abscisses* des points communs.

EN LIAISON AVEC LE SIGNE...

Nous l'avons vu précédemment••, il y a des fonctions « gardeuses de signes », telles la fonction cube, la fonction inverse et toute fonction « multiplier par un positif ». Dans quels quarts de plan sont situées leurs représentations graphiques ?

De même, il y a des fonctions qui « rendent positif » (carré, valeur absolue, plus tard exponentielle,...) et d'autres qui « gardent positif ce qui l'était déjà ». Où sont situées leurs représentations graphiques ? Est-ce que la fonction logarithme fait partie de cette famille ? (Combien d'élèves écrivent que ln$u$ est positif...).

Il y a aussi des « changeuses de signe » comme la fonction « prendre l'opposé » et des « brouilleuses de signe » comme « ajouter un nombre » ou prendre le logarithme, ...

Le passage de la propriété numérique à la position de la courbe dans le repère contraint les élèves à bien séparer le rôle des axes, rôles qu'ils confondent souvent. On s'en doutera, cette distinction est essentielle pour toute activité graphique.

TRAVAILLER SUR DES « FONCTIONS CONJOINTES »

Il faut sans doute prendre le temps d'observer des graphiques conjoints donnés aux élèves.

Par exemple (voir les deux exemples de la page suivante), on peut proposer la représentation de $x \mapsto u(x)$ puis des représentations à identifier : $x \mapsto (u(x))^2$; $x \mapsto 1/u(x)$; $x \mapsto u(x) - 3$; $x \mapsto - u(x)$; $x \mapsto |u(x)|$; $x \mapsto \sqrt{u(x)}$; $x \mapsto (u(x))^3$ et en terminale $x \mapsto \ln u(x)$ et $x \mapsto \exp(u(x))$, parmi un « jeu de graphiques » où l'on peut même glisser des représentations étrangères...

Le sens de variation est-il conservé ? et le signe ? ce qui doit mener à un bilan sur l'indépendance de ces deux notions.

L'ensemble de définition peut ne pas être le même. Pourquoi ?

Comment traduire ce que l'on voit en termes de limites ?

Est-ce que le « carré arrondit toujours les angles », ont demandé des élèves en comparant $|u|$ et u^2 ? (réflexion sur la dérivabilité d'une fonction composée).

Pourquoi u^2 a-t-elle les mêmes variations que $|u|$? Comment le démontrer ? Et puisque $u^2 = |u|^2$, si l'on doit dessiner la courbe représentative de u^2 à partir ce celle de u, n'est-il pas plus facile de dessiner d'abord $|u|$ puis « d'arrondir les angles » ?

En dessinant, peut-on répondre à la question « Peut-il arriver que $|u|$ soit dérivable ? » ?

• Et à l'occasion en mathématiques.

•• Voir la page 204.

« L'étude des variations d'une fonction sera accompagnée d'une représentation graphique aussi exacte que possible. La courbe, une fois tracée, servira à déterminer une coordonnée en fonction de l'autre. »*

EXEMPLES DE RECONNAISSANCE DE FONCTIONS CONJOINTES

Premier exemple

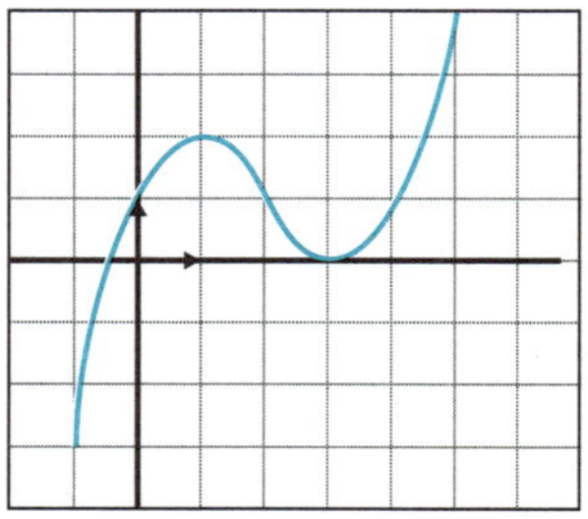

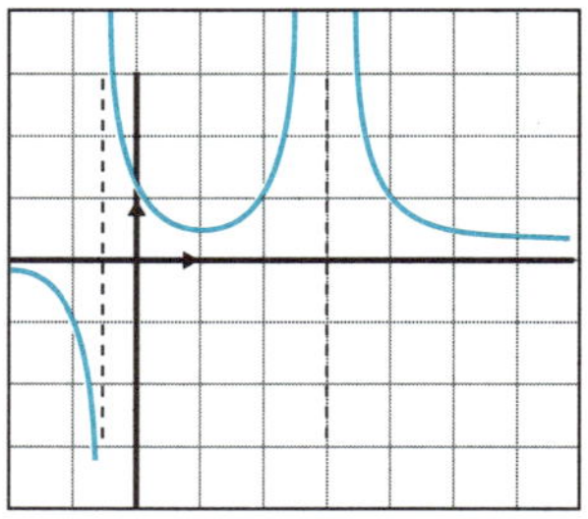

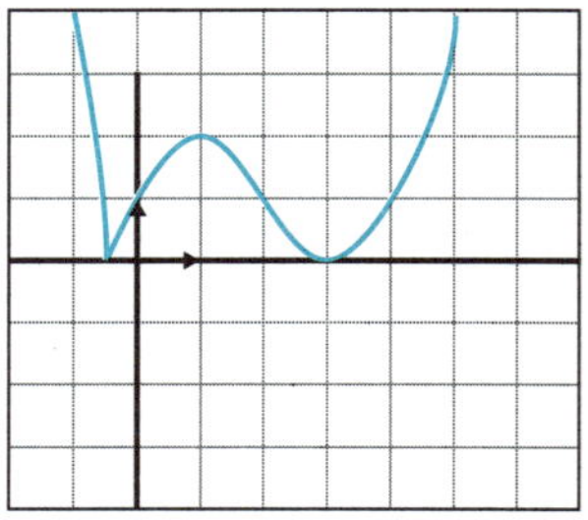

fonction $x \mapsto u(x)$

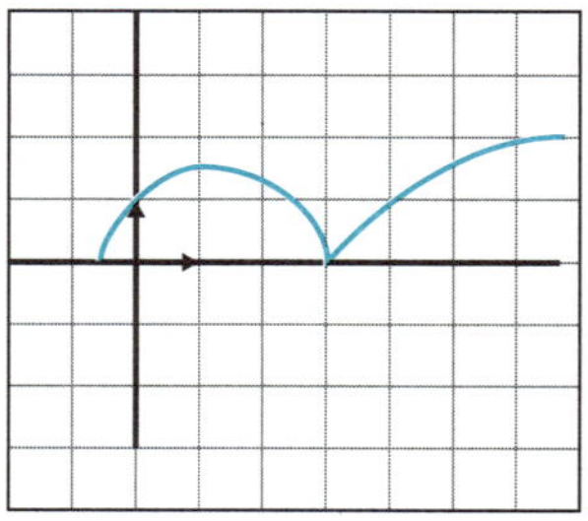

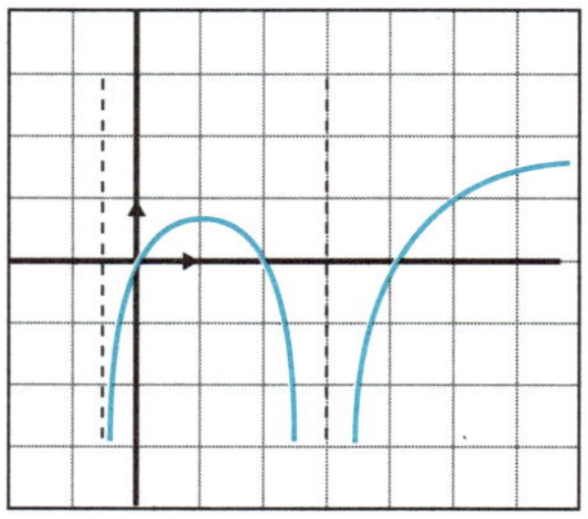

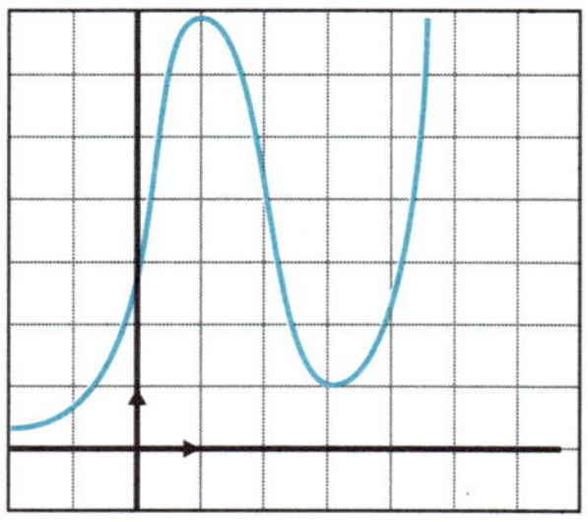

Second exemple

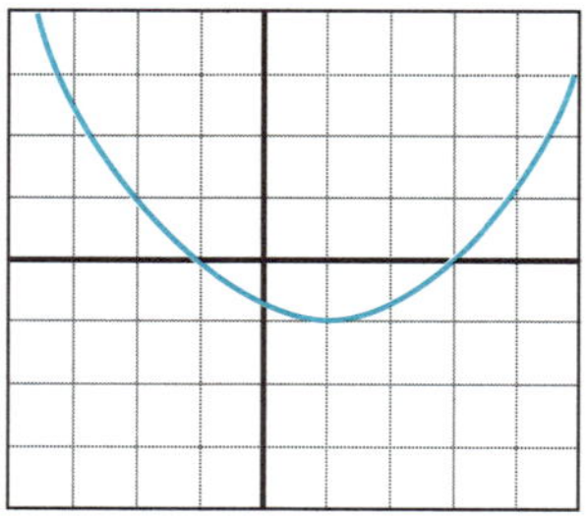

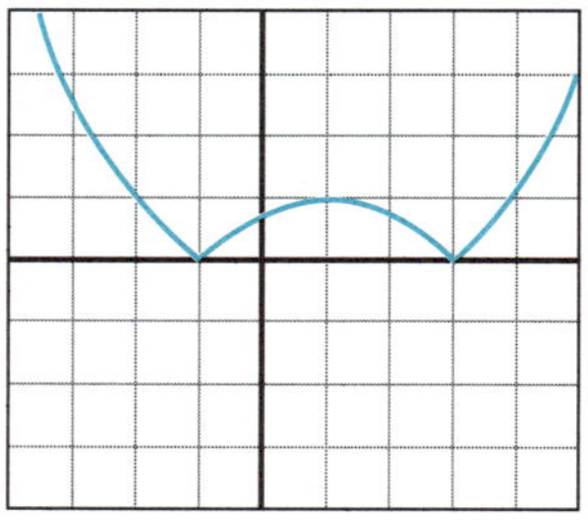

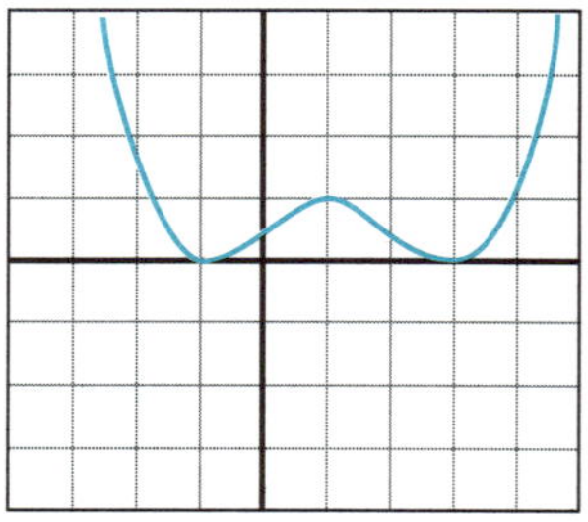

fonction $x \mapsto u(x)$

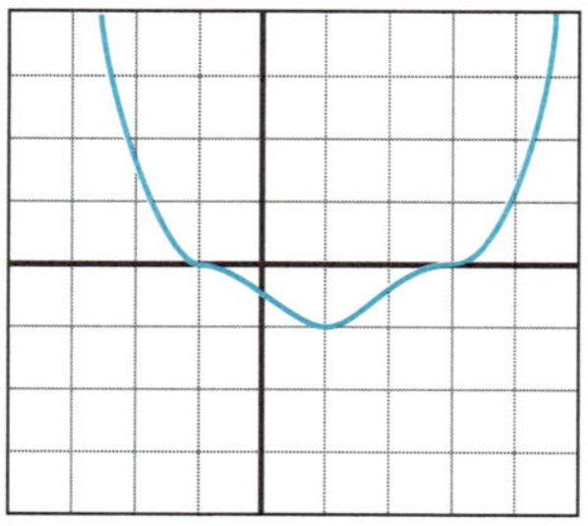

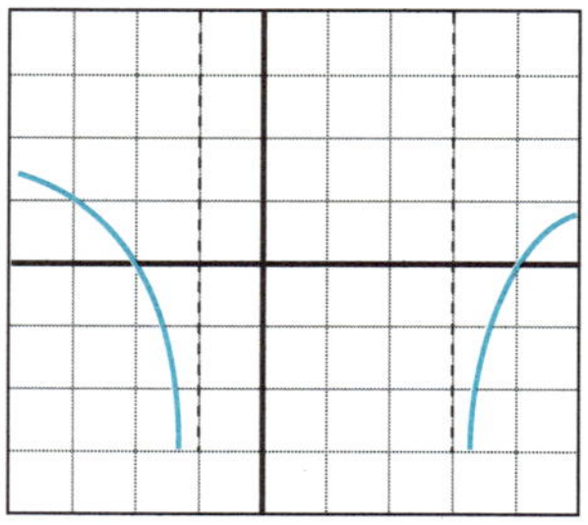

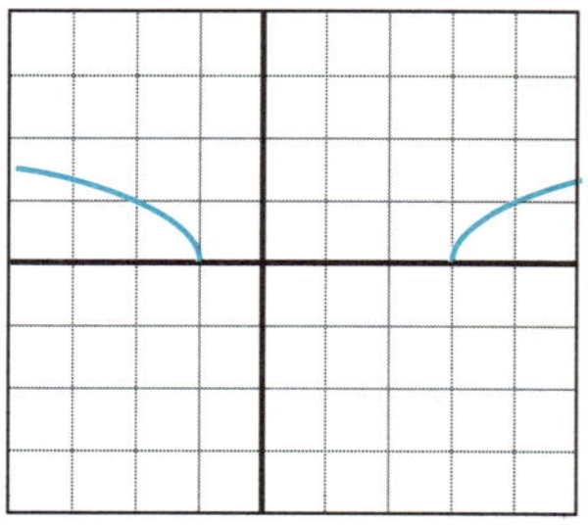

* **Instructions relatives aux programmes de 1905.***

POUR QU'UN PRODUIT SOIT NUL, IL FAUT ET IL SUFFIT...

Dans cet exemple, les cadres graphique et algébrique se croisent largement.

Voici deux droites représentant deux fonctions affines. Comment sera la représentation de la fonction produit ?

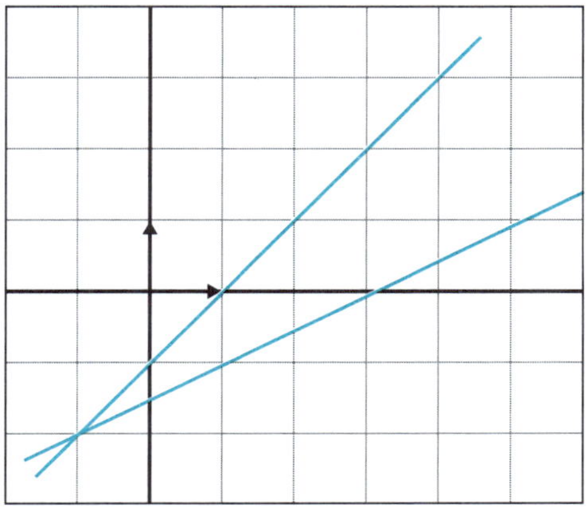

Inversement, voici une parabole qui coupe l'axe Ox. Peut-on construire deux droites telles que le produit des fonctions affines qu'elles représentent soit le polynôme du second degré illustré par la parabole donnée ?

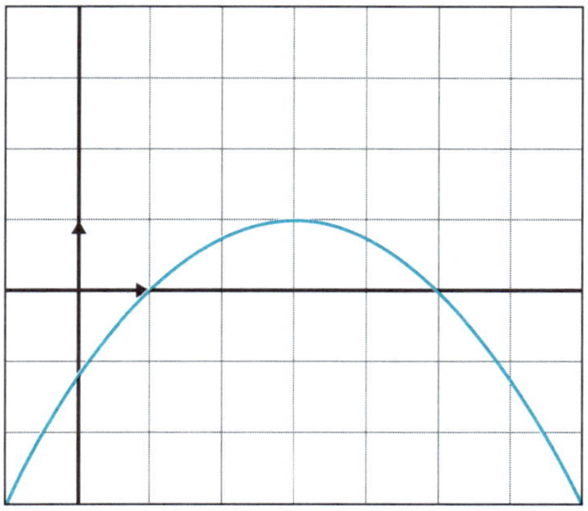

Y a-t-il plusieurs couples de droites répondant à la question ?

Comparer par exemple ces deux produits en construisant les droites correspondant à chaque facteur :

$$(x-5)(2x-2) \text{ et } (2x-10)(x-1)$$

Et si la parabole ne coupe pas Ox ? Et algébriquement, comment reconnaît-on des trinômes qui ne se factorisent pas ?

POUR RÉSISTER AUX IDÉES FAUSSES

Il s'agit ici de développer l'usage du contre-exemple simplement « dessiné » pour résister à des conjectures fausses.

LE PRODUIT DE DEUX FONCTIONS CROISSANTES EST-IL CROISSANT ?

Les exemples précédents illustrent visuellement que cette conjecture tentante est fausse, puisque le produit de deux fonctions affines donne toujours une fonction trinôme qui s'illustre par une parabole. Néanmoins, cette conjecture ne nous séduit pas sans raison, puisqu'elle est vraie pour des fonctions positives.

CROITRE ET TENDRE VERS + ∞

S'il est relativement aisé de fixer dans la tête des élèves qu'une fonction croissante sur un intervalle de la forme $[a, +\infty[$ ne tend pas nécessairement vers $+\infty$ à droite de la fenêtre, par contre l'idée réciproque reste très tentante : une fonction qui tend vers $+\infty$ quand x tend vers $+\infty$ devrait bien finir par être croissante. Peuvent-ils par un simple dessin montrer un contre-exemple ?

Cette confusion est d'autant plus prégnante que la notion de croissance vue dans les autres disciplines (en économie, en biologie, ...) est une notion globale, une « tendance » qui néglige les variations périodiques.

Ainsi, une fonction du genre $x \mapsto 0{,}5\,x + \sin x$ illustrerait un phénomène globalement croissant en économie. Il est important de bien préciser le concept de croissance propre aux mathématiciens.

Le travail sur les représentations graphiques doit accompagner et aider le travail sur les fonctions.

Si la différence augmente...

Plaçons-nous ici dans l'ensemble des fonctions à valeurs positives, afin de percevoir que notre intuition peut se révéler fausse même dans ce domaine plus naturel.

Si la différence *g-p* est une fonction croissante, on est très tenté de penser que *g* croît et *p* décroît. Peut-on dessiner des contre-exemples ? (Une version « concrète » : quand le nombre de chômeurs augmente, n'est-on pas tenté de penser que le nombre d'offres d'emploi diminue forcément ?)

Dans le même ordre d'idées, si la différence *g-p* augmente, peut-on en déduire quelque chose pour le rapport *p/g* ? (Quand le nombre de chômeurs augmente, n'est-on pas tenté de penser que le taux de chômage croît aussi ? Or il n'en est pas forcément ainsi…).

Des notions éclairées par la représentation graphique

La différence de deux fonctions

Certaines notions sont, pourrait-on dire, congénitalement liées au domaine graphique : c'est particulièrement le cas de la différence de deux fonctions illustrée par « *l'entre-deux* » des courbes.

Souvent, dans les manuels des autres disciplines, les différences apparaissent sous forme de « couches » superposées et coloriées de façons différentes.

Lorsque la notion de limite aura été vue, une bonne perception graphique de la différence conduira évidemment à la notion de courbes asymptotes.

Cette notion est alors naturelle pour les élèves, même s'il s'agit d'une parabole asymptote•.

Simplement parce que le travail graphique conduit à « lire activement » des écritures de la forme $x \mapsto f(x) = 2x - 1 + \dfrac{1}{(x+3)^2}$

ou

$x \mapsto g(x) = x^2 - 1 + \dfrac{1}{(x+3)^2}$

La somme de deux fonctions

Avant de faire visualiser la somme, il peut être plus simple de faire dessiner d'abord, à main levée, *la courbe représentant la « demi-somme »* de deux fonctions connues graphiquement. On peut ainsi approcher, conjecturer, le sens de variation de la demi-somme dans les intervalles douteux (lorsque les deux fonctions n'ont pas le même sens de variation). Il ne reste plus qu'à faire réaliser aux élèves que la somme et la demi-somme ont le même sens de variation••.

Enfin la construction graphique point par point de la somme des fonctions est utile, même si elle demande, il est vrai, un certain temps. Cette construction n'est qu'une extension (pour tout *x*) de la mise bout à bout de segments afin d'illustrer la somme des longueurs. Il serait très réducteur de ne pas compléter l'approche algébrique de la somme des fonctions par un double aspect graphique :

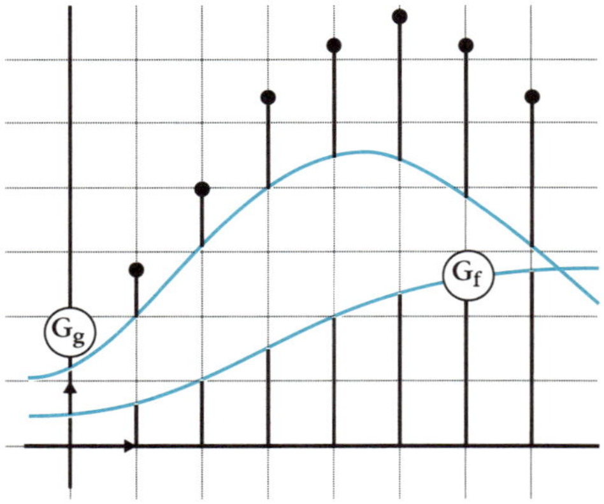

– d'une part, l'observation de graphiques pris dans d'autres disciplines, en particulier « l'empilement des courbes » pour faire apparaître le découpage de la fonction somme en plusieurs termes. Cela permet de faire comprendre par exemple la décomposition d'un phénomène en « tendance » et « variations saisonnières » ;

– d'autre part, le travail sur des graphiques purement mathématiques. En particulier par la construction, point par point, de la somme (*f* + *g*), lorsque l'on connaît les représentations graphiques de *f* et *g*.

• Bien que cette notion ne soit pas explicitement au programme.

•• Dans les classes scientifiques, on pourra même faire observer que si C_f et C_g sont représentées dans le repère (*O, i, j*), alors la courbe construite par les « milieux » de l'entre-deux courbes, courbe qui représente la demi-somme dans le repère (*O, i, j*), représente aussi la *somme* dans le repère (*O, i, j/2*).

À propos du nombre dérivé...

La construction point par point de la somme des deux fonctions représentées ci-dessous, surprend en général les élèves : pourquoi le maximum de la somme n'est-il pas obtenu à la verticale du sommet de la parabole représentant g ?

Comment connaître le sens de variation d'une somme quand une fonction croît et l'autre décroît ? Ainsi peut se mettre en place la nécessité de mesurer la croissance « actuellement » puisqu'une courbe peut être vue comme un objet à « pente variable ».

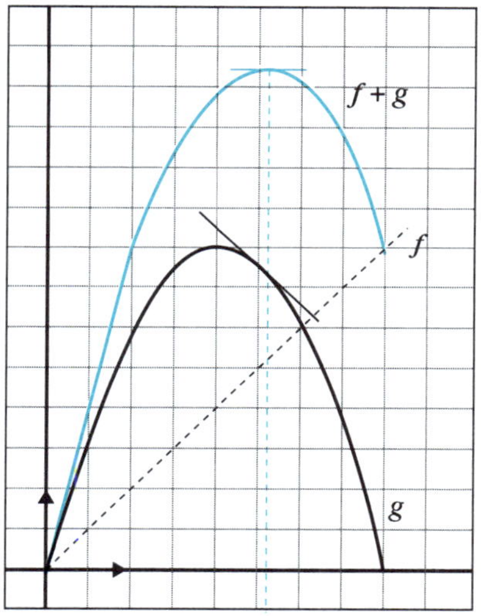

L'interprétation graphique des limites

Il n'est pas évident de donner du sens à la recherche des limites au niveau du lycée. En ce qui concerne les limites pour lesquelles la variable ou la fonction tend vers + ∞ ou – ∞, il est assez parlant pour les élèves, de les présenter comme *une information nécessaire pour dessiner la courbe représentative.*

En effet, celle-ci est en général un objet illimité dont on va se donner une image finie en l'enserrant dans un cadre limité (une « fenêtre »). Les limites indiquent en quelque sorte la « tendance » de la courbe, la façon dont il faudrait la prolonger à l'extérieur de la fenêtre.

Une question de convention

Le problème des conventions se retrouve ici, les graphiques sur papier, proposés par le professeur, ne ressemblant pas toujours aux images des écrans graphiques, données par les calculatrices.

Entre l'hyperbole du « prof de math » qui s'approche mais garde tout de même ses distances avec ses asymptotes et celle qui, sans façon, colle à ses asymptotes sur les écrans des calculatrices, il faut que l'élève puisse s'y retrouver.

De même nous utilisons une convention pour les graphiques sur papier : lorsqu'aucune asymptote « horizontale » n'est dessinée, et parfois malgré les apparences, la fonction, si elle est croissante, tend vers + ∞ à droite de la fenêtre; c'est le cas de la fonction logarithme.

L'écran graphique, lui, ne fait guère de différence entre la courbe logarithmique et celle de $x \mapsto f(x) = 3 - 1/x$ sur $\mathbb{R}^*+$.

Les représentations graphiques étant dessinées dans un rectangle clairement cadré afin que la courbe ne disparaisse pas comme un oued dans les sables sahariens, il est important de travailler aussi dans l'autre sens : à partir de représentations graphiques, demander à l'élève s'il sait dire « en terme de limites » comment la courbe quitte la fenêtre.

Une difficulté souvent négligée

Il faut remarquer une difficulté particulière concernant l'interprétation graphique de deux sortes de limites : quand « x tend vers a en étant supérieur à a » et quand « x tend vers – ∞ » :

$$\lim_{x \to a^+} f(x) = +\infty$$

ou $\lim_{x \to -\infty} f(x) = 2$

ou encore $\lim_{x \to -\infty} f(x) = +\infty$

Ces limites obligent à *penser le dessin à l'inverse du sens habituel de l'écriture, qui est aussi le sens habituel pour « balayer » une courbe du regard.*

C'est en jouant sur les trois approches, graphique, numérique et algébrique, que l'on peut amener la classe à se sentir à l'aise au milieu des fonctions.

En effet on dit communément que lorsque la fonction est croissante, la courbe « monte » . Un élève aura donc du mal à concevoir que, par exemple, pour la dernière limite énoncée, la fonction tend vers + ∞ et ne peut être croissante. Il lui faut même dessiner à rebours.

Trop souvent, on détaille les limites quand x tend vers + ∞ et on dit « De même pour – ∞ », ce qui passe sous silence cette difficulté spécifique du dessin à rebours. Il n'est donc pas étonnant de voir fréquemment des courbes qui s'écartent de leur asymptotes ou des élèves bloqués pour dessiner.

RÉALISER QUE + ∞ ET – ∞ NE SONT PAS DES NOMBRES RÉELS

Lorsque l'on propose à une classe ayant déjà manipulé graphiquement la somme de deux fonctions de proposer *a priori* l'allure de la somme des deux fonctions dessinées sur la *figure a*, il produit un dessin du genre de la *figure b*.

La construction par points surprend dès que l'élève commence à percevoir que la fonction somme sera aussi représentée par une parabole. Le passage au cadre algébrique prouve et fait comprendre... autant qu'on le peut ! (puisqu'on ne touche pas au terme du second degré en ajoutant une fonction affine, bien sûr le trinôme-somme est représenté par une parabole translatée de la parabole donnée). Il n'empêche que notre intuition résiste quelque peu : comment est-il possible que la courbe représentant la somme ait un axe de symétrie ?

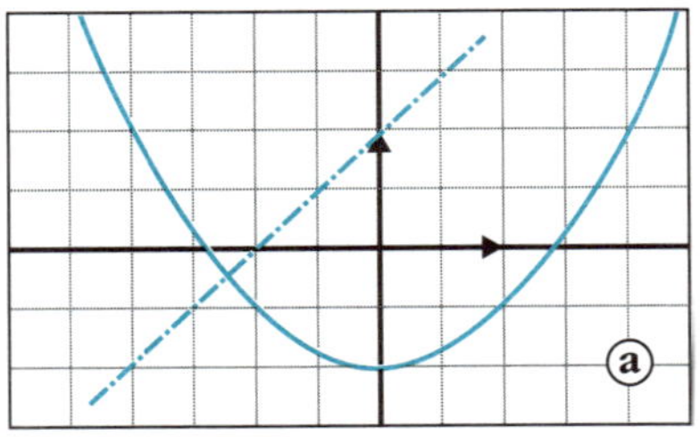

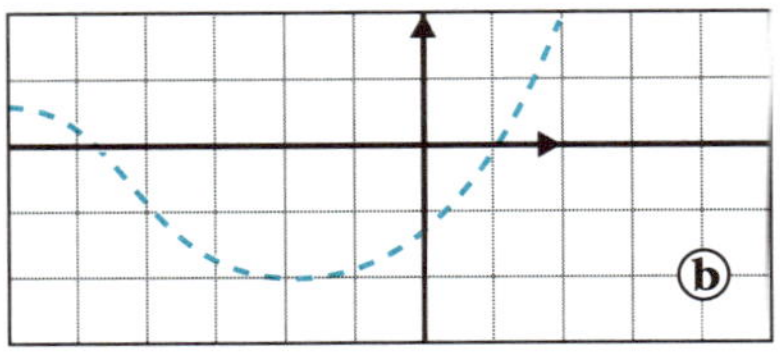

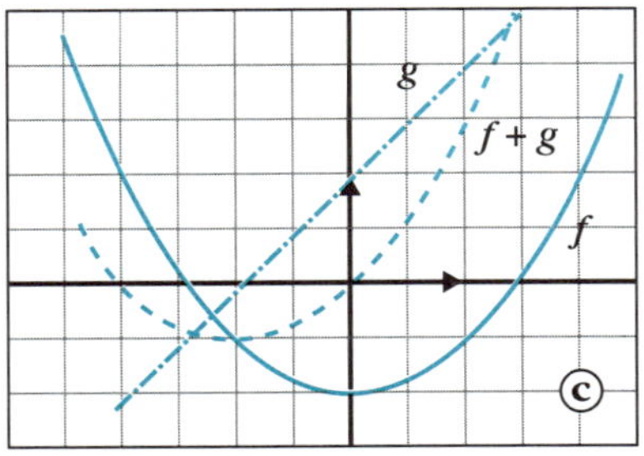

Autrement dit, il est tout de même étonnant que :

$$\lim_{x \to +\infty} (\text{somme}) = \lim_{x \to -\infty} (\text{somme})$$

… ce qui pourrait conduire les plus téméraires à écrire ici :

$$(+\infty) + (+\infty) = (+\infty) + (-\infty)\ !$$

Ces nombres nouveaux sont tout de mêmes étranges ! À coup sûr ce ne sont pas des nombres réels. ■

EN CONCLUSION

En sixième, on évoque souvent des représentations « concrètes » d'une droite, d'un plan (une règle, le dessus d'un bureau, ...) pour amener l'élève à se faire une idée de l'objet mathématique « droite », « plan ».

Au lycée, la représentation graphique donnée par l'écran d'une calculatrice n'est aussi qu'un objet physique donnant une idée de la représentation graphique d'une fonction (idée parfois erronée•, l'unité choisie pouvant voiler une propriété de la courbe).

La représentation graphique codée suivant des conventions précises peut apporter des informations tout aussi précises sur les propriétés d'une fonction (comme le codage dans les figure de géométrie qui signale un angle droit ou des cotés égaux).

L'approche graphique, l'approche numérique et l'approche algébrique sont complémentaires.

C'est en présentant les trois aspects de façon équilibrée que l'on peut espérer amener le plus grand nombre d'élèves à comprendre ce qu'est une fonction, tel élève pouvant être plus à l'aise dans le domaine algébrique et tel autre dans le domaine graphique.

• Voir pages 245 et 250-251.•

« Les choses qu'il faut avoir apprises pour les faire, c'est en les faisant que nous les apprenons. » Aristote, **Éthique à Nicomaque.**

LA DÉRIVATION ET L'INTÉGRATION AU LYCÉE :

DEUX ASPECTS DU PAYSAGE DE L'ANALYSE

AUTEUR

Daniel REISZ,
inspecteur pédagogique
régional.

« Les deux pôles [...], concepts et problèmes, sont indissociables. C'est en effet l'analyse des problèmes qui sous-tend la construction et le développement des concepts, ainsi que l'enrichissement progressif des objets de référence. Inversement, l'approfondissement théorique des concepts permet non seulement de résoudre bon nombre de problèmes posés, mais aussi de jeter une lumière nouvelle sur la nature même de ces problèmes. »•

•**L. Epistemon, *Analyse 1*, 1983.**

INTRODUCTION

Les frontières de l'analyse enseignée au lycée, sans être immuables, sont relativement stables à travers les évolutions des programmes d'après guerre. La dérivation a toujours été au cœur de l'analyse, l'intégration a d'abord été plus marginale, mais est devenue à partir des années 70 une autre question centrale.

Un des problèmes didactiquement et épistémologiquement essentiels est le *lien profond qu'il y a entre calcul différentiel et calcul intégral*, en particulier via le théorème fondamental qui lie la primitive, et donc la dérivée, au calcul d'une intégrale. D'un point de vue historique on peut remarquer que les problèmes liés au calcul intégral, par exemple la quadrature des courbes classiques, ont nettement précédé ceux liés au calcul différentiel qui mettent en jeu les infiniments petits au fonctionnement délicat. Notons aussi que de nombreux ouvrages, anglo-saxons en particulier, commencent par étudier des éléments de calcul intégral *avant* d'aborder tout calcul différentiel. Cela est à souligner, afin de ne pas être aveuglé par nos habitudes « franco-françaises » qui placent systématiquement la dérivation avant l'intégration ce qui risque d'induire insidieusement l'idée que cet ordre est dans la nature des choses.

Dans la suite nous nous en tiendrons à la tradition française de commencer par la dérivation, ne serait-ce que pour mieux coller à l'organisation de notre enseignement. Notre objectif est de montrer quelles sont les problématiques (au sens de classes de problèmes) qui donnent du sens à la dérivation et à l'intégration, quels sont les points de vue qu'il faut développer de façon concomitante et articulée, quelles sont les différentes images mentales qu'il faut installer chez l'élève. C'est ensuite affaire de choix pédagogiques et didactiques que de trouver la place de ces différentes idées au sein d'activités introductives, d'activités d'application, d'ouvertures vers d'autres horizons, de problèmes mettant en relation différents aspects. L'essentiel est d'installer une vision équilibrée et multiple des concepts théoriques en voie de constitution.

On se permettra ici, au nom d'une lisibilité plus confortable, de ne pas être trop rigoriste ou techniciste. Face aux élèves, il est de la responsabilité de chacun de trouver l'équilibre entre une nécessaire mais progressive rigueur technique et la compréhension des idées directrices parfois occultée par la technicité nécessaire à cette rigueur.

QUELQUES REPÈRES HISTORIQUES ET ÉPISTÉMOLOGIQUES

D'un point de vue historiquement très sommaire, ces questions ont trouvé leur statut opérationnel, sinon axiomatique et conceptuel, lors du XVIIe et du début du XVIIIe siècle. Deux noms dominent incontestablement : *Newton* et *Leibniz*. Mais c'est chez *Euler* que l'on peut constater un fonctionnement déjà très proche de nos habitudes de faire et d'écrire, bien avant que *Cauchy*, *Weierstrass* et les autres viennent ébranler et reconstruire les fondements au XIXe siècle.

LA DÉRIVATION

Pour la dérivation, et en simplifiant quelque peu, on peut noter quatre étapes :

– une certaine « préhistoire », liée à la fois aux manipulations « d'indivisibles », « d'infiniments petits » chez Archimède (IIIe siècle avant J.-C), Cavalieri, Wallis (milieu du XVIIe siècle), et à des méthodes de construction de tangentes aux courbes (Fermat, Descartes). À la même époque, Toricelli et Barrow, en prenant une vision cinématique pour l'étude des courbes, mettent en évidence de façon encore intuitive le lien entre quadrature (intégration) et tangente (dérivation) ;

– les travaux de Newton (fin du XVIIe siècle) sur les « fluxions » mesurent en quelque sorte les vitesses d'écoulement des « fluentes » (les fluentes x, y, ... varient en fonction du temps et les fluxions $\dot{x}$, $\dot{y}$, ... sont nos actuelles dérivées). L'extrait suivant des *Principia* (1687) montre le rapprochement entre les idées de Newton et notre conception actuelle de la dérivée :

« *Les rapports ultimes dans lesquels les quantités disparaissent ne sont pas réellement les rapports de quantités ultimes, mais les limites vers lesquelles les rapports de quantités, décroissant sans limite, s'en approchent toujours ; et vers lesquelles ils peuvent s'en approcher aussi près que toute différence donnée, mais dont ils ne peuvent jamais les dépasser ou atteindre avant que les quantités soient diminuées indéfiniment* » ;

– les travaux de Leibniz, à la même époque, qui sont de nature très différente de ceux de Newton. Leur importance est liée à la simplicité des méthodes mises en œuvre, à une notation performante (celle utilisée encore aujourd'hui sous la forme $\frac{\mathrm{d}y}{\mathrm{d}x}$), à des algorithmes de calcul automatiques qui tirent leur efficacité du fait qu'ils masquent la nature géométrique ou cinématique des objets en cause (voir le fonctionnement de nos élèves face aux algorithmes de dérivation...) ;

– les travaux d'Euler, de d'Alembert, de Lagrange (XVIIIe siècle) qui se proposent de fonder, de systématiser, d'algébriser tout cet ensemble pour lui donner à peu près la configuration actuelle.

L'INTÉGRATION

Pour le calcul intégral, on retrouve évidemment des articulations fortes avec le développement du calcul différentiel, à ceci près qu'il y a tout un développement de méthodes de détermination d'aires et de volumes depuis l'antiquité jusqu'à la naissance du calcul différentiel.

Cette histoire des quadratures prend ses racines dans le livre XII d'Euclide qu'Archimède attribuera en réalité à Eudoxe. Déjà là, on fait remarquer que les cercles se comptent comme les carrés, les sphères comme les cubes. On y trouve des procédures illimitées d'approximation (en fait des séries géométriques de raison inférieure à 1) pour déterminer le volume du cône et de la pyramide. Mais c'est Archimède qui développera considérablement et appliquera ces méthodes à la sphère, au cylindre, à la parabole et l'ellipse, ouvrant ainsi la véritable voie à un premier calcul intégral. Ces méthodes retrouvent un certain élan au XIVe siècle, avec Oresme, mais c'est surtout au XVIIe siècle que les travaux d'Archimède sont totalement assimilés puis dépassés (Képler, Cavalieri, Gregory, Wallis, Descartes, Fer-

*« De toutes les grandes conceptions qui honorent l'esprit humain, l'analyse infinitésimale est peut-être la plus remarquable. » Charles Bossut.**

mat, Roberval). Le point d'orgue du développement des méthodes d'Archimède est constitué par les travaux de Newton.

Mais comme pour la dérivation, c'est dans la confrontation des méthodes de Newton, reposant sur la vision archimédienne du calcul des aires et des volumes, et de celles de Leibniz qui partent du problème de l'antidérivation, que réside le véritable fondement du calcul intégral moderne dont le développement sera d'abord marqué par Bernoulli, Euler, Lagrange, d'Alembert, Gauss, ... pour déboucher sur des travaux plus théoriques et « refondateurs » au XIXe et XXe siècles, avec Cauchy, Weierstrass, Riemann, Lebesgue, travaux qui dépassent largement le cadre conceptuel de l'enseignement secondaire.

Le paysage de la dérivation

La place « naturelle » dans l'enseignement secondaire français de la dérivée est la classe de première, avec évidemment de forts prolongements en terminale, en liaison à la fois avec l'intégrale et l'enrichissement du parc des fonctions. Deux politiques ont été suivies depuis ces quarante dernières années en ce qui concerne son introduction.

Jusqu'aux années 80 l'image (trop) forte consistait à définir la dérivée comme limite du taux d'accroissement et de présenter comme conséquence le lien avec la pente de la tangente. L'écriture de l'équation de la tangente en un point d'une courbe était pratiquement la seule utilisation du nombre dérivé. Tout le reste était du côté de la fonction dérivée dont le rapport avec le nombre dérivé disparaissait très vite chez la très grande majorité des élèves au profit d'algorithmes de calcul confortables qui faisaient l'objet d'un entraînement, d'acquis et d'évaluations intensifs. L'étude du signe de la dérivée pour en déduire les variations des fonctions couronnait l'édifice et occultait toute autre image mentale.

Les nouveaux programmes, mis en place dans des années 80 suite, en particulier, aux travaux du groupe inter-IREM d'analyse, connurent deux phases :

– une phase volontariste à l'égard des professeurs plus que des élèves consistant à battre en brèche l'unicité du point de vue antérieur en mettant en avant l'idée de l'approximation affine d'une fonction en un point et en ouvrant quelques vues sur l'idée de développement limité ;

– une phase équilibrée qui, sans revenir sur le point de vue de l'approximation affine, le mettait en parallèle avec la limite du taux d'accroissement, avec le mot d'ordre d'installer de façon concomitante ces deux idées chez l'élève (par ailleurs, l'incursion vers les développements limités est alors abandonnée).

C'est cette dernière habitude qui prévaut encore aujourd'hui dans les programmes. Notons que l'inégalité des accroissements finis, en classe de terminale, permet de s'attaquer à tout un champ de problèmes nouveaux autour de la dérivée comme outil d'encadrement et d'approximation. Notons aussi une volonté manifeste d'inclure des applications à différents secteurs scientifiques, technologiques et économiques.

Dans ce qui suit nous adopterons un ordre qui peut paraître arbitraire. En réalité des raisons épistémologiques et didactiques militent quand même pour un certain

* ***Histoire des mathématiques*, 1810.***

ordonnancement, mais qui n'est pas impérativement celui choisi ici, où nous prenons appui sur la notion de vitesse pour introduire l'idée de dérivée, ce qui implique de parler d'abord de taux d'accroissement, avant de parler d'approximation. On aurait aussi pu commencer par la problématique de l'approximation qui eût entraîné un ordre différent.

OÙ IL EST QUESTION DE VITESSE

L'étude du mouvement d'un mobile, de sa vitesse, moyenne, instantanée, induit des images mentales fortes pour le concept qui nous occupe ici. Ce fut le cas historiquement (par exemple, les *fluxions* de Newton ne sont jamais que les vitesses d'écoulement des *fluentes*).

C'est aussi le cas chez les élèves qui ont une conscience très forte de ce qu'est une vitesse moyenne ou une vitesse instantanée.

L'indicateur de vitesse de leur cyclomoteur ou de la voiture de leurs parents ne fait rien d'autre que de donner à chaque instant la valeur de la dérivée de la fonction $t \to s(t)$, où $s(t)$ est le chemin parcouru (abscisse curviligne) en fonction du temps. Remarquons qu'en matière automobile le « mouchard », qui enregistre la vitesse c'est-à-dire la fonction $t \to v(t)$, pose le problème policier et mathématique fondamental : peut-on reconstituer $s(t)$ à partir de la connaissance de $v(t)$?

L'IDÉE CLÉ

Que disent les gens pour définir la vitesse instantanée indiquée par le compteur de leur voiture ? Elle est encore perçue comme le quotient de la distance s parcourue par le temps mis à la parcourir, mais avec l'idée que cela se fait durant une durée « très brève ». D'une façon ou d'une autre nous aurons là l'idée fondatrice du nombre dérivé, c'est-à-dire l'idée d'un rapport $\frac{\Delta s}{\Delta t}$ de deux « infiniments petits » : le dénominateur, Δt, arbitrairement petit, le numérateur, Δs, « fonction » du précédent, mais assurément aussi « infiniment petit » (même si la vitesse est grande !). Alors, l'idée que ce rapport continue d'exister (au sens mathématique du terme) lorsque Δt devient de « plus en plus petit » (i.e. « tend vers 0 »), et que c'est cela la vitesse instantanée, est somme toute assez naturelle et acceptable.

UN PEU PLUS MATHÉMATIQUE

Soit le mouvement d'un mobile sur une trajectoire définie par la donnée de la fonction $s : t \to s(t)$ où s apparaît donc comme la distance parcourue, l'abscisse curviligne (ou l'abscisse si le mouvement est rectiligne).

Alors, entre les instants t_1 et t_2 la vitesse moyenne est :

$$\frac{\Delta s}{\Delta t} = \frac{s(t_2) - s(t_1)}{t_2 - t_1}.$$

On regarde ce qui se passe lorsque $t_2 - t_1$ devient petit, ou encore si $t_2 - t_1$ tend vers 0, en laissant t_1 fixe et en jouant sur t_2. C'est, par définition, la vitesse instantanée en t_1.

TAUX D'ACCROISSEMENT ET DÉRIVÉE

On donne la fonction f définie par $x \to y = f(x)$ sur un intervalle I, soit de façon explicite, soit comme représentant les variations de y en fonction de x sans que $f(x)$ puisse forcément être explicité (enregistrement d'un phénomène physique ou économique, ...).

ENTRE DEUX VALEURS x_1 ET x_2 DE I

On définit *l'accroissement* de f :

$$\Delta f = \Delta y = f(x_2) - f(x_1),$$

puis, déjà plus pertinent car prenant en compte la distance qui sépare x_1 et x_2, le *taux d'accroissement* de f entre x_1 et x_2 :

$$\frac{\Delta y}{\Delta x} = \frac{f(x_2) - f(x_1)}{x_2 - x_1}.$$

Cette notion est *biponctuelle* : seul ce qui se passe en x_1 et en x_2 entre en ligne de compte et pas du tout ce qui se passe entre ces deux valeurs. Remarquons aussi que ces deux valeurs jouent le même rôle.

« *Infinitésimal. On ne sait pas ce que c'est, mais a rapport à l'homéopathie.* » *Flaubert.**

UN EXEMPLE : LE TIR À LA VERTICALE (À ÉVITER DANS LA RÉALITÉ)

Un projectile est tiré à la verticale avec une vitesse initiale de 50 m/s. L'action de la gravité se traduit par la présence du terme $-5t^2$ *dans l'équation du mouvement :* $x(t) = -5t^2 + 50t$ *(mouvement rectiligne sur un axe orienté vers le haut).*

Cette équation vaut pour $0 \leq t \leq 10$ (que se passe-t-il à l'instant 10 ?).

Pour reprendre l'approche décrite ci-dessus, essayons de comprendre ce qu'est la *vitesse du projectile 2 secondes après le tir*, c'est-à-dire à l'instant $t = 2$, lorsque le projectile aura atteint l'altitude $x(2) = 80$ m.

Entre les instants 2 et $2 + h$, la distance parcourue sera :

$$x(2 + h) - x(2) = -5(2 + h)^2 + 50(2 + h) - 80 = 30\,h - 5h^2 .$$

La vitesse moyenne entre ces deux instants sera donc :

$$\frac{x(2 + h) - x(2)}{h} = 30 - 5h .$$

Si h est petit, on est « près » de la vitesse instantanée à l'instant t, et l'expression précédente est « proche » de 30 m/s. Plus précisément :

$$\lim_{h \to 0} \frac{x(2 + h) - x(2)}{h} = 30 \text{ m/s} .$$

Reprenons cette démarche à un instant t quelconque :

$$x(t) = -5t^2 + 50t$$

$$x(t + h) = -5(t + h)^2 + 50(t + h) = -5t^2 + 50t + h(50 - 10t - 5h) .$$

La distance parcourue entre les instants t et $t + h$ est donc : $x(t + h) - x(t) = h(50 - 10t - 5h)$, et la vitesse moyenne :

$$\frac{x(t + h) - x(t)}{h} = (50 - 10t - 5h) .$$

La vitesse « instantanée » peut alors être considérée comme égale à $50 - 10t$, h et donc $5h$ étant négligeable. Plus précisément :

$$v(t) = \lim_{h \to 0} \frac{x(t + h) - x(t)}{h} = 50 - 10t .$$

L'obus atteindra son point le plus élevé pour le maximum de $x(t)$. En mettant $x(t)$ sous la forme :

$$x(t) = -5[(t - 5)^2 - 25],$$

on peut s'apercevoir que ceci est réalisé lorsque $t = 5$, avec $x(5) = 125$ m.

Remarquons que $v(5) = 0$, ce qui est cohérent avec l'intuition physique. Plus précisément :

$$v(t) \geq 0 \text{ pour } 0 \leq t \leq 5$$

$$v(t) \leq 0 \text{ pour } 5 \leq t \leq 10 .$$

Remarquons aussi que s'il n'y a pas lieu d'être perplexe sur la vitesse moyenne dans un intervalle de temps pendant lequel le mouvement garde le même sens, la situation est plus délicate à faire comprendre lorsqu'on s'interroge sur la vitesse moyenne entre les instants $t = 2$ et $t = 8$ où l'on trouve 0 m/s, ou encore entre les instants $t = 2$ et $t = 7$ où l'on trouve 5 m/s, ce qui ne correspond pas à l'intuition commune.

*** Dictionnaire des idées reçues.***

Exemple 1

Soit la fonction définie sur ℝ par :

$$y = x^2 + x + 1.$$

$$\frac{\Delta y}{\Delta x} = \frac{(x_2^2 + x_2 + 1) - (x_1^2 + x_1 + 1)}{x_2 - x_1} = x_2 + x_1 + 1$$

Entre – 3 et 5 :

$$\frac{\Delta y}{\Delta x} = 3 \cdot$$

Exemple 2

Les différentes évolutions de prix (de salaires, du chômage, ...) représentées graphiquement ci-contre ont toutes le même taux d'accroissement entre les années 85 et 90. Imaginer des discours (électoraux par exemple) autour de ces graphiques.

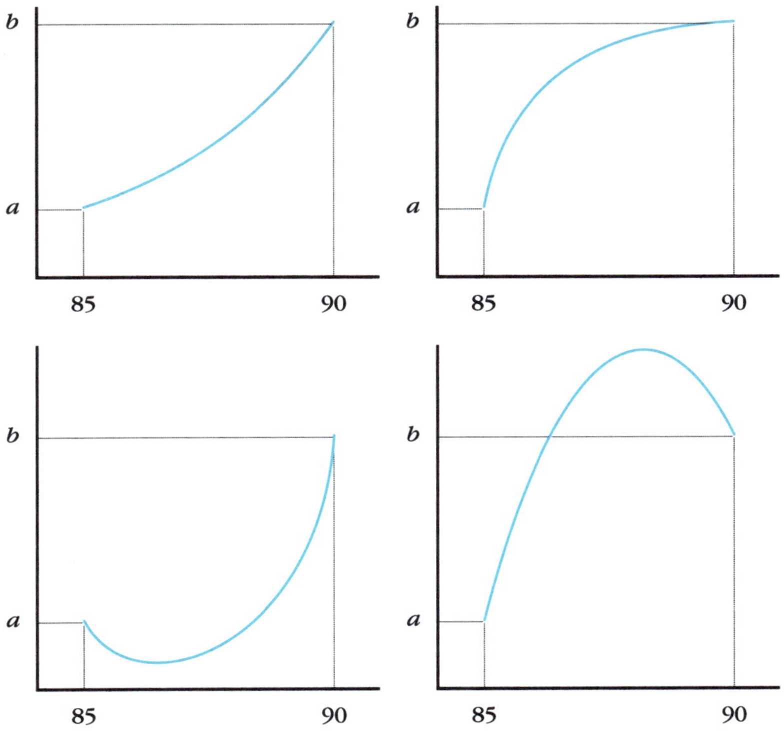

Exemple 3

Soit la fonction définie pour $x \neq -3/2$ par :

$$y = \frac{x^2 + x + 1}{2x + 3}.$$

Entre x_1 et x_2,

$$\frac{\Delta y}{\Delta x} = \frac{\dfrac{x_2^2 + x_2 + 1}{2x + 3} - \dfrac{x_1^2 + x_1 + 1}{2x + 3}}{x_2 - x_1} = \ldots$$

$$= \frac{2x_1x_2 + 3(x_1 + x_2) + 1}{(2x_1 + 3)(2x_2 + 3)},$$

expression peu parlante, obtenue après bien des efforts de calculs !

Entre 3 et 5,

$$\frac{\Delta y}{\Delta x} = \frac{55}{117}.$$

On peut regarder de plus près ce que signifie ce taux d'accroissement, et surtout ce qu'il ne signifie pas ! Si on appelle M_1 et M_2 les points de coordonnées (x_1, y_1) et (x_2, y_2), le taux d'accroissement apparaît comme le coefficient directeur de la droite M_1M_2 . On peut évidemment aussi le percevoir comme la « vitesse moyenne » de y entre x_1 et x_2 .

AUTOUR DE x_0

Au lieu de regarder ce qui se passe entre deux valeurs aux rôles semblables x_1 et x_2, demandons-nous ce qui se passe autour d'une valeur x_0 : on remplace alors x_1 et x_2 par x_0 et $x_0 + h$, soit $\Delta x = h$:

$$\frac{\Delta y}{\Delta x} = \frac{f(x_0 + h) - f(x_0)}{h}.$$

Exemple

Reprenons les mêmes fonctions que ci-dessus.

- Soit la fonction définie sur ℝ par :

$$y = x^2 + x + 1.$$

Au voisinage de x_0 on a :

$$\frac{\Delta y}{\Delta x} = \frac{[(x_0 + h)^2 + (x_0 + h) + 1] - (x_0^2 + x_0 +}{h}$$

$$= 2x_0 + h + 1$$

- Soit la fonction définie pour $x \neq -\frac{3}{2}$ par

$$y = \frac{x^2 + x + 1}{2x + 3}.$$

« En s'évanouissant, les accroissements respectifs d'une fonction et de sa variable conservent encore le rapport dont ils se sont approchés. » Lacroix.*

Au voisinage x_0 on a :

$$\frac{\Delta y}{\Delta x} = \left[\frac{(x_0 + h)^2 + (x_0 + h) + 1}{2(x_0 + h) + 3} - \frac{x_0^2 + x_0 + 1}{2x_0 + 3}\right] / h$$
$$= \frac{2x_0^2 + 2(h + 3)x + 3h + 1}{(2x + 3)(2x + 3 + h)}$$

Ces formes en (x_0, h) sont sans doute un peu plus « lisibles » que celles en (x_1, x_2), en particulier dans la perspective où h tendra vers 0.

VARIATIONS D'UNE FONCTION

Dire que la fonction f est croissante sur $[a, b]$, c'est être assuré que *quelles que soient les valeurs x_1 et x_2 de $[a, b]$*, $x_1 < x_2$ implique $f(x_1) \leq f(x_2)$ (ou <, si on veut définir la croissance au sens strict).

On remarquera que l'on est passé là de considérations simplement biponctuelles à une notion définie sur un intervalle par l'intermédiaire d'une double quantification sur x_1 et x_2 . Sa manipulation est d'ailleurs toujours lourde et souvent fastidieuse.

Exemple 1

Reprenons la même fonction que ci-dessus, définie sur $\mathbb{R}$ par $y = x^2 + x + 1$.

Alors $y_2 - y_1 = (x_2 - x_1)(x_2 + x_1 + 1)$.

L'œil astucieux (c'est en général celui du professeur) remarquera que :

- si $-1/2 \leq x_1 \leq x_2$ alors $y_2 - y_1 \geq 0$;
- si $x_1 \leq x_2 \leq -1/2$ alors $y_2 - y_1 \leq 0$.

Exemple 2

Même une fonction polynomiale relativement simple comme $y = 2x^3 - 3x^2 + 6$ conduit à l'étude du signe de :

$$\frac{y_2 - y_1}{x_2 - x_1} = [2(x_1^2 + x_2^2) + 2x_1x_2 - 3(x_1 + x_2)]$$

dont il est difficile de lire le signe !

CHEZ NOS VOISINS

Dans de nombreux pays *on étudie les variations de fonctions simples avant tout calcul de dérivation*. Non pas en utilisant ce qui précède, mais en décomposant la fonction à étudier en fonctions de référence dont on connaît les variations, et en sachant déduire les variations d'une somme, d'un produit, d'une composée, ... de deux fonctions des variations de chacune d'entre elles. Cette pratique est toujours restée marginale en France, à cause du rôle prépondérant du « signe de la dérivée ». Elle permettrait pourtant dès la classe de seconde, et aussi en première, des travaux sur les variations des fonctions ayant pour objectif d'ancrer cette notion hors du parasitage du signe de la dérivée.

Exemples

• *Somme de deux fonctions croissantes sur un même intervalle*

Un élève de seconde sait que les fonctions définies sur $]0 ; +\infty[$ par $f(x) = x^2$ et $g(x) = -\frac{1}{x}$ sont toutes deux croissantes sur cet intervalle. La fonction définie sur $]0 ; +\infty[$ par $y = x^2 - \frac{1}{x}$ est donc tout naturellement croissante sans qu'il y ait lieu d'étudier le signe de la dérivée :

$$y' = 2x + \frac{1}{x^2} = \frac{2x^3 + 1}{x^2}.$$

Sur le même intervalle $]0 ; +\infty[$, et pour les mêmes raisons, il en va de même pour $y = \sqrt{x} + \ln x$ et pour $y = e^{-x} + \frac{1}{x}$ qui, elle, y sera décroissante.

• *Inverse d'une fonction monotone et ne s'annulant pas sur un intervalle*

Soit la fonction définie sur $\mathbb{R}$ par $y = x^2$. Elle s'annule en 0, est décroissante sur $]-\infty ; 0[$, croissante sur $]0 ; +\infty[$. La fonction définie par $y = \frac{1}{x^2}$ est alors définie sur $\mathbb{R}^*$, croissante sur $]0 ; +\infty[$, décroissante sur $]0 ; +\infty[$.

Alors que la plupart des élèves se précipitent sur la dérivée et son signe, les variations de la fonction définie par :

$$y = \frac{1}{ax + b}$$

sont entièrement gouvernées par les variations de $ax + b$, c'est-à-dire par le signe de a.

• *Composée de fonctions monotones*

Soit deux fonctions :

$x = f(t)$ définie sur un intervalle I

$y = g(x) = g(f(t))$ définie sur $f(\text{I})$ que nous supposerons être un intervalle.

*** *Traité élémentaire de calcul différentiel et de calcul intégral*, 1802.***

Alors la simple observation de l'égalité :

$$\frac{\Delta g o f}{\Delta t} = \frac{\Delta g}{\Delta x}\frac{\Delta x}{\Delta t}$$

égalité sur laquelle nous reviendrons plus tard, permet de tirer des conclusions quant aux variations de $g \circ f$ connaissant celles de f sur I et celle de g sur f(I).

Ainsi il n'est pas besoin de calculer la dérivée pour avoir une idée précise des variations de $y = e^{-x^2}$ ou $y = -(e^x)^2 = -e^{2x}$.

ET SI h TEND VERS 0, OU ENCORE SI x_2 TEND VERS x_1

En s'appuyant fortement sur la notion de vitesse instantanée, ou encore sur l'interprétation graphique, on peut penser que dans les « bons » cas :

$$\frac{\Delta y}{\Delta x} = \frac{f(x_2) - f(x_1)}{x_2 - x_1} = \frac{f(x_0 + h) - f(x_0)}{h},$$

tend vers un nombre (limite) lorsque x_2 tend vers x_1 ou lorsque h tend vers 0. C'est la définition de la dérivée en un point !

Exemple 1

Reprenons d'abord les différents taux de variations déterminés précédemment.

- Pour le tir vertical* :

$$\frac{\Delta x}{\Delta t} = 50 - 10t - 5h, \text{ à l'instant } t.$$

La dérivée, c'est-à-dire la vitesse instantanée, à l'instant t, avait déjà été déterminée :

$$x'(t) = \lim_{h \to 0} (50 - 10t - 5h) = 50 - 10t.$$

- Pour la fonction** $y = x^2 + x + 1$, on avait :

$$\frac{\Delta y}{\Delta x} = x_2 + x_1 + 1 = 2x_0 + h + 1$$

ce qui donne pour la dérivée :

$$y' = \lim_{x \to x_1} (x_2 + x_1 + 1) = 2x_1 + 1 \text{ en } x_1$$

$$\text{ou } y' = \lim_{h \to 0} (2x_0 + h + 1) = 2x_0 + 1 \text{ en } x_0$$

- Pour la fonction*** $y = \dfrac{x^2 + x + 1}{2x + 3}$, on avait :

$$\frac{\Delta y}{\Delta x} = \frac{2x_0^2 + 2(h + 3)x + 3h + 1}{(2x + 3)(2x + 3 + h)},$$

d'où :

$$y'(x_0) = \frac{2x_0^2 + 6x_0 + 1}{(2x_0 + 3)^2}.$$

Exemple 2 : la fonction $\sqrt{x}$

La fonction $\sqrt{x}$

Soit, sur [0 ; +∞[, la fonction définie par $y = \sqrt{x}$.

$$\frac{\Delta y}{\Delta x} = \frac{\sqrt{x + h} - \sqrt{x}}{h} = \frac{(x + h) - x}{h(\sqrt{x + h} + \sqrt{x})}$$

$$= \frac{h}{h(\sqrt{x + h} + \sqrt{x})},$$

d'où : $y' = \lim\limits_{h \to 0} \dfrac{1}{\sqrt{x + h} + \sqrt{x}} = \dfrac{1}{2\sqrt{x}}$,

sauf si $x = 0$, auquel cas cette dernière expression n'a plus d'existence.

Une autre question serait maintenant de se pencher sur le cas $x = 0$, car l'échec rencontré ici pourrait ne pas être intrinsèque, mais simplement lié à la technique de calcul utilisée. Une étude un peu plus précise de :

$$\lim_{h \to 0} \frac{\sqrt{0 + h} - \sqrt{0}}{h} = \lim \frac{1}{2\sqrt{h}},$$

montre que cette limite est +∞, et ne peut donc être retenue comme dérivée (ce résultat est toutefois intéressant à exploiter graphiquement, comme on le verra plus loin).

Exemple 3

La détermination de la limite de $\dfrac{\Delta y}{\Delta x}$ n'est pas toujours chose aisée. Cette limite peut exister et les élèves ne pas avoir les outils pour la déterminer, alors que le professeur en dispose et peut les fournir. Un cas typique et fondamental est la détermination de la dérivée de la fonction *sinus*. Plusieurs variantes ont été utilisées dans les programmes de ces cinquante dernières années. Actuellement les programmes font admettre que la dérivée de $\sin x$ en 0 vaut 1, sous réserve que x soit exprimé en radians. C'est-à-dire, en d'autres termes, on admet que :

$$\lim_{h \to 0} \frac{\sin(0 + h) - \sin 0}{h} = \lim_{h \to 0} \frac{\sin h}{h} = 1.$$

* voir la page 218*.

** voir la page 219, exemple 1*.

*** voir la page 219, exemple 3*.

« Je me détourne avec effroi et horreur de cette plaie lamentable des fonctions continues qui n'ont pas de dérivée. » Hermite.*

C'est un point de vue efficace, pragmatique. On peut se convaincre du résultat par des manipulations numériques ou des considérations graphiques. Les manipulations numériques permettent aussi de conjecturer l'importance de l'usage du radian : lorsque x est par exemple exprimé en degrés, $\frac{\sin x}{x}$ semble plutôt tendre vers 0,017... qu'un raisonnement plus approfondi permet de rattacher à $\frac{\pi}{180}$.

Il se peut aussi que ni les élèves ni le professeur ne disposent des outils pour déterminer cette limite : on ne peut alors pas conclure !

Et les cas pathologiques !

Dans certains cas on se trouve dans des situations *pathologiques*. Une tendance naturelle des enseignants est de leur accorder une place excessive et souvent prématurée avant que les choses aient pris sens.

Au lycée, on ne mettra pas en cause la continuité qui y garde un statut intuitif : la dérivation en des points où la fonction n'est pas continue n'est pas une question pertinente.

Mais est-ce que la continuité assure la dérivabilité ? Si la réponse théorique est connue de tous (les professeurs de mathématiques), elle n'est pas si simplement transposable au plan didactique. D'ailleurs un mathématicien aussi important et moderne qu'Hermite** rejetait encore avec dégoût ces fonctions monstrueuses qui seraient continues sans être dérivables.

AU BON VIEUX TEMPS

Avant les années 70, c'est-à-dire avant les « mathématiques modernes », un raisonnement heuristique s'appuyant sur des comparaisons d'aires dans le cercle trigonométrique permettait d'obtenir le résultat. Cette méthode est encore celle utilisée par la plupart des grands traités de « Calculus » anglo-saxon, ne serait-ce que par sa force de conviction.

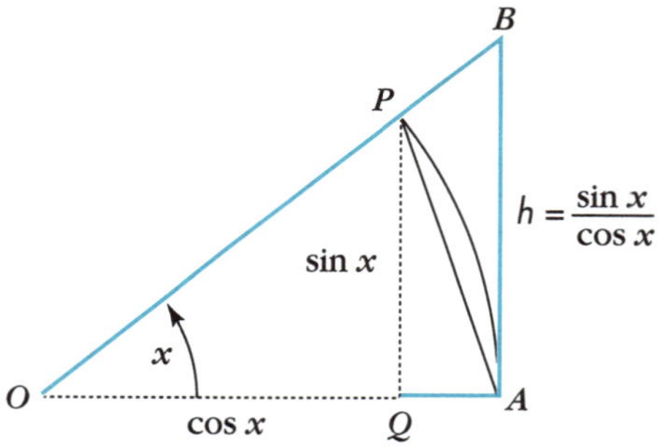

Des inégalités :

aire du triangle OAP < aire du secteur OAP

aire du secteur OAP < aire du triangle OAB

on déduit, lorsque $0 \leq x \leq \pi/2$.

$0 < \frac{1}{2}\sin x < \frac{1}{2}x < \frac{1}{2}\tan x$, soit :

$$1 < \frac{x}{\sin x} < \frac{1}{\cos x},$$

ou encore, en prenant les inverses,

$$\cos x < \frac{\sin x}{x} < 1.$$

Lorsque x tend vers 0, $\frac{\sin x}{x}$ est encadré par deux quantités qui tendent toutes deux vers 1, d'où la conclusion.

On « symétrise » ce résultat au cas où :

$$-\pi/2 \leq x \leq 0.$$

*** lettre à Stieltjes, 1893.***

**** Charles Hermite (1822-1901) démontra notamment la transcendance de e.***

Deux champs d'étude peuvent s'envisager à ce propos :

– le premier, assez simple, où le phénomène de la non-dérivabilité est isolé en x_0, la fonction étant dérivable « autour » de ce point ;

– le second, franchement monstrueux, où tout en étant en présence d'une « courbe » continue, la dérivabilité n'est assurée nulle part.

LA TANGENTE

Ce qui précède montre à l'évidence que la dérivée en un point est « constitutionnellement » le coefficient directeur de la tangente à la courbe en ce point, si déjà on définit la tangente comme position limite de la corde...

La dérivée devient donc un outil pour les problèmes de géométrie mettant en cause des tangentes à des courbes.

On a là un premier contact (sic) avec la géométrie différentielle. Réciproquement la tangente ou du moins son coefficient directeur devient une image mentale forte de ce qu'est la dérivée, au point que cette démarche est assez souvent utilisée avec des élèves (littéraires, par exemple) que l'on ne veut pas confronter aux délicates questions de limite.

Une pratique de base pour les élèves est de savoir écrire l'équation d'une tangente en un point.

L'expérience montre que cette procédure qui nous paraît assez simple peut poser aux élèves des problèmes difficiles à cerner. Il semble en particulier que ce sont les notations ou plus précisément le statut des différentes lettres intervenant dans la formule (constantes liées au point de contact, variables de l'équation de la droite) qui soient souvent en cause.

RETOUR SUR LA CINÉMATIQUE

Revenons un instant sur les aspects cinématiques afin d'éviter des confusions lorsque le mouvement étudié n'est pas rectiligne.

On a parlé plus haut d'un mouvement de ce type défini sur sa trajectoire par la donnée de la fonction $t \to s(t)$, mesurant, en fonction de t, la distance parcourue, c'est-à-dire la « mesure algébrique » de l'arc $\overset{\frown}{OM}$ (abscisse curviligne de M).

La vitesse numérique que nous envisagions alors était la dérivée en t de $s(t)$.

Mais en cinématique, ou en physique, on est aussi amené à considérer la vitesse instantanée vectorielle de M comme étant :

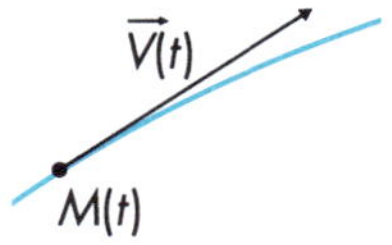

$$\lim_{h \to 0} \frac{\overrightarrow{OM}(t+h) - \overrightarrow{OM}(t)}{h}$$

limite qui, si elle existe, est de nature vectorielle. C'est le fameux vecteur vitesse... Des arguments géométriques permettent de montrer que si ce vecteur $\overrightarrow{V}(t)$ est non nul, c'est un vecteur directeur de la tangente en M à la trajectoire. De façon encore plus précise, on peut montrer que $V(t) = s'(t)\overrightarrow{T}$ où $\overrightarrow{T}$ est un vecteur directeur unitaire de cette tangente, mais cela sort du cadre de cette étude.

« ... comparer entre eux ces infiniment petits de quelque genre qu'il soient : c'est ce qu'on appelle calcul différentiel. » G. de l'Hospital.*

Une toute autre problématique, celle de l'approximation

Il s'agit là d'une toute autre approche de la dérivée que la précédente qui reposait quant à elle essentiellement sur l'observation de la limite du taux d'accroissement.

Éclairons d'abord quelque peu le problème de l'approximation d'une fonction.

Une première démarche, importante dans la théorie comme dans les applications, consiste à approcher une fonction f par une fonction φ *sur un intervalle* I.

Il s'agit alors d'avoir une « bonne » approximation de f par φ sur tout l'intervalle, qualité que l'on peut par exemple mesurer par une majoration de $|f - \varphi|$ sur I. Ce point de vue, pour intéressant qu'il soit, n'est pas celui que nous aborderons ici.

Une autre démarche d'approximation est de nature locale : approcher f par une fonction φ, au voisinage d'une valeur x_0. Une telle approximation n'aura en général que peu d'intérêt « loin » de x_0, mais c'est « au plus près » de x_0 qu'on lui demandera d'être performante.

Un des outils importants au plan théorique comme au plan pratique pour ce point de vue est le développement limité de f en x_0. Dans cette affaire la dérivée joue un rôle fondamental.

En première on fait un premier pas de ce côté en étudiant l'approximation *affine* de f en x_0.

Un autre point de vue, lié au précédent mais un peu différent et très « parlant », peut être évoqué auprès des élèves. Que voit-on lorsque l'on effectue un « zoom » sur M_0 (avec le zoom de la calculatrice graphique par exemple) ou lorsque l'on regarde la courbe au microscope près de M_0 ? Sur la fenêtre d'observation qui ne représente donc plus qu'un petit voisinage de M_0 la courbe représentative de f a l'allure d'une droite. *Voir « à peu près » une droite renforce l'idée que la courbe « longe » sa tangente près du point de contact.*

La première proposition des élèves

Si on demande aux élèves ce qui pourrait être une bonne droite d'approximation de f en M_0, ils répondent en général que c'est une droite d'équation :

$$y - f(x_0) = a(x - x_0),$$

c'est-à-dire :

$$y = a(x - x_0) + f(x_0),$$

tel que :

$$\lim_{x \to x_0} (f(x) - y) = 0 .$$

Le fait de travailler au voisinage de x_0 suggère de poser $h = x - x_0$, d'où la nouvelle formulation :

$$\lim_{h \to 0} (f(x_0 + h) - ah - f(x_0)) = 0 .$$

soit encore :

$$\lim_{h \to 0} [(f(x_0 + h) - f(x_0)) - ah] = 0 .$$

Lorsque l'on fait remarquer que toute droite passant par M_0 a cette propriété, le véritable problème se pose : *y a-t-il une « meilleure » droite que les autres ?*

Ou réapparait la tangente et le nombre dérivé

Face à la question précédente on peut utiliser la stratégie suivante : au lieu de se contenter de :

$$\lim_{h \to 0} [(f(x_0 + h) - f(x_0)) - ah] = 0$$

on peut demander un « ordre » d'approximation de plus en demandant à :

$$\lim_{h \to 0} \left[\frac{f(x_0 + h) - f(x_0)}{h} - a \right]$$

d'être nulle. Et l'on retrouve du coup deux résultats équivalents :

– la meilleure approximation affine est obtenue lorsque :

$$a = \lim_{h \to 0} \frac{f(x_0 + h) - f(x_0)}{h}$$

c'est-à-dire lorsque a est le nombre dérivé en x_0 de f ;

– cette « meilleure droite » est la tangente en M_0 à la courbe représentative de f.

Exemple 1

Prenons d'abord une fonction qui a déjà servi dans les paragraphes précédents :

$$y = x^2 + x + 1$$

* ***Analyse des infiniment petits*, 1696.**
Cet ouvrage maintes fois réédité fut le premier « manuel » de calcul différentiel.*

dont nous allons déterminer l'approximation affine au voisinage de 2. Pour cela calculons :

$$\lim_{h \to 0} \frac{[(2+h)^2 + (2+h) + 1] - 7}{h} = \lim_{h \to 0} \frac{h^2 + 5h}{h} = \lim (h+5) = 5$$

(ce qui est évidemment la valeur de la dérivée de f en 2).

Vérifions que :

$$\lim_{h \to 0} \left[\frac{f(2+h) - f(2)}{h} - 5 \right] = 0$$

Donc la « meilleure » droite d'approximation de f en ce point a pour équation :

$$y - 7 = 5(x-2), \text{ soit } y = 5x - 3,$$

qui n'est autre que l'équation de la tangente en ce point à la courbe.

On peut ensuite s'intéresser à la qualité de l'approximation au voisinage de 2 en étudiant la différence :

$$f(2+h) - [5(2+h) - 3] = (2+h)^2 + (2+h) + 1 - 5(2+h) + 3 = h^2$$

C'est-à-dire qu'en 2,1 ou en 1,9 l'approximation est à 10^{-2} près, en 2,3 ou en 1,7 elle est encore à 10^{-1} près.

Exemple 2

Regardons à présent deux fonctions élémentaires au voisinage de 1 :

$$y = x^2 \text{ et } y = \sqrt{x}$$

• Pour x^2 l'approximation affine au voisinage de 1 est la droite d'équation :

$$y - 1 = 2(x-1) \quad \text{soit} \quad y = 2x - 1 .$$

On peut alors remarquer que :

$$(1+h)^2 - [2(1+h) - 1] = h^2 ,$$

ce qui quantifie la qualité de l'approximation $1 + 2h$ pour $(1+h)^2$.

• Pour $\sqrt{x}$ l'approximation au voisinage de 1 est la droite d'équation :

$$y - 1 = \frac{1}{2}(x-1), \text{ soit } y = \frac{1}{2}x + \frac{1}{2}.$$

En utilisant une calculatrice, conjecturer la qualité de l'approximation. Démontrer cette conjecture.

Exercices

1) Établir, au voisinage de 0, l'approximation affine de :

$$\frac{1}{1+x} \quad \text{et} \quad \sin x .$$

2) En établissant l'approximation affine de :

$$\frac{1}{\sqrt{x} + x^2}$$

au voisinage de 1, calculer une valeur approchée de $\frac{1}{\sqrt{0{,}99} + 0{,}99^2}$, et comparer ce résultat à celui donné par une calculatrice (qui n'est aussi qu'une valeur approchée, mais de bien meilleure qualité !).

ET SI ON VOULAIT FAIRE MIEUX

L'approximation affine est évidemment l'approximation la plus simple de f en x_0 . Si on veut raffiner on peut envisager des courbes d'approximation plus compliquées. Deux idées viennent assez naturellement :

• *Une idée « géométrique » qui consiste à utiliser un cercle.* C'est une bonne idée en soi : le cercle est la courbe la plus simple après la droite en géométrie.

Au point considéré de la courbe, considérons un cercle qui, en ce point, a la même tangente que la courbe, ce qui donnera une infinité de cercles tous centrés sur la normale en ce point.

Parmi ce faisceau de cercles tous tangents à une même droite en un même point, y en a-t-il un qui soit « meilleur » que les autres ?

La réponse est affirmative : c'est celui dont le rayon est égal au rayon de courbure de la courbe en ce point, c'est-à-dire celui pour lequel la tangente *varie comme celle de la courbe en ce point*, ce qui explique l'intervention de la dérivée seconde.

Il s'agit du cercle *osculateur*• ou, comme on disait jusqu'au XVIIIe siècle : *celui qui embrasse le mieux la courbe au point (x, y)* (d'aucuns parlaient de « cercle baisant »).

• Voir la page 55.

La formule des accroissements finis est l'un des plus puissants moyens dont nous disposons pour obtenir des inégalités.

Mais cette façon de voir a deux inconvénients majeurs :

– le cercle n'est la représentation d'aucune fonction ;

– le procédé n'est pas itératif et on ne peut donc aller plus loin dans la qualité de l'approximation, contrairement à l'approche suivante.

• *Une idée « fonctionnelle » : utiliser une fonction du second degré à la place d'une fonction affine*, c'est-à-dire une parabole à la place d'une droite. La problématique et la démarche sont les mêmes que pour l'approximation affine, les calculs sont évidemment un peu plus longs.

Exemples

Ainsi, près de 0, les approximations du second ordre des fonctions transcendantes classiques sont bien connues et leur établissement peut être le thème d'intéressants exercices (la méthode d'intégration par parties est l'une des plus efficaces et permet des majorations quantitatives de la qualité de l'approximation).

Pour $y = e^x$ on a $y \approx 1 + x + x^2$

$y = \ln(1 + x)$ $\quad y \approx x - \dfrac{x^2}{2}$

$y = \cos x$ $\quad y \approx 1 - \dfrac{x^2}{2}$.

Mais pour $y = \sin x$ il n'y a pas de terme du second ordre (ce qui indirectement montre la grande qualité de l'approximation du premier ordre) et ce n'est qu'au 3e ordre qu'apparaît un terme non nul :

$$y \approx x - \frac{x^3}{6}\ .$$

C'est évidemment la généralisation de cette approximation affine, puis parabolique, à des fonctions polynômes de degré n qui mène aux développements limités d'ordre n, l'affine et la parabolique étant ceux d'ordre 1 et 2.

Et dans la calculatrice, comment ça se passe ? Sans que ce soient exactement les développements limités que l'on utilise en cette matière, il faut signaler que c'est à partir d'approximations analogues que les calculatrices calculent les valeurs des fonctions standard comme sinus, cosinus, exponentielle, ... et non, comme le croient souvent les élèves, en utilisant des valeurs qu'elles puiseraient dans une énorme mémoire.

Les accroissements finis

Les accroissements finis, thème important de la classe de terminale, ont connu deux explicitations scolaires au niveau du lycée, dont les choix méritent commentaire, bien qu'elles soient issues d'une même idée et qu'elles soient équivalentes. C'est en parlant de la vitesse moyenne entre deux instants t_1 et t_2 et des vitesses instantanées atteintes par le mobile entre ces deux instants que nous avons déjà entrevu (voir la page 217) ce qui était en cause.

Première énonciation, maintenant abandonnée au lycée : « il existe au moins un instant t_0 de l'intervalle $[t_1, t_2]$ où le mobile a pour vitesse instantanée la vitesse moyenne » ou encore « il existe un point M_0 où la tangente à la courbe représentative de f est parallèle à la sécante M_1M_2 » ou plus formellement « il existe au moins une valeur c de l'intervalle $[a, b]$ telle que :

$$f'(c) = \frac{f(b) - f(a)}{b - a}\ .\text{ »}$$

que l'on masque parfois en écrivant : « ... tel que $f(b) - f(a) = f'(c)\,(b - a)$. »

Deuxième énonciation, utilisée actuellement, dans la mesure où l'on veut souligner l'apport de ce résultat dans d'importants problèmes d'encadrements : « la vitesse moyenne entre t_1 et t_2 est toujours comprise entre les vitesses instantanées extrêmes » ou encore « le coefficient directeur de la sécante M_1M_2 est compris entre les valeurs extrêmes du coefficient directeur de la tangente en ce point de cet intervalle » ou, enfin l'énoncé d'encadrement si utile pour l'obtention d'inégalités pertinentes : « si $m \leq f'(x) \leq M$ pour x appartenant à $[a, b]$, alors :

$$m(b - a) \leq f(b) - f(a) \leq M(b - a).\text{ »}$$

On remarquera que la traduction tant en termes de vitesse qu'en termes de tangente et corde donne à ce résultat un caractère de *forte évidence heuristique*.

Exemple

Montrons comment cette inégalité permet d'obtenir un encadrement significatif de ln2.

- Entre 1 et 2 on peut écrire :

$$\frac{1}{2}(2-1) < \ln 2 - \ln 1 < 1(2-1)$$

soit : $\frac{1}{2} < \ln 2 < 1$

- Entre 2 et e on peut écrire :

$$\frac{1}{e}(e-2) < \ln e - \ln 2 < \frac{1}{2}(e-2)$$

dont nous ne garderons que la première inégalité : $\frac{1}{e}(e-2) < 1 - \ln 2$

soit : $\ln 2 < \frac{2}{e} \approx 0{,}73$.

D'où l'encadrement $0{,}5 < \ln 2 < 0{,}74$ (rappelons que $\ln 2 = 0{,}693...$). Ce résultat a un équivalent en terme d'intégrales qui est tout aussi utile : l'inégalité de la moyenne (voir la page 237).

Remarquons enfin que seule cette deuxième énonciation, en terme d'encadrements, est susceptible d'une généralisation à des fonctions à valeurs complexes ou à valeurs dans des espaces vectoriels normés.

LA FONCTION DÉRIVÉE

Un peu par provocation, mais aussi pour des raisons plus profondément didactiques, nous avons retardé au maximum de parler de *fonction* dérivée, même si ici et là nous avons utilisé la notation commode $f'(x_0)$, voire $f'(x)$.

En effet, comme nous le disions déjà plus haut, pour beaucoup d'élèves l'étude de la dérivée se confond avec les algorithmes de dérivation des fonctions et le lien entre le signe de la fonction dérivée et les variations de la fonction. Seule la détermination de l'équation de la tangente échappe parfois à cette occultation de la dérivée elle-même.

Certes, l'association à chaque valeur de x de la valeur de la dérivée de f signifie, par essence, que l'on est en présence d'une fonction $f' : x \to f'(x)$.

Mais le fait que le statut fonctionnel prenne rapidement et totalement le dessus nous fait basculer dans un autre monde, perçu de toute évidence comme plus confortable par les élèves.

C'est en réaction contre ce phénomène, didactiquement pervers, que nous avons retardé l'introduction de la notion de fonction dérivée.

LES ALGORITHMES DE DÉRIVATION

Il n'y a rien à dire de spécial sur la mise en place des algorithmes de dérivation sinon qu'il faut, nous semble-t-il, éviter de cacher des idées fortes sous prétexte que leur exposé rigoureux n'est guère à la portée ou motivant pour les élèves. Il en est ainsi de :

– *la dérivation du produit de deux fonctions* qui au nom d'une certaine logique simpliste devrait répondre à la formule :

$$(uv)' = u'v' .$$

– *la dérivation des fonctions composées,* où l'écriture leibnizienne :

$$\frac{dz}{dx} = \frac{dz}{dy}\frac{dy}{dx} \text{ lorsque } z = g(y) \text{ et } y = f(x),$$

est quand même très parlante, surtout si on la compare à :

$$\frac{\Delta z}{\Delta x} = \frac{\Delta z}{\Delta y}\frac{\Delta y}{\Delta x}$$

Il ne faut certes pas mésestimer les difficultés d'ordre théorique qui se cachent derrière cette façon simpliste d'écrire (en particulier quant au rôle ambigu de y, à la fois variable et fonction), mais ces difficultés peuvent sans doute attendre d'être explicitées à ceux qui feront des mathématiques leur objet d'étude principal. Là encore *priorité à l'image mentale* forte et non sans signification !

Exercice

Montrer que pour :

$$u(x) = x \text{ et } v(x) = \frac{1}{1-x}$$

on a effectivement $(uv)' = u'v'$.

(Question réservée aux professeurs : une fonction u étant donnée, trouver v vérifiant $(uv)' = u'v'$. Étudier le cas $u(x) = x^m$ et $u(x) = e^{mx}$).

Le théorème liant le sens de variation de f au signe de f' mérite-t-il d'être le « best-seller » qu'il est ?

Retour sur la dérivée d'un produit

L'exploitation de la figure ci-contre qui conduit à l'égalité :

$$(u + \Delta u)(v + \Delta v) = uv + u\Delta v + v\Delta u + \Delta u\Delta v,$$

écrite sous la forme :

$$(u + \Delta u)(v + \Delta v) - uv = u\Delta v + v\Delta u + \Delta u\Delta v,$$

rend plausible la formule magique :

$$(uv)' = u'v + uv',$$

et, de plus, constitue le fil conducteur d'une ultérieure démonstration rigoureuse.

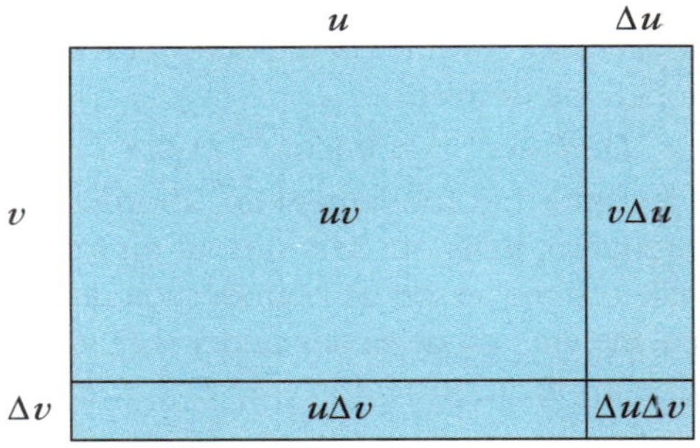

Le théorème essentiel lie le signe de la dérivée aux variations de la fonction.
Il garde au lycée un statut intuitif, facile à interpréter à travers l'observation de la pente de la tangente lorsque la fonction est croissante ou décroissante.

REGARDONS L'AVENIR DANS LE RÉTROVISEUR DU PASSÉ

Le théorème liant le sens de variation de f au signe de f' est, avec celui de Pythagore, l'un des best-sellers des théorèmes scolaires.

La situation peut évoluer sous la pression des calculatrices graphiques qui réduiront le recours à ce théorème à des situations vraiment délicates, chères aux professeurs de mathématiques, mais dont l'utilité, pour le commun de nos élèves, apparaîtra vite comme quelque peu marginale et/ou scolaire. N'oublions pas que peu de gens savent encore extraire des racines carrées « à la main » alors que cet algorithme, y compris son explication, a fait les beaux jours des plus anciens d'entre nous.

En regardant ainsi en arrière simplement de quelques décennies on peut avoir une vision très éclairante sur la différence qu'il y a entre de véritables objectifs de formation mathématique et des « modes » souvent liées à des objectifs commodes en terme d'évaluation (on peut penser à l'importance qu'eut à une époque toute la nébuleuse du trinôme du second degré ou la factorisation en classe de 3e, ... alors que des affaires aussi fondamentales que la proportionnalité, les représentations graphiques ou les éléments de statistiques étaient pratiquement absents).

Il ne s'agit pas là de transpositions didactiques, mais de véritables perversions didactiques où des objectifs scolaires se substituent à de véritables objectifs de formation scientifique.

L'OPÉRATION DE DÉRIVATION

Cette opération D peut se lire comme une application agissant sur l'ensemble des fonctions dérivables et leur associant leurs fonctions dérivées :

$$D : f \to f' \quad \text{ou encore} \quad D(f) = f'.$$

Une question fondamentale, abordée en première, mais qui sert surtout en terminale comme ressort de l'introduction du calcul intégral, est de se demander si D admet une application réciproque D^{-1}. C'est le problème de *l'antidérivation* ou de la recherche des *primitives* des fonctions.

Un minimum d'activités, abordables en première, permettent de s'apercevoir que l'on met là le pied dans un nouveau jardin, où se mouvoir est autrement plus délicat que dans celui de la dérivation :

– des fonctions différentes (certes leur différence se réduit à une constante si elles sont définies sur un même intervalle) peuvent avoir la même dérivée ;

– la recherche de fonctions dont la dérivée serait $\sqrt{x}$, $\frac{1}{x}$ ou $\frac{1}{1+x^2}$ montre tout de suite un ensemble de difficultés dont nous reparlerons à la page 233.

LA DÉRIVÉE LOGARITHMIQUE

D'introduction récente dans le paysage de l'analyse au lycée, elle y a pénétré à travers le programme de la série économique et sociale. Il s'agit en réalité d'un *outil dont l'intérêt dépasse largement les objectifs spécifiques de cette série*. De quoi s'agit-il ?

Jusqu'ici à la fonction f nous avons associé la fonction dérivée f'. La valeur $f'(x)$ mesure la croissance « absolue » de f en x. Or, on est parfois intéressé, en particulier dans des phénomènes d'ordre économique, par la croissance « relative » $f'(x)/f(x)$ de f en x.

D'où la définition de la dérivée logarithmique de f : $\frac{f'}{f}$, sous réserve que f ne s'annule pas.

L'origine de cette dénomination n'échappera à personne. En effet, sous réserve que $f > 0$, $\frac{f'}{f}$ n'est rien d'autre que la dérivée de $\ln f$, ou encore, en ne faisant aucune restriction sur le signe de f, la dérivée de $\ln |f|$.

Cette croissance « relative » de f apparaît donc comme étant la croissance de $\ln |f|$.

Par ailleurs cette dérivée logarithmique se révèle utile en d'autres lieux. D'abord elle a vis-à-vis du produit, du quotient, des puissances, un comportement particulièrement sympathique :

$$\frac{(uv)'}{uv} = \frac{u'}{u} + \frac{v'}{v}$$

$$\frac{\left(\frac{u}{v}\right)'}{\frac{u}{v}} = \frac{u'}{u} - \frac{v'}{v}$$

$$\frac{(u^n)'}{u^n} = n\,\frac{u'}{u}$$

$$\frac{(\sqrt{u})'}{\sqrt{u}} = \frac{1}{2}\,\frac{u'}{u}$$

Ensuite elle est parfois un intermédiaire utile pour calculer des dérivées, comme Bernoulli s'en était déjà aperçu en 1697. Ainsi :

$$\frac{(u^\alpha v^\beta)'}{u^\alpha v^\beta} = \alpha\,\frac{u'}{u} + \beta\,\frac{v'}{v},$$

permet un calcul plus élégant et plus efficace de certaines dérivées comme par exemple les formes fréquentes $\frac{u}{\sqrt{v}}$ ou $\frac{u}{v^2}$ dont la dérivation directe est assez lourde.

L'exemple suivant explique cela en montrant, lorsqu'on passe de f à $\ln f$, que les produits et quotients, lourds à dériver, se transforment en sommes et différences, bien plus conviviales vis-à-vis de la dérivation.

Un outil souple et puissant, trop souvent négligé : la dérivée logarithmique.

UTILISER LA DÉRIVÉE LOGARITHMIQUE

Exemple 1

Soit la fonction f définie par $f(x) = 1 + x^2$.

Alors :

$$f'(x) = 2x \text{ et } \frac{f'(x)}{f(x)} = \frac{2x}{1+x^2}.$$

Pour $x = 3$, $f'(3) = 6$, $f(3) = 10$, $\frac{f'(3)}{f(3)} = 0{,}6$.

C'est-à-dire que f a une croissance absolue de 6 et une croissance relative de 0,6 (60 %) pour $x = 3$.

Exemple 2

Le profit d'une entreprise est décrit par la fonction :

$$P(t) = 5\,000 \exp(0{,}3t - 0{,}001t^2),$$

où t représente le temps en années à dater du 1er janvier 1994.

Quelle est la croissance de cette entreprise le 1er juillet 1995 (croissance relative, à ce moment) ?

$$\frac{P'(t)}{P(t)} = 0{,}3 - 0{,}002t,$$

soit, pour $t = 1{,}5$:

$$\frac{P'(1{,}5)}{P(1{,}5)} = 0{,}2970.$$

Au 1er juillet 1995, la croissance du profit de l'entreprise est donc de 29,7 %, c'est-à-dire que si ce profit croissait toute l'année à la même vitesse relative, il croîtrait de 29,7 % dans l'année.

Exemple 3

Soit à dériver $f(x) = \frac{x^2 \cos x}{(1+x^4)^7}$.

La dérivation directe est pour le moins malaisée. Mais si on pose $g(x) = \ln|f(x)|$,

$$g(x) = \ln x^2 + \ln|\cos x| - 7\ln(1 + x^4)$$

on obtient :

$$g'(x) = \frac{f'(x)}{f(x)} = \frac{2}{x} - \frac{\sin x}{\cos x} - \frac{28x^3}{1+x^4}$$

d'où :

$$f'(x) = \frac{2x\cos x}{(1+x^4)^7} - \frac{x^2 \sin x}{(1+x^4)^7} - \frac{28x^5\cos x}{(1+x^4)^8}.$$

Charmes discrets de la dérivation

Par ce mauvais jeu de mot nous voulons évoquer deux processus proches de la dérivation et riches en applications. La dérivation est un concept qui porte par essence sur des phénomènes continus. Or on peut aussi s'intéresser à des phénomènes discrets mais où h ou encore $x_2 - x_1$ est « petit » devant x.

Exemple 1 : Le coût marginal

C'est une notion devenue classique depuis quelques années au lycée. Supposons que la production P d'une entreprise soit représentée en fonction de la quantité de main-d'œuvre x (mesuré par exemple en « heure-ouvrier », variable essentiellement discrète) par la fonction $P(x)$. Alors :

$$\Delta P = P(x_0 + \Delta x) - P(x_0)$$

représente le gain de production lorsque l'on renforce la main-d'œuvre x_0 par un apport Δx.

$\frac{\Delta P}{\Delta x}$ est alors le gain de productivité par unité de mesure de la main-d'œuvre (ici « l'heure-ouvrier ») lorsque la main-d'œuvre est au niveau x_0. Pour de « grandes » valeurs de x et de « petites » valeurs de Δx, $\frac{\Delta P}{\Delta x}$ peut être confondu avec $P'(x)$ qui est le *coût marginal* de la production de P au voisinage de x_0. Cette notion de *coût marginal* d'une production peut aussi se transposer au *revenu marginal* ou au *bénéfice marginal* d'une entreprise ou d'un produit financier.

Exemple 2 : les différences finies

Elles sont à la base d'importantes applications en analyse numérique et s'appliquent aussi bien à des suites (u_n) :

$$\Delta u_n = u_{n+1} - u_n ,$$

qu'à des fonctions f, face à un pas h :

$$\Delta f(x) = f(x + h) - f(x),$$

ce qui n'est rien d'autre que l'accroissement de f en x. Mais en réalité cette notion n'est pertinente et opérationnelle que si h est petit devant x. À côté d'importantes différences avec la dérivation il y a des comportements qui ont un petit air de famille. Ainsi, par exemple :

$$\begin{aligned}\Delta(u_n v_n) &= u_{n+1}v_{n+1} - u_n v_n \\ &= (u_{n+1} - u_n)v_{n+1} + (v_{n+1} - v_n)u_n \\ &= \Delta u_n v_{n+1} + \Delta v_n u_n\end{aligned}$$

ou encore :

$$\begin{aligned}\Delta fg(x) &= f(x + h)\, g(x + h) - f(x)\, g(x) \\ &= [f(x + h)\, f(x)]\, g(x + h) \\ &\quad + f(x)\, [g(x + h) - g(x)] \\ &= \Delta f(x)\, g(x + h) + \Delta g(x)\, f(x).\end{aligned}$$

Ces formes ne sont pas sans rappeler : $(uv)' = u'v + uv'$. Des activités intéressantes, en particulier avec l'aide des calculatrices programmables, sont tout à fait possibles au lycée.

Une provocation pour en finir avec les dérivées

La définition suivante, extraite d'un ouvrage spécialisé, de la dérivée en un point peut faire sourire (ou intimider, voire terroriser...). Elle a le mérite de souligner l'importance du contexte et des problématiques au sein desquels on se place lorsqu'on traduit une notion en un énoncé. *La dérivée d'une fonction f définie sur un domaine D, à valeurs réelles, est la section lagrangienne du fibré cotangent T*(D) qui donne la forme de connexion pour l'unique connexion plate sur le $\mathbb{R}$-fibré trivial $D \times \mathbb{R}$ pour laquelle le graphe est parallèle.* L'adaptation des énonciations à l'environnement mathématique des apprenants est une des tâches les plus délicates d'un enseignant...

LE PAYSAGE DU CALCUL INTÉGRAL

Comme nous l'avons déjà dit, *calcul différentiel et calcul intégral sont étroitement liés d'un point de vue scientifique, épistémologique et didactique.*

La tradition scolaire française a souvent maintenu une dichotomie forte entre les deux, ne serait-ce qu'en termes d'organisation des programmes (dérivation en première, intégration en terminale) mais aussi au plan des problématiques : à la dérivation étaient associés des problèmes de tangentes et de variations de fonctions, à l'intégration les techniques élémentaires du calcul intégral et des problèmes d'aires. C'est à partir des années 80 que le lien entre les deux a été mieux assuré : dès la classe de première on aborde à présent, de façon simple mais significative, la notion de primitive par l'intermédiaire du problème de l'antidérivation. Mais c'est surtout en terminale, beaucoup par l'intermédiaire de l'inégalité des accroissements finis, qu'un nouveau champ de problèmes permet de mieux articuler les deux.

Toujours au plan scolaire, mais comme transposition didactique de questions épistémologiques fondamentales, deux entrées vers le calcul intégral ont été alternativement utilisées.

Pendant les années 70 c'est le problème des aires et de leur quadrature qui fut le moteur de l'introduction, via les sommes de Riemann. *Avant les années 70, et à nouveau depuis les années 80*, c'est le problème de l'antidérivation qui mène à la notion d'intégrale définie. Si F est une primitive de la fonction f, supposée continue, sur $[a, b]$ alors, *par définition* :

$$\int_a^b f(x)\mathrm{d}x = F(b) - F(a).$$

(On a, au préalable, démontré que cette quantité était indépendante du choix de la primitive de f).

« Il ne faut pas uniquement intégrer.
Il faut aussi désintégrer.
C'est ça la vie. C'est ça la philosophie. C'est ça la science. »
***Ionesco,* La Leçon.**

Fonction, dérivée, intégrale

En présence d'une fonction (souvent traduction d'une loi économique, financière ou physique et souvent définie par sa représentation graphique) et d'une question à son sujet, il n'est pas toujours simple (et pas seulement pour les élèves...) de voir ce qui est en jeu : la fonction elle-même, sa dérivée, ou encore une de ses intégrales. Les quelques exemples qui suivent essayent d'illustrer cette difficulté.

Exemple 1

C'est à Monsieur X, lorsqu'il était Premier Ministre, que revient le mérite d'avoir mis ce type de problème dans le grand public ! Il affirma en effet, à cette époque, que grâce aux mesures qu'il avait prises, l'accroissement du chômage avait diminué. Les mathématiciens ont vu là que la dérivée première de la courbe du chômage restait certes positive, mais décroissait, c'est-à-dire que la dérivée seconde était négative.

Exemple 2

Il s'agit de comparer en matière de salaires, deux professeurs certifiés qui débutent en même temps, mais dont l'un effectue toute sa carrière au « grand choix » alors que l'autre l'effectuera en avançant toujours à l'ancienneté. Le graphique ci-contre représente en fonction du temps (en années de service) l'évolution de leur salaires $g(t)$ et $a(t)$ (l'unité de salaire est ici le point d'indice, invariant en fonction de l'inflation...). À un moment donné t_0 de leur carrière, la différence de salaire est définie par :

$$g(t_0) - a(t_0).$$

Mais plus parlante est la différence de masses salariales qu'ils ont respectivement touchées entre le début de carrière ($t = 0$) et l'instant t_0 . Cette différence est donnée par :

$$D(t) = \int_0^{t_0} [g(t) - a(t)]\, dt ,$$

quantité qui est proportionnelle à l'aire comprise entre les deux courbes entre $t = 0$ et $t = t_0$.

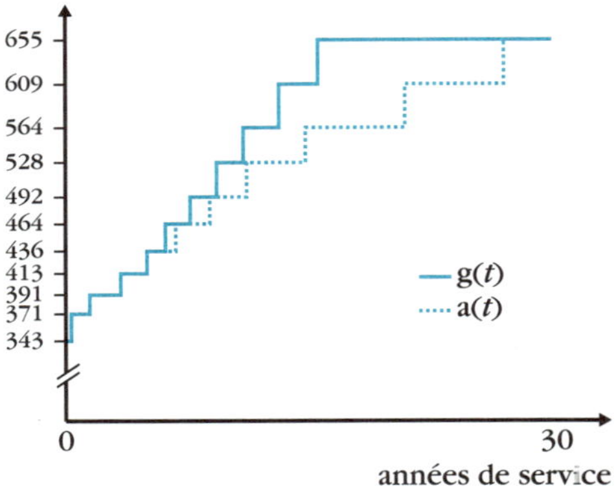

Exemple 3

On peut comparer l'exemple précédent à cette publicité de La Poste. A priori on pourrait penser que la situation est la même : un placement « au grand choix » comparé à un placement « à l'ancienneté ».

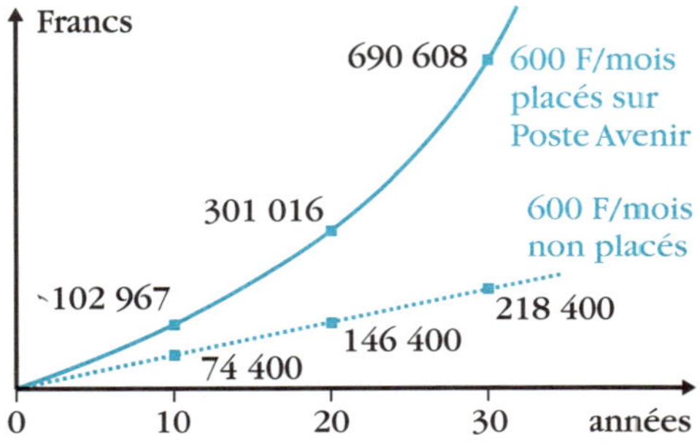

En réalité, en désignant par $f(t)$ et $g(t)$ l'évolution des deux placements en fonction du temps, $\int_0^{t_0} [f(t) - g(t)]\, dt$ ne représente pas d'espèces sonnantes et trébuchantes, comme dans l'exemple précédent. Seul $f(t) - g(t)$ a une signification financière : le supplément de gain, au moment t du placement promu par La Poste par rapport à l'autre placement.

Autres exemples

La physique est évidemment le lieu privilégié de ces aspects liant fonctions, dérivées et intégrales. On peut penser au « mouchard » d'un camion qui enregistre la fonction vitesse $v(t)$. À partir de là et en connaissant l'instant t_0 du départ on peut reconstituer l'équation du mouvement $s(t)$

par « intégration » (nous sommes là dans un contexte d'enregistrement graphique d'une fonction). De même, par « dérivation » on peut analyser l'accélération (les positives et les négatives *i.e.* les freinages). Le même couplage (dérivée, fonction) c'est-à-dire (fonction, intégrale) se retrouve dans les couples (travail, potentiel), (intensité, quantité de courant). On trouvera nombre d'autres exemples et surtout la manipulation constante de ce fait fondamental dans tous les ouvrages de physique.

LE POINT DE VUE DES PROGRAMMES ACTUELS : DE LA PRIMITIVE VERS L'INTÉGRALE

L'ANTIDÉRIVATION ENTREVUE EN CLASSE DE PREMIÈRE

Actuellement, dès la classe de première, après avoir fait apparaître la fonction dérivée d'une fonction, on peut poser le problème réciproque, souvent appelé le problème de *l'antidérivation* : de quelle(s) fonction(s) une fonction donnée peut-elle être la fonction dérivée ?

Exemple 1

Considérons la fonction f définie sur $\mathbb{R}$ par $f(x) = 2x + 1$.

Il est facile de remarquer que c'est la fonction dérivée de la fonction F définie par $F(x) = x^2 + x$, mais catastrophe ou miracle, elle est aussi fonction dérivée de :

$$x^2 + x + 1$$
$$x^2 + x - 5$$
$$x^2 + x - \pi\sqrt{2},$$

et il est tout à fait raisonnable de penser que toutes les fonctions de la forme $x^2 + x + k$, où k est une constante, admettent f comme fonction dérivée.

Exemple 2

Il est déjà nettement plus difficile de « voir » que la fonction :

$$f(x) = \frac{2(1-x^2)}{(x^2+1)^2},$$

est la fonction dérivée de :

$F(x) = \dfrac{2x}{x^2 + 1}$, mais aussi de :

$$C(x) = \frac{3x^2 + 2x + 3}{x^2 + 1}.$$

En classe de première on s'en tient à cette démarche initiatique : reconnaître dans l'herbier des fonctions, avec des indications plus ou moins précises, des fonctions dont la fonction dérivée est une fonction donnée f. Didactiquement, cette démarche soulève tout de suite différents problèmes et fait entrevoir, comme en escalade, plusieurs niveaux de difficultés.

Le premier exemple ci-dessus est le cas le plus simple : « on voit tout de suite que... ». Une fonction comme $\dfrac{2x + 1}{(x^2 + x + 1)^2}$ est déjà un peu plus compliquée et nécessite un « dressage » scolaire : « que vois-tu lorsque tu compares le numérateur et l'expression à l'intérieur des parenthèses au dénominateur ? ».

Remarquons tout de suite que le même exemple, écrit sous la forme :

$$\frac{2x + 1}{x^4 + 2x^3 + 3x^2 + 2x + 1}$$

est déjà nettement moins « lisible ».

Mais qui osera reconnaître « tout de suite » dans $\dfrac{2x^2 + 6x + 1}{(2x + 3)^2}$ la dérivée de :

$$\frac{x^2 + x + 1}{2x + 3}$$

si ce n'est en le « vérifiant à l'envers » ?

Enfin, délice du professeur de mathématiques qui prépare là le grand coup de la fonction logarithme : la fonction toute simple, élémentaire, $1/x$ n'apparaît jamais comme dérivée d'une fonction connue ! Remarquons à ce sujet une attitude pas toujours parfaitement honnête de notre art face aux élèves : $1/x$ pourrait très bien être la dérivée d'une fonction connue, mais non évidente (la recherche des primitives est une démarche moins algorithmisée que la dérivation). La démonstration du fait que $1/x$ n'est la dérivée d'aucune fonction élémentaire n'est pas à la portée des élèves, encore faut-il le leur dire clairement.

« Étant donné une fonction d'une seule variable, on peut toujours la considérer comme la dérivée d'une autre fonction inconnue. »
Charles Sturn.*

L'intégrale définie, définie à partir de la primitive

L'étape suivante, base de tout le calcul intégral vu à travers les actuels programmes, consiste d'abord à admettre que *toute fonction f continue sur un intervalle I admet sur cet intervalle des primitives* (attention : cela ne signifie pas que ces primitives puissent s'exprimer par des fonctions usuelles ; l'introduction de la fonction logarithme en fournit une très belle illustration), puis à s'assurer, toujours sur l'intervalle I, que si F est une primitive de la fonction continue f, alors toutes les primitives (les seules primitives) de f sur cet intervalle sont de la forme $F + k$ (où k est une constante).

La définition de l'intégrale est alors tout naturellement la suivante :

$$\int_a^b f(x)\,\mathrm{d}x = F(b) - F(a),$$

avec les notations définies précédemment et sous réserve que a et b soient des nombres de l'intervalle I. En effet, la quantité $F(b) - F(a)$ est indépendante de celle des primitives choisies et la définition est donc intrinsèque.

À cette étape, avec ce point de vue, la notation $\int_a^b f(x)\mathrm{d}x$ reste mystérieuse : simple écriture...

Toute une kyrielle de propriétés se déroulent alors de façon élémentaire :

– soit en s'appuyant sur la définition elle-même ;

– soit en s'appuyant sur les propriétés de la dérivation.

D'autres propriétés seront vues dans les paragraphes ultérieurs.

L'autre point de vue : des sommations vers l'intégrale

Ce point de vue, utilisé dans les lycées français durant les années 70, s'inspire d'une part des procédés de quadrature et de sommation utilisés jusqu'au XVIIe siècle, d'autre part de la définition de l'intégrale à partir des sommes de Riemann. Son intérêt épistémologique est incontestable. La question de son intérêt didactique est plus délicate à trancher, mais c'est en tout cas le point de vue adopté dans de nombreux pays anglo-saxons où d'ailleurs on parle de calcul intégral (et on l'utilise dans ce sens) avant d'envisager la dérivation. Le lien entre intégration et dérivation ne vient alors que plus tard, au moment de l'étude de la dérivation, à travers les deux résultats fondamentaux :

$$\int_a^b f(x)\mathrm{d}x = F(b) - F(a),$$

$$\int_a^x f'(t)\,\mathrm{d}t = f(x)\ .$$

L'exposé de cette démarche ne nécessite, au strict sens mathématique, que de savoir comparer des fonctions vis-à-vis de la relation d'ordre $\leq$ sur les fonctions et la définition des sommes de Riemann de fonctions en escalier.

Mais au plan didactique, l'appel à des considérations heuristiques d'aires est très important : « on voit que... ».

L'idée de base consiste à introduire une subdivision $\{x_0 = a, x_1, x_2, ..., x_n = b\}$ de $[a, b]$ et à considérer sur chaque segment $[x_{i-1}, x_i]$ l'encadrement suivant, lisible en termes d'aires sur la figure ci-après :

$$m_i(x_i - x_{i-1}) \leq A_i \leq M_i(x_i - x_{i-1}),$$

où A_i représente l'aire du domaine limité par l'axe des abscisses, les droites $x = x_{i-1}$, $x = x_i$ et la courbe et où $m_i = \mathrm{Inf}\, f(x)$ sur $[x_{i-1}, x_i]$, $M_i = \mathrm{Sup}\, f(x)$ sur $[x_{i-1}, x_i]$.

On passe alors à la somme :

$$\sum_{i=1}^{n} m_i(x_i - x_{i-1}) \leq \sum_{i=1}^{n} A_i \leq \sum_{i=1}^{n} M_i(x_i - x_{i-1})$$

Si, en utilisant des subdvisions « de plus en plus fines » les deux sommes extrêmes ont la même limite, elle est par définition $\int_a^b f(x)\mathrm{d}x$.

*** Cours d'Analyse de l'École polytechnique, 1857.***

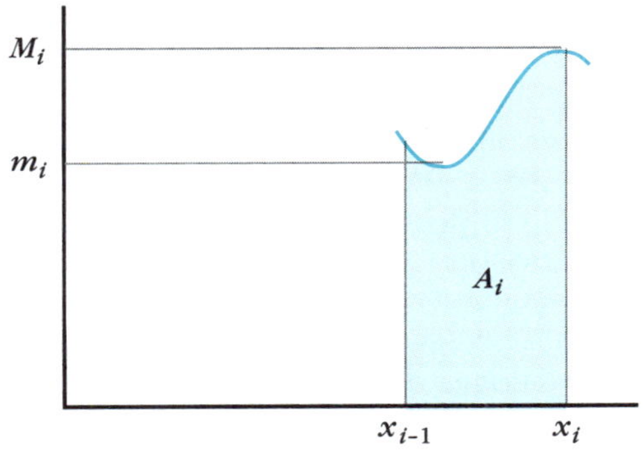

Le passage délicat, tant au plan théorique que didactique, se situe évidemment là. L'idée intuitive « d'une subdvision de plus en plus fine » est difficile à mathématiser dès lors que l'on veut envisager tous les types de subdivisions (pas seulement les subdivisions régulières).

En effet on ne sera plus là devant des limites de suites au sens usuel.

Une façon correcte de faire est de définir l'intégrale $\int_a^b f(x)\mathrm{d}x$ comme l'unique (attention à l'importance capitale de l'unicité !) nombre I compris entre :

$$\sum_{i=1}^{n} m_i(x_i - x_{i-1}) \quad \text{et} \quad \sum_{i=1}^{n} M_i(x_i - x_{i-1}),$$

quelles que soient les subdivisions utilisées.

SOMMATION ET INTÉGRATION

Afin de garder une ligne directrice claire nous n'irons pas plus loin dans l'exposé de ce point de vue et n'évoquerons pas, en particulier, comment on aboutit par cette voie aux propriétés classiques. On pourra se reporter à des traités de *Calculus* comme celui d'Apostol ou celui de Marsden et Weinstein (voir la bibliographie).

En revanche, pour bien comprendre l'intérêt de ce point de vue sommatoire (le calcul intégral est une affaire de sommation de quantités infiniment petites, comme le calcul différentiel est une affaire de comparaison de différences infiniment petites), revenons à la notion de vitesse.

Lorsqu'un mobile se déplace à la vitesse constante V_1 durant une période ΔT_1 et à la vitesse constante V_2 durant une période ΔT_2, la distance parcourue D est donnée par :

$$D = V_1\Delta T_1 + V_2\Delta T_2$$

Plus généralement, si un mobile se déplace à des vitesses constantes V_1, V_2, ... V_n durant les périodes respectives ΔT_1, ΔT_2 ... ΔT_n, la distance D parcourue, durant la période $T = \Delta T_1 + \Delta T_2 + ... + \Delta T_n$, est donnée par : $D = V_1\Delta T_1 + V_2\Delta T_2 + ... + V_n\Delta T_n$ que l'on écrit dans un premier temps sous la forme $D = \sum_{i=1}^{n} V_i\Delta T_i$. Par définition de la notation, $D = \int_0^T V(t)\mathrm{d}t$ que l'on généralisera à la situation où $V(t)$ est variable en fonction du temps, sans être obligatoirement constante par intervalles.

Intégrer une fonction apparaît donc comme sommer les valeurs qu'elle prend, en les pondérant par les durées durant lesquelles elle les prend. C'est aussi cette idée de sommation d'infiniments petits qui explique la notation $\int ...\mathrm{d}x$. Le $\int$ n'est rien d'autre qu'un S déformé et $\mathrm{d}x$ indique l'infiniment petit « issu » de Δx.

« Si la fonction f(x) est continue pour toutes les valeurs de x comprises entre x = a et x = b, il existera une fonction F(x) ayant pour dérivée f(x), dans le même intervalle. »

Camille Jordan.*

* *Cours d'Analyse de l'École polytechnique,* 1883. Ce texte est à comparer à celui cité à la page 234.*

** Ce raisonnement vaut pour $h \geq 0$; il faut le modifier un peu pour $h \leq 0$.

LES PROPRIÉTÉS ÉLÉMENTAIRES DE L'INTÉGRALE

Nous n'allons pas exposer l'ensemble des propriétés élémentaires des intégrales : cela est fait dans tous les manuels. Les résultats cités sont à peu près les mêmes, mais les démarches pour les introduire, les hiérarchiser, les justifier, les démontrer, méritent souvent d'être comparées pour apprécier les démarches didactiques mises en jeu et ébaucher sa propre démarche. Comme nous le disions déjà précédemment, un grand nombre de propriétés s'obtiennent alors de façon élémentaire :

– soit en s'appuyant sur la définition elle-même ;

– soit en s'appuyant sur les propriétés de la dérivation.

Nous allons simplement ici éclairer quelques propriétés fondamentales pour leur rôle théorique ou par leur apport dans la résolution des problèmes.

EXPRESSION DE LA PRIMITIVE

Théorème

Soit f une fonction continue sur un intervalle I et a un nombre de I. La fonction définie sur I par : $\Phi(x) = \int_a^x f(t)\,dt$ *est la primitive de f sur I qui s'annule en a.*

On pourra observer dans l'expression de l'intégrale ci-dessous le rôle de la lettre t : elle n'intervient pas dans le résultat où la variable est x. On peut ainsi comprendre qu'on l'appelle souvent *variable muette.*

La démonstration de ce théorème repose sur l'observation attentive de

$$\Phi(x) = F(x) - F(a),$$

où F est une primitive quelconque de f sur I.

Remarquons qu'il est possible que Φ ne puisse pas être explicité comme combinaison de fonctions élémentaires ; on est là devant un seuil à la fois didactique et épistémologique concernant la notion de fonction.

INTÉGRALES ET AIRES

Un théorème permet d'établir le lien entre intégrale et aire. Dans un plan muni d'un repère orthogonal, on considère la fonction continue et *positive* sur un intervalle $[a\,;\,b]$. On peut associer à la courbe représentative de f sur cet intervalle le domaine du plan limité par l'axe des abscisses, les droites d'équation $x = a$ et $x = b$ et la courbe (ensemble des points $M(x, y)$ tels que $a \leq x \leq b$ et $0 \leq y \leq f(x)$). On ne se pose pas de questions axiomatiques sur la notion d'aire d'un tel domaine par rapport à une unité d'aire qui sera l'aire du rectangle construit sur le repère $(O, \vec{\imath}, \vec{\jmath})$. On suppose que cette aire existe et on énonce alors le théorème suivant.

Théorème : *l'aire du domaine associé à la fonction f continue et positive sur [a;b] est déterminée par :*

$$\int_a^b f(x)\,dx\,.$$

Ce théorème peut être admis sans démonstration, comme le conseillent les actuels programmes, mais il n'est sans doute pas inutile d'*en produire au moins une justification heuristique* afin de lui donner du sens. Un certain nombre d'activités proposées dans les manuels permettent de s'en convaincre par une démarche dont l'idée centrale est la suivante (voir la figure, page 237). Soit $A(x)$ l'aire associée à la fonction f sur l'intervalle $[a\,;\,x]$ où x appartient à $[a\,;\,b[$. Alors** $\Delta A = A(x + h) - A(x)$. est l'aire associée à la fonction f sur $[x\,;\,x + h]$ et elle est encadrée par Mh et mh où M et m sont respectivement le maximum et le minimum de $f(t)$ sur $[x\,;\,x + h]$:

$$mh \leq \Delta A \leq Mh \quad \text{soit} \quad m \leq \frac{\Delta A}{h} \leq M\,.$$

En vertu de la continuité de f, si h tend vers 0, M et m tendront vers $f(x)$ et donc :

$$\lim_{h \to 0} \frac{\Delta A}{h} = f(x)$$

C'est-à-dire que $A(x)$ admet pour dérivée $f(x)$, ou encore que $A(x)$ est une primitive de f sur $[a\,;\,b]$. Le reste du résultat en découle sans difficulté.

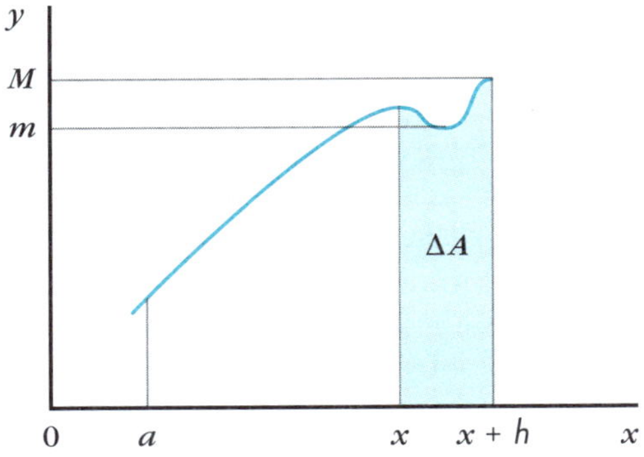

Remarque : nous ne nous étendrons pas sur les conventions qui permettent d'étendre le lien entre intégrale et aire à des fonctions négatives, ni sur les renseignements que l'on peut tirer de la parité ou de la périodicité de la fonction f vis-à-vis de l'intégration.

ORDRE ET INTÉGRATION

Un résultat fondamental, base de nombreuses majorations ou encadrements, est le théorème suivant.

Théorème

Si f et g sont deux fonctions continues sur $[a\ ;\ b]$ et si sur cet intervalle $f \leq g$ alors :

$$\int_a^b f(x)\mathrm{d}x \leq \int_a^b g(x)\mathrm{d}x .$$

Ce théorème est une conséquence directe de la positivité de $\int_a^b \varphi(x)\mathrm{d}x$ lorsque $\varphi \geq 0$ sur $[a\ ;\ b]$. (Poser $\varphi = g - f$ et se servir du fait que $\varphi \geq 0$ implique que toute primitive Φ est croissante, c'est-à-dire $\Phi(b) - \Phi(a) \geq 0$.)

Remarques

• Pour parler court : « on peut intégrer les inégalités ».

• Attention ! On ne peut pas dériver les inégalités et donc on ne peut rien conclure non plus de :

$$\int_a^b f(x)\mathrm{d}x \leq \int_a^b g(x)\mathrm{d}x .$$

INÉGALITÉ DE LA MOYENNE

Nous en arrivons maintenant à un résultat que nous avions déjà évoqué à propos de l'inégalité des accroissements finis.

Théorème

Soit f une fonction continue sur $[a\ ;\ b]$ et m, M deux réels tels que, pour tout x de $[a\ ;\ b]$, $m \leq f(x) \leq M$, alors :

$$m(b-a) \leq \int_a^b f(x)dx \leq M(b-a).$$

Corollaire

Si $|f(x)| \leq M$, alors $\left|\int_a^b f(x)dx\right| \leq M(b-a)$.

Ces deux résultats sont d'une importance capitale dans de nombreux problèmes tant théoriques que numériques et on peut les regarder de plusieurs points de vue.

• La double inégalité :

$$m(b-a) \leq \int_a^b f(x)dx \leq M(b-a),$$

n'est que la transposition de *l'inégalité des accroissements finis, vue du côté de la dérivation*, en considérant une fonction primitive F de f, dont la dérivée f est encadrée par m et M,

$$m(b-a) \leq F(b) - F(a) \leq M(b-a).$$

C'est aussi le point de vue le plus « pur » pour démontrer l'inégalité de la moyenne : on applique l'inégalité des accroissements finis à la fonction définie sur $[a\ ;\ b]$ par :

$$F(x) = \int_a^x f(t)\mathrm{d}t .$$

Le lecteur aura à cœur d'écrire in extenso cette démonstration.

• *Le point de vue cinématique* n'est pas sans intérêt : si $v(t)$ est la vitesse entre les instants a et b, la vitesse moyenne entre ces deux instants est $\mu = \dfrac{1}{b-a}\displaystyle\int_a^b v(t)\mathrm{d}t$ et elle est encadrée par les vitesses extrêmes m et M.

• *Le point de vue graphique* est particulièrement significatif. Le théorème se « lit » sur la figure ci-après, en termes d'aires.

Attention, ce genre de vision, très percutante, n'est pas une démonstration, mais son interprétation constitue l'amorce d'une méthode de démonstration.

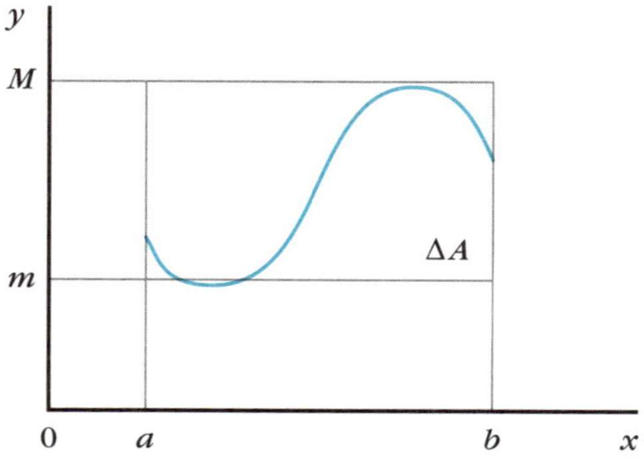

• La dénomination « inégalité de la moyenne » est due au fait que la quantité :

$$\mu = \frac{1}{b-a}\int_a^b f(x)\mathrm{d}x$$

est la valeur moyenne de f sur $[a\ ;\ b]$. Cette notion de moyenne d'une quantité continue mérite qu'on attire l'attention des élèves qui jusque là n'ont vue que des moyennes de quantités discrètes.

Intégration par parties

Ce résultat est trop souvent perçu comme une pure technique d'intégration. Il est en réalité d'un usage beaucoup plus profond dans de nombreux problèmes de majorations ou d'obtention de relations récurrentielles. Il s'agit tout simplement d'utiliser de façon astucieuse la dérivée d'un produit : $(uv)' = u'v + uv'$ sous la forme $uv' = (uv)' - u'v$.

Théorème

$$\int_a^b u(x)v'(x)\mathrm{d}x = [u(x)v(x)]_a^b - \int_a^b u'(x)v(x)\mathrm{d}x$$

où l'on note : $[f(x)]_a^b = f(b) - f(a)$.

Ce théorème mérite plusieurs remarques :

• Il nécessite une certaine dextérité dans le découpage de la fonction à intégrer en deux facteurs u' et v, si on veut avancer vers un résultat exploitable. Il ne faut pas hésiter à encourager les essais et à analyser leur (non) pertinence.

Exemple

Soit à calculer $I = \displaystyle\int_0^{\pi/2} t\cos t\mathrm{d}t$.

On pose : $u(t) = t$, $u'(t) = 1$
$v'(t) = \cos t$ $v(t) = \sin t$.

D'où :

$$I = [t\sin t]_0^{\pi/2} - \int_0^{\pi/2} \sin t\mathrm{d}t = \pi/2 - 1.$$

On remarque sur cet exemple que le choix :

$u(t) = \cos t$ $u'(t) = -\sin t$
$v'(t) = t$ $v(t) = t^2/2$

aboutissait à une intégrale plus lourde.

• Ce théorème permet aussi de déterminer des primitives, non pas en écrivant :

$$\int uv' = uv - \int u'v$$

car une constante quelconque sépare les deux membres de cette fausse égalité, mais en appliquant le théorème à l'intervalle $[a\ ;\ x]$.

On peut constater qu'en France on est toujours resté très prudent au niveau du lycée pour tout ce qui touche les changements de variable en matière d'intégration. Dans la plupart des autres pays européens on n'a pas la même prudence : on privilégie les méthodes d'intégration techniques par rapport à des objectifs plus conceptuels.

Quelques types de problèmes liés au calcul intégral

Il s'agit de présenter ici non pas une liste exhaustive des types de problèmes où l'intervention du calcul intégral est significative, mais quelques exemples qui permettent au lecteur de mieux analyser les objectifs des énoncés qu'il rencontrera dans les manuels ou les épreuves d'examen. Son rôle de formateur sera essentiel : distinguer ce qui est guidage scolaire et ce qui est idée directrice d'une méthode mathématique.

CALCUL D'INTÉGRALES ET DE PRIMITIVES

Ce secteur de problèmes, souvent exclusivement perçu comme terrain d'entraînement technique, peut aussi s'avérer une source de résultats significatifs et mettre en œuvre des méthodes variées. Ainsi, si la recherche de primitives de fonctions telles que $\exp x$, $\sin x$, $\cos x$, ... est immédiate, celle de fonctions apparemment tout aussi élémentaires comme $\ln x$, $\tan x$, ... est déjà plus délicate.

LE CALCUL D'AIRES

C'est un secteur d'intervention et aussi un des fondements historiques du calcul intégral. Les manuels fleurissent d'exemples suffisamment nombreux et divers pour qu'il soit besoin d'en citer ici.

LES CALCULS DE VOLUMES

On peut regretter qu'au lycée il y ait une contradiction entre la volonté affichée de développer les applications du calcul intégral et la perception de l'espace, et une grande pauvreté de théorèmes disponibles. À vrai dire *un seul résultat est proposé*, lisible sur la figure ci-contre

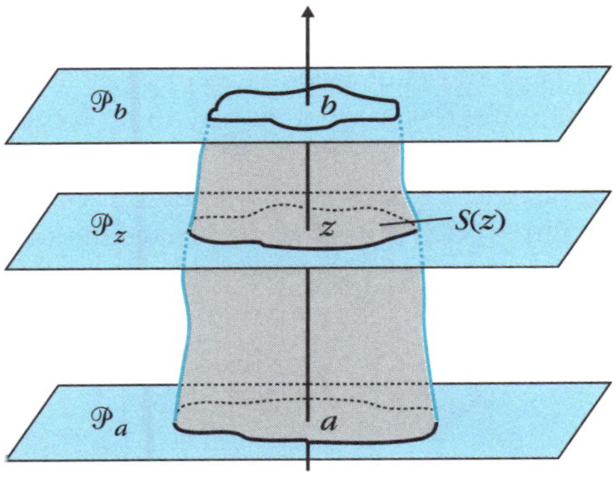

Le solide limité par les plans parallèles d'équations $z = a$ et $z = b$ et dont la section par le plan de cote z a pour aire $S(z)$ a pour volume $V = \int_a^b S(z)\mathrm{d}z$, l'unité de volume étant le volume du pavé construit sur les vecteurs unitaires du repère.

Ce résultat permet de trouver quelques résultats classiques concernant le volume du cône, de la sphère, du paraboloïde de révolution, ...

CALCUL APPROCHÉ D'INTÉGRALES

Même parmi les fonctions continues très élémentaires, nombreuses sont celles dont les primitives ne peuvent s'exprimer comme combinaisons algébriques ou fonctionnelles de fonctions usuelles.

Déterminer la valeur exacte d'intégrales qui leur sont attachées est alors impossible et il faut se résoudre à des procédures de calcul approché.

Même lorsqu'on a explicitement une primitive le calcul approché peut se révéler intéressant ou plus performant.

La maîtrise de ces procédures, et en particulier la maîtrise de la qualité des approximations qu'elles fournissent, pose de véritables problèmes.

Au lycée les méthodes restent rustiques mais permettent déjà de comprendre bien des idées directrices en la matière.

Elles sont aussi un secteur particulièrement adapté à l'utilisation des calculatrices programmables ou de l'outil informatique.

Pour approcher $I = \int_a^b f(x)\mathrm{d}x$ on subdivise l'intervalle $[a ; b]$ en n intervalles (souvent, mais pas toujours, égaux) et sur chacun de ces intervalles on approche f par une fonction très simple que l'on sait intégrer (ou encore mieux : on encadre).

La précision est alors tributaire de trois facteurs :

– la « finesse » de la subdivision ;

– la qualité « approximante » de la fonction utilisée pour approcher f sur chacun des intervalles ;

– le rôle, rapidement non négligeable, de la taille des calculs et de l'accumulation de erreurs d'arrondis.

Aller « plus loin » sur chacun des deux premiers facteurs coûte un prix en temps et en complexité de calcul, qu'il faut évaluer en fonction des progrès obtenus afin de faire le choix optimal.

« L'ingénieur, en réalité, n'a pas besoin de l'intégrale en termes finis ; il a besoin de connaître l'allure générale de la fonction intégrale. » **Poincaré.***

INTÉGRATION NUMÉRIQUE

Les quatre dessins ci-dessous sont à la base de quatre méthodes élémentaires d'intégration numérique. À côté de chacun d'eux est donné la majoration de l'erreur $|I - S_n|$ où S_n représente la somme des n approximations réalisées sur chacun des intervalles $[x_k ; x_{k+1}]$. M_k désigne un majorant de $f^{(k)}$ sur $[a ; b]$.

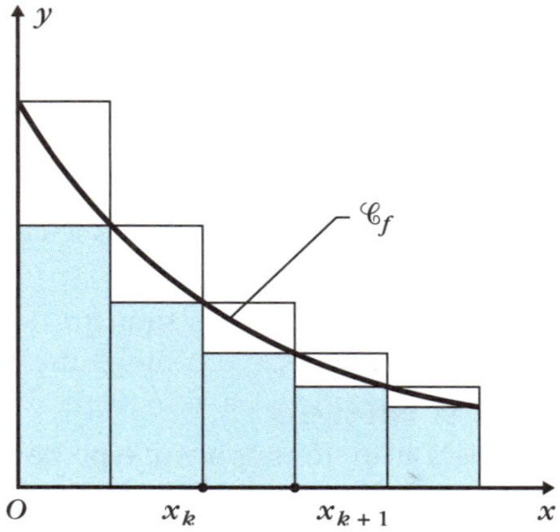

Rectangles : $|I - S_n| < M_1 \dfrac{(b-a)^2}{2n}$
où $|f'| \leq M_1$ sur $[a ; b]$.

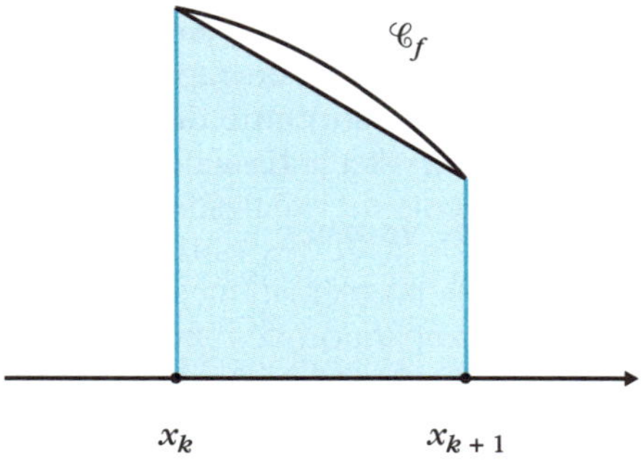

Trapèzes : $|I - S_n| \leq M_2 \dfrac{(b-a)^3}{12n^2}$ où $|f''| \leq M_2$ sur $[a ; b]$.

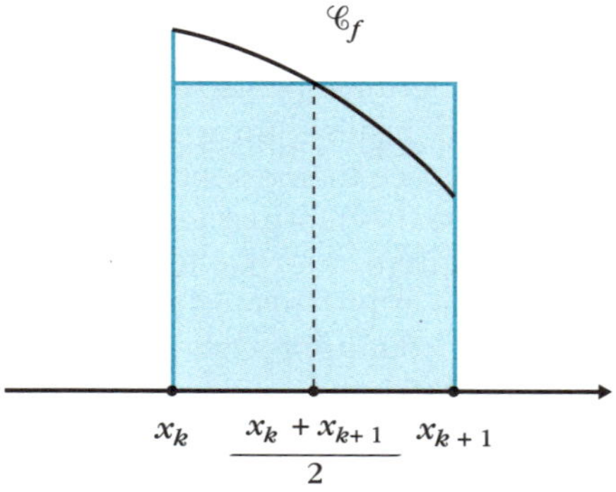

Point médian :

$|I - S_n| \leq M_2 \dfrac{(b-a)^3}{24n^2}$

où $|f''| \leq M_2$ sur $[a ; b]$.

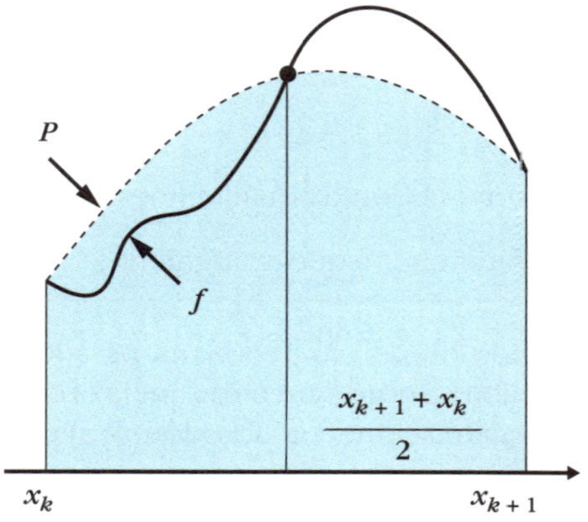

Simpson (utilisation d'une parabole « approximante ») :

$|I - S_n| \leq M_4 \dfrac{(b-a)^5}{2880n^4}$

où $|f^{(4)}| \leq M_4$ sur $[a ; b]$.

* ***Science et méthode ; I,2.****

COMPARER...

Ces points de suspension sont le signe que le calcul intégral intervient dans la comparaison de toutes sortes d'objets mathématiques : fonctions, suites et séries, nombres, aires et volumes... On touche là à des *problèmes fondamentaux de l'analyse : majorer, minorer, encadrer*, étudier les comportements asymptotiques de telle suite, de telle fonction, approcher (ou encore mieux : encadrer) des fonctions ou des suites par des fonctions ou des suites plus simples, apprécier la qualité des approximations obtenues, jauger la performance, c'est-à-dire le rapport « qualité/prix » d'un algorithme de calcul (ce dernier objectif est à la base de nombreux développements de l'analyse numérique, en association avec les outils informatiques, mais la problématique existait déjà bien avant l'apparition des ordinateurs !).

Les deux exemples classiques qui suivent sont déclinés en de nombreuses variantes dans beaucoup de manuels. Des comparaisons sont aussi omniprésentes dans les exemples cités dans les autres paragraphes.

Exemple 1 : autour de ln2

• La double inégalité, vraie pour $t \geq 0$,

$$1 - t \leq \frac{1}{1+t} \leq 1 - t + t^2$$

permet, en l'intégrant entre 0 et x, d'obtenir l'encadrement valable pour tout $x > 0$

$$x - \frac{x^2}{2} \leq \ln(1+x) \leq x - \frac{x^2}{2} + \frac{x^3}{3}$$

encadrement dont la qualité, mesurée par $\frac{x^3}{3}$, diminue lorsque x augmente.

Pour $x = 1$: $\frac{1}{2} \leq \ln 2 \leq \frac{5}{6}$.

• Le même encadrement de ln2 s'obtient en intégrant entre 0 et 1 la double inégalité :

$$\frac{t^2}{2} \leq \frac{t^2}{1+t} \leq t^2$$

valable pour tout t de [0 ; 1].

En effet :

$$I = \int_0^1 \frac{t^2}{1+t}\,dt = \int_0^1 \left[t - 1 + \frac{1}{1+t}\right] dt$$

$$= \ln 2 - \frac{1}{2}$$

est donc encadré par 1/6 et 1/3 d'où l'encadrement annoncé pour ln2.

Exemple 2 : autour de *e* et de e^x

En s'appuyant sur :

$$\int_0^x \frac{t^n}{n!}\,dt = \frac{x^{n+1}}{(n+1)!}$$

qui permet de passer du rang n au rang $n + 1$, on peut établir par récurrence l'encadrement pour $0 \leq x \leq 1$:

$$1 + \frac{x}{1!} + \frac{x^2}{2!} + \ldots + \frac{x^n}{n!} \leq e^x \leq \left(1 + \frac{x}{1!} + \frac{x^2}{2!} + \ldots + \frac{x^n}{n!}\right) + \frac{x^n}{n!}$$

Pour $x = 1$ on a un encadrement classique de e qu'on mettra en parallèle avec l'étude des deux suites adjacentes :

$$u_n = 1 + \frac{1}{1!} + \frac{1}{2!} + \ldots + \frac{1}{n!}$$

$$v_n = \left(1 + \frac{1}{1!} + \frac{1}{2!} + \ldots + \frac{1}{n!}\right) + \frac{1}{n!}$$

SUITES ET INTÉGRALES

Il s'agit-là d'un très important type de problèmes qui met en œuvre à la fois des propriétés du calcul intégral pour étudier des suites et des propriétés des suites pour étudier des questions de calcul intégral (voir par exemple les techniques d'intégration numérique déjà évoquées plus haut).

Dans les manuels, nombreuses pour ne pas dire inflationnistes, sont en particulier les « suites définies par des intégrales ». Mais soyons justes : un grand nombre d'énoncés sur ce thème sont particulièrement intéressants tant par les techniques mises en œuvre que par les questions visées.

Quelques classiques

• La limite de la suite (s_n) définie par :

$$s_n = 1 - \frac{1}{1!} + \frac{1}{2!} - \frac{1}{3!} + \ldots + (-1)^n \frac{1}{n!}$$

s'obtient en étudiant :

$$u_n = \frac{1}{n!}\int_0^1 x^n e^x\,dx \quad .$$

On vérifie d'abord, par une intégration par parties, la relation récurrentielle :

Majorer, minorer, encadrer figurent parmi les problèmes fondamentaux de l'analyse.

$$u_n = \frac{e}{n!} - u_{n-1}$$

ensuite, par récurrence, que :

$$u_n = (-1)^n \left[e\left(1 - \frac{1}{1!} + \frac{1}{2!} - \frac{1}{3!} + \ldots + (-1)^n \frac{1}{n!}\right) - 1 \right].$$

Par comparaison d'intégrales on obtient l'encadrement :

$$0 \leq u_n \leq \frac{1}{(n+1)!}$$

La limite cherchée en découle. On remarquera l'excellente rapidité de la convergence.

La performance n'est pas mauvaise non plus dans la mesure où on peut calculer $n!$ de façon récurrentielle à chaque pas, en utilisant la valeur de $(n-1)!$ (n'oublions pas que le calcul direct de $n!$ pour des valeurs un peu grandes de n est un problème redoutable, et qu'alors la formule de Stirling donnant une approximation asymptotique de $n!$ est la bienvenue.

• x étant un réel positif, on se propose de montrer que la limite lorsque n tend vers l'infini de $1 + \frac{x}{1!} + \frac{x^2}{2!} + \ldots + \frac{x^n}{n!}$ est e^x (comparer avec la méthode utilisée dans le paragraphe précédent pour aboutir au même résultat).

Pour cela, l'intégration par parties de $\int_0^x t\,e^t\,dt$ permet d'établir que :

$$e^x = 1 + x + \int_0^x (x-t)\,e^t\,dt.$$

On s'assure que $I_n = \int_0^x \frac{(x-t)^n}{n!} e^t\,dt$ vérifie $I_n = \frac{x^{n+1}}{(n+1)!} + I_{n+1}$, ce qui permet d'établir par récurrence que :

$$e^x = 1 + \frac{x}{1!} + \frac{x^2}{2!} + \ldots + \frac{x^n}{n!} + I_n.$$

On démontre par ailleurs que :

$$0 \leq I_n \leq \frac{x^n}{n!}(e^x - 1).$$

Soit $u_n = \frac{x^n}{n!}$. On montre qu'à partir d'un certain rang $u_{n+1} \leq \frac{1}{2} u_n$. Le résultat en découle.

• Citons pour mémoire quelques autres classiques que l'on trouvera dans la plupart des manuels :

– les intégrales de Wallis :

$$\int_0^{\pi/2} \sin^n t\,dt \quad \text{et} \quad \int_0^{\pi/2} \cos^n t\,dt\ ;$$

– la convergence, lorsque x tend vers l'infini, de $\int_0^x e^{-t}\,t^n\,dt$ vers $n!$ qui permet de se rapprocher de la formule de Stirling ;

– la limite lorsque n tend vers $+\infty$ de :

$$s_\alpha(n) = \frac{1}{1^\alpha} + \ldots + \frac{1}{n^\alpha} \text{ lorsque } \alpha > 0.$$

BIBLIOGRAPHIE

Deux ouvrages français

L. Epistemon, *Analyse I*, Éd. CEDIC.

Une véritable mine pour qui veut comprendre l'articulation entre concepts et problèmes et se pénétrer d'une vision épistémologique et historique (non réédité).

A. Dahan-Dalmedico et J. Peiffer, *Une histoire des mathématiques : routes et dédales, coll. « Points Sciences » n° 49, Seuil 1986.*

Pour une initiation claire, intelligente et accessible de l'histoire des mathématiques élémentaires.

Deux traités américains (hélas non traduits)

Apostol, *Calculus I et II*, Éd. Wiley.

Marsden, Weinstein, *Calculus I, II et III*. Éd. Springer.

Deux superbes ouvrages, écrits par des mathématiciens de haut vol qui ne répugnent pas à écrire des ouvrages élémentaires (niveau bac + ε), avec un luxe d'idées, d'exemples, de problématiques diverses, exposés de façon simple et limpide.

CALCULATRICES AU LYCÉE : PROBLÈMES ET PERSPECTIVES

AUTEUR
Luc TROUCHE,
Professeur au lycée
Joffre de Montpellier

Un double mouvement de généralisation et de sophistication croissantes des outils de calcul dans les classes de lycée confronte les professeurs de mathématiques à une situation inédite : ils n'ont plus la maîtrise des instruments qui donnent à « voir » des « images » des objets mathématiques introduits en cours. Selon la politique commerciale des constructeurs, ils voient sur les tables de leurs élèves des calculatrices scientifiques, puis des calculatrices scientifiques programmables, puis des calculatrices graphiques, puis des calculatrices graphiques en couleur (net progrès), puis des calculatrices symboliques, puis... ?
Alors, faut-il chasser les marchands du temple, ou prendre en compte ces « machines » ?

Prendre position nécessite d'aborder trois questions préalables :

– de quelles calculatrices parle-t-on ?

– quel est leur statut actuel dans l'institution scolaire ?

– quels sont les scénarios possibles d'intégration de ces outils dans les classes ? ■

VOYAGE À L'INTÉRIEUR DES CALCULATRICES...

La première question posée a plusieurs volets :
– quelles sont, objectivement, les limitations et les potentialités de ces instruments ?
– qu'en pensent et qu'en font les élèves ?

UNE MÉTHODE D'ÉTUDE DES INSTRUMENTS

Nous aborderons ici l'étude des outils de calcul à partir de trois contraintes* : *les contraintes internes* (ce que l'architecture interne de l'outil permet de faire), *les contraintes de commande* (disponibles sur le clavier) et *les contraintes d'organisation* (plus ou moins grande facilité d'accès aux commandes, architecture du clavier).

*** On trouvera cette étude détaillée dans : *A propos de l'étude des limites de fonctions, étude des rapports entre processus de conceptualisation et processus d'instrumentation*, Luc Trouche, 1997 Thèse de doctorat, Montpellier.**

LES CALCULATRICES GRAPHIQUES

Elles sont maintenant à la disposition de la plupart des élèves des sections scientifiques de lycée.

Les contraintes internes sont connues : il existe un plus grand nombre et un plus petit nombre (en valeur absolue). De plus, tout nombre a un successeur. « Mieux », même, l'écart entre deux nombres successifs représentés par la calculatrice n'est pas constant. En fait, les nombres manipulés par la calculatrice ne sont qu'une « petite » partie des décimaux. À cette limitation dans la représentation des nombres correspond une limitation de l'écran, ensemble fini de points (les pixels), que la machine éclaire ou non. Les conséquences de cette structure interne sont multiples :

– il y a confusion entre un nombre et une valeur approchée de ce nombre : ainsi la calculatrice identifie $\sqrt{2}$ et une valeur approchée (*figure* 1). De même pour π.

En outre, $3 \times \frac{1}{3} - 1$ n'est plus égal à 0...

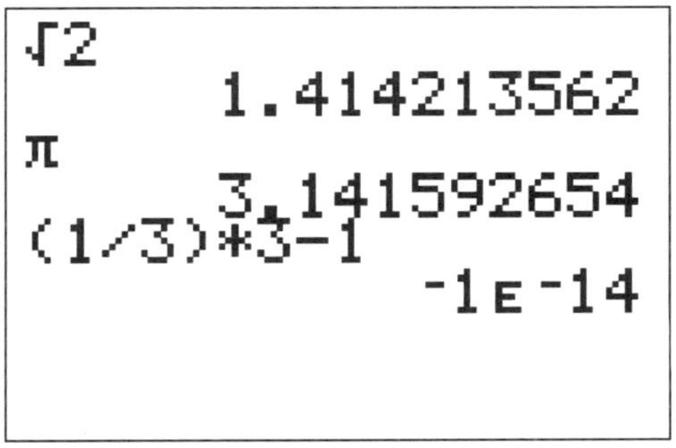

fig. 1

Certaines surprises au niveau graphique sont les conséquences des problèmes de calcul interne signalés.

La fonction $\frac{x - \sin x}{x^3}$ est représentée graphiquement ci-dessous (*figure* 2) avec $Y_{\min} = 0$ et $Y_{\max} = 0,5$.

Alors que l'on sait que la limite de cette fonction en 0 est $\frac{1}{6}$, on constate que l'écran donne une telle indication... à condition de ne pas trop se rapprocher de 0 !

Il importe donc d'habituer les élèves à distinguer soigneusement la *représentation graphique* d'une fonction sur un intervalle donné et sa *représentation-machine* sur le même intervalle.

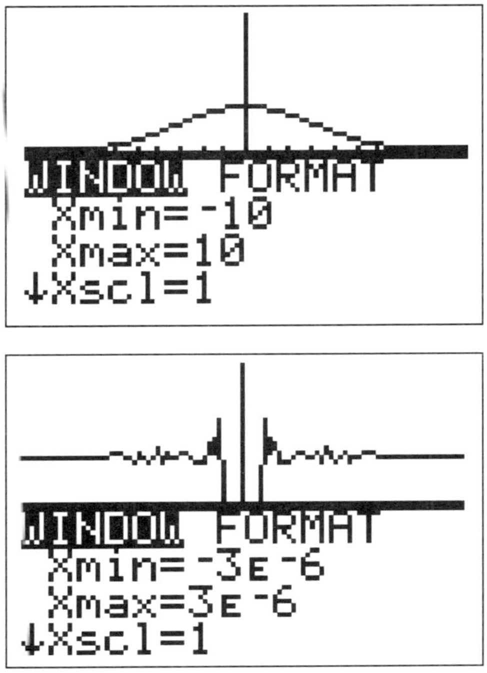

fig. 2

La seconde peut présenter de sérieuses distorsions par rapport à la première.

Les contraintes de commande doivent être examinées de près.

Alors que cela ne relève pas de leurs capacités internes, les calculatrices graphiques peuvent donner l'illusion de prendre en main des tâches relatives au calcul infinitésimal : ainsi elles possèdent souvent une commande permettant le calcul (approché) du nombre dérivé.

Voyons ce fonctionnement sur un exemple (dérivée de la fonction sinus en 0).

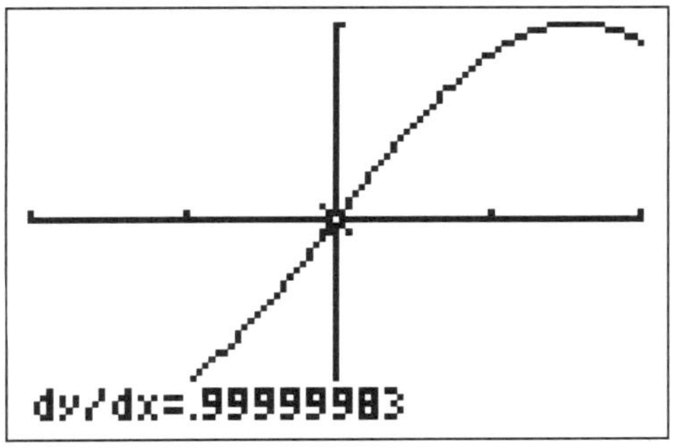

fig. 3

La question peut être traitée dans le registre graphique (*figure* 3) : la calculatrice annonce que le nombre dérivé cherché est égal à 0,999 999 83.

Dans le registre numérique, on dispose de deux possibilités :

– soit le calcul automatique (*figure* 4 en haut) (la machine choisit alors automatiquement le pas du calcul) ;

– soit en calibrant soi-même la qualité de l'approximation (*figure* 4 en bas), on a choisi un pas de 0,1, puis de 0,0000001 qui donne, ici, le résultat légitime).

Les affichages *nDeriv* = posent évidemment problème, pouvant conduire les élèves à une confusion entre valeur exacte et la valeur approchée.

Pour travailler efficacement avec une calculatrice, il faut en connaître les contraintes et la syntaxe.

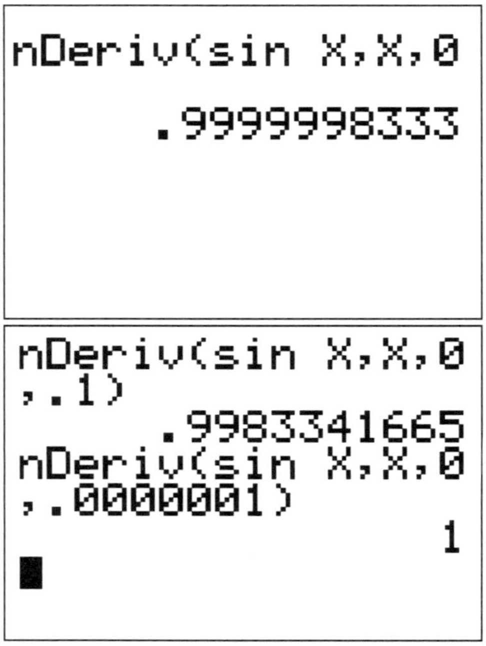

fig. 4

Les contraintes d'organisation sont aussi essentielles : sur la plupart des calculatrices graphiques, les touches du bandeau, juste sous l'écran, sont les touches graphiques : *Y* = (Fichier de fonctions), *Window*, *Zoom*, *Trace*, *Graph*. Les touches numériques (réglage du pas du tableau de valeurs et le tableau de valeurs lui-même) sont en retrait et ne peuvent être atteintes qu'à partir d'une combinaison de touches. Ainsi, le plus direct, pour avoir une information assez large sur une fonction, est de passer d'abord par une étape d'observation graphique.

Ce n'est pas pour rien que ces calculatrices sont appelées par tous désormais *calculatrices graphiques* et non plus *calculatrices numériques et graphiques* (ou *calculatrices graphiques programmables*). Ce « voir avant de calculer » est d'autant plus fort comme pré-structuration de l'action qu'il s'inscrit dans une évolution sociale qui fait de l'image l'explication suprême (*C'est tout vu !* a remplacé *C'est compris !*).

Les calculatrices symboliques

Ce sont celles qui font du calcul formel (comme la TI-92* que l'on commence à trouver dans les classes et dont sont tirées les copies d'écran qui suivent). Dans ce cas les choses sont plus complexes.

Les contraintes internes *permettent trois types de calcul : un calcul exact, un calcul approché, et un calcul* « automatique » (qui laisse la présentation du résultat à l'appréciation de la machine). Comme on le voit sur la *figure* 5, la coexistence des différents «modes» de calcul peut être problématique...

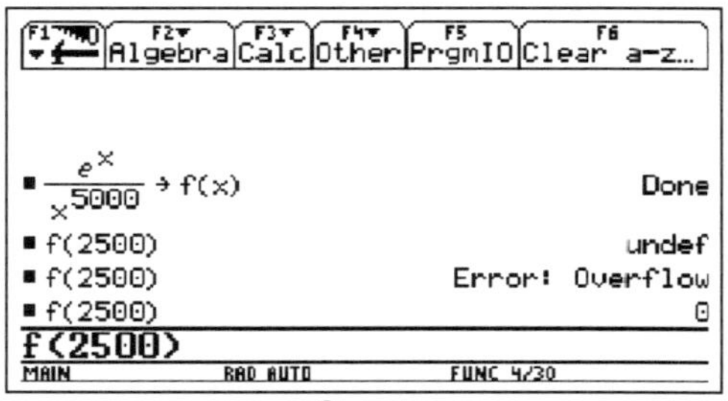

fig. 5

On définit une fonction *f* comme le rapport entre la fonction exponentielle et une fonction puissance. Pour *f*(2500), la calculatrice donne « Overflow » (c'est-à-dire dépassement de capacité) en mode exact ; 0, en mode « automatique » ; « *undef* », c'est-à-dire non défini, en mode approché. On imagine les confusions possibles...

Par ailleurs, les modes de représentation graphique, sur ces calculatrices graphiques, reposent toujours, discrétisation de l'écran oblige, sur le calcul approché.

Les contraintes de commande autorisent des calculs formels ne reposant plus sur des calculs approchés, mais sur une « bibliothèque » de résultats.

Cependant, l'utilisation des commandes exige le respect strict d'une syntaxe qui n'accepte pas certains abus d'écriture de la langue mathématique usuelle (comme sin*x* pour sin(*x*), ou ln*x* pour ln(*x*)) comme le montre l'exemple de la *figure* 6.

* **Elle utilise le logiciel *Dérive*.***

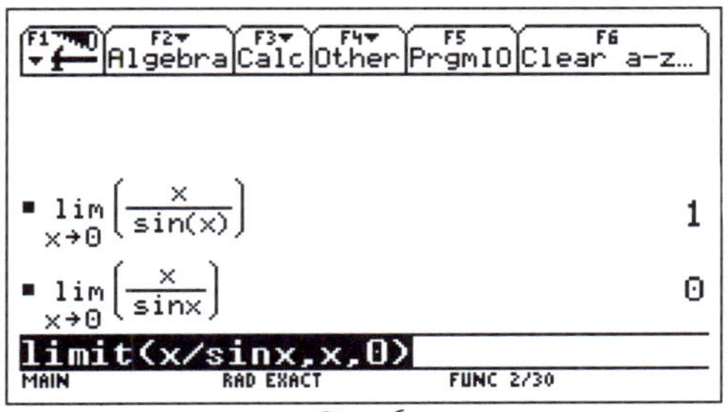

fig. 6

Les contraintes d'organisation semblent ici assez différentes de celles des calculatrices graphiques : sur la TI-92, c'est le calcul qui occupe une place privilégiée. L'application initiale, au nom évocateur (« *Home* », maison), est celle qui gère les calculs exacts ou approchés, numériques ou formels. On y accède par la première touche en haut à gauche de l'écran ; l'application graphique vient après.

Il y a donc, en principe, une prime au *traitement formel des fonctions* : dans l'application initiale, on peut obtenir la dérivée, les limites, des primitives, des intégrales exactes d'une fonction étudiée.

Mais, comme on l'a déjà souligné, l'application graphique, même reléguée au second rang, conserve son pouvoir attractif pour les élèves : ils veulent souvent *voir* les contours d'un objet pour le comprendre.

Une fonction est définie la plupart du temps par une formule : une fois « rentrée en machine », le passage à l'application graphique donnera, via la courbe, une « réalité » à l'objet. Il en est de même pour le calcul exact : pour certains élèves, $\sqrt{2}$ n'aura une réalité que lorsqu'ils en auront une valeur approchée.

En somme, « voir » suppose accepter de perdre l'exactitude gagnée dans l'application initiale. Regagner l'exactitude implique accepter « l'évanouissement de l'objet » derrière la formule qui le définit.

Ainsi, il n'est pas certain, malgré l'organisation de la machine, que les élèves feront passer le calcul formel avant l'application graphique, le calcul exact avant le calcul approché : beaucoup dépendra de la nature de l'intégration de ces outils dans la classe...

LES POINTS DE VUE DES ÉLÈVES

Nous croiserons, dans ce qui suit, des enquêtes dans des classes où la calculatrice n'est pas prise en compte par le maître et le résultat d'une expérience d'intégration de calculatrices (graphiques, puis symboliques) dans une classe de Terminale S*.

Première remarque (banale)

Quand la calculatrice n'est pas intégrée par le maître, l'apprentissage découle de la manipulation de l'outil, seul ou avec les copains (voir l'encadré ci-après). Quand la calculatrice est intégrée, la manipulation garde un rôle important, mais le contrôle du maître est alors déterminant.

Deuxième remarque

À la question «Est-ce que la calculatrice vous a parfois entraîné à commettre des erreurs ?», les réponses, dans les deux types de classe, sont à peu près les mêmes (60 % des élèves indiquent avoir été induit en erreur par leur calculatrice, 40 % des élèves indiquent le contraire).

Mais les commentaires accompagnant ces réponses diffèrent profondément :

– dans les classes où la calculatrice n'est pas intégrée, les élèves attribuent l'origine des erreurs à leur propre incompétence (erreur de frappe, oubli de passer en « mode radian ») ; la machine n'est pas suspecte en elle-même ;

– dans la classe où la calculatrice a été intégrée par le maître, les élèves attribuent les erreurs d'abord aux limitations intrinsèques de l'outil (discrétisation des traces, effet « boule de neige » de l'accumulation des « arrondis »).

* ***Enseigner les mathématiques en Terminale S avec des calculatrices graphiques et formelles*** **(deux volumes). L. Trouche, 1996, IREM de Montpellier.**

L'élève doit apprendre à porter un regard critique sur sa calculatrice.

Il n'y a ainsi rien de « naturel » à avoir un point de vue critique sur un instrument : cela s'apprend.

À négliger cet aspect de l'apprentissage, le maître laisse s'installer la confusion, pour les élèves, entre les objets mathématiques et leur reflet déformé par les outils de calcul !

Troisième remarque

Plus l'outil est complexe, plus la dispersion des comportements des élèves est grande. C'est un des résultats d'une année d'observation d'élèves disposant de calculatrices graphiques, puis symboliques en Terminale S. Dans un premier temps, s'est installée l'idée que « la calculatrice symbolique savait tout faire ».

Mais il s'est vite avéré que cela supposait de savoir poser les bonnes questions et de savoir déchiffrer les réponses. Or, plus la boîte à outil est complète, plus la tentation est grande de multiplier les questions, plus la distinction des réponses pertinentes est difficile. D'où une perturbation certaine pour les élèves les plus « faibles ».

Ces problèmes n'impliquent pas que l'outil est à rejeter, mais indique *la nécessité de dispositifs particuliers d'aide pour les élèves en difficulté*. Plus l'outil est complexe, plus sans doute, la nécessité de tels dispositifs est grande. ■

COMMENT AVEZ-VOUS APPRIS À VOUS SERVIR DE VOTRE CALCULATRICE ?

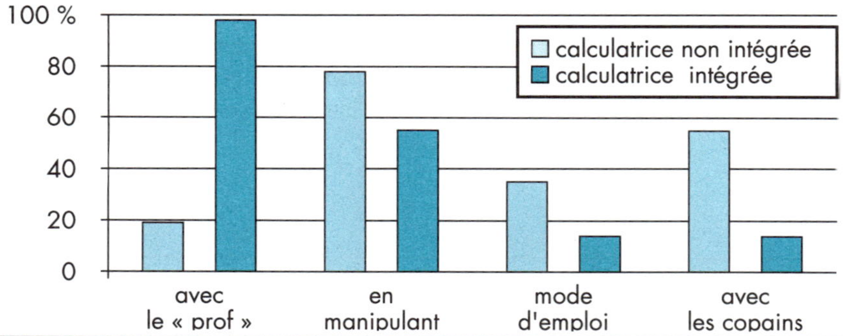

STATUT THÉORIQUE... ET PRATIQUE

Les questions de statut des instruments sont complexes.

Il faut distinguer ce que le texte des programmes recommande et ce qui se passe dans les classes.

UNE ÉVOLUTION INSTITUTIONNELLE CERTAINE, MAIS LENTE

Le tableau page suivante note ce qui, dans les programmes successifs de terminale scientifique depuis 1966, concerne les représentations graphiques, le calcul numérique et les outils de calcul.

On notera une évolution conjointe : les représentations graphiques prennent une place de plus en plus importante à mesure que les calculatrices se généralisent.

De la même façon, le calcul numérique sort d'un chapitre spécifique pour imprégner l'ensemble du programme.

Année	Représentations graphiques	Calcul numérique	Outils de calcul
1966	On ne parle de *courbe représentative* qu'à propos des fonctions log. et exponentielle.	*Chapitre spécifique sur le calcul numérique.*	Usage des tables numériques de fonctions usuelles et de la règle à calcul.
1971	L'expression « *représentation graphique* » apparaît à propos de l'étude générale des fonctions.	Un chapitre : « nombres réels, calcul numérique, nombres complexes ».	Usage des tables numériques, de la règle à calcul et des *machines à calculer de bureau.*
1982	On entretiendra *l'habitude de la représentation graphique*, car celle-ci joue un rôle important dans la description du comportement.	Aucun chapitre spécifique sur le calcul numérique.	*On utilisera largement les calculatrices.*
1986	*Les représentations graphiques doivent tenir une place très importante* dans l'ensemble des parties du programme.	*Les problèmes et méthodes numériques jouent un rôle essentiel* dans la compréhension des notions mathématiques.	*On utilisera systématiquement les calculatrices* (un modèle *bas de gamme* suffit).
1991, 1994	*Idem*	*Idem*	Pour les calculatrices, on conseille des modèles disposant des fonctions statistiques. *En revanche, les écrans graphiques ne sont pas demandés.*

La conception qui sous-tend cette évolution est clairement exprimée dans les commentaires du programme de 1994 : « On développera une vision géométrique des problèmes, notamment en analyse, car la géométrie met au service de l'intuition son langage et ses procédés de représentation ».

Ce tableau indique cependant qu'il y a un écart important entre les intentions affichées et la prise en compte des matériels : au moment où les calculatrices scientifiques programmables sont généralisées dans les terminales scientifiques (1986), le programme restreint leur intégration aux « modèles bas de gamme ».

En outre, alors que la plupart des élèves de ces classes possèdent des calculatrices graphiques, le programme précise (1994) que les écrans graphiques ne sont pas demandés.

On comprend l'hésitation à recommander des matériels chers, ce qui défavoriserait certains élèves. On comprend moins le retard institutionnel pris sur une évolution sociale claire. Il y a ainsi un écart important entre l'orientation affichée par les programmes concernant les représentations graphiques et l'intégration des instruments facilitant la mise en œuvre de cette orientation.

Les calculatrices symboliques et graphiques permettent de renouveler l'activité mathématique en classe et d'étendre son champ.

LES RÉTICENCES DES ENSEIGNANTS

Cet écart se retrouve dans la rédaction des manuels et dans la pratique de beaucoup de classes, comme en témoigne l'enquête suivante, *figure* 7, menée en 1992 auprès des professeurs de mathématiques de 1re S des lycées de Montpellier.

« Quelles sont les conséquences, pour les professeurs, de la généralisation des calculatrices graphiques dans les classes ? »

Ces réticences s'étaient déjà manifestées à propos de l'utilisation du matériel informatique. Mais, à cette époque, le professeur était encore maître de ses choix : il pouvait, ou non, accompagner ses élèves dans la salle d'informatique. Ici, la situation est différente : *les calculatrices sont, dans les classes, sur les tables des élèves, que les professeurs soient ou non d'accord.* Les réticences d'aujourd'hui paraissent ainsi d'autant plus vives que l'évolution du matériel semble imposer sa loi indépendamment des choix pédagogiques des professeurs. La prise en charge par les calculatrices symboliques de calculs estimés importants (limites, intégrales, ...) fait sans doute aussi craindre une redéfinition de l'enseignement des mathématiques au lycée. ■

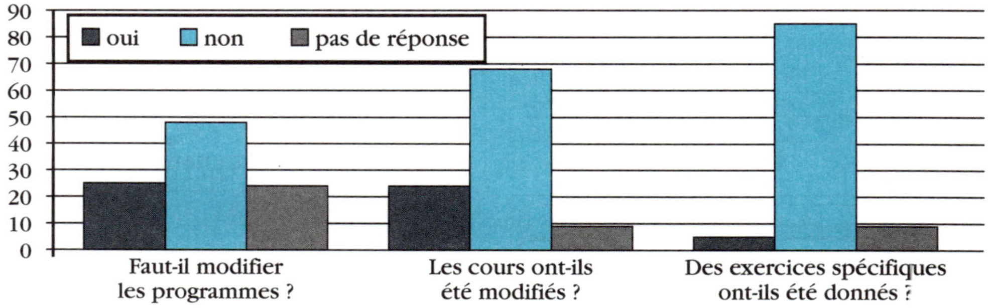

fig. 7

UNE MODIFICATION NÉCESSAIRE

Les limitations et les potentialités des nouveaux outils de calcul autorisent et nécessitent un nouveau type d'exercices, une nouvelle façon d'envisager le cours de mathématiques et, sans doute, de nouveaux programmes. Loin de provoquer une mécanisation du travail mathématique, ce renouveau peut contribuer à développer davantage la part du raisonnement dans l'activité mathématique.

DE NOUVEAUX SCÉNARIOS DIDACTIQUES

Mieux que de longs discours, voici trois exemples pour illustrer une démarche possible d'intégration des calculatrices.

EXEMPLE 1

Apprendre à distinguer un objet mathématique de sa représentation sur la machine (sur une calculatrice graphique ou symbolique).

On donne ci-après trois représentations graphiques d'une même fonction de référence, *la fonction sinus*, avec la *même « fenêtre »* (intervalle [0, 1500] pour x, [– 1,1 ; 1,1] pour y), mais sur des écrans différents :

– sur l'écran d'une TI-82 (*figure* 8) ;

– sur les écrans d'une TI-92, où l'écran entier a été dédié au graphique (*figure* 9), où il a été partagé entre la définition de la fenêtre et le graphique lui-même (*figure* 10).

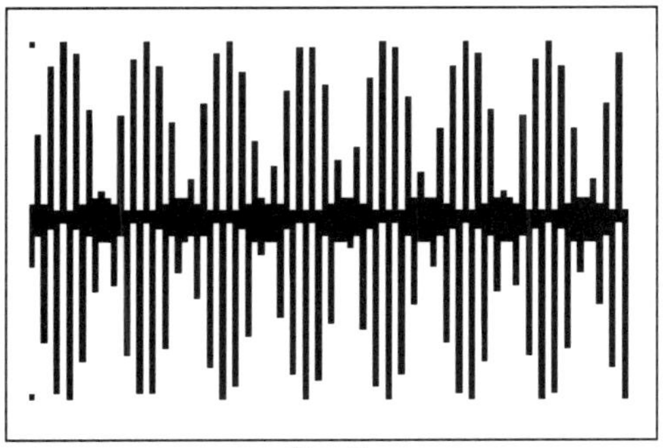

fig. 8

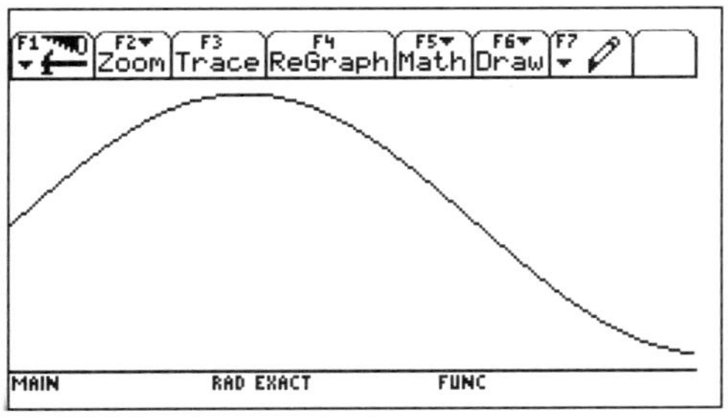

fig. 9

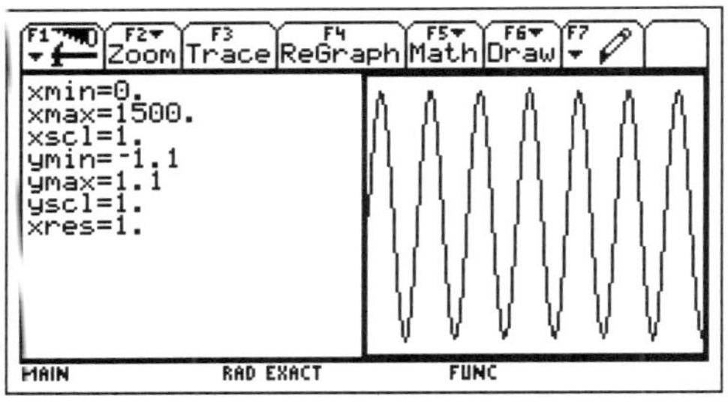

fig. 10

Comment expliquer les apparences aussi différentes de courbes « identiques » ? Comprendre une telle situation est aisé dès lors que l'on comprend que la calculatrice « éclaire » un point• par colonne de pixels. Si l'écart entre deux points de calcul est égal à 2π, la représentation-machine de la fonction sinus peut ainsi être une droite. Si l'écart est peu différent de 2π, on aura un petit décalage dans l'ordonnée de deux points successifs représentés. Ainsi, pour la représentation-machine de la *figure* 9, l'intervalle choisi est d'amplitude 1500. Or, la TI-92 possède 239 colonnes de pixels. 1500/239 n'est pas très éloigné de 2π, ce qui explique la courbe obtenue.

EXEMPLE 2

Distinguer calcul exact et calcul approché (sur calculatrice symbolique).

En mode calcul exact, le logiciel *Derive* ne résout pas l'équation :

$$3^x + 4^x + 5^x = 6^x.$$

Il renvoie simplement la question, légèrement reformulée (voir la 2e ligne de la *figure* 11).

En mode calcul approché, il donne comme « solutions » $-\infty$ et 3. En fait, si on analyse de plus près le « 3 », on voit qu'il s'agit de 2, 999 999 999 999 6.

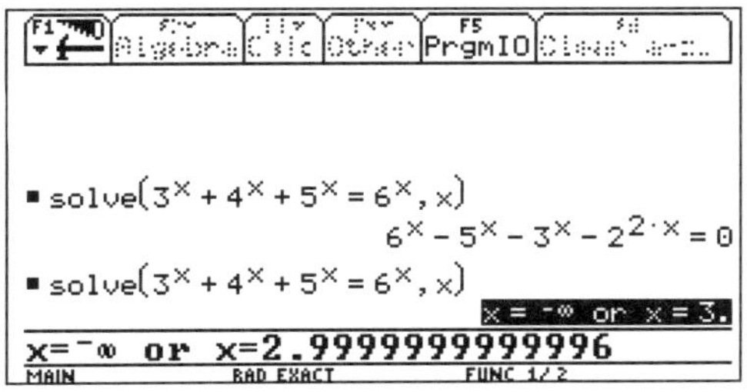

fig. 11

Les questions qui se posent ici sont nombreuses :

– la réponse « $-\infty$ » est-elle absurde ?

– la deuxième solution annoncée est-elle 2, 999 999 999 999 6 ... exactement, ou une valeur approchée de ce nombre (et dans ces conditions, pourquoi pas 3 ?) ;

– est-on assuré que des solutions n'échappent pas au logiciel ?

Y répondre nécessite un retour à l'équation elle-même, à une étude théorique et, sans doute, à une reformulation du problème lui-même.

Le critère de la vérité n'est pas (n'est plus ?) l'outil de calcul. Les réponses que celui-ci fournit ne donnent qu'un point de vue, forcement partiel, sur le problème étudié.

EXEMPLE 3

Établir un aller-retour entre conjectures et preuves (sur une calculatrice symbolique).

On se propose de rechercher la dérivée n-ième de la fonction f :

$$x \to f(x) = e^x (x^2 + x + 1).$$

• Il s'agit donc d'un effet stroboscopique comme celui que l'on voit dans la rotation des roues d'un véhicule au cinéma.*

La prise en charge par la calculatrice d'une partie du travail ne vide pas celui-ci de tout intérêt.

Le logiciel ne peut pas fournir le résultat général, mais fournit (*figure* 12), en revanche, tous les résultats partiels (pour des valeurs particulières de n).

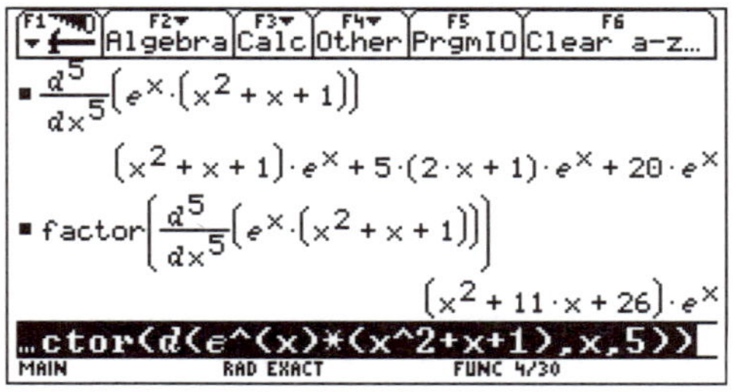

fig. 12

La prise en charge par la calculatrice d'une partie du travail «technique» ne résout pas pour autant le problème : il faut, à partir des résultats obtenus, dégager une loi générale (et la forme sous laquelle le résultat est sollicité - factorisé ou non- n'est pas indifférente pour la formulation d'une conjecture...) ; il faut ensuite prouver la validité de la conjecture à partir, par exemple, d'un raisonnement par récurrence. Les régularités recherchées apparaîtront d'autant plus facilement qu'une réflexion aura eu lieu sur le mécanisme des dérivations successives, expliquant, notamment, la permanence du produit de l'exponentielle par un polynôme du second degré.

On le voit, la prise en charge par l'outil de certaine tâches ne vide pas celles-ci de tout intérêt. Le problème est simplement déplacé, ce qui n'est pas forcement négatif pour l'activité mathématique elle-même !

Une nouvelle organisation de la classe

En l'absence de mise en scène, les scénarios restent au royaume des idées... Avec l'expérience, quelques conditions relatives à l'organisation de la classe apparaissent nécessaires pour un passage à l'acte réussi.

L'organisation de l'espace

La diversité des matériels à disposition des élèves crée un réel obstacle pour un travail en commun. De plus, la petitesse des écrans de calculatrice rend difficile une socialisation des résultats, une mise en évidence des problèmes.

Enfin, si les calculatrices ne sont utilisées que par les élèves (et pas par le maître), il est impossible d'organiser une complémentarité du travail « papier/crayon » et du travail « clavier/écran ». Pour toutes ces raisons, *il est nécessaire d'installer dans la classe une calculatrice rétroprojetable* : elle sert de référence à tous les élèves, elle permet de mettre en commun des problèmes rencontrés, elle permet au maître de faire la part du tableau et de l'écran, de l'écrit et du projeté.

L'organisation du temps

Il n'est pas possible que l'élève pianote sur sa calculatrice pendant une explication au tableau.

Il faut donc distinguer soigneusement des phases d'exploration individuelles, des phases de discussion et des phases de synthèse.

L'organisation des activités

La diversité possible de l'utilisation d'un instrument complexe nécessite de suivre de près ce qu'en fait chaque élève.

Du fait du caractère individuel de cette utilisation et de l'absence de traces écrites (sauf si l'on récupère les copies d'écran), cela impose des dispositifs spécifiques : par exemple, donner à tour de rôle, à chaque élève, la mission de «piloter» la calculatrice rétroprojetable, proposer des temps de recherche en classe assez longs pour que le professeur ait le temps d'observer les actions entreprises par chacun. ■

CONCLUSION

Voilà quelques pistes pour une intégration réussie des outils de calcul. Tout ceci n'est pas indépendant bien sûr de changements institutionnels : on peut ainsi raisonnablement s'attendre à une évolution prochaine de la réglementation sur les calculatrices au baccalauréat, qui aurait une influence certaine sur les pratiques d'enseignement.

Pour terminer, une métaphore : intégrer le travail avec instrument revient à donner au professeur un rôle de chef d'orchestre.

C'est lui qui donne le *la*, qui bat la mesure. Mais ce sont les élèves qui font de la musique. Comme répartition des tâches, dans le cours de mathématique, ce n'est pas si mal... ■

BIBLIOGRAPHIE

Outre les références données en note dans ce chapitre, on pourra consulter :
– *Des outils pour le calcul*, « Dossiers de l'ingénierie éducative » n° 19, CNDP, 1995.
– Les titres relatifs à *Dérive*, cités à la page 71.

Apprendre à mathématiser le réel.

L'ENSEIGNEMENT DES STATISTIQUES ET DES PROBABILITÉS

Remarques épistémologiques et didactiques

AUTEUR

Michel Henry,
Université de
Franche-Comté et IREM
de Besançon

Ce chapitre n'a pas pour objectif de proposer une progression pour cet enseignement ou des exemples d'activités pour la classe. Pour cela, on pourra se reporter aux manuels scolaires et, avec profit, aux nombreuses brochures des IREM. Tourné vers la formation des jeunes enseignants, il leur propose de prendre un recul épistémologique pour approfondir leur réflexion didactique.

Enjeux de l'enseignement des statistiques et des probabilités

Statut particulier de cet enseignement : de l'observation à la modélisation

La spécificité de l'enseignement des statistiques et des probabilités au Lycée tient à la *nature expérimentale* que les programmes actuels veulent leur donner. On a ici un terrain particulièrement favorable pour travailler de façon active sur cette compétence qui n'est pas suffisamment objet de formation : *la « mathématisation » d'un problème réel, c'est-à-dire la démarche d'abstraction et le choix des bons outils théoriques pour le traiter.*

Il se trouve qu'en statistique et en probabilités, cette compétence, essentielle pour la formation scientifique, peut s'exprimer à partir de connaissances mathématiques réduites, abordables par les élèves des séries économiques ou littéraires.

Pour ce qui concerne la statistique descriptive, dont les éléments abordés en collège font l'objet d'une synthèse en seconde, il s'agit de présenter aux élèves des outils de représentation d'une pratique sociale. Comme pour les échelles ou les pourcentages, cette pratique valide des notions utiles et la manière de les faire fonctionner. Les notions introduites, comme celles de population ou de caractère, ne font pas l'objet de définitions internes aux mathématiques, mais d'une description du substrat concret qui leur donne leur sens.

Pour ce qui concerne les probabilités, l'enjeu proposé par les programmes des années 90 est ambitieux. Il est de relier la notion de probabilité à celle de fréquence statistique, faisant de la notion d'*expérience aléatoire* à la fois l'*objet de l'observation expérimentale et le terme primitif d'une théorie* explicative à construire.

La difficulté de cet enseignement réside donc dans cette démarche expérimentale, à laquelle les professeurs de mathématiques sont peu habitués.

De plus, le sens concret qu'ils doivent donner à leur enseignement s'oppose radicalement à ce qu'ils ont conservé comme savoir théorique de leurs études universitaires, où la théorie de la mesure sert de cadre à l'introduction axiomatique du calcul des probabilités.

LA NAISSANCE DES PROBABILITÉS

Contrairement à d'autres notions mathématiques, on peut dater précisément l'acte de naissance du concept de probabilité. On le trouve dans la correspondance entre Blaise Pascal et Pierre Fermat datant de 1654. Dans ces quatre lettres, Pascal et Fermat traitent du problème des partis : *Deux joueurs jouent à un jeu de hasard équitable en plusieurs manches. Le jeu est interrompu avant que le nombre requis de manches gagnantes soit atteint par l'un ou l'autre. Comment faire la répartition des mises entre ces deux joueurs ?*

Derrière ce divertissement se profile la question de la succession d'une affaire entre plusieurs parties prenantes. Ce problème ancien (on en trouve des traces dans la littérature arabe du XIIIe siècle) n'avait jusqu'alors reçu que des réponses non satisfaisantes : par exemple, le mathématicien italien du XVe siècle, Luca Pacioli, proposait de répartir les mises proportionnellement aux manches déjà gagnées par l'un et l'autre.

La grande innovation de Pascal et Fermat est de considérer non pas les parties déjà jouées, mais uniquement celles qui restent à jouer. Ainsi ils acceptaient de spéculer sur l'avenir. Philosophiquement, c'était très difficile à cette époque car, comme le dira cinquante ans après Jacques Bernoulli, « Si n'arrivait pas avec certitude tout ce qui est futur, on ne voit pas comment le Créateur suprême pourrait conserver entière la gloire de son omniscience et de son omnipotence. » L'incertitude sur l'avenir, particulièrement dans les jeux de hasard, ne serait donc que le fait de l'ignorance des hommes, et ne pourrait certainement pas être quantifiable.

Pascal propose de déterminer le gain de chaque joueur par une sorte de récurrence inversée. En remontant le temps à partir d'une situation fictive d'égalité entre les deux joueurs, éventuellement atteinte si le jeu se poursuivait, il répartit à chaque étape la partie des mises encore en jeu pour revenir à la position réelle des deux joueurs. Dans ce raisonnement d'une grande élégance, Pascal fait fonctionner la notion d'espérance mathématique.

Pour sa part, à partir de la position réelle des deux joueurs, Fermat envisage toutes les suites possibles de la partie. Il compte celles qui donnent la victoire à l'un et celles qui la donnent à l'autre, et, supposant implicitement l'équiprobabilité de toutes ces suites possibles, propose une répartition des mises proportionnellement à ces nombres. Pour la première fois, il fait ainsi fonctionner la notion de probabilité, formulée plus d'un siècle plus tard comme premier principe par Laplace : $\dfrac{\text{nombre de cas favorables}}{\text{nombre de cas possibles}}$.

Pascal, conscient de cette découverte commune, en tire les enseignements dans son adresse à l'Académie Parisienne de Science de 1654 :

« [...] voici un traité tout à fait nouveau, d'une matière absolument inexplorée jusqu'ici, savoir la répartition du hasard dans les jeux qui lui sont soumis. [...] Ainsi, joignant la rigueur des démonstrations de la science à l'incertitude du sort, et conciliant ces deux choses en apparence contradictoires, elle peut, tirant son nom des deux, s'arroger à bon droit ce titre stupéfiant de Géométrie du Hasard. »

« Un problème de jeu de hasard, proposé à un austère janséniste par un homme du monde, a été à l'origine du calcul des probabilités. » Poisson.

Pour faire le lien entre les phénomènes observés et les concepts abstraits utiles pour les analyser, il s'agit de rendre explicite l'activité de *modélisation*. Celle-ci consiste à partir d'une description simplifiée du réel pour l'abstraire en un *modèle* dont le choix relève déjà d'un regard théorique, c'est-à-dire d'un savoir de type scientifique. Ce modèle fait alors l'objet d'une représentation avec les outils symboliques mathématiques les mieux adaptés.

Dualité de la notion de probabilité

Se donner comme objectif de formation de développer en probabilités la démarche de modélisation apparaît à beaucoup comme un défi, quand chez les élèves la « probabilité » est encore difficilement séparée de la conception naïve de « *chance* », empreinte de subjectivité. Il s'agit alors de partir de ce statut de notion vague pour atteindre celui, objectif et mathématique, de concept.

À cette ambiguïté statutaire se joint une *dualité épistémologique* (double sens que l'on donne au concept de probabilité) qu'il s'agit de clarifier :

la probabilité d'un événement est, à la fois, une donnée a priori, issue de symétries ou régularités suggérées dans un énoncé de problème ou interprétées par l'observateur dans une expérience aléatoire, et une valeur a posteriori, sorte de valeur théorique à estimer, vers laquelle semble se stabiliser la fréquence observée empiriquement de cet événement, lors de la répétition de cette même expérience aléatoire un grand nombre de fois.

Cette dualité, clairement dégagée par Jacques Bernoulli dès la fin du XVIIe siècle (voir l'encadré suivant), est omniprésente dans l'histoire du calcul des probabilités. Elle est déterminante pour l'enseignement et sera significative des choix des programmes qui, suivant les époques, tenteront de la contourner ou de la prendre explicitement en compte.

Évolution des programmes du second degré

Dans le second degré, l'enseignement des probabilités est relativement récent. Introduit dans le début des années 60, d'abord pour les séries techniques et économiques, il réduisait le concept de probabilité à la définition laplacienne

$$\frac{\text{nombre de cas favorables}}{\text{nombre de cas possibles}},$$

applicable uniquement aux situations où l'équiprobabilité *a priori* est l'unique hypothèse de modèle (voir l'encadré suivant). L'enseignement du calcul des probabilités était alors conçu avant tout comme application de la combinatoire, dans des problèmes artificiels, habillés principalement par des jeux de hasard. Le lien de cet enseignement avec la réalité était donc loin d'être évident pour les élèves...

Dans les années 70, la réforme des « maths modernes » a concerné aussi l'enseignement des probabilités. L'enjeu était alors l'étude de la *structure d'espace probabilisé*, à partir d'une introduction axiomatique en termes de mesure, selon la présentation de Kolmogorov (voir l'encadré de la page 263). La présentation mathématique était assez aisée et sa simplicité pouvait présager de la réussite de cet enseignement. Cependant, pour rester simples, les applications devaient se limiter aux situations artificielles précédentes, relevant des outils combinatoires.

En remettant à plus tard la confrontation modèle-réalité, ces deux démarches d'enseignement en apparence opposées, loin d'éviter cette difficulté, débouchaient sur l'échec

LE LIEN FRÉQUENCE-PROBABILITÉ ÉLUCIDÉ PAR BERNOULLI (1654-1705)

Jacques Bernoulli a mis vingt ans pour mûrir et écrire *Ars Conjectandi.* Cette œuvre magistrale, publiée en 1713, fait de son auteur le véritable fondateur du concept de probabilité.

Il remarque que la détermination d'une probabilité par dénombrement des cas suppose l'équiprobabilité des événements élémentaires.

Il note que cela s'applique à des situations aléatoires simples, comme celles des jeux de hasard qui sont conçus sous cette hypothèse précisément pour permettre le calcul des « chances » respectives de chaque joueur, *de manière à se ménager l'équité.*

Mais c'est là une restriction majeure qui exclut toute application réelle aux phénomènes naturels complexes comme l'apparition d'une maladie ou les phénomènes météorologiques par exemple. Il souligne le fait reconnu qu'un dé théorique a une chance sur six de tomber sur l'une des faces désignée à l'avance, vu leurs positions équivalentes, mais conteste que cela s'applique rigoureusement à un dé réel : et si le dé était pipé ?

Bernoulli suggère alors de déterminer de telles probabilités *a posteriori*, après observation d'un grand nombre d'expériences semblables : « *Mais à la vérité ici s'offre à nous un autre chemin pour obtenir ce que nous cherchons. Ce qu'il n'est pas donné d'obtenir a priori l'est du moins a posteriori, c'est-à-dire qu'il sera possible de l'extraire en observant l'issue de nombreux exemples semblables.* »

Bernoulli propose de prendre pour probabilité d'un événement attendu la fréquence stabilisée de cet événement observée expérimentalement. Il justifie l'estimation de la probabilité par la fréquence en démontrant, à partir de la seule formule du binôme de Newton, le théorème qui porte actuellement son nom, appelé au XIXe siècle « loi des grands nombres » par Denis Poisson :

Lorsque l'on répète un assez grand nombre de fois une expérience aléatoire à deux issues, succès de probabilité p et échec de probabilité q, la probabilité que la fréquence des succès obtenus soit aussi voisine que l'on veut de p est aussi proche que l'on veut de la certitude.

en probabilités de la plupart des élèves non mathématiciens. Détachées des applications au monde réel, elles ne leur permettaient pas en effet de comprendre la véritable signification de ce domaine des mathématiques. Le calcul des probabilités, réduit à un jeu logique, les déroutait.

La réforme de la fin des années 80 a préludé à un changement significatif. Plaçant l'activité de l'élève comme moyen de son apprentissage, elle préconise d'introduire les nouvelles notions par une exploration active de situations où celles-ci opèrent. *Le programme actuel de première choisit d'introduire la notion de probabilité par ce lien intuitif avec la fréquence*, ce qui conduit à rendre explicite cette dualité. C'est un choix délibéré, mais une vraie difficulté didactique, présente et incontournable.

On pourrait penser l'éviter par d'autres choix de programmes. Il n'en est rien si l'on souhaite que les élèves fassent le lien avec la réalité, car cette difficulté tient à la nature même des concepts en jeu et non à la manière de les enseigner.

« Un coup de dé jamais n'abolira le hasard. »

Mallarmé.

LA MATHÉMATISATION DU CALCUL DES PROBABILITÉS

Soulignons ici une étape clé dans ce processus qui a intégré aux mathématiques tout un champ nouveau de connaissances issues de problèmes réels et sociaux : assurances, évolution des populations, décisions économiques... Bernoulli intitule la quatrième partie de son *Ars Conjectandi :* « Usage et application de la doctrine précédente aux affaires civiles, morales et économiques ».

Au cours de ce XVIIIe siècle, de nombreuses avancées conduisent à des résultats forts, sans que leur validité soit bien assurée par un contrôle mathématique rigoureux.

On peut citer l'important théorème de Moivre, qui permet d'estimer l'erreur faite en prenant pour probabilité d'un événement sa fréquence observée dans un schéma de Bernoulli. On voit apparaître aussi de nouveaux concepts de base en probabilités, comme celui de probabilité conditionnelle dans l'essai de Bayes.

Mais on peut aussi s'étonner des hésitations d'un grand mathématicien comme D'Alembert (secrétaire de l'Académie des Sciences) qui, dans *L'Encyclopédie*, explique que la probabilité d'obtenir au moins un « face » en deux lancers d'une pièce peut être aussi bien 2/3 (en ne considérant que les parties réellement à jouer) que 3/4 (en prenant en compte toutes les parties possibles).

À l'époque, l'idée de probabilité est encore trop proche de l'observation qualitative du réel ; elle ne prendra tout son sens quantitatif qu'au sein d'une théorie dont on aura clairement dégagé les fondements.

Il revenait à Pierre-Simon Laplace de réaliser ce travail de synthèse. Après avoir développé dans son *Traité analytique des probabilités* des résultats mathématiquement de haut niveau, il revient aux bases axiomatiques dans l'*Essai philosophique sur les probabilités,* publié en 1825. Dans la préface, il expose sa conception déterministe de la nature et son approche de l'idée de probabilité qui serait une mesure de notre ignorance (voir l'encadré de la page 266).

Mais l'essai présente une théorie mathématique. En dix principes de base, il donne les définitions et axiomes porteurs des résultats obtenus. Son premier principe est la définition dite « laplacienne » de la probabilité : *« rapport du nombre de cas favorables à celui de tous les cas possibles ».*

Dans le septième principe, il cerne maladroitement la notion de probabilité conditionnelle, embrouillée d'une conception causaliste, pour donner la formule des probabilités composées (au programme de terminale) : *« La probabilité d'un événement futur est la somme des produits de la probabilité de chaque cause, [...] par la probabilité que, cette cause existant, l'événement futur aura lieu ».*

La description statistique pour maîtriser des données

Continuité de la progression au Collège et au Lycée

Si l'initiation aux probabilités peut sembler tardive dans la progression de nos programmes actuels, il n'en est pas de même pour l'introduction des outils statistiques. Depuis la réforme de 1985, *l'organisation et la gestion de données* font l'objet de l'une des trois rubriques sur lesquelles s'articule l'enseignement des bases des mathématiques, de la sixième à la troisième.

Ce décalage a ses raisons. Si le cadre de travail pour l'organisation des données fait appel à des notions « naturelles », en revanche, en probabilités, à partir de l'observation des fréquences, il s'agit de dégager un concept abstrait pour en faire un objet mathématique. Il convient pour cela de surmonter les obstacles épistémologiques que nous avons évoqués, ce qui suppose une certaine maturité chez les élèves.

En statistique, au niveau du second degré, l'objectif se limite aux outils de description de populations : vocabulaire, schémas et graphiques, résumés statistiques de base. Au moment où les élèves s'intéressent au monde qui les entoure et tentent de le comprendre, il leur faut des mots précis pour clarifier des notions encore vagues comme celles de *population*, d'*effectif*, de *caractère*, de *pourcentage* et de *fréquence*. Ils ont besoin des moyens de représentations que la culture médiatique utilise largement sous différentes formes, *diagrammes* et *schémas*, ainsi que d'outils de synthèse pour résumer l'essentiel, *paramètres de position* et de *dispersion* notamment.

L'enjeu didactique se situe donc davantage au niveau de l'acquisition d'une *pratique sociale* qu'au niveau de l'élaboration de modèles mathématiques. Ainsi le programme de sixième, dans sa nouvelle formulation de 1995, propose-t-il : « [...] d'initier à la lecture, à l'interprétation et à l'utilisation de diagrammes, tableaux et graphiques et d'en faire l'analyse critique. La réalisation de tels objectifs contribue à l'éducation civique ».

Dans cet esprit, les programmes du collège proposent un enchaînement très progressif : tableaux, graphiques et pourcentages en sixième ; classements, effectifs, fréquences et diagrammes en cinquième ; effectifs et fréquences cumulés, moyennes et outil informatique en quatrième ; comparaisons de séries, paramètres de position et de dispersion en troisième.

En seconde, le programme propose de réunir les acquis du collège en un tout cohérent à partir de l'étude des séries statistiques à une variable : « Une bonne articulation entre le collège et la seconde constitue un enjeu capital ». Il souligne un « triple objectif :

– lecture pertinente de tableaux statistiques nécessaire à la compréhension des phénomènes économiques et sociaux,

– terrain pour des activités interdisciplinaires,

– savoir organiser, représenter et traiter des données »,

et souhaite que les documents utilisés soient « authentiques et motivants », liés aux « enseignements de sciences biologiques, économiques et humaines ou empruntés à l'environnement de l'élève ».

Seul, le cycle terminal des classes de première et de terminale ES propose de prolonger cette formation à la statistique descriptive par l'étude des *séries à deux variables*, de la *régression* et de la *corrélation*.

La maîtrise des outils de la statistique descriptive est un enjeu essentiel pour la formation du citoyen.

Enjeux didactiques de cet enseignement

La maîtrise des outils de la statistique descriptive est un enjeu essentiel pour la formation du citoyen. Par exemple, être capable de distinguer le revenu médian du revenu moyen dans l'étude d'une population d'agents économiques devrait être un B-A-BA de l'analyse statistique. On aimerait que cette compétence soit majoritairement partagée.

Les autres résumés statistiques de base, associés à la description d'un caractère quantitatif, comme l'usage des différents diagrammes, les notions de *mode*, d'*étendue*, d'*effectif*, de *fréquence cumulée*, d'*écart type*, sont autant d'outils essentiels dans la culture contemporaine.

Mais cette partie des programmes recèle d'autres intérêts didactiques.

• **La description de grandes populations** suppose certaines simplifications, ce qui conduit à développer sur des exemples issus de la réalité des processus de *modélisation*.

• **La répartition d'une population** en sous-populations caractérisées par certaines qualités permet une première approche du vocabulaire des ensembles et un premier travail avec les *opérations ensemblistes* liées à des traitements *logiques* élémentaires. Comme dans d'autres domaines, ce vocabulaire sera incontournable en probabilités. Il semble préjudiciable d'attendre ce chapitre en classe de première pour le mettre en place, alors que les élèves y rencontrent d'autres difficultés conceptuelles que nous analysons ensuite.

• **Le calcul des effectifs** et des poids relatifs des parties d'une population favorise la manipulation de *pourcentages*, encore source de difficultés en classe de seconde.

De plus, les élèves préparent ainsi le terrain à une approche élémentaire de la notion de probabilité, utile à sa généralisation fréquentiste : *la probabilité qu'un élément prélevé au hasard dans une population appartienne à une catégorie déterminée est donnée par le pourcentage de cette catégorie dans la population.*

• **Le choix de caractères** définis sur une population fait fonctionner concrètement la notion de fonction, introduite très progressivement en seconde.

• **Le classement des valeurs d'un caractère** et l'étude de la série classée qui en découle déterminent une partition de la population, introduisant ainsi implicitement la notion d'image réciproque. Ce travail prépare la mise en place de notions mathématiques qui, présentées abstraitement, sont difficiles. Il permettra notamment aux élèves de donner en terminale un sens concret à la notion de variable aléatoire, ils comprendront en outre que l'on peut déterminer un événement comme image réciproque de certaines des valeurs qu'elle peut prendre.

On voit par ces exemples que le lien entre statistique et probabilités ne saurait se limiter à l'enregistrement des séries de résultats obtenus par répétitions d'expériences aléatoires, domaine de l'échantillonnage et de la pratique des sondages.

En probabilités, de nombreuses notions ont leur correspondance avec des outils de la description statistique, et font intervenir des algorithmes de calculs analogues.

Statistiques	Probabilités
caractère	variable aléatoire
classe	événement
moyenne	espérance mathématique
dispersion	écart type
répartition statistique	loi de probabilité

Historiquement, des études de relevés statistiques ont conduit à l'introduction de nouveaux concepts probabilistes : au XVIIe siècle, l'étude de tables de mortalité a conduit Christian Huygens à la définition de l'espérance de vie, ce qui peut faire l'objet d'une très belle activité en terminale.

INTRODUCTION « FRÉQUENTISTE » DE LA PROBABILITÉ ET MODÉLISATION

INTRODUCTION FRÉQUENTISTE DE LA NOTION DE PROBABILITÉ

Relisons les objectifs du programme de première S : « L'objectif est d'entraîner les élèves à décrire quelques expériences aléatoires simples et à calculer des probabilités. On évitera tout développement théorique. Pour introduire la notion de probabilité, on s'appuiera sur l'étude de séries statistiques obtenues par répétition d'une expérience aléatoire, en soulignant les propriétés des fréquences et la relative stabilité de la fréquence d'un événement donné lorsque cette expérience est répétée un grand nombre de fois. La description d'expériences aléatoires amène aussi à organiser des données : on se limitera à quelques exemples permettant de mettre en valeur les idées, mais ne comportant pas de difficultés combinatoires ».

Conçu dans le même esprit, le programme de probabilités de première ES est rédigé un peu différemment. Il commence par : « Le lien avec les statistiques sera fait par le biais du rapprochement entre fréquence et probabilité ».

En liant la notion de probabilité à celle de fréquence observée d'un événement résultant d'une expérience répétée un grand nombre de fois, le programme place résolument cet enseignement sur le terrain expérimental.

Cela pose la question du lien entre une expérience réelle, telle qu'elle peut être décrite, et la modélisation probabiliste de ses caractéristiques les plus pertinentes. C'est le cas notamment avec l'interprétation de la fréquence stabilisée d'un événement comme valeur estimée de sa probabilité.

Cette approche, dite *fréquentiste*, soulève pour l'enseignant des questions pédagogiques de fond. Comment gérer cette distinction nécessaire entre réalité et modèle sans en faire un discours théorique, et comment entraîner les élèves à l'activité de modélisation ? Pour mieux maîtriser cet enjeu didactique, précisons ce que nous entendons par « modèle ».

MODÉLISATION, EXEMPLE DE MODÈLE PROBABILISTE

DESCRIPTION D'UNE SITUATION ALÉATOIRE

Une situation réelle étant donnée, sa description en langage courant met en scène des objets simplifiés, dans une démarche d'abstraction tributaire du filtre d'un « regard théorique », éclairé par une connaissance des modèles standards classiques. Prenons l'exemple simple d'une situation de Bernoulli.

Une entreprise produit des pièces d'un certain calibre. Leurs dimensions fluctuent de manière imprévisible autour de valeurs nominales. Pour contrôler la qualité de la production, on fait périodiquement un échantillonnage. Le protocole de ce contrôle (expérience) aléatoire donne des marges qui permettent de dire si une pièce est acceptable ou défectueuse. Une étude statistique montre que dans des conditions normales, les pièces acceptables sont en proportion p. Quelle information les échantillons examinés donnent-ils sur la valeur actuelle de p ?

NOTION DE MODÈLE, EXEMPLE DU MODÈLE DE BERNOULLI

Un modèle de cette situation est *une interprétation schématique et idéalisée de cette réalité*. Sa construction s'appuie sur la des-

> ***La démarche choisie pour l'enseignement des probabilités au lycée est une mobilisation incomplète, permettant de remettre à plus tard la construction rigoureuse.***

cription ainsi faite, pour n'en retenir que les structures et propriétés caractéristiques. La présentation du modèle peut être faite à partir d'objets idéaux dont les propriétés sont standardisées ou données comme hypothèses de modèle. Notamment, une situation aléatoire de tirage au hasard dans une population finie peut être interprétée par un *modèle d'urne*. L'hypothèse standard est que les boules de l'urne sont équiprobables.

Dans l'exemple précédent, on considère une urne (fictive) contenant des boules blanches et noires, en proportions p et 1 – p, pour interpréter la proportion statistiquement observée des pièces acceptables dans la production. C'est une urne de Bernoulli, *l'outil de base du probabiliste. La production d'une pièce est représentée par un* tirage au hasard d'une boule. *La boule extraite est une* issue *de cette expérience modèle. Notre* hypothèse de modèle *est donc que l'événement : « la boule tirée est blanche » est de probabilité p, conçue ici comme le rapport laplacien* :

$$\frac{\text{nombre de boules blanches dans l'urne}}{\text{nombre total de boules dans l'urne}}.$$

L'échantillon prélevé est représenté par une suite de n tirages avec remises *dans l'urne (pour interpréter l'hypothèse implicite que les qualités d'une pièce ne dépendent pas de celles des pièces précédemment produites).*

Une telle référence à des objets réels pour décrire le modèle le fera qualifier de *pseudo-concret*. La plupart des exercices de probabilité au niveau du bac sont ainsi présentés sous un habillage pseudo-concret d'un modèle déjà là ; les élèves sont alors chargés d'expliciter les hypothèses de ce modèle.

Quand les objets du modèle sont remplacés par des objets mathématiques (ensembles, nombres, fonctions,...) dont les propriétés sont jugées isomorphes, le problème réel étudié est représenté par un problème mathématique, exprimé dans la symbolique des outils mathématiques porteurs des connaissances et susceptibles des démonstrations nécessaires pour aboutir aux résultats cherchés. C'est la *mathématisation du problème*, alors posé au sein du *modèle mathématique* (probabiliste en l'occurrence) ainsi obtenu.

La mathématisation d'un problème de probabilités passe donc par sa représentation dans un modèle formel. Depuis Kolmogorov (voir l'encadré suivant), adoptant la représentation ensembliste, les probabilistes se placent dans le cadre de la *théorie de la mesure*.

La démarche choisie pour l'enseignement des probabilités au lycée n'est ainsi qu'une modélisation incomplète, destinée à familiariser l'élève avec le maniement du langage et des premiers concepts de cette discipline, remettant à plus tard la construction rigoureuse. Cette démarche est à rapprocher de celle suivie dans tout l'enseignement secondaire en géométrie.

LES FONDEMENTS DE LA THÉORIE PROBABILISTE PAR KOLMOGOROV (1933)

À la fin du XIXe siècle, le formalisme ensembliste n'avait pas encore servi de cadre aux fondements de l'ensemble des mathématiques. C'était particulièrement le cas pour les probabilités, encore perçues comme appartenant typiquement aux mathématiques appliquées. L'utilisation d'univers Ω, infinis non dénombrables, conduisait à des résultats paradoxaux ou contradictoires, comme le montre l'exemple fameux présenté par Joseph Bertrand, en 1899, pour réfuter la possibilité d'utiliser l'infini en probabilités :

On prend au hasard une corde d'un cercle. Quelle est la probabilité que la longueur de cette corde soit supérieure au côté du triangle équilatéral inscrit dans ce cercle ?

Bertrand proposait trois valeurs différentes issues de choix aussi acceptables les uns que les autres de répartition uniforme de la probabilité :

- 1/2 en prenant « au hasard » le milieu de la corde sur un rayon ;
- 1/4 en prenant « au hasard » le milieu de la corde dans le disque entier ;
- 1/3 en fixant l'une des extrémités de la corde et en prenant l'autre « au hasard » sur le cercle.

En réalité, l'axiomatique élémentaire du calcul des probabilités dégagée par Laplace s'avérait insuffisante pour prendre en charge ces univers, pourtant nécessaires pour utiliser les outils puissants de l'Analyse.

Andreï Kolmogorov (1903-1987) eut cette lucidité et publia en 1933 *Les fondements du calcul des probabilités*. Se plaçant résolument dans le cadre de la théorie de la mesure, il sut exploiter les possibilités de l'intégrale de Lebesgue, définie abstraitement sur l'ensemble Ω muni d'une tribu de parties mesurables. L'axiome de σ-additivité de la probabilité y joue le rôle essentiel [si (A_n) est une suite décroissante d'événements de Ω d'intersection vide, alors $P(A_n) \to 0$].

L'insertion dans son modèle mathématique des variables aléatoires lui permit de clarifier la notion de loi, faisant le lien entre les développements théoriques et les applications concrètes. Ces outils théoriques lui permirent de résoudre un paradoxe présenté par Borel, dans la lignée de celui de Bertrand.

Mais dès le deuxième paragraphe de sa monographie, Kolmogorov précise la relation avec les données expérimentales en donnant un ensemble de conditions heuristiques pour appliquer son modèle probabiliste.

La première de celles-ci suppose la possibilité de répéter l'expérience aléatoire un grand nombre de fois et affirme que la fréquence d'un événement peut être aussi proche que l'on veut de sa probabilité. Pour lui, la notion de probabilité ne prend de sens qu'à cette condition.

« Aussi, en poussant les recherches de plus en plus, on arrive à des mots primitifs qu'on ne peut plus définir. » Pascal, **De l'esprit géométrique.**

NOTION D'EXPÉRIENCE ALÉATOIRE

POURQUOI NE TROUVE-T-ON PAS DE DÉFINITION ?

En donnant comme premier objectif la « description de quelques expériences aléatoires simples », le programme situe cette notion à la source de celle de probabilité. Cependant, il ne précise pas le sens qu'il convient de lui donner. Les manuels n'explicitent pas de définition, ils se limitent à donner des exemples et des « explications » qui tentent de cerner cette notion, comme si le sens commun suffisait pour la rendre claire.

Les enquêtes menées auprès des élèves montrent que ce n'est pas le cas. Pour la plupart d'entre eux, dans une telle expérience, tout est aléatoire ou plutôt incontrôlable : le cadre de fonctionnement, son déroulement, ses résultats. On obtient des réponses du genre : *« Une expérience aléatoire est une expérience qui peut mal tourner » !*

On peut avancer deux raisons pour justifier ce qui apparaît comme une lacune.

La première est pédagogique : il n'est pas question de développer, en première, une définition théorique du concept d'expérience aléatoire ; les lignes qui suivent, destinées aux enseignants, le montrent clairement.

La deuxième raison est épistémologique : une telle définition pose la question de distinguer expérience réelle et expérience idéalisée (celle que l'on peut effectivement répéter), ce que le programme veut éviter (*« Tout développement théorique... »*). De plus, cette distinction conduit à une position de type métamathématique (d'appréciation sur les mathématiques), inaccessible aux élèves.

Mais en réalité l'absence de définition est plus fondamentale.

En probabilités, comme dans toute théorie mathématique, il y a des notions premières, c'est-à-dire des notions auxquelles la pratique courante nous permet de donner du sens, sans qu'une définition mathématique puisse être formulée. Ces notions désignent alors des objets abstraits qui interviennent dans les énoncés des définitions et axiomes de la théorie.

De plus, ces notions sont supposées faire le lien entre le modèle et la réalité.

Ce lien est un acte de foi au départ. Par exemple, le point, la droite, le plan en géométrie, les entiers en arithmétique ou l'infini en analyse sont des notions premières avant qu'elles puissent prendre le statut de concepts formalisés au sein d'une théorie.

En probabilité, la notion première de base est celle d'*« expérience aléatoire »*.

QU'EST-CE QU'UNE EXPÉRIENCE ALÉATOIRE ? AMBIGUÏTÉS

Si la notion de probabilité est introduite à partir de celle d'expérience aléatoire, il faut comprendre que *sans expérience aléatoire, il n'y a pas de probabilité*, sinon cette dernière n'aurait pas de sens, du moins pour l'enseignement secondaire.

Si on ne peut en donner une définition (au sens mathématique, pas au sens du dictionnaire), il faut cependant préciser ce que l'on entend par ces mots.

Habituellement on donne aux élèves ces trois critères :

– c'est une expérience *reproductible* dans des conditions précises ;

– le *hasard* intervient dans son déroulement pour en rendre l'issue incertaine ;

– on peut faire la liste de toutes les *issues* possibles.

Cette caractérisation n'est pas tout à fait satisfaisante : elle ne distingue pas assez réalité et modèle. Décrivant une notion, elle se heurte à certaines conceptions et soulève certaines questions :

• *Qu'appelle-t-on « reproductible » ?* (le programme ajoute : *« un grand nombre de fois »*). Rigoureusement, l'expérience réelle ne peut être qu'unique. La recommencer, c'est faire une autre expérience (dans la réalité). D'ailleurs, objectait un élève déterministe, *« la preuve qu'en recommençant on fait une autre expérience, c'est que l'on obtient alors une autre issue que précédemment »*. Cette idée de reproduction nous placerait donc devant une expérience modèle ?

• *Qu'est-ce que l'on appelle le hasard ? et l'incertitude ?* (Voir à ce sujet l'encadré suivant.)

• *Faire la liste des issues ?* C'est déjà simplifier la réalité, faire abstraction de certains résultats jugés non pertinents. Par exemple, lorsque l'on lance un dé, la couleur de celui-ci n'intervient pas dans les probabilités des événements liés aux faces obtenues.

Voici, pour illustrer cela, un petit problème paradoxal qui montre que l'hypothèse d'équiprobabilité peut être source d'ambiguïté lorsque l'expérience aléatoire n'est pas suffisamment décrite pour induire un modèle unique : *Dans un square se trouvent trois bancs à deux places. Deux personnes arrivent et s'assoient au hasard. Quelle est la probabilité qu'elles s'assoient côte à côte ?*

Les réponses suivantes partagent régulièrement les élèves :

– 1/3 (si chaque personne tire un banc au hasard).

– 1/6 (si chaque personne tire une place au hasard).

– 1/5 (si la première personne étant placée, la deuxième tire une place au hasard parmi les places restantes).

En fait l'énoncé ne dit pas comment le hasard intervient pour déterminer les positions respectives des deux personnes. Ce petit problème pseudo-concret néglige le dispositif expérimental qu'il évoque, et laisse les issues possibles dans le flou, d'où la multiplicité des modèles pour l'interpréter. Cette remarque souligne le soin avec lequel il convient de rédiger les problèmes d'examen, pour lesquels il ne peut subsister de telles ambiguïtés.

Souvent, un élève suggère de réaliser l'expérience un grand nombre de fois, *« pour voir »* ! C'est une bonne proposition, car elle conduit à expliciter le dispositif expérimental à réaliser et ainsi révèle les insuffisances de ce type d'énoncé.

Description d'une expérience aléatoire réelle, protocole expérimental et reproduction

Si les critères d'une expérience aléatoire que nous avons donnés à la page 264 peuvent convenir pour la classe, cette présentation laisse les enseignants sur leur faim. Pour pouvoir répondre clairement à certaines questions posées par les élèves, ils ont besoin que soit précisée cette notion encore trop floue.

Dans la nature, il n'y a pas d'expériences aléatoires. Il y a des situations complexes ou des systèmes évolutifs (par exemple la situation météorologique, l'économie, etc.) qui dépendent de manière sensible des conditions initiales, de telle sorte que l'on ne peut déterminer leurs évolutions, quels que soient les instruments d'observation et la puissance des outils de calcul (voir la fin de l'encadré suivant).

Une expérience aléatoire est l'observation d'un tel système évolutif. On ne s'intéresse en fait qu'à certaines issues (observables) qui vont résumer l'état du système à la fin

« Ce que nous appelons le hasard n'est et ne peut être que la cause ignorée d'un effet connu. » Voltaire.*

LA NOTION DE HASARD

Après qu'Aristote eut tenté de cerner l'idée de hasard (il donne l'exemple de la rencontre inopinée sur l'Agora d'un créancier et de son débiteur), cette notion, qui suppose une sorte de spéculation sur l'avenir, est restée longtemps un sujet tabou.

Mais les probabilistes devaient préciser ce qu'ils entendaient par là. Ainsi, Bernoulli, au début de la quatrième partie de son œuvre, *Ars Conjectandi*, publiée en 1713, prend-il des précautions pour justifier sa pensée déterministe (voir l'encadré de la page 254) : *« Sur le futur il n'y a pas à discuter ; cependant ce n'est pas par la nécessité de quelque destin qu'il ne peut pas ne pas advenir, mais en raison soit de la prescience soit de la prédétermination divine ».*

Cette pensée déterministe sera systématisée par Pierre-Simon Laplace dans la préface de son *Essai philosophique* (voir l'encadré de la page 258). Après avoir invoqué « *le principe de la raison suffisante* » introduit par Leibniz, selon lequel « *Une chose ne peut pas commencer d'être, sans une cause qui la produise.* », il a cette formule célèbre, véritablement géniale par sa concision : « *Nous devons donc envisager l'état présent de l'univers comme l'effet de son état antérieur, et comme la cause de celui qui va suivre* ». Dans ces conditions, « *La probabilité est relative en partie à notre ignorance, en partie à nos connaissances* ».

Cournot (1801-1877), économiste, philosophe et mathématicien, reprend l'idée de hasard du point de vue objectif d'Aristote. Il écrit : « *Les événements amenés par la combinaison ou la rencontre d'autres événements qui appartiennent à des séries indépendantes les unes des autres sont ce qu'on nomme des résultats du hasard.* »

L'idée d'assimiler un processus aléatoire à l'évolution d'un système complexe est due à Henri Poincaré, qui au début du XXe siècle reprend la notion de hasard. Évoquant la théorie cinétique des gaz dans l'introduction du *Calcul des probabilités* de son cours de physique mathématique de 1912, il déclare : « *Il faut donc bien que le hasard soit autre chose que le nom que nous donnons à notre ignorance* ». Après avoir proposé l'exemple d'un cône de révolution, bien homogène et posé bien droit sur sa pointe de telle sorte que l'on ne peut prévoir de quel côté il va tomber, donne cette définition du hasard : « *Une cause très petite, qui nous échappe, détermine un effet considérable que nous ne pouvons pas ne pas voir, et alors nous disons que cet effet est dû au hasard* ».

Cette définition s'accommode du déterminisme, en réduisant le hasard à l'évolution imprévisible d'un processus complexe.

• ***Dictionnaire philosophique.****

du processus. De la complexité naturelle, on ne retiendra donc, pour la description de l'expérience aléatoire, que ce qui semble pertinent pour indiquer comment la réaliser et quelles issues possibles on veut considérer.

Une expérience aléatoire réelle est donc décrite par une sorte de « *protocole expérimental* », c'est-à-dire de texte donnant les instructions à respecter pour pouvoir affirmer que l'on a bien réalisé l'expérience aléatoire, objet de l'étude.

Ainsi, on donne le sens suivant à la locution « répétition de la *même* expérience aléatoire » : on conviendra que l'on a répété une même expérience aléatoire si les processus expérimentaux qui ont fonctionné respectent bien le protocole donné. *C'est donc ce protocole expérimental, accompagné de la liste des issues possibles à observer, qui caractérise « l'expérience aléatoire ».* Cette notion prend alors le sens générique « d'expérience modèle » pour désigner tous les processus expérimentaux de même nature qui respectent un tel protocole.

L'enseignement de cette notion devrait donc proposer aux élèves des tâches de rédaction de protocoles expérimentaux pour décrire, par un texte, des processus aléatoires que l'on peut faire fonctionner devant eux, en soulignant les conditions expérimentales minimales, la place du hasard dans le processus et la liste des issues possibles.

Résolution de problèmes et hypothèses de modèle

Une expérience aléatoire réelle est donc décrite de telle sorte qu'elle s'interprète en une expérience-modèle dont les issues, soigneusement précisées, déterminent un univers, peut-être identifiable à un modèle standard.

Dans la plupart des activités ou exercices de classe, on donne d'emblée cette expérience-modèle dans des termes pseudo-concrets.

Les questions posées, traduites dans les termes du modèle, guident les élèves pour la définition d'un ensemble référentiel Ω. Avant le bac, cet ensemble doit toujours être fini. Ce choix n'est pas forcément univoque, et l'habileté des uns ou l'entraînement des autres les conduira au référentiel le plus pertinent. Cette opération est essentielle pour résoudre proprement un problème, elle doit faire l'objet d'une grande attention au début de cet apprentissage.

Dans le cas des référentiels finis, on appelle *probabilités élémentaires* les probabilités des événements élémentaires de Ω. La définition de la probabilité prend la forme suivante :

- une probabilité est un nombre réel, compris entre 0 et 1 ;
- la probabilité de Ω est égale à 1 (probabilité de la certitude) ;
- la probabilité d'un événement E est la somme des probabilités des événements élémentaires le constituant (notamment, la somme de toutes les probabilités élémentaires est égale à 1).

On obtient ainsi la définition de base du programme de première qui, contrairement à la définition laplacienne, conserve au concept de probabilité toute sa généralité.

Il reste à préciser les conditions dans lesquelles les probabilités élémentaires sont déterminées. Elles relèvent d'*hypothèses de modèle*. Dans la pratique, au lycée, on trouve deux sortes d'hypothèses :

- le contexte de l'expérience aléatoire, les symétries des objets matériels utilisés, permettent de ramener tous les résultats à un univers de n issues qui sont considérées comme également possibles. On fait alors sur cet univers l'*hypothèse d'équiprobabilité* ;
- la complexité de l'expérience aléatoire ne permet pas de se ramener à un système d'issues équiprobables (ou cela est trop compliqué : fiabilité de systèmes complexes, phénomènes économiques, météo,...). On peut alors déterminer la pro-

La résolution d'un problème de probabilités passe par la mise en place d'hypothèses de modèle.

babilité de chaque issue ou événement en effectuant « un grand nombre de fois » l'expérience aléatoire (dans la pratique, on calcule qu'environ un millier d'expériences permettent de déterminer cette probabilité avec deux chiffres significatifs), et en retenant pour valeur numérique de cette probabilité *la valeur des fréquences observées* de cette issue ou événement (*estimation*). Ces fréquences sont alors conçues comme mesures approximatives de cette probabilité, comme dans le cas de mesures physiques, avec le degré de précision souhaité suivant le nombre d'expériences que l'on consent d'effectuer.

Ainsi, *pour résoudre un problème de probabilités, il faut faire des hypothèses de modèle qui relèvent de deux démarches : équiprobabilité a priori sur un univers bien choisi, ou estimation fréquentielle des probabilités de base.*

Probabilités conditionnelles

Situations de probabilités conditionnelles

À partir des issues d'une expérience aléatoire, on définit un univers Ω, ensemble des événements élémentaires ω. On s'intéresse à deux événements A et B, parties de Ω, représentatives de deux caractéristiques ou propriétés possibles A et B de ces issues. Quand $\omega \in A$, on dit que « l'événement A est réalisé » (double statut du mot « événement »).

Le lien entre A et B peut être de nature logique : quand A est réalisé, alors B l'est aussi. On traduit cette situation par l'inclusion des parties de Ω : $A \subset B$.

Mais ce lien peut être de nature stochastique : quand on répète l'expérience, les événements A et B sont plus ou moins fréquemment réalisés conjointement, de telle sorte que lorsque l'on sait que l'un des deux est réalisé, cela donne une idée de nature probabiliste sur la réalisation éventuelle de l'autre. Quand cette fréquence est élevée, on parle de « forte corrélation », ou de dépendance stochastique. C'est cette notion qu'il s'agit de modéliser.

Dans la pratique, diverses situations relèvent des probabilités conditionnelles.

Situations chronologistes

Elles sont particulièrement adaptées aux représentations avec des arbres, où l'expérience est décomposée en deux épreuves successives, les issues de la première conditionnant le déroulement (donc la répartition de la probabilité) de la seconde.

Par exemple, *j'ai deux urnes* U_1 *et* U_2 *avec des proportions de boules blanches et noires* (p_1, q_1) *et* (p_2, q_2) *différentes. On tire d'abord une urne (à pile ou face ou par un tirage de Bernoulli avec probabilités p et q), puis une boule dans l'urne issue de cette première épreuve. Quelle est la probabilité d'avoir une boule blanche ?*

La couleur de la boule obtenue dépend de deux hasards successifs, elle est conditionnée par l'issue de la première épreuve. La probabilité d'avoir une boule blanche

est alors composée des probabilités p, q, p_1 et p_2 : $P(\text{blanche}) = p.p_1 + q.p_2$.
C'est la *formule des probabilités composées,* inscrite ainsi au programme de terminale :
« *Si* $B_1, B_2, ..., B_n$ *constituent une partition de* Ω*, pour tout événement* A,
$P(A) = P(A \cap B_1) + P(A \cap B_2) + ... + P(A \cap B_n)$ *(formule des probabilités totales), et pour tout* k : $P(A \cap B_k) = P(A \mid B_k)\, P(B_k)$ ».
Voici un schéma en arbre utilisé pour représenter cette situation :

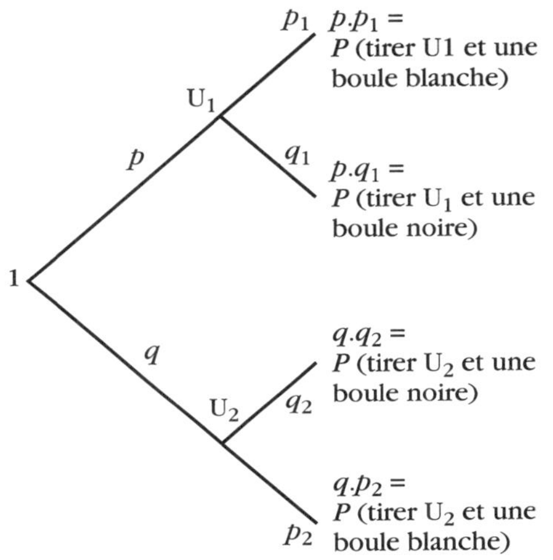

C'est la situation la plus intuitive, mais qui n'est pas sans difficulté quand la résolution d'un problème consiste à inverser l'arbre, détruisant ainsi l'image qu'il donne de la chronologie.

SITUATIONS CAUSALISTES

Elles s'apparentent aux précédentes et sont aussi assez bien décrites par des schémas en arbres. Voici un exemple type :
100 cobayes sont traités par trois produits provoquant une maladie M :
– 50 sont traités par le produit P_1 *qui donne M avec la probabilité 0,25 ;*
– 25 sont traités par le produit P_2 *qui donne M avec la probabilité 0,5 ;*
– 25 sont traités par le produit P_3 *qui donne M avec la probabilité 0,8.*
Un cobaye pris au hasard a la maladie M. Quelle est la probabilité qu'il ait été traité par P_1 *?*
On y rencontre les mêmes obstacles didactiques quand il s'agit « d'inverser l'arbre » pour expliciter les probabilités des causes, conditionnellement à l'observation d'une conséquence possible. C'est dans ce cadre que la notion de probabilité conditionnelle a été historiquement dégagée.

Assez spectaculaire, la recherche des probabilités des causes, simple sur le plan mathématique, n'est pas exempte d'obstacles épistémologiques difficiles et de comportements erronés.

Peut-on par exemple l'appliquer aux phénomènes historiques non reproductibles ? C'est pourquoi la formule de Bayes qui donne ces probabilités a été exclue du programme de terminale.

SITUATIONS ENSEMBLISTES

Elles s'apparentent directement au modèle mathématique standard : l'issue d'une expérience aléatoire est porteuse de deux caractères qui peuvent être stochastiquement liés.
Par exemple dans un tirage au hasard d'une personne dans une population, l'observation croisée de son poids et de sa taille conduit à des résultats corrélés : les événements A = « La personne pèse plus de 65 kg. » et B = « Elle mesure plus de 1,75 m. » ne sont sans doute pas indépendants (voir l'encadré de la page suivante).
Ces situations sont aussi bien décrites par des arbres que par des tableaux de contingences à double entrée, donnant les probabilités conjointes et les probabilités marginales des événements A et B étudiés.
Elles peuvent aussi être décrites par des schémas d'arbres, dont l'enchaînement n'a pas d'ordre privilégié.
Ces arbres peuvent être plus facilement inversés que les précédents, d'un point de vue du sens.

Il convient d'habituer les élèves à utiliser à bon escient arbres, tableaux de contingence et schémas ensemblistes.

Les arbres, comme les tableaux de contingence, comme les schémas ensemblistes, sont des outils de représentation très efficaces. Il convient donc d'habituer les élèves à les utiliser à bon escient, et à pouvoir passer de l'un à l'autre sans difficulté. Cependant, il ne faut pas en abuser, ni théoriser leur mode d'emploi. Cela ferait glisser l'apprentissage vers les automatismes que permettent ces représentations au détriment du sens à donner à la notion de probabilité conditionnelle. Comme les figures en géométrie, ils peuvent être des supports de raisonnement et aider l'intuition, ils ne peuvent à eux seuls remplacer une démonstration.

LA TAILLE ET LE POIDS

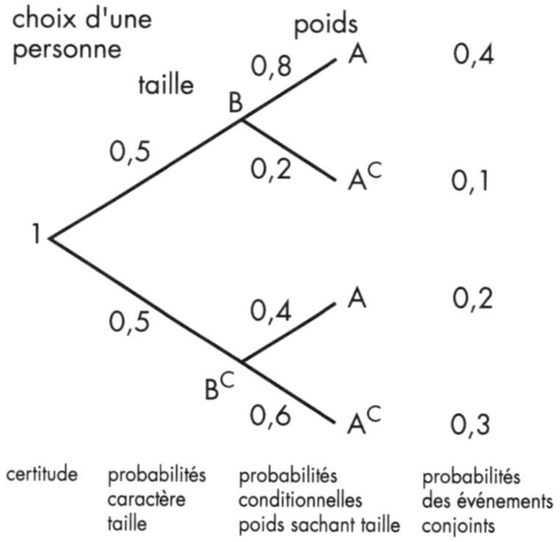

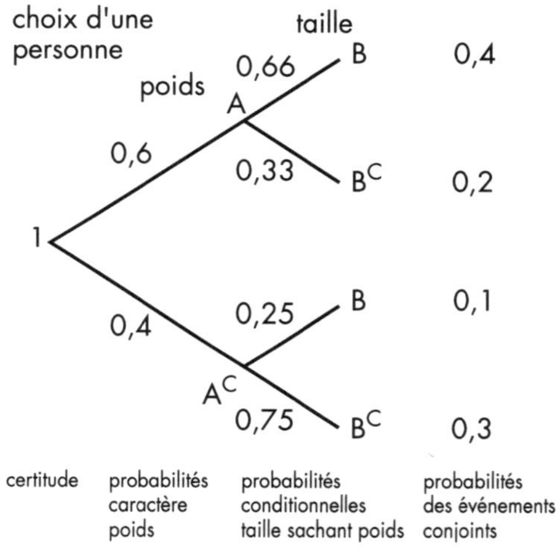

Taille / Poids	B = plus de 1,75 m	B^c = moins de 1,75 m	distribution marginale des probabilités des poids
A = plus de 65 kg	0,4	0,2	0, 6
A^c = moins de 65 kg	0,1	0,3	0, 4
distribution marginale des probabilités des tailles	0,5	0,5	1

DÉFINITION DE LA PROBABILITÉ CONDITIONNELLE ET MODÉLISATION

INTRODUCTION DU MODELE, CHANGEMENT D'UNIVERS

Comment interpréter le fait qu'une connaissance partielle sur un résultat d'une expérience aléatoire permette de modifier la probabilité que l'on va attribuer à un événement qui lui est lié ?

Il faut faire comprendre qu'une donnée nouvelle sur le déroulement d'une expérience aléatoire modifie non pas les probabilités des événements, mais la *description* de cette expérience, et par conséquent le modèle utilisé pour représenter les résultats possibles : on va changer d'univers et déterminer une nouvelle répartition de probabilité sur le nouvel univers.

En fait, une approche fréquentiste va clarifier cette situation : *pour estimer une probabilité conditionnelle, on procède à une autre expérience aléatoire.* Supposons en effet qu'à l'issue de l'expérience primitive, on sache que l'événement B est réalisé.

Reproduisons cette expérience un grand nombre de fois, en éliminant les épreuves où B n'est pas réalisé (on peut du moins imaginer cette répétition).

Cette procédure met en œuvre une autre expérience aléatoire : celle qui consiste à ne retenir l'issue de la précédente *que* si B est réalisé, sinon on recommence.

Dans cette nouvelle expérimentation, la probabilité d'un événement A est déterminée par la fréquence des A intervenant dans les épreuves retenues. Elle est donc différente de la probabilité *a priori* de A, estimée par la fréquence des A intervenant dans l'ensemble des épreuves reproduisant l'expérience primitive.

DÉFINITION ENSEMBLISTE

La définition proposée par le programme de terminale se place résolument dans le cadre de la modélisation ensembliste, minimisant ainsi les obstacles dus à des conceptions subjectivistes. Reprenons ici cette définition, afin de montrer comment elle peut prendre en compte les remarques précédentes.

Changement d'expérience : on sait que B est réalisé ($\omega \in$ B). B est le nouvel univers. Désignons par P_B (Le programme de terminale laisse le choix entre les deux notations : $P_B(A)$ et $P(A \mid B)$), la probabilité des événements issus de cette expérience qui garantit la réalisation de B.

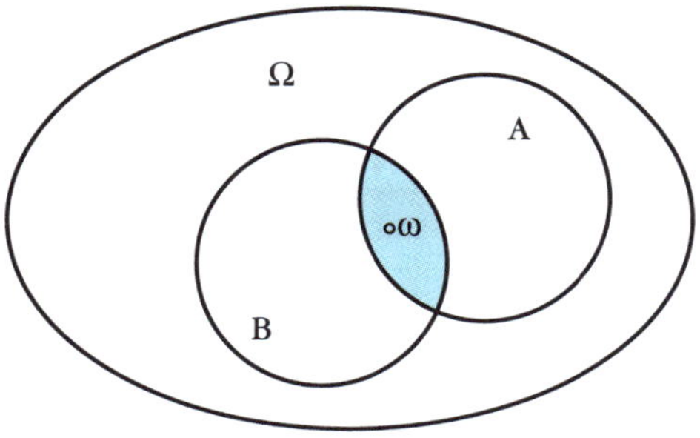

Ω est l'ensemble référentiel représentant l'expérience aléatoire primitive.

B est un événement de probabilité non nul.

A est l'événement dont on cherche la probabilité.

ω est l'événement élémentaire représentant l'issue de l'expérience.

A ne peut alors être réalisé que par la réalisation conjointe de A et B. La probabilité de l'événement A, $P_B(A)$, sera donc celle de A ∩ B avec comme donnée : $P_B(B) = 1$.

On remarque alors que si les événements élémentaires sont *équiprobables*, ils le sont aussi bien dans **Ω** que dans B, et nécessairement, si $P(B) \neq 0$:

$$P_B(A) = \frac{\text{cas favorables}}{\text{cas possibles}} = \frac{\text{card}(A \cap B)}{\text{card}B} = \frac{P(A \cap B)}{P(B)}$$

INTERPRÉTATION FRÉQUENTISTE

Mais si on est dans une situation de non-équiprobabilité, l'esprit fréquentiste du programme conduit à revenir à l'introduction des probabilités par les fréquences.

Désignons par $\mathcal{E}$ l'expérience primitive représentée par le référentiel Ω et par B un événement associé à $\mathcal{E}$ de probabilité non nulle : $P(B) \neq 0$.

Si l'on reproduit $\mathcal{E}$ un grand nombre n de fois, la valeur observée f_B de la fréquence d'apparition de B sera proche autant qu'on le veut de $P(B)$:

$$f_B = \frac{\text{nombre d'occurences des événements B}}{n}$$

Soit A un événement associé à $\mathcal{E}$; on s'intéresse à la réalisation conjointe de A et B. $P(A \cap B)$ sera de même estimée par :

$$f_{A \cap B} = \frac{\text{nombre de réalisations conjointes de A et B}}{n}$$

On s'intéresse à la fréquence d'apparition des A accompagnant la réalisation de B, celle-ci est donnée par :

$$f_{A|B} = \frac{\text{nombre de réalisations conjointes de A et B}}{\text{nombres d'occurences des événements de B}}$$

d'où : $f_{A|B} = \dfrac{f_{A \cap B}}{f_B}$.

• Calcul des probabilités.*

La probabilité d'obtenir A, lorsque l'on considère l'expérience aléatoire $\mathcal{E}_B$ consistant à n'accepter un résultat de $\mathcal{E}$ que lorsque B est réalisé, est estimée par : $f_{A|B}$.

La relation obtenue entre les fréquences conduit donc à la relation liant cette probabilité $P_B(A)$ aux probabilités *a priori* de $A \cap B$ et de B :

$$P_B(A) = \frac{P(A \cap B)}{P(B)},$$

ce qui généralise cette même relation obtenue sous l'hypothèse d'équiprobabilité.

On remarque que $P_B(A)$ est proportionnelle à $P(A \cap B)$, ce qui est cohérent avec l'idée de réduire la probabilité de A à celle de $A \cap B$ lorsque B est réalisé, avec la contrainte : $P_B(B) = 1$.

À partir du sens ainsi donné à la notion de probabilité conditionnelle, les élèves peuvent aisément relier la définition de l'indépendance stochastique de A et B, introduite dans le modèle sous la forme : $P(A \cap B) = P(A) . P(B)$, avec l'idée concrète que l'on peut s'en faire :

A et B sont indépendants si la réalisation de B ne modifie pas la valeur de la probabilité de A d'un modèle à l'autre :

$$P_B(A) = P(A).$$

ÉLÉMENTS BIBLIOGRAPHIQUES

Sur le hasard et l'histoire des probabilités

Commission inter-IREM Histoire et Épistémologie : *Mathématiques au fil des âges,* Gauthiers-Villars, 1987

Bernard Bru : *Petite histoire du calcul des probabilités,* Article paru dans *Fragments d'histoire des mathématiques,* Brochure APMEP n°41-1981.

Ivar Ekeland : *Au hasard,* Éditions du Seuil, 1991.

Émile Noël et France-Culture : *Le hasard aujourd'hui,* Points-Sciences, 1991.

Ouvrages pour l'enseignement

Gérard Calot : *Cours de calcul des probabilités,* Dunod décision, 1967.

Arthur Engel : *Les certitudes du hasard,* Aleas Lyon, 1990.

Commission Inter-IREM Statistique et Probabilités : *Enseigner les statistiques et les probabilités au Lycée,* Janvier 1997. On trouvera dans cet ouvrage de nombreuses références bibliographiques sur l'épistémologie et la didactique des probabilités.

« Le calcul des probabilités appliqué à la vie des nations, aux cas de guerre et de révolution est le fondement de toute haute politique. » E. de Girardin, **Apostasie.**

INTRODUCTION À LA STATISTIQUE INFÉRENTIELLE

AUTEUR

Gilbert DEMENGEL, inspecteur général honoraire.

Nous nous évadons ici du programme de l'enseignement secondaire général, mais pas du programme des lycées, car la statistique inférentielle figure dans plusieurs BTS. Cet écart que nous nous autorisons a pour but de montrer sur un exemple simple (sondage électoral) l'interaction étroite entre probabilités et statistiques, et de donner une idée des difficultés que rencontre le mathématicien lorsqu'il veut appliquer ses techniques à des problèmes de la vie courante.

Il permettra en passant de redresser une idée fausse allégrement propagée par les médias qui parlent régulièrement de fourchette pour une estimation sans jamais évoquer le degré d'incertitude qui lui est associé. ■

GÉNÉRALITÉS

STATISTIQUE DESCRIPTIVE ET STATISTIQUE INFÉRENTIELLE

La statistique descriptive se contente de présenter un ensemble de données expérimentales et de les analyser par la détermination d'un petit nombre de caractéristiques de cette série de données, notamment les paramètres de position et de dispersion. La statistique inférentielle se propose, en interprétant les résultats de cette analyse, de *construire des prévisions* de caractère probabiliste concernant des paramètres inconnus relatifs à une population. Entre autres, à partir de renseignements provenant de l'analyse statistique d'échantillons, elle est capable de *donner des estimations* de tels paramètres *tout en précisant le degré de fiabilité* des résultats énoncés. C'est à ces problèmes d'estimation que l'on se limitera dans ce qui suit.

LE PROBLÈME DE MONSIEUR LE MAIRE

Pour bien comprendre cet aspect de la statistique, considérons l'exemple suivant.

Lorsque Monsieur M avait été élu maire de V, ville qui compte 10000 et quelques électeurs, les résultats des différents bureaux de vote furent mis immédiatement à sa disposition. La connaissance des divers pourcentages de votes favorables ou non à sa liste lui permit d'apprécier l'importance de sa victoire. Monsieur M utilisait ainsi des calculs de la statistique descriptive.

À quelques jours du second tour des élections municipales suivantes, Monsieur M fait faire un sondage confidentiel sur un échantillon de 200 personnes. Il se pose la question suivante :

Quel pourcentage des voix peut espérer sa liste ? (Problème d'estimation d'un pourcentage sur la population à partir de la connaissance du pourcentage sur un échantillon.)

La veille des élections, il a le résultat suivant : parmi les sondés, 108 ont déclaré vouloir voter pour la liste qu'il conduit, 92 pour la liste B d'opposition. Cependant il reste inquiet et perplexe : il n'a pas vraiment la réponse à sa question. En fait, ce qu'il aimerait savoir, c'est le degré de fiabilité des 54 % d'intentions de votes que lui accorde l'institut consulté. Par exemple, *avec quel degré de certitude peut-il compter sur une « fourchette » de [51 ;57] ?* ou, plus intéressant, sur quelle fourchette peut-il tabler avec seulement une chance sur 20 de se tromper ?

Cette fois, le maire se pose une question à laquelle la statistique inférentielle est susceptible de répondre, à condition toutefois que l'institut de sondage ait bien choisi un échantillon représentatif et que les votes soient conformes aux intentions de vote exprimées.

■

ÉTUDE DE DISTRIBUTIONS D'ÉCHANTILLONNAGE

PROBLÈME DE L'ESTIMATION D'UNE MOYENNE

Soit une population d'effectif total N. Elle est dite « population statistique » dans la mesure où on étudie un paramètre (ou caractère) X, concernant chaque individu de cette population, prenant les valeurs $x_1, x_2, \dots x_N$. On s'intéresse à la moyenne m, caractéristique centrale de cette distribution statistique définie par :

$$m = \frac{1}{N}\sum_{j=1}^{j=N} x_j .$$

Dans la pratique, cette moyenne m n'est pas accessible, ne serait-ce d'ailleurs que par le grand nombre des observations menant au calcul effectif de cette moyenne. Le problème est ainsi le suivant : *Peut-on estimer cette moyenne à partir de la considération de quelques individus de la population ?* De façon un peu grossière, le tirage d'un résultat x_j donne une estimation plus ou moins précise de la moyenne suivant la valeur de la distance $|x_j - m|$. Là intervient la loi de distribution de ces écarts, qui permet, même dans le cas général (Inégalité de Bienaymé-Tchébichev•), de définir un intervalle centré en x_j dans lequel est située la moyenne avec une probabilité donnée à l'avance. On conçoit que le tirage, non pas d'une valeur seulement de la distribution mais d'un nombre le plus grand possible de valeurs donne une estimation plus précise de m. On est ainsi amené à considérer ce qu'on appelle des échantillons de taille n, n étant en général « petit par rapport à N », et à affiner l'énoncé du problème d'estimation de la moyenne m d'une population :

Un échantillon e de taille n, dont la moyenne est notée $\overline{x_e}$, étant prélevé au hasard dans la population, peut-on définir un intervalle I_e centré sur $\overline{x_e}$ (intervalle de confiance) tel qu'on puisse affirmer, avec un faible risque de se tromper (seuil de risque), fixé généralement à 5 %, que la moyenne inconnue m appartienne à cet intervalle ?

Pour aborder ce problème, il importe d'étudier une autre population statistique, celle des moyennes $\overline{x_e}$ de tous les échantillons de taille n, tirés de la population. Une première question d'ailleurs : la moyenne des $\overline{x_e}$ correspondant à tous les échantillons possibles de taille n donne-t-elle une idée de la moyenne m de la population ?

La réponse à cette question est très positive puisque cette moyenne est égale à m. Pour définir les intervalles de confiance centrés sur les moyennes calculées $\overline{x_e}$, il nous faut une connaissance plus approfondie de la distribution des moyennes $\overline{x_e}$ correspondant à tous les échantillons possibles de taille n (distribution d'échantillonnage).

• Selon cette inégalité, la probabilité d'avoir $|x_j - m| \geq \varepsilon$ est au plus égale à $\frac{\sigma^2}{\varepsilon^2}$, où σ est l'écart type.•

« L'estimation d'une grandeur à l'aide d'observations, avec une erreur plus ou moins grande, peut être comparée à un jeu de hasard. » **Gauss.**

Un exemple simple : l'estimation d'un pourcentage

Ce qui précède expose le problème de l'estimation d'un paramètre de la population, à savoir la moyenne. Le problème que se pose le maire de notre exemple préliminaire est relatif à l'estimation d'un pourcentage. En fait, ce pourcentage peut être considéré comme une moyenne. En effet, on peut considérer le caractère associé à chaque électeur de la ville V qui prend la valeur 1 si l'électeur vote pour la liste A et la valeur 0 s'il vote pour la liste B. La moyenne de la série statistique ainsi obtenue est le quotient du nombre total de votes favorables à la liste A par le nombre total des électeurs, c'est à dire le pourcentage en question. Pour simplifier l'exposé de la démarche d'estimation d'une moyenne, *nous nous limiterons à ce cas particulier de l'estimation d'un pourcentage, mais les idées directrices permettant de traiter le cas général restent les mêmes.*

Distribution d'échantillonnage d'un pourcentage

Nature des échantillons

Commençons par préciser un point. Dans ce qui suit, on considère que chacun des n tirages produit un résultat x_j qui est une variable aléatoire. Lors d'un échantillonnage, tout se passe comme si l'on faisait un tirage *sans remise* de n unités statistiques à l'intérieur de l'ensemble des N termes de la population (on ne peut avoir l'occasion de tirer par exemple deux unités statistiques identiques). *Il serait plus agréable que les tirages se fassent avec remise : ces variables aléatoires seraient indépendantes et en probabilité ce cas s'étudie plus facilement.* On peut cependant considérer que, lorsque N est grand vis-à-vis de n, le fait de retirer une, ou deux, ou même $n - 1$ unités de la population ne change pratiquement pas la composition statistique de celle-ci, autrement dit que les variables aléatoires x_j sont pratiquement indépendantes. Le caractère purement intuitif de cette affirmation ne pouvant échapper à personne, nous allons étudier un premier exemple numérique de distribution d'échantillonnage pour $N = 30$ et $n = 3$.•

• Voir l'encadré ci-contre.

Distribution d'échantillonnage d'un pourcentage dans le cas général

Généralisons l'exemple de l'encadré suivant. On désigne par N l'effectif total de la population. Le pourcentage étudié relatif à la population est noté p et on pose $q = 1 - p$. Le nombre des unités statistiques dont le caractère vaut 1 (avis favorables) est donc Np et celui des unités qui valent 0 (avis défavorables) est Nq.

On s'intéresse ici à l'ensemble de tous les échantillons de taille n. Un échantillon e fournit une moyenne $\overline{x_e}$ qui est aussi bien le pourcentage étudié relatif à l'échantillon. Il s'agit d'étudier la distribution statistique de ces moyennes $\overline{x_e}$, à savoir essentiellement sa moyenne et sa variance.

Cas de l'échantillonnage avec remise

Les tirages se faisant avec remise, le raisonnement classique aboutissant à la loi binomiale s'applique : Désignons par X la variable aléatoire dont la valeur 1 ou 0 est celle du caractère obtenu dans un tirage au hasard dans la population.

La moyenne de cette variable est p et un échantillon e correspond à une réalisation de n variables aléatoires indépendantes $(X_1, X_2, \dots X_n)$, chacune d'elles ayant la même loi que X.

La moyenne $\overline{x_e}$ de l'échantillon n'est autre que $\frac{1}{n}(X_1 + X_2 + \dots + X_n)$, nombre de valeurs 1 dans l'échantillon divisé par l'effectif de l'échantillon. La moyenne de $\overline{x_e}$, c'est-à-dire la moyenne de la distribution d'échantillonnage est donc l'espérance mathématique $E(\overline{x_e})$, soit, d'après la linéarité de cette espérance

$$\frac{1}{n}\left[\sum_{j=1}^{J=n} E(X_j)\right] = \frac{np}{n} = p\,.$$

UN EXEMPLE NUMÉRIQUE

Soit l'échantillonnage constitué par les tirages d'ensembles de trois éléments dans un ensemble qui en contient 30. On suppose que le caractère prend 12 fois la valeur 1 et 18 fois la valeur 0, le pourcentage considéré relatif à la population est donc 12/30. On étudie la distribution d'échantillonnage des moyennes de ce caractère dans les échantillons de trois éléments. On calcule successivement la moyenne et la variance de cette distribution dans le cas où l'échantillonnage est « naturel », c'est-à-dire sans remise puis dans le cas où il se fait avec remise.

Moyenne dans le cas d'échantillonnage sans remise

Un échantillon e s'identifie à $\{i ; j ; k\}$ où les nombres i, j, k sont pris dans $\{0 ; 1\}$. La moyenne (ou pourcentage) l'échantillon est $\overline{x_e} = \frac{i+j+k}{3}$, elle peut prendre les valeurs 1, $\frac{2}{3}$, $\frac{1}{3}$, 0. Un calcul simple de dénombrement montre qu'à la situation où $\overline{x_e} = 1$, cas où $i = j = k = 1$, est associé un nombre d'échantillons égal à C_{12}^3, qu'à la situation où $\overline{x_e} = \frac{2}{3}$, soit deux des nombres i, j et k égaux à 1 et l'autre à 0, est associé un nombre d'échantillons égal à $C_{12}^2 \times C_{18}^1$, qu'à la situation où $\overline{x_e} = \frac{1}{3}$, c'est-à-dire un des nombres i, j et k égal à 1 les autres égaux à 0, est associé un nombre d'échantillons égal à $C_{12}^1 \times C_{18}^2$, et qu'enfin $\overline{x_e} = 0$ pour C_{18}^3 échantillons. Ceci définit la distribution d'échantillonnage d'effectif total C_{30}^3. La moyenne de cette distribution est donc :

$$\frac{1}{30 \times 29 \times 28}[12 \times 11 \times 10 + 2 \times 12 \times 11 \times 18 + 12 \times 18 \times 17] = \frac{12}{30}$$

On constate que la moyenne de la distribution d'échantillonnage est donc exactement le pourcentage 12/30 de la population entière. Ceci confirme ce qui a été annoncé précédemment.

Moyenne dans le cas d'échantillonnage avec remise

Cette fois, la situation d'un échantillon est précisée par les valeurs de trois variables aléatoires (X_1, X_2, X_3) qui sont indépendantes l'une de l'autre puisque la remise dans la population de l'unité statistique qui vient d'être tirée laisse intacte la population à l'intérieur de laquelle le nouveau tirage va se faire. Chacune de ces variables a donc une probabilité $p = 12/30$ d'être égale à 1. Nous sommes dans la situation binomiale et, par conséquent, les probabilités précédentes pour obtenir une moyenne d'échantillon égale à 1, $\frac{2}{3}$, $\frac{1}{3}$ et 0 sont données respectivement par : p^3, $C_3^1 p^2 q$, $C_3^2 pq^2$, q^3 où $q = 1 - p$. La moyenne de cette distribution d'échantillonnage se confond avec l'espérance mathématique de cette loi binomiale ; on sait que c'est p, qui est le pourcentage relatif à la population étudié.

Variance dans le cas d'échantillonnage avec remise

La variance de la distribution d'échantillonnage précédent est celle d'une loi binomiale. Le résultat est connu : c'est $\frac{pq}{n}$, soit $\frac{12 \times 18}{3 \times 30^2} = 0{,}08$ dans l'exemple considéré.

Variance dans le cas d'échantillonnage sans remise

Reprenons les résultats précédents sous forme de tableau :

Caractère $\overline{x_e}$	1	2/3
Effectifs	C_{12}^3	$C_{12}^2 \times 18$
Fréquences	0,05419	0,29261
Caractère $\overline{x_e}$	1/3	0
Effectifs	$12 \times C_{18}^2$	C_{18}^3
Fréquences	0,45222	0

On obtient pour variance $V(\overline{x_e}) = 0{,}07449$. On constate ici une différence avec la variance précédente calculée dans le cas des tirages avec remises, mais cette différence 0,08 – 0,07449 est faible relativement à 0,08, de l'ordre de 7 %. On conçoit, sur cet exemple, que l'on puisse pratiquement raisonner sur l'échantillonnage avec remise où les calculs sont plus simples.

Le mot « statistique » vient du latin* statisticus *qui veut dire « relatif à l'État ». La statistique a donc été dès sa naissance un outil de gouvernement.

Comme dans l'exemple qui précède :
La moyenne de la distribution d'échantillonnage est égale à la moyenne p de la population :

$$E(\overline{x_e}) = p\,.$$

Occupons-nous de la variance de cette distribution. C'est la variance d'une somme de variables aléatoires indépendantes, on a donc :

$$V(\overline{x_e}) = \frac{1}{n^2}\sum_{j=1}^{j=n} V(X_j)\,.$$

Or, ces variances sont toutes égales à $V(X)$, c'est à dire à $p - p^2$ (moment d'ordre 2 diminué du carré de la moyenne). On en déduit donc :
La variance de la distribution d'échantillonnage vérifie :

$$V(\overline{x_e}) = \frac{1}{n^2}\,npq = \frac{pq}{n}\,.$$

Cas de l'échantillonnage sans remise

Comme il a déjà été précisé, les variables précédentes ne sont plus indépendantes et cela oblige de raisonner globalement sur les tirages de n éléments dans un ensemble qui en contient N ; la loi correspondante est une loi classique dite loi hypergéométrique. Le raisonnement fait dans l'exemple simple de l'encadré précédent se généralise. Le nombre total d'échantillons est C_N^n, le nombre des échantillons composés de n_1 caractères valant 1 et de n_2 caractères valant 0 (avec $n_1 + n_2 = n$) est $C_{Np}^{n_1} \times C_{Nq}^{n_2}$.
Il s'agit de trouver l'espérance mathém tique :

$$E(\overline{x_e}) = \sum_{n_1=0}^{n} n_1 \times \frac{C_{Np}^{n_1} \times C_{Nq}^{n_2}}{C_N^n}$$

Le calcul, assez fastidieux, riche en simplifications de factorielles et en groupement de termes donne (on l'admettra) le même résultat que dans le cas des tirages avec remises : $E(\overline{x_e}) = p$.

La variance, quant à elle, demande encore plus de dextérité ; contentons-nous d'en donner le résultat, sous une forme mettant en facteur la variance dans le cas des tirages avec remises :

$$V(\overline{x_e}) = \frac{pq}{n} \times \frac{N-n}{N-1} = \frac{pq}{n}\left(1 - \frac{n-1}{N-1}\right).$$

On vérifie bien pour l'exemple précédent :

$$\frac{pq}{n}\left(1 - \frac{n-1}{N-1}\right) = \frac{12 \times 18}{3 \times 30^2}\left(1 - \frac{2}{29}\right) = 0{,}07449\,.$$

On remarque que si le rapport n/N est petit devant 1, ce qui est pratiquement toujours le cas, on peut confondre $V(\overline{x_e})$ avec la variance dans le cas de tirage avec remises et, finalement, *justifier d'utiliser tous les résultats relatifs aux tirages avec remises.*

Conclusion

Ainsi, si l'on regarde la distribution formée par les pourcentages observés sur tous les échantillons de taille n, sa moyenne est le pourcentage de la population totale et l'écart-type est d'autant plus faible que la taille n est plus élevée : il varie grosso modo comme $\frac{1}{\sqrt{n}}$. ■

DÉTERMINATION D'INTERVALLES DE CONFIANCE

Reprenons le problème de notre maire.

Ici $N = 10000$ et $n = 200$, ce qui justifie l'approximation précédente. Sur l'échantillon prélevé, on constate un pourcentage d'intentions de votes pour la liste A de 54 %. C'est l'estimation a priori que l'on fait du pourcentage réel p qui sera obtenu lors du scrutin. Nous précisons ceci en cherchant avec quel degré de certitude (ou probabilité, ou seuil de confiance) le maire peut compter sur une fourchette de demi-largeur égale à 3 points, soit [51 ; 57].

DEGRÉ DE CONFIANCE EN LA FOURCHETTE [51 ; 57]

A priori, on pourrait essayer d'utiliser la connaissance que nous avons de la loi de probabilité de la variable aléatoire $\overline{x_e}$ (loi binomiale). Mais les calculs des coefficients du binôme avec des grands indices sont très complexes. On peut alors se servir du théorème « limite central » :

La distribution des moyennes d'échantillons de taille n converge en loi, lorsque n tend vers l'infini, vers une distribution normale dont les paramètres sont le pourcentage p de la population et $\sqrt{\frac{pq}{n}}$.

USAGE D'UNE APPROXIMATION NORMALE

Dans la pratique, $n > 10$ suffit pour pouvoir considérer que la distribution des moyennes d'échantillons est normale. Nous pouvons donc calculer la variable $\overline{x_e}$ suivait une loi normale de moyenne p, pourcentage de la population, et de variance $\frac{pq}{n}$. La valeur de la probabilité cherchée est : $\text{Prob}\left(|\overline{x_e} - p| \le \frac{3}{100}\right)$, la probabilité étant définie par la loi binomiale. En vertu de ce qui précède, nous l'approchons par la probabilité du même événement calculée en supposant que la variable $\overline{x_e}$ suit une loi normale de même moyenne et de même écart type. Rappelons que les tables de la loi normale dont on dispose concernent la loi de la variable normale réduite. Ici, la variable normale étant $\overline{x_e}$, la variable normale réduite, notée X_e, est définie par :

$$X_e = \frac{\overline{x_e} - E(\overline{x_e})}{\sigma(\overline{x_e})} = \frac{\overline{x_e} - p}{\sqrt{\frac{pq}{n}}}$$

On est ainsi amené à calculer :

$$\text{Prob}\left(\left| X_e \le \frac{3\sqrt{n}}{100\sqrt{pq}}\right|\right).$$

Ici, p est une inconnue ; on pourrait remplacer p par son estimation, à savoir la valeur trouvée pour le pourcentage dans l'échantillon tiré, mais pour éviter cette approximation, on peut se servir ici de la majoration $pq \le 1/4$ (le maximum de $p(1-p)$ quand p varie de 0 à 1 est 1/4) qui conduit à :

$$\text{Prob}\left(|X_e| \le \frac{3\sqrt{n}}{100\sqrt{pq}}\right) \ge \text{Prob}\left(|X_e| \le \frac{6\sqrt{n}}{100}\right)$$

C'est cette dernière• que l'on est à même de calculer, la probabilité cherchée lui étant, en principe, supérieure (n'oublions pas cependant que, de toute façon, nous faisons des approximations !). En utilisant $n = 200$, un regard sur la table de la loi de Laplace-Gauss fournit :

$$\text{Prob}(|X_e| \le 0{,}8484) \approx 0{,}60$$

ce qui traduit seulement 60 chances sur 100 pour que $|\overline{x_e} - p| \le \frac{3}{100}$.

LE CONNU ET L'INCONNU

En fait, ce résultat n'est pas utilisable directement puisqu'il donne la probabilité pour que la variable $\overline{x_e}$ soit dans un intervalle

• Si l'on veut plus généralement estimer les chances d'avoir une fourchette de demi-largeur *a* points, on est amené de même à : $\text{Prob}(|x_e| \le \frac{2a\sqrt{n}}{100})$.

« La statistique est la première des sciences inexactes. »•

centré sur p et que, justement, c'est p qui est inconnu. Et il n'est pas question d'inverser le rôle joué par p et $\overline{x_e}$; p est un nombre certain ! Cependant,dans la notion de « fourchette », on cherche plutôt à placer, avec un certain degré de certitude, le nombre inconnu p à l'intérieur d'un intervalle centré sur une réalisation de la variable $\overline{x_e}$.

On raisonne alors, non plus en probabilité, *mais en pourcentage de « chances »* : sur 100 échantillons, il y en a 60 dans lesquels la distance entre $\overline{x_e}$ et p est inférieure à 3/100, autrement dit, il y a 60 chances sur 100 pour que l'intervalle :

$$\left[\overline{x_e} - \frac{3}{100} ; \overline{x_e} + \frac{3}{100}\right]$$

contienne le pourcentage p de la population. C'est finalement ces 60 % qui sont retenus pour apprécier le degré de certitude dans la fourchette considérée.

Il n'est pas inutile de voir ce que deviendrait ce résultat si le même pourcentage de 54 % avait été obtenu avec $n = 400$ et la même fourchette.

Cette fois, c'est 77 chances sur cent. Si $n = 800$, cela devient confortable avec le degré de certitude de 91 chances sur cent.

• **Journal des Goncourt.***

Fourchette au seuil de confiance de 0,95

Un usage fréquent pour les estimations statistiques est de se fixer un seuil de confiance de 0,95 (donc une chance sur vingt de se tromper) et de rechercher une fourchette assurant que ce seuil est atteint. Reprenons notre exemple.

En remplaçant encore pq par 1/4, il faut trouver la demi-largeur a de la fourchette exprimée en point de pourcentage pour que : $\text{Prob}\left(|X_e| \leq \frac{2a\sqrt{n}}{100}\right) = 0{,}95$.

En compulsant la table de Laplace-Gauss, on obtient approximativement :

$$\frac{2a\sqrt{n}}{100} \approx 1{,}96 .$$

Dans le cas étudié, ou $n = 200$, on trouve $a \approx 7$; la fourchette correspondante est donc [47 ; 61]. Avec $n = 800$, la fourchette avec ce seuil de confiance serait réduite de moitié, à savoir [50,5 ; 57,5].

Si l'on prend $n = 1600$, ce qui est de l'ordre des sondages couramment publiés, on arrive à une fourchette de largeur 5, donc ici [51,5 ; 56,5]. On conçoit qu'en cas de scrutin serré les prévisions soient fragiles.

■

Une occasion de dialogue entre le professeur et le lycéen.

MAIS IL Y A LES COPIES...

AUTEUR
Sylviane GASQUET,
agrégée de mathématiques

La découverte du métier d'enseignant révèle vite sa face cachée : la correction des « paquets » de copies dont, élève, on ne mesurait le poids qu'à l'unité ! Alors disons-le d'emblée, devenir professeur c'est aussi « écoper des copies » ! Les copies, litanies des salles de profs, assombrissement des week-ends, envahissement des soirées ; les copies, au fond avouons-le, offrent toujours matière à dialogue consensuel entre l'enseignant en fin de carrière et le tout jeune débutant !
Pourtant, bien que cela soit la partie la plus décriée de notre métier, osons l'affirmer : si les copies sont une nécessité, elles ne sont pas forcément une calamité !

DES COPIES, POURQUOI ?

LA TRADITION NE SAURAIT SUFFIRE

Les copies sont, il est vrai, une vieille tradition, mais n'est-ce pas justement une raison pour s'interroger sur leur fondement, sur les objectifs du travail « sur feuille », et même sur leur actualité en ces temps de technologies nouvelles claironnées sur tous les tons (ou klaxonnées sur toutes les « autoroutes »...). Sans doute, même, est-il utile que l'enseignant en discute clairement avec ses classes, voire avec les collègues ayant les mêmes élèves pour montrer que, derrière la routine apparente, demeure l'*apport irremplaçable du seul tête-à-tête avec chacun des élèves*. Avec l'entrée massive des jeunes dans le système scolaire long, il faut songer à tous ceux d'entre eux qui ne traversent pas le collège et le lycée comme un parcours initiatique visant à leur faire rejoindre la culture familiale. *Tous les élèves*, mêmes ceux n'ayant pas le passage au lycée héréditaire, *doivent pouvoir comprendre les enjeux de leur travail, dans le contenu comme dans la forme exigée*. Il semble donc utile de parler des copies avec sa classe autrement que pour signaler le jour où il faudra les rendre !

LA SEULE REMONTÉE INDIVIDUELLE

Dans un enseignement de type collectif, il est impossible d'instaurer régulièrement des dialogues particuliers entre l'enseignant et chaque élève. La « copie » a pour première mission de remédier à cette lacune. L'enseignant peut parler « à trente-six contre un » (avec un minimum d'autorité, certes, mais cela s'apprend) ; mais « à trente-six contre un », l'enseignant ne peut pas écouter chacun à la demande. Or, construire ses connaissances en mathématiques repose sur l'activité de l'élève, et l'activité engendre les questions, les conjectures, les propositions, les dérapages... Il est vrai que des séquences de travail en groupe permettent le jeu des questions-réponses des élèves au professeur ainsi que le questionnement partagé entre élèves, l'enseignant se réservant alors un rôle de médiateur. Mais, d'une part le travail en groupe est très difficile dans les classes non dédoublées, d'autre part, ce sont souvent toujours les mêmes élèves qui osent s'adresser oralement à l'enseignant, que ce soit devant la classe entière ou en petit groupe. Enfin, en ce qui concerne le travail entre élèves, l'idée selon laquelle un autre élève expliquerait mieux que l'enseignant parce qu'il est plus proche de son camarade, est une mystification tenace ! •

L'écrit des devoirs à la maison est donc avant tout un moyen d'offrir à tous les élèves, du plus audacieux au plus réservé, la possibilité de poser des questions explicitement ou non. Certaines erreurs rencontrées dans les copies sont en effet en elles-mêmes de véritables questions implicites que l'élève aurait du mal à formuler. Tout le monde n'a pas l'aisance d'une élève de seconde osant se dire à elle même devant un magnétophone : « Pour trouver la surface d'un triangle, je ne me souviens jamais : c'est la base multipliée par la moitié de la hauteur ou la hauteur multipliée par la moitié de la base ? » Invective personnelle qui mène à la question explicite : « Je ne comprends pas pourquoi, en multipliant un seul facteur par 0,5, on multiplie en fait tout le produit. »

LE SEUL RETOUR SUR NOTRE TRAVAIL

Lorsque des musiciens jouent dans une salle sonorisée, ils disposent toujours d'un « retour », d'un haut parleur tourné vers eux et leur offrant ce que le public entend, c'est-à-dire l'ensemble de l'orchestre. Sinon pour eux, leur propre instrument resterait toujours prépondérant. Le « paquet de copies » joue pour l'enseignant ce rôle de retour sur son travail. C'est la correction des copies qui permet au professeur de suivre de près ses élèves, de s'appuyer sur ce qu'ils ont vraiment compris, de ré-expliquer ce qui est encore en train de se mettre en place. Lorsqu'il nous arrive de terminer une correction notée dont la moyenne est très basse, il est important de pouvoir se dire : « Je me suis trompé sur ce que savaient mes élèves, je n'ai pas laissé assez de temps pour absorber vraiment la notion nouvelle », plutôt que le trop facile « Ils sont tous nuls ! » Attention, il ne s'agit pas ici de se culpabiliser ni de tomber dans la facilité démagogique, mais d'être lucide en toute simplicité.

DES REPÈRES POUR LES ÉLÈVES

Sans doute est-ce à cela que l'on songe en premier en évoquant les copies : celles-ci servent à évaluer les élèves, et donc pour chacun d'eux à se repérer dans son cheminement scolaire. C'est pourtant très volontairement que je ne parle de l'évaluation qu'en dernier. En effet, il serait très réducteur de limiter le rôle des copies à cet aspect, car il existe en fait deux sortes de travaux sur feuilles :

– *les contrôles faits en classe* et effectivement destinés à l'évaluation ;

– *les devoirs à la maison* dont l'objectif est totalement différent, ils sont une aide à l'apprentissage personnel de l'élève et en cela leur rôle est fondamental.

Encore faut-il que l'élève soit bien conscient de cette différence pour tirer vraiment profit de son travail à la maison. Voyons plus en détail cette importante distinction entre les copies pour apprendre et les copies pour être évalué.

■

• Certes il arrive qu'UN élève particulier soit reconnu par la classe comme expliquant bien, utiliser cette opportunité est alors enrichissant. Mais de là à en faire une généralité...

Le travail à la maison doit reposer sur un contrat clair.

Des copies pour apprendre

L'essentiel est, dès le début de l'année, de clarifier *le statut* du travail demandé à la maison, ce qui n'exclut pas bien sûr de clarifier pour chaque devoir les objectifs précis liés au contenu du texte.

Pourquoi des devoirs à la maison ?

Le travail à la maison est fait pour apprendre et non pour être évalué. Cela est fondamental, et cet objectif général doit être très clair dans la tête des élèves. Ensuite, pour chaque travail demandé, l'élève devrait savoir pourquoi il le fait, ce que cela doit lui apporter. Si c'est un entraînement technique, qu'il le prenne comme tel ; si c'est une tentative de recherche, qu'il puisse montrer ses essais même s'il ne « trouve pas ». Cela peut modifier en profondeur la relation d'un élève au travail à la maison.

En classe de seconde, un matin, Régis corrige au tableau un exercice pris dans un livre. Tandis qu'il œuvre avec un certain humour (il est théâtral), je découvre que cet exercice n'apporte vraiment rien ! Oui, il arrive que, pressé par le temps, on donne un travail à faire sans avoir assez réfléchi ! Je suis d'autant plus sensible au vide de ce travail que huit adultes sont en observateurs dans la classe : un groupe d'animateurs de l'IREM ! J'en suis là de mes réflexions lorsque Régis, son corrigé terminé, se retourne et dit paisiblement : « Je n'ai pas vu l'intérêt de cet exercice. » « Oui, c'est vrai, excusez-moi, je n'aurais pas dû le donner. » fut ma réponse. La classe en fut satisfaite, les observateurs IREM pas du tout ! Bassement démagogique, me dit-on... Pourtant si le contrat passé avec la classe stipule que le travail à la maison n'a pas pour but d'occuper les élèves, mais de les faire progresser, n'est-il pas normal de s'excuser d'une rupture de contrat, fut-elle minime ? Bien sûr, il ne s'agirait pas de s'excuser chaque semaine !

Les copies « pour apprendre » peuvent être de nature très variée

• Il peut s'agir ***d'un travail d'entraînement nécessaire***, relativement répétitif. Il faut seulement s'assurer que tout élève a saisi les tenants et les aboutissants de cet entraînement dans le contexte mathématique : par exemple, pourquoi factoriser est-il intéressant ? qu'est-ce qu'une forme factorisée révèle comme information ? Ensuite il est parfois utile de personnaliser la longueur des entraînements. On ne voit pas pourquoi huit exercices types conviendraient à tous ! Pour quelques-uns cela provoquera l'ennui, pour d'autres ce sera insuffisant. L'idéal serait de disposer de documents d'entraînement avec lesquels l'élève pourrait s'auto-corriger si la « dose moyenne » ne lui suffit pas.

• Il peut s'agir ***d'apprendre à rédiger***. Savoir exprimer sa pensée clairement et de façon relativement concise est une exigence qui dépasse de beaucoup le cadre scolaire. Face aux progrès technologiques, on a pu croire que la « rédaction » pouvait être le signe d'une culture « facultative », disons celle qui permettrait à certaines catégories sociales de se reconnaître. Or, devant l'excès d'informations qui nous attend, savoir rédiger une note de synthèse, aussi bien pour soi que pour communiquer, devient une capacité de plus en plus indispensable à maîtriser.

On peut donc parfois donner *un travail qui soit clairement centré sur la qualité de la rédaction*, sur un problème déjà « débroussaillé » en classe. Prévoir un travail court... car disons-le, c'est ce type de copies le plus fastidieux à lire ! On peut parfois, quand le collègue de français le désire aussi, travailler avec lui cet aspect rédaction•. En particulier le travail sur l'utilisation des « petits mots » de liaison : *donc, or, d'autre part, mais*,... qui sont l'articulation d'un texte argumentatif.

• Voir aussi le chapitre « Mathématiques et langage ».*

• Il peut s'agir ***d'un problème touchant l'ensemble d'un chapitre,*** voire plusieurs. L'exercice est alors plus délicat car il faut à la fois découvrir et communiquer. C'est à chaque enseignant de trouver un moyen personnel d'éviter les blocages dus à la communication.

Par exemple, si l'élève perçoit de lui-même qu'il ne sait pas encore rédiger « comme il le faudrait » telle partie d'un devoir d'évaluation, on peut se mettre d'accord sur un codage : paragraphe entre guillemets, ou écrit au crayon, ou signalé dans la marge. Ces écrits imparfaits sont particulièrement intéressants pour aider l'élève individuellement.

On y décèle souvent le début d'un dérapage, les prémisses d'une erreur de raisonnement que la rédaction plus académique plaquée artificiellement transforme parfois en erreurs invraisemblables et inexplicables. « Il ou elle écrit n'importe quoi » simplement parce que parfois l'élève a voulu utiliser une rédaction officielle sur un savoir encore vacillant pour lui. L'analyse d'erreurs bien décrite par Stella Baruk dans *L'âge du capitaine* prend tout son sens si on autorise la rédaction provisoire.

L'essentiel étant que l'élève soit lucide sur le côté inachevé de sa rédaction (d'où l'intérêt d'un code signalant à l'enseignant cette lucidité).

Pour l'enseignant, il s'agit de rester vigilant : *le problème à chercher « à la maison » doit être faisable par l'élève seul.* Il ne doit pas être spécialement difficile sous prétexte qu'à la maison « l'élève a le temps ». Car le temps ne fait rien à l'affaire si on hausse de beaucoup le degré de difficulté, les raisonnements à tiroirs, etc. Mais rien n'empêche un prolongement facultatif pour les élèves plus en appétit mathématique.

Signalons aussi qu'admettre cet écrit provisoire, et bien expliquer que le travail à la maison est fait « pour apprendre », comme un petit cours particulier avec questions autorisées, tout cela diminue le copiage mot à mot et rend donc plus intéressante la lecture des copies.

• On peut aussi ***proposer une « recherche »***. Il peut s'agir d'un problème « ouvert »* tels qu'en propose l'IREM de Lyon, ou bien d'une question originale proposée par un élève, l'essentiel étant que le texte posé soit accessible à tous par sa simplicité.

« Pourquoi les graphiques en camemberts des livres de géographie sont-ils toujours ronds ? Pourrait-on construire un camembert « carré », chaque portion partant du centre étant proportionnelle à 10 %, 20 %, 30 %, 40 % ? »

« Puisque l'inverse d'une fonction affine correspond à une fonction représentée par une hyperbole équilatère, pourquoi l'inverse d'une hyperbole équilatère ne redonne-t-elle pas toujours une droite ? » fut une question posée par un élève de première S.

Après avoir mis de côté l'abus de langage concernant « l'inverse d'une courbe », la question suscita une vraie recherche...

Ce genre de recherche est à faire à plusieurs, étant entendu qu'on prendra le temps (sur deux ou trois semaines) et que l'on pourra poser des questions à l'enseignant en cours de recherche.

La rédaction peut aussi être présentée sous forme de dossiers et servir à « nourrir » les élèves à l'aise sur les techniques mais manquant un peu d'initiative.

Une partie de la recherche peut être faite en classe tandis que l'enseignant aide d'autres élèves à combler des lacunes ou à bien saisir des techniques nouvelles.

Il importe seulement que le texte d'une recherche puisse être compris par tous, et que les groupes chercheurs fassent un bref compte rendu de leurs trouvailles devant la classe entière (libre à chacun d'aller ensuite consulter le dossier).

Ce type d'activité peut se faire deux ou trois fois dans l'année, pas plus.

*** Voir *Le problème ouvert*, de G. Arsac et R. Mante.***

Il faut inciter les élèves à poser, dans les copies rédigées à la maison, les questions qui leur viennent à l'esprit.

Pouvoir poser des questions par écrit

Dans toutes les copies faites à la maison, il faut aussi inciter l'élève à poser les questions qui lui viennent à l'esprit. L'élève, et particulièrement l'élève timide ou réservé ne s'autorisant pas à intervenir spontanément en classe, doit pouvoir trouver dans l'écrit un moyen « d'oser dire ce que je n'ai jamais osé demander », comme m'écrivit une élève.

Il va sans dire qu'aucun jugement de valeur ne doit être émis sur les questions posées... sinon le silence écrit sera aussi lourd qu'à l'oral. Même en maîtrisant nos impulsions (« Ce n'est pas croyable qu'il demande cela en première ! »), il est déjà très difficile de faire comprendre aux élèves le rôle de cours particulier que peut prendre le travail à la maison. À titre indicatif, sur une classe de trente-cinq, six ou sept élèves seulement, et après deux ou trois mois d'encouragement, osent jouer le jeu du dialogue écrit. Sans doute le poids des habitudes scolaires pèse-t-il trop lourdement ? Mais les élèves qui osent écrire leurs questions sont souvent les porte-parole de plusieurs camarades, les débats oraux autour de certaines questions le révèlent bien.

Bien entendu, dans un travail dont l'objectif prioritaire est la rédaction, on demandera aux élèves de poser leurs éventuelles questions ou d'exprimer leurs doutes en fin de rédaction. En revanche, dans la recherche d'un problème, ces questions peuvent être situées là où elles apparaissent, en particulier quand l'élève a « séché » un certain temps. Cela permet aussi de bien faire percevoir à l'élève que *chercher, hésiter, essayer, changer de méthodes après une fausse piste est une activité mathématique en soi.* À la limite, on peut dire qu'un problème dont la solution se déroule à la façon d'une liste imposée, sans aucune hésitation de méthode, ne propose guère de réelle activité mathématique.

La réflexion sur l'objectif et les diverses formes possibles du travail à la maison doivent *convaincre l'élève de la valeur et de l'authenticité de ce travail.* Tout cela n'est pas gagné d'avance et il faut souvent un bon trimestre, avec insistance répétée, pour en convaincre la majorité des élèves. Mais cela n'est pas impossible. Ainsi, j'ai pu voir ; par hasard en passant au CDI, deux élèves ayant été absentes faire un travail déjà passé. Il leur semblait évident que, si ce travail avait été donné, c'est qu'il devait leur apporter quelque chose.

Une telle attitude permet évidemment d'éviter la copie standard recopiée à plusieurs exemplaires. Corriger ces copies personnalisées peut même devenir intéressant : on se sent réellement utile à l'élève. Car le pire dans le travail de correction est le sentiment d'inutilité quasi totale qui risque de nous envahir insidieusement. Donner des copies parce que c'est réglementaire n'est pas une motivation suffisante pour corriger avec entrain ! On donne du travail à la maison parce que cela s'est toujours fait ; on s'agace à lire plusieurs fois la même copie maladroitement répétée, on se résigne... Or dès que s'amorce la mise en place d'un dialogue particulier, ce travail de lecture prend de l'intérêt : *l'enseignant peut aider, répondre, proposer.*

Pour les classes non scientifiques

Une petite parenthèse semble utile pour les classes non scientifiques. Pour certains élèves devenus relativement allergiques à notre discipline, le plus important est sans doute de tenter d'amorcer une réconciliation avec les mathématiques. Pour ce faire, on peut, de temps à autre, s'autoriser des retours individuels d'élèves sous d'autres formes que les traditionnelles copies. Certains sujets comme les statistiques se prêtent à la conception d'une affiche ou d'un dépliant. Un élève peut s'exprimer par la bande dessinée. On sera parfois étonné comment le fait de laisser le « choix des armes » aux élèves permet de modifier leur relation avec les mathématiques. L'élève d'une section art plastique ou le littéraire intéressé par la vidéo et le théâtre peuvent alors nous montrer « ce qu'ils savent faire » et faire changer notre regard sur eux. Chaque fois que cela est possible, faire croiser les mathématiques avec une activité où l'élève sait qu'il réussit est bénéfique. Et puis, autant l'avouer, ce style de copies, une ou deux fois dans l'année, délasse bien le correcteur !

Des devoirs non notés

Les devoirs à la maison seront bien sûr corrigés. Mais *corriger veut dire ici annoter, répondre, proposer, complimenter aussi, et pas nécessairement « noter »*. Si on veut donner au travail à la maison son réel objectif d'apprentissage, il ne faut pas qu'il puisse être confondu avec un devoir d'évaluation. On peut se contenter de garder trace du sérieux du travail ou au contraire de l'aspect inconsistant... Enfin, je reviens sur l'idée de « complimenter », de mettre en marge des appréciations positives autant que faire se peut. Comment donner crédit à des annotations qui ne seraient que négatives ? Comment même l'élève peut-il avoir envie de les lire ? Nos remarques critiques seront d'autant plus suivies d'effet que nous saurons aussi dire « c'est bien », « c'est astucieux », « c'est original » ou « rédaction agréable à lire ».

En ce qui concerne nos remarques négatives, une prudence extrême s'impose quant à notre façon de nous exprimer.

Les termes méprisants sont évidemment à bannir totalement et l'humour est à exclure en collège et à manier avec une grande réserve en lycée. Si on souhaite jouer ce jeu, il faut pouvoir assumer la réciprocité, ce qui n'est pas évident à concilier avec l'autorité liée à notre fonction. Disons qu'il peut arriver, mais de façon très exceptionnelle, que la qualité des échanges avec une classe autorise une certaine forme d'humour sur les copies, mais trop souvent l'enseignant s'illusionne sur la façon dont les élèves perçoivent ses remarques•.

À l'inverse, il s'instaure souvent dans la classe une sorte de langage codé très lié à la façon de parler de l'enseignant. À la lecture de leur copie, les élèves peuvent « redonner le ton » entendu habituellement en classe et un même mot peut être dur ou non suivant le style habituel de l'enseignant. En fait, le plus important est de savoir si, au fond de nous, *nous respectons vraiment les élèves* dans leurs difficultés d'apprentissage tout en sachant qu'ils le perçoivent très bien au travers de multiples petits signes. C'est cela qui peut faire interpréter une même phrase comme le gage d'une saine et nécessaire sincérité ou comme la marque du mépris le plus insupportable. ■

•Je m'appuie ici sur un total cumulé de dix-huit années d'expérience de parent d'élèves de lycée... Les malentendus concernant l'humour des enseignants m'ont souvent étonnée.

Le temps d'évaluation ne doit pas envahir le temps d'apprentissage.

Des copies pour évaluer

À quel rythme ?

Comme trop souvent, nous n'avons pas toujours su trouver un bon équilibre lorsque l'unique « composition trimestrielle » fut remplacée par des contrôles pluriels. Rappelons que le nombre de notes que nous donnons à nos élèves n'est pas la mesure de la qualité de notre travail ! *Le temps d'évaluation ne doit pas envahir le temps d'apprentissage qui est l'essence même de la présence à l'école.*

Lorsqu'une classe dispose de quatre heures de mathématiques hebdomadaires, un contrôle d'une heure et son corrigé d'une heure occupent déjà une demi-semaine... Dans ce cas un contrôle tous les quinze jours serait aberrant : 25 % du temps serait consacré à l'évaluation. Trois contrôles par trimestre en moyenne semblent raisonnables. On distinguera évidemment le dernier trimestre de terminale, où les contrôles participent à l'aide aux révisions.

Avec un contrat clair

Sans tomber dans l'excès des objectifs détaillés par le menu, *l'élève doit cependant bien savoir ce que l'enseignant attend de lui, au point de vue des connaissances et de la rédaction.*

En ce qui concerne le contenu, le pire me semble être le devoir portant sur le chapitre que l'on vient juste de terminer et uniquement sur celui-ci. D'une part cela pénalise les élèves qui ont besoin d'un temps de maturation pour absorber vraiment des savoirs nouveaux, d'autre part cela favorise certains élèves spécialement adaptés au contrôle vite fait - vite oublié aussi ! À battre les élèves pendant qu'ils sont chauds, on peut croire que les connaissances sont acquises alors qu'en fait elles sont seulement « flottantes », non arrimées à d'autres connaissances antérieures... Ensuite, c'est abuser les élèves que de leur laisser croire que les thèmes des chapitres sont indépendants ; ce serait leur donner une fausse image de notre discipline.

Il faut signaler les « connaissances nouvelles » qui seront évaluées sans pour autant se limiter à ces seules connaissances. Certes, on ne le fait jamais absolument, mais parfois nos textes tendent vers cela. Mais alors, l'enseignant sait-il ce qu'il évalue vraiment ? Si des lacunes antérieures empêchent l'élève de s'exprimer sur les connaissances nouvelles, l'évaluation du « nouveau » est réduite à néant. Oui, sans aucun doute, mais à quoi sert une connaissance isolée ? Et donc justement, n'est-ce pas trompeur de l'évaluer isolément ? Dans un tel cas, n'est-il pas plus utile de signaler à l'élève les connaissances antérieures qui lui ont fait défaut car lorsqu'un élève peut se dire « sinon, j'aurais su faire la suite », n'est-ce pas une bonne motivation pour combler quelques lacunes ? (L'idéal alors est de pouvoir proposer des fiches de remédiation...•).

Un moyen terme peut consister à poser quelques questions sur des connaissances isolées (une technique de calcul, une capacité à choisir), puis un petit problème plus complet. Ou bien à alterner les deux types de contrôles si on se limite à des devoirs courts.

• Ainsi sont nées les fiches réunies dans les polycopiés *Homéopathie mathématique* du CRDP de Grenoble.

Diversifier les réussites possibles

Dans les contrôles, il est utile de diversifier les réussites pour inciter chacun à renforcer ses points faibles tout en évitant l'échec total. Ainsi, il est gratifiant pour certains élèves de contrôler certaines capacités qui en général sont tributaires des capacités calculatoires. Les étourdis du calcul algébrique sont par exemple systématiquement pénalisés alors qu'ils peuvent être habiles dans le choix d'une méthode. Ose-t-on souvent poser des questions du genre suivant :

Crois-tu savoir résoudre toutes les équations suivantes ? Sans faire les calculs, indique une méthode de résolution :

$$(3x^2 + 2)(x - 3) + (x^2 - 1)(x - 6) = 0$$
$$(3x^2 + 2)(x - 3) + (x^2 + 1)(2x - 6) = 0$$
$$(3x^2 + 2)(x - 3) + (x^2 + 1)(5 - 3x) = 0$$
$$(3x^2 + 2)(x - 3) + (2x^2 + 1)(x + 3) = 0$$

Certains élèves savent « voir » que les constantes disparaissent ou bien les termes de degré trois... Ils peuvent aussi apprendre à dire « Avec mes connaissances, je ne sais probablement* pas résoudre la dernière équation. »... si le contrat passé avec la classe prévoit ce genre de questions. Cela est très utile pour voir si les connaissances sont solides.

Les contrôles explicitent trop souvent les connaissances techniques au détriment des savoirs de décision et de choix. Ceux-ci n'apparaissent en fait que de façon implicite dans ce que l'on nomme des « problèmes ». Ces savoirs semblent donc inexistants pour l'élève qui ne comprend pas pourquoi « il ne sait pas faire les problèmes alors qu'il connaît son cours » et « qu'il a refait tous les exercices d'entraînement ». Ces savoirs doivent être particulièrement mis en évidence avant d'être utilisé dans des problèmes.

Ainsi, le choix de la « bonne » forme algébrique peut être crucial dans un problème.

La fonction f étant définie sur R – {1,5}, quelle est la forme la plus adaptée pour connaître le comportement de f quand x tend vers $+\infty$?

Et pour déterminer les points où la courbe de f coupe l'axe Ox ?

$$\text{A} : x \mapsto f(x) = \frac{(x^2 - 4)(2x + 1)}{2x - 3}$$

$$\text{B} : x \mapsto f(x) = \frac{2x^3 + x^2 - 8x - 4}{2x - 3}$$

$$\text{C} : x \mapsto f(x) = x^2 + 2x - 1 - \frac{7}{2x - 3}$$

Et pour connaître le sens de variation ? **

Quelle forme donne le plus de renseignements concernant le sens de variation ?

Ou encore : quel est le choix du meilleur outil pour trouver le sens de variation de $x \mapsto f(x) = \frac{3}{\sqrt{5 - 2x}}$ sur $]-\infty\,;2{,}5[$? ■

*J'en profite ici pour signaler le danger des exercices systématiquement étudiés pour que les calculs « s'arrangent » : comme par hasard, on découvre une identité remarquable ou une racine évidente... Cela conduit nos élèves au « développement systématique » et à l'oubli de la réflexion préalable.

**Pourquoi faudrait-il se limiter aux fonctions dont le sens de variation est trouvable sur tout l'ensemble de définition ? Ainsi dans l'exemple C, on peut conclure assez facilement sur $]-1\,;1{,}5[\,\cup\,]1{,}5\,;+\infty[$.

À PROPOS DE LA CORRECTION

À PROPOS DE L'ANALYSE D'ERREUR

Voici une pratique possible pour provoquer l'analyse des erreurs par l'élève lui-même ; elle permet de « doubler » un contrôle d'évaluation par un devoir pour apprendre.

En corrigeant les copies, on signale seulement dans la marge, qu'on aurait « quelque chose à dire » ici, par exemple avec un petit numéro. On note notre commentaire numéroté sur une page à part portant le nom de l'élève. On rend les copies ainsi qu'un corrigé écrit, puis on demande à chaque élève d'essayer de reconstituer nos commentaires pour la semaine suivante.

En passant, on pourra observer à quel point nos élèves ne s'attendent pas à recevoir des compliments ! Ainsi un élève écrivit « Excusez-moi, je n'ai pas trouvé mon erreur » là où j'avais noté « Astucieux » !

On relève ces copies auto-corrigées pour lire les commentaires des élèves. Il est évident qu'une réponse s'impose plus spécialement à ceux qui ne savent pas du tout identifier les causes de leurs erreurs. Enfin on rend le tout, y compris nos commentaires écrits lors de la première correction (on peut aussi les donner à lire avant de ramasser les commentaires élèves).

Une variante consiste à associer les élèves par deux, chacun cherchant à reconstituer les commentaires absents sur la copie de son camarade. C'est à faire une fois pour que chacun réalise l'intérêt d'une rédaction claire !

Ce travail demande à peu près le même temps que la correction d'un nouveau devoir. Il doit en tenir lieu sinon, l'enseignant se retrouverait débordé. Ce n'est pas une pratique à faire systématiquement (le nombre de problèmes cherchés à la maison en serait trop diminué) mais elle provoque un coup de fouet salutaire quand parfois la classe « ronronne » un peu. Faite en début d'année, elle peut habituer l'élève à lire nos commentaires avec un peu moins d'inattention !

Face aux paquets de copies...

Corriger des copies, on l'a dit, est le côté le plus pesant de notre métier, mais *il n'est pas indispensable de traiter toutes les copies de la même façon*, osons le dire !

On peut ainsi choisir un tiers de la classe pour faire une correction très personnalisée, puis un autre tiers la fois suivante... On peut essayer de vérifier si tel ou tel élève lit nos remarques, par exemple s'il répond à une question que nous lui posons en guise de commentaire. Lorsque l'on commence à connaître une classe, on peut sentir l'élève qui commence à se dire : « Et si je m'y mettais pour de bon ? », c'est-à-dire l'élève capable de mener un travail personnel pour combler quelques trous... C'est alors qu'une correction très individualisée peut provoquer une remise à flot importante.

En ce qui concerne la correction détaillée, je dirai sans ambages qu'elle ne peut être bénéfique que pour des élèves « petits porteurs » de lacunes. Les élèves « gros porteurs », ceux qui se sont éloignés de notre discipline depuis plusieurs années, auraient besoin d'un soutien et d'une remotivation complètement individuels pour tout ce qui touche au cadre mathématique. Si ce soutien n'existe pas ou si l'élève le refuse, l'enseignant n'a pas à se culpabiliser : nous n'avons pas vocation au miracle permanent, fut-il pédagogique ! *L'important est que l'élève ne se sente ni oublié ni méprisé.*

On peut renouer un contact vrai avec ces élèves éloignés des rivages de notre discipline à propos de chapitres ne demandant pas de connaissances préalables. *Les statistiques ou les probabilités pour certains, la géométrie dans l'espace pour d'autres, l'information chiffrée en section économique, peuvent être un chemin de réconciliation avec les mathématiques.* À ce moment-là, il ne faut surtout pas oublier ces élèves « allergiques », il faut au contraire approfondir la correction de leurs copies et ne pas être avare de commentaires positifs. Les mathématiques sont plurielles, et le projet de l'élève ne nécessite pas forcément une bonne maîtrise de tout le contenu de nos programmes. Acceptons-le sereinement et pensons qu'il est plus important que tout élève puisse se dire : dans les maths, il y a des parties intéressantes. On préserve ainsi la relation future qu'il risque d'avoir avec les mathématiques, que ce soit dans sa vie professionnelle ou en tant que parent d'élèves.

Mais il y a quand même des élèves sans lacune, direz-vous ! Certes, et même des élèves brillants... Si je n'en parle pas, c'est que corriger la copie d'un bon élève est un réel plaisir, et que les corrections heureuses n'ont pas d'histoire !

Respecter le travail fourni par les élèves

Un conseil utile est de *rendre les copies rapidement.* C'est la seule résolution que j'ai pu tenir au long des mes trente années d'enseignement : *rendre les copies avant que les élèves ne soient en recherche du problème suivant.* Le chevauchement du devoir rendu et du devoir à faire me semble nuisible, le pire étant de rendre les copies du devoir n le jour où les élèves vous remettent les copies du devoir $(n+1)$.

Comment voulez vous qu'ils s'intéressent à nos annotations, à nos remarques, à leurs erreurs, alors qu'ils sont plongés dans le problème suivant ? Ne peuvent-ils avoir deux problèmes en tête, direz-vous ? Des terminales scientifiques, oui. Mais les autres ? Mesure-t-on toute la diversité de ce qu'entend un élève durant une semaine de classe ? Nous sommes bien passés par là, en général, direz-vous encore... Oui, mais si nous sommes devenus professeur de mathématiques, c'est sans doute que nous avions déjà un peu de curiosité pour cette discipline...

Rendre les copies le lendemain ou le surlendemain serait idéal. Il vaut mieux limiter la longueur des devoirs et donner priorité à cette contrainte. (On peut choisir le jour de remise des devoirs en fonction de cela, suivant notre propre horaire). J'ajouterai que, tant qu'à corriger nos copies, moins on les garde en réserve, mieux on se sent ! *Un devoir rendu rapidement rentabilise le travail personnel de l'élève et prouve notre respect pour son labeur.* Un devoir rendu quinze jours plus tard lèse l'élève, un peu comme s'il avait travaillé pour rien.

Ils n'écoutent pas le corrigé...

Capter l'attention d'une classe pour un corrigé est une gageure. Les « bons » s'ennuient et les autres n'entendent pas vraiment ce qui leur manque... *Car plus un corrigé est impeccable, plus il est implacable !*

En effet, l'élève qui le comprend se trouve spécialement stupide de n'avoir pas trouvé cela lui-même... sauf certains qui, comme Alfred, sont capables de dire « Oui, mais qu'est ce qui pouvait me faire penser à cela ? » Car un corrigé dit ce qu'il fallait trouver, mais garde silence sur ce qui a provoqué le bon cheminement...

Il n'y a pas ici de remède universel : chaque enseignant doit trouver son style...

Un exemple de corrigé

Personnellement, profitant de mes capacités dactylographiques, je prépare les corrigés des contrôles en même temps que le texte et ceux-ci sont disponibles par écrit, les élèves les prenant à la sortie du devoir. Ces corrigés sont à deux colonnes : ce que l'on écrit, et ce que l'on pense.

Tous les élèves ne lisent pas assidûment ces corrigés, bien sûr.

Mais je sais l'importance de ce retour immédiat pour certains. L'heure suivante est un dialogue qui complète ce texte : j'ai lu les copies et les élèves ont des questions à propos du corrigé, des erreurs dont ils ont pris conscience. L'encadré des pages suivantes donne un exemple de ce genre de travail. ■

Le corrigé doit viser moins à proposer une solution parfaite qu'à décrire une méthode de recherche et de résolution.

ÉNONCÉ PROPOSÉ EN TERMINALE ES

On considère la fonction $x \to f(x) = \frac{1}{2}x - 1 + \frac{1}{(x+1)^2}$ définie sur R – {– 1}.

a) Déterminer les limites de f quand x tend vers – 1 ; déterminer le comportement de la courbe représentative de f quand x tend vers + ∞ ou – ∞.

b) Montrer que la dérivée de f est du signe de $n(x) = (x + 1)^3 - 4$; déterminer la valeur a pour laquelle la dérivée s'annule (donner la valeur exacte et une valeur approchée au centième). Déterminer le signe de $n(x)$, soit en s'appuyant sur une représentation graphique, soit algébriquement en justifiant de façon précise. Construire le tableau de variations de f.

c) Déterminer les points où la courbe représentative de f coupe l'axe Ox. Préciser la pente des tangentes pour les deux points d'abscisse positive ou nulle ; construire ces tangentes.
Préciser le point d'abscisse – 2 ainsi que la tangente en ce point.

d) Construire la représentation graphique de f en utilisant toutes ces informations.

e) Déterminer l'aire de l'ensemble des points $M(x, y)$ tels que $\begin{cases} 0 \le x \le 3 \\ 0{,}5x - 1 \le y \le f(x) \end{cases}$
Sur le graphique, coloriez l'aire concernée.

Ce que l'on pense

Bon, nous avons une somme...

Alors appliquons la somme des limites... Si jamais on arrive à une forme (+ ∞) + (– ∞), alors il sera temps de s'inquiéter pour changer d'écriture algébrique !

Et ce carré nous arrange bien la vie en étant toujours positif !

Pas de problème pour :
« $\frac{1}{0^+} = +\infty$ » et « $\frac{1}{+\infty} = 0^+$ ».
Dommage qu'on puisse pas rédiger comme ça !

Je me fais un petit dessin des limites, pour voir si tout sera bien cohérent quand je connaîtrai le sens de variation.

Ce que l'on écrit !

a) Étude des limites

• Grâce au carré, il n'y a pas à distinguer le cas où x tend vers – 1 en étant supérieur à – 1, et le cas où il tend vers – 1 en étant inférieur à – 1.

Comme $\lim_{x \to -1} (x+1)^2 = 0^+$, alors son inverse tend vers + ∞.

Donc $\lim_{x \to -1} f(x) = -\frac{1}{2} - 1 + (+\infty) = +\infty$

• Quand $x \to +\infty$, on a :

$$\left.\begin{array}{l} \lim_{x \to +\infty} 0{,}5x - 1 = +\infty \\ \lim_{x \to +\infty} \frac{1}{(x+1)^2} = 0^+ \end{array}\right\} \text{ donc } \lim_{x \to +\infty} f(x) = +\infty$$

Mais comme le second terme tend vers 0, cela nous apprend que la droite d'équation $y = 0{,}5x - 1$ est asymptote à la courbe. D'autre part comme ce second terme tend vers 0^+, cela signifie que la courbe s'approche de son asymptote par dessus. On ferait de même pour x tendant vers $-\infty$; à cause du carré, on trouverait que là aussi, la courbe est au-dessus de son asymptote.

Ce que l'on pense

Dériver, dériver... mais sous quelle forme ? Moi j'aime bien $\left(\frac{u}{v}\right)$, mais là j'hésite. Il faudrait mettre f au même dénominateur, ça risque d'être long ! En fait c'est le carré qui me gêne pour dériver... je n'ai qu'à le développer•.

Bon mais sous cette forme, je ne peux pas trouver le signe... Cette fois, je ne peux pas l'éviter, il faut mettre au même dénominateur !

Tiens le voilà le $(x + 1)^3 - 4$! je dois être sur la bonne voie...

Par le graphique :

On peut dessiner $y = (x + 1)^3$, qui est déduite de la courbe de base $y = x^3$ par la translation de vecteur $-\vec{i}$.

Quand cette courbe est « au dessus » de la droite $y = 4$, alors $(x + 1)^3 - 4$ est positif...

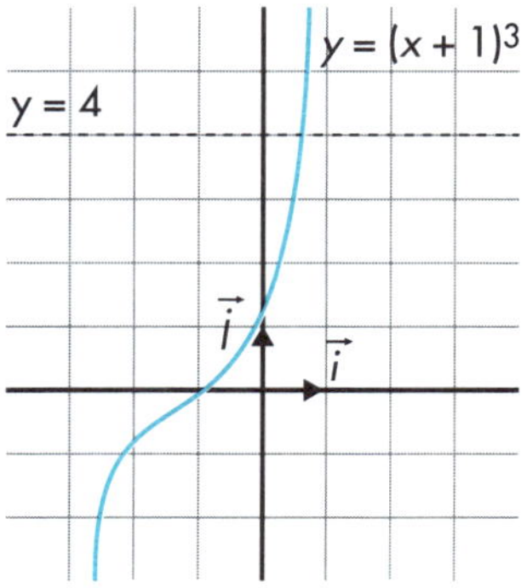

Ce que l'on écrit !

b) Sens de variation

Dérivons f écrit sous la forme :

$$f(x) = \frac{1}{2}x - 1 + \frac{1}{x^2 + 2x + 1}.$$

Alors :

$$f'(x) = \frac{1}{2} - \frac{2x + 2}{(x^2 + 2x + 1)^2} = \frac{1}{2} - \frac{2(x + 1)}{(x + 1)^4} = \frac{1}{2} - \frac{2}{(x + 1)^3}.$$

Pour étudier le signe :

$$f'(x) = \frac{(x + 1)^3 - 2.2}{2(x + 1)^3} = \frac{(x + 1)^3 - 4}{2(x + 1)^3}.$$

La dérivée s'annule pour : $(x + 1)^3 = 4$ soit $x + 1 = 4^{1/3}$; $x = 4^{1/3} - 1 \approx 0{,}58$.

Quel est le signe de $(x + 1)^3 - 4$?

$(x + 1)^3 - 4 > 0$ pour $x + 1 > 4^{1/3}$ car la fonction cube est une fonction croissante, soit $x > 0{,}58$.

Nous pouvons donc déterminer le signe de la dérivée...

x		-1		$+0{,}58$	
signe numérateur	−		−	0	+
signe dénominateur	−	0	+		+
signe dérivé	+	‖	−	0	+
variation de f	↗	‖	↘		↗

Misère... On n'y échappe pas : pour pouvoir dire où f s'annule il faut la mettre sous forme de quotient. Donc la mettre au même dénominateur...

c) Intersection de la courbe avec Ox

• En section S, il faudrait bien sûr évoquer la dérivation de $1/v^2$ en passant par l'écriture v^{-2}.

Ce que l'on pense

Attention $\frac{1}{2x}$, c'est pareil que $\frac{x}{2}$!

– pente – 3/2 : j'avance de 2 et je baisse de 3...

– pente 0,4 : j'avance de 1 cm et je monte de 0,4 cm ou 4 mm par exemple.

Je reviens sur les hésitations à propos du calcul de la dérivée...

Que se passe-t-il pour un élève qui préfère dériver sous la forme quotient et qui a vu - en lisant l'ensemble du texte - que de toutes façons il faudra mettre f au même dénominateur.... Autrement dit si on dérive f sous la forme $\frac{x^3 - 3x}{2(x^2 + 2x + 1)}$.

On arrive à $\frac{x^3 + 3x^2 + 3x - 3}{2(x+1)^3}$ *seulement si on est habile pour simplifier (ici par (x + 1)). Essayez en guise d'entraînement. Ensuite il faut connaître* $(a + b)^3$, *pour penser à écrire :*

$$\frac{x^3 + 3x^2 + 3x + 1 - 4}{2(x+1)^3} = \frac{(x+1)^3 - 4}{2(x+1)^3}$$

Donc ce n'est pas simple !

Conclusion

Essayez de ne pas être obsédé par la dérivée de u/v... Dérivez sous une autre forme si votre calcul s'arrange mal !

$\frac{1}{(x+1)^2}$, *ça rentre pile dans le moule de la formule* u'/u^2 *puisque la dérivée de (x + 1) c'est 1. Donc on peut trouver la primitive « à vue ».*

Ce que l'on écrit !

$$f(x) = \frac{x(x+1)^2 - 2(x+1)^2 + 2}{2(x+1)^2}$$

soit : $$\frac{x^3 - 3x}{2(x+1)^2} = \frac{x(x^2 - 3)}{2(x+1)^2}.$$

La courbe coupe donc *Ox* en 3 points : (0,0) ; *A*:($\sqrt{3}$,0) et *B*: (– $\sqrt{3}$,0).

La pente de la tangente à l'origine est $f'(0) = -3/2$.

La pente de la tangente en *A* est $f'(\sqrt{3}) \approx 0,40$.

Le point P d'abscisse – 2 a pour ordonnée $f(-2) = -1$; la pente de la tangente en ce point est $f'(-2) = 2,5$.

Représentation graphique

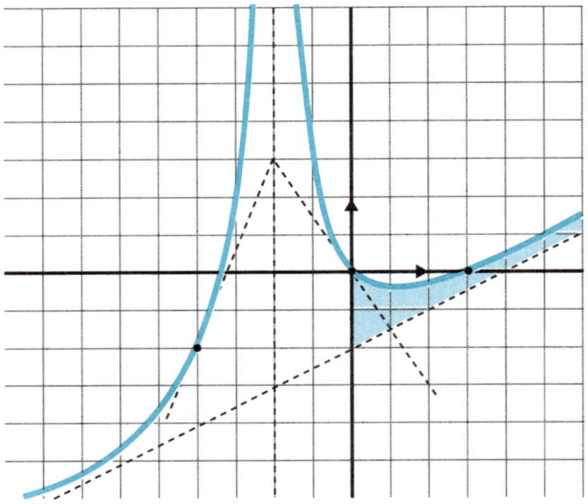

d) Calcul d'aire

$$A = \int_0^3 \left[f(x) - \left(\frac{1}{2}x - 1\right)\right] dx = \int_0^3 \frac{1}{(x+1)^2} dx$$

$$= \left[-\frac{1}{(x+1)}\right]_0^3 = 0,75$$

POUR CONCLURE...

Modifier la relation de l'élève au travail écrit est une tâche de longue haleine, qu'il est difficile de mettre en place sur une année scolaire « isolée ». C'est-à-dire qu'un enseignant arrivant dans un établissement nouveau, qu'il soit débutant ou qu'il soit un « ancien » ne pourra pas faire évoluer une classe comme s'il en était à sa cinquième année de présence dans le même lycée ou le même collège. Il faut savoir cela et l'accepter pour ne pas se décourager. Il faut savoir que ce que l'on fait une année sème aussi le germe de ce que l'on pourra faire l'année suivante, avec d'autres élèves pourtant, à condition de rester dans le même lieu de travail, bien sûr !

Ensuite, que ce soit à propos des copies ou de toute autre innovation souhaitée, il est fondamental *d'expliquer son projet aux parents concernés*. Leur inquiétude est légitime, et parler de nos projets pédagogiques, ce n'est pas se justifier devant ce que l'on peut percevoir comme un doute systématique ou une accusation implicite, c'est simplement respecter les parents et leurs propre tâche éducative. Par exemple, expliquer simplement pourquoi en général on ne note pas les devoirs à la maison ; signaler l'enjeu de ce travail n'a rien de déshonorant. Cela permet aussi d'éviter bien des malentendus du genre « Rendez-vous compte, le professeur de Sophie ne corrige même pas les copies... », sous prétexte qu'il n'y a pas de note.

En outre, je tiens à signaler que les parents, loin d'être un frein, peuvent être un soutien important dans notre travail•.

On le voit, la correction des copies nous a menés bien loin... Oui, car, dans notre métier, rien n'est anodin et tout se tient. De plus, alors que le discours sur la pédagogie différenciée tient le haut du pavé pédagogique, n'est-ce pas justement dans la correction des copies que le dialogue individuel existe par définition ? Redonner plus de vitalité et plus d'authenticité au travail écrit des élèves est le premier acte de la gestion de l'hétérogénéité des classes.

Rien n'est plus discret que ce travail de correction des copies.

Pourtant, lorsqu'un enseignant réfléchit sur cette partie de son travail et décide de modifier sa façon de corriger, s'il en discute avec ses élèves, il peut y avoir à ce propos une source d'évolution profonde de la relation aux mathématiques vécue par ses élèves. Notre métier n'évoluera pas par le spectaculaire, mais par l'authentique. Et l'authentique passe rarement par le seul discours.

■

•Durant 7 ans, de 1981 à 1988, j'ai remplacé toutes les notes de mathématiques des élèves de seconde par la constitution progressive d'un profil d'orientation pour chaque élève, malgré les réticences du chef d'établissement. Si les parents n'avaient pas apporté leur soutien, il est évident que je n'aurais pas pu poursuivre... (Voir *Math-Objectifs en seconde* CRDP de Grenoble).

Ouverture
Pratique de la classe
Pour approfondir

PARTIE 3

POUR APPROFONDIR

« Commencez par étudier vos élèves car très assurément vous ne les connaissez point. » Rousseau, **Émile.***

DIDACTIQUE DES MATHÉMATIQUES ET THÉORIES DE L'APPRENTISSAGE

AUTEURS

Gilbert ARSAC, professeur à l'Université de Lyon, avec la collaboration de Jean BRUN, professeur à l'Université de Genève

Après une introduction générale à la didactique des mathématiques et aux théories de l'apprentissage, un glossaire donnera la signification des principaux termes utilisés dans ces théories (mots suivi d'un astérisque)*

INTRODUCTION : DÉFINITION, BUTS DE LA DIDACTIQUE DES MATHÉMATIQUES

LA PLURALITÉ DES SENS DU MOT DIDACTIQUE

Le substantif « didactique » peut être employé en bien des sens différents qu'il est utile de connaître pour les reconnaître...

La didactique peut désigner une méthode d'enseignement, un art d'enseigner : en ce sens on peut parler de la didactique de tel enseignant. C'est aussi en ce sens que l'on enseigne la « didactique des mathématiques » aux futurs enseignants : il s'agit d'apprendre l'art d'enseigner les mathématiques. Cette didactique est nécessairement au moins partiellement normative : un débutant est en droit d'espérer qu'on lui propose quelques méthodes de travail lui permettant d'affronter une classe.

La « didactique d'une discipline » peut désigner l'organisation de l'enseignement d'une discipline : en ce sens, un programme et des instructions peuvent définir une didactique des mathématiques, on pourra parler d'une didactique centrée sur la résolution de problème etc.

Dans ce qui suit, *le mot didactique sera employé dans un sens différent* (mais pas sans rapport avec les précédents), que nous définissons ci-après.

DÉFINITION

La didactique des mathématiques se fixe pour but d'élaborer et de tester expérimentalement des théories permettant de décrire, comprendre, et expliquer les phénomènes d'enseignement (travail de l'enseignant) et d'apprentissage (travail de l'élève) des mathématiques. Elle dépend donc très fortement des mathématiques tout en se rattachant aux sciences humaines par ses méthodes de recherche.

Cette définition appelle quelques remarques immédiates.

• Tout d'abord, elle suppose *que l'on choisisse d'étudier l'école en s'intéressant à sa fonction de transmission de savoirs.* Ce choix n'est pas le seul possible : on peut étudier l'école à partir de sa fonction d'éducation, ou de socialisation, ou de formation du citoyen.

• Ensuite, elle suppose que *la transmission des savoirs est différente suivant les savoirs*, qu'il y a donc une didactique de chaque discipline, sans que cela exclue absolument des ressemblances ou l'utilisation de concepts communs.

• La remarque précédente se complète par l'affirmation suivante, moins évidente : *les phénomènes d'apprentissage des mathématiques doivent faire l'objet d'une étude spécifique*, ne se réduisant pas à l'application de théories générales sur l'apprentissage ou la pédagogie.

• La définition donnée *exclut que la didactique ait un but normatif*, aboutissant à expliquer comment il faut enseigner. Cette position, qui nous semble majoritaire chez les didacticiens français, n'est pas unanime, *a fortiori* serait-elle discutée au plan international où l'on confond souvent didactique et recherche d'innovations pour améliorer l'enseignement. Certes, les chercheurs en didactique espèrent bien que leurs travaux auront une influence, mais ils pensent que celle-ci doit s'exercer de façon indirecte par l'accroissement des savoirs sur l'enseignement et la compréhension de son fonctionnement.

Pour l'enseignant, la didactique ainsi entendue devrait donc être une aide à la compréhension des phénomènes qui se déroulent dans sa classe, lui laissant la responsabilité des remèdes à apporter.

Certains travaux de didactique comportent l'expérimentation de formes d'enseignement originales et montrent ainsi leur faisabilité, mais ceci n'entraîne pas que ces expériences puissent être généralisées, de même que la réalisation en laboratoire de la synthèse d'un produit chimique n'implique pas toujours la possibilité de sa réalisation à un niveau industriel.

Ainsi, la question du rôle de la didactique des mathématiques dans la formation initiale et continue des enseignants sort du champ de cette présentation.

Les concepts communs aux didactiques

L'étude de la transmission des savoirs peut donner lieu à l'élaboration de concepts qui au départ ne dépendent que de caractéristiques très générales de la notion de savoir et de la situation d'enseignement. Ainsi, certaines notions élaborées à l'origine pour l'étude de l'enseignement d'une discipline particulière trouvent des applications dans la didactique d'autres disciplines. C'est le cas par exemple des notions de *contrat didactique** et de *transposition didactique**, originaires de la didactique des mathématiques, et qui ont connu une large diffusion ailleurs. *Ces notions peuvent être considérées comme « didactiques », c'est-à-dire comme communes à toutes les didactiques*. L'expérience montre cependant qu'elles se précisent de manière très différente suivant les disciplines, et qu'elles sont bien difficiles à exposer en toute généralité, *d'où la difficulté à concevoir une « didactique générale »* antérieure aux didactiques de disciplines : c'est plutôt après coup que l'on constate les ressemblances, les parentés, et que l'on cherche à exploiter des notions communes à diverses didactiques, alors que d'autres restent plus liées à une discipline, comme la théorie des situations élaborée par Guy Brousseau• en didactique des mathématiques.

L'école française de didactique des mathématiques

L'école française de didactique des mathématiques a fêté son vingtième anniversaire en 1993. Elle rassemble peu de chercheurs, les résultats obtenus sont donc encore parcellaires, et les théories, comme dans toute science, sont vouées à évoluer. De plus, rien n'indique que les phénomènes d'enseignement et d'apprentissage soient particulièrement simples à étudier, la réflexion et l'expérience les montrent au contraire comme particulièrement complexes. On ne s'étonnera donc pas de constater, par exemple, qu'après des années de travaux au plan international consacrés à l'apprentissage de la proportionnalité on n'ait guère trouvé de solution miracle pour augmenter la part de la population maîtrisant cette connaissance.

• Voir la bibliographie page 315.*

Ce sont les situations d'enseignement mises en place qui lient l'activité du maître et l'apprentissage de l'élève.

Évidemment, tout ceci contredit l'opinion suivant laquelle le traitement de tous les problèmes d'enseignement relèverait du simple bon sens.

Comme toute science, la didactique commence par la création d'un vocabulaire permettant d'identifier des phénomènes, de les classer et d'en parler.

Bien sûr, elle ne s'y réduit pas, et le danger est de faire de ces termes techniques un jargon exprimant sous forme compliquée ce qui se dirait mieux dans le langage courant. Nous espérons ne pas y contribuer par ce travail. Ce vocabulaire est présenté dans le glossaire ; cependant nous précisons ci-dessous les grandes questions autour desquelles se mène la réflexion didactique, qui organisent et justifient les concepts présentés isolément dans le glossaire.

• **Comment décrire l'organisation des connaissances d'un élève sur un sujet donné,** en particulier quand il est en cours d'apprentissage et en a donc une connaissance partielle ? Les notions qui servent à cette fin sont celles de *conception**, de *théorème en acte**, de *règle d'action**, de *schème**, de *registre de représentation**, d'*obstacle**.

• **Comment expliquer l'apprentissage des mathématiques ?** On retrouvera ici des notions empruntées à la psychologie cognitive, comme celle de *zone proximale de développement**, mais aussi des notions propres à la didactique, comme la théorie des *situations**, la notion *d'obstacle**, de *variable didactique**, de *jeu de cadres**, de *dialectique outil-objet**, de *registre de représentation**.

• **Comment analyser le fonctionnement global du système d'enseignement ?** Ici, du point de vue de la didactique, c'est la *transposition didactique** qui intervient, mais bien sûr cette question a aussi fait l'objet d'études sociologiques.

• **Comment décrire une situation d'enseignement ?** Les notions qui interviennent ici sont celles de *situation didactique**, *non-didactique** et *a-didactique**, de *jeu**, de *transposition didactique**, de *contrat didactique**, de *validation**, de *milieu**, de *variable didactique**.

L'insistance mise sur l'étude des situations d'enseignement est une des caractéristiques de la didactique des mathématiques française, c'est pourquoi nous lui consacrons le paragraphe suivant.

Cette notion est centrale pour l'enseignant puisque ce qu'il organise et met en place, ce sont des situations : il n'est pas précepteur et n'organise pas individuellement l'apprentissage de la centaine d'élèves à qui il peut avoir affaire en collège.

C'est la situation d'enseignement qu'il met en place qui lie l'activité de l'enseignant et l'apprentissage de l'élève.

La notion de situation

L'insistance mise sur la notion de situation, le fait d'en faire un objet d'étude introduit un point de vue qui est par exemple absent chez Piaget : au lieu d'étudier comme lui seulement la relation du sujet à l'objet, la didactique des mathématiques étudie celle du sujet à une situation, elle explore comment la situation peut être source de développement des connaissances du sujet.

Dans le discours des didacticiens sur la notion de situation, ce mot peut être pris d'abord au sens courant de la langue; il est ensuite inséré et précisé dans une « théorie des situations » trop complexe pour être exposée ici ; cependant la description d'une situation expérimentale à l'école élémentaire va nous permettre de fixer le sens d'une bonne partie du vocabulaire utilisé dans cette théorie. ■

LA COURSE À 20

Description du jeu

Les règles de ce jeu, qui oppose deux joueurs, sont les suivantes : un joueur commence le jeu en disant l'un des nombres 1 ou 2, puis chacun, alternativement, dit un nombre, obtenu en ajoutant 1 ou 2 au dernier nombre dit par l'autre joueur. Le premier qui dit 20 a gagné. Il est facile de voir que le joueur qui dit 17 est sûr de gagner, donc celui qui dit 14,... donc celui qui dit 2. Mathématiquement, le fondement de cette stratégie gagnante est le fait que 2 est le reste de la division de 20 par 3.

La situation « La course à 20 » dans une classe

L'enseignant commence par communiquer les règles du jeu aux élèves, il vérifie leur compréhension en jouant lui-même avec un élève. Ensuite se déroulent les phases suivantes :

- *Phase 1* : Les élèves jouent deux par deux en écrivant chaque fois la suite des nombres apparue dans le jeu.
- *Phase 2* : La classe est répartie en deux équipes adverses. Le jeu se déroulera au tableau entre deux représentants de ces équipes désignés au hasard par l'enseignant. Entre les parties, les équipes bénéficient d'un temps de concertation après lequel est désigné le représentant pour la partie suivante.
- *Phase 3* : Chaque équipe est invitée à énoncer les découvertes et propositions permettant de gagner. Ces propositions sont acceptées ou rejetées par l'équipe adverse.

Commentaires

Ce jeu peut apparaître aux élèves d'abord comme un jeu de hasard. Un basculement se produit quand les élèves arrivent à la conclusion qu'il existe une ou des stratégies gagnantes et qu'ils cherchent à les découvrir : ils ne jouent plus au même jeu, leur problème est moins de gagner que de trouver comment l'on gagne. L'organisation de la situation les amène à rechercher une connaissance nouvelle. En quelque sorte, leur adversaire n'est plus un autre élève mais ce que l'on appelle en didactique un *milieu**.

Didactique et théories de l'apprentissage

Réalisme platonicien et maïeutique

Le questionnement sur l'apprentissage en général, et celui des mathématiques en particulier, n'est pas nouveau : on le trouve déjà chez Platon. Pour lui, *les objets des mathématiques existent réellement dans un monde des formes* (cette affirmation constitue le *réalisme platonicien*) où ils ont un statut particulier parmi d'autres idées comme la vertu, la beauté,... L'âme immortelle a déjà eu l'occasion de connaître ce monde des formes avant

« *Le mathématicien observe les formes mathématiques et analytiques comme un naturaliste observe les êtres qu'il étudie.* » *J. Tannery.**

d'habiter le corps de l'homme. Ainsi, *apprendre c'est rappeler à la conscience ce qu'en fait on sait déjà* (ceci constitue la théorie socratique de la *réminiscence*). Le rôle de l'enseignant est donc, non pas de communiquer le savoir à l'élève, mais de l'amener à prendre conscience de ce qu'il sait au moyen d'un questionnement adapté, que l'on appelle la *maïeutique* socratique. Ces principes généraux sont montrés en action, dans le dialogue de Platon intitulé *Ménon***, sur un exemple mathématique dans un cadre qui relève du préceptorat.

Beaucoup de mathématiciens contemporains sont « platoniciens » en ce sens qu'ils croient à une réalité des objets mathématiques, qui ne seraient donc pas uniquement des constructions de l'esprit humain. La citation suivante, due à Lichnerowicz, montre et explique bien cette position : « En apparence tout au moins, toute création mathématique semble être une découverte ; tout mathématicien se défend, mais il a tendance à être platonicien, en ce sens qu'il a tendance à croire qu'il a découvert quelque chose de préexistant à lui ». Cependant, ce platonisme ne va pas jusqu'à adhérer à toutes les positions de Platon comme, par exemple, la théorie de la réminiscence ; il ne comporte donc pas de doctrine précise sur l'apprentissage et l'enseignement.

Apprentissage et épistémologie

L'exemple historique du Platonisme illustre un phénomène général : *toute réflexion sur l'apprentissage des mathématiques conduit à une prise de position « épistémologique » sur la nature des objets des mathématiques et de leur connaissance*, d'où découle une théorie de leur apprentissage (réminiscence) et une pratique d'enseignement (maïeutique). Il nous rappelle aussi une particularité des mathématiques : elles sont enseignées au moins depuis les Grecs, c'est-à-dire en gros depuis vingt-cinq siècles, même si leur enseignement à un grand nombre d'élèves est beaucoup plus récent. L'histoire des mathématiques et de leur enseignement, la réflexion des mathématiciens et des épistémologues sur la nature des mathématiques et sur leur apprentissage inspirent largement les travaux des didacticiens.

Théories de l'apprentissage et didactique

Les « théories de l'apprentissage » se préoccupent de dégager des lois générales de l'apprentissage qui soient indépendantes du contenu, donc sans référence à l'épistémologie, contrairement aux réflexions précédentes sur l'apprentissage des mathématiques.

Leur origine remonte au projet de Watson, au début de ce siècle, de fonder une psychologie scientifique au sens précis du terme, en se limitant à ce qui pouvait être observé, c'est-à-dire les comportements et leur modification, et en mettant entre parenthèses ce qui n'était pas observable, c'est-à-dire tout processus interne. Ce programme définit le *behaviorisme****. Les situations expérimentales classiques d'apprentissage se rapportaient au prototype historique du célèbre chien de Pavlov, expérience conçue dans un contexte surtout physiologique relatif à l'étude des réflexes. Elles s'organisent autour des notions de stimulus-réponse et de conditionnement : *la récompense renforce le comportement attendu, son absence signale l'échec*.

Chez les espèces capables d'utiliser des instruments, comme les chimpanzés, on a pu étudier des apprentissages de résolution de problèmes. Mais chez les sujets humains, on s'est trouvé devant des apprentissages et des conduites mettant en œuvre des processus plus complexes. Une crise s'ensuivit pour le behaviorisme. *Il est admis aujourd'hui que le behaviorisme ne peut expliquer que des comportements très élémentaires* et absolument pas des apprentissages comme celui de la langue maternelle et bien entendu des mathématiques. Une de ses limites majeures est de

* ***Science et philosophie*, Alcan, 1910.***

** **Platon : *Protagoras et autres dialogues*, Garnier-Flammarion, 1967, p. 344-354.**

*** **De l'anglais *behavio(u)r*, « comportement ».***

ne prendre en considération que les seuls comportements terminaux en délaissant les processus comme ceux qui guident le choix des procédures conduisant à une solution adaptée. C'est pourquoi on parle de néo-behaviorisme, de manière très large, à propos des théories qui étudient l'apprentissage en reconnaissant des variables intermédiaires entre stimulus et réponse. Enfin, il existe actuellement des théories de l'apprentissage qui ne se situent pas dans le courant behavioriste (voir *cognitif**), le seul examiné dans ce paragraphe.

Le behaviorisme a actuellement une mauvaise image ; cependant tout enseignement y fait plus ou moins appel, et on peut difficilement contredire une affirmation aussi générale que le caractère positif de la réussite. D'autre part, les apprentissages qui ne font que peu appel au sens, comme retenir des listes de mots ou la table de multiplication, ou apprendre à taper à la machine, peuvent très bien se faire de manière behavioriste. Or on peut penser que tout apprentissage comporte des parties de ce type.

De plus, il ne faut pas ignorer au sein du courant néo-behavioriste, certaines tentatives d'exploitation et d'adaptation des théories de l'apprentissage pour l'enseignement. Le courant de la « pédagogie de maîtrise » (Bloom) avec la définition des objectifs et l'« évaluation formative » se situent dans cette mouvance.

En conclusion, nous pouvons maintenant préciser notre affirmation suivant laquelle la didactique des mathématiques ne peut pas se limiter à la seule application de théories générales de l'apprentissage. Ces savoirs ne peuvent suffire à décrire et expliquer les phénomènes d'enseignement puisque :

– d'une part, *il ne s'agit pas d'apprendre des comportements mais des savoirs complexes, des concepts mathématiques, ce qui suppose une position épistémologique* comme le montre l'exemple de Platon ;

– d'autre part, *il s'agit d'enseigner à des classes et non à des individus, autrement dit de travailler sur des situations d'enseignement* qui présentent des variables, qui supposent des choix. L'attention apportée à l'étude des situations est, comme on l'a déjà dit, un caractère distinctif de la didactique des mathématiques française. ■

UN EXEMPLE DE TENTATIVE D'APPLICATION DES THÉORIES BEHAVIORISTES : L'ENSEIGNEMENT PROGRAMMÉ

Une difficulté rencontrée par ces théories de l'apprentissage, lorsqu'elles veulent s'appliquer à l'enseignement, est leur caractère de généralité. On peut douter pour le moment qu'elles puissent apporter leur concours à la résolution d'un problème précis d'enseignement. L'enseignement programmé est un exemple de tentative d'application : son auteur est B. F. Skinner, qui a mis au point une machine à enseigner (qui n'est pas un ordinateur!) fondée uniquement sur les principes behavioristes : renforcement positif vis-à-vis des réponses justes ; fragmentation de la matière enseignée en unités très brèves présentées dans un ordre allant du très simple au complexe ; sélection parmi les questions de celles qui amènent fréquemment une réponse juste ; renforcements immédiats et nombreux. Cette organisation a aussi été appliqué à des manuels. Réduit à des succès de laboratoire, l'enseignement programmé n'a jamais pu s'insérer dans l'enseignement effectif, mais on retrouve ses principes dans le courant de la « pédagogie par objectifs ».

« ... l'intelligence enfantine ne saurait être traitée, pas plus que l'intelligence adulte, par des méthodes pédagogiques de pure réceptivité. » **Piaget.***

Didactique et constructivisme piagétien

Épistémologie et constructivisme

Piaget** s'est intéressé à l'enseignement des mathématiques. Lorsqu'il écrit à ce sujet, il consacre la majeure partie de son propos à développer ses positions épistémologiques sur les mathématiques, comme si son message était de donner la priorité à la réflexion épistémologique quand on s'interroge sur l'enseignement.

Une remarque s'impose à ce sujet. Le constructivisme semble peu à peu servir de principe à divers courants pédagogiques. Un minimum d'esprit critique, et de précaution, est nécessaire pour que ce principe pédagogique n'oublie pas que *les sources du constructivisme piagétien sont épistémologiques*.

Le constructivisme piagétien

Comment le définir ? D'abord, il s'agit de rappeler que la question d'origine est celle-ci : *comment se forment les connaissances nouvelles ?*

L'étude de la genèse des connaissances s'impose alors ; remonter aux sources des connaissances pour reconstituer cette genèse devient la règle de l'étude. Cette règle s'appliquera à l'histoire des sciences comme au développement de l'enfant. L'ensemble de ses travaux amènera peu à peu Piaget à répondre que cette genèse est constructive. Qu'est-ce que cela signifie ?

- Le constructivisme piagétien *explique l'apparition de nouvelles organisations des connaissances.*

- *Ces nouveautés sont le résultat d'une construction endogène, interne au sujet. Ceci ne signifie pas que le milieu social ne joue pas de rôle,* mais que ce qui est importé depuis le milieu social est toujours soumis au rôle intégrateur des assimilations du sujet. Le rôle de l'interaction sociale entre enfants dans le développement cognitif sera ensuite précisé par des disciples de Piaget cherchant à comprendre à quelles conditions sociales l'enfant profite d'une phase d'interactions entre pairs. Le rôle du *conflit socio-cognitif** sera alors mis en évidence.

- *L'activité du sujet a un rôle fondamental dans cette construction.* Elle opère par l'intermédiaire de la dialectique entre assimilation et accommodation, deux mécanismes indissociables l'un de l'autre et dont l'équilibre est source d'adaptation. On trouve là une idée fondamentale de Piaget comme quoi *la connaissance est un processus adaptatif. Elle a son prolongement en didactique à travers la notion de situation*, qui précise les conditions propres à l'évolution des connaissances des élèves. On parlera alors d'apprentissage par adaptation.

- Enfin, une autre caractéristique du constructivisme est l'affirmation que *la pensée mathématique se reprend sans cesse elle-même ;* elle transforme ses propres opérations en objets avec lesquels elle opère à nouveau, dans un processus constructif. On peut sans doute rapprocher la *dialectique outil-objet**, propre à la didactique des mathématiques, de cette caractéristique du constructivisme épistémologique. ■

* ***Psychologie et pédagogie*, 1969.***

** **Voir, par exemple, J.-M. Dolle, *Pour comprendre Jean Piaget*, réédité Dunod, 1997.**

D'autres regards sur l'apprentissage et l'enseignement

Le constructivisme piagétien nous permet de faire la transition avec des positions qui impliquent souvent une conception de l'apprentissage **et** de l'enseignement. Certaines ont pignon sur rue, en ce sens qu'elles sont élaborées en théories structurées comme l'*interactionnisme vygotskien*, d'autres sont plus floues comme l'*empirisme* qui a pourtant derrière lui une longue histoire et une tradition philosophique. Les écoles de pensée présentées ci-dessous sont celles auxquelles les références nous semblent les plus nombreuses que ce soit en didactique ou dans d'autres écrits sur l'enseignement.

L'empirisme

L'empirisme, qui est l'une des positions ayant le plus d'influence sur l'enseignement, est d'abord une théorie générale de l'origine de la connaissance scientifique : selon l'empirisme, *les lois de la science se découvrent par l'observation de la nature, où elles sont inscrites*. A priori, cette théorie concerne plutôt l'enseignement de la physique ou de la biologie, en fait elle concerne aussi les mathématiques.

Voici un exemple d'enseignement empiriste concernant la symétrie orthogonale : on définit la symétrie autour d'une droite concrètement par pliage. À l'aide du pliage, l'élève, guidé par un programme d'une série de tâches, observe et note les propriétés de la symétrie : conservation des longueurs et des angles, perpendicularité de [*MM'*] et de l'axe, où *M'* est le symétrique de *M*, etc. Ici l'opération de pliage de la feuille tient lieu des phénomènes naturels auxquels on a affaire en physique, et l'observation permet ensuite l'établissement des lois du phénomène. Beaucoup de propositions d'enseignement sont fondées sur l'empirisme.

Le rejet de l'empirisme comme explication de la découverte scientifique est l'un des rares points d'accord entre épistémologues. Il convient toutefois de souligner :

– qu'il ne s'agit pas d'un rejet du rôle de l'observation mais seulement de l'idée que l'observation fournirait les lois de la nature, toutes prêtes, sans une activité théorique qui interagit avec l'observation ;

– que ce que nous avons appelé ici empirisme en est une forme vulgarisée par rapport aux divers empirismes philosophiques : l'enseignement est empiriste comme les mathématiciens sont platoniciens.

Vygotsky

Ce psychologue soviétique est l'auteur d'une théorie du développement intellectuel qui sera à l'origine de ce qu'on appelle *l'interactionnisme social*. Il a particulièrement étudié le développement des fonctions mentales supérieures. Il a donné un rôle central au langage. Pour lui, *langage et pensée constituent deux racines distinctes du développement*. La pensée est d'abord préverbale, en action. À un certain moment du développement, langage et pensée fusionnent. Cette fusion est spécifique de l'espèce humaine. Elle marque le caractère socio-historique du développement humain au sens où, par l'intermédiaire du langage, la société transmet à l'enfant les significations qu'elle a construites au fur et à mesure de son histoire. Le langage est d'abord un moyen de communication entre adultes et enfants ; d'externe, il s'intériorise chez l'individu par l'intermédiaire du dialogue avec autrui. Vygotsky a tout spécialement insisté sur le langage intérieur, ce parler pour soi, qui accompagne l'action et la régule.

Sa méthode, comme celle de Piaget, est une méthode *génétique*, en ce sens qu'il pense que l'on ne peut comprendre les connaissances qu'en étudiant leur développement (leur genèse).

La différence porte sur la manière d'envisager le rapport entre le développement des concepts spontanés et celui des concepts scientifiques. Alors que Piaget met l'accent sur la continuité entre les deux, Vygotsky, sans nier les liens, insiste sur les différences.

Pour lui, *dans l'acquisition des concepts scientifiques, le rôle médiateur de l'adulte, donc de l'enseignant dans le cas de l'enseignement des sciences, est indispensable.* Ce concept de médiation a un aspect social et symbolique : social au sens où les connaissances sont transmises avec l'aide d'autrui, symbolique au sens où le langage et les instruments symboliques jouent un rôle primordial.

Bruner

À la suite de Vygotsky, Bruner donnera un rôle de plus en plus important à la culture et aux échanges de l'enfant avec son environnement humain. Il a étudié tout particulièrement les interactions de la mère avec son bébé. Plus généralement *il donne un rôle prépondérant au langage comme outil « amplificateur » des capacités intellectuelles* de l'enfant.

L'innéisme

À l'opposé de l'accent mis chez Piaget et Vygotsky sur la notion de développement, *les courants innéistes attribuent à l'enfant dès sa naissance des compétences intrinsèques, inscrites dans le potentiel génétique.* Le développement du sujet consiste alors en l'émergence progressive, par maturation, de ces compétences innées. On reconnaît là la trop fameuse « bosse des maths ». ■

Glossaire de la didactique et des théories de l'apprentissage

Action

On désigne par situation d'action une situation de résolution de problème, mais qui comporte des caractéristiques précises reliées à la possibilité d'une modélisation en termes de théorie des *jeux**. L'exposé complet de ces caractéristiques sort du cadre de ce glossaire ; signalons cependant qu'une situation d'action doit comporter la possibilité, pour les élèves, de s'assurer eux-mêmes, indépendamment de l'enseignant, de la validité de leurs solutions (voir *dévolution**, *milieu**). *Le but d'une situation d'action est en général la découverte d'une connaissance nouvelle nécessaire à la résolution d'un problème.* Par exemple, dans *La course à 20* (voir l'encadré de la page 301), la période pendant laquelle les élèves cherchent à découvrir la stratégie gagnante est une situation d'action (la connaissance visée, très liée au jeu de *La course à 20*, n'est qu'une étape dans la construction d'un savoir sur la division).

Analyse *a priori*

Terme technique de la didactique désignant une analyse des conduites possibles des élèves devant une tâche ou une situation-problème. Dans cette expression, *« a priori » ne signifie pas obligatoirement antérieur à l'observation* de ce qui se passe réellement, mais a le sens habituel en philosophie et dans l'usage courant de « indépendant des faits », comme dans l'expression « avoir des *a priori* ».

L'analyse *a priori* répond aux questions suivantes (liste non exhaustive) :

– *le problème a-t-il des solutions, combien, quelles stratégies permettent d'aboutir à ces solutions, quelles connaissances supposent-*

* ***Dictionnaire des idées reçues.***

elles ? (ceci permet de savoir *a priori* s'il peut être utilisé dans un but de réinvestissement de connaissances que les élèves ont déjà, ou s'il peut fournir une situation-problème pour l'introduction d'une connaissance nouvelle) ;

– *les élèves peuvent-ils décider d'eux-mêmes de la validité de leurs solutions ou l'intervention de l'enseignant est-elle obligatoire ?* (voir *dévolution**, *milieu**) ;

– *dans le cas où les élèves ne disposent pas des connaissances nécessaires à la solution complète, disposent-ils d'une stratégie de base leur permettant d'amorcer une recherche, de faire des conjectures ?*

– *le problème peut-il se formuler dans différents « cadres » ?*

– etc.

On voit que l'analyse *a priori* ainsi esquissée fait intervenir d'abord les mathématiques, puis des notions didactiques. D'une manière générale, *une analyse a priori se fait à partir d'un cadre théorique, lequel comprend toujours les connaissances mathématiques en jeu.* Pour le chercheur, l'une de ses fonctions est en particulier de déterminer ce qu'il faut absolument observer, donc quel dispositif d'observation doit être mis en place en cas d'expérimentation de la situation étudiée.

Analyse *a posteriori*

Analyse de ce qui s'est passé lors d'une séance de classe dont on a observé le déroulement. Permet de confirmer ou d'infirmer, partiellement ou totalement, les hypothèses théoriques sous-jacentes à l'analyse *a priori**.

Cadre

On parle, en didactique des mathématiques, de cadre algébrique, de cadre géométrique, de cadre arithmétique. Dans ces expressions, *cadre* est à prendre au sens courant. Plus précisément, *un cadre peut être défini comme constitué des objets d'une branche des mathématiques, des relations entre ces objets, de leurs formulations éventuellement diverses et des images mentales associées à ces objets et à ces relations.* Certains didacticiens insistent beaucoup sur l'intérêt des changements de cadre : par exemple, il suggèrent de vérifier qu'un problème posé aux élèves peut se traiter dans au moins deux cadres différents. Certaines recherches montrent une corrélation entre la capacité à changer de cadre et la réussite en mathématiques.

Champ conceptuel

À titre d'exemple, « le champ conceptuel des structures additives est à la fois l'ensemble des situations dont le traitement implique une ou plusieurs additions ou soustractions, et l'ensemble des concepts ou théorèmes qui permettent d'analyser ces situations comme des tâches mathématiques » (G. Vergnaud). On définit de manière analogue le champ conceptuel des structures multiplicatives, des grandeurs spatiales, etc.

Cognitif

L'insuffisance du schéma behavioriste stimulus-réponse amène à penser que ce sont des connaissances antérieures du sujet qui se trouvent à la base des apprentissages, indépendamment des stimuli, d'où différentes expressions : prise en compte du cognitif, analyse cognitive, charge cognitive, etc. Mais *il y a différentes théories cognitives de l'apprentissage* : la psychologie de la forme (accent mis sur l'intuition), la psychologie génétique de Piaget (accent sur les opérations du sujet), la psychologie cognitiviste (accent sur le traitement de l'information).

D'une manière générale, l'expression *psychologie cognitive* désigne tous les courants de recherche qui refusent de réduire l'explication des comportements au schéma stimulus-réponse.

Concept

Un mot devient un concept quand il cesse de désigner une chose précise (par

Un concept ne se définit qu'au sein d'un tissu de relations avec d'autres concepts.

exemple, la table sur laquelle je travaille) pour désigner une idée générale (le concept de table). On peut considérer la notion de table comme définie par *abstraction* par extraction des propriétés commune à toutes les tables, ou à partir de la connaissance d'un nombre fini de tables types (*typicalité*). Ces définitions du concept, classiques en psychologie, sont toutefois insuffisantes pour les concepts scientifiques, ne serait-ce que parce qu'elles aboutissent à isoler les concepts, alors qu'un concept scientifique ne se définit qu'au sein d'un tissu de relations avec d'autres concepts. C'est une des raisons de l'introduction de la notion de *champ conceptuel**.

Conceptions et représentations

En didactique des mathématiques, avec ces deux termes, on vise deux types de réalités proches, mais que l'on peut distinguer par leur degré d'organisation et par l'échelle temporelle à laquelle on les considère :

– *représentation désigne un phénomène de courte durée,* pouvant se transformer rapidement, peu stable donc. Par exemple, la représentation que se fait un élève d'un énoncé de problème peut varier en cours de résolution ;

– *conception désigne une organisation de représentation, durable et stable,* souvent difficile à faire évoluer. On parlera ainsi des conceptions du volume qu'ont les élèves de CM2, ou des conceptions du nombre réel chez les étudiants de première année d'université. Ces conceptions vont participer à l'organisation des représentations ponctuelles, transitoires, liées à une situation donnée.

Conflit socio-cognitif

Conflit entre deux individus au moins (« socio ») portant sur une connaissance (« cognitif »). L'expression trouve son origine dans les travaux de l'école socioconstructiviste à la suite des travaux de Piaget : *il s'agit d'intégrer les conflits de points de vue du sujet avec un autre sujet, et pas seulement les remises en cause de la connaissance provoquées par les rapports aux objets, comme moteur possible du développement des connaissances.* Alors que les expérimentations à la source de cette notion ne trouvent un effet positif à ces conflits que dans des conditions très précises, le conflit socio-cognitif a fini par désigner toute discussion entre élèves à propos du savoir, et à lui supposer implicitement, à tort, un effet toujours positif. Or, il importe de souligner que *l'existence d'un conflit, au sens précis de ce terme, à propos de la connaissance, dans un groupe d'élèves, n'est ni une condition nécessaire ni une condition suffisante pour assurer une issue positive à ce travail de groupe.*

Contrat didactique

On désigne ainsi l'ensemble des règles, explicites ou plus souvent implicites, *qui fixent les rôles respectifs de l'enseignant et de l'élève par rapport au savoir.* Il est classiquement illustré par le problème de l'âge du capitaine : « Sur un bateau il y a vingt-six moutons et douze chèvres, quel est l'âge du capitaine ? » L'expérimentation de cet énoncé (voir les pages 319 et 324) permet de mettre en évidence les règles qui expliquent le comportement de la plupart des élèves : l'enseignant a la responsabilité de l'énoncé, pas l'élève ; l'élève a à fournir une solution en utilisant les connaissances apprises à l'école et il fait partie des obligations de l'enseignant de choisir un problème pouvant être résolu à partir de ces connaissances. Ces règles sont celles du contrat didactique relatif au problème à l'école élémentaire et en début de collège. On voit sur cet exemple que ces règles sont bien relatives aux positions, aux obligations de l'élève et du maître par rapport au savoir, mais que ce ne sont pas des règles mathématiques (le fait que l'addition soit commutative, par exemple, ne peut pas être une règle du contrat !).

Si, par son caractère d'ensemble de règles, le contrat didactique ressemble à un contrat au sens ordinaire du terme, *ce n'en est pas un*, en ce sens qu'il n'est pas issu d'une négociation entre des parties (les élèves et le professeur) et qu'il est en grande partie implicite. Ce dernier caractère provient essentiellement du fait qu'il est en perpétuelle évolution - songez à l'exemple de la démonstration : le travail demandé à l'élève évolue tout au long de la quatrième et de la troisième - et dépend du contexte, algébrique ou géométrique. Cette évolution traduit l'avancée de l'élève dans le savoir : le contrat n'a une certaine stabilité que pour les notions considérées comme acquises. En outre il peut varier dans une même classe, entre différents groupes d'élèves. Il est plus juste de parler de « processus de recherche d'un contrat ».
Le contrat est un moyen de comprendre ce qui se passe dans la classe, certains comportements d'élèves, certaines erreurs. La didactique ne dit pas qu'il est bon ou mauvais en lui-même ni, par exemple, qu'il doit être implicite, pas plus qu'elle ne dit le contraire ou qu'elle n'oblige à envahir le temps d'enseignement par la « négociation » du contrat. C'est l'enseignant qui reste juge par exemple de l'opportunité d'expliciter ou non certaines règles du contrat.

Contrat pédagogique

Ensemble des règles *qui régissent les rapports de l'élève et de l'enseignant sans être spécifiques d'un savoir donné* (contrairement au *contrat didactique**), comme la ponctualité, le respect du silence pendant le cours, le rythme des devoirs, etc. Ces deux contrats sont imbriqués : par exemple la manière de noter les copies, en particulier la sanction des erreurs, les critères de réussite, dépendent de la discipline (que l'on songe aux critères de notation en latin ou en langues et en mathématiques) alors que le poids relatif des différentes notes, la possibilité d'être noté pour un travail collectif, ne sont pas spécifiques de la discipline. Les règles du contrat pédagogique sont beaucoup plus souvent explicites et en général plus stables que celles du *contrat didactique**.

Dévolution

Voir *situation a-didactique**.

Dialectique outil-objet

Dans l'histoire des mathématiques, l'intégrale apparaît progressivement comme outil de résolution de problèmes concernant des calculs d'aires et de centres de gravité. De même les nombres négatifs, puis les nombres complexes apparaissent comme outils de résolution d'équations. Ce n'est que plus tard, au XIXe siècle, que l'on pourra prendre ces trois notions comme objets d'études, en donner une définition et une liste de propriétés précise, ce qui accroîtra dans la suite leur efficacité comme outils. *Il y a ainsi une dialectique entre l'aspect outil et l'aspect objet pour une même notion mathématique.* On parle en didactique de dialectique outil-objet lorsqu'on observe dans une classe ou lorsque l'on cherche volontairement à mettre en place une prise en compte analogue de ces deux points de vue pour les notions mathématiques étudiées.

Épistémique

1. *Sujet épistémique*

Cette expression est propre à Piaget. Il distingue le « sujet épistémique » du sujet individuel, un peu comme le « Français moyen » se distingue de tout Français. Le « sujet épistémique » n'a pas de sentiments, mais seulement un ensemble de « structures de coordination d'action » dont Piaget fait l'hypothèse qu'elles sont communes à tous les sujets. Cette universalité tient au fait qu'elles sont dans le prolongement de l'organisation biologique des êtres vivants.

« Quand on cherche les conditions psychologiques des progrès de la science, on arrive bientôt à cette conviction que c'est en termes d'obstacles qu'il faut poser le problème de la connaissance scientifique. » Bachelard.•

2. *Valeur épistémique*

Soit un énoncé comme « Le nombre 2^{43}-1 est premier. » Il peut être vrai ou faux du point de vue mathématique, mais même si nous ne connaissons pas cette « valeur de vérité », nous pouvons lui attribuer une « valeur épistémique » : certitude, vraisemblance, absurdité,... qui traduit une *opinion* que nous avons sur sa vérité.

Épistémologie

Ce mot impressionnant est très employé, dans des sens assez variables. En fait, il n'est pas très éloigné, dans son emploi actuel, de « *philosophie de la connaissance scientifique* ». L'épistémologie cherche à répondre à des questions comme : « Quelle est la nature des objets mathématiques, existent-ils réellement et en quel sens ? », « Les mathématiques sont-elles vraies ? », « Quel est le but des mathématiques ? », « Quel rôle y joue la logique ? » etc. Par exemple, les positions de Platon sur les théories de l'apprentissage (voir les pages 301 et 302) sont typiquement des positions épistémologiques, puisqu'elles apportent des réponses à certaines des questions ci-dessus.

Épistémologie génétique

Théorie de la connaissance scientifique qui prend pour objet la genèse de la connaissance. C'est une épistémologie expérimentale, utilisant des données de la psychologie, d'où la nécessité d'une psychologie génétique (au sens d'une psychologie de la *genèse*, et non des gènes) en collaboration étroite avec les différentes sciences (mathématiques, logique, biologie, etc.) et avec l'histoire des sciences.

Formulation

Apparaît en didactique dans l'expression *situation de formulation*. Celle-ci, comme la situation d'*action**, ne peut se décrire complètement dans le cadre de ce glossaire, disons simplement qu'elle comporte évidemment de la formulation (écrite ou orale), c'est-à-dire des échanges de messages écrits ou oraux. Par exemple la phase 2 de « *La course à 20* » est une situation de formulation : les élèves doivent s'expliquer l'un à l'autre leurs stratégies puisque le joueur de l'équipe sera choisi par l'enseignant. *En général, le but d'une situation de formulation est l'apprentissage du langage mathématique.* L'organisation de la situation vise à faire apparaître l'emploi du langage mathématique comme le plus performant pour la tâche proposée aux élèves. Cet objectif est difficile à atteindre ; par exemple, il n'est pas facile de bâtir une situation dans laquelle l'emploi correct du langage géométrique apparaisse comme le plus performant du point de vue des élèves.

Institutionnalisation

Action par laquelle l'enseignant désigne, dans ce qui a été fait dans la classe, le savoir qui est « institutionnel » en un double sens :

– par rapport au savoir savant mathématique, *l'enseignant désigne ce qui est résultat classique*, exact et de plus non anecdotique (au sens où la solution d'un problème intéressant peut avoir un intérêt limité à ce problème) ;

– par rapport à l'histoire du savoir dans la classe : dorénavant, enseignant et élèves pourront se référer à ce qui a été institutionnalisé.

Jeu

Dans la littérature didactique, ce mot est employé soit au sens courant, *soit en référence, au moins analogique, à la théorie mathématique des jeux*, développée surtout en économie. De plus, les deux sens interfèrent souvent : une situation d'enseignement à l'école élémentaire ou au collège pourra avoir un aspect ludique (jeu au sens courant) et être construite en référence à la théorie des jeux. C'est typiquement le cas dans l'exemple de « La course à 20 ».

• ***La formation de l'esprit scientifique*, Vrin 1938.***

Milieu
Le milieu désigne un dipositif prévu par l'enseignant dans l'organisation d'une situation de classe qui permet à l'élève engagé dans la résolution d'un problème de recevoir une indication sur la validité de sa solution, indépendamment de l'enseignant. Par exemple, dans « La course à 20 », l'élève peut vérifier que sa stratégie est toujours gagnante en constatant qu'il gagne toujours en jouant contre les autres élèves. *L'existence d'un milieu est une condition sine qua non de la dévolution** : dans ce cas en effet, l'enseignant sait qu'il peut laisser les élèves travailler de façon autonome sans qu'ils risquent de s'arrêter sur une solution fausse, les élèves peuvent savoir s'ils ont réussi autrement qu'en cherchant à deviner les intentions de l'enseignant. Cette dernière condition implique, par exemple, que dans le cas de « La course à 20 », lorsque l'enseignant joue avec un élève pour montrer comment on joue, il ne joue pas trop longtemps afin que le problème que se posent les élèves ne devienne pas celui de savoir comment il fait pour gagner.

Obsolescence
On désigne ainsi le phénomène de vieillissement des situations d'enseignement que connaît bien tout enseignant : il est difficile de répéter trop de fois le même cours. De manière analogue on parlera d'obsolescence, du point de vue du système d'enseignement, pour exprimer que les programmes qui vieillissent doivent être renouvelés périodiquement. Dans les deux cas, l'obsolescence est plus facile à constater qu'à expliquer...

Obstacle*
A un sens technique très précis en didactique. Il s'agit d'une connaissance qui est vraie dans un certain domaine, mais qui est source d'erreurs quand on sort de ce domaine. On l'appelle obstacle dans la mesure où l'élève a tendance à continuer à l'employer en dehors de son domaine de validité, ce qui est source d'erreurs persistantes, ayant tendance à reparaître inopinément et obstinément. Par exemple, la connaissance des propriétés des entiers naturels, évidemment exacte, est un obstacle à l'apprentissage des propriétés d'autres ensembles de nombres car, par analogie avec les propriété des entiers naturels :

– le sujet continue à croire que le produit ab est toujours supérieur ou égal à a et b même si a et b ne sont pas entiers naturels ;

– il pense que 3,4 est plus petit que 3,31, car l'entier 4 est plus petit que 31 ;

– il croit qu'il existe un dernier nombre réel dans un intervalle ouvert comme si la relation d'ordre sur les réels avait les mêmes propriétés que sur les entiers, etc.

De même, il paraît vraisemblable qu'au cours de l'apprentissage de la notion de limite, chaque sujet passe par une phase durant laquelle l'idée de limite est associée à celle d'une variable faisant mouvement vers sa valeur limite. Cette idée produit des erreurs quand, par exemple, on étudie des suites non monotones, mais elle est peut-être un passage obligé, donc un obstacle inévitable dans l'apprentissage de la notion de limite.

On parle plus précisément d'*obstacle épistémologique* quand on peut vérifier qu'historiquement, les mathématiciens ont éprouvé les mêmes difficultés que les élèves dans le domaine des mathématiques concerné.

Ainsi *un obstacle se manifeste par une difficulté résistante d'apprentissage, la réciproque étant fausse.* Toutefois dans un texte où obstacle est employé dans son sens courant, les deux expressions sont évidemment équivalentes. Au lecteur de discerner suivant le contexte !

Problème
Voir *tâche.**

*** Voir aussi la page 318.***

« Du reste, j'avoue qu'il y a souvent de la différence entre la méthode dont on se sert pour enseigner les sciences et celle qui les a fait trouver. »
Leibniz.*

Registre de représentation sémiotique
Un *système sémiotique* est un système de signes (la sémiotique est l'étude des signes) comme par exemple l'écriture, la notation algébrique, les figures de la géométrie, l'écriture symbolique de la logique formelle. Une *représentation sémiotique* d'une connaissance par un sujet est une représentation qui s'exprime dans un système sémiotique. Un *registre de représentation sémiotique* est un système sémiotique offrant suffisamment de possibilités de traitement. La notation algébrique est un exemple d'un tel système : on peut y calculer, y raisonner, et enfin traduire les résultats obtenus dans d'autres systèmes sémiotiques, par exemple graphiques.

Règle d'action
Lorsqu'un sujet, pour effectuer une « division à virgule », déplace la virgule d'un même nombre de rangs au diviseur et au dividende, il utilise une *règle d'action* qu'il peut être capable ou non, en particulier suivant son âge, d'expliciter. *À la différence d'un* théorème en actes*, *cette règle d'action n'est pas vraiment une connaissance mathématique* puisqu'elle décrit une manipulation des symboles qui ne dit absolument rien sur le sens de ce que l'on fait (dans l'exemple envisagé, on pourrait dire que la manipulation effectuée consiste en fait à multiplier diviseur et dividende par la même puissance de 10, ce qui « donne le sens » de cette manipulation). Voir *schème**.

Représentation
Voir *conception**.

Savoir enseigné
Locution parfois ambiguë ; dans la théorie de la *transposition didactique**, elle désigne *l'organisation du savoir pour qu'il soit enseigné* : le programme, l'enchaînement des chapitres, les exercices d'application « classiques », etc. Mais, conformément à l'usage courant, elle peut désigner aussi le savoir tel qu'il est effectivement enseigné dans une classe particulière.

Savoir savant
Savoir mathématique qui sert de référence au *savoir enseigné**.

Schème
Structure, ou organisation, ou canevas, des actions et plus généralement des conduites. C'est le caractère généralisable, transposable, des conduites qui est ainsi conceptualisé chez Piaget. Gérard Vergnaud parle d'*organisation invariante de la conduite pour une classe de situations*, en insistant bien sur le fait que *ce qui est invariant, c'est l'organisation.*
Un schème se décompose en diverses composantes : des *anticipations et des règles d'action* qui correspondent à l'aspect finalisé de la conduite - comment faire pour atteindre tel but ? (pour un exemple, voir *règle d'action**) - ; des *inférences et des invariants opératoires* qui correspondent à la mise en œuvre de connaissances dans une situation, par exemple, des *théorèmes en acte** (voir cette rubrique). Gérard Vergnaud parle même de *concept en acte*.

Situation a-didactique
Organisation d'une situation de classe (donc didactique) amenant l'élève à prendre en charge entièrement la résolution d'un problème en renonçant à toute recherche d'indices de solution dans la situation (ainsi par exemple n'est pas a-didactique une situation dans laquelle une tactique gagnante pour résoudre un problème va consister à essayer systématiquement les résultats du chapitre précédent).
Le fait de rendre l'élève entièrement responsable de la résolution du problème est appelé « dévolution » du problème (vieux mot français). La situation « La course à 20 » en est un exemple. Voir *milieu**.

* ***Nouveaux essais sur l'entendement humain*, 1703.**
À rapprocher de la distinction entre savoir savant et savoir enseigné.*

Situation didactique

Situation organisée explicitement en vue de l'apprentissage d'un savoir : le cours de mathématiques est une situation didactique.

Situation non didactique

Situation qui n'est pas organisée en vue de l'apprentissage des savoirs qui y apparaissent. Pour les mathématiques, faire un plan de financement d'un achat, calculer une surface de moquette, un volume, faire de la recherche en mathématiques ou en physique en sont quelques exemples. Le but d'un enseignement est en principe de rendre l'élève capable à terme d'employer son savoir dans une situation non didactique. D'une certaine manière, l'enseignant a réussi lorsqu'il est devenu inutile : l'élève est capable d'utiliser le savoir de manière autonome.

Situation-problème

N'est pas simplement une expression à la mode pour parler de problème ! Souligne le fait que la situation d'enseignement n'est pas définie par la seule donnée d'un énoncé de problème, mais aussi par les conditions matérielles (par exemple les informations dont dispose l'élève), l'organisation sociale (travail en groupe ou individuel), le temps alloué, les moyens de validation : est-ce l'enseignant qui tranche (juste ou faux ?) ou au contraire y a-t-il un *milieu** pour valider les réponses ? Y a-t-il un enjeu à trouver juste, faut-il justifier ou invalider certaines réponses dans un débat avec d'autres élèves ? etc. Ces conditions, que l'on peut modifier, sont des variables de la situation qui s'ajoutent aux *variables** de la tâche ou du problème proposé.

Tâche

But que se fixe un sujet, ou qu'on lui fixe, dans une certaine situation, et pour l'atteinte duquel il dispose d'une méthode : par exemple, résoudre numériquement une équation du second degré, quand on connaît les formules donnant les racines, est une tâche. On parle de *problème* quand le sujet, poursuivant toujours un but, ne dispose pas a priori de méthode de résolution : résoudre une équation du second degré, sans connaître les formules, est un problème, difficile.

Ainsi, *une tâche s'exécute, un problème se cherche, se résout. La distinction entre les deux ne se lit pas dans l'énoncé du but à atteindre, mais dans le rapport entre cet énoncé et les connaissances du sujet.* Ce rapport évolue au cours du temps : quand on a trouvé une stratégie de résolution d'un problème, la mettre en œuvre devient une tâche. D'autre part, une tâche peut se transformer en problème, par exemple si la méthode de résolution consiste en un calcul qui se révèle trop coûteux.

La langue courante, y compris dans les textes didactiques, fait un emploi plus flou de ces deux termes : on pourra donner comme tâche à des élèves de résoudre un problème. Un problème au sens scolaire s'oppose à un exercice par sa longueur, mais peut fort bien se réduire à l'exécution d'une suite de tâches. C'est pourquoi on trouve aussi l'expression de *situation d'exécution* à la place de tâche.

La distinction entre tâche et problème est particulièrement importante dans l'enseignement des mathématiques dans la mesure où cette discipline s'est toujours fixé pour but de résoudre des problèmes. Un enseignement des mathématiques dans lequel il n'y aurait aucune place pour les problèmes donnerait un exemple extrême de distance entre *savoir savant** et *savoir enseigné** !

Théorème en acte•

L'observation du comportement des élèves en situation de résolution de problèmes montre qu'il leur arrive d'utiliser comme des évidences, en général sans même avoir besoin de les expliciter, des propriétés mathématiques qu'ils ignorent en fait. Par exemple, un élève armé d'une calculette,

• Des exemples sont étudiés aux pages 130, 132, 135, 136, 318, 320, 331 et 343.

ayant à résoudre une équation *f(x)*=0, et connaissant deux nombres *a* et *b* tels que *f(a)f(b)*<0, ne doutera pas de l'existence d'une solution dans l'intervalle]a, b[, même s'il n'a pas encore étudié le « théorème de la valeur intermédiaire ». On dit dans ce cas que l'élève a utilisé « en acte » ce théorème. Bien entendu, les élèves utilisent parfois des théorèmes en acte qui sont faux. Voir *schème**.

Transposition didactique

Action de transformer un objet de savoir en objet d'enseignement. Cette définition ne peut se comprendre que sur la base d'un constat préalable de différence entre le *savoir savant** et le *savoir enseigné**.

Ils sont organisés différemment : le savoir savant progresse par résolutions de problèmes à l'occasion desquelles de nouveaux concepts et de nouvelles méthodes sont créés. Pour enseigner ce savoir, on le réordonne en une progression logique (au sens où, dans la mesure du possible, chaque chapitre apparaît comme un progrès par rapport au précédent, progression dont on espère en même temps qu'elle pourra correspondre à un ordre d'apprentissage) et on crée des exercices et des problèmes *ad hoc*.

La principale différence entre les deux savoirs tient précisément au fait qu'ils ne servent pas à résoudre exactement les mêmes problèmes.

Triangle didactique

Ce triangle, dont les trois sommets sont le savoir, l'enseignant et l'élève, est un bon moyen de se rappeler les principaux objets de la didactique :

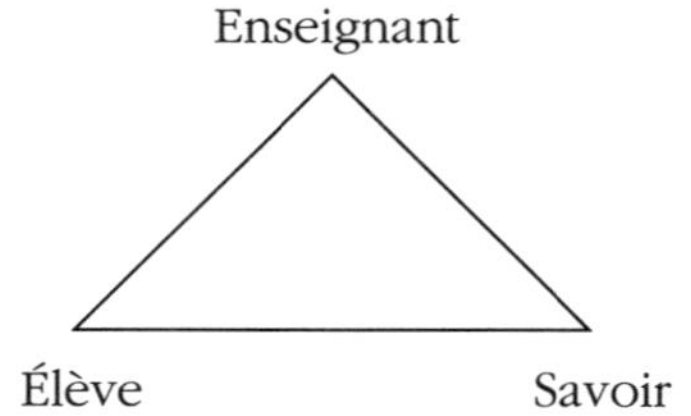

La didactique étudie les sommets de ce triangle : le savoir mathématique, l'élève, l'enseignant. Mais elle étudie surtout les relations entre les trois et le système formé par cet ensemble. *On n'attachera toutefois pas plus d'importance qu'il n'en mérite au triangle didactique, simple moyen de repérage entre différents concepts.* Pour certains didacticiens, le *milieu** devrait d'ailleurs constituer un quatrième sommet du triangle...

Validation

Ce mot est employé en didactique dans son sens courant, par exemple, quand on parle de la possibilité pour un élève de valider son résultat. Il est, d'autre part, employé dans un sens plus technique dans l'expression *situation de validation*. Comme pour l'*action* et la *formulation*, sa description précise sort des limites du glossaire. Elle comporte en général des débats entre élèves dont l'enjeu est d'établir ou d'infirmer la vérité d'un énoncé mathématique. *Son but est l'apprentissage de la validation à la manière des mathématiciens* dont l'aboutissement final est l'apprentissage de la démonstration. La phase 3 de « La course à 20 » est une situation de validation, mais, dans ce cas, les énoncés, bien que mathématiques quant au fond, sont encore exprimés dans le langage du jeu.

Variable

La réussite à une tâche comme « tracer le symétrique d'un segment par rapport à une droite » est statistiquement très variable : elle est plus facile si l'axe est parallèle à un côté de la feuille et si le segment ne coupe pas l'axe, plus difficile dans le cas contraire. La direction de l'axe par rapport aux bords de la feuille, le fait que le segment coupe ou non la droite sont des *variables de la tâche* (ce ne sont pas les seules).

Lorsque qu'une telle tâche (ou un problème) est proposée en classe, d'autres variables interviennent, comme le fait que les élèves travaillent en groupe ou non, le fait que le problème est posé juste après, voire avant, le cours sur la symétrie orthogonale, mais aussi le type de cours qu'ils ont suivi l'année précédente, etc. L'ensemble de toutes ces variables constitue les *variables de la situation*. Parmi ces variables, certaines sont à la disposition du maître, en ce sens qu'il peut leur donner la valeur qu'il veut. On les appelle *variables didactiques*.

L'un des buts de l'analyse a priori d'une situation de classe est de déterminer au moins certaines des variables de la situation.

Zone proximale de développement (ZPD)

Appartient au vocabulaire de Vygotsky : désigne les connaissances qu'un enfant peut apprendre, mais à condition d'y être aidé par un adulte. ■

BIBLIOGRAPHIE GUIDÉE

La théorie des situations, due à Guy Brousseau est exposée dans l'article *Fondements et Méthodes de la didactique des mathématiques* paru dans la revue « Recherches en didactique des mathématiques », vol 7.2, éd. La Pensée Sauvage, Grenoble.

On trouvera un autre exposé de cette même théorie dans l'ouvrage *De l'importance du vrai et du faux dans la classe de mathématiques,* de Claire Margolinas, éd. La Pensée Sauvage, Grenoble.

La théorie de la transposition didactique est exposée par Yves Chevallard dans *La transposition didactique, du savoir savant au savoir enseigné,* éd. La Pensée Sauvage, Grenoble.

Beaucoup de textes fondamentaux de la didactique figurent dans le livre *Didactique des mathématiques* (sous la direction de J. Brun), Delachaux et Niestlé (coll. Textes de base en pédagogie).

*« J'ai souvent été frappé du fait que les professeurs de sciences, plus souvent encore que les autres, si c'est possible, ne comprennent pas qu'on ne comprenne pas. » Bachelard.**

L'ERREUR ET LES PROCESSUS D'APPRENTISSAGE DES MATHÉMATIQUES

AUTEURS

A. BOUVIER, directeur de l'IUFM de Lyon
Michel MANTE, professeur à l'IUFM de Lyon et au collège Clément Marot de Lyon

Les erreurs de nos élèves ! Quel sujet passionnant qui ne peut laisser indifférent un enseignant, un formateur ou un chercheur.

Pourquoi tant d'erreurs ? Pourquoi ces erreurs répétitives, persistantes, malgré les conseils, les remarques, les tentatives de remédiation et même, les sanctions ? Comment expliquer ces erreurs que font plusieurs élèves d'une même classe ou de classes différentes d'une année sur l'autre ? Sont-elles explicables ?

Face à cela, que faire ? Sommes-nous réduits à l'impuissance ?

Nous n'aurions pas la prétention de répondre à ces questions d'importance qui laissent désarmés de nombreux enseignants depuis des décennies.

Nous allons seulement amorcer une réflexion sur *le sens* des erreurs.

Pour cela, dans un premier temps, en nous appuyant sur des exemples, nous montrerons que l'analyse que nous faisons des erreurs des élèves est fonction de la théorie de l'« apprentissage-enseignement » sur laquelle nous nous appuyons même implicitement (c'est-à-dire des réponses que nous apportons aux deux questions suivantes : « Comment nos élèves apprennent-ils ? » et « Qu'est-ce qui peut favoriser l'apprentissage ? »**).

Dans une deuxième partie, en nous appuyant sur une approche « socio-constructiviste »*** de l'apprentissage, nous essayons de mettre en évidence comment nous pouvons prendre en compte les erreurs des élèves dans l'apprentissage. ■

* ***La formation de l'esprit scientifique*, J. Vrin, 1938.***

** **Différentes théories de l'apprentissage sont présentées dans le chapitre précédent. Ici nous nous contenterons de faire un rapide rappel concernant certaines d'entre elles.**

L'ANALYSE D'ERREURS ET LES THÉORIES DE L'APPRENTISSAGE

*** **Les tenants de cette approche font l'hypothèse que l'apprenant *construit* ses connaissances en se confrontant et en dépassant des *obstacles* caractéristiques de ces savoirs. Le travail de groupe, grâce aux interactions et conflits qu'il peut engendrer, favorise ce dépassement.**

UN PREMIER TYPE D'ERREURS

Considérons l'énoncé suivant :

Tracer le symétrique du triangle par rapport à (D).

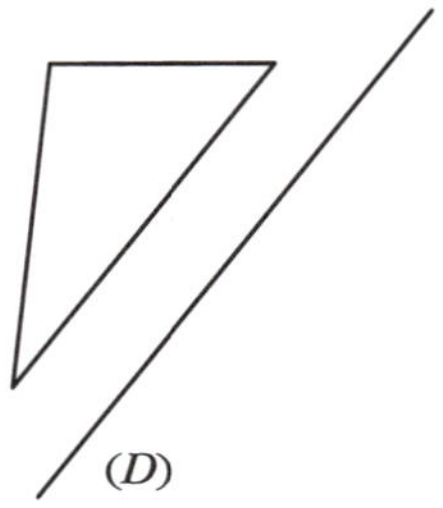

La réponse d'un élève fut la suivante :

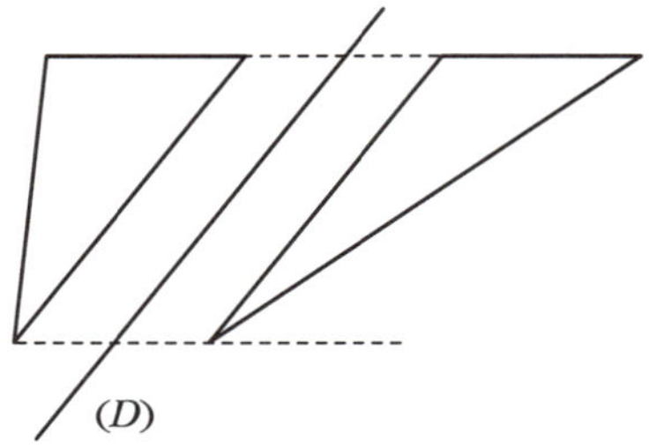

L'ANALYSE D'ERREURS S'APPUYANT SUR UNE APPROCHE « TRANSMISSIVE » DE L'APPRENTISSAGE

Dans cette conception, l'apprentissage passe par l'écoute des explications de quelqu'un qui sait (l'enseignant). Face à l'erreur précédente, les tenants de cette approche diront que l'élève n'a pas été suffisamment attentif au moment des explications du professeur. On dira parfois (c'est plus rare) que l'enseignant a mal expliqué (ou mal montré) les méthodes de tracé du symétrique d'une figure. Dans tous les cas (c'est une caractéristique de cette conception de l'apprentissage-enseignement), *l'erreur est assimilée à une insuffisance de l'élève généralement, de l'enseignant parfois.*

Ce type d'analyse conduit l'enseignant à réexpliquer, parfois avec d'autres mots. Si cette méthode de remédiation n'est pas à écarter systématiquement, nous en avons tous perçu, à de nombreuses reprises, les limites pour des erreurs prégnantes. Ce qui conduit à penser que ce type d'analyse n'est pas suffisant.

L'ANALYSE D'ERREURS S'APPUYANT SUR UNE APPROCHE « BEHAVIORISTE »* DE L'APPRENTISSAGE

Il est coutume de dire que, dans cette approche, le sujet est vu comme une « boîte noire » que l'on soumet à des stimuli (odeurs, lumières, sons, décharges électriques, changement de température ambiante, etc.). Le chercheur observe les réponses du sujet à ces sollicitations. L'activité mentale du sujet, interne à « la boîte noire », est considérée comme non directement observable et, pour cela, hors du champ de recherche.

Cette voie conduit l'enseignant à décomposer la connaissance en objectifs, sous-objectifs, ... de façon à permettre à l'élève de s'approprier le savoir en allant du simple au complexe, sans erreur. Ce que les pédagogues appellent « une pédagogie des petits pas », ou en « marches d'escalier », avec des pas de plus en plus petits et de plus en plus nombreux. Dans cette conception de l'apprentissage *l'erreur est l'indice d'une insuffisance de la progression proposée à l'élève : elle a été trop rapide.*

Si nous reprenons l'exemple précédent, les tenants de l'approche behavioriste diront que l'élève n'a pas atteint l'objectif : « Savoir tracer le symétrique d'une figure par rapport à un axe »**.

Ils chercheront alors à savoir, dans la liste hiérarchisée des objectifs relatifs à la notion de symétrie orthogonale, si d'autres ne sont pas atteints : « l'élève sait-il tracer le symétrique d'un point ? », « L'élève sait-il tracer le symétrique d'un segment ? »... Ils repéreront ainsi la « marche d'escalier » que l'élève a « ratée ».

Cette marche (objectif) étant repérée, ils feront alors travailler l'élève sur le passage de la marche précédente aux suivantes en lui proposant des exercices répétitifs de difficulté croissante. Bref, ils chercheront à le reconditionner de façon à ce qu'il réussisse l'exercice ci-dessus.

Cette approche a des limites dans la mesure où souvent, quelque temps après une telle séance de remédiation, l'élève refait des erreurs analogues.

De plus l'analyse behavioriste des erreurs ne permet pas d'expliquer pourquoi beaucoup d'élèves qui font l'erreur précédente réussissent l'exercice suivant où il fallait tracer les symétriques des points*** :

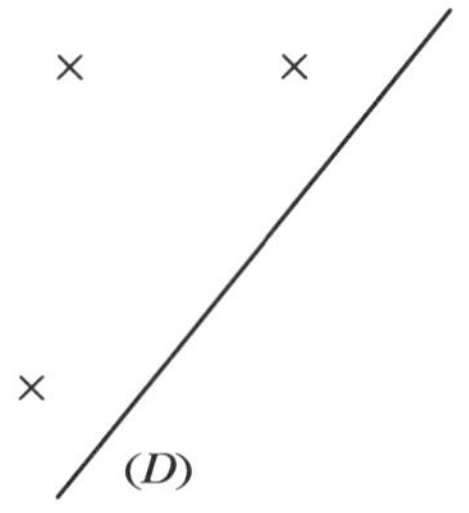

Cela nous conduit à penser que cette analyse n'est pas suffisante.

* Voir la page 302.*

** Ce qui est tout à fait exact !

*** Voir Denise Grenier *La symétrie orthogonale,* Petit x n° 7, IREM de Grenoble.

*« Quand il se présente à la culture scientifique, l'esprit n'est jamais jeune. Il est même très vieux, car il a l'âge de ses préjugés. » Bachelard.**

L'ANALYSE D'ERREURS S'APPUYANT SUR UNE APPROCHE CONSTRUCTIVISTE DE L'APPRENTISSAGE

Rappelons que dans cette approche (voir la page 304) de l'apprentissage, on fait l'hypothèse que l'esprit de l'enfant n'est jamais vierge : il possède des représentations (ou conceptions). Les représentations sont un ensemble de connaissances que l'élève mobilise un moment donné pour résoudre une tâche donnée. Ces représentations sont constituées de définitions, propriétés, symboles, images mentales mais également de « théorèmes en acte »** ou « théorèmes-élève ». Certaines conceptions très stables conduisent les élèves à des erreurs, ces conceptions sont appelées *obstacles*.

L'apprentissage se fait, comme l'observait déjà Gaston Bachelard, *contre* ces obstacles. *Les erreurs font ainsi partie intégrante des processus d'apprentissage.* On peut même résumer cela par la formule classique : « On apprend de ses erreurs ».

Les erreurs ont joué et jouent encore un rôle très important dans le développement des connaissances mathématiques***. On trouvera en annexe un exemple historique avec le théorème de Fermat.

Dans le cadre d'une telle approche, l'erreur ne sera plus considérée comme un manque : « l'élève n'a pas atteint tel objectif », « l'élève ne sait pas... », mais comme**** « [...] l'effet d'une connaissance antérieure, qui avait son intérêt, ses succès, mais qui, maintenant se révèle être fausse ou simplement inadaptée. Les erreurs de ce type ne sont pas erratiques et imprévisibles, elles sont constituées en obstacle. Aussi bien dans le fonctionnement du maître que dans celui de l'élève, l'erreur est constitutive du sens de la connaissance acquise ». Ainsi dans cette approche, l'erreur n'est plus seulement une « insuffisance », mais elle est révélatrice d'un état de connaissances de l'élève, de *conceptions* qui sont des obstacles. Deux questions vont nous guider dans cette analyse d'erreurs :

– *quel processus (ou démarche) l'élève a-t-il mis en place pour produire cette erreur ?*

– *quel est (sont) l'(les)origine(s) de ce processus ?*

Tentons de répondre à ces deux questions pour l'erreur précédente.

Quel processus l'élève a-t-il mis en place pour produire cette erreur ?

Il a, semble-t-il, tracé le symétrique des sommets du triangle en traçant des droites « horizontales », puis reporté sur ces droites des distances comme nous le faisons pour construire le symétrique. Notons que cette démarche est valable lorsque l'axe est « vertical ». On peut, à travers cette démarche, *percevoir une certaine conception de la symétrie* : pour cet élève, tout se passe comme si la symétrie était un mécanisme faisant passer la figure de l'autre côté de l'axe en suivant la direction « horizontale » et en conservant « globalement » la forme de la figure (un triangle reste un triangle, ...).

Quelle est l'origine de cette démarche ?

Pour répondre à cette question deux pistes peuvent être exploitées : le vécu scolaire de l'élève et son vécu social. La symétrie orthogonale est étudiée dès l'école primaire et généralement à partir de quadrillages. Ainsi, dans de nombreux exercices, les axes sont verticaux. On peut faire l'hypothèse que de ces exercices l'élève a induit que pour construire le symétrique d'une figure il faut tracer des droites horizontales (alors que l'enseignant pensait que l'élève traçait des droites perpendiculaires à l'axe !). D'autre part, dans la vie courante , les directions horizontales et verticales sont privilégiées, ce qui renforce cette procédure. Enfin, ici, la présence d'un côté « horizontal » est, pour certains élèves, un indice déclencheur de la procédure décrite ci-dessus. Cette analyse nous permet donc de mettre en évidence que derrière cette erreur il y a *un obstacle de nature didactique* (dû au fait que l'enseignement privilégie, dans un pre-

*** Bachelard Déjà cité.***

**** Voir le chapitre précédent.***

***** Voir I. Lakatos, 1984 *Preuves et réfutations*, éd. Hermann.**

****** Brousseau, in *Recherche en Didactique des mathématiques*, vol 4-2, 1983, éd. La pensée sauvage Grenoble.**

mier temps, des exemples à partir de quadrillages) et *épistémologique* (dû à la prégnance des directions horizontales et verticales dans la vie courante).

VALIDATION DES ANALYSES

Il reste maintenant à valider cette analyse soit par un nouveau test, soit par un entretien avec l'élève. Il n'est pas toujours facile d'amener l'élève à formuler la démarche qui l'a conduit à produire une erreur, dans la mesure où celle-ci est souvent non consciente. Ainsi, si on demande à l'élève « pourquoi as-tu tracé ainsi le symétrique du triangle ? » on n'a souvent aucune réponse ou bien des réponses convenues, pour nous faire plaisir.

Pierre Vermersch a mis en place une technique de questionnement qui favorise la prise de conscience des processus que toute personne met en place pour réaliser une tâche. Cette technique, appelée *« entretien d'explicitation »*, s'utilise « après coup » c'est à dire après l'action (recherche d'exercices par exemple). Elle consiste à aider l'élève à entrer en évocation de son action afin de la décrire la plus précisément possible. Pour cela on privilégie les questions en « comment » ou « quoi » et on évite les « pourquoi »•. Les questions en « pourquoi » incitent en effet l'interviewé à se justifier, ce qui l'empêche de rester en évocation de son action. Pour initialiser l'entretien il est nécessaire de s'assurer de l'accord de l'élève : « Si tu es d'accord nous allons revenir sur ... »••.

Ainsi, une analyse s'appuyant sur une approche constructiviste de l'apprentissage nous a permis de mettre en évidence que l'erreur de l'élève, plutôt qu'un manque de connaissance, était révélatrice d'une démarche qui s'appuyait sur des connaissances de l'élève (conceptions) et dont l'étude des origines possibles a permis de révéler sa « logique ».

Les connaissances de l'élève à l'origine des erreurs que nous venons rapidement d'analyser renvoient à des conceptions des concepts en jeu pour réaliser la tâche. Ces conceptions sont des obstacles. Les chercheurs en distinguent trois catégories : les *obstacles épistémologiques* (liés à la connaissance elle-même, on ne peut échapper à ces obstacles, ils se retrouvent souvent dans le développement historique du concept) ; les *obstacles didactiques* (liés au choix des situations d'enseignement que propose l'enseignant) et les *obstacles ontogéniques* (lié au développement du sujet, nous n'avons pas abordé ce type d'obstacle, voir ci-après).

Nous allons, à travers l'étude d'un deuxième type d'erreur, mettre en évidence que d'autres éléments peuvent être à l'origine de certaines erreurs.

UN DEUXIÈME TYPE D'ERREURS : « L'ÂGE DU CAPITAINE »

Considérons l'énoncé :

« *Dans un bateau il y 26 moutons et 12 chèvres. Quel est l'âge du capitaine ?* ».

La réponse d'une majorité d'élèves en 6e••• est 38 ans.

Quels processus les élèves ont-ils mis en place ? Ils ont manifestement additionné 26 et 12.

Quelle est l'origine de cette démarche, a priori surprenante ? Ici, il est difficile de trouver cette origine derrière les conceptions que les élèves peuvent avoir des moutons, des chèvres et d'un capitaine !... ou de l'addition. On peut alors être tenté de dire que la démarche des élèves est totalement illogique, que s'ils avaient réfléchi ils n'auraient jamais répondu cela ... bref, une analyse en terme d'insuffisance.

Continuons de faire l'hypothèse que derrière la démarche de l'élève il y a une logique et des connaissances. Cette logique est à chercher du côté de la lecture que l'élève fait et du contexte dans lequel il est.

On peut raisonnablement faire l'hypothèse que face à ce problème les élèves se sont dit (plus ou moins consciemment) : « C'est le professeur qui nous pose ce problème ;

• À noter qu'il n'est pas facile pour nous, enseignants, d'éviter les « pourquoi » !

•• Voir P. Vermersch, *L'entretien d'explicitation*, éd ESF, 1995.

••• *Idem* pour de plus jeunes enfants.

« Connaître la hauteur du grand mât, cela ne suffit pas pour calculer l'âge du capitaine. »

Poincaré.*

D'AUTRES ERREURS DU MÊME TYPE

On peut faire des analyses analogues sur les erreurs classiques des exemples suivants.

Exemple 1 : $|-x| = x$

Pour cette erreur on peut avancer au moins deux hypothèses quant à la démarche de l'élève :

– *l'élève a appliqué le théorème-élève suivant* : « Pour supprimer les valeurs absolues d'une expression, il faut supprimer les signes « – » figurant dans l'expression. » Cette démarche est directement induite par les exercices du genre : « Supprimer les valeurs absolues dans les cas suivant :

$$|-5|,\ |-7|,\ \ldots » ;$$

l'élève pense que (– x) est négatif à cause de la présence du signe « – ». L'origine de cette démarche est à renvoyer à la conception que l'élève s'est construite d'une variable et à ce qu'est pour lui le signe d'une expression (à noter que le mot « signe » a deux sens : « symbole d'une opération » ou « signe d'une expression »).

Derrière cette erreur, se pose le problème du sens de cette activité de « suppression de parenthèse » pour l'élève !

Face à cette erreur le dispositif de remédiation à mettre en place n'est évidemment pas le même suivant l'hypothèse qui sera validée.

Exemple 2 :
$\sin(a + b) = \sin a + \sin b$

Pour cette erreur, on peut faire l'hypothèse que l'élève a appliqué le modèle de la linéarité (très souvent valable dans les fonctions qu'on lui propose) à moins qu'il n'ait distribué le « sin » par rapport à l'addition. Cette erreur est directement fonction du vécu scolaire de l'élève.

Exemple 3 :
$(2x + 7)(3x - 7) \geq 0$
$\Leftrightarrow 2x + 7 \geq 0$ ou $3x - 7 \geq 0$

Ici, on peut faire l'hypothèse que l'élève a appliqué un « théorème-élève » qui pourrait être ainsi libellé : « Un produit de facteurs est positif ou nul si et seulement si chacun de ses facteurs est positif ou nul ». Ce théorème est le résultat d'une analogie avec le théorème (correct) du produit de facteurs nuls. Il est à noter que visuellement il y a très peu de différence entre l'écriture ci-dessus et l'écriture :

$$(2x + 7)(3x - 7) = 0.$$

Exemple 4 :
$(2i + 3)z = 0 \Leftrightarrow i = -3/2$ ou $z = 0$

Pour cette erreur, on peut faire l'hypothèse que l'élève a appliqué correctement le théorème « Un produit de facteurs est nul si et seulement si chacun de ses facteurs est nul ».

Mais ensuite, il assimile i à une variable ce qui l'amène à poser $i = -3/2$. Pour cet élève i n'est donc pas un nombre. Certainement, pour lui, un nombre doit toujours pouvoir s'écrire à partir de chiffres. (À noter que pour beaucoup d'élèves, mais aussi d'adultes, seuls les décimaux sont des nombres, $\sqrt{2}$ par exemple n'est pas un nombre. Enfin, n'oublions pas que pour Kronecker seuls les entiers étaient des nombres.)

* ***La science et l'hypothèse*, ch. 5.***

d'habitude dans tous les problèmes qu'il nous pose il y a une réponse, pour trouver cette réponse, il faut faire une opération avec les nombres de l'énoncé ». Ainsi, à ce stade de réflexion, l'élève peut hésiter entre les quatre opérations classiques et opter pour l'addition à cause de la présence du « et » dans l'énoncé ou parce que c'est la seule opération qui donne un résultat plausible.

En somme, pour répondre à cette question, l'élève s'est appuyé sur la perception qu'il a d'un certain nombre de règles de fonctionnement de la classe que l'on appelle *règles du contrat didactique :*

– tout problème proposé par le maître a une solution ;

– pour résoudre un problème il faut utiliser tous les nombres de l'énoncé ;

– le sens de l'énoncé n'a pas d'importance.

La règle consistant à penser qu'« il faut utiliser la dernière notion étudiée pour résoudre les exercices proposés » est également une règle du contrat didactique à l'origine d'un certain nombre d'erreurs. Nous les rencontrons lorsque dans un chapitre donné nous proposons un problème ne faisant pas intervenir les connaissances de ce chapitre. Lorsqu'un élève de 4e affirme que deux droites sont perpendiculaires parce qu'il l'a vérifié sur le dessin, alors que nous attendons une démonstration, nous sommes également en présence d'une « erreur » due à la prégnance d'une règle du contrat didactique relative à l'enseignement de la géométrie. Cette règle valable en classe de 6e et 5e peut s'expliciter ainsi : « En géométrie, il faut faire des figures précises, et savoir reconnaître, sur ces figures, des droites perpendiculaires, parallèles,... ». Cette « erreur » est révélatrice de ce que nous appelons *une rupture du contrat didactique.*

Ces règles du contrat didactique, en grande majorité implicites, sont établies par l'habitude et sont généralement mises en évidence lorsqu'il y a une rupture du contrat didactique (ce qui est évidemment le cas pour l'âge du capitaine).

Ainsi, confronté à une tâche, l'élève se réfère soit à ses connaissances (scolaires et sociales) soit au contexte dans lequel est proposée cette tâche.

D'AUTRES ORIGINES D'ERREURS

Certaines erreurs peuvent être liées à ce que nous pourrions *appeler la limitation de l'élève* :

– par exemple, des erreurs dues à des *surcharges émotionnelles* lors de contrôles ou d'examens. On a tous rencontré des élèves qui faisaient des erreurs inhabituelles au cours d'un test ;

– des erreurs liées à *la représentation que l'élève a de lui-même comme mathématicien.* On a tous des élèves qui, dès le début de l'année nous annoncent : « De toute façon je suis nul en math. ». Ce constat n'est évidemment pas sans conséquence sur les erreurs qu'ils peuvent faire•;

– enfin, dans cette catégorie, il y a également des erreurs liées au *développement de l'enfant* (Stades de développement, voir les travaux de Piaget••) qui sont à l'origine *d'obstacles ontogéniques.* L'épistémologie génétique••• a mis en évidence que le développement des structures de l'intelligence passe par des stades : stade de l'intelligence sensori-motrice, stade de l'intelligence des opérations concrètes,... À chaque stade qui résulte d'apprentissage spontané, l'enfant développe des compétences nouvelles. Par exemple au stade des opérations concrètes (à partir de 7-8 ans et jusqu'à 11-12 ans ou plus) apparaissent les notions de conservation : conservation des substances, des longueurs, des surfaces, ... (voir l'encadré à la fin du chapitre). On constate qu'au collège certains élèves ne sont pas conservants des surfaces ou des volumes, ce qui bien sûr crée des obstacles à l'acquisition des concept d'aires ou de volume et donc entraîne des erreurs.

Il y existe également des erreurs liées à la façon dont l'élève se construit une représentation de l'énoncé, et donc du *sens qu'il*

• Voir R. Noirfalise, *Connaissances ou capacités* in « Repères IREM », n ° 5, éd. Topiques, 1991.

•• Pour une première approche de l'œuvre de Piaget, on peut lire *Pour comprendre Jean Piaget* de J.-M. Dolle, réédité Dunod, 1997.

••• Voir le chapitre précédent.*

Chercher à remédier à des erreurs, c'est proposer aux élèves de nouvelles situations d'apprentissage.

donne à l'activité proposée. C'est tout particulièrement le cas dans la résolution de problèmes dit « concrets ». Par exemple, le problème suivant fut proposé dans le cadre de l'évaluation 6e : *Monsieur Martin est chargé de ranger 80 bouteilles dans des casiers. Chaque casier peut contenir 12 bouteilles. Combien de casiers seront nécessaires pour que Monsieur Martin puisse ranger toutes les bouteilles ?* Des élèves ont répondu : « *6 casiers, et il restera 8 bouteilles* ». L'entretien que nous avons eu avec certains a mis en évidence que pour eux les bouteilles étaient rangées si les casiers étaient pleins. Ainsi, cette erreur renvoie à la représentation que l'élève s'est construit du problème et non à la procédure mise en place•.

Une analyse « constructiviste » des erreurs peut être schématisée ainsi :

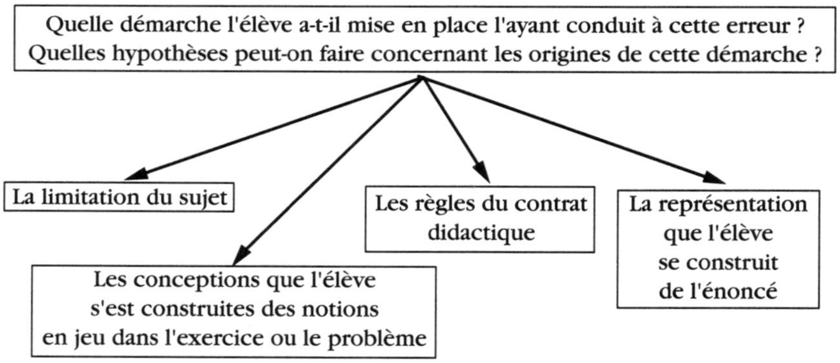

Les erreurs classiques que nous rencontrons année après année sont généralement dues à des problèmes de conceptions ou à de règles du contrat didactique. Nous nous limiterons dans la suite aux dispositifs de remédiation de ces deux types d'erreurs. ■

CONSERVATION DES LONGUEURS

On dispose d'une baguette de 16 cm et de quatre baguettes de 4 cm. Dans un premier temps, on dispose ces baguettes comme ci-dessous :

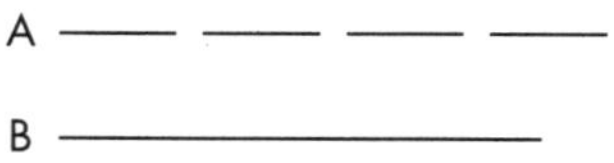

L'élève constate que les deux chemins A et B sont de même longueur.

Dans un second temps on dispose les quatre baguettes comme ci-dessous :

L'élève « non-conservant » pense que le chemin A est plus court.

• Pour plus d'informations sur ces différents types d'erreurs, nous vous renvoyons à l'article de R. Charnay et M. Mante, in *Repères IREM,* n° 6, éd. Topiques.

LES DISPOSITIFS DE REMÉDIATION DANS UNE APPROCHE SOCIO-CONSTRUCTIVISTE DE L'APPRENTISSAGE

SITUATIONS DE REMÉDIATION ET D'APPRENTISSAGE

Chercher à remédier à des erreurs, c'est proposer aux élèves de nouvelles situations d'apprentissage. Ces situations sont donc directement liées à la conception d'apprentissage-enseignement à laquelle nous nous référons.

Rappelons que, dans l'approche constructiviste, *l'apprentissage consiste à passer d'une conception - obstacle à une conception plus performante* car elle permet à l'élève de résoudre correctement davantage de problèmes. Ce passage se fait par la remise en cause de la conception faisant obstacle. Cette remise en cause ne pourra avoir lieu que si l'élève *prend conscience que la démarche qu'il a mise en place conduit à des résultats contradictoires, ce qui provoque chez lui un conflit cognitif*. Cette contradiction peut être apportée par la situation elle-même ou par les autres.

Les situations d'enseignement qui permettent la mise en place d'un tel processus sont appelées *situation-problème*•. Dans tous les cas cela suppose que *l'élève arrive à expliciter la démarche qu'il a mise en place.*

RETOUR SUR L'EXEMPLE DE L'ERREUR DE LA SYMÉTRIE ORTHOGONALE

Sur quoi peut porter la contradiction ?

Si c'est l'enseignant qui signale à l'élève son erreur, ce dernier sera certainement convaincu (l'enseignant a toujours raison !) *mais il risque de ne pas remettre en cause sa démarche :* son résultat oui, mais pas forcément sa démarche.

C'est ce qui peut expliquer que, après une remédiation de type « transmissive » ou « behavioriste » beaucoup d'élèves refont ce type d'erreur.

Dans cette situation••, on peut prendre appui sur le pliage. Cela suppose que l'élève se soit parfaitement approprié le fait que tracer le symétrique d'une figure est le résultat d'un pliage le long de l'axe de symétrie. Si ce n'est pas le cas, on peut faire un travail préalable qui consiste par exemple à présenter à l'élève des figures symétriques et lui faire constater, qu'après un pliage, celles-ci se superposent.

Après que l'élève a réalisé l'erreur présentée ci-dessus, nous pouvons lui demander s'il pense que la figure obtenue se superposera par pliage à la figure de départ. Il est important qu'il effectue ce pliage mentalement dans un premier temps.

Généralement, il est certain de la superposition, ce qui met en évidence la stabilité de ses conceptions et de la procédure mise en place. Nous lui demandons alors d'effectuer le pliage et de regarder par transparence s'il y a superposition. Devant le constat de la non-superposition l'élève est généralement très sceptique ; il revérifie son pliage, regarde à nouveau par transparence, vérifie les mesures qu'il a prises,... Bref, il vit une situation de conflit cognitif.

C'est seulement après diverses vérifications qu'il prend progressivement conscience que c'est sa procédure qui est à reprendre. Deux cas peuvent alors se produire : soit, de lui-même, il réussit à construire correctement le symétrique de la figure, soit on l'aide éventuellement en revenant au tracé d'un point, de deux points d'un segment...

Dans tous les cas, on l'aide à prendre conscience des indicateurs qui l'ont amené à mettre en place une procédure incorrecte. On retrouve les caractéristiques des situations-problèmes.

• Voir la bibliographie, page 327.*

•• Voir les pages 316 et 317.*

Les erreurs de l'élèves sont liées à des conceptions qui sont des obstacles de nature épistémologique, didactique ou ontogénique.

Retour sur l'erreur de « l'âge du capitaine »

Dans ce cas•, la stratégie est la même : aider l'élève à prendre conscience que sa démarche est incorrecte, mais ici la contradiction peut difficilement venir de la situation (38 ans n'est pas invraisemblable pour l'âge d'un capitaine !). On s'appuie alors sur le fait que tous les élèves de la classe ne trouvent pas le même résultat (ce qui est toujours le cas). On fait alors le point des différentes réponses fournies par les élèves. Dans ce cas il y en a généralement deux : « le problème est impossible » ou « 38 ans ». On demande alors à des élèves ayant obtenu des résultats différents d'expliciter leur démarche et d'argumenter la validité de leur réponse. On joue ici sur le conflit socio-cognitif. La plupart de ceux qui ont trouvé 38 ans expliquent qu'ils ont produit ce résultat car *il fallait bien donner une réponse* ! Le professeur peut, alors, préciser qu'avec lui, certains problèmes peuvent être impossibles. (Explicitation d'une nouvelle règle du contrat.)

Commentaires

Cette approche des dispositifs de remédiation appelle un certain nombre de commentaires.

• **Dans ces situations, la difficulté est de trouver le « point d'appui » de la contradiction** (pour la symétrie orthogonale c'est le pliage). Ce qui apparaît contradictoire pour l'enseignant ne l'est pas forcément pour l'élève, c'est tout particulièrement le cas avec des élèves en difficulté.

Par exemple, lorsqu'un élève écrit que $(2x + 3)^2 = 4x^2 + 9$, pour l'aider à *percevoir une contradiction* nous lui demandons de remplacer x par 3 (par exemple) dans le premier et le second membre de son égalité. Nous pensons alors que le fait qu'il ne trouve pas le même résultat est suffisant pour déstabiliser le théorème-élève qui l'a amené à produire cette « erreur ». Mais ce n'est pas toujours le cas : après que l'élève a remplacé x par 3, si nous nous contentons d'interviewer les élèves pour leur demander ce qu'ils en pensent, beaucoup constatent qu'effectivement le résultat n'est pas le même, mais ils s'empressent d'ajouter que « peut-être que pour d'autres nombres ça marche ! ». Ce qui est obstacle à la prise de conscience de la contradiction ici, c'est le sens du signe égal entre deux expressions littérales. Ainsi, pour que l'élève perçoive une contradiction sans que nous ayons besoin d'intervenir, il est souvent nécessaire de faire un travail préliminaire pour installer un « point d'appui ».

• **Le rôle de l'enseignant au cours de ces situations est essentiel**. Il faut, en particulier, qu'il évite d'accélérer la prise de conscience par l'élève de la contradiction, par des interventions du genre : « Mais tu vois bien que c'est faux, puisque ... » Dans le cadre de mise en place de conflits socio-cognitifs il doit savoir rester neutre ; il distribue la parole, favorise l'explicitation des démarches, mais n'intervient pas sur le contenu. Sinon, l'élève ayant fait une erreur le percevra sans forcément prendre conscience que sa démarche est à l'origine de l'erreur, et donc sans la remettre en cause. L'élève cherchera à produire la bonne réponse en essayant de décoder les attentes de l'enseignant.

• **Dans la mesure du possible il est souhaitable que l'enseignant ne précise pas si la réponse de l'élève est juste ou non.** Il est préférable qu'il l'incite à contrôler son résultat ou à le comparer avec celui de son voisin ou de sa voisine. Cela favorise l'autonomie de l'élève en le poussant à mettre en place des outils de contrôle, et, en cas d'erreur, cela rend les situations de prise de conscience de contradiction plus marquantes.

• **Cette approche de la remédiation nécessite plus de temps••** qu'une approche traditionnelle (qui consiste par exemple à dire à l'élève qu'il s'est trompé et à le guider vers la réponse correcte). Mais

• Voir la page 319.*

•• Tout au moins à court terme, c'est donc un investissement.

nous constatons qu'avec ce type de remédiation le retour de l'erreur semble moins fréquent. De plus, en cas de récidive, si la situation de remédiation a été suffisamment marquante, il suffit d'aider l'élève à revenir mentalement à cette situation pour que très rapidement il corrige son erreur. Ainsi les situations de remédiation sont *des situations de référence*. Cela nous permet de faire l'économie de nouvelles explications qui souvent s'avèrent peu efficaces.

• La présentation que nous faisons de l'élaboration de dispositifs de remédiation laisse penser que pour chaque erreur il y a un remède. En réalité les erreurs relatives à un concept donné se constituent en réseau.

Travailler sur une erreur, c'est en réalité travailler sur le réseau derrière lequel il y a des obstacles épistémologiques ou didactiques.

■

CONCLUSION

Nous avons mis en évidence que l'analyse d'erreurs et l'élaboration de dispositifs de remédiation sont fonction des conceptions de l'apprentissage sur lesquelles nous nous appuyons (même implicitement).

L'approche constructiviste de l'apprentissage nous a amené à faire l'hypothèse que *derrière les erreurs « classiques » il y a une démarche de l'élève et une logique qui s'appuient sur des conceptions qui sont des obstacles de nature épistémologique, didactique ou ontogénique.*

Cette analyse nous conduit à penser qu'au lieu de prendre en compte les erreurs des élèves au cours ou en fin d'apprentissage il serait souhaitable de les prendre en charge dès le début de l'apprentissage d'une connaissance nouvelle. Cela suppose que lorsque nous préparons des cours pour introduire une connaissance, il faut, en plus du repérage des objectifs que l'on vise, lister a priori les principales erreurs que les élèves risquent de commettre.

Ce travail permet d'analyser ces erreurs, et, pour celles qui renvoient à des obstacles épistémologiques ou didactiques, d'essayer d'élaborer des activités d'introduction permettant à l'élève de prendre conscience de l'insuffisance de ces conceptions ou des règles du contrat didactique auxquelles il se réfère (situations-problèmes). *Dans ce cas, on peut véritablement parler d'un apprentissage qui s'appuie sur les erreurs des élèves.* ■

ANNEXE

LE GRAND THÉORÈME DE FERMAT OU LORSQUE DES ERREURS DEVIENNENT FRUCTUEUSES

Il était connu depuis l'Antiquité que l'équation $x^2 + y^2 = z^2$ où x, y, z, sont des nombres entiers non nuls, possède une infinité de solutions appelées des triplets pythagoriciens. Il était alors naturel de vouloir rechercher les solutions éventuelles de l'équation $x^3 + y^3 = z^3$, de l'équation $x^4 + y^4 = z^4$ et plus généralement de l'équation $x^n + y^n = z^n$ où n est un entier $(n \geq 3)$.

Le fils de Pierre Fermat publia, après la mort de ce dernier, un ouvrage reproduisant des notes de son père figurant en marge d'un livre d'arithmétique de Diophante. Pierre Fermat écrivait alors que la réponse à cette question était négative, c'est-à-dire que ces équations n'admettent aucune solution (autre que le triplet 0,0,0), qu'il *en avait une démonstration, mais que la marge du livre était trop exiguë pour qu'il puisse la faire figurer*. La grande aventure commençait.

La simplicité de l'énoncé et la grande valeur reconnue à Fermat par ses contemporains (comme par les mathématiciens ultérieurs) valut à cette mystérieuse remarque de solliciter un vif intérêt de la communauté mathématique qui commença par essayer de retrouver la démonstration que l'on pouvait prêter à Fermat (en employant ses techniques préférées), puis, bien entendu, en tout état de cause, d'en trouver une, quelle qu'elle soit, par d'autres voies.

Les historiens des mathématiques qui se sont penchés depuis sur les travaux de Fermat et ses différents écrits sont convaincus qu'avant sa mort Fermat s'était aperçu de son erreur, et qu'il ne considérait plus le problème comme résolu.

Il avait donc sans doute fait une erreur, mais laquelle ? *Ainsi, ce problème, dès le départ, fut placé sous un signe qu'il n'allait plus quitter pendant trois siècles et demi : celui d'erreurs et de leurs conséquences.*

Nous n'évoquerons pas ici les multiples attaques du problème qui se succédèrent en s'enrichissant. Des résultats partiels s'ajoutèrent régulièrement les uns aux autres à un point tel qu'il aurait fallu sans doute plusieurs milliers de pages si l'on avait voulu il y a trois ans regrouper, avec leurs démonstrations, l'ensemble des résultats acquis autour de ce théorème.

Il fut l'objet d'une intense publicité, non seulement au sein de la communauté mathématiques, prête à décerner des prix à celui qui pourrait le résoudre, mais également auprès du grand public en raison de la simplicité de l'énoncé et de l'énigmatique remarque initale de Fermat.

C'est ainsi que la preuve de ce résultat fut à plusieurs reprises annoncée par les médias internationaux. Ce qui est tout à fait exceptionnel pour des mathématiques.

On peut constater que les *multiples publications autour de ce théorème furent accompagnées d'un nombre considérable d'erreurs*, les unes ponctuelles, anodines et faciles à rectifier, les autres graves, remettant totalement en question les affirmations de leurs auteurs.

À tel point qu'au début de ce siècle un ouvrage parut en France, proposant un classement en partie historique des principales erreurs commises (par les plus grands mathématiciens, notons-le bien) avec une façon de détecter les erreurs dans les preuves proposées soit par des spécialistes, soit par les nombreux autodidactes à croire tenir une solution.

Mais si l'on peut être surpris du nombre d'erreurs trouvées tout au long des textes publiés à ce sujet, on peut noter également que beaucoup furent fructueuses. Elles attirèrent l'attention des mathématiciens sur des phénomènes qui leur avaient échappé jusque là.

L'exemple le plus célèbre concerne une erreur faite sur des questions de factorisation, où implicitement il était admis que pour des ensembles de nombres autres que $\mathbb{Z}$, existait une factorisation unique en éléments premiers, ce qui n'est pas le cas. Cela conduisit ultérieurement Kummer à créer et développer la théorie des idéaux qui donna naissance, au début du siècle, à ce qui fut nommé l'algèbre moderne.

La fin de l'histoire fut, elle aussi, placée sous le même signe puisque l'annonce en juin 1993 par Andrew Wiles de la preuve du résultat dans un spectaculaire séminaire à Cambridge fut suivie quelques mois après d'abord de doutes, puis de la détection de lacunes et même d'un « trou ». Il fallut dix-huit mois à Wiles, aidé de l'un de ses élèves et de beaucoup d'autres mathématiciens, pour le combler. Aujourd'hui la communauté mathématique considère ce résultat comme acquis et Wiles s'est vu décerné par Toulouse, ville natale de Fermat, un prix important destiné à celui qui leva le mystère.

■

BIBLIOGRAPHIE

G. Arsac, G. Germain et M. Mante, *Problèmes ouverts et situation-problèmes,* IREM de Lyon, (1988).

S. Baruk, *L'âge du capitaine,* Le Seuil.

A. Bouvier, *La mystification mathématique,* Hermann, 1981.

A. Bouvier, *Que nous apprennent les erreurs de nos élèves ?* Bull. APMEP 335, p. 657-670, 1982.

A. Bouvier, *Pour une didactique-action,* Bull. A.M.Q., vol XXIII, n° 1, p. 13-24, 1983.

A. Bouvier, *Une situation conflit,* Bull. A.M.Q. vol XXIII, n° 4, p 29, 1983.

A. Bouvier, *The right to make mistakes,* For the learning of Mathematics, 7, 3, p 17-25, 1987.

R. Nogues, *Théorème de Fermat, son histoire,* 1932, Réédition éd. J. Gabay, 1992.

« Le bien juger est très difficile, si l'on n'a en cet art grande théorie et pratique jointes ensemble. » Nicolas Poussin.

L'ÉVALUATION EN MATHÉMATIQUE

LE PROFESSEUR DE MATHÉMATIQUES ET L'ÉVALUATION

AUTEUR

Antoine BODIN,
agrégé de mathématiques,
responsable des évaluations
EVAPM.

Le souci principal du professeur de mathématiques est la qualité de son enseignement et, mais c'est déjà une répétition, la qualité de la formation mathématique qu'il donne à ses élèves. Bien souvent l'évaluation lui apparaît alors comme une gène d'origine extérieure, une demande de nature administrative, qui le détournerait de l'essentiel.

« *Zut ! c'est la fin du trimestre, je n'ai que deux notes.. il faut faire un devoir...* » Ou encore : « *l'examen approche, je n'ai pas encore traité cette question... pourvu qu'*ils *ne tombent pas dessus !* »

Curieusement, les élèves s'intéressent beaucoup plus à l'évaluation que le professeur. «*Quand aura lieu le prochain devoir ? Portera-t-il sur le dernier chapitre ? Sera-t-il difficile ? Vais-je pouvoir me rattraper ?..*»

Bref, le professeur s'intéresse à la formation de ses élèves tandis que les élèves s'intéressent à leurs résultats, ou plutôt... à leurs *notes*.

La question se pose de savoir si, et comment, il serait possible de rapprocher les points de vue, de mettre l'évaluation au service de la formation et d'amener par la même occasion les élèves à s'intéresser davantage à leurs apprentissages.

LE PROFESSEUR ET SON PASSÉ

En matière d'évaluation, le professeur de mathématiques est tributaire, comme les autres, de sa formation et de ses expériences d'élève. Le premier exercice que nous proposerions à un jeune enseignant, (mais les autres peuvent participer au *jeu* !), consisterait à lui demander d'essayer de se remémorer ses souvenirs scolaires en matière d'évaluation. Qu'il pense de préférence à une discipline dans laquelle il n'était pas très bon, qui ne le passionnait guère, mais qui pourtant *comptait* beaucoup, ou encore à un professeur

Le schéma traditionnel

A) Les élèves ont été prévenus de la date et des contenus sur lesquels portera l'épreuve (le professeur leur a demandé de réviser).

B) Tous les élèves de la classe reçoivent le même sujet et le traitent individuellement, dans le temps imparti.

C) Le professeur de la classe recueille les copies et leur atttribue des notes (on dit qu'il corrige les copies). Il fait ce travail en dehors de la présence des élèves.

D) Quelques jours ou quelques semaines plus tard, le professeur rend les copies notées et annotées. Bien souvent il les rend dans l'ordre des notes (croissantes ou décroissantes), avec un commentaire public sur la qualité du travail effectué.

E) Puis le professeur envoie successivement des élèves au tableau pour faire résoudre les questions de l'épreuve (on dit qu'il corrige le devoir).

F) Les notes sont remises à l'administration qui les utilise pour la suite du déroulement de la scolarité des élèves (suivi, orientation, passage au niveau supérieur).

fig. 1

auquel il reprochait sa façon de noter. En contrepartie, qu'il pense à des situations qui ne lui posaient pas de problèmes, à des disciplines où il se sentait bien sans pour autant y avoir été un *fort en thème*.

La question n'est pas de savoir si l'élève que vous étiez alors avait raison, pas plus que de savoir si vos élèves aujourd'hui auraient raison de critiquer votre façon d'évaluer. Il s'agit plutôt de *se demander comment les représentations que les élèves développent sur cette question agissent sur leurs comportements et sur leurs apprentissages*.

Comme élève vous avez sans doute rencontré le schéma présenté à la *figure* 1. En fait ce tableau est extrait d'une encyclopédie internationale sur l'enseignement des mathématiques et cherche à résumer les pratiques les plus courantes que l'on peut observer dans le monde•.

Il n'est pas possible en quelques pages de faire le tour des théories et des pratiques, de présenter à la fois ce que certains travaux de psychologie, de sociologie, des sciences de l'éducation, de didactique des mathématiques peuvent apporter à notre réflexion et, simultanément, de faire l'inventaire des pratiques existantes et des outils disponibles.

L'EXPÉRIENCE ET LE BON SENS

Comme nous l'avons déjà suggéré, nous conseillons plutôt à nos collègues *de partir de leur propre expérience, de leurs propres questions, des questions de leurs élèves, mais aussi des questions qui leur sont posées à l'extérieur de l'école*, par exemple, par leurs amis ou par les enfants de leurs amis.

Comment, par exemple, éviter de dérouler systématiquement la correction d'un devoir au tableau lorsque l'on sait que la plupart des élèves n'en tireront à peu près aucun profit ? Comment faire un devoir qui montre aux élèves l'importance et l'efficacité des notions qui viennent d'être présentées ? Comment éviter que les élèves croient qu'il suffirait d'apprendre pour le contrôle et qu'il n'y aurait aucun inconvénient à oublier ensuite ? Chaque lecteur pourra ajouter ici la liste de ses questions du moment.

À condition simplement de savoir, et de vouloir, mettre en question les représentations courantes et les pratiques (et les mettre en questions !), le simple *bon sens* permet de résoudre, au moins provisoirement, de nombreux problèmes. Parler de bon sens ne signifie cependant pas qu'il faille accepter toutes les idées reçues, et qu'il ne soit pas nécessaire de se méfier du sens commun.

La suite du chapitre mettra en cause des idées reçues, suggérera des pistes nouvelles, mais, avant d'aller plus loin, il nous semble nécessaire de donner ici un conseil de prudence.

Le jeune professeur, et même n'importe quel professeur qui débuterait dans un établissement, aura tout intérêt à concentrer ses efforts sur la qualité de son enseignement, qualité qui sera facilement reconnue, et à rester *temporairement conforme en ce qui concerne l'évaluation*. Les élèves, les collègues, l'administration, les parents, ont en effet des habitudes et des attentes qu'il est pour le moins maladroit de contredire avant d'avoir fait la preuve de ses qualités en matière d'enseignement proprement dit. Pour être clair, il vaut mieux ne pas arriver dans un établissement en déclarant *«les notes ne sont pas fiables, je ne mets pas de notes»*, ou *«je ne fais pas de moyenne»*, ou *«toute note est révisable et les élèves peuvent participer à leur notation»*, ou encore en faisant un long discours sur des conceptions *progressistes* de l'évaluation. Faisons des mathématiques et soucions-nous d'éducation mathématique de nos élèves, c'est-à-dire cherchons à transmettre le sens et la valeur des savoirs mathématiques en même temps que les connaissances correspondantes, et essayons de mettre l'évaluation au service de ces objectifs.

•Bodin & Capponi, « Junior Secondary School Pratices », *International Handbook of Mathematics Education*, Section 2, « Teaching and learning Mathematics », Kluwer Academics Publishers, 1996, Dordrecht.

La question du niveau des élèves est-elle une bonne question ?

La *figure* 2 est empruntée au même ouvrage que la figure 1.

Elle est destinée en particulier à rappeler qu'il n'y a pas toujours cohérence dans les pratiques et que le même enseignant peut avoir simultanément des pratiques d'enseignement centrées sur l'élève et des pratiques d'évaluation qui se situeraient à gauche sur l'autre échelle, et réciproquement.

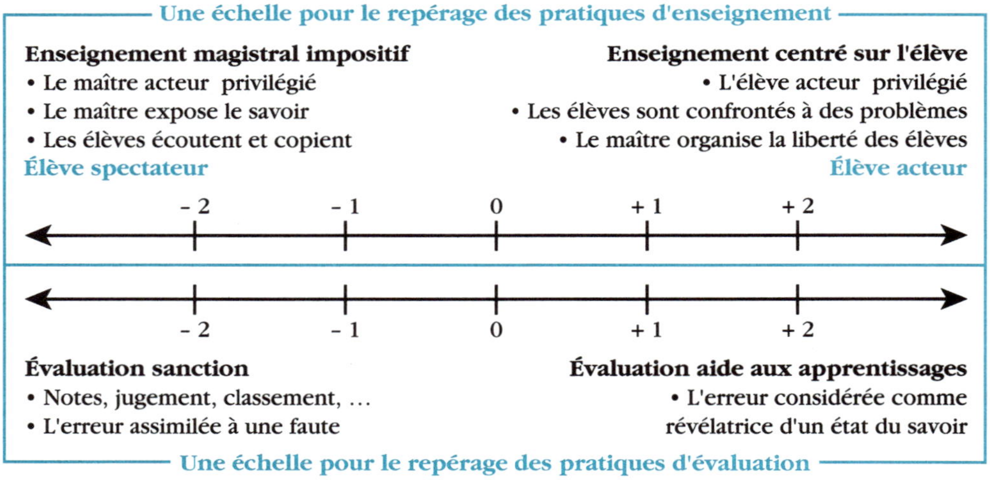

fig. 2

Réflexions d'ordre général sur l'évaluation

Le niveau baisse !

« Chaque fois que l'on donne un coup de sonde pour savoir ce qui demeure dans le cerveau d'un jeune... on reste confondu par la misère intellectuelle des élèves bacheliers. 60 ou 70 % des enfants qui encombrent les bancs des lycées ne profitent pas de l'enseignement. N'ayant pas de goût à ce qu'ils font, ils s'ennuient ! » ? Si cela était vrai, ce ne serait en tout cas pas nouveau ! la citation est extraite d'un discours prononcé par un recteur en... 1937 !

La *figure 3* montre une question utilisée dans le cadre de l'observatoire EVAPM*. Les taux donnés sont les taux de réussites enregistrés sur des sous-populations importantes (des dizaines de milliers d'élèves) qui peuvent être considérées comme représentatives des populations concernées.

* Voir les pages 344 et 345.*

En fin de quatrième, seuls 5 % des élèves réussissent, et ils ne sont encore que 22 % à réussir en fin de troisième.

Le fait que cette question soit réussie en fin de première par plus de 90 % des élèves qui se dirigent vers une terminale scientifique et par seulement 50 % des autres (environ), met bien en évidence l'énergie qu'il faut déployer pour installer des compétences apparemment banales.

On peut toujours penser qu'il y a dix, vingt, trente ans, les résultats auraient étés

Question posée au étudiants du DEUG lettres et S.H. Paris VII

Après une augmentation de 40 %, un objet vaut 84 F.

Combien valait-il avant cette augmentation

Expliquez ce que vous faites pour trouver la réponse.

RÉSULTAT EXACT
Quatrième 1989 : 5 %
Troisième 1990 : 22 %
Élèves orientés en seconde LEG : 24 %
DEUG lettres et S.H. Paris VII 1985 : 30 %
Première 1993 :
Série S : 80 %
Élèves orientés en TC : 91 %
Série B : 59 %
Série A1 : 49 %
Série F : 53 %

Question non traitée
Première 1993
série S :
4 %
série B :
10 %

Introduction directe
du cœfficient 1,4
Première 1993
série S :
19 %
Élèves orientés en TC : 21 %
série B :
17 %

fig. 3

bien meilleurs, *que le niveau était meilleur !* En fait, les comparaisons sont difficiles à faire et n'ont le plus souvent aucun intérêt pour les professeurs *aujourd'hui*.

On peut toujours dire que le *niveau* monte entre la classe de quatrième et la classe de première, mais cela ne présente pas grand intérêt. En revanche, il est important que les enseignants aient à leur disposition des questions repères comme celle-ci. Pour les questions présentées dans la suite de ce chapitre, chaque fois que cela sera possible, nous indiquerons des taux de réussite qui peuvent être considérés comme des indices de difficulté.

Signalons incidemment que la comparaison avec ce que l'on obtient dans d'autres pays sur des questions analogues ne permet pas de considérer que les petits Français se conduiraient particulièrement mal (voir le paragraphe sur les études internationales, pages 348 et 349).

UN PÉRIMÈTRE TROMPEUR

Dans une évaluation de début d'année de la DEP•, les élèves de sixième ont, en particulier, été confrontés à une question concernant le périmètre de la réunion de deux triangles (*figure* 4).

Parmi ces élèves, 20 % ont trouvé la réponse attendue, tandis que 45 % ont produit la réponse erronée correspondant à l'utilisation du *théorème en acte*•• suivant : « *Le périmètre de la réunion de deux figures accolées est égal à la somme des périmètres de ces figures* ».

Question DEP 1990
(Début de sixième, question reprise en 1992)

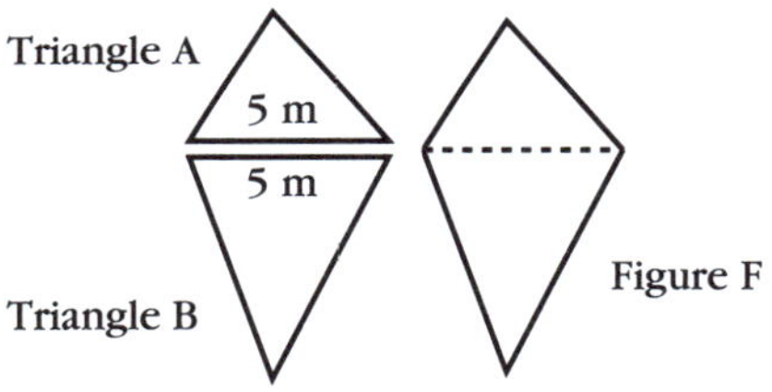

Le périmètre du triangle A est 12 m.
Le périmètre du triangle B est 17 m.
La figure F est formée à l'aide des deux triangles, comme indiqué sur le dessin.

Quel est le périmètre de la figure **F** ?

Écris tes calculs :

Réussite : 20 %
Réponse 29 m : 45 %
Réponse 24 m : 5 %

Le périmètre de la figure F est : .... *m*

fig. 4

On peut toujours penser que nous n'aurions jamais commis une telle erreur lorsque nous avions 11 ans, et c'est sans doute vrai pour beaucoup d'entre nous

• Voir la page 346.
•• Voir la page 313.

Peut-on élaborer des situations d'évaluation qui ne soient pas artificielles ?

(aujourd'hui professeurs de mathématiques !). Rien ne prouve cependant que, dans l'ensemble, nos condisciples de l'époque eussent mieux réussi que les élèves d'aujourd'hui.

Une question mal posée

Nous verrons plus loin que *la question du niveau est une mauvaise question et qu'elle ne peut recevoir de solution « scientifique » correcte* (pas même en se restreignant à une discipline particulière). Il convient en particulier de rapporter cette question à celle de l'évolution des savoirs et à l'évolution des besoins de formation.

Il ne faut cependant pas trop se moquer de cette question. C'est en effet à l'honneur des professeurs que de toujours vouloir tirer leurs élèves vers le haut et de toujours avoir l'impression qu'ils n'y arrivent pas vraiment. Donc d'être à la fois exigeants et souvent déçus. Le pire serait que les professeurs perdent ce type d'exigence et qu'ils se contentent de délivrer des leçons. Le problème commence lorsque le professeur confond ce désir légitime avec des chimères et finit par en vouloir aux élèves, ou, peut-être pire, à s'en vouloir. Il convient en effet de ne pas confondre les trois démarches suivantes : mettre ses pratiques en question, se mettre en question, et se culpabiliser.

Approcher les savoirs

Jusqu'à preuve du contraire, il faut bien admettre que le savoir et les compétences d'un individu ne sont pas directement accessibles : tout au plus peut-on en avoir des indices ou des témoignages, à condition d'utiliser des indicateurs adéquats (par la suite nous dirons plutôt *valides*).

Pour nous, il s'agit donc d'approcher les savoirs. Les questions et problèmes d'évaluation ne sont finalement que des révélateurs de savoir. Elles peuvent être de bons révélateurs ; elles peuvent aussi être de mauvais révélateurs (on parlera dans ce cas de questions *biaisées*).

Le plus souvent les situations d'évaluation sont artificielles et l'élève finit par croire que l'évaluation (et la note qui l'accompagne) est la finalité de l'enseignement.

L'idéal serait la situation où il ne serait pas nécessaire d'user d'un quelconque subterfuge (tel que l'épreuve d'examen) pour obliger le savoir à se révéler. C'est ce qui se passe, par exemple, lorsqu'un élève prend du plaisir à un problème de mathématiques, et, lorsqu'en confiance, il vous fait part de ses interrogations, de ses espoirs, de ses découvertes, de ses erreurs... Vous aurez compris que si vous vous précipitez alors sur une quelconque fiche de suivi pour lui attribuer une note, vous risquez fort de gâcher ce moment rare. C'est aussi ce qui se passe lorsque l'élève, disons de seconde, participant à un club d'aéromodélisme est amené à mettre spontanément en œuvre ses connaissances relatives aux situations de Thalès et à la proportionnalité. Là encore il serait malvenu de voir le professeur de mathématiques surgir pour enregistrer le phénomène.

À la recherche de situations authentiques

Un peu partout dans le monde, cependant, les enseignants de mathématiques sont à la recherche de situations d'évaluation plus « authentiques ». Voici quelques exemples de démarches qui se rencontrent aussi bien dans l'évaluation que les professeurs mettent en place dans leurs classes que dans des situations d'examens.

A. *Utilisation de problèmes plus ou moins ouverts à résolution non guidée* (pas de 1° a, 1° b, 2° a,...).

B. *Utilisation de problèmes du même type que ci-dessus, mais pour la résolution desquels l'enseignant* (ici évaluateur) *amène à l'élève des éléments d'aide, au fur et à mesure de ses demandes.* La différence avec une situation d'apprentissage est qu'ici les aides sont codifiées et que le professeur tient le compte de celles qui auront été apportées.

C. *Même démarche que précédemment mais avec intervention de l'informatique* pour dispenser et contrôler les aides apportées.

D. *Évaluation dans le cadre de projets* (éventuellement pluridisciplinaires). On observe alors la façon dont l'élève met ses savoirs mathématiques au service du projet.

E. *Évaluation à partir de dossiers* dans lesquels l'élève rassemble les travaux les plus significatifs effectués sous la direction du professeur (par exemple activités en classe) et complète par des projets et des réalisations personnels (par exemple en relation avec l'histoire des mathématiques).

F. *Évaluation de travaux de groupe...*

DIVERSIFIER L'ÉVALUATION

On notera le caractère relatif de la notion d'authenticité. La question de la *figure 5* est parfaitement authentique pour quiconque est susceptible de s'intéresser à cette question.

Quel est le nombre de diagonales d'un polygone ayant *n* cotés ?

fig. 5

La question de la *figure 6*, a priori plus authentique, ne manquera pas d'apparaître plus artificielle à beaucoup d'élèves. Ce qui fera finalement la différence, ce sera la façon dont l'élève s'appropriera la situation.

Les situations des types B et C ci-dessus traduisent la conception selon laquelle ce qui importe ce n'est pas tellement ce que l'élève est capable de faire tout seul, sans aucune source d'information complémentaire, mais bien ce qu'il est capable de faire dans une situation, que nous qualifierons justement d'authentique, dans laquelle des aides et des conseils de divers types sont disponibles.

Question APU (Royaume-Uni)
Reprise dans le cadre EVAPM

Dans un supermarché
l'eau de toilette GLOU GLOU
est proposée dans deux
conditionnement différents :
- en bouteilles de 540 ml, vendues 31 F,
- et en bouteilles de 1 litre, vendues 60 F.

Quel est le conditionnement le plus économique ?
Explications et calculs :

Pourcentage de réussite :
- *APU 15 ans (Grande-Bretagne) : 38 %*
- *EVAPM troisième (1992) : 52 %*
- *EVAPM premières toutes séries (1993) : 76 %*

Réponse : ....

fig. 6

Compte tenu de la non-transparence relative aux savoirs, un point sur lequel les chercheurs et les praticiens s'accordent en général est la nécessité de diversifier les modes d'évaluation. Il ne serait pas sérieux, au niveau secondaire du moins, de prétendre n'évaluer qu'avec des situations du type A.

Il n'est même pas souhaitable de ne vouloir que des situations « authentiques » et il convient même de se méfier de la pseudo-authenticité qui peut finir par être aussi artificielle que les épreuves traditionnelles. Les élèves comprennent bien qu'ils ont des connaissances à acquérir et qu'il faut pouvoir faire le point sur ces connaissances, y compris dans le détail.

Il n'est pas utile d'aller bien loin pour proposer des exemples. La maîtrise de la table de multiplication est une nécessité admise de tous et il n'y a que des avantages à demander aux élèves de répondre à un nombre important de questions du type « 6 fois 7 » (*figure 7*), et cela dans un temps de plus en plus réduit.

Bien sûr la question proposée serait en général ridicule (on dira *non pertinente*) en terminale scientifique, mal acceptée en seconde (mais en général pertinente !) et tout à fait à sa place en sixième. À condition bien sûr, qu'elle ne soit que l'un des éléments d'une évaluation correctement diversifiée.

Les *figures 7* et *8* montrent quelques questions qui ne sont sans doute guère authentiques au sens donné ci-dessus mais qui permettent d'obtenir des informations intéressantes sur les savoirs des élèves.

Notons que les dernières questions présentées ont été utilisées dans des situations orales, et donc dans des conditions où l'élève doit réagir vite. Si on laisse à l'élève le temps de poser la division de 42 par 0,1 ou de sortir sa calculatrice, il est clair que l'on n'obtiendra pas la même information que si la situation le contraint à répondre *du tac au tac*.

Question EVAPM

- Calcul mental : 8 x 7 = ? — *Sixième 1989 : 80 %*
- Calcul mental : *(question rétroprojectée)* Écrire une fraction égale à : $\frac{1}{10} + \frac{1}{100}$ — *Sixième 1989 : 36 %*
- Calcul mental : 42 : 0,1 = ? — *Sixième 1989 : 26 %* / *Troisième 1990 : 63 %*

fig. 7

Questions EVAPM

"Calcul mental" *Question rétroprojectée*

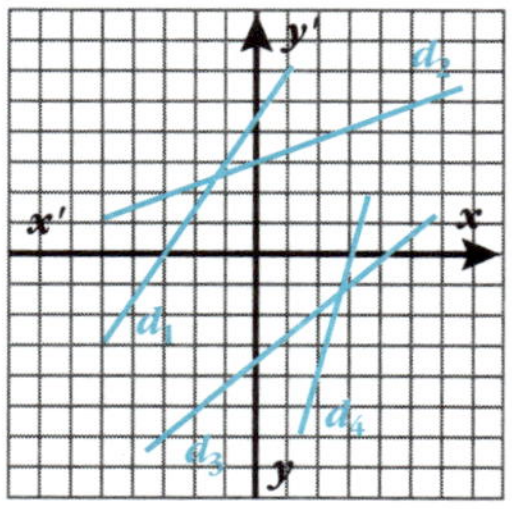

Quelle est parmi les droites d_1, d_2, d_3 et d_4, la droite qui a le plus petit cœfficient directeur ?

Troisième 1992 : 46 %
Seconde 1991 : 61 %

fig. 8

L'évaluation est en effet d'abord une question de choix d'informations pertinentes par rapport à des traitements que l'on peut faire et à des décisions que l'on doit prendre.

DÉFINITION DE L'ÉVALUATION

Il existe de nombreuses définitions de l'évaluation, souvent circonstancielles et incomplètes, voire contradictoires. Nous nous contenterons de la définition minimale suivante (illustrée par la *figure 9*) :

L'évaluation consiste en l'ensemble des* procédures *et des* processus *dont la finalité première est de porter un jugement sur la « valeur » d'un « objet ».

Évaluer suppose de se donner les moyens de recueillir des informations qui,* après traitement, *soient susceptibles de révéler quelque chose de fiable et de substantiel sur la « valeur » d'un « objet ».

L'*objet* de l'évaluation peut être de nature et d'ampleur très diverses : le « savoir » d'un élève dans un domaine donné, une situation d'enseignement, une épreuve d'examen, un test, un manuel,...

La *valeur* peut concerner la conformité (ou l'écart) d'un comportement à des attentes,

L'évaluation : processus dynamique

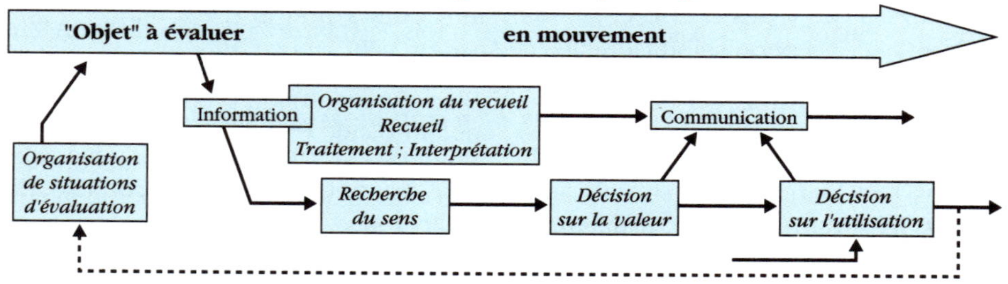

fig. 9

la qualité d'une production écrite (par exemple une copie), la qualité d'un apprentissage, la signification d'un comportement observé, la valeur formative ou informative d'une situation, etc.

Les termes « fiable » et « substantiel », utilisés dans la définition, nous permettent d'éviter momentanément d'avoir recours aux notions techniques telles que celles de *validité*, de *fidélité*, de *sensibilité*, de *précision*, de *discrimination*,...

QUESTIONS DE DOCIMOLOGIE

Il est difficile de parler d'évaluation sans dire un mot sur la question de la docimologie, c'est-à-dire de la « science des notes » ou plutôt du domaine de recherche qui s'intéresse aux qualités des notes et aux processus qui gouvernent leur attribution.

Il est établi que *le savoir des élèves n'est pas mesurable* ; tout au plus, et à condition d'affaiblir un peu la notion de mesure pourra-t-on considérer que certains domaines particuliers sont mesurables.

Il s'agira nécessairement de parties soigneusement identifiées dans lesquelles des hiérarchies stables auront été établies. Il conviendrait d'introduire ici la notion didactique de *champ conceptuel*•. En effet, dans un tel champ il est possible de repérer des n-uplets de savoirs (s_1, s_2,...s_n) tels que : $s_1 \Rightarrow s_2 \Rightarrow ,... \Rightarrow s_n$.

Dans ce cas, on a au moins une échelle ordonnée sur laquelle il sera possible de ranger Pierre, Julie et André (*figure 10*).

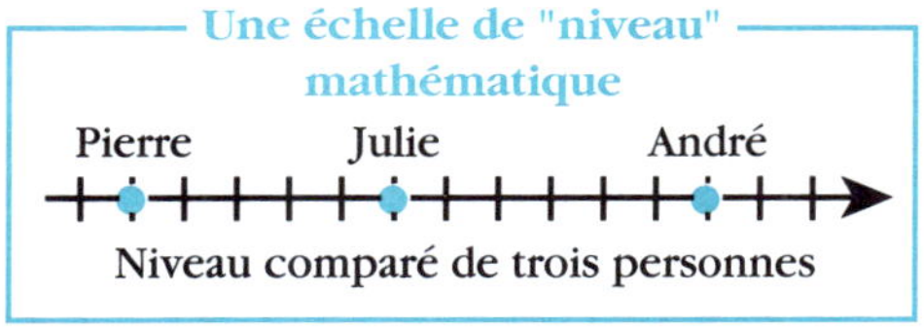

fig. 10

Les notions de mesure et de niveau sont liées. S'il n'y a pas de mesure intrinsèque possible, il n'y a pas davantage de niveau intrinsèque.

Dans ces conditions, le schéma de la *figure 10* sur lequel nous construisons pourtant de beaux raisonnements n'a pas beaucoup de sens. En revanche, le schéma de la *figure 11* peut être beaucoup plus pertinent.

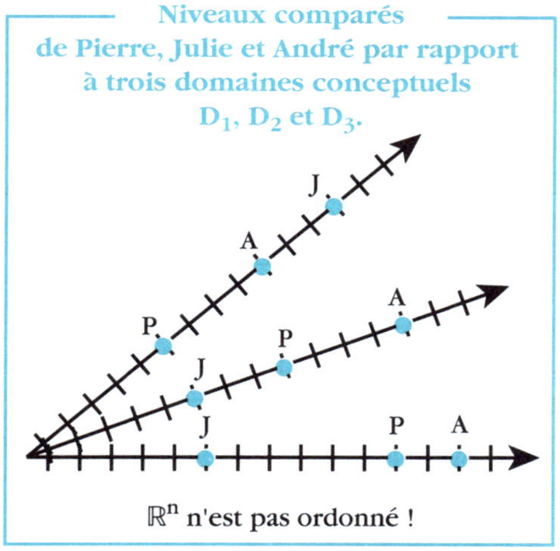

fig. 11

Le professeur de *mathématiques* est sans doute le mieux placé pour mettre en cause le modèle de la mesure. Dans quel cas 8 est-il vraiment le double de 4 ? Pense-t-on vraiment que, s'agissant de notes, la différence entre 4 et 2 est égale à la différence entre 11 et 9 ? Est-il légitime de faire des moyennes ?

Les choses seraient différentes si les notes étaient des mesures d'une même grandeur. Seulement il n'y a pas de grandeur à mesurer !

Ce qui vient d'être dit n'est en fait pas très original ; c'est en effet parce certains phénomènes ne sont pas mesurables que l'on a introduit la notion d'évaluation. *Cette dernière véhicule en effet avec elle l'idée de valeur par son étymologie, et celle d'incertitude par son histoire*. Seule la disparition de l'incertitude autoriserait à substituer la notion de mesure à celle d'évaluation.

Ceci dit, faut-il supprimer les notes ? Pas nécessairement ! Dans le cadre de la classe en effet, la note attribuée à une produc-

• Voir la page 307.*

L'évaluation suppose le recueil d'informations pertinentes, fiables et interprétables.

tion fonctionne comme un message (et non comme une mesure). Elle intervient à la fois comme instrument de communication de l'enseignant vers l'élève et vers d'autres acteurs, et comme un moyen pour l'enseignant de négocier des objectifs, des attentes, ... *L'objet de cette partie n'était pas de disqualifier la note.* Comme outil elle a fait ses preuves ! Le tout est que l'enseignant comme l'élève ne se méprenne pas sur ses significations.

Dans la mesure où, comme nous l'avons dit plus haut, l'évaluation suppose le recueil d'informations bien choisies, fiables et interprétables, les situations d'évaluation comme les épreuves et les questions d'évaluation doivent posséder certaines qualités.

Citons rapidement les principales qualités recherchées.

La pertinence

La question de la pertinence concerne plutôt les objectifs. Si un objectif est reconnu pertinent (non obsolète, non générateur d'effets contraires aux buts poursuivis, ...), cette pertinence se transmet aux évaluations qui cherchent à en rendre compte. Lorsqu'un collègue déclare à propos d'une question d'examen (propos souvent entendu !) « cette question n'a aucun intérêt », il fait un procès de non-pertinence. Inutile alors d'essayer de le convaincre que cette question possède les qualités *métrologiques* qui suivent.

La validité

Une question (ou une épreuve) est valide si elle permet bien d'observer ce que l'on a l'intention d'observer (cela suppose qu'en amont on se soit interrogé sur ce point !). En fait, une question est toujours plus ou moins valide et plus ou moins biaisée du point de vue de la validité. De plus, une question peut être valide pour un groupe d'élèves donné et ne pas être valide pour un autre groupe. La question de la validité est certainement la question la plus complexe à laquelle le constructeur de questions d'évaluation ait à faire face ; c'est sans doute pour cela que, dans l'histoire de la psychométrie, les efforts ont plus souvent porté sur l'amélioration de la fidélité.

La fidélité

Une situation d'évaluation est fidèle si les réponses des mêmes sujets, placés dans les mêmes conditions, fournissent exactement la même information. Ici aussi, la fidélité d'une question est plus ou moins grande et peut dépendre des groupes questionnés.

Les deux qualités de fidélité et de validité sont antagonistes. La fidélité parfaite s'accompagne en général d'une insignifiance totale. La validité maximale que l'on peut obtenir dans des situations vraiment « authentiques » correspond à des situations de faible fidélité.

Le pouvoir discriminatif

Il importe qu'une question permette de distinguer les élèves qui, par exemple, maîtrisent une notion de ceux qui ne la maîtrisent pas. Le pouvoir discriminatif est relatif à un champ de compétence et peut varier d'un champ à l'autre. Par exemple, une question peut permettre de distinguer les élèves ayant acquis la maîtrise d'un ensemble de procédures algébriques, alors que cette même question pourrait se révéler impropre à distinguer les élèves capables de modéliser une situation d'un type donné (mettre en équation).

De ce fait l'étude du pouvoir discriminatif d'une question peut contribuer à l'étude de sa validité.

La généralisabilité

Mais la qualité principale d'une situation d'évaluation est la généralisabilité de l'information recueillie, c'est-à-dire ce qu'il est possible d'induire sur les connaissances de l'apprenant à partir de son comportement dans cette situation. Cette qualité correspond à la prise en compte de ce que nous avons appelé plus haut la « non-transparence » du savoir.

CORRIGER OU NOTER ?

Deux verbes méritent une attention particulière : il s'agit des verbes *corriger* et *noter* qui sont souvent considérés comme des synonymes. Lorsque le professeur dit « *je vais corriger vos copies pour lundi* », des élèves qui ne seraient pas prévenus s'attendraient à ce que leurs copies leurs soient rendues notées, que les erreurs principales soient au moins pointées, que des commentaires et appréciations soient présents. Or l'élève ne s'attend pas forcément à récupérer sa copie corrigée et ne s'étonnera pas d'entendre le professeur déclarer : « *nous allons maintenant faire la correction* ».

De nombreux professeurs ont expérimenté avec succès une autre pratique• (voir la *figure 12*).

C'est bien de pratique dont il est question ici, mais les mots pour en parler méritent un minimum de clarification, en particulier de la part de l'enseignant. Précisons qu'avec les élèves le message peut passer par la pratique elle-même ; les discours sont en général inutiles et souvent nuisibles.

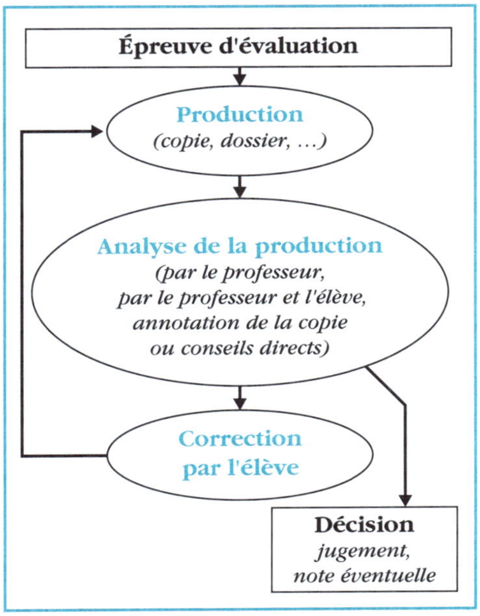

fig. 12

La *figure 12* illustre cette démarche dans laquelle c'est l'élève qui corrige sa copie après une première analyse par ou avec l'enseignant (analyse assortie par exemple d'un codage des erreurs). La copie peut ainsi repasser plusieurs fois dans les mains de l'élève. Le jugement final et la note éventuelle tiennent compte de la production initiale, mais aussi de la correction elle-même.

S'INTERROGER SUR LES FONCTIONS DE L'ÉVALUATION

À propos d'une action d'évaluation particulière, il est utile de s'interroger sur le rapport qu'elle entretient avec la dynamique de formation.

L'action en question s'inscrit-elle plutôt dans une perspective d'évaluation formative ou dans une perspective d'évaluation sommative•• ? s'agit-il de produire un diagnostic susceptible de faciliter l'action ultérieure ?

Que souhaite-t-on évaluer ? Plutôt le degré d'atteinte d'objectifs spécifiques ? Plutôt les qualités générales que l'élève développe dans une activité mathématique ? (dans ce cas, le contenu pourra être secondaire). Quels instruments, quelles démarches est-il possible d'utiliser ? Quelles conséquences peut-on prévoir sur les comportements ultérieurs des élèves, sur le développement de leurs goûts, ... ?

LES OBJECTIFS ET LEUR OPÉRATIONNALISATION

Pour évaluer, il est nécessaire d'analyser les tâches auxquelles les élèves sont ou seront confrontés. Cette analyse suppose de descendre très bas dans l'identification du détail des connaissances qui devront être mobilisées (registre des micro-objectifs et tâches élémentaires). Elles suppose aussi de ne pas se limiter aux contenus impliqués mais de se poser des questions sur l'activité cognitive sollicitée. La conceptualisation, par exemple, est l'un des pro-

• Voir aussi les deux chapitres « Qui corrige quoi ? » et « Mais il y a les copies ».*

•• L'évaluation est sommative si son objectif premier est la notation ou le classement.*

Les questions d'évaluation sont de types très variés, depuis la question à réponse totalement rédigée jusqu'à la question à choix multiples.

cessus privilégiés de toute activité mathématique, mais c'est aussi un processus de portée beaucoup plus générale.

Il est utile de repérer les connaissances et micro-connaissances en jeu, mais, simultanément, il est souhaitable de placer les élèves dans des situations riches dans lesquelles ces connaissances prennent du sens (registre des objectifs d'intégration et des compétences).

Même lorsque l'on s'intéresse spécifiquement à l'enseignement des mathématiques et lorsque l'on ne croit pas aux transferts automatiques de compétences d'un domaine disciplinaire à un autre, on ne peut nier l'existence de compétences générales et transversales aux disciplines. Par exemple, si des compétences documentaires développées dans un cadre ludique n'assurent aucunement que l'élève sera capable de se documenter de façon efficace dans le cas d'une situation mathématique, il n'en reste pas moins que certaines situations font appel à des compétences documentaires qu'elle contribuent par ailleurs à développer.

La *figure 13* illustre la façon dont on peut analyser les objectifs et les épreuves d'évaluation (et aussi les *vrais* problèmes de mathématiques) en croisant la dimension analyse des contenus et des méthodes liées à la discipline (axe vertical) avec les compétences *a priori* générales (axe horizontal). Il est important de noter qu'il n'est pas question ici de *pédagogie par objectifs* mais seulement d'objectifs, ce qui n'est pas du tout la même chose.

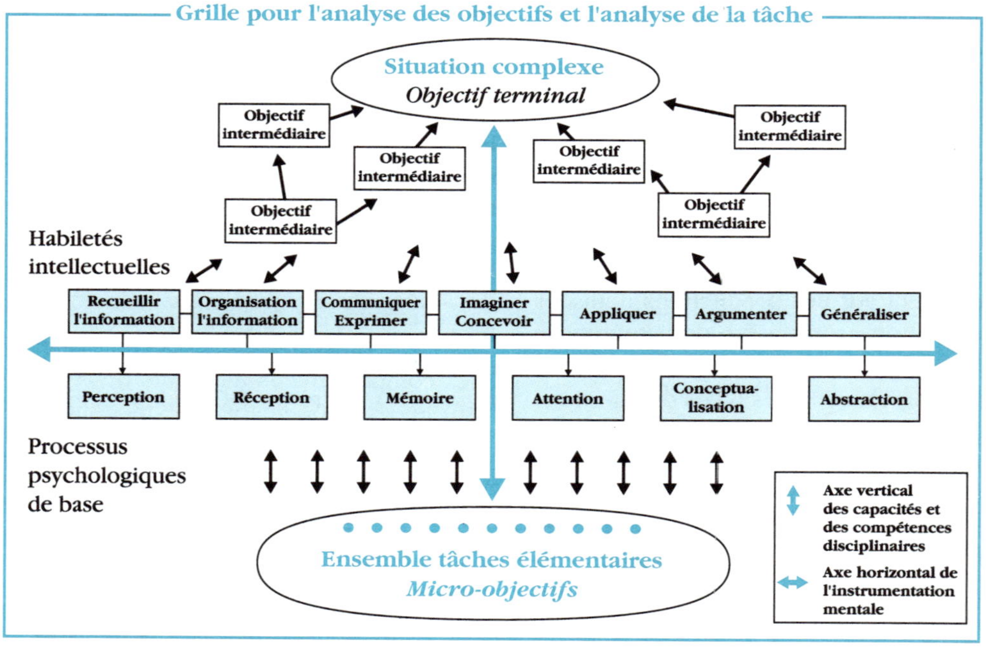

fig. 13

UNE TAXONOMIE*

Les taxonomies d'objectifs sont des systèmes de classification supposés hiérarchisés. La taxonomie de R. Gras, établie spécialement pour le domaine mathématique, cherche à hiérarchiser la *complexité* des objectifs, des activités pédagogiques et des questions d'évaluation (*figure 14*). Il s'agit bien de la complexité et non de la

*** On désigne par *taxonomie* l'étude des lois de la classification.***

difficulté, qui constitue une notion distincte.

La taxonomie est un outil très utile pour la planification de l'enseignement comme pour la préparation des épreuves d'évaluation. Sous sa forme développée, elle permet d'articuler les notions d'objectif et de compétences et facilite l'analyse de la tâche à laquelle l'élève sera confronté.

Il n'est pas possible de présenter cette taxonomie dans ce chapitre et nous devons nous limiter à présenter la liste des grandes catégories.

A : connaissances de base
redire, refaire, effectuer, reconnaître, identifier, dans des conditions proches de l'enseignement, ...

B : analyse et traduction
décomposer, repérer les éléments, changer de forme, modifier, ...

C : compréhension
mettre en relation, interpréter, ...

D : synthèse, critique et créativité
composer, démontrer, faire du neuf, ...

fig. 14

Pour le reste nous renvoyons le lecteur à la bibliographie.*

SITUATIONS, QUESTIONS ET ÉPREUVES D'ÉVALUATION

Lors d'une évaluation, qu'elle soit de type sommative, formative ou diagnostique, on utilise le plus souvent des questions spécialement conçues pour recueillir l'information cherchée. Nous employons ici le terme question dans un sens très général : l'interpellation orale : « *6 fois 7 ?* » est une question, de même que les parties indépendantes d'un sujet de baccalauréat constituent des questions.

Rappelons qu'il existe des évaluations sans questions. Ce sont en particulier celles qui s'appuient sur des productions réalisées en situation « réelle » ou, pour reprendre l'expression déjà utilisée, « authentiques ».

En ce qui concerne les types de questions d'évaluation, on peut distinguer les questions ouvertes et les questions fermées. Les *questions à choix multiples* (QCM) sont des questions fermées tandis que les épreuves d'examen traditionnelles (en France au moins !) sont habituellement des questions ouvertes (à ne pas confondre avec les problèmes ouverts). Par opposition nous parlerons alors de *questions à réponses totalement rédigées* (QRTR).

Des QCM aux QRTR, y a continuité dans l'ouverture possible des questions. On peut ainsi parler de *questions à choix commandé* (QCC) pour des questions du type « choisir sur une liste » ou demandant d'effectuer des appariements, et de questions à réponses ouvertes mais courtes (QROC) pour des questions supposant un minimum d'explicitation (rédaction).

La question de la *figure 15* est une QCM classique. L'élève qui répond n'importe quoi a une chance sur 5 de trouver la bonne réponse. Mais en fait les élèves répondent rarement n'importe quoi, et ce type de question est particulièrement utile pour repérer les conceptions erronées. On peut alors avoir une concentration sur l'un des « distracteurs » (réponses fausses).

La question de la *figure 17* est aussi un exemple de QCM classique, tandis que la *figure 16* montre un QCM plus sophistiquée permettant d'évaluer le degré de maî-

TIMSS** Pop 2 - Question 02

Si le prix d'une boîte de chocolats passe de 60 francs à 75 francs, quel est le pourcentage d'augmentation du prix ?

A. 15 % *B. 20 %* *C. 25 %* *D. 30 %*	***Résultats niveau quatrième (grade 8)****** *International :* *28 %* *France :* *29 %*	*Attention, ce n'est pas la traduction utilisée dans les épreuves françaises*

Type de question : à choix multiples.
Catégorie de comportement attendu : exécution d'une procédure routinière.

fig. 15

* Voir la page 349.*

** Voir la page 348.*

*** Aux États-Unis, les classes (*grades* en anglais) sont numérotées de 1 à 12, 1 étant la première année du primaire.*

Une bonne question n'est pas seulement une question bien posée : Il faut aussi prévoir les informations à recueillir et la valeur à leur attribuer.

Question EVAPM

a désignant un nombre réel positif non nul, il est toujours vrai que :

1. $\sqrt{a} < a$	*Oui*	*Non*	*JNSP*
2. $a^2 < a$	*Oui*	*Non*	*JNSP*
3. $-a < a$	*Oui*	*Non*	*JNSP*
4. $\frac{1}{a} < a$	*Oui*	*Non*	*JNSP*

Pourcentage de réussite (aucune erreur)	
EVAPM Seconde (1992) :	*20 %*
EVPAM Premières toutes séries (1993) :	*32 %*
EVAPM Première S :	*48 %*

fig. 16

trise des élèves sur un point particulier. Les réponses proposées sont indépendantes (autant que possible) et l'élève peut déclarer son ignorance (Je ne sais pas - JNSP) qui sera éventuellement moins pénalisée qu'une erreur. La « maîtrise » consiste ici en la réussite conjointe aux quatre sous-questions. Ce type de QCM a été particulièrement développé et expérimenté dans le cadre de l'Observatoire EVAPM (voir les pages 344 et 345).

Des tests formés de QCM étalonnées existent de la sixième à la première (incluse).

La *figure 18* présente encore une question fermée (non QCM), tandis que la *figure 19* montre une QROC. Les documents EVAPM et la base informatisée EVAPMIB présentent plusieurs centaines de QROC étalonnées et analysées. Les documents de la DEP (voir les pages 346 et 347) contiennent aussi un grand nombre de telles questions.

Autour de la question des questions d'évaluation se profile celle des notes et des *barèmes*.

Mais avant cela il conviendrait de parler du *codage* des questions.

La question des notes n'intervient qu'après, lorsqu'il est nécessaire (ou lorsqu'il est convenu) d'attribuer une valeur numérique à une production (rappelons qu'un classement peut très bien se faire à partir d'attributs qualitatifs !).

Question SIMS

Un QCM de la Seconde Étude Internationale sur l'Enseignement des Mathématiques (SIMS de l'IEA : 1982)
Population des élèves de 13 ans

La figure ci-dessus montre un cube en bois dont l'un des coins a été coupé et ombré.
Lequels, parmi les dessins de droite montre comment ce cube serait vu de dessus ?

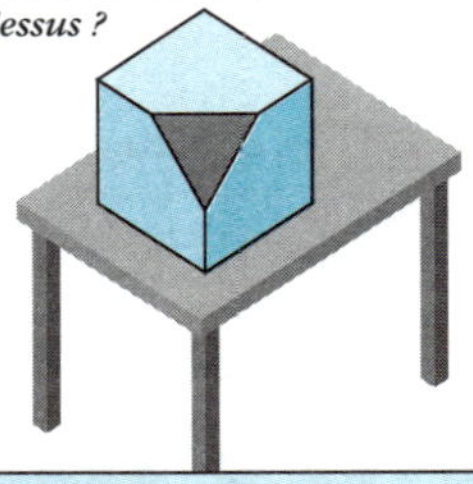

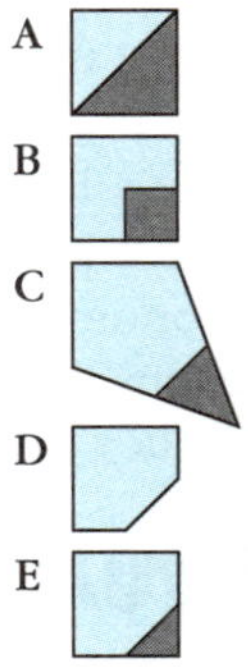

Résultat de quelques pays (sur 22 pays ayant participé à l'étude)			
Japon :	*88 %*	*Hongrie :*	*56 %*
Pays Bas :	*67 %*	*Belgique Fr :*	*55 %*
France :	*64 %*	*Thaïlande :*	*41 %*
U.S.A. :	*60 %*	*Nigéria :*	*19 %*

fig. 17

Une question peut être potentiellement une bonne question, mais si l'on se contente de regarder si la réponse finale est juste ou fausse, si l'on n'a pas prévu les informations à recueillir et la valeur que l'on accordera à chacune des informations, on risque fort de diminuer considérablement l'intérêt de l'utilisation de la question.

Exemple de question fermée
Question INRP 1977

Voici un cube qui a été trempé dans la peinture grise. Jean le scie en suivant les pointillés. (chaque face carrée est partagée en 4 carrés).

Combien obtient-il de petit cubes ?
....

Quel est le nombre total de petites faces grises ?
....

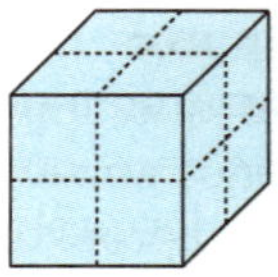

Avant de bien regarder les petits cubes il écrit :
Tous les petits cubes sont peints de la même manière.
Tous les petits cubes ont trois faces grises.
Tous les petits cubes ont quatre faces grises.
Tous les petits cubes n'ont que deux faces non peintes.
Tous les petits cubes ont trois faces non peintes.
Barre ce qui est faux.

fig. 18

Exemple de QROC - Question DEP Seconde 1992

Déterminer x de sorte que le carré et le triangle équilatéral aient le même périmètre.

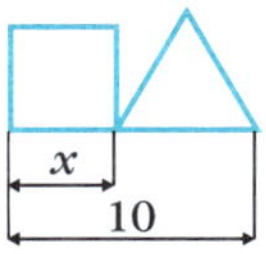

Explications et calculs

Consignes de codage :

Item A : *mise en équation correcte ;*

Item B : *simplication de l'équation* $(7x = 30)$ *;*

Item C : *Réponse exacte ou toute valeur approchée comprise au sens large entre 4,2 et 4,3.*

fig. 19

Dans le cas de l'évaluation formative, mais aussi dans le cas d'une évaluation sommative critériée, c'est l'information qu'il convient de retenir et non simplement sa *valeur*. À cet effet on est amené à reporter les informations sur des grilles qui permettent de suivre l'évolution de l'élève.

Nous n'insisterons pas sur ces questions. À notre avis le plus important, et le plus difficile est de disposer de *bonnes* questions.

Pour le reste, le bon sens dont nous avons parlé, les compléments de formation et la lecture d'ouvrages spécialisés sur la question de l'évaluation (non restreinte au domaine mathématique), fourniront des pistes.

QUELQUES EXEMPLES D'ANALYSES DE QUESTIONS D'ÉVALUATION

LE MUR

La question du mur (*figure 20*) constitue une situation dont la valeur diagnostique est éprouvée.

En début de cinquième, la plupart des élèves résolvent la question sans éprouver la moindre difficulté. Environ 20 % d'entre eux, cependant, sont arrêtés par « la brique du coin », ne parvenant pas à décider s'il est légitime, ou non, de la compter plusieurs fois.

Cet obstacle se retrouve dans le cas de dénombrements associés à un quadrillage.

Cet exemple montre que des questions d'évaluation peuvent être très informatives sans être pour autant très sophistiquées ni sans demander un travail de correction et d'interprétation très lourd.

Il est inutile de poser la question du mur à toute une classe de quatrième, mais il pourra être utile de la poser à certains élèves.

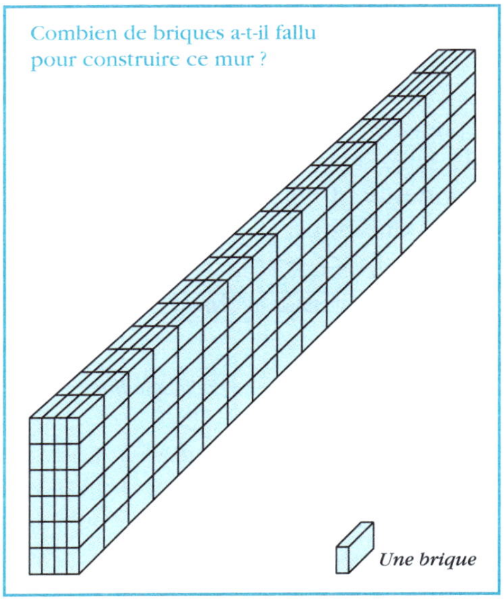

fig. 20

En fait, l'évaluation formative et en particulier l'évaluation diagnostique qui en constitue un cas particulier ne peuvent manquer de s'accompagner d'une différenciation de l'évaluation et, autant que possible, d'une différenciation de la pédagogie.

La bissectrice

Parmi les nombreux exemples que nous pourrions donner, en voici un qui illustre à la fois l'importance du *contexte* dans lequel une question est posée et l'importance des *conceptions* des élèves. Cette question illustre aussi la difficulté qu'il y a à opérationnaliser des objectifs. En effet que reste-t-il de l'objectif « *savoir tracer la bissectrice d'un angle* » lorsque l'on observe des différences de comportement des élèves aux questions A et B de la *figure 21* ?

La différence importante enregistrée en fin de cinquième entre la réussite concernant le tracé de la bissectrice d'un angle selon que cet angle est isolé ou qu'il appartient à un triangle ne peut en effet manquer d'attirer l'attention : environ 70 % des élèves n'éprouvent aucune difficulté à tracer la bissectrice d'un angle isolé, alors qu'il ne reste que 28 % des élèves qui effectuent la même construction lorsque l'angle est l'un des angles d'un triangle donné ! Comment expliquer ce phénomène ?

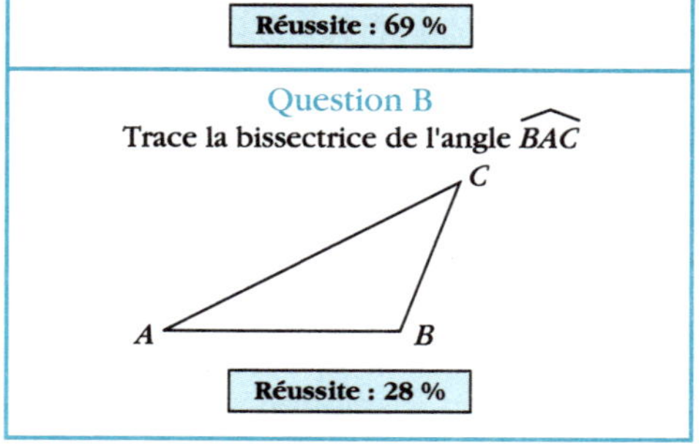

fig. 21

Une des conclusions que l'on peut tirer de ce type d'observation, maintenant répété dans des centaines de situations et à tous les niveaux de la scolarité, est le peu de crédit qu'il convient d'accorder à des observations isolées. Une question seule n'apporte pas grand chose. Deux questions liées par une communauté de contenu, de démarche ou d'enjeux peuvent apporter beaucoup plus que la réunion des apports de chacune des questions. Un ensemble de questions de ce type, étudiées conjointement par les méthodes modernes d'analyse des données, peut permettre d'évoluer vers des instruments qui soient vraiment des outils de positionnement dans le savoir, de diagnostic des difficultés, et de prévision des progressions possibles à court terme (zone proximale de développement•).

Sur la seule question du tracé et de la reconnaissance de la bissectrice d'un angle, il est possible de constituer un ensemble de questions dont les réussites viendront s'insérer dans la fourchette 30 % - 70 %. Par exemple, si l'angle de la question A devient obtus (question A' non représentée), le taux de réussite diminue de 10 points. Au même niveau, tracer les bissectrices des angles de sommets *A* et *B* d'un rectangle *ABCD* dont le côté *BC* est « horizontal » est réussi par 45 % des élèves. Il suffit alors de faire varier l'inclinaison de (*BC*) pour faire varier ce taux.

Que se passe-t-il dans le cas du tracé de la bissectrice ? Pourquoi une telle différence entre les questions A et B ? Contrairement à l'explication qui nous a d'abord été suggérée, cette différence ne provient pas de l'*étourderie* des élèves, associée au fait qu'un triangle étant doté de trois angles, il y aurait trois raisons de se tromper ! L'examen des productions des élèves révèle une raison plus subtile.

Dans les deux cas, les élèves utilisent un

• Pour le sens de cette expression, voir la page 315.*

intermédiaire qui est un milieu, mais dans le second cas ils *préfèrent* prendre le milieu du côté opposé, ce qui, en particulier leur permet d'utiliser une règle graduée, plutôt que le compas, qui leur paraît sans doute d'usage moins facile.

Insistons sur le fait que pour les élèves les deux procédures sont équivalentes. Nous avons sans doute là un bel exemple de conception « erronée » qui a son domaine de validité propre (triangle isocèle), et qui, de plus, passe souvent inaperçue. En effet, pour que la différence médiane-bissectrice apparaisse nettement sur la figure, il faut que l'angle $\widehat{B}$ soit assez grand par rapport à l'angle $\widehat{C}$, ce qui est rarement le cas dans les situations rencontrées par les élèves (*figure 22*).

Conception "Bissectrice = Milieu = Médiane"

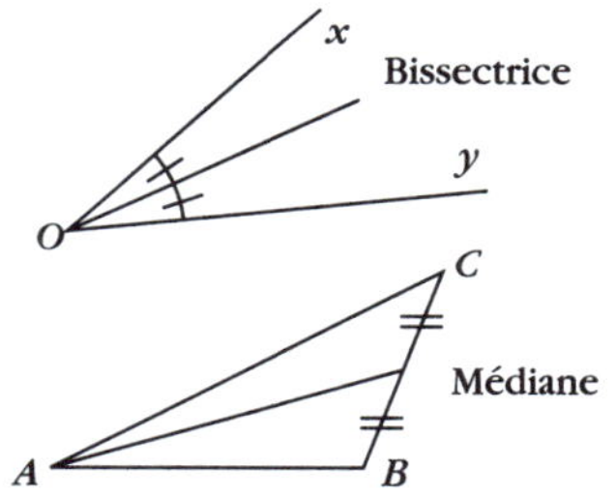

fig. 22

LES POMMES

Voici encore une question posée à plusieurs niveaux : fin de cinquième en 1988 et fin de quatrième en 1989 (*figure 23*).

Au niveau cinquième, peu d'élèves ont tracé la demi-droite pour placer les croix. La plupart des élèves qui ont réussi cet exercice l'ont fait par le calcul (recherche du prix de 1 kg) ; l'usage de la calculatrice a favorisé cette stratégie.

À ce niveau, la question a donc une validité assez limitée.

Au niveau quatrième, on observe une amélioration des taux de réussite mais aussi un changement dans les procédures utilisées. Le passage par le calcul devient

Question EVAPM 5/88

(fin de cinquième en 1988, reprise en Quatrième en 1989)

Un producteur de pommes a fixé le prix proportionnellement à la quantité.

Sur ce graphique, une croix indique le prix de 3 kg de pommes.

Indique de la même manière (par une croix) :

a) Le prix de 2 Kg de pommes

b) Le prix de 7 Kg de pommes

c) La quantité de pommes que l'on a pour 15 F.

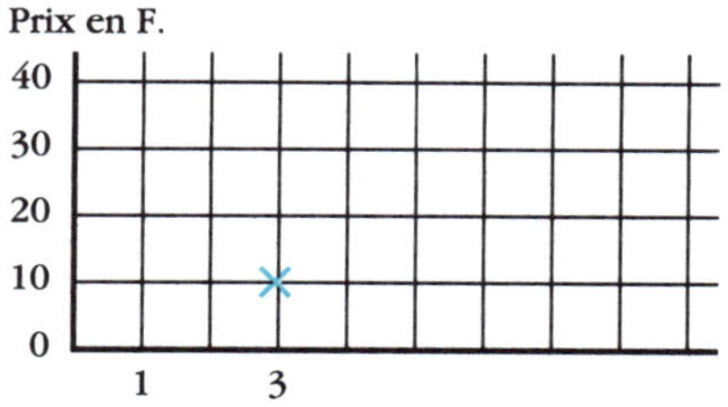

Pourcentages de réussite
Cinquième 1988 : a) 47 % b) 43 % c) 31 %
Quatrième 1989 : a) 65 % b) 67 % c) 55 %

fig. 23

rare. Les élèves tracent la demi-droite et placent ensuite les croix demandées.

Cette évolution est significative d'une acquisition. *Théorème en acte* ou théorème explicite ? : *«les points de la représentation graphique d'une relation de proportionnalité sont alignés entre eux et alignés avec l'origine des axes»* . S'il s'agit de savoir si les élèves ont une bonne maîtrise de cette représentation, il est clair que la question présente une validité plus grande au niveau quatrième qu'au niveau cinquième.

En cinquième comme en quatrième, la réussite est meilleure dans le sens (objet → image) que dans le sens (image → objet). Lire l'image réciproque est moins facile que lire l'image directe, cela est d'observation courante et se trouve confirmé par les études EVAPM. Cela est vrai aussi bien dans le cas du passage par le calcul que dans le cas de la lecture sur une représentation graphique. On trouve encore la trace de cette difficulté dans des questions posées en fin de seconde : difficulté à utiliser une représentation graphique pour des résolutions approchées d'équations ou d'inéquations.

Une mine de documents d'évaluation soigneusement calibrés : l'observatoire EVAPM.

CONCLUSION....

Dans ces quelques pages, nous avons essayé de montrer à la fois la relative complexité des questions d'évaluation et le parti que l'on pouvait tirer d'une réflexion sur l'évaluation dans le cadre de l'enseignement des mathématiques.

La question de l'évaluation prend de plus en plus de place dans nos sociétés, et des développements nouveaux sont probables en ce qui concerne les outils qui seront mis à la disposition des enseignants : bases de données, épreuves standardisées, logiciels d'évaluation,... De plus, une part de l'évaluation échappe à l'initiative des enseignants pour être exercée au nom de la collectivité (c'est le cas des évaluations de rendement ou des études internationales). Qu'on le regrette ou non, ce n'est pas ici la question qui nous intéresse. Ce qui nous semble important c'est que les enseignants gardent la maîtrise des outils et des démarches d'évaluation, y compris en ce qui concerne les traitements et les interprétations données aux résultats.

Mais surtout, nous pensons avoir illustré le fait qu'il était possible d'améliorer les instruments d'évaluation pour mieux les mettre tantôt au service de la formation elle-même, tantôt au service du contrôle de cette formation (examens).

UN OBSERVATOIRE DU SYSTÈME D'ENSEIGNEMENT DES MATHÉMATIQUES : L'OBSERVATOIRE EVAPM

Développé dans le cadre de l'APMEP, avec l'aide de l'INRP*, de la DLC**, et de plusieurs IREM, l'observatoire EVAPM s'est donné pour mission de *suivre l'évolution de l'enseignement des mathématiques au niveau secondaire*. Il s'intéresse plus particulièrement aux compétences développées chez les élèves et aux conceptions et besoins des enseignants.

Depuis dix ans, l'EVAPM a effectué des enquêtes à tous les niveaux de la sixième à la première, et a fourni de nombreux documents (analyses de programmes, épreuves et indicateurs d'évaluation, ...).

L'EVAPM développe aussi une base informatisée de questions d'évaluation (EVAPMIB).

Parmi les objectifs de ce dispositif :

• *Apporter aux enseignants des indicateurs sur les comportements d'élèves* (évaluation) et des instruments d'observation de ces comportements.

• *Constituer un lieu d'échanges entre praticiens et chercheurs*, permettant en particulier aux questions des enseignants d'être mieux prises en compte par les chercheurs.

• Mettre à la disposition des personnes et institutions intéressées par l'enseignement des mathématiques des *informations s'appuyant sur des observations fiables* (ou du moins dont la fiabilité serait systématiquement soumise à examen).

Plusieurs questions présentées dans cet article ont été empruntées à l'Observatoire EVAPM.

*** Institut National de la Recherche Pédagogique.***

**** Direction des Lycées et Collèges.***

L'observatoire EVAPM

Organigramme général

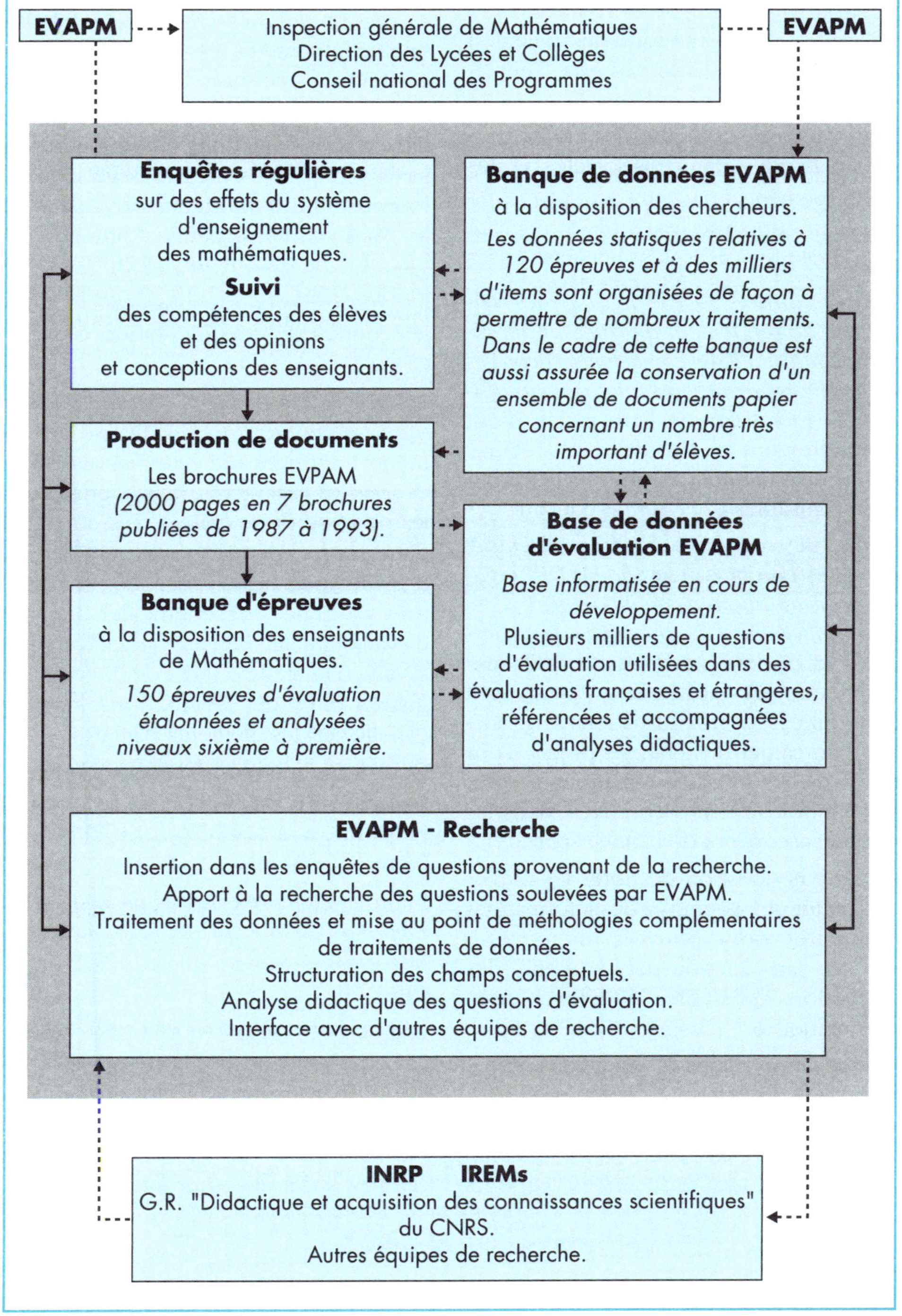

La DEP effectue des évaluations nationales et diffuse auprès des enseignants des documents d'aide à l'évaluation des élèves.

Les évaluatioins et les banques de questions de la DEP

La Direction de l'Évaluation et de la Prospective du Ministère de l'Éducation Nationale (DEP) s'intéresse à l'évaluation du domaine mathématique de diverses façons :

Depuis les années 80, elle organise des évaluations de rendement destinées à apprécier la conformité des compétences acquises par les élèves par rapport aux objectifs officiels. Ces évaluations, qui se déroulent habituellement en fin d'année scolaire, sont principalement destinées à informer les responsables du système éducatif.

Depuis 1989 aux niveaux CE2 et sixième et depuis 1991 au niveau seconde la DEP organise des évaluations de début d'année à des fins essentiellement diagnostiques. Les questions sont d'abord produites et expérimentées dans les académies, puis sont sélectionnées au niveau national en fonction d'un cahier des charges précis. Tous les élèves des niveaux concernés passent finalement les mêmes épreuves, dans les premières semaines de l'année scolaire.

Il n'est pas question de noter les élèves mais plutôt de rassembler des informations pertinentes pour pouvoir mieux tenir compte, dans l'action pédagogique, des acquisitions préalables des élèves et de leurs manques.

Lorsque ces évaluations ont été accompagnées d'une formation suffisante des enseignants et lorsque, simultanément, les enseignants ont saisi cette occasion d'analyser les difficultés rencontrées par leurs élèves, ces évaluations ont rendu des services appréciables. Signalons aussi qu'elles fournissent des indicateurs nationaux que les enseignants ne peuvent ignorer.

Les rapports de la DEP sont publics et sont à la disposition des enseignants dans tous les centres de documentation CRDP• et CDDP••

La DEP développe une banque d'instruments d'évaluation et a diffusé des éléments importants de cette banque auprès de tous les instituteurs, puis auprès de tous les professeurs de collège. Les documents diffusés sont connus sous le nom de « Aide à l'évaluation des élèves ». Ils sont constitués de fiches présentant des exercices d'évaluation accompagnés d'indication sur la difficulté relative (taux de réussite enregistrés dans des évaluations à grande échelle) et des éléments d'analyse.

Notons qu'une partie des questions de la banque DEP est constituée de questions empruntées à l'observatoire EVAPM (et réciproquement).

Enfin, *la DEP organise, en général, la participation de la France aux enquêtes comparatives* (souvent avec l'INRP ou le CIEP•••).

La question présentée à la page suivante est une question de l'ancêtre de la DEP (le SPRESE), reprise à plusieurs niveaux par la DEP et par l'observatoire EVAPM. Plusieurs autres questions présentées dans cet article ont été empruntées à la DEP.

• Centre Régional de Documentation Pédagogique.*

•• Centre Départemental de Documentation Pédagogique.*

••• Centre International d'Études Pédagogiques.*

Question DEP 84 reprise par EVAPM

Une personne a emprunté sans intérêt 100 F. Elle a déjà remboursé une somme *S*.
Il lui reste à rembourser une somme égale aux 2/3 de la somme *S* déjà rendue.
Calculer *S* en laissant le détail des calculs.

Écriture d'une équation correcte, quel que soit le résultat

• quatrième 1989 :	25 %
• SPRESE Troisième 1984 :	28 %
• DEP Troisième 1990 :	52 %
• troisième 1990 :	47 %
Élèves orientés en seconde LEG :	61 %
• seconde 1991 :	68 %
Élèves orientés en première S :	90 %
• première 1993 :	80 %
Série S :	90 %
Élèves orientés en TC :	98 %
Série B :	74 %
Série A1 :	69 %
Série F :	72 %

Résultat exact, quelle que soit la démarche

• cinquième 1988 :	4 %
• quatrième 1989 :	12 %
• SPRESE Troisième 1984 :	19 %
• DEP Troisième 1990 :	39 %
Élèves orientés en seconde LEG :	58 %
• seconde 1991 :	58 %
Élèves orientés en première S :	81 %
• première 1993 :	75 %
Série S :	83 %
Élèves orientés en TC :	97 %
Série B :	63 %
Série A1 :	61 %
Série F :	68 %

Question non traitée

• cinquième 1988 :	51 %
• quatrième 1989 :	32 %
• SPRESE troisième 1984 :	45 %
• DEP	
• troisième 1990 :	20 %
• troisième 1990 :	22 %
• seconde 1991 :	19 %
• première 1993 :	
Série S :	4 %
Série B :	12 %
Série A1 :	19 %
Série F :	8 %

Remarques :
- Une démarche arithmétique était possible. Elle n'apparaît que très rarement.
- Cette question reste très discrimimante de la classe de quatrième à la classe de première.

Peut-on comparer le niveau des élèves français au niveau de ceux des pays étrangers ?

Les études internationales – TIMSS

La presse se fait régulièrement l'écho d'études internationales comparatives portant sur l'enseignement des mathématiques. Malheureusement, c'est en général le côté palmarès qui retient l'attention des médias, c'est-à-dire l'aspect le moins intéressant.

Pour l'enseignant, à condition de garder l'esprit critique, ces études peuvent être riches d'idées et d'interrogations : pourquoi pose-t-on telle question ? pourquoi telle notion jugée essentielle ici est inconnue ailleurs ? pourquoi tel savoir résiste-t-il à Singapour comme à Juvisy ? La variété des procédures utilisées à travers le monde pour résoudre les mêmes questions est aussi riche d'enseignement.

La plus grande étude de ce type réalisée à ce jour est connue sous le nom de TIMSS. C'est la *Troisième Étude Internationale sur l'Enseignement des Mathématiques et des Sciences* de l'IEA.

Elle porte sur une cinquantaine de pays dont la France.

L'essentiel de l'étude s'est déroulée en 1994 (après trois années de préparation) et les résultats et analyses seront publiés de 1996 à 1998.

TIMSS Pop 2 - Question U2

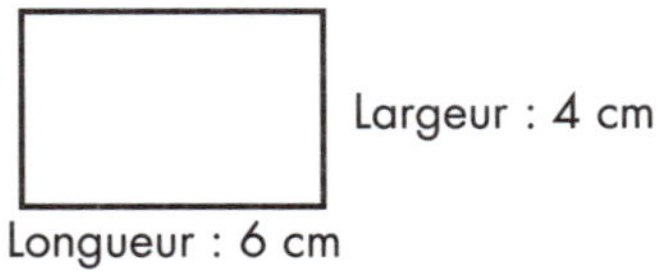

Attention, ce n'est pas la traduction utilisée dans les épreuves françaises

a) Dans l'espace ci–contre dessine un nouveau rectangle dont la longueur soit une fois et demie la longueur du rectangle ci-dessus, et dont la largeur soit la moitié de la largeur du rectangle ci-dessus.

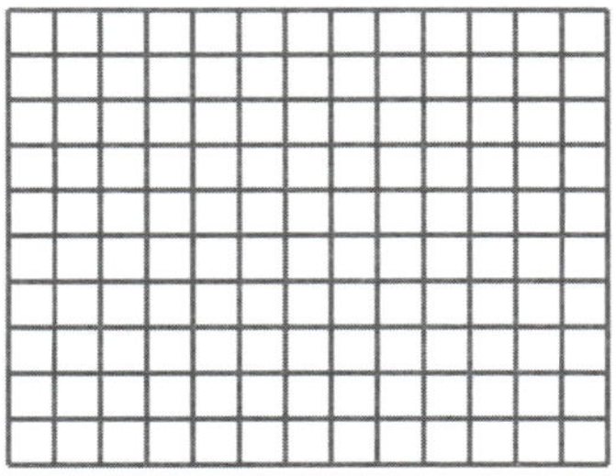

Indique sur la figure, en centimètres, la longueur et la largeur du nouveau rectangle.

Les figures sont présentées ici à l'échelle 1/3

b) Quel est le rapport de l'aire du nouveau rectangle à l'aire du premier ? Montre ce que tu as fait paur obtenir le résultat.

Résultat niveau Quatrième (grade 8)

	international	France	Etat-Unis	Hong Kong
Item a	31 %	43 %	16 %	46 %
Item b	10 %	06 %	10 %	25 %

Type de question : ouverte à réponse construite.
Catégorie de comportement attendu : résolution de problème.

Populations concernées

Population 1 : élèves de 9 ans.

Population 2 : élèves de 13 ans.

Population 3 : élèves en année de fin d'études secondaires.

Instruments utilisés (en 94/95)

La variété des instruments utilisés donne une idée du parti que l'on peut tirer de cette étude :

• questionnaire destinés aux élèves : questionnaires papier-crayon et questions supposant l'utilisation de matériels et de matériaux divers ;

• questionnaires d'opinion et de contexte destinés aux élèves, aux enseignants, aux chefs d'établissement ;

• analyses des programmes (*curriculums*•) et des manuels scolaires ;

• enregistrements vidéo de situations de classe (dans quelques pays)...

Sources d'information sur TIMSS

– Un serveur TIMSS est à l'adresse Internet suivante :

http://wwwcsteep.bc.edu/timss.

On peut y lire et charger une partie importante des documents et rapports internationaux et américains disponibles et en particulier les items de l'évaluation que l'IEA rend publics.

– Le serveur de la DEP à l'adresse Internet suivante :

http://www.cri.ensmp.fr:80/dep/.

– Un dossier TIMSS est par ailleurs disponible à l'IREM de Besançon.

BIBLIOGRAPHIE

APMEP, Dossier de présentation de l'Observatoire EVAPM, 1996.

APMEP, brochures EVAPM (une par classe, de la sixième à la première, plus une pour la terminale BEP et deux brochures d'actualisation, 6e - 5e et 4e - 3e).

A. Bodin, *L'évaluation du savoir mathématique,* « Bulletin de l'Association des Professeurs de Mathématiques » *(APMEP),* 368, pp 195-219, 1989, Paris.

A. Bodin, *Objectifs, compétences, et évaluation - Instruments pour l'analyse et pour l'action,* IREM de Besançon, 1997.

J. Cardinet, *Pour apprécier le travail des élèves,* De Boeck, Bruxelles, 1984.

R. Charnay & M. Mante, *De l'analyse d'erreurs en mathématiques aux dispositifs de remédiation : quelques pistes,* Grand N, n° 48, pp. 37-64, 1990.

G. Glaeser, *Fondements de l'évaluation en mathématiques,* APMEP Paris, 1995.

R. Gras & M. Pecal (Eds), *L'évaluation en mathématiques : perspectives institutionnelles, pédagogiques et statistiques,* Actes de l'université d'été de l'APMEP, Sophia Antipolis 10-14 juillet 1995, APMEP, Paris, 1995.

• Les Anglo-Saxons distinguent *curriculum* (programme réduit à ses grandes lignes) et *syllabus* (programme détaillé à la française).*

« Ne regarde pas la preuve comme un processus **contraignant** *mais comme un* **guide.** *Et il guide ta* **conception** *de certains états de choses. » Ludwig Wittgenstein.**

LA DÉMONSTRATION GÉOMÉTRIQUE

ACTE D'INVENTION ET CRITÈRE DE VÉRITÉ

LE RITUEL DE LA DÉMONSTRATION

AUTEUR

Evelyne BARBIN, maître de conférences à l'IUFM de Créteil, responsable de la commission inter-IREM « Épistémologie et histoire des mathématiques ».

Dans l'enseignement français des mathématiques, la conception traditionnelle est la suivante : une démonstration est d'abord un texte qui répond à certaines normes, allant des hypothèses aux conclusions, énonçant correctement les théorèmes utilisés, usant aux endroits appropriés des conjonctions grammaticales. Cette conception est doublement restrictive. D'une part, elle ne retient que le critère logique de vérité. D'autre part, elle oublie que l'objet de la démonstration est aussi d'inventer et de produire des résultats.

Les conséquences pédagogiques de ces restrictions sont tout à fait néfastes. D'une part, la mise en forme logique efface toute trace des questionnements, des zones d'instabilité, des tensions qui sont le prélude au désir et au besoin de démontrer. Ainsi, la démonstration apparaît-elle à l'élève comme un texte normalisé et rituel. D'autre part, l'apprentissage de la démonstration est conçu de façon autonome par rapport à la construction d'objets et à la production de savoirs mathématiques. *Ainsi, la démonstration apparaît-elle à l'élève comme une parenthèse arbitraire, une formalité, dont il ne retient qu'une impression douloureuse, ou au mieux celle d'un jeu gratuit.*

Avec la prise de distance que nous donne une perspective historique, nous pouvons dire que la conception traditionnelle de la démonstration est un mélange curieux de celles de la géométrie grecque et de la géométrie hilbertienne, qui se caractérisent toutes deux par *le rôle très restreint accordé à l'évidence et par la fonction très importante tenue par le discours logique*. Ces géométries ont été élaborées à des moments particuliers de l'histoire des mathématiques où il s'agissait de rassembler des savoirs en un exposé synthétique. Mais l'histoire des mathématiques est là aussi pour nous rappeler que ces savoirs exposés ont été inventés, que d'autres formes de démonstration ont été proposées à cet effet, et qu'il y correspond des critères de vérité autres que celui de la logique.

Nous allons examiner différents moments de l'histoire des mathématiques, pour saisir le double rôle de la démonstration : en tant qu'*acte d'invention* et en tant que *critère de vérité*. Non pas pour dire comment enseigner la démonstration, mais pour questionner nos pratiques enseignantes et pour engager une réflexion préalable à la mise en place d'un apprentissage de la démonstration qui soit partie intégrante de la construction du savoir mathématique.

* ***Remarques sur les fondements des mathématiques*, Gallimard, Paris, p. 207. Les termes mis en évidence le sont par Wittgenstein.***

Que le lecteur veuille bien nous suivre en acceptant de donner tour à tour à la démonstration les différentes significations qu'elle a pu avoir ; mais il peut aussi, si cela lui est plus aisé, remplacer partout le mot démonstration par le mot raisonnement, dont la signification usuelle est suffisamment élastique pour être mieux pensée.

LES ÉTAPES HISTORIQUES DE LA DÉMONSTRATION GÉOMÉTRIQUE

L'apprentissage de la démonstration doit procéder par étapes : cette affirmation recevra l'assentiment de bien des enseignants. Mais si nous avons en tête uniquement la conception logiciste de la démonstration, alors le type d'étapes que nous imaginons va concerner, sans grand profit, le raisonnement logique : il faut faire des démonstrations avec une déduction, puis avec deux, etc. Plus profondément, l'étude historique nous conduit à prendre en compte d'autres types d'étapes. En effet, nous pouvons distinguer dans l'histoire quatre grands moments (voir le tableau ci-contre) que nous analysons selon la signification de la démonstration, la conception des objets géométriques, le critère de vérité et le genre de discours produit.

En tant qu'enseignant nous devons être attentif à deux aspects.

D'une part, *la démonstration n'a pas toujours eu la même signification*, et chaque signification correspond à une conception spécifique des objets géométriques. Ainsi, l'apprentissage de la démonstration nécessite d'élaborer les objets géométriques sur lesquels porte la démonstration.

D'autre part, l'*idée de démonstration est fortement liée à celle d'évidence*, celle-ci ayant eu des significations précises et différentes tout au long de l'histoire•. Ainsi, l'apprentissage de la démonstration demande de prendre en compte le sentiment d'évidence que fournit la démonstration, et ne doit pas considérer celle-ci d'emblée comme un moyen de « vérifier l'évident » ou, pire, de « contredire l'évident ». Ce sont ces deux aspects que nous soulignerons particulièrement dans ce qui suit.

étape	signification	conception des objets	critère de vérité	discours
600 av.J-C. Thalès	expliquer	schéma	figure	rationnel
300 av J.-C. Euclide	convaincre	idéalité	logique	logique
1637 Descartes	éclairer	déconstruction	évidence	algébrique
1899 Hilbert	décider	nom	non-contradiction	formel

• Voir E. BARBIN, « Historicité de la notion d'évidence en géométrie, Entre évidence visuelle et évidence manipulatoire » in *Historia e Educaçao Matematica*, vol. 1, pp. 124-135 Universidade do Minho, 1996.

LA DÉMONSTRATION GÉOMÉTRIQUE COMME EXPLICATION

Les plus anciens traités de géométrie qui sont à notre disposition datent du IIIe siècle av. J.-C., comme les *Eléments* d'Euclide. Mais il ne faut pas oublier que cet ouvrage est l'aboutissement de trois siècles d'une activité géométrique qui a d'abord été un mode d'intelligibilité du monde, et que la construction des objets de la géométrie a été de pair avec la construction de raisonnements qui n'ont atteint que par

Dans les Éléments *d'Euclide, il ne s'agit pas d'expliquer, mais de convaincre.*

étapes le raffinement des démonstrations euclidiennes. Les figures géométriques sont d'abord des schémas sur lesquels s'élaborent des explications, elles ont été inventées comme moyens de représenter les éléments d'une réalité et de résoudre des problèmes.

Nous connaissons la géométrie pré-euclidienne par des écrits de commentateurs. Ce qui est rapporté, sur la mesure de la hauteur de la pyramide par Thalès ou sur la mesure de la distance en mer d'un bateau par les Ioniens, indique que la mesure des distances inaccessibles a eu un rôle essentiel dans l'élaboration de la géométrie. Dans un Moyen Âge occidental qui ignore le traité euclidien, Gerbert d'Aurillac (938-1003) propose aussi de mesurer des distances inaccessibles à l'aide de bâtons. À titre de remplacement, reportons-nous à Gerbert pour examiner le rôle de la figure en tant que schéma.

COMMENT GERBERT MESURE LA LARGEUR D'UNE RIVIÈRE AVEC UN BÂTON

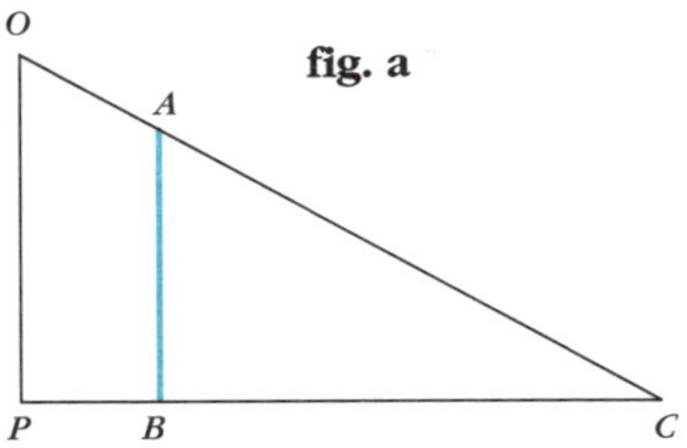

fig. a

Il s'agit d'une situation problématique, puisqu'il faut mesurer une distance qui est inaccessible par un simple arpentage. Gerbert utilise un bâton plus court que sa taille, le plante sur le bord accessible de la rivière, et recule jusqu'à ce que l'extrémité supérieure du bâton et le bord non accessible de la rivière coïncident•. Pour répondre au problème et pour expliquer la solution, il faut schématiser, c'est-à-dire ne retenir du réel que des éléments pertinents pour la situation, et ramener ces éléments à de simples longueurs, c'est-à-dire à des segments. Autrement dit, il faut construire une réalité géométrisable, qui suppose que le réel donné est « à peu près » comme cette réalité, par exemple que le bord de la berge est bien horizontal. Faire un schéma, dessiner une figure, c'est déjà abstraire une réalité du réel, c'est déjà construire une abstraction (*figure a*).

Donner des noms aux extrémités des segments, c'est se donner la possibilité de construire un discours sur la figure, un discours raisonné. Ce discours doit commencer par désigner pour comprendre : *O* désigne l'œil de Gerbert, *P* le pied de Gerbert (Gerbert lui-même n'est alors plus représenté que par un segment), *AB* le bâton, *BC* la largeur de la rivière. Il faut ensuite raisonner sur la figure pour expliquer que la connaissance des mesures de *OP*, *AB* et *PB* est suffisante pour connaître celle de *BC*.

Dans le cas d'une hauteur inaccessible, Gerbert imagine un instrument plus élaboré : il faut se munir de deux bâtons, ces objets que jamais le géomètre ne doit oublier de prendre avec lui••. Le schéma est plus complexe : la hauteur inaccessible est représentée par *AB*, les deux bâtons *CD* et *EF* sont perpendiculaires, *F* est au milieu de *CD*, la longueur de *EF* est la moitié de celle de *CD* et doit être «à peu près» la taille de Gerbert. Le bâton *CD* étant vertical, Gerbert doit se positionner de sorte que le rayon visuel *EB* passe par *D* (*figure b*). Cette fois le calcul est simple, puisque la hauteur inaccessible *AB* s'obtient en ajoutant deux mesures accessibles, *CF* et *AG*. Le raisonnement indique la pertinence d'un nouvel objet géométrique, le triangle isocèle. Par ailleurs, il demande de dessiner le segment *HF*, qui n'a pas un statut de représentation mais qui est le produit du raisonnement. Nous avons atteint ici un nouveau niveau d'explication, dont la nécessité prend sens vis-à-vis de la facilité du calcul de AB qui en résulte.

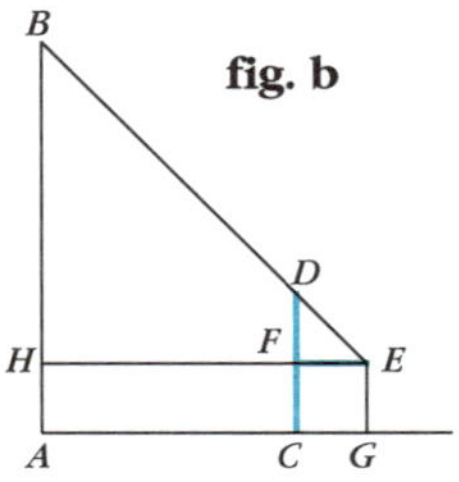

fig. b

• Voir FOURREY, *Curiosités géométriques*, 1907, Rééd. Vuibert, Paris, 1994, p. 180.

•• Cité par FOURREY, op.cit., p. 182.

L'ACTIVITÉ DE SCHÉMATISATION

Dans l'enseignement, du primaire au secondaire, l'élève passe sans beaucoup de transition *de la mesure de figures dessinées sur sa feuille à la démonstration logique de propositions sur des figures représentant des objets idéaux.* L'activité de schématisation est négligée alors qu'elle permettrait de donner un sens à des figures abstraites et d'élaborer des raisonnements sur ces figures. En effet, schématiser c'est produire des abstractions pour résoudre des problèmes concernant des objets réels qui ne sont pas là sur la feuille mais qui y sont représentés. C'est aussi, comme dans le second exemple ci-dessus, inventer des figures en exhibant leur pertinence et relier des figures entre elles par des raisonnements.

L'activité de schématisation conduit à l'élaboration de constructions géométriques, c'est-à-dire à un travail sur les abstractions déjà produites. L'enseignement doit considérer à sa juste mesure le travail de construction comme l'effectuation d'un raisonnement, et donc comme une étape dans l'apprentissage de la démonstration. Cette étape peut se traduire par un discours si l'enseignant demande à l'élève d'*expliquer sa construction*. Une construction s'effectue nécessairement par paliers, il a fallu d'abord construire telle perpendiculaire pour mener telle parallèle, etc., par conséquent l'explication demande une mise en ordre rationnelle. Une telle mise en ordre est nécessaire si l'enseignant demande que le discours produit par l'élève puisse à son tour être utilisé pour produire de nouvelles figures. C'est ainsi que l'élève peut élaborer de premiers textes géométriques. *Il a fallu trois siècles*• *à l'humanité pour aller de la géométrie de Thalès à celle d'Euclide*, admettons qu'il faille quelques mois aux élèves pour parcourir le cheminement intellectuel nécessaire.

Ceci est particulièrement important si l'enseignant vise une véritable compréhension de l'activité géométrique en tant que mode d'intelligibilité du monde, à savoir l'élaboration d'une physique qui ne s'intéresserait qu'aux aspects spatiaux et à la mesure des espaces. Au-delà de la géométrie, l'enseignant vise ainsi plus généralement *une compréhension de l'activité mathématique et, en particulier, de l'idée de modélisation mathématique.*

Il est également important de remarquer que l'idée de similitude intervient d'emblée dans toute schématisation, par l'acte même d'assimiler la situation à une figure homologue. Quant à ce que nous appelons en France le « théorème de Thalès », il intervient également très vite en tant qu'outil, comme dans le premier exemple de mesure de Gerbert, dans les problèmes de distances inaccessibles. Cette dernière remarque peut conduire à une interrogation sur la légitimation de ce théorème, et nous verrons plus loin quelques réponses historiques••.

IDÉALITÉ DES OBJETS GÉOMÉTRIQUES ET VÉRITÉ LOGIQUE

Dans les Eléments *d'Euclide, il ne s'agit pas d'expliquer, mais de convaincre* de la vérité nécessaire de certaines propositions

LE DÉBUT DU LIVRE I DES *ÉLÉMENTS* D'EUCLIDE

« Définitions

1. Un point est ce dont la partie est nulle.

2. Une ligne est une longueur sans largeur.

3. Les extrémités d'une ligne sont des points.

4. La ligne droite est celle qui est également placée entre ses points. » ...

• Thalès : 635-545 avant notre ère. Euclide : 330-276 avant notre ère. Ces dates sont très incertaines.*

•• Voir les pages 355 et 361-362.

« *Ce qui était une démonstration pour Euclide en est toujours une à nos yeux.* » Bourbaki.•

concernant des objets idéaux. Les propositions sont démontrées dans ce que nous appelons aujourd'hui un système *axiomatico-déductif* : au début de chaque livre, Euclide énonce une série de demandes et de notions communes qui ont un statut d'axiomes. Comme l'écrit Aristote, les axiomes doivent être vrais, premiers et immédiats, c'est-à-dire faciles à admettre ou évidents d'eux-mêmes. Mais, une fois qu'il a admis les axiomes, le lecteur est contraint d'admettre aussi pour vraies toutes les propositions qui suivent car elles en sont des conséquences logiques : elles sont nécessairement vraies.

Cette conception très forte de la démonstration est intimement liée à une conception idéale des objets de la géométrie, c'est-à-dire que ces objets sont considérés comme des idées. Les recherches historiques récentes indiquent que la conception idéale des objets accompagne la découverte grecque de l'incommensurabilité du côté d'un carré avec sa diagonale. En effet, cette découverte nécessite de concevoir qu'un segment est infiniment divisible, propriété que seul un objet idéal est susceptible d'admettre. Cette propriété résulte de la proposition 10 du Livre I, où Euclide démontre l'existence du milieu d'un segment (aussi petit soit-il) en construisant ce milieu à la règle et au compas. La démonstration repose, en particulier, sur la proposition 1, qui donne la construction à la règle et au compas du triangle équilatéral.

Euclide construit un triangle équilatéral sur le segment en décrivant deux cercles : celui de centre *A* et de rayon *AB* et celui de rayon *B* et de rayon *AB* (*figure 1*). Cette construction s'appuie sur deux demandes énoncées au début du Livre I : pouvoir décrire un cercle de centre et de rayon donnés, pouvoir mener une droite allant d'un point donné à un autre. La démonstration qui permet d'affirmer que le triangle *ABC* est équilatéral est constitué d'un ensemble de déductions, qui repose sur une notion commune énoncée au début du livre I, à savoir que deux grandeurs égales à une même grandeur sont égales entre elles.

• ***Théorie des ensembles*, Hermann.***

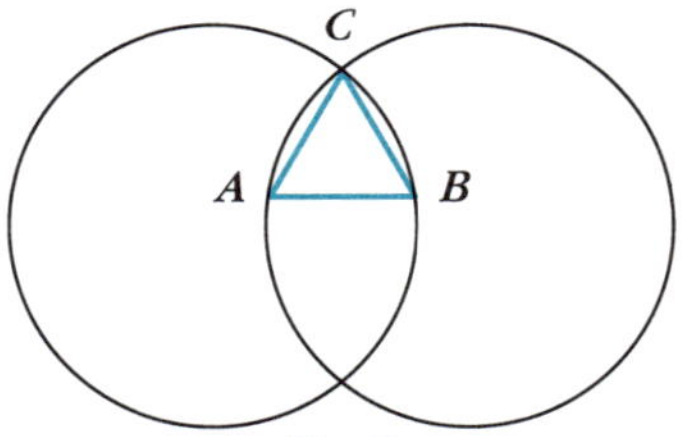

fig. 1

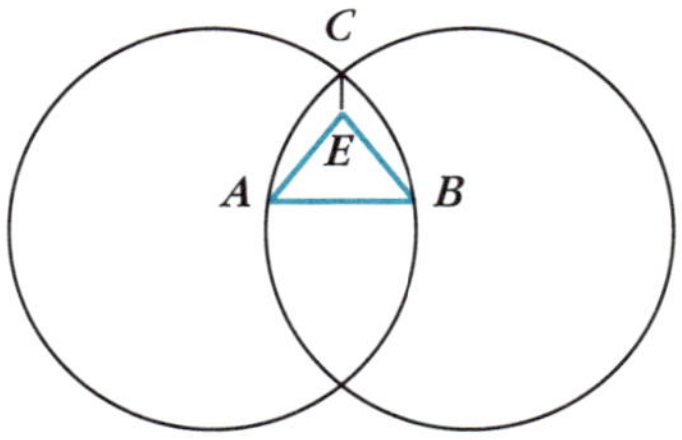

fig. 2

Argumentation logique et évidence

Proclus, un commentateur grec du Ve siècle, rapporte l'objection qui fut faite à cette démonstration : les deux droites *CA* et *CB* pourraient avoir une partie commune *CE*, et alors le triangle *AEB* ne serait pas équilatéral (*figure 2*). Cette objection est d'ordre logique, elle est là pour exhiber une défaillance des principes de la géométrie, car Euclide s'appuie sur une assertion (deux droites distinctes ne peuvent avoir plus d'un point commun) qui n'est pas rendue manifeste par l'énoncé d'un axiome.

Ceci nous rappelle le contexte de contestation de l'élaboration de la géométrie euclidienne, qui est aussi celui de la logique élaborée par Aristote. Les contradicteurs, auxquels la science logique doit répondre, sont subtils, et les arguments, qui sont aussi de nature métaphysique, sont hors de portée de nos jeunes élèves. Proclus ne rapporte aucune objection concernant l'existence du point *C*, c'est-à-dire la nécessité de démontrer que les deux cercles s'intersectent. L'évidence visuelle de l'intersection des deux cercles s'impose. Mais le géomètre ne doit pas s'en remettre à la seule vue. Ainsi, la proposition 20 du même livre démontre que dans tout triangle la somme de deux quelconques des côtés est supérieure au troisième.

Proclus rétorque aux Epicuriens, qui décriaient la proposition 20 en disant qu'elle est *évidente même pour un âne*, que « *ce théorème est évident pour les sens, mais ne l'est pas encore par le raisonnement scientifique [...] il appartient à la science de nous dire la manière dont cela se produit*• ».

Tout énoncé, même évident par les sens, qui n'a pas le statut d'axiome doit être démontré. L'évidence doit être travaillée par le raisonnement logique.

LA GÉOMÉTRIE EUCLIDIENNE : UNE ÉTUDE DE FIGURES

La géométrie grecque n'est pas une étude de l'espace mais une étude de figures. Ces figures sont des objets complexes, comprenant à la fois une forme et une grandeur. Ainsi, un carré, un rectangle ou un cercle sont compris à la fois comme des formes particulières et comme des aires. Les comparaisons d'aires constituent une partie importante du corpus euclidien. Les grandeurs ne sont pas numérisées, il s'agit de les comparer entre elles, de les mettre en rapport. La théorie des grandeurs, établie par Eudoxe•• pour traiter les rapports des grandeurs commensurables ou non, est exposée au livre V d'Euclide.

La théorie eudoxienne permet d'établir, dans la proposition 1 du Livre VI, que deux triangles (leurs aires) de même hauteur sont comme leurs bases. La proposition suivante démontre ce que nous appelons le théorème de Thalès à l'aide d'un raisonnement sur les aires. Soit *DE* parallèle à *BC* dans le triangle *ABC* (*figure 3*), alors (avec des notations modernes) :

$$\frac{\text{aire } ADE}{\text{aire } DBE} = \frac{AD}{DB}, \qquad \frac{\text{aire } ADE}{\text{aire } EDC} = \frac{AE}{EC}$$

$$\text{et aire } EDC = \text{aire } DBE \text{ donc } \frac{AD}{DB} = \frac{AE}{EC}.$$

Les démonstrations grecques concernant les comparaisons d'aire curviligne et d'aire rectiligne (les quadratures) procèdent par une double réduction par l'absurde. Par exemple, dans le traité de *La mesure du*

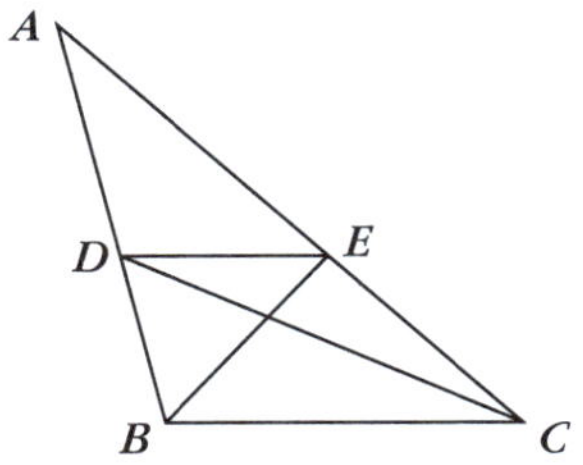

fig. 3

cercle, Archimède démontre que l'aire d'un cercle est égale à celle d'un triangle rectangle dont les côtés de l'angle droit sont égaux au rayon et à la circonférence du cercle, en montrant que chacune des deux autres possibilités (aire du cercle plus petite ou aire du cercle plus grande que celle du triangle rectangle) conduit à une contradiction. Ces démonstrations conduisent à comparer des aires rectilignes, ici des polygones réguliers inscrits ou circonscrits au rectangle.

Elles sont d'un point de vue logique imparables, d'autant qu'elles évitent de travailler avec l'infini. Mais *elles posent, comme toute démonstration par l'absurde, une question essentielle, à savoir : comment a été obtenu l'énoncé de la proposition ?*

Cette question, qui peut sembler mineure pour le cercle, devient plus pertinente quand Archimède énonce que l'aire curviligne comprise entre une portion de parabole et un segment est égal à quatre tiers de l'aire d'un triangle « ayant même base et même hauteur ». Comment a-t-il obtenu ce rapport ?

Disons tout de suite qu'Archimède avait une méthode mécanique pour découvrir ce rapport. Cette méthode est présentée dans une lettre à son ami Eratosthène, qui ne fut découverte qu'en 1906, où Archimède explique que sa méthode mécanique ne peut être considérée comme un moyen légitime de démonstration.

Ceci est assez typique de la manière des géomètres grecs, qui ont moins le souci de montrer comment ils sont parvenus aux énoncés et aux démonstrations, que celui de donner des discours logiques parfaitement en forme.

• Proclus, *Les Commentaires sur le premier Livre des Eléments d'Euclide*, trad. Ver Eecke, Desclée de Brouwer, 1948, pp. 275-276.

•• Eudoxe, 409-355 avant notre ère (dates approximatives), auteur d'une partie des propositions figurant dans les *Eléments* d'Euclide.*

« … cette géométrie dont les débuts présentés sous la forme euclidienne semblent aux enfants si étranges, si secs et si inutiles… » J. Tannery.•

L'INSATISFACTION DU XVIIE SIECLE

Cette manière va être fortement critiquée au XVIIe siècle, à une époque où les géomètres souhaitent inventer de nouveaux savoirs, et leur critique va s'étendre à la démonstration logique, qui peut servir éventuellement à exposer mais non à inventer.

L'un des principaux détracteurs est Descartes, qui propose un nouveau critère de vérité pour la démonstration mathématique : l'évidence. Dans la règle IV des *Règles pour la direction de l'esprit*, Descartes exprime ainsi son insatisfaction à la lecture des écrits des Anciens :

« *Certes, j'y lisais sur les nombres une foule de développements dont le calcul me faisait constater la vérité ; quant aux figures, il y avait beaucoup de choses qu'ils me mettaient en quelque sorte sous les yeux mêmes et qui étaient la suite de conséquences rigoureuses. Mais pourquoi il en était ainsi et comment on parvenait à le trouver, ils ne me paraissaient pas suffisamment le montrer à l'intelligence elle-même*••. »

Les écrits des Anciens n'indiquent pas pourquoi le mathématicien se propose de démontrer tel résultat, ni comment il parvient à le démontrer.

La forme logique permet de constater la vérité des résultats, d'en être convaincu, mais *elle ne permet pas de résoudre de nouveaux problèmes*.

DÉCONSTRUCTION DE LA FIGURE ET ÉVIDENCE CALCULATOIRE

L'évidence qui intéresse Descartes n'est pas donnée par l'image et elle n'est pas satisfaite par le discours logique, c'est celle du géomètre travaillant sur des objets évidents, c'est-à-dire simples.

Pour cela, il ramène tous les objets de la géométrie à des objets simples, à des segments, qui seront unifiés à l'aide d'un segment unité. Connaître une figure c'est la décomposer en segments, et résoudre un problème c'est établir des relations entre des segments connus et inconnus.

UNE DÉMONSTRATION « PARFAITE » QUI LAISSE INSATISFAIT

Pour comprendre l'insatisfaction cartésienne, lisons de son point de vue la proposition 11 du livre II des *Eléments* d'Euclide.

Il s'agit de couper en un point *H* une droite donnée *AB* de telle sorte que le rectangle de côtés *HB* et *BD*, où *BD* = *AB*, soit égal••• au carré de côté *AH*. Euclide met sous les yeux la construction : construire le carré de côté *AB*, *E* le milieu de *AC*, le segment *EB*, le point *F* tel que *EF* égale *EB*, le carré de côté *AF*, alors *H* est le point demandé. Ensuite, Euclide démontre que le rectangle est bien égal au carré par une suite de déductions rigoureuses s'appuyant sur les notions communes ou sur les propositions démontrées précédemment. Descartes est obligé de constater que le résultat mis sous ses yeux est vrai, mais il ne sait pas *comment* Euclide a découvert la construction du point *H*. Il veut connaître le processus qui a permis de l'inventer.

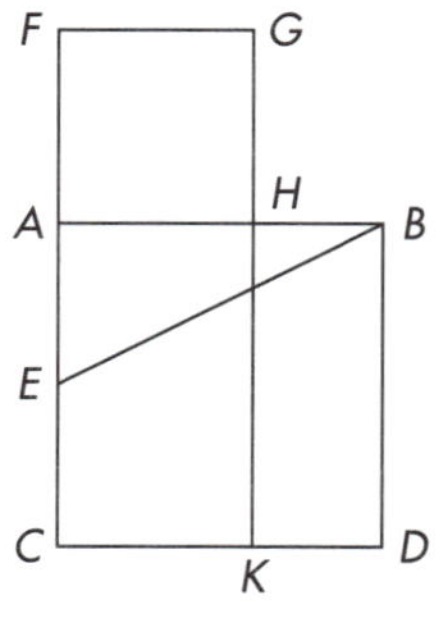

• ***Science et philosophie*, 1910.***

•• **Descartes, *Règles pour la direction de l'esprit*, trad. Sirven, Vrin, p. 23.**

••• **Il faut entendre par là que le rectangle et le carré doivent avoir la même aire.**

Il énonce ainsi une méthode pour résoudre n'importe quel problème de géométrie dans *La géométrie* de 1637 :

« Ainsi voulant résoudre quelque problème, on doit d'abord le considérer comme déjà fait, et donner des noms à toutes les lignes, qui semblent nécessaires pour le construire, aussi bien à celles qui sont inconnues qu'aux autres. Puis sans considérer aucune différence entre ces lignes connues et inconnues, on doit parcourir la difficulté, selon l'ordre qui montre le plus naturellement de tous en quelle sorte elles dépendent mutuellement les unes des autres, jusqu'à ce qu'on ait trouvé un moyen d'exprimer une même quantité en deux façons ce qui se nomme une équation•. »

Les segments connus et inconnus seront désignés par des lettres, et la résolution passe par une mise en équation du problème.

C'est une analyse dans le sens qu'elle va de l'inconnu au connu, mais ici le connu n'est pas la ou les propositions considérées comme évidentes ; le connu désigne des segments donnés ou des relations entre segments (dans le cas où une courbe est donnée). Un résultat obtenu par la méthode cartésienne peut-il être considéré comme démontré ? Descartes répond oui. Il écrit qu'il y a deux façons de démontrer, l'une par l'analyse et l'autre par la synthèse :

« L'analyse montre la vraie voie par laquelle une chose a été méthodiquement inventée [...] ; en sorte que si le lecteur la veut suivre, et jeter les yeux soigneusement sur tout ce qu'elle contient, il n'entendra pas moins parfaitement la chose ainsi démontrée, et ne la rendra pas moins sienne, que si lui même l'avait inventée [...] La synthèse, au contraire, par une voie toute autre [...] démontre à la vérité clairement ce qui est contenu en ces conclusions, et se sert d'une longue suite de définitions, d'axiomes, de théorèmes et de problèmes, [...] elle arrache le consentement du lecteur [...], mais ne donne pas, comme l'autre, une entière satisfaction aux esprits••. »

La satisfaction de l'esprit vient de la démarche méthodique du géomètre qui décompose la figure en objets simples et manipule les symboles algébriques représentant ces objets. La figure n'est pas seulement contemplée, elle est disséquée en un calcul. L'évidence visuelle se poursuit en une évidence calculatoire. La principale rupture introduite par Descartes est d'introduire l'évidence comme critère de vérité, ceci contre les préceptes de la logique.

Dans les *Règles pour la direction de l'esprit*, il reproche à ces préceptes de vouloir régir la raison humaine en lui prescrivant des formes de raisonnement, qui sont peut-être concluantes, mais qui demandent de bannir l'évidence.

La logique est un système extérieur à l'individu, alors que l'évidence est un sentiment intime. Quelque trente ans plus tard, il va trouver un adepte en la personne d'Arnauld qui écrit dans la préface de son ouvrage de géométrie de 1667 que *la géométrie doit donner le modèle de la clarté et de l'évidence.*

Comparons la démonstration euclidienne de la proposition précédente (voir à la page 356) avec la méthode cartésienne :

• **Descartes, *Discours de la méthode*, Fayard, p. 335.**

•• **Descartes, *Œuvres et lettres*, La Pléiade, p. 279.**

Démonstration euclidienne	Méthode cartésienne
Le point H est donné *a priori*.	Le point H est trouvé *a posteriori*.
Carré EB égale carré AB et carré AE (prop. 47, livre I).	nommer les segments : connus : $AB = a$ inconnus : $AH = x$
Carré EF égale rectangle $FGKC$ et carré AE (prop. 6, livre II).	Ecrire des relations entre les segments : $x^2 = a\,(a - x)$.
Carré AB et carré AE égalent rectangle $FGKC$ et carré AE (notion commune 1).	Résoudre l'équation : $x = -\frac{1}{2}a + \frac{\sqrt{5}}{2}a$
Carré AB égale rectangle $FGKC$ (notion commune 3).	
Rectangle $HBDK$ égale carré AH (notion commune 3).	

« … ce qu'on ne sait que par des démonstrations qui ne sont point fondées sur des raisons naturelles, s'échappe aisément, & se retrouve difficilement… »

Évidence et ordre naturel

Arnauld et Nicole reprennent la conception cartésienne de la vérité dans *La logique ou l'art de penser* de 1662, en établissant la liste des défauts des géomètres anciens :
I. Avoir plus de soin de la certitude que de l'évidence, et de convaincre l'esprit que de l'éclairer.
II. Prouver des choses qui n'ont pas besoin de preuves.
III. Démonstrations par l'impossible.
IV. Démonstrations tirées par des voies trop éloignées.
V. N'avoir aucun soin du vrai ordre de la nature.
VI. Ne se point servir de divisions et de partitions•.

Ils expliquent que le premier défaut est la source de presque tous les autres, et ils illustrent ceux-ci en prenant des exemples tirés de l'ouvrage d'Euclide. Ainsi, la proposition 20 du Livre I sur l'inégalité triangulaire n'a pas besoin de preuve, car cela est évident par la seule notion de la ligne droite. Ils reprochent aux nombreuses démonstrations par l'absurde d'Euclide de ne point satisfaire l'esprit qui veut savoir, non seulement que la chose est, mais comment elle est.

Arnauld et Nicole considèrent que le cinquième défaut est le plus grand défaut des géomètres. Il y a bien pourtant un ordre dans les *Eléments* d'Euclide, l'ordre des propositions induit par le système axiomatico-déductif. Mais ils n'y sont pas sensibles, ils recherchent l'ordre cartésien des objets qui va des objets simples aux composés. Ils reprochent à Euclide de traiter pêle-mêle des droites et des surfaces, des triangles et des carrés, de prouver des propositions sur les segments (objets simples) en utilisant des triangles (objets composés). Dans la préface de ses *Nouveaux élé-*

PERPENDICULAIRES ET OBLIQUES SELON ARNAULD

La ligne perpendiculaire est définie par deux points équidistants de A et B (*figure a*) et la ligne oblique dans la situation où *une ligne droite coupe une autre en penchant plus d'un côté que de l'autre*. La proposition fondamentale de la mesure des lignes obliques énonce que : *les lignes obliques menées du même point à une même ligne, sont plus longues, plus elles sont éloignées de la perpendiculaire*••. Ainsi, si KF est plus proche que KG de la perpendiculaire KB, alors KF est plus courte que KG (*figure b*). La démonstration consiste à considérer le symétrique C de K par rapport à la droite ZG, et à remarquer que KFC est plus courte que KGC.

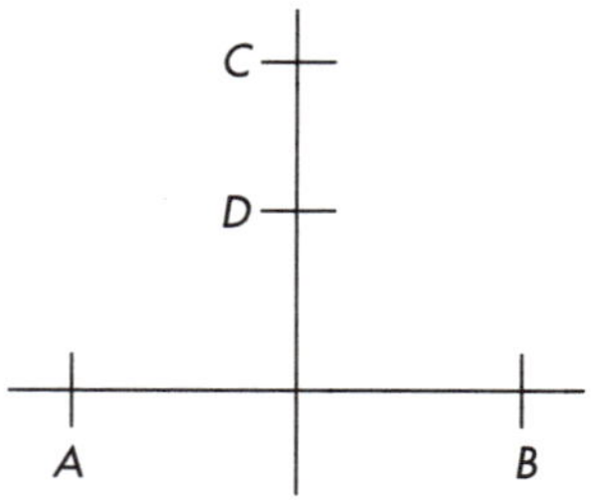

fig. a

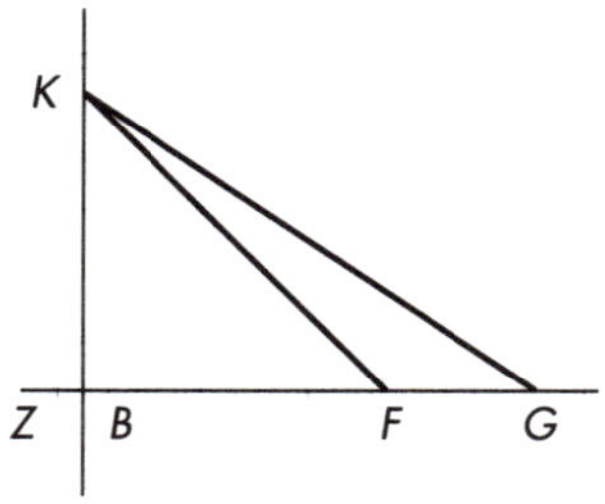

fig. b

• **Arnauld et Nicole, *La logique ou l'art de penser*, Flammarion, coll. Champs, n° 31, p. 406.**

•• **Op.cit., p. 398 à 404.**

ments de géométrie de 1667, Arnauld écrit que l'un des buts de la géométrie est d'accoutumer à réduire ses pensées à un ordre naturel. Il estime que :

« Les Elémens d'Euclide [sont] tellement confus et brouillés, que bien loin de pouvoir donner à l'esprit d'idée et le goût du véritable ordre, ils ne pouvaient au contraire que l'accoutumer au désordre et à la confusion•. »

Arnauld va ainsi complètement bouleverser l'ordre euclidien. Pour démontrer des propositions sur les simples droites sans utiliser les objets composés que sont le triangle et l'angle, il développe une étude complète des droites perpendiculaires et obliques, où le concept d'angle est complètement absent.

L'APPEL À L'INTELLIGENCE DU LECTEUR

Dans un corollaire de la « proposition fondamentale de la mesure des lignes obliques », Arnauld critique vivement la démonstration de la proposition 4 du Livre I d'Euclide qui énonce ce qu'on appelle le premier cas d'égalité des triangles : si deux triangles *ABC* et *DEF* sont tels que les angles $\widehat{A}$ *et* $\widehat{D}$ sont égaux, *AB* égale *DE* et *AC* égale *DF*, alors *EF* égale *BC* (*fig. 4*). Euclide applique le triangle *ABC* sur le triangle *DEF* : le point *A* s'applique sur le point *D*, le point *B* sur le point *E* et le point *C* sur le point *F*. Selon la notion commune 9 (axiome) deux segments ne contiennent pas une aire, donc *BC* s'ajuste sur *EF*. Or, selon la notion commune 7 (axiome) les choses qui s'ajustent sont égales entre elles, donc *BC* égale *EF*. Il s'agit, dans l'esprit grec, d'appliquer une aire sur une aire.

L'énoncé d'Arnauld est identique à celui de la proposition 4 d'Euclide dans le cas particulier où les angles sont droits. Arnauld considère *CB* perpendiculaire à la ligne *x*, *NM* perpendiculaire à la ligne *z*, *CB* = *NM* et *BF* = *MP*, et il énonce que *CF* = *NP* (*figure 5*) avec le commentaire suivant :

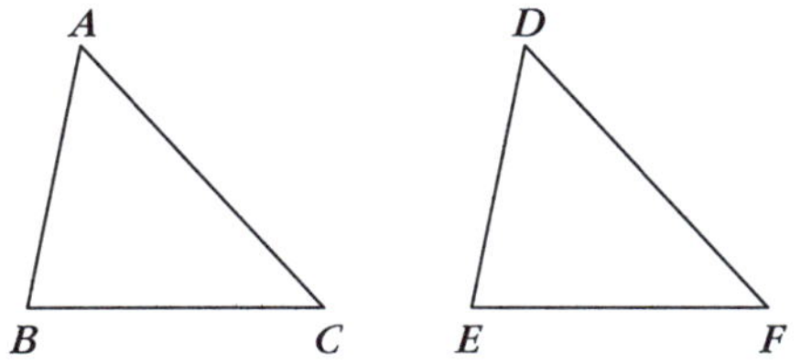

fig. 4

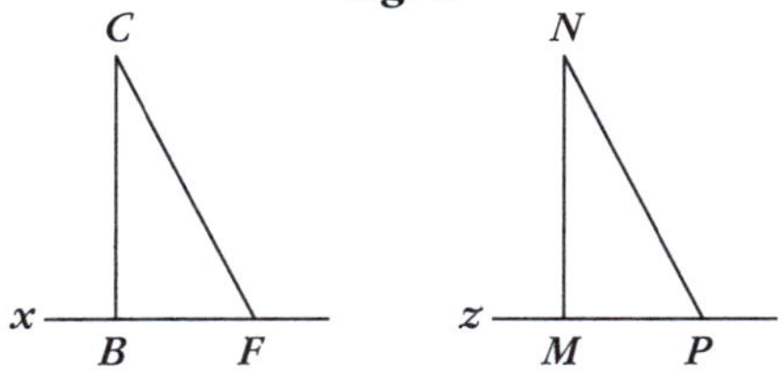

fig. 5

« La vérité de cette proposition est naturellement connue [...] il est impossible à tout esprit raisonnable d'en avoir le moindre doute, ce qui est la plus grande certitude qu'on doive désirer dans les sciences••. »

Cette preuve qui se fonde sur l'évidence cartésienne, c'est-à-dire celle qui est obtenue quand tout doute est écarté, lui semble préférable à la preuve logique d'Euclide qu'il juge grossière. Il écrit :

« Néanmoins si on en veut être convaincu par une preuve grossière et matérielle, on peut se servir de celle dont Euclide prouve que deux angles étant égaux, et ayant les côtés égaux aux côtés, la base est égale à la base. Car on peut de même ici s'imaginer que la ligne z est couchée sur la ligne x, en sorte que le point M est immédiatement sur le point B•••. »

Faire appel à l'intelligence du lecteur va devenir une habitude commune au XVIIIe siècle. C'est à partir de cette époque que l'on pourra lire dans les ouvrages de mathématiques : il est évident que, il est clair que, etc. Ainsi, le premier ouvrage présentant l'analyse leibnizienne en langue française, le traité de 1696 du Marquis de l'Hospital, est truffé de tels énoncés. La volonté d'éclairer le lecteur va également se retrouver dans un ouvrage comme les *Eléments de géométrie* de Clairaut, publié dans la seconde moitié du XVIIIe siècle. Mais l'auteur ajoute une autre exigence en déclarant vouloir *intéresser et éclairer les commençants*.

• **Arnauld, *Nouveaux éléments de géométrie*, Savreux, Paris, 1667, préface, p. xii.**

•• **Op.cit., p. 97.**

••• ***Idem.***

Clairaut ne veut pas donner à lire des théorèmes, il veut donner à chercher et à inventer, et pour cela occuper continuellement ses lecteurs à résoudre des problèmes.

Esprit d'invention et résolution de problèmes

Le projet de Clairaut est didactique, il en prévient son lecteur dès le début de la préface à ses *Eléments de géométrie* :

« Quoique la géométrie soit par elle même abstraite, il faut avouer cependant que les difficultés qu'éprouvent ceux qui commencent à s'y appliquer, viennent le plus souvent de la manière dont elle est enseignée dans les Éléments ordinaires. On y débute toujours par un grand nombre de définitions, de demandes, d'axiomes, et de principes préliminaires, qui semblent ne promettre rien que de sec au lecteur. Les propositions qui viennent ensuite ne fixant point l'esprit sur des objets plus intéressants, et étant d'ailleurs difficiles à concevoir, il arrive communément que les Commençants se fatiguent et se rebutent, avant que d'avoir aucune idée distincte de ce qu'on voulait leur enseigner*. »

Ces propos semblent toujours très actuels, mais nous allons voir que la suite l'est encore. En effet, Clairaut se tourne vers l'histoire et il remarque que le mot géométrie signifie en grec « mesure des terrains ». Il explique que les hommes ont d'abord cherché à mesurer et à partager leurs terres, puis qu'ils ont voulu perfectionner leurs méthodes, et qu'ils en sont arrivés à vouloir connaître le rapport exact de toutes sortes de grandeurs. Clairaut ne va donc pas suivre l'ordre logique, mais l'ordre des inventions qui correspond à la pratique mathématique :

« Afin de suivre dans cet ouvrage une route semblable à celle des inventeurs, je m'attache d'abord à faire découvrir aux commençants les principes dont peut dépendre la simple mesure des terrains, et des distances accessibles ou inaccessibles, etc**. »

Clairaut ne veut pas donner à lire des théorèmes, *ces propositions, où l'on démontre que telle ou telle vérité est, sans faire voir comment on est venu à la découvrir* ; il veut donner à chercher et à inventer, et pour cela *occuper continuellement ses lecteurs à résoudre des problèmes.* Il propose une géométrie problématisée, c'est-à-dire une géométrie où les savoirs sont construits comme instruments pour résoudre des problèmes : *en suivant cette voie, les commençants aperçoivent, à chaque pas qu'on leur fait faire, la raison qui détermine l'inventeur.* Le lecteur saura, et saura pourquoi et comment on sait : pourquoi une connaissance devient-elle l'objet de recherche du géomètre ? comment le géomètre parvient-il à la vérité ? Le lecteur pourra ainsi *acquérir plus facilement l'esprit d'invention.*

Dans les programmes de mathématiques récents, au collège, mais aussi au lycée, l'accent a été mis sur la résolution de problèmes. Mais remarquons que l'ambition de Clairaut, d'intéresser, est plus grande que la nôtre, qui est surtout de « motiver ». Les hauteurs des ambitions sont à la mesure des moyens que l'on se donne. Alors que nous nous satisfaisons de problèmes épars, voire de problèmes introductifs ou de simples « activités », Clairaut rassemble tous les problèmes dans une problématique, c'est-à-dire dans *un ensemble cohérent de problèmes qui sont reliés les uns aux autres.* C'est ainsi que les savoirs sont véritablement construits, c'est-à-dire encore reliés les uns aux autres, et non pas disséminés. Il est clair qu'élaborer un enseignement où des champs de problèmes et des champs de savoirs se correspondent demande de penser les mathématiques, ou plus simplement ici la géométrie, dans son ensemble, et c'est ce que se propose Clairaut. Contrairement à Euclide, qui donne au début de chacun des livres des *Eléments* une longue liste de définitions, Clairaut n'introduit les objets géométriques qu'au fur et à mesure, au moment où ils deviennent nécessaires à la résolution d'un problème.

Chez Euclide, l'impératif qui dicte l'ordre d'introduction des propositions est l'ordre logique, alors que chez Clairaut, il se situe dans la problématique choisie, c'est-à-dire dans la mesure des terrains.

*** Clairaut, *Eléments de géométrie*, 1765, rééd. Gauthiers-Villars, 1920, préface, p. IX.**

**** Op.cit., préface, p. XI.**

LA CONSTRUCTION DES OBJETS ET DES SAVOIRS GÉOMÉTRIQUES

Clairaut définit une ligne perpendiculaire à une autre comme réponse à un problème de mesure de distance inaccessible : lorsqu'un homme sur le bord d'une rivière, se propose de savoir combien il y a du lieu où il est à l'autre bord supposé en ligne droite, il doit prendre la plus courte de toutes les droites qui vont de son lieu à cette droite ; on a donné le nom de perpendiculaire à cette ligne la plus courte dont on a besoin. La figure du triangle est introduite un peu plus loin lorsque l'on se trouve dans une situation où l'on doit mesurer une surface rectiligne *ABCDE* (*figure* 6). Dans ce cas, « on voit que, malgré l'infinie variété des figures rectilignes, on peut les mesurer toutes de la même façon, en les partageant en figures de trois côtés nommées communément triangles »•.

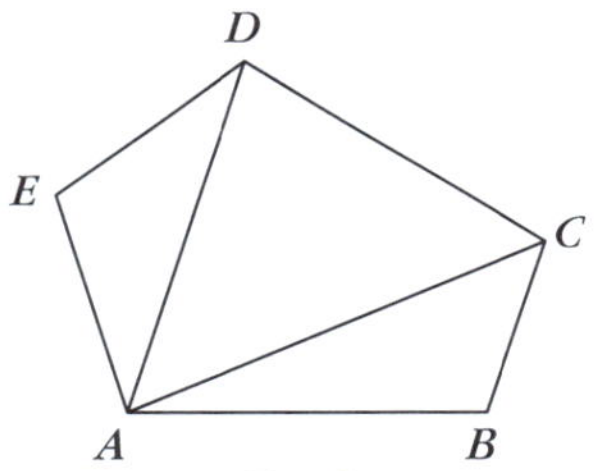

fig. 6

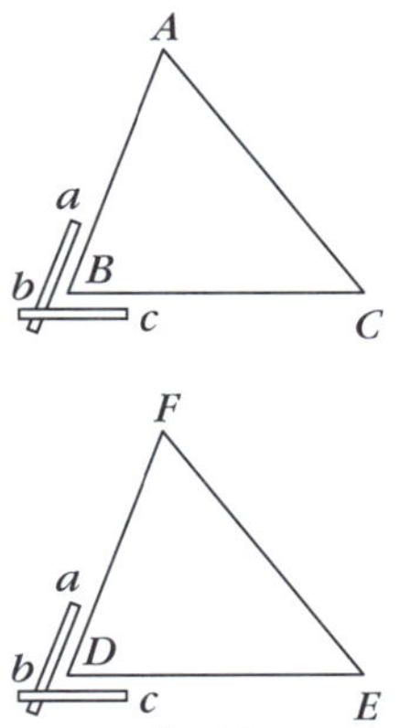

fig. 7

L'angle est introduit lorsque la mesure des trois côtés d'un triangle se trouve empêchée, et donc pour répondre à un problème de distance inaccessible.

Supposons que l'on ne puisse mesurer que deux des trois côtés d'un triangle *ABC*, les deux côtés *AB* et *BC* par exemple (*figure* 6). Si on prend *DE* égal à *BC* et *DF* égal à *BA*, on ne sait quelle position donner à l'une des deux droites relativement à l'autre (*figure* 7). L'angle est la réponse au problème : « on fait pencher DF, de la même manière sur DE, que AB penche sur BC ; ou, pour s'exprimer comme les géomètres, on donne à l'angle FDE la même ouverture qu'à l'angle ABC. » À partir de là, l'angle va être un moyen de déterminer un triangle en ne connaissant qu'un ou deux côtés du triangle, et c'est ainsi que sont problématisés ce que nous appelons des cas d'égalité des triangles.

L'idée de similitude intervient dès la première partie de l'ouvrage. Clairaut explique qu'en pratique il serait extrêmement pénible, voire impraticable, de faire des schémas en grandeur réelle. Il introduit la notion de « ressemblance » de deux figures et il propose d'examiner comment un dessinateur s'y prend pour réduire, par exemple de moitié, une figure. Comme la figure du triangle est la plus simple et qu'elle entre dans la composition de toutes les autres (figures rectilignes), il examine d'abord le cas de deux triangles semblables.

Il démontre d'abord que si deux angles d'un triangle sont égaux à deux angles d'un autre triangle, le troisième angle de l'un égalera le troisième de l'autre. Puis il démontre que deux triangles, dont les angles sont respectivement égaux, ont leurs côtés proportionnels.

LE RECOURS À L'ÉVIDENCE

Dans ces deux démonstrations, Clairaut ne craint pas de recourir à l'évidence. Dans la première, il pose le triangle *abc*, dont les angles $\widehat{cab}$ *et* $\widehat{cba}$ sont respectivement égaux aux angles $\widehat{CAB}$ *et* $\widehat{CBA}$ du triangle *ABC*, sur le triangle *ABC* (*figure* 8).

• **Op.cit., p. 13.**

En admettant, sous prétexte de rigueur, des résultats non évidents parce que la démonstration rigoureuse est inaccessible aux élèves, on risque de provoquer chez eux incompréhension et dégoût.

Il écrit que « il est clair que cb sera parallèle à CB, et cela parce que le côté cb prolongé, ne pourrait rencontrer le côté CB, que les deux figures ne penchassent inégalement sur AB, et que, par conséquent, les angles $\widehat{cba}$ et $\widehat{CBA}$ fussent inégaux ; ce qui serait contre la supposition »[•], et il conclut que les angles $\widehat{Acb}$ et $\widehat{ACB}$ sont égaux.

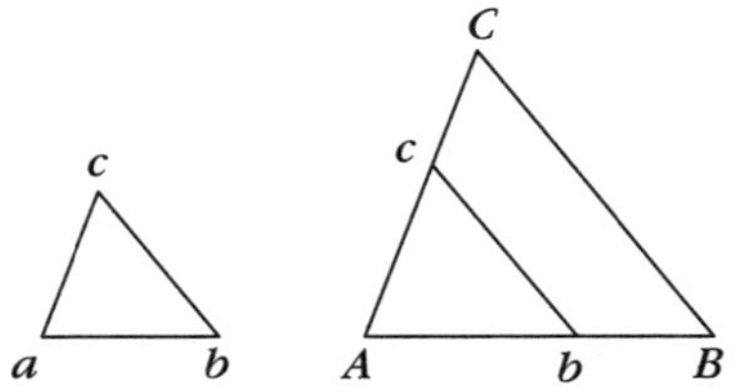

fig. 8

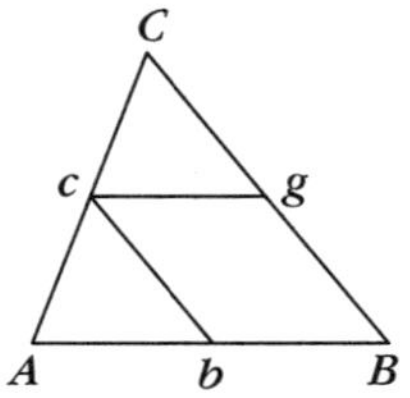

fig. 9

Dans la seconde, il suppose d'abord que les deux triangles considérés *abc* et *ABC* sont tels que *ab* soit la moitié de *AB* (*figure* 9), il mène *cg* parallèle à *AB* et il écrit *qu'il est clair que cette ligne égalera bB*, d'où il conclut l'égalité des triangles *Ccg* et *cAb*, puis l'égalité de *Cc* avec *Ac*, de *Cg* avec *cb*. Il montre ensuite que la démonstration s'étend au cas où *ab* est contenu *trois, quatre ou tel nombre de fois qu'on voudra* dans *AB*, et enfin au cas où *ab* est contenu un nombre de fois fractionnaire dans *AB*, mais il n'envisage pas le cas où les deux segments sont incommensurables.

L'évidence sur laquelle s'appuie Clairaut est une évidence visuelle immédiate, tandis que l'évidence cartésienne est une évidence de l'entendement travaillée par l'exercice du doute. Il écrit dans sa préface :

« On me reprochera peut-être, en quelques endroits de ces Éléments, de m'en rapporter trop au témoignage des yeux, et de ne m'attacher pas assez à l'exactitude rigoureuse des démonstrations. Je prie ceux qui pourraient me faire un pareil reproche, d'observer que je ne passe légèrement, que sur des propositions dont la vérité se découvre, pour peu qu'on y fasse attention. J'en use de la sorte, surtout dans les commencements, où il se rencontre plus souvent des propositions de ce genre, parce que j'ai remarqué que ceux qui avaient de la disposition à la Géométrie, se plaisaient à exercer un peu leur esprit ; et qu'au contraire, ils se rebutaient, lorsqu'on les accablait de démonstrations, pour ainsi dire, inutiles[••]. »

Clairaut explique qu'Euclide a eu recours aux raisonnements en forme « *pour fermer la bouche à la chicane* », mais que cette manière est maintenant révolue : « *Mais les choses ont changé de face. Tout raisonnement qui tombe sur ce que le bon sens seul décide d'avance, est aujourd'hui en pure perte, et n'est propre qu'à obscurcir la vérité, et à dégoûter les Lecteurs*[•••] ».

Attention : jamais Clairaut n'admet un énoncé, mais il en montre toujours l'évidence par un raisonnement.

Si, sous prétexte de rigueur, l'enseignant admet des énoncés non évidents parce que la démonstration parfaitement rigoureuse est inaccessible aux débutants, alors il risque de mettre ceux-ci dans une situation intellectuelle qui entraîne incompréhension et dégoût. Dégoût d'autant plus grand lorsque, sous le prétexte de la même rigueur, on leur demande de démontrer des énoncés qui eux sont évidents. Clairaut démontre, et en plus il a le souci de montrer pourquoi on s'intéresse à un énoncé, et comment on parvient à la démonstration.

• Op.cit., pp. 37-38.

•• Op.cit., préface, p. XII-XIII.

••• Op.cit., préface, p. XIII.

UN PROBLÈME DE MINIMUM RÉSOLU PAR GERGONNE

Dans le premier tome de sa revue, paru en 1810-1811, Gergonne pose plusieurs problèmes de minima, par exemple de déterminer sur un plan un point dont la somme des distances à trois points, ou généralement à un nombre quelconque de points, soit un minimum. Un lecteur donne une méthode calculatoire qui conduit théoriquement au résultat mais qui est trop compliquée pour y mener effectivement. De manière anonyme, Gergonne donne ensuite une construction géométrique *fort simple*, qui repose sur deux lemmes servant à la résolution de nombreux problèmes de minima•.

Le premier énonce que le point M d'une droite donnée AB dont la somme des distances à deux points donnés P et Q, situés d'un même côté de AB, est minimale, est tel que les angles $\widehat{AMP}$ *et* $\widehat{QMB}$ sont égaux (*figure a*). En effet, soit P' le point tel que PP' est perpendiculaire à AB et $CP = CP'$, alors si $MP + MQ$ est minimum, il en est de même de $MP' + MQ$, donc M, P', Q doivent être alignés.

Le second énonce que le point M d'une circonférence donnée de centre O dont la somme des distances à deux points donnés P et Q, où MP et MQ ne coupent pas la circonférence, est minimale, est tel que les angles $\widehat{OMP}$ *et* $\widehat{OMQ}$ sont égaux (*figure b*). En effet, si on considère un autre point N de la circonférence et si NQ rencontre en D la tangente menée du point M à la circonférence alors $MP + MQ < DP + DQ$ selon le premier lemme, et $DP + DQ < NP + NQ$, donc $MP + MQ < NP + NQ$.

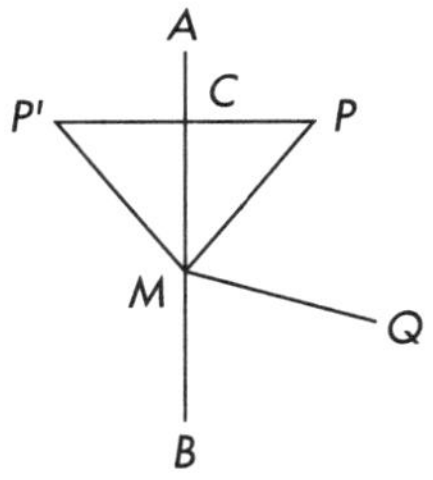

fig. a

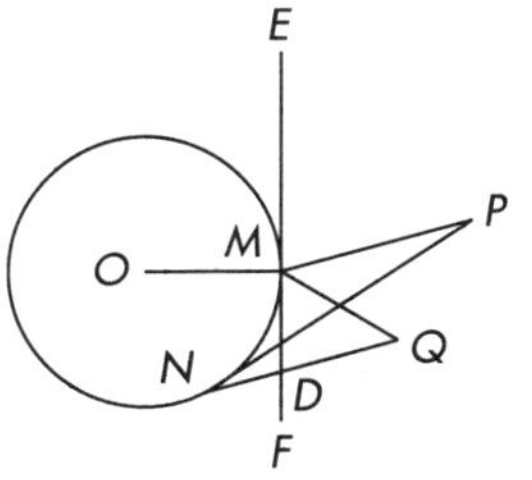

fig. b

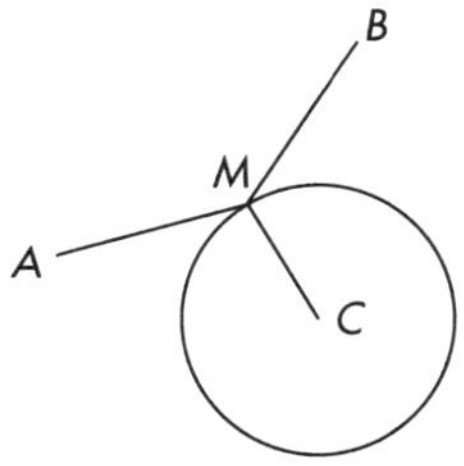

fig. c

Pour construire le point M dont la somme des distances à trois points donnés A, B, C soit minimale, Gergonne considère le point M de la circonférence de centre C et de rayon MC donné tel que $MA + MB$ soit minimale (*figure c*). D'après le deuxième lemme, les angles $\widehat{CMA}$ *et* $\widehat{CMB}$ sont égaux, donc les trois angles $\widehat{CMA}$ *et* $\widehat{AMB}$ *et* $\widehat{BMC}$ sont égaux et valent 120°.

• Son raisonnement peut être jugé incomplet : d'une part, il admet l'existence d'un minimum, et d'autre part, la construction est en défaut si l'un des angles du triangle *ABC* est supérieur ou égal à 120°.

Hilbert racontait que, dans ses* Fondements de la Géométrie, *on pouvait remplacer partout point, droite et plan par chope de bière, chaise et table sans rien changer à son ouvrage.

La géométrie moderne

La géométrie cartésienne proposait deux « équations » : vérité égale calcul algébrique et vérité égale évidence. La première « équation » va être prolongée à la fin du XVIIe siècle par les inventeurs du calcul infinitésimal en incluant des grandeurs infinitésimales dans le calcul, et le XVIIIe siècle sera le siècle de l'analyse.

Cependant à la fin du siècle, les leçons de Monge vont redonner de l'intérêt pour des méthodes purement géométriques et inaugurer ce que l'on appelle la géométrie moderne. Éditeur des *Annales de mathématiques pures et appliquées*•, Gergonne propage les nouvelles idées en proposant aux lecteurs des problèmes de géométrie où le raisonnement sur les figures l'emporte dans la simplicité sur le calcul analytique.

En 1806, dans son *Essai sur la théorie des transversales*, Carnot écrit qu'il a voulu « libérer la géométrie des hiéroglyphes de l'algèbre », et Brianchon publie un mémoire qui inaugure la théorie des pôles et polaires.

Dans les années 1810, Poncelet, élève de Monge, rédige plusieurs cahiers consacrés à la *géométrie projective*. Le troisième cahier concerne les propriétés descriptives des coniques et les premiers principes de projection. Poncelet y confronte la géométrie et l'analyse du point de vue de l'évidence qui se fonde, selon le cas, sur la manipulation aveugle de symboles ou sur l'imagination visuelle. Si l'analyse se montre toute puissante, la géométrie lui est supérieure du point de vue de la simplicité et de l'élégance et elle peut s'en faire l'égale à condition d'adopter de nouveaux principes.

Ces nouveaux principes sont énoncés dans le *Traité des propriétés projectives des figures* de 1822, où Poncelet se propose de rendre la géométrie descriptive indépendante de l'analyse algébrique. La première « équation » de la géométrie cartésienne est donc remise en cause, mais la seconde « équation », vérité égale évidence, n'est pas contestée. Ainsi, Poncelet justifie son principe de continuité•• en écrivant qu'il s'agit d'une sorte d'axiome dont « l'évidence est manifeste, incontestable et n'a pas besoin d'être démontrée. »

L'espace, objet de la géométrie moderne

Dans la géométrie projective du XIXe siècle, les figures sont considérées et étudiées dans l'espace qui les contient. En 1872, Klein propose dans ses *Considérations comparatives sur les recherches géométriques modernes*, que l'on appelle le « programme d'Erlangen », de *comprendre ensemble toutes les géométries*, la géométrie élémentaire, la géométrie projective mais aussi toutes les géométries qui se sont développées dans les cinquante dernières années, la géométrie des vecteurs réciproques, la géométrie des transformations rationnelles, etc.

Pour cela, il introduit une notion essentielle, à savoir celle de *groupe de transformations de l'espace*. Ainsi, l'objet d'étude du géomètre devient l'espace, car les transformations n'opèrent pas seulement sur des figures mais sur l'espace tout entier. Une géométrie est un espace muni d'un groupe de transformations et les propriétés géométriques sont les propriétés invariantes pour ce groupe. De cette façon, la structure du groupe caractérise la géométrie et les différentes géométries se subordonnent les unes aux autres selon la manière dont leurs groupes se subordonnent.

La géométrie des transformations est un outil très puissant, puisqu'elle a permis de synthétiser les recherches géométriques du XIXe siècle. Elle n'a pas été inventée pour résoudre des problèmes de géométrie élémentaire, et l'*introduire dans les programmes de collège présente au moins deux difficultés*. D'une part, plus un outil est puissant et sans mesure avec la simplicité des problèmes à résoudre, moins l'activité de résolution qui consiste à combiner les propositions est riche

• Voir pages 429-430.*

•• Ce principe consiste à admettre que les propriétés métriques ou descriptives d'une figure restent valables lorsque l'on fait varier d'un mouvement continu certaines parties de cette figure.

et donc intéressante. D'autre part, cet outil demande de travailler, non pas sur des figures, mais sur leur contenant, ce qui constitue un obstacle pour les débutants. Il a encore ici fallu plusieurs siècles pour arriver à cette conception. Il ne faut pas confondre la géométrie des transformations avec l'usage des mouvements pour étudier les figures, tel qu'il est également proposé au XIXe siècle par Hoüel•. Cet usage peut constituer une étape intéressante dans la construction de la géométrie.

Dans une note de son mémoire, Klein insiste sur l'importance de l'intuition de l'espace, il écrit qu'il existe une Géométrie dans laquelle : « il faut concevoir les figures de l'espace dans la pleine vérité de leur forme et (ce qui constitue le côté mathématique) apercevoir leurs relations comme des conséquences évidentes des postulats de l'intuition de l'espace. »

Pour lui, il ne faut pas se départir de cette prescription *qu'une question mathématique ne doit pas être considérée comme complètement épuisée alors qu'elle n'est pas encore devenue intuitivement évidente*••. Ainsi, l'évidence est le but ultime de la démonstration.

Pourtant, le caractère visuel de l'évidence des figures a été remis en jeu avec l'invention des géométries non euclidiennes. En 1733, Saccheri tente de démontrer par l'absurde l'axiome des parallèles.

Les déductions qu'il obtient en niant l'axiome sont logiquement correctes mais leurs représentations figurées conduisent à des situations étranges où les droites ne sont plus droites (rectilignes).

Confronté au choix entre le discours logique et l'évidence visuelle, Saccheri choisit l'évidence visuelle en écrivant que *la nature de la ligne droite répugne* à l'hypothèse non euclidienne.

Dans les années 1820-1830, les inventeurs des géométries non euclidiennes, Lobatchevsky et Bolyai, font le choix inverse.

Dans les modèles euclidiens de géométries non euclidiennes, les droites ne sont plus droites.

LA CONCEPTION FORMALISTE DE LA GÉOMÉTRIE

Dans les *Fondements de la géométrie* d'Hilbert, parus en 1899, les objets de la géométrie sont définis de manière purement grammaticale, ce sont des noms. Les axiomes de la géométrie servent uniquement à établir des relations entre ces objets. Selon la boutade célèbre d'Hilbert, on peut remplacer partout point, droite et plan par chope de bière, chaise et table sans rien changer à son ouvrage. Dans *La géométrie et l'expérience* de 1921, Einstein commente le travail d'Hilbert en écrivant : « La géométrie traite d'objets qui sont désignés par les termes de

• Höuel, *Essai critique sur les principes fondamentaux de la géométrie*, Gauthier Villars, Paris, 1867.

•• Klein, *Programme d'Erlangen*, Gauthier-Villars, Paris, pp. 38-39.

LES PREMIERS AXIOMES DE LA GÉOMÉTRIE HILBERTIENNE

1. *Il existe une droite liée à deux points donnés A et B à laquelle appartiennent ces deux points.*

2. *Il n'existe pas plus d'une droite à laquelle appartiennent deux points A et B.*

3. *Sur une droite, il y a au moins deux points ; il existe au moins trois points non alignés.*

4. *Il existe un plan lié à trois points non alignés A, B, C auxquels appartiennent ces trois points A, B, C. À tout plan appartient au moins un point.*

« Un grand avantage de la géométrie, c'est précisément que les sens y peuvent venir au secours de l'intelligence. » Poincaré.*

point, droite, etc. Une connaissance quelconque ou intuition de ces objets n'est pas supposée ; la seule chose qu'on suppose est la validité des axiomes [...] qui doivent être également conçus comme purement formels, c'est-à-dire dépourvus de tout contenu intuitif ou accessible à l'expérience. Ces axiomes sont des créations libres de l'esprit humain.[...] Par les termes de point, droite, etc., il ne faut entendre dans la géométrie axiomatique que des concepts schématiques vides de contenu. »

Ainsi l'*évidence n'a plus aucune place* : ni au niveau des axiomes, comme dans la géométrie grecque, ni au niveau des objets simples, comme dans la géométrie cartésienne. La vérité est d'ordre propositionnel, à savoir qu'une proposition sera dite vraie si elle n'est pas en contradiction avec d'autres.

Dans *Science et méthode* de 1909, Poincaré oppose deux types de définitions mathématiques :

« *celles qui cherchent à faire naître une image, et celles où on se borne à combiner des formes vides, parfaitement intelligibles, mais purement intelligibles, que l'abstraction a privées de toute matière***. »

Il explique que ces dernières définitions sont celles que l'on trouve dans l'ouvrage d'Hilbert, et il écrit que, quoiqu'il en pense beaucoup de bien, ce n'est pas un ouvrage qu'il recommanderait à un lycéen. Il ajoute : « Au reste, je pourrais le faire sans crainte, il ne pousserait pas la lecture bien loin. J'ai pris des exemples extrêmes et aucun maître ne pourrait songer à aller aussi loin.*** »

Poincaré s'est trompé puisque les programmes dits des « mathématiques modernes » en vigueur au début des années 1970 proposaient une conception formaliste de la géométrie aux élèves de collège, mais ses paroles furent prémonitoires en quelque sorte car bien des élèves ont alors renoncé à comprendre la géométrie.

Les programmes actuels de géométrie ont renoncé au formalisme ; cependant ils sont le plus souvent interprétés par les enseignants et par les auteurs de manuels selon une conception logiciste. Les difficultés des élèves pour élaborer des démonstrations sont souvent attribuées à leur manque de logique, voire à leurs difficultés grammaticales. La géométrie ne doit pas être enseignée comme un exercice de logique, elle doit être enseignée parce qu'elle est à la fois un outil d'intelligibilité du monde et un lieu idéal de l'exercice de la pensée. Au XVIIe siècle, Descartes conseille l'exercice mathématique comme propédeutique à la philosophie, parce que seules les mathématiques parviennent à des vérités indubitables.

Pour lui, ce n'est pas grâce à la logique que la géométrie peut produire des certitudes, c'est parce qu'elle est la seule science à porter sur un objet si pur et si simple. C'est bien aussi sur l'objet et sur les objets de la géométrie que l'enseignant doit s'interroger quand il veut enseigner la démonstration.

*** *Science et méthode*, Flammarion, Paris, 1909, p. 40.***

**** Id, p. 134.**

***** Id, p. 135.**

Il n'existe pas, dans le domaine des mathématiques scolaires, de modèles pédagogiques ou didactiques universels, mais des réussites et des échecs.

L'HISTOIRE DE L'ENSEIGNEMENT MATHÉMATIQUE AU COLLÈGE ET AU LYCÉE

AUTEUR

Bruno BELHOSTE,
chercheur à l'INRP.

Il n'existe pas de partage évident entre les mathématiques qui se font et celles qui s'enseignent. Néanmoins, enseigner les mathématiques a toujours posé des problèmes spécifiques qui sont ceux des moyens et des finalités. Comment enseigner les mathématiques et pourquoi ? Si l'histoire de l'enseignement ne prétend pas apporter de réponses à ces questions, fondamentales pour le pédagogue, elle peut du moins offrir une expérience et une leçon. L'expérience est celle de plus de deux siècles de mathématiques scolaires au niveau secondaire ; la leçon est qu'*il n'existe dans ces domaines ni vérités absolues, ni modèles pédagogiques ou didactiques universels, mais seulement des réussites et des échecs, étroitement dépendants du contexte qui les ont produits*.

Dans l'état actuel des recherches, retracer en quelques pages l'histoire de l'enseignement mathématique en France, même limitée au seul niveau secondaire, est une entreprise sans doute bien risquée. C'est pourquoi, plutôt qu'une synthèse, les lignes qui suivent se veulent une esquisse. Nous tracerons d'abord l'évolution générale de cet enseignement, replacé dans son contexte institutionnel et social. Le point de vue adopté sera celui de la longue durée, l'accent principal étant mis cependant sur le XXe siècle.

Nous proposerons ensuite une analyse du processus de disciplinarisation qui transforme au cours de ce siècle l'enseignement mathématique de niveau secondaire en un enseignement de culture générale. Enfin, à propos de quelques thèmes classiques, nous tenterons de montrer comment l'enseignement secondaire a réussi, sans renier ses traditions, à renouveler profondément l'approche des mathématiques.

LES GRANDES ÉTAPES

LES ORIGINES

Une connaissance qui ne s'enseigne pas est une connaissance qui se perd. Les mathématiques n'échappent pas à la règle. C'est pourquoi, comme le prouvent des tablettes mésopotamiennes et des papyrus égyptiens retrouvés en grand nombre, l'enseignement des mathématiques est aussi ancien que les mathématiques elles-mêmes. *Celles-ci ont été longtemps enseignées presque exclusivement « sur le tas », dans le cadre d'un apprentissage spécialisé à visée professionnelle*. C'était déjà, semble-t-il, le mode d'enseignement en Égypte, dans les écoles de scribes.

L'introduction des mathématiques dans la formation générale est une invention de l'Antiquité classique, reprise par les universités médiévales où l'on enseignait en principe le *Quadrivium*, c'est-à-dire l'arithmétique, la géométrie, l'astronomie et la musique, mais cet enseignement ne paraît avoir jamais connu un grand développement.

NAISSANCE DES MATHÉMATIQUES SCOLAIRES

En réalité, l'introduction des mathématiques dans un cadre scolaire est une création de l'époque moderne (XVIe-XVIIIe siècles). Elle constitue *l'un des aspects de la mutation profonde que connaissent alors les mathématiques et, plus généralement, du processus complexe d'émergence de la science moderne.*

Les mathématiques peuvent être enseignées dans les collèges de plein exercice, dont le modèle inventé à l'Université de Paris au XVe siècle se diffuse aux XVIe et XVIIe siècles. Les premiers professeurs de mathématiques apparaissent en France à la fin du XVIe siècle dans certains collèges jésuites. Mais cet enseignement est longtemps réservé aux futurs clercs qui fréquentent la classe de deuxième année de philosophie (dite classe de physique), ou à des jeunes gens extérieurs au collège qui se destinent aux métiers des armes et de la mer. C'est un enseignement marginal par rapport au cursus normal du collège, dominé par l'étude du latin. *Jusqu'à la fin du XVIIIe siècle l'enseignement des mathématiques reste en fait principalement l'affaire de maîtres privés.*

En 1697, Vauban institue un examen de mathématiques pour l'admission dans le corps des ingénieurs du Roi. Des examens comparables sont créés pour l'admission dans le corps de l'Artillerie en 1756 et dans le corps de la Marine en 1764. *Ces examens de mathématiques, très sélectifs, suscitent l'apparition de préparations*, d'abord à l'initiative de maîtres privés, mais aussi à partir des années 1770 dans certains grands collèges (en particulier ceux érigés par le Roi en écoles militaires).

L'enseignement consiste principalement à répéter les manuels de l'examinateur (par exemple ceux de Bezout). C'est de ce modèle préparatoire que s'inspireront, non sans le critiquer, les réformateurs de la période suivante.

LA RÉVOLUTION ET L'ENSEIGNEMENT MATHÉMATIQUE

Les collèges disparaissent pendant la Révolution avec la plupart des autres institutions de l'Ancien régime. Il faut les remplacer. Les projets d'instruction publique discutés dans les assemblées révolutionnaires, principalement celui de Condorcet, le dernier des encyclopédistes, accordent une place primordiale à l'enseignement des sciences et de leurs applications, en particulier à celui des mathématiques. *Dans les écoles centrales, créées dans chaque département à la place des anciens collèges, il existe des cours de mathématiques qui s'adressent aux élèves à partir de quatorze ans.* Par leurs conseils, leurs leçons et leurs publications, les principaux mathématiciens de l'époque, Lagrange, Laplace, Legendre et Monge, contribuent à mettre en place cet enseignement qui s'adresse à tous les élèves engagés dans des études longues.

LATIN ET MATHÉMATIQUES

En 1802, Bonaparte, alors premier Consul, supprime les écoles centrales et crée les lycées. Cette décision est un compromis. « On y enseignera, dit le décret, le latin et les mathématiques ». Enseigner le latin, c'est revenir au modèle des collèges d'avant la Révolution, mais enseigner les mathématiques, c'est rester fidèle, en partie au moins, à l'héritage des Lumières. Les mathématiques dans les lycées profitent du prestige de l'École polytechnique fondée en 1794 et dont le concours prolonge la tradition des anciens examens des armes savantes. La classe de mathématiques spéciales, créée en 1809, devient ainsi la classe préparatoire à l'admission dans cette école. *Très vite, cependant, l'équilibre entre le latin et les mathématiques est rompu au profit du premier.* Après 1809, les humanités classiques, fondées sur l'étude du latin, mais aussi après 1820 sur celle du grec, dominent le lycée, rebaptisé collège

« On a vu naguère, dans les lycées, l'enseignement des sciences mathématiques, physiques et naturelles reporté tout entier en philosophie, les classes antérieures étant exclusivement consacrées aux lettres. »*

royal entre 1815 et 1848. Les mathématiques disparaissent entièrement des classes de sixième et cinquième et leur position dans les autres classes est précaire. À deux reprises, en 1821 et en 1840, on envisage même de renvoyer leur enseignement en classe terminale, mais cette mesure radicale n'est pas applicable car beaucoup d'élèves qui aspirent à entrer à l'École polytechnique veulent commencer à étudier les mathématiques dès la classe de troisième ou de seconde.

La formation d'un corps de professeurs de mathématiques

En dépit de ces difficultés, c'est pendant la première moitié du XIXe siècle que sont jetées les bases institutionnelles sur lesquelles l'enseignement des mathématiques de niveau secondaire a reposé jusqu'à nos jours. *Chaque lycée (ou collège royal) est doté de deux chaires de mathématiques et des programmes sont adoptés pour chaque classe.* Mais le fait majeur est la constitution d'un véritable corps de professeurs, formés principalement par l'École normale (fondée en 1808 et qui devient supérieure en 1845), et recrutés par le concours de l'agrégation (agrégation des sciences, puis agrégation spécialisée de mathématiques après 1840). La gestion de l'ensemble est confiée à l'un des conseillers de l'Université (longtemps le mathématicien Poisson), aidé par quelques inspecteurs généraux.

Seule une minorité d'élèves fréquente les collèges royaux. Les études y sont chères et ne donnent accès qu'aux professions libérales et à la fonction publique. Mais il existe aussi des formes plus modestes d'enseignement prolongé préparant aux carrières du commerce et de l'industrie, le plus souvent sans latin, dans les collèges communaux, les école primaires supérieures (créées par Guizot en 1833) et de nombreux établissements particuliers. On y enseigne des mathématiques différentes de celles du collège royal, car tournées vers les applications utiles. Dans la deuxième moitié du XIXe siècle, le ministère de l'Instruction publique s'efforce, non sans hésitations, de mieux prendre en compte ces formes d'enseignement. Après l'échec de la réforme de la bifurcation, qui tentait de les intégrer directement dans le cursus classique des lycées, Victor Duruy crée en 1864 *l'enseignement secondaire spécial*, qui est un enseignement sans latin. *Ce nouvel enseignement, parallèle à l'enseignement secondaire classique, doit être concret et pratique, et l'étude des mathématiques y est systématiquement orientée vers les applications (dessin technique, mécanique, comptabilité).*

L'enseignement secondaire spécial se développe avec succès, tout en abandonnant progressivement ses traits spécifiques, y compris en mathématiques. En 1891, il se transforme en *enseignement secondaire moderne*, dont le baccalauréat donne accès à l'enseignement supérieur scientifique. Si une large place est faite aux mathématiques dans l'enseignement moderne, celles-ci ont perdu le caractère utilitaire que leur donnaient les programmes de l'enseignement spécial. Le vide laissé par ces transformations est occupé par *l'enseignement primaire supérieur*, qui se développe rapidement après 1880*, où les mathématiques sont enseignées dans un esprit résolument pratique*. De son côté, l'enseignement secondaire classique, qui reste la voie royale, n'accorde qu'un rôle très limité aux mathématiques jusqu'à la première partie du baccalauréat. Le seul progrès notable y est *l'introduction, après 1880, d'un enseignement de mathématiques dans les classes de sixième et de cinquième*.

La réforme de 1902 de l'enseignement secondaire

L'enseignement secondaire au début du XXe siècle est un enseignement en crise. Sa fréquentation, qui est faible, stagne, et elle recule même dans l'enseignement classique. Son esprit, qui reste celui des lycées

*** Rapport de la commission chargée de préparer le programme de l'enseignement scientifique, 1852.***

napoléoniens, voire celui des anciens collèges jésuites, ne paraît plus adapté à l'âge industriel. Beaucoup réclament une part plus belle pour les enseignements modernes, en particulier pour les sciences, quitte à réduire celle des langues anciennes. Le débat devient national au tournant du siècle et aboutit en 1902 à une réforme profonde de l'enseignement secondaire.

Cette réforme ne remet pas en cause le pacte tacite qui fonde l'enseignement secondaire depuis Napoléon : sa mission reste la formation générale, tant morale qu'intellectuelle, des élites masculines de la nation. L'instruction du peuple est toujours à la charge de l'enseignement primaire et de ses extensions (primaire supérieur et enseignement technique), les seuls gratuits. Aucune coordination n'est prévue entre les deux enseignements, qui sont parallèles et non consécutifs. Quant à l'instruction secondaire des jeunes filles, organisée par la loi Camille Sée en 1882, elle est très modeste dans ses effectifs comme dans ses ambitions et n'est pas concernée par la réforme.

Ce qui est modifié en revanche, ce sont les modalités de la formation secondaire. Les humanités, au sens classique, proposaient aux élèves des modèles idéaux et intemporels tirés de l'Antiquité gréco-latine. Il s'agit maintenant de partir des réalités. L'adoption d'un point de vue résolument moderne, privilégiant l'expérience et la vie sur l'imitation et l'idéal, implique une transformation profonde de l'enseignement qui favorise la promotion des mathématiques. Nous en verrons plus loin les effets sur la pédagogie secondaire. Examinons ici ses conséquences sur l'organisation des études.

La réforme de 1902 unifie les enseignements secondaires classique et moderne et introduit une division en deux cycles consécutifs, le premier de la sixième à la troisième (section A avec latin et section B sans latin) et le deuxième de la seconde à la classe terminale (quatre sections, dont deux à vocation partiellement scientifique : la section C, latin-sciences, et la section D, langues vivantes-sciences). *Globalement, la part des sciences dans les horaires, en particulier celle des mathématiques, augmente de manière sensible.* Mais la principale innovation est la section C du second cycle. Cette section permet en effet aux élèves de suivre des études scientifiques sans sacrifier le latin, qui demeure une marque très recherchée de distinction sociale. Elle devient dans les années suivantes la voie royale des lycées.

De nouveaux programmes de mathématiques

La révision des programmes qui accompagne la réforme de 1902 est l'occasion d'une profonde rénovation de l'enseignement des mathématiques dans les lycées. L'initiative en revient à l'enseignement supérieur, en plein développement depuis le début des années 1880. Les réformateurs, au premier plan desquels on trouve les mathématiciens Paul Appell, Jules Tannery, Jacques Hadamard et Émile Borel, s'appuient sur deux principes intimement liés : *l'unité de la méthode scientifique et le primat de l'expérience, y compris en mathématiques.* Cette conception d'inspiration positiviste, qui implique des innovations importantes dans l'enseignement sur lesquelles nous reviendrons, légitime la place donnée aux sciences en général et aux mathématiques en particulier dans une formation générale de type moderne. L'étude des sciences donne le sens de l'observation et de la rigueur et les qualités de jugement et de raisonnement sans lesquels il n'est pas d'esprit responsable. L'enseignement des mathématiques peut y contribuer, s'il évite les procédés purement abstraits et les méthodes exclusivement déductives qui entretiennent chez les élèves la tendance au dogmatisme.

La réforme de l'enseignement secondaire, complétée par celle des classes préparatoires aux grandes écoles (mise à jour des

La réforme de 1902 augmentait la part des sciences et affirmait le primat de l'expérience, y compris en mathématiques. Mais l'élan fut brisé par la Grande Guerre.

programmes de concours, à l'initiative de l'enseignement supérieur, et généralisation des classes de mathématiques spéciales préparatoires qui deviendront les classes de mathématiques supérieures en 1942), profite d'un mouvement général qui porte alors les mathématiciens à s'intéresser aux questions d'instruction (Henri Poincaré lui-même prononce en 1904 une conférence au Musée pédagogique pour les enseignants de lycée), et qui pousse les professeurs à réfléchir de manière critique sur leur enseignement ainsi qu'à renouveler leur pratique. C'est dans ce contexte qu'est créée, en 1910, l'Association des professeurs de mathématiques (transformée en 1945 en Association des professeurs de mathématiques de l'enseignement public).

« L'égalité scientifique »

La Grande Guerre est une terrible rupture. Le corps enseignant paie un tribut très lourd et la nouvelle génération des professeurs est décimée. La recherche mathématique en France en sera elle-même durablement marquée. Au lendemain du conflit, beaucoup, par conservatisme, s'en prennent à la réforme de 1902, prétendument inspirée des méthodes allemandes, et réclament un retour aux traditions françaises, c'est-à-dire à l'enseignement classique du XIXe siècle. C'est cet état d'esprit qui explique l'adoption en 1923 du principe de l'égalité scientifique : *jusqu'à la première partie du baccalauréat, c'est-à-dire jusqu'à la fin de la classe de première, tous les élèves doivent suivre le même enseignement de sciences, en particulier de mathématiques.*

Si la mesure marque une reconnaissance de la valeur éducative des mathématiques, élevées au rang de discipline de l'esprit, *elle signifie en fait une réduction très sensible de leur part dans l'enseignement secondaire, surtout dans le second cycle.* Elle s'accompagne en outre d'une tentative avortée d'y rétablir le monopole des études classiques.

Les débuts de la démocratisation

Alors que le secondaire se replie sur ses traditions élitistes et que l'enseignement primaire supérieur poursuit son développement, un puissant mouvement d'opinion, relayé sur le plan politique, réclame avec de plus en plus d'insistance une démocratisation de l'instruction et la fin de la ségrégation sociale, culturelle et pédagogique entre les différents ordres d'enseignement.

Une série de décisions plus ou moins concertées rapproche progressivement les différentes formes d'enseignement post-obligatoires dans l'Entre- deux-guerres : *alignement des programmes de l'enseignement secondaire de jeunes filles et de l'enseignement primaire supérieur sur ceux de l'enseignement secondaire de garçons, y compris en mathématiques*, annexions d'écoles primaires supérieures à des établissements d'enseignement secondaire et gratuité de l'enseignement secondaire. Enfin, réorganisation administrative par Jean Zay, qui substitue en 1937 aux enseignements primaires et secondaires juxtaposés des enseignements du premier degré et du second degré consécutifs. En 1941, les écoles primaires supérieures qui dépendent, comme les lycées et les collèges communaux, du second degré, perdent définitivement leur caractère primaire en devenant des collèges modernes. Leurs professeurs sont dorénavant recrutés par des concours ouverts aux seuls licenciés. Ces concours sont à l'origine des CAPES, qui donnent accès à partir de 1950 à l'ensemble des postes du second degré.

Tradition et conservatisme secondaire

Le rattachement des écoles primaires supérieures au second degré et leur transformation en collèges modernes favorise la démocratisation de l'enseignement secondaire, y compris de son second cycle. Mais cette mutation n'est accompagnée d'aucun changement dans les méthodes et dans les contenus d'enseignement. Certes, *l'égalité scientifique est abandonnée dès 1937 dans le premier cycle, à l'occasion de la réforme Jean Zay, puis dans le second cycle, lorsque la section C latin-sciences est rétablie en 1941.* Mais, en mathématiques comme dans les autres disciplines, l'esprit de l'enseignement secondaire reste celui de la période précédente. *La tradition plus concrète et appliquée qui caractérisait l'enseignement des mathématiques dans les écoles primaires supérieures ne survit pas à leur transformation en collèges et au remplacement progressif des anciens professeurs bi-spécialisés de mathématiques et de physique par des certifiés de mathématiques.*

La situation vers 1960

En fin de compte, vers 1960, malgré une croissance et une diversification de plus en plus rapides de la population scolarisée dans le second degré, l'enseignement lui-même a assez peu changé depuis le début du siècle. *L'idéal secondaire reste l'acquisition d'une culture générale alliant, dans un cadre disciplinaire, l'imitation des modèles classiques à la connaissance des réalités.* Les filières d'élite des lycées sont d'ailleurs toujours les filières classiques. Symptomatique à cet égard est la création dans le second cycle d'une section A' de prestige, à la fois gréco-latine et scientifique. Quant aux programmes et aux méthodes d'enseignement, ils continuent de reposer sur des principes définis au début du siècle. Les débats pédagogiques et les expériences des classes nouvelles créées après la guerre n'ont qu'un impact limité. *À la fin des années cinquante, les mathématiques, comme les autres disciplines, s'enseignent au collège et au lycée à peu près comme en 1914.*

Vers un enseignement secondaire de masse

Comment transformer un enseignement élitiste, dont les valeurs sont enracinées dans une tradition multiséculaire, en enseignement de masse ? Tel est depuis près de quarante ans le problème fondamental de l'enseignement secondaire. Sa démocratisation franchit en effet une nouvelle étape à partir de la fin des années cinquante : les cours complémentaires de l'enseignement primaire, rebaptisés collèges d'enseignement général (CEG) en 1959, rejoignent progressivement, au cours des quinze années suivantes, les autres filières de l'enseignement secondaire par transformation en collèges d'enseignement secondaire (CES) polyvalents, en même temps que s'impose la mixité.
Finalement, en 1975, le ministre René Haby institue un cadre unique pour le premier cycle, le collège, et supprime les sections des CES au profit de classes indifférenciées. *Dorénavant tous les élèves suivent les mêmes études en sortant du cours moyen de l'école primaire. Le second cycle, à son tour, est touché par la massification à partir de 1985, lorsque saute le verrou de l'orientation en fin de troisième.* En dix ans, le pourcentage de bacheliers (sections générales et technologiques) dans une classe d'âge double, passant de moins de 30 % en 1984 à près de 60 % en 1994.

Les origines de la réforme des « mathématiques modernes »

L'enseignement secondaire doit faire face à cette explosion. Alors que rien, ou à peu près, n'a changé pendant la période précédente, les années soixante sont marquées par des bouleversements profonds, qui affectent l'ensemble des disciplines. *En mathématiques, le fait marquant est ainsi l'irruption, puis le triomphe des « mathématiques modernes ».* Il convient cependant d'insister sur un point fondamental : si l'explosion scolaire nous paraît, en dernière analyse, la contrainte décisive qui agit sur le système, c'est l'effondrement de l'enseignement secondaire traditionnel, de ses valeurs et de ses idéaux, effondrement dont mai 68 est le symbole, qui ouvre la voie au changement.

La réforme des « mathématiques modernes », mise en place de 1969 à 1973, connaît après un bref triomphe un reflux rapide.

Et cet effondrement, qui est une perte de sens, n'est lui-même qu'un aspect de la profonde mutation qui affecte la société française pendant les « Trente glorieuses ».

Pour ce qui nous intéresse, relevons ici deux traits majeurs de cette crise des valeurs : *la critique radicale de la tradition, qui caractérise la modernité, et plus particulièrement, la critique de la culture générale humaniste, au profit d'un nouveau scientisme.* C'est sur ces critiques, partagées par tous les réformateurs du système éducatif, que s'appuie le discours des « mathématiques modernes » : il faut élaguer les programmes traditionnels, y supprimer les vieilleries inutiles et y introduire des mathématiques vivantes, c'est-à-dire des mathématiques qui prennent en compte les développements de la science contemporaine. Alors seulement, l'enseignement mathématique pourra remplir son but, qui est de fournir un langage commun à toutes les sciences, y compris aux sciences humaines. Car ce qui donne sens à la réforme, c'est *le déplacement qu'elle implique du centre de gravité de l'enseignement secondaire, des études littéraires fondées sur la fréquentation des modèles classiques, aux études scientifiques fondées sur la maîtrise d'un langage mathématique supposé universel.*

Il est vrai que les objectifs des promoteurs de la réforme des « mathématiques modernes », comme Jean Dieudonné, Gustave Choquet et André Lichnerowitz, sont plus modestes et plus immédiats. Professeurs de l'enseignement supérieur et mathématiciens de réputation internationale, ils pensent d'abord aux futurs scientifiques, et c'est pour eux qu'ils veulent poursuivre au niveau secondaire (et dans les classes préparatoires) la rénovation de l'enseignement mathématique entreprise au niveau des facultés depuis le milieu des années cinquante. Mais il se trouve que leurs préoccupations rejoignent celles, plus générales, des réformateurs de l'enseignement secondaire, tant chez les décideurs que chez les pédagogues, qui veulent le moderniser, en l'adaptant aux exigences d'une société de plus en plus technologique. Comme l'écrit avec quelque exagération André Lichnerowitz en 1967, « le problème des mathématiques et de leur enseignement est devenu ainsi le premier, peut-être, des problèmes mondiaux de l'éducation [...]. Élever le niveau mathématique moyen de ses membres et former suffisamment de mathématiciens qualifiés sont devenus des impératifs de toute nation soucieuse de son indépendance et des possibilités de développement ».

Le rôle grandissant des mathématiques

Ainsi s'explique la place grandissante jouée par les mathématiques dans l'enseignement secondaire, avant même l'adoption des programmes de « mathématiques modernes ». Dans le premier cycle, la discipline profite du recul rapide du latin, mais c'est surtout dans le second cycle qu'elle triomphe. Le rôle sélectif attribué aux mathématiques dans les études commerciales et médicales à partir des années soixante y contribue d'ailleurs de manière décisive. Une hiérarchie de fait entre les sections A (littéraire), B (économique), C (mathématiques) et D (sciences expérimentales), créées en 1965, s'établit ainsi rapidement en fonction des mathématiques. *Réussir en mathématiques, comme autrefois en langues anciennes, devient l'un des principaux critères d'excellence au niveau des études secondaires.*

L'abandon des mathématiques modernes

La réforme des « mathématiques modernes » est réalisée dans l'enseignement secondaire entre 1969 et 1973. Si le mouvement de réforme est international, il semble d'ailleurs avoir été particulièrement puissant et radical en France. Mais *le reflux est rapide* : dès le milieu des années 1970, il apparaît que le mouvement a été trop loin. On reproche à la réforme des « mathématiques modernes » d'avoir favorisé le dogmatisme et le formalisme. Les Instituts de recherche sur l'enseignement des mathématiques (IREM) créées dans le cadre de la réforme à partir de 1969 pour assurer, entre autres, la formation continue des enseignants sont à la pointe de la critique. Les programmes du premier cycle sont amendés en 1977 et 1978, suite à la création du collège unique, et ceux du second cycle au début des années 1980, suite à la création d'une classe de seconde indifférenciée, dite de détermination. Enfin, de nouveaux programmes adoptés en 1985 et 1986 marquent l'abandon définitif des « mathématiques modernes » dans les deux cycles.

Malgré ces révisions, qui visent à mettre l'enseignement des mathématiques à la portée des élèves, *la discipline reste très sélective, au moins dans le second cycle où la section C joue en fait le même rôle élitiste que l'ancien enseignement classique* et le remplacement en 1985 des sections C et D par une seule section S en classe de première ne change rien à l'affaire.

Le rôle dévolu aux mathématiques est d'autant plus préoccupant qu'il induit un déséquilibre flagrant entre filles et garçons selon les sections : en 1990 par exemple, les terminales A comptent 81 % de filles et les terminales C seulement 34 %. La nouvelle organisation du second cycle adoptée en 1994 supprime les sections A, B, C et D, au profit de trois grandes sections L (littéraire), S (scientifique) et ES (économique et social), mais il est encore trop tôt pour juger de son impact sur l'enseignement des mathématiques.

UN MONDE DISCIPLINAIRE

UNE DISCIPLINE SCOLAIRE À PART ENTIÈRE

Il est banal de dire que *les mathématiques doivent être enseignées parce qu'elles contribuent de manière décisive à la formation de l'esprit*. Platon affirmait déjà qu'aucun autre objet d'étude ne possède l'éminente vertu éducative des mathématiques. Non seulement elles éveillent l'esprit et lui font acquérir facilité, mémoire et vivacité, mais surtout, comme il l'écrit dans *La République*, elles facilitent à l'âme « le passage du monde du devenir à celui de la vérité et de l'essence ». Le même idéal d'une éducation spirituelle par les mathématiques anime le *Quadrivium* médiéval. La *Ratio studiorum*, c'est-à-dire le plan d'études des collèges rédigé par les jésuites à la fin du XVIe siècle, insiste elle aussi sur la valeur éducative d'un tel enseignement et l'on trouve l'écho de ces préoccupations chez tous les auteurs qui écrivent sur le sujet à l'époque moderne. Pour Condorcet, par exemple, l'étude des mathématiques est le plus sûr moyen de développer les facultés intellectuelles et d'apprendre à raisonner juste.

La répétition d'une telle thématique ne doit cependant pas faire illusion : jusqu'à la fin du XIXe siècle, les mathématiques, considérées d'abord comme une spécialité, ne jouent qu'un rôle marginal dans l'enseignement général de niveau secondaire. *Ce n'est qu'à partir du début du XXe siècle qu'elles deviennent une discipline scolaire à part entière, acquérant ainsi le statut d'un enseignement de culture*. Ce changement, de grande importance, s'inscrit dans une transformation d'ensemble de l'enseignement secondaire. Au XIXe siècle, comme on l'a vu, le principe de cet enseignement reste l'imitation des grands modèles. Mais l'idée s'impose progressivement à partir de 1870 que l'élève doit apprendre aussi à penser par lui-même. On commence à parler de « discipline »

La discipline mathématique reste considéré d'abord comme une école de rigueur. Mais la réaction aux « mathématiques modernes » entraîne une moindre importance accordée au raisonnement déductif.

pour désigner non plus seulement la police des établissements, mais aussi la formation morale et intellectuelle des élèves. Après la réforme de 1902, qui marque le triomphe dans l'enseignement secondaire de la pédagogie moderne, c'est-à-dire d'une pédagogie qui prend comme point de départ l'étude de la réalité, c'est chaque matière d'enseignement qui est considérée comme une discipline de l'esprit.

Mathématiques et culture générale

Que signifie pour l'enseignement des mathématiques ce changement de statut ? D'abord une plus grande légitimité scolaire. *Ce n'est plus seulement une minorité désireuse de poursuivre des études scientifiques mais la totalité des élèves du secondaire qui doit apprendre des mathématiques*. En tant que discipline, celles-ci contribuent en effet à la formation générale qui caractérise l'enseignement secondaire. Le principe de l'égalité scientifique adopté en 1923 renforce cette *vocation généraliste*, même s'il réduit en fait la place des mathématiques en supprimant les sections scientifiques du second cycle. En dépit de changements profonds, l'enseignement des mathématiques pour tous est resté depuis une règle intangible. La conception moderniste qui s'impose au cours des années 60 apporte d'ailleurs de nouveaux arguments en sa faveur. Les mathématiques apparaissent en effet comme un langage universel qui trouve à s'employer partout. *Aujourd'hui encore, dans toutes les classes, ou presque, des collèges et des lycées, les élèves suivent un enseignement de mathématiques, aussi modeste soit-il.*

La promotion des mathématiques scolaires au rang de discipline de l'esprit implique une conception nouvelle de ce qu'il faut enseigner. L'enseignement secondaire, selon les instructions de 1925, est un enseignement de culture générale, *« visant moins à entasser des connaissances dans les mémoires qu'à former des esprits, non pas spécialisés, mais bien équilibrés et complets ». En mathématiques comme ailleurs, il s'agit donc de donner des méthodes, de favoriser des aptitudes et de développer des intelligences plutôt que de faire acquérir aux élèves le maximum de connaissances*. Une telle approche conduit certains auteurs, comme le mathématicien Jacques Hadamard, à définir l'enseignement mathématique comme une forme d'entraînement de l'esprit, ou de « gymnastique intellectuelle ». Mais les instructions officielles n'ont jamais adopté cette définition « sportive » de la discipline mathématique, très souvent appliquée à l'enseignement du latin, sans doute parce qu'elle évoquait le chauffage des candidats aux examens des grandes écoles que l'on déplorait par ailleurs.

L'apprentissage du raisonnement déductif

Selon le point de vue le plus répandu, *l'étude des mathématiques dans l'enseignement secondaire a pour but principal d'apprendre à raisonner.* Justifiant le principe de l'égalité scientifique, les instructions de 1925 précisent que « les géomètres qui ne sont que géomètres ne valent pas mieux que les fins qui ne sont que fins. Pour être un bon esprit, il faut unir la finesse à la géométrie ». Mais que faut-il entendre par « l'esprit de géométrie » ? On s'accorde en général à l'identifier à celui qui procède par la voie du raisonnement déductif, caractéristique de la démonstration mathématique. Le modèle a été longtemps Euclide, principalement sous la forme scolaire qu'en a donné Legendre dans ses *Éléments de géométrie* de 1794, réédités à de nombreuses reprises au cours du XIXe siècle. Jusqu'à la réforme des « mathématiques modernes », l'enseignement secondaire reste fidèle à cet idéal.

La discipline mathématique est considérée d'abord comme une école de rigueur. L'élève arrivé en fin de scolarité doit maîtriser l'armature logique de la démonstration déductive. Il s'agit là d'ailleurs non pas seulement d'une formation intellectuelle, mais aussi d'une formation morale.

Loin de rompre avec cette conception, les promoteurs des « mathématiques modernes », en dénonçant le manque de rigueur de bien des démonstrations de la géométrie élémentaire, et en mettant l'accent, dans une perspective hilbertienne, sur le rôle des axiomatiques, ont plutôt renforcé le trait : l'apprentissage des mathématiques est d'abord une initiation à la pensée déductive rigoureuse.

L'importance accordée à la théorie des ensembles, introduite dans l'enseignement dès la classe de sixième, et à la logique des propositions, dont les rudiments sont abordés en classe de seconde, confirme le souci qu'ont les réformateurs de donner un fondement solide, sur le plan logique, à l'enseignement mathématique de niveau élémentaire.

Le mouvement de réaction aux « mathématiques modernes » à compter de la deuxième moitié des années 70 marque à cet égard une rupture.

La critique virulente du formalisme et du dogmatisme qui auraient caractérisé la période précédente conduit alors, sinon à renoncer à la démonstration, du moins à relativiser son importance dans l'enseignement par rapport aux autres aspects de l'activité mathématique.

Mais si les changements des pratiques d'enseignement ont sans doute été profonds au cours de la période récente, force est de constater que les arguments développés par la didactique contemporaine n'ont fait le plus souvent que répéter, avec des mots et des arguments nouveaux, un discours pédagogique dont l'origine remonte aux premières années du siècle.

ABSTRACTIONS ET RÉALITÉS DANS L'ENSEIGNEMENT MATHÉMATIQUE

Ce serait en effet caricaturer le modèle disciplinaire traditionnel que de réduire l'enseignement mathématique à l'apprentissage d'une rigueur purement logique : *l'objectif de la discipline, proclamé avec constance depuis au moins 1902, est plutôt d'apprendre à l'élève à dégager des abstractions à partir de situations réelles et à opérer logiquement sur ces êtres de raison sans jamais perdre de vue leurs origines expérimentales.*

C'est la prise en compte de ce processus dynamique qui a toujours fondé les méthodes d'enseignement préconisés par les instructions officielles au cours de ce siècle. S'appuyant sur une tradition pédagogique nourrie d'empirisme, qui remonte à des auteurs du XVIIIe siècle comme Clairaut et Lacroix, voire au-delà, les réformateurs de 1902 insistent sur le lien qui doit toujours exister entre les mathématiques et la réalité. Comme l'écrit Henri Lebesgue en 1935, *« le professeur de mathématiques, celui de l'enseignement secondaire en particulier, n'a pas à former de purs logiciens ; il doit contribuer à façonner des hommes raisonnables et, pour cela, il lui faut s'occuper non seulement des raisonnements logiques, mais encore de l'acquisition des prémisses de ces raisonnements et de l'application de leurs résultats au concret. Faute de bien indiquer le départ du concret et le retour au concret, on risquerait de faire acquérir aux élèves l'esprit géométrique dans le sens péjoratif du terme, de les inciter à raisonner imperturbablement à partir de données mal assurées ».*

Les promoteurs des « mathématiques modernes » s'inscrivent eux-mêmes dans cette problématique, mais en y introduisant un point de vue nouveau : *il ne s'agit plus d'apprendre à l'élève à manier des schématisations abstraites fondées directement sur des intuitions, mais à construire et utiliser des modèles axiomatiques après*

Les bases de la pédagogie moderne des mathématiques sont déjà en filigrane dans la réforme de 1902.

avoir acquis une familiarité avec les situations modélisées. Si le changement est fondamental sur le plan épistémologique, il n'implique pas nécessairement l'introduction d'une pédagogie spécifique. De fait, un réformateur comme André Revuz, par exemple, préconise des méthodes actives d'enseignement qui ont été conçues dans le cadre des mathématiques d'avant la réforme.

Les orientations pédagogiques de l'enseignement mathématique

Les bases de la pédagogie moderne des mathématiques sont en effet déjà clairement en filigrane dans la réforme de 1902, et elles n'ont guère évoluées depuis cette époque, même s'il y a eu des variations d'accent significatives. On peut, en simplifiant, retenir trois grands principes :
– *prendre en compte les étapes du développement intellectuel des élèves,*
– *partir de leur expérience vécue,*
– *introduire des méthodes actives d'enseignement.*

L'enseignement des mathématiques des siècles précédents n'ignorait d'ailleurs pas ces principes dont l'importance a été progressivement reconnue. D'un autre côté, les recherches en psychopédagogie et en didactique des mathématiques, qui se sont développées à partir des années 50 et qui ont connu une véritable explosion depuis le début des années 70, principalement grâce aux IREM, ont renouvelé et enrichi les problématiques théoriques et les données expérimentales, mais sans modifier fondamentalement les grandes orientations pédagogiques de la discipline.

La progressivité de l'enseignement mathématique

Le premier principe est un principe général de pédagogie : tout enseignement doit prendre en compte l'âge de l'élève auquel il s'adresse. Dans l'organisation qui se met en place en 1902, le fait majeur, de ce point de vue, est la séparation des études secondaires en deux cycles.

Le premier cycle

Dans le premier cycle, l'enseignement mathématique doit rester fondamentalement concret. « On ne devra pas perdre de vue que les élèves sont de jeunes enfants dont quelques-uns quitteront le lycée après la troisième », indiquent les instructions de 1905, qui précisent : « aussi, des exercices pratiques devront-ils être multipliés et porter sur des données réelles et non factices ; la théorie sera réduite à des explications faites sur des exemples concrets, tout au moins au début ; ce n'est que peu à peu que l'on pourra, avec de grandes précautions, habituer les élèves aux notions abstraites les plus simples, en montrant sur de nombreux exemples la nécessité d'une définition précise, d'un raisonnement purement logique, en insistant à l'occasion sur les erreurs que l'on peut commettre, si l'on raisonne sur des objets mal définis, sur des figures dont on n'a pas déterminé exactement les éléments à leur disposition ». *Les élèves sont ainsi initiés à la démonstration mathématique de manière très progressive à partir de la classe de quatrième.* Ce dispositif, en place au début du siècle, s'est maintenu à peu près en l'état jusqu'à nos jours, malgré les changements de programme.

La théorie psychogénétique de Jean Piaget •, dont l'influence sur les promoteurs français des mathématiques modernes a été considérable, confirme grosso modo la validité de cette progression, mais en marquant plus nettement le saut existant entre l'enfant de dix ans et celui de treize ans. Elle reconnaît en effet deux étapes dans le développement intellectuel du préadolescent, la première correspondant à la formation d'opérations générales mais encore concrètes, comme les opérations de classement, la seconde, à partir de onze-douze ans, marquant la conquête de modes de raisonnement abstraits qui portent sur des hypothèses et non plus seulement sur des objets. Mais l'adoption en 1971, à l'occasion de la réforme des « mathématiques

• **Voir aussi la page 304.•**

modernes », de programmes nettement plus théoriques et abstraits en classes de quatrième et de troisième s'est révélée excessivement ambitieuse. Il a fallu revenir en 1979, après bien des critiques, à une conception beaucoup plus modeste et concrète de l'enseignement dans ces classes.

LE SECOND CYCLE

Dans le deuxième cycle, l'enseignement mathématique vise, selon les sections, et en liaison avec les autres sciences, l'acquisition d'un certain nombre de concepts mathématiques fondamentaux et la maîtrise progressive du raisonnement logique. « L'enseignement des mathématiques dans les classes de seconde et de première, précisent les instructions de 1960, doit essentiellement assurer, en même temps que l'acquisition solide d'un certain nombre de connaissances de base, le développement des qualités intellectuelles indispensables dans tout travail scientifique, qu'il s'agisse de comprendre, ou, à un stade plus élevé, d'élaborer et de présenter un raisonnement ». L'enseignement donné en classe terminale de mathématiques constitue enfin le couronnement des études de niveau secondaire et une propédeutique pour les études ultérieures.

LE RÔLE DE L'EXPÉRIENCE

Partir de l'expérience est un principe pédagogique fondamental de l'enseignement mathématique français, hérité de la tradition empiriste du XVIIIe siècle et énoncé avec force dans les instructions de 1905.

Cela implique de prendre comme point de départ l'observation par les élèves du monde environnant et l'analyse de situations de la vie quotidienne. *Les mathématiques en général et la géométrie en particulier sont conçues dans cette perspective comme une science expérimentale, surtout dans le premier cycle.* Les instructions complémentaires de 1957 sont très claires à cet égard. Tentant de définir la nature et les objectifs de l'enseignement mathématique, leur auteur s'interroge : « N'est-il pas indispensable de faire bien saisir à l'enfant, puis à l'adolescent, les liens étroits qui unissent les mathématiques au monde sensible ? » ; et il répond : « Lors des premières étapes de l'initiation et de l'apprentissage, c'est par l'observation et l'expérimentation que cette liaison peut être réalisée et rendue évidente. Leur rôle apparaît clairement dans la création des êtres mathématiques, munis de leur définition complète. Il n'est pas moindre lorsqu'il s'agit de découvrir certaines de leurs propriétés et, à cette occasion, d'accéder aux voies du raisonnement ». La suite est une longue réflexion sur ce que devrait être la montée progressive vers l'abstraction à partir d'« expériences » mathématiques contrôlées.

Il est bien certain que *les « mathématiques modernes » rompent avec cette conception empiriste de l'enseignement mathématique.* Pour les réformateurs, en effet, toute activité mathématique, même élémentaire, suppose un processus de mathématisation par lequel l'élève passe de l'étude d'une situation empirique à celui d'un modèle mathématique. Mais si l'enseignement ne peut faire l'économie de ce saut dans l'abstraction, il doit prendre comme point de départ l'expérience.

Jean Dieudonné, par exemple, à propos de la géométrie reconnaît que *« l'enseignement des premières années secondaires devrait être un mélange savamment dosé d'"expériences géométriques" bien choisies et de raisonnements partiels sur les résultats de ces expériences : quelque chose d'analogue à l'apprentissage de la physique et de la chimie, une sorte de "physique de l'espace" ».*

Notons que depuis l'abandon des « mathématiques modernes », cette problématique de la mathématisation ne paraît pas avoir sensiblement évolué : l'objectif reste aujourd'hui encore d'apprendre à l'élève

L'accent mis avec force sur les méthodes actives n'a pas empêché les mathématiques pratiques et appliquées de voir leur part se réduire constamment.

à construire et à utiliser des modèles mathématiques définis à partir de situations familières.

LES MÉTHODES ACTIVES

Un tel apprentissage doit passer par des activités. Ce thème, qui domine aujourd'hui la pédagogie des mathématiques, est ancien. On le repère dans la réflexion officielle dès le début du siècle. Le recteur Louis Liard, qui patronne la réforme de 1902 de l'enseignement scientifique, le déclare avec force : « Ce qu'il faut, c'est susciter la spontanéité de l'élève, mettre en jeu ses activités mentales, provoquer son effort personnel, en un mot le rendre capable d'agir. La vieille formule du philosophe est toujours vraie, « savoir, c'est faire ». Ici comme ailleurs, le vrai profit n'est pas ce que l'élève peut reproduire, mais ce qu'il peut produire. »

Sous l'influence de l'inspecteur général Blutel, les instructions de 1925 proposent une méthode active en mathématiques, dite méthode socratique, ou de redécouverte : l'exposition des faits importants et la découverte des liens qui les unissent résulteraient « d'un travail en commun, sous la direction du professeur qui chercherait moins à imposer des résultats qu'à éveiller la curiosité et à susciter l'effort général par ses questions répétées ».

Les méthodes actives, préconisées par la commission Langevin-Wallon au lendemain de la seconde guerre mondiale et expérimentées dans les classes nouvelles et les classes pilotes, sont très officiellement encouragées par l'administration dans les années 1950 et 1960.

L'introduction des « mathématiques modernes » ne marque à cet égard aucun infléchissement de doctrine, bien au contraire. *Convaincus par Jean Piaget qu'il existe un parallélisme entre les structures opératoires spontanées et les structures mathématiques, les réformateurs conçoivent les mathématiques comme « une science à faire », selon l'expression d'André Revuz, ce qui passe par des activités orales et écrites, individuelles et collectives*. La commission Lichnerowitz entend d'ailleurs favoriser par la création des IREM l'expérimentation et la diffusion de méthodes d'enseignement qui prennent en compte les mécanismes mentaux correspondant à l'activité mathématique.

L'intérêt pour les méthodes actives s'est traduit en particulier par l'institution de travaux pratiques de mathématiques. La réforme de 1902 se contente de séances de dessin géométrique mais Émile Borel demande déjà la création de véritables exercices pratiques de mathématiques, sur le modèle de ceux de sciences physiques. Peu de progrès sont faits dans l'Entre-deux-guerres. En revanche, les expérimentations pédagogiques menées après la guerre dans les classes nouvelles, puis dans les classes pilotes aboutissent en 1957, à l'initiative de Charles Brunold, à l'introduction officielle de travaux pratiques de mathématiques en sixième et cinquième. Ces travaux pratiques, qui serviront, dit le programme, « à présenter une notion, à préparer ou à utiliser une définition, à découvrir une relation entre certains faits ou certains êtres, à vérifier un résultat ou une formule, à suggérer quelques problèmes nouveaux », sont intégrés à partir de 1969 dans les « activités » normales de la classe. Dans une pédagogie qui met de plus en plus l'accent sur les problèmes, leur rôle n'a cessé de grandir, surtout après l'adoption des programmes de 1985 et 1986.

LES CONTRADICTIONS DE L'ENSEIGNEMENT MATHÉMATIQUE

Mettre l'accent, comme nous l'avons fait, sur la continuité et la cohérence du modèle disciplinaire qui se met en place au début du siècle, ce n'est nier ni les difficultés, ni les évolutions que connaît l'enseignement mathématique pendant la période.

Celui-ci se heurte en fait à des réalités scolaires et à des réalités sociales qui relativisent considérablement le discours pédagogique, qu'il soit critique ou officiel. *La condamnation répétée du dogmatisme, associée à l'éloge des méthodes actives, révèle d'ailleurs a contrario combien il est difficile de faire passer dans les classes l'idéal d'un enseignement libéral des mathématiques.*

L'illusion consiste ici à croire que des solutions de type technique, sur le plan des méthodes ou des programmes, suffiraient à résoudre des contradictions qui tiennent plus fondamentalement au rôle joué par la discipline dans le système scolaire global. Nous nous limiterons à deux points qui nous paraissent essentiels : les rapports des mathématiques avec les autres disciplines et la place des mathématiques dans le dispositif d'orientation et de sélection scolaire.

Le déclin des applications

En se constituant au début du siècle en discipline scolaire, c'est-à-dire en enseignement de culture générale, l'enseignement mathématique prend de fait comme modèle de référence l'enseignement littéraire. Le discours pédagogique sur les méthodes qui se développe alors n'est d'ailleurs, pour une part, qu'un décalque du discours moderniste tenu par les rénovateurs des humanités classiques. Mais la transformation de l'enseignement mathématique en discipline formatrice de l'esprit est une opération qui n'est pas neutre : elle implique à la fois une hiérarchie nouvelle de ses objectifs et des relations différentes avec les matières d'enseignement.

La réforme de 1902 tente de préserver dans une perspective positiviste l'unité de l'enseignement scientifique en multipliant les liens entre les sciences mathématiques et les sciences physiques, mais cette unité fragile ne survit pas au tournant de l'égalité scientifique.

Traditionnellement, l'enseignement mathématique trouvait sa légitimité dans l'importance de ses applications, tant dans le domaine pratique, avec l'arithmétique commerciale, la comptabilité ou le dessin technique par exemple, que dans le domaine scientifique, en particulier avec la mécanique et la physique. Ces applications continuent d'ailleurs d'occuper une place très importante dans l'enseignement primaire supérieur. Mais la disciplinarisation de l'enseignement mathématique, qui s'amorce au début du siècle et s'accélère dans l'entre-deux-guerres, marginalise peu à peu les applications.

Cette évolution se traduit par la dégénérescence progressive de certaines parties « utiles » du programme comme l'arithmétique commerciale et le dessin dans le premier cycle, la cosmographie, la géométrie descriptive et même la mécanique dans le deuxième cycle, ainsi que par l'abandon de la coordination des enseignements de mathématiques et de physique prévue par la réforme de 1902. *Même si les instructions officielles mentionnent toujours parmi les objectifs de la discipline l'acquisition de connaissances ayant soit une utilité pratique, soit une utilité pour d'autres disciplines, ces préoccupations passent alors nettement au second plan.*

La réforme des « mathématiques modernes » pousse l'évolution à son terme. On affirme, comme le fait André Lichnerowitz en 1967, que « les mathématiques contemporaines sont infiniment plus applicables, plus riches d'applications, dans le domaine des sciences exactes comme dans celui des sciences sociales, que la démarche dite classique », mais, dans la mesure même où les mathématiques sont considérées comme un langage universel, on se contente d'affirmations générales, en privilégiant dans les faits un point de vue de mathématicien pur. *Les chapitres consacrés aux mathématiques pratiques ou aux mathématiques appliquées sont marginalisés, faute d'avoir trouvé leur place dans le cadre structural des nouveaux programmes, quand ils ne sont pas purement et simplement supprimés, comme c'est le cas pour la mécanique.*

*« Les programmes d'admission à l'École polytechnique déterminent d'une manière absolue toute la préparation scientifique des jeunes générations françaises. »**

Depuis cette époque, une réévaluation générale des mathématiques comme discipline de service a conduit à replacer les applications au centre de leur enseignement, au risque de remettre en cause l'identité disciplinaire, mais il n'est pas sûr que la poursuite d'une telle évolution soit compatible avec l'organisation actuelle de l'enseignement mathématique au collège et au lycée.

Le rôle des mathématiques dans la sélection scolaire

L'un des obstacles auquel s'est toujours heurté une pédagogie active des mathématiques est le rôle que joue traditionnellement cet enseignement dans la sélection scolaire. Au XVIIIe siècle, son développement dans les collèges était directement lié à la préparation aux examens pour l'admission dans les armes savantes. *L'ouverture de classes préparatoires dans les lycées napoléoniens a encore renforcé le lien existant entre les mathématiques scolaires et les mathématiques de concours.* Depuis cette époque, le rôle de ces classes post-baccalauréat est resté fondamental pour au moins deux raisons : d'une part, ces classes apparaissent comme des prolongements naturels des sections scientifiques du second cycle, sur lesquelles elles exercent une influence directe par leur seule présence dans l'enceinte des lycées ; d'autre part, les professeurs de classes préparatoires, qui ont toujours formé une élite parmis les professeurs de mathématiques de lycée, bénéficient d'une autorité morale et professionnelle sur l'ensemble de leurs collègues de l'enseignement secondaire.

Dans ces conditions, *les classes préparatoires se sont imposées comme un modèle de référence pour l'enseignement des mathématiques au niveau du second cycle des lycées.* Mais il existe une contradiction objective entre la pédagogie traditionnelle de ces classes, qui est une pédagogie d'entraînement visant à préparer le plus rapidement et le plus efficacement possible des candidats aux concours, et la pédagogie préconisée dans l'enseignement secondaire, qui est une pédagogie visant à favoriser l'activité des élèves, leur faculté de création et d'invention, selon leur rythme et leur capacité. Cette contradiction se traduit, par exemple, dans la manière de considérer le problème en mathématiques comme un instrument pour une pédagogie active tout en l'utilisant en fait principalement comme un outil d'examen et d'évaluation.

Permanences et évolutions

S'il existe de fortes traditions dans les mathématiques scolaires, celles-ci n'ont cessé d'évoluer. Elles ont dû prendre en compte non seulement les transformations de plus en plus rapides du contexte institutionnel d'enseignement, mais aussi les transformations du savoir mathématique lui-même. L'histoire des rapports réciproques entre les mathématiques et leur enseignement ne peut d'ailleurs être réduite à un simple processus de « transposition didactique ». Il faut plutôt considérer le processus global d'évolution où interviennent les problèmes spécifiques d'enseignement, principalement au niveau supérieur, mais aussi plus modestement et indirectement au niveau secondaire.

Faute de pouvoir analyser dans son ensemble cette évolution, nous nous contenterons, comme illustration, de brosser ici l'histoire récente de trois grands thèmes d'enseignement : les nombres, les figures géométriques et les fonctions.

• Rapport de L. Liard, 1904.

LES NOMBRES

L'apprentissage du numérique a toujours été un des objectifs fondamentaux des mathématiques scolaires. D'un autre côté, l'enseignement doit prendre en compte le fait que la construction rigoureuse du numérique a constitué, depuis Dedekind et Cantor jusqu'à l'école de Hilbert, un axe important du développement mathématique.

Avec la réforme de 1902 se met en place au niveau secondaire un dispositif d'apprentissage du numérique qui se maintient à peu près sans changements jusqu'à la réforme des « mathématiques modernes ». Ce dispositif, que l'on trouve déjà exposé par exemple dans les *Leçons d'arithmétique théorique et pratique* de Jules Tannery publiées en 1894, consiste à doubler très progressivement une approche « concrète », reposant sur une théorie intuitive de la mesure des grandeurs, par une approche « abstraite » consistant à construire formellement et successivement les différents types de nombres.

En fait, conformément au principe général de progression pédagogique adopté en 1902, *l'apprentissage du numérique dans le premier cycle est purement concret. C'est seulement dans la classe terminale de mathématiques que l'élève est prudemment initié à l'étude abstraite des nombres.* La construction des réels par la méthode des coupures est d'ailleurs renvoyée au programme de classes préparatoires.

L'APPROCHE CLASSIQUE (1902-1969) : DES ENTIERS NATURELS AUX IRRATIONNELS

Les élèves commencent **en classe de sixième** par l'étude des nombres entiers naturels qu'ils ont déjà rencontrés et utilisés à l'école élémentaire. La notion d'entier est définie de manière opératoire à partir du dénombrement de collections. L'étude du mécanisme de la numération décimale permet d'introduire dans la foulée les nombres décimaux, qui sont manipulés dans le cadre du système métrique. Les élèves étudient également la mesure des angles, des aires, des volumes, des poids et du temps ; la mesure des angles et du temps leur donne l'occasion d'opérer sur des « nombres complexes » (nombres écrits en bases mixtes).

En classe de cinquième, les élèves abordent l'étude des fractions. Cette étude est fondée directement sur une théorie intuitive de la mesure des grandeurs linéaires, représentées par des segments multiples d'un segment unité. Une fois acquise la notion de fractions équivalentes, sont introduite successivement les notions de fraction généralisée (classe des fractions équivalentes) ou de rapport de deux nombres (égal à une fraction irréductible) et de rapport de grandeurs de même espèce (indépendant de l'unité choisie), et le lien est établi entre les notions de fractions et de décimaux.

En classe de quatrième, les élèves étendent le domaine numérique, en passant de la notion de nombre arithmétique, c'est-à-dire positif ou nul, à celle de nombre algébrique (ou relatif, selon la terminologie qui s'impose à la fin des années 50), c'est-à-dire positif, nul ou négatif. Cette extension est fondée sur une théorie intuitive des grandeurs linéaires orientées (souvent associée à l'étude des vecteurs liées sur un axe), ainsi que sur la considération des opérations pratiques de créance et de dette.

En fin de quatrième, les élèves sont donc censés maîtriser les opérations sur les nombres rationnels, mais ils n'ont encore aucune notion des réels.

L'étude des rapports de grandeurs et des racines carrées et cubiques **en classe de troisième** implique la prise en considération de grandeurs incommensurables. Mais les réels ne sont pas introduits en tant que tels.

Et si, dès la **classe de seconde**, le cours d'algèbre et d'analyse suppose *de facto* l'existence des nombres réels, la question n'est pas abordée davantage dans le second cycle, sauf par allusion **en classe terminale**

À une construction ambitieuse de la notion de nombre succède très vite un repli qui va jusqu'à l'abandon de l'arithmétique.

de mathématiques. Le cours d'arithmétique de cette classe se contente en effet de reprendre l'étude systématique des nombres entiers et rationnels, la plupart des manuels suivant pour cela la double méthode concrète et abstraite, et réserve en principe les nombres irrationnels pour une étude ultérieure, même si certains manuels n'hésitent pas à introduire explicitement les réels selon la méthode d'approximation par des décimaux.

L'APPROCHE STRUCTURALE DES « MATHÉMATIQUES MODERNES »

La réforme des « mathématiques modernes » transforme profondément le dispositif mis en place au début du siècle. Dès les années 60, les manuels scolaires procèdent à des innovations dans ce sens avec la bénédiction de l'inspection générale. *Mais les programmes officiels adoptés à la fin de la décennie vont plus loin encore, en se donnant comme objectif principal la construction de $\mathbb{R}$ et en adoptant pour l'étude du numérique un point de vue axiomatique et structural.*

Certes, les entiers naturels (et les décimaux positifs) sont introduits en classe de sixième de manière intuitive, mais ils sont étudiés avec le vocabulaire de la théorie des ensembles (par exemple, on parle de cardinal d'un ensemble fini au lieu de dénombrement d'une collection d'objets). À partir de l'ensemble $\mathbb{N}$, les élèves sont amenés à construire successivement au cours de leur scolarité les ensembles $\mathbb{Z}$ et $\mathbb{D}$, et à partir de $\mathbb{D}$, les ensembles $\mathbb{R}$, $\mathbb{Q}$ (considéré comme sous-corps de $\mathbb{R}$) et $\mathbb{C}$. L'étude des entiers et décimaux relatifs remonte de la classe de quatrième à celle de cinquième, avec une première initiation intuitive dès la classe de sixième.

La construction de $\mathbb{R}$

L'innovation majeure concerne le programme de quatrième : après une révision plus systématique des décimaux, les nombres décimaux illimités sont introduits formellement. L'objectif est de montrer que l'ensemble des décimaux illimités est un corps ordonné, identifié à l'ensemble $\mathbb{R}$. La classe de troisième est consacrée à une étude plus approfondie de la structure de corps ordonné de $\mathbb{R}$ (en particulier à la pratique du calcul algébrique), ainsi qu'à l'étude du sous-corps ordonné $\mathbb{Q}$ des nombres rationnels.

En principe, les élèves entrant dans le second cycle ont donc déjà une connaissance et une pratique des nombres réels. Cet acquis rend possible dès la classe de seconde, après une rapide révision des propriétés de $\mathbb{R}$, l'étude des espaces vectoriels réels, qui est le cadre du programme de géométrie. En classe de terminale C, les ensembles numériques $\mathbb{N}$, $\mathbb{Z}$ et $\mathbb{R}$ font l'objet d'une révision générale, avec des compléments importants (introduction de $\mathbb{Z}/n\mathbb{Z}$, axiomes d'Archimède et de Dedekind pour $\mathbb{R}$, par exemple). Enfin, le corps $\mathbb{C}$ des nombres complexes est défini comme un sous-ensemble de l'anneau des matrices réelles 2×2.

L'ABANDON

Le dispositif mis en place par la réforme des « mathématiques modernes » est apparu excessivement ambitieux, en particulier pour les classes de quatrième et de troisième. *Les programmes de 1977, qui privilégient les activités opératoires en mettant l'accent sur l'utilisation des calculatrices, marquent l'abandon du point de vue constructiviste qui caractérisait la période précédente.*

L'étude des fractions est réintroduite en classe de quatrième ; l'ensemble $\mathbb{R}$ peut être introduit comme précédemment à partir des décimaux, ou à partir des rationnels, mais, quelle que soit la méthode de présentation, cette introduction doit faire appel à l'intuition géométrique des élèves. Les programmes du second cycle adoptés au début des années 80 vont dans le même sens. L'arithmétique disparaît des programmes de classes terminales. L'étude des nombres passe dorénavant essentiellement par des activités numériques, et l'approche axiomatique et structurale est abandonnée.

UNE GÉOMÉTRIE DES FIGURES

De toute la mathématique scolaire, l'enseignement de la géométrie est probablement la partie la plus problématique. *Il doit en effet tout à la fois s'appuyer sur l'expérience sensible et contribuer à l'apprentissage du raisonnement déductif abstrait.* Nous nous contenterons d'évoquer ici le thème classique des figures géométriques. Depuis Euclide, la géométrie élémentaire est définie comme la science qui étudie certaines figures du plan et de l'espace obtenues par construction (au compas, à la règle et au compas, par des opérations cinématiques et mécaniques, etc.). Tout en étant purement abstraites, ces constructions et les figures qui en résultent se réfèrent directement à des opérations et à des réalités matérielles : le point grain de poussière, le cercle tracée sur le sable, le triangle dessiné au tableau.

D'où, depuis le XVIIIe siècle au moins, une double orientation dans la tradition d'enseignement de la géométrie : l'une concrète et expérimentale, représentée par Clairaut, l'autre abstraite et purement rationnelle, représentée par Legendre.•

L'ENSEIGNEMENT DE LA GÉOMÉTRIE APRÈS LA RÉFORME DE 1902

Le premier cycle

Le point de départ de cet enseignement est essentiellement expérimental, ce qui se traduit, dans les classes du premier cycle, par la construction et la manipulation de figures matérielles, réalisées sous forme de dessins, de pliages et autres dispositifs. En classes de sixième et de cinquième, l'élève passe ainsi en revue un catalogue de figures, allant de la ligne droite aux polygones réguliers, en passant par l'angle, le triangle, les quadrilatères usuels et le cercle. L'initiation à la géométrie dans l'espace, en classe de troisième, repose de même sur l'observation, la construction et la manipulation d'objets à trois dimensions. Pourtant, dès la classe de quatrième, commence le long travail visant à détacher l'activité mentale de son support matériel : c'est alors que l'élève rencontre les premières démonstrations géométriques. Plus que d'un saut, il s'agit ici d'une montée progressive vers l'abstraction, qui s'accommode parfois, au risque de choquer les puristes, d'une certaine confusion dans le raisonnement. Le meilleur exemple, peut-être, est la démonstration des cas d'égalité des triangles donnée en classe de quatrième, démonstration qui traduit en propositions l'opération de superposition d'un décalque et associe ainsi étroitement l'expérience du mouvement à des déductions purement logiques.

Le second cycle

Dans le second cycle, sans renoncer à faire appel à l'expérience, l'enseignement de la géométrie met l'accent sur le raisonnement logique qui caractérise les mathématiques abstraites. Le programme de la classe de seconde reprend ainsi dans un esprit de plus grande rigueur l'étude de la géométrie plane menée dans le premier cycle. Celui de la classe de première porte tout entier sur l'étude de la géométrie dans l'espace. Dans ces deux classes, une large place est consacrée à la recherche des lieux géométriques qui fournit le thème de nombreux problèmes. Enfin, le programme de la classe de mathématiques élémentaires est conçu comme un enseignement de révision et de complément, dans lequel la notion de transformation des figures, employée de manière systématique, permet d'unifier les méthodes de la géométrie. Les problèmes d'orientation sont traités grâce à l'introduction des vecteurs de l'espace. Le programme comprend également un bref cours d'initiation à la géométrie descriptive.

L' « À BAS EUCLIDE » DES « MATHÉMATIQUES MODERNES »

La réforme des « mathématiques modernes » marque une rupture radicale avec la conception traditionnelle de la géométrie

• **Sur le conflit entre ces deux tendances, voir aussi le chapitre « La démonstration géométrique ».***

L'enseignement de la géométrie est de longue date tiraillé entre deux tendances, l'une concrète et expérimentale, l'autre abstraite et formaliste.

élémentaire, rupture que Jean Dieudonné a résumé de façon lapidaire en 1959 par un provocateur « À bas Euclide ! ». L'objectif initial des réformateurs est de mettre en phase l'enseignement secondaire avec les mathématiques contemporaines.

Cela revient, en fait, à abandonner la conception empiriste de la géométrie élémentaire, au profit d'une conception formaliste pour laquelle la géométrie euclidienne se réduit à un modèle axiomatique de l'espace physique.

Dans cette perspective, l'étude des figures géométriques, qui faisait l'essentiel de la géométrie traditionnelle, doit céder la place à une étude structurale de l'espace. Les programmes adoptés à la fin des années 60 poussent jusqu'au bout cette logique *en réduisant la géométrie élémentaire à l'algèbre linéaire, et en séparant soigneusement le point de vue affine du point de vue euclidien*. Mais l'adoption d'un tel point de vue, mathématiquement plus satisfaisant, rend en fait extrêmement malaisée l'étude des figures géométriques, comme le montrent, par exemple, les difficultés rencontrées pour introduire de manière rigoureuse la notion d'angle.

La situation actuelle

C'est pourquoi, avec l'abandon des « mathématiques modernes » à la fin des années 70, les programmes renouent avec la géométrie élémentaire traditionnelle et réintroduisent l'étude des « configurations » dans l'apprentissage mathématique. On renonce aux subtilités sur la notion d'angle, et on substitue aux développements théoriques d'algèbre linéaire un calcul vectoriel directement utilitaire. *Cependant, la géométrie ne retrouve pas la place centrale qu'elle occupait avant la réforme.*

Les fonctions

L'une des principales innovations de la ***réforme de 1902*** *est certainement l'introduction de la notion de fonction, absente de la mathématique scolaire du XIXe siècle.* Conformément à la philosophie générale de la réforme, la notion de fonction est essentiellement conçue comme une notion *expérimentale*.

L'élève doit partir de la représentation graphique de la relation fonctionnelle, celle-ci pouvant être par exemple l'expression d'une loi physique déterminée expérimentalement.

L'étude des fonctions appartient principalement au programme du second degré. Cependant, dès les classes de *cinquième* et *quatrième*, l'étude des proportions peut être interprétée comme une initiation à la notion de fonction linéaire.

La notion générale de fonction numérique est introduite explicitement en classe de *troisième* et appliquée à l'étude de quelques relations fonctionnelles auxquelles conduisent, dit le programme de 1947, des problèmes empruntés à la géométrie et à la physique.

En classe de *seconde* et de *première*, commence l'étude analytique des fonctions, appliquée à des exemples classiques. La notion de dérivée est introduite à partir de son interprétation géométrique et cinématique. Les fonctions circulaires sont étudiées en classe de *première*.

Mais c'est seulement en classe de *mathématiques* que l'analyse commence véritablement, avec une étude plus approfondie des premières fonctions transcendantes, exponentielles, logarithmiques et circulaires.

L'analyse dans la réforme des « mathématiques modernes »

Ce dispositif, maintenu sans grands changements pendant plusieurs décennies, est modifié assez sensiblement à l'époque des « mathématiques modernes ». *Alors que les programmes antérieurs se fondaient sur l'expérience géométrique et physique pour introduire les notions fondamentales, les nouveaux programmes adoptent un point de vue beaucoup plus abstrait.*

Dès la classe de cinquième, les élèves étudient dans un cadre ensembliste les notions de graphe et d'application. L'étude des fonctions numériques commence en classe de quatrième. Elle suppose une bonne connaissance des propriétés de ℝ, connaissance complétée dans le second cycle lorsque commence l'étude de l'analyse proprement dite. Sans utiliser de manière explicite la topologie de ℝ, les programmes définissent avec beaucoup de soin les notions de limite, de continuité et de dérivabilité d'une fonction numérique. Les fonctions circulaires sont introduites de manière rigoureuse à partir de l'étude des rotations du plan vectoriel, et, en classe de terminale C, les élèves abordent la notion d'intégrale de Riemann. Enfin, une place importante est accordée aux statistiques et aux probabilités, dont l'étude, réservée d'abord aux sections d'économie, est étendue à toutes les terminales dans les programmes de 1971.

La théorie des probabilités y est introduite selon un point de vue axiomatique.

LE DÉVELOPPEMENT DES ACTIVITÉS NUMÉRIQUES

L'infléchissement est très sensible après 1975. *Les ambitions théoriques sont réduites, surtout pour les jeunes élèves.* La notion d'application, par exemple, est introduite en cinquième de façon descriptive et la terminologie réduite au minimum ; l'étude des applications linéaires et affines en classe de troisième repose principalement sur des représentations graphiques. L'initiation à l'analyse en deuxième cycle repose principalement sur des activités numériques, dans lesquelles les interprétations graphiques et l'usage des calculatrices jouent un rôle capital.

De manière générale les fonctions numériques sont étudiées systématiquement dans un contexte d'applications, y compris en probabilités. L'un des traits originaux des nouvelles orientations est l'importance accordée aux situations discrètes (études de suites en particulier) et aux procédures algorithmiques, liée évidemment au développement de l'informatique.

Le contraste est frappant entre la volonté d'être plus opératoire, ce qui caractérise l'enseignement actuel de l'analyse, et celle d'être plus rigoureux et systématique, ce qui caractérisait la réforme des « mathématiques modernes ». Tout laisse penser que l'évolution devrait se poursuivre dans l'avenir.

CONCLUSION

L'enseignement des mathématiques évolue. Les changements rapides qui affectent le second degré depuis deux décennies ainsi que le développement extraordinaire des mathématiques et des technologies informatiques ne peuvent laisser cet enseignement indifférent.

Le modèle disciplinaire mis en place au début du siècle et réformé pendant les années 60-70 paraît aujourd'hui épuisé et l'on peut prévoir, sans trop de risques, des transformations profondes à court et à moyen termes pour les mathématiques du collège et du lycée.

Face aux bouleversements qui s'annoncent, l'histoire de l'enseignement des mathématiques fournit une expérience et quelques ressources, dont le professeur aurait grand tort de se priver.

Une démonstration s'impose à tous, à l'enseignant comme à l'élève.

LA MATHÉMATIQUE À L'ÉPREUVE DU TEMPS

INTRODUCTION

AUTEUR
Jean DHOMBRES,
historien des sciences,
directeur d'études à l'École
des hautes études
en sciences économiques

DEUX SIÈCLES DE MATHÉMATIQUES OBLIGATOIRES

Dépassant l'école primaire où s'acquiert la pratique des calculs fixés par les quatre opérations élémentaires, l'*apprentissage mathématique imposé à tous ceux qui suivent une formation secondaire s'inscrit dans un espace historique dont l'épaisseur n'est que de deux siècles.*

Il y a déjà là une tradition à l'origine de laquelle se place la création des lycées. À la faveur de la fastueuse étymologie grecque, ces établissements jusqu'à peu évocateurs de couloirs, de salles numérotées, de colles imposées et de devoirs surveillés – « notre prison est un royaume » avançait Gilbert Cesbron dans un roman un temps célèbre – portent désormais l'image des mathématiques dans les mentalités hexagonales.

Ces mathématiques sont prosaïquement représentées sur des tableaux où la craie blanche, quelquefois le feutre coloré, trace des figures ponctuées de lettres, organise les mises en facteurs d'expressions où courent les monômes, marque, par un signe plus ou moins placé devant un radical, la distinction des racines de l'imperturbable trinôme• du second degré. Cette date et cette insertion universitaire nous rappellent utilement le long terme : le niveau monte, quoi qu'en disent les Cassandre du court terme. Mais l'histoire d'une culture ne se réduit pas à une simple question de niveau ; pas plus que l'arithmétique ne se réduit à des problèmes de robinet.

Deux siècles d'enseignement obligatoire des mathématiques, c'est une nouveauté à l'échelle du temps.

Il convient de la confronter à l'apprentissage séculaire de la langue culturelle de l'Occident, le latin, et au rythme ancestral d'acquisition de la graphie du mandarin en Chine. Il convient aussi de saisir la nouveauté d'un enseignement contraint de la géographie et d'apprécier la surprenante déshérence de la cosmographie, ce que dans les collèges richement dotés de la Renaissance l'on appelait la Sphère, non sans sous-entendu mathématique puisque c'était par cette science que se faisait l'initiation à l'espace. *Sic transit* ...

La question n'est plus de signaler les changements scolaires qui modèlent la perception culturelle d'une génération, mais d'en comprendre les raisons, en ne réduisant pas l'argument à la soumission, au progrès. Quel progrès déceler en effet dans l'abandon de la géométrie de la sphère ? Celui de rendre la majorité de nos concitoyens incapables de se représenter le mouvement d'une éclipse, si du moins l'on en croit une statistique qui fit quelque bruit il y a une quinzaine d'années.

Aujourd'hui, un autre sondage semble confirmer que le Français est scientifiquement inculte ! Cela interroge quelque part l'enseignement.

DEUX MILLÉNAIRES D'ENSEIGNEMENT DES MATHÉMATIQUES

Si nous entreprenons l'histoire comme enquête, avec la mathématique comme horizon, il ne faudrait pas oublier la perspective du très long terme. Car cette

• Il posait, ce trinôme, sérieuse difficulté en 1795 aux candidats des *Tripos*, ces examens sélectifs de l'université de Cambridge.

science paraît aussi ancienne que son libre enseignement ou de bon gré, et peut-être même est-elle fondatrice de l'enseignement institutionnel. Nul n'entre ici s'il n'est géomètre ! Quelque trace de cette ancienneté d'un requis du savoir demeure dans les mentalités, pour justifier le refus de toute mathématique, exprimé parfois de façon viscérale. Ne serait-elle pas l'emblème de tout ce qui brime la liberté de l'esprit ? Les descendants d'Astérix et d'Obélix y seraient-ils à ce point rebelles ?

L'inscription des mathématiques dans le temps est inséparable de sa transmission de professeur à élève, que ce soit sous la forme d'une théorie déroulée dans la durée et la logique de sa constitution (théorie de l'intégration de Leibniz-Cauchy-Riemann par exemple) ou sous la forme plus insidieuse de la mémoire suggérée par un nom propre (Thalès, Pythagore, Pascal, Cauchy, Chasles, etc.). Ceci à la différence de l'art, y compris l'art de la parole, où le régime de la transmission est organisé selon un rapport de maître à disciple. L'ancienne civilité nous rappelle d'ailleurs que l'on usait du mot « maître » en s'adressant à un juriste, à un helléniste, et même à un critique littéraire. À l'égard d'un mathématicien, la déférence s'arrêtait à un « Monsieur le Professeur ».

La réserve dans la politesse n'est pas indifférence, et a à voir avec la matière enseignée et avec l'autorité qui peut se déployer dans l'échange didactique qu'elle comporte ou qu'elle implique.

Conservant le beau vocabulaire déférent des arts et des métiers, en termes lyriques Bachelard parvient néanmoins à effacer la rigueur de l'apprentissage en parlant d'une « communion dans la nécessité qui synthétise la dialectique du maître et du disciple dans la culture mathématique ». *Une démonstration s'impose à tous, à l'enseignant comme à l'élève, imposition à tel point acceptée qu'un élève peut « corriger » le maître.* Il doit corriger le maître, murmure implacablement la tradition. Un mathématicien italien, religieux de son état, disait il y a deux siècles qu'en mathématiques on ne peut accepter *il peso dell'autorità*, « le poids de l'autorité ».

La tradition n'attribue pas moins à l'école seule le choix des théorèmes évoqués, et par suite évocables. L'autodidactisme est rare en mathématiques, toujours relevé avec étonnement sinon agacement.

Il faut avoir fait ses gammes sous la direction d'un professeur ! La liberté de l'interprète - variations musicales ou théorèmes - est encadrée par des limites proprement institutionnelles. Aujourd'hui, ce sont celles fournies par la tradition culturelle de l'enseignement collégial des deux siècles écoulés.

UN CADRE FRANÇAIS POUR UNE QUESTION GÉNÉRALE

En effectuant un portrait des mathématiques au cours du temps, je veux donc questionner le sens qui leur a été donné, et celui que nous leur donnons à notre tour dans un enseignement : est-il effet plus interrogateur que le portrait d'une tradition ? Dans notre voyage d'histoire, c'est sur l'origine de cette tradition collégiale qu'il convient de se pencher d'abord. Quelques années en effet avant l'institution des lycées, il exista un régime transitoire, celui des Écoles voulues par la Révolution dont Stendhal fixa l'image dans sa *Vie de Henry Brulard** ; il faudrait plutôt dire les Écoles centrales** de la Convention thermidorienne puisque la réorganisation éducative ne fut pas l'œuvre de 1789, ni celle des trois années qui suivirent. La Révolution prit tout son temps en matière scolaire, et laissait encore la porte

* Voir les pages 28 et 29.*

** Voir la page 369.*

Un unique programme applicable à tous les départements français.

ouverte aux changements, comme une forme interrogative.

Dans un monde éducatif en genèse parce que l'ancien était déliquescent, les *Écoles centrales* installèrent une étrange et riche juxtaposition. D'une part – phénomène surprenant des annales éducatives – pour les classes ordinaires la forme d'enseignement résultait d'un choix professoral individualisé. Désigné par un jury local jugeant sur un programme proposé par écrit, l'*enseignant avait la responsabilité du parcours complet d'une discipline sur toute la scolarité. En parallèle, chaque élève établissait son menu disciplinaire*, élisait éventuellement une seule matière et se portait à un certain niveau dans celle-ci. D'autre part, les écoles centrales comportaient des classes de « mathématiques transcendantes ». Sous la férule d'un unique professeur, elles étaient destinées à permettre la préparation d'un concours au contenu purement mathématique, celui de la nouvelle École polytechnique. Ainsi, l'École engendrait les écoles.

Le concours était la nouvelle façon dont une nation décidait de sélectionner ses élites au moins techniques, en rupture avec les transmissions familiales, les adoubements aristocratiques comme les filiations corporatistes des métiers, du métier même d'ingénieur qui, lentement sous Louis XV et Louis XVI, acquérait ses patentes au service de l'État. Tout naturellement, comme s'il n'y avait pas d'autres possibles, dans ces classes bientôt qualifiées de classes préparatoires, un seul programme venait délimiter les questions du concours – uniquement des questions de cours – et baliser les formes pratiques de l'enseignement. En contradiction avec la liberté accordée aux autres matières dans les Écoles centrales, et parce que son apprentissage orientait la carrière d'ingénieur, *la mathématique débouchait sur un enseignement obligatoire et national.* Par cette dualité de liberté et de discipline, une interrogation générale était bien posée dans l'ordre éducatif au tournant du XVIIIe et du XIXe siècle.

L'ENSEIGNEMENT UNIFORME

Au pays de Descartes, réponse à cette interrogation fut vite trouvée. En dehors de tout objectif professionnel, le lycée étendit à toutes les classes, donc à tous les niveaux et à tous les savoirs, tant la coercition que l'idée d'un unique programme applicable à tous les départements français : pour chaque discipline, il y eut donc un mouvement d'uniformisation dont nous vivons encore la dynamique. Il ne faut pas y voir seulement un hasard historique, même si le décret initiateur fut brutalement pris par le Premier Consul le 10 décembre 1802. La mise en place efficace des lycées dans les différentes villes de France était *grosso modo* terminée avant 1810. En fin de compte, l'uniformisation des mathématiques était justifiée par l'existence, en aval, du concours de l'École polytechnique, mais elle pouvait aussi bien être défendue en soi, par la conception d'une mathématique elle-même uniforme. *Mathématique uniforme, parce que pensée comme unique, rebelle donc à la parcellisation que comporte nécessairement l'adaptation à telle ou telle vocation professionnelle.* Tel était le concept porteur du long terme. La France éprouve souvent le besoin de donner à ses pratiques culturelles une formulation abstraite : cela peut passer pour un raisonnement. Mais, avec le temps, cela peut en devenir un.

On ne doit manquer de remarquer que, malgré sa généralité, le système éducatif s'accrocha peu au monde universitaire, heureusement rebelle jusqu'à des temps récents à l'uniformité autoritaire. Dans l'enseignement des mathématiques au lycée, on ne peut établir aucune continuité avec l'enseignement des Universités françaises du XVIIIe siècle pour le moins pâlottes ; dans ce même enseignement au XIXe et au XXe siècles, les liens sont avec les grandes Écoles généralistes ou même spécialisées. Jusque vers les années 1970, les réformes de l'enseignement mathématique passèrent par les classes préparatoires à ces Écoles et parvinrent en dégradé jusqu'aux autres formations : n'intervenait guère la formation mise en place dans les premières années de l'Université, encore moins la licence ou la maîtrise. Il est trop tôt pour savoir si l'installation des Instituts Universitaires de Formation des Maîtres marquera une coupure radicale dans cette tradition. Il est néanmoins annonciateur d'un temps nouveau que la réorganisation unifiée des programmes de l'enseignement secondaire suive une « philosophie » différente de celle adoptée pour les classes préparatoires, qui connaissent la mise en œuvre de filières distinctes à la rentrée 1995-1996, et sanctionnant donc la fin de la mathématique unique.

Résumons en statuant que *la mathématique à la française a été orientée sur deux siècles par une finalité de formation des élites nationales, les élites de l'action plus que celles de la réflexion, et qu'elle imposa une voie unique, car non pensée en vue des vocations professionnelles*. C'était nécessairement la voie d'une « mathématique générale », à la façon d'ailleurs dont l'École était « polytechnique ». Voilà qui situe l'unité conceptuelle et historique de mon propos.

LES MATHÉMATIQUES LIÉES À L'ENSEIGNEMENT

C'est à partir de ce constat que j'organise un questionnement ; car on n'aura pas manqué de remarquer que j'ai postulé *un lien essentiel entre la mathématique et son enseignement*, et délibérément choisi d'en montrer les nœuds par le biais de l'histoire. Informé par l'histoire des mathématiques, par l'histoire de l'enseignement et bien sûr par les mathématiques, mon propos relève de chacune de ces disciplines. Cette pluralité ne le facilite pas : aussi je ne dissocie pas la réflexion sur le rôle du temps en mathématiques, sur les changements et les continuités, de celle qui porte sur la façon de les appréhender et de les répercuter. Mathématique, histoire, enseignement, je ne veux rien séparer.

Ce n'est pas une façon habituelle, et elle peut scandaliser aussi bien ceux pour qui la mathématique est intemporelle, ceux pour qui elle est tout simplement chaotique, que ceux qui considèrent la mathématique comme une utilité éducative univoque. Pour ces derniers, la mathématique devient une mesure de la temporalité portant le nom de progrès, et son déroulement serait irrésistible, et donc les changements dans l'enseignement déterminés par la science même (quitte à oublier l'ordre propre de l'enseignement, souvent et bien à tort considéré comme une pâle copie de la mathématique).

L'histoire m'offre un biais, un autre regard, une façon de considérer la règle scientifique éducative, moins dans ses attendus que dans son fonctionnement, comme principe de norme et comme objectif. Jeu de l'autorité et de la liberté.

Comme histoire d'une activité humaine, socialement, symboliquement et philosophiquement réglée, l'histoire des mathématiques ne s'offre cependant pas sans réflexion sur sa nature. Elle n'est pas un donné qu'il suffirait de lire en feuilletant les pages du passé. Je veux développer ce message de la façon la moins théorique possible par des exemples bien sûr, et par quelques commentaires. Histoire *et* réflexion sur l'histoire. Je ne peux pas maintenir la seule langue du mathématicien, autant le dire tout de suite.

Même si, *dans les exemples choisis, j'adopte les matières enseignées actuellement dans le secondaire* ; celles-ci constituent un corpus dont la frontière, certes variable au fil des ans, n'en détermine pas moins une pratique que je voudrais mieux qualifier et décrire par et dans l'histoire. Je resterai donc allusif à propos des autres mathématiques, jouant de la culture de chacun, car je demeure persuadé qu'on en sait bien plus en mathématiques que ce que l'on affirme en savoir.

Les logarithmes restent des incontournables de l'enseignement.

Un double processus d'approximation et d'intégration : les logarithmes

Adressons-nous en premier à une notion devenue commune, celle des logarithmes qui gouvernent l'un des instruments autrefois majeurs de l'ingénieur, la règle à calcul. L'instrument a disparu, mais les logarithmes restent des incontournables de l'enseignement, y compris lorsque l'on s'adresse à des classes littéraires. Certains prétendront que cette maintenance tient au « réalisme » des logarithmes, à leur inscription dans le pouvoir cognitif de l'homme : il y a en effet relation logarithmique entre la cause physique d'une sensation et la perception humaine de celle-ci•. J'avoue aimer cette hypothèse à la façon dont une proposition surréaliste fascine ; mais sans savoir qu'en faire.

Pourquoi parler des logarithmes

J'ai choisi le cas des logarithmes pour la perspective de l'approximation, de l'à-peu-près et aussi bien du processus d'incorporation au savoir que l'on qualifie de théorique. Il y a une très ancienne culture du nombre et de la mesure, dont le logarithme a profondément modifié le régime. Car en installant les tables numériques à double entrée, véritables dictionnaires, la mathématique apparaissait comme une langue, la langue de la précision maîtrisée. L'approximation pouvait même être la nouvelle figure de l'exactitude.

Assurément les logarithmes ont une histoire ; ils ne font pas partie du bagage mathématique euclidien. Sans commettre d'erreur, on ne dit pourtant pas grand chose en résumant leur histoire par une découverte d'un baron Écossais au début du XVIIe siècle avant même celle du Calcul différentiel et intégral, puis l'apprentissage des tables numériques pour laquelle Kepler joua un rôle, et une paisible et définitive adoption dans le canon de l'analyse mathématique sous le nom de fonction logarithme réglant l'approximation des calculs, au théorique comme au pratique.

L'histoire des notations

Il n'y a aucune trace de symbolisme chez John Napier, l'inventeur reconnu, ni dans sa description éprouvée dans le *Mirifici logarithmorum canonis descriptio*••, pas plus que dans son explication, le *Mirifici logarithmorum canonis constructio*•••. C'est Johannes Kepler qui, en 1624, utilise la contraction « *Log* » dans son *Chilias Logarithmorum ad totidem numeros rotundos* de Marburg. Henry Briggs utilise aussi bien cette contraction dans son *Logarithmicall Arithmetik* de 1631 paru à Londres, où il introduit les logarithmes décimaux. Plus de quinze ans plus tard, il est suivi par William Oughtred écrivant le *Key of the Mathematics* (Londres, 1647).

On peut arrêter là l'enquête érudite. Car tous ces symboles, sans autres ajouts, se retrouvent un peu indifféremment chez les mathématiciens du XVIIIe siècle ; Cauchy dans son *Cours d'Analyse* de 1821 différencie le « l » pour cibler le logarithme de base naturelle, et désigne alors par « L » tous les autres logarithmes. À la même époque, responsable d'un journal de mathématiques, A.L. Crelle, qui est le pendant allemand de l'éditeur nîmois puis montpelliérain Gergonne, fixe « ${}_{a}\log$ » ou « $\log_a$ » pour le logarithme de base a.

Bref, si l'*histoire rapidement constituée des symboles contraste avec celle, tourmentée, du concept*, la première donne au moins corps à la présomption d'existence d'un objet, le logarithme, soumis à des appré-

• C'est la loi de Fechner dont la conscience est bien plus ancienne que la formulation.

•• Ouvrage publié à Edinburgh en 1614 et traduit en anglais par Ed. Wright deux ans plus tard à Londres.

••• Sorti posthume cinq ans plus tard à Edinburgh grâce aux soins de son fils.

hensions variables, mais rapidement adopté. Au fil des années, s'agit-il bien du même objet ? C'est parce qu'il ne se pose pas une telle question que, trop souvent, le récit de l'historien est une fable, moralité incluse.

Une table d'approximation numérique comme lieu de savoir

La découverte de Napier dégage le sens d'un passage, celui d'une progression géométrique à une progression arithmétique, la transformation du triplet $\{x, \sqrt{xy}, y\}$, à l'autre triplet $\{a, \frac{a+b}{2}, b\}$. Mais, si l'on fait sans ambages se correspondre les termes extrêmes, x provenant de a et y de b, il ne reste plus à voir que le passage de $\sqrt{xy}$ à $\frac{a+b}{2}$. L'on retient la correspondance entre la moyenne géométrique et la moyenne arithmétique, deux opérations certes traditionnelles et ainsi réduites l'une à l'autre, rendues équivalentes. Ce que nous résumons aujourd'hui par une seule formule, où le symbole ln désigne provisoirement le logarithme sans autre spécification de base :

$$(1)\quad \ln\sqrt{xy} = \frac{\ln x + \ln y}{2}.$$

Cette formule a effectivement servi à établir pas à pas des tables de logarithmes, chez Henry Briggs notamment, et il est d'autant plus facile d'en imaginer la construction qu'elle fut ainsi longtemps expliquée dans l'enseignement.

À voir ainsi la genèse du logarithme, on oublie le système numérique sur lequel porte le logarithme, réduit par notre présentation à un triplet. Ce qui revient *à postuler l'évidence, vers 1600, du système des nombres réels*. C'est un contresens historique, qui ne permet plus de dire ce qu'il y a d'inventif dans la table de logarithmes.

Parce que les deux moyennes portent chacune respectivement sur une opération, on est néanmoins conduit à inscrire l'histoire des logarithmes dans la quête d'un procédé par lequel *la multiplication serait remplacée par l'addition, et dès lors le quotient par la soustraction*. À cette quête, une profondeur historique peut être donnée, avec mention par exemple d'un tableau que Michael Stifel offrait à ses lecteurs en 1544 dans son *Arithmetica Integra* de Nuremberg. Les deux suites, géométrique et arithmétique, sont superposées et *ipso facto* mises en correspondance.

… $\frac{1}{4}$	$\frac{1}{2}$	1	2	4	8	16	32	…
… – 2	– 1	0	1	2	3	4	5	…

Nous lisons aujourd'hui ce tableau comme un jeu d'exposants, un symbolisme ne requérant pas une explication autre que celle d'une pratique de calcul.

Parce qu'une opération est en jeu, on peut aussi rappeler la sentence que Nicolas Chuquet fournissait dans un manuscrit *Le Triparty en la science des nombres* de 1484 : « qui multiplie lung d'iceux par lung des autres, et qui déouste• les deux ordres esquelz sont situés les deux nombres multipliez, il trouve le lieu ou doit estre situé le nombre venu de la multiplicacion ». De sources en influences, par rétroactions successives, pour faire l'histoire des logarithmes on risquerait d'être conduit à Euclide et à son traitement des progressions géométriques. Historien des mathématiques dont le métier est de scander les étapes, à la fin du XVIIIe siècle Étienne Montucla entendait assurer que ce rebroussement dans le temps n'avait qu'une signification relative.

Ainsi, disait-il, la remarque de Stifel à propos de son tableau resta « stérile entre ses mains ». Pour qu'il ait montré la voie du logarithme, « il aurait fallu pour cela qu'il eût tenté de remplir les lacunes qui se trouvent dans la progression supérieure, afin d'avoir tous les nombres naturels … »••. L'historien manifestait que le logarithme n'est pas seulement un symbolisme, ni même une correspondance entre

• « ajoute ».*

•• Montucla, *Histoire des mathématiques*, tome 2, 4e partie, p. 19.

Avec les logarithmes, les entiers perdent leur nature de nombres privilégiés.

moyennes ou une équivalence entre opérations ; il atteint un système numérique suffisamment riche, l'ensemble des nombres entiers naturels, ou du moins quelque système s'approchant de l'uniformité d'espacement des entiers. La remarque historienne est de bon sens, elle est mathématique aussi bien. *Dès le départ, intervient pour les logarithmes l'idée d'une approximation d'un système numérique.*

L'affirmation de Napier

Dans la préface qu'il donne pour son premier livre sur les logarithmes, Napier se réfère effectivement à tous les procédés de calcul d'un produit en somme dont il dit avoir fait le tour pour en distinguer plusieurs lui paraissant efficaces. Ce faisant, il écrit une histoire aboutissant à sa découverte : il « réalise » la quête fonctionnelle que nous avons évoquée brièvement, et il en fait une tendance, sinon une force : « *on rejette les nombres utilisés dans les multiplications, les divisions et les extractions de racines lorsqu'elles sont difficiles et prolixes, et on les remplace par d'autres nombres, que j'ai pris soin de leur adjoindre, et l'on achève le calcul par des additions, des soustractions, des divisions...* ». En affichant la nouveauté, Napier met en valeur le « remplacement », donc la correspondance, tout en faisant valoir que les « autres nombres » sont autant des nombres que ceux de départ.

Il n'aurait pas pu le dire simplement en inventant un mot spécifique pour fonction, car il faudrait en plus préciser espace de départ et d'arrivée. Napier dit la nouveauté *par la table numérique qui fait voir la richesse des nombres atteints, et par le mot nouveau de logarithme.* La table, lue comme un dictionnaire, rend visible ce qu'on appelle bientôt une « convenance » ; c'est certes celle de l'addition et de la multiplication, mais c'est tout autant la traduction d'un système numérique à un autre, tous les deux étant riches pour le calcul car possédant l'uniformité de répartition des nombres entiers.

Nous comprenons d'emblée ce que l'histoire documentée atteste, à savoir que l'établissement d'une table par Napier correspond techniquement à la construction d'une progression géométrique suffisamment serrée, parce qu'il convient que des nombres comme les entiers successifs puissent être successivement atteints par un tableau de grandeurs à la Stifel où l'écartement des termes dans la ligne supérieure croît beaucoup trop. L'approximation est donc un moyen adapté à l'objectif qui est l'accession à la propriété de répartition des nombres entiers.

Adoptant comme raison la valeur $1 - 10^{-7}$, Napier prend les nombres successifs $10^7(1 - 10^{-7})^n$, et il fait varier l'entier n de 0 à 100. C'est parce qu'il y a accès aux entiers que l'entier n, entier apparemment anodin, qualifie le *logarithme*.

Dans ce processus, il faut noter que le nombre entier tellement recherché n'en perd pas moins son privilège de système particulier ; il est atteint à peu près, tout comme on atteint à peu près les racines carrées irrationnelles. Grâce à l'intervention d'une approximation, tous les nombres sont pensés comme « logarithmisables », le domaine numérique peut être modifié ; on peut changer le procédé de fabrication de la table.

Un retour sur l'invention s'avère nécessaire pour terminer l'identification d'un « même », et assurer fermement le sens fonctionnel chez Napier. Un sens qui, deux siècles plus tard, en un contexte bien différent mais dans ce que je crois pouvoir appeler la postérité de Napier, permettra à Cauchy• de fonder le logarithme sur l'extension d'une relation fonctionnelle des entiers aux réels. La continuité sera alors le moyen de validation de l'extension.

Afin de comprendre la mise en scène des logarithmes comme repère chez Napier, il suffit d'écrire en totalité une suite géométrique finie, c'est-à-dire un système numérique. Il ne faut donc pas se servir du tableau indéfini à la Stifel••, – Napier a dû

• Voir la page 406.*

•• Voir la page précédente.*

se débarrasser des clichés de son temps, la préhistoire que nous avons précédemment fournie ayant juste permis de les identifier. L'histoire consiste à dire cela, dont le mathématicien n'a cure.

Ainsi, a désignant un nombre quelconque ($a > 1$), il convient d'écrire tout le système numérique, la suite en totalité à partir de $1 = r^0, r, r^2, \ldots, r^k = x, \ldots$, jusqu'à $r^n = a$, r étant la « raison » ($r > 1$). C'est parce que l'on compare au rang n du dernier terme, que l'ordre, ou le rang k du nombre x ($= r^k$) à mesurer, fournit le logarithme dont la base est a. La relation s'écrit :

$$(2) \quad \log_a x = \frac{k}{n}.$$

Chez Napier, la « base » – le terme final de la série numérique si l'on veut– est $a = 10^7$ et, comme nous l'avons dit, la raison $r = (1 - 10^{-7})$. Pour éviter *a priori* l'assimilation au logarithme d'aujourd'hui, convenons d'appeler Nog x (N pour Napier) le « nogarithme » conçu par et pour la table. On peut lire :

$$\text{Nog } x = \log_{(1-10^{-7})} 10^{-7}x.$$

Ce qui, en écriture exponentielle avec $y = \text{Nog } x$, donne :

$$(3) \quad 10^7(1 - 10^{-7})^y = x.$$

Napier voit la variable y comme entière, mais donne à voir que les x obtenus contiennent des nombres très proches d'un système d'entiers successifs. Avec la raison choisie par Napier afin de visualiser l'obtention des entiers, les calculs s'avèrent beaucoup trop longs pour atteindre, en x, suffisamment d'entiers successifs. Il faut encore une approximation, c'est-à-dire une approximation de l'approximation.

Telle est bien la logique du procédé, qui ne *privilégie pas les entiers comme valeurs intangibles, mais comme un système de repérage*, ou de mesure. Aussi, pour la table pratiquement élaborée (appelée « table radicale »), joue-t-il avec les valeurs d'une double suite, repérable par les expressions $10^7 (1 - 2 . 10^{-3})^\alpha (1 - 10^{-2})^\beta$, les coefficients α et β étant entiers. Mais il use aussi bien de l'interpolation linéaire. Il construit ainsi une table de nogarithmes des sinus pour des angles successivement séparés par une minute d'arc, à partir d'un triangle rectangle d'hypoténuse 10^7.

Ces nogarithmes sont approchés, comme sont nécessairement approchés les entiers ainsi représentés. Ainsi, les entiers perdent leur statut de nombres privilégiés.

Le logarithme décimal

Rendant visite au huitième Lord of Merchiston qu'est Napier, poursuivant l'idée du repérage numérique, le professeur d'Oxford *Henry Briggs* modifie en conséquence la table. Il *introduit le logarithme décimal* (noté pour la suite log). La transformation qu'il opère est banale et s'écrit aujourd'hui selon un simple changement par affinité :

$$(4) \quad \log x = \frac{\text{Nog } 1 - \text{Nog } x}{\text{Nog } 1 - \text{Nog } 10}.$$

Briggs constate une nullité pour l'unité, $\log 1 = 0$, et une valeur d'unité pour la dizaine ($\log 10 = 1$). Il voit surtout la loi fonctionnelle du produit :

$$(5) \quad \log xy = \log x + \log y.$$

De cette loi, la mathématique ne se départira plus jamais ; nous tenons une stabilité historique. Puisque de cette même relation on déduit :

$$(6) \quad \log 10^k x = k + \log x.$$

L'avantage explicite de la table « décimale » est de permettre un jeu facile — une simple translation dans l'écriture de la numération décimale. L'intérêt de cette numération est de standardiser l'écriture des nombres quelconques, par simple analogie avec les seuls entiers. Puisqu'il y a approximation, celle-ci pouvant être fixée par le nombre de chiffres significatifs retenus, il n'y a plus de raison de préférer 3 à 3,0007. L'histoire des logarithmes est indissociable de celle de la numération décimale. Cette dernière venait tout juste de s'affirmer en Europe, grâce aux efforts du Hollandais Simon Stevin, un des premiers ingénieurs du Nord liés à un prince et dont l'œuvre de décimalisation paraît en 1585, et se diffuse vraiment après 1630.

Les nombres réels sont au bout du processus.

L'essor du décimal

Le logarithme fait donc partie du mouvement de *numérisation de la pensée*, c'est-à-dire cette représentation systématique des objets par des nombres dont la décimalisation est un signe notable. Il pourrait en souligner la part conceptuelle. Mais celle-ci a été perdue pour nous. Car notre numérisation est allée beaucoup plus loin, adoptant un système de référence unique, le système des nombres réels, et effaçant les étapes antérieures. L'expression que j'utilise, les étapes, suggère que *les nombres réels sont au bout du processus*, qu'ils enveloppent tous les systèmes numériques. Les mathématiciens disent depuis Hilbert que le corps totalement ordonné des réels est maximum.

Au XVIIe siècle, nombrer des quantités avec des entiers ne paraissait pas équivalent à les nombrer avec des fractions, voire avec des nombres irrationnels. Il y avait au mieux analogie. Figures de la numérisation, les logarithmes de Napier montrent la possibilité de remplacer le système numérique des entiers par un autre, habituent à manipuler des nombres quelconques. L'historien des mentalités ajoutera qu'en retour, la décimalisation avait familiarisé les esprits avec la relation « euclidienne » que nous avons repérée par la formule $a^{n+m} = a^n.a^m$ dans le cas $a = 10$; elle a aussi favorisé l'adoption du logarithme dans un monde où le calcul se standardisait et où l'intérêt grossissant un capital devenait une préoccupation.

La numération décimale n'a pourtant pas gagné un monde de professionnels comme celui des astronomes, et elle ne les atteindra vraiment qu'avec l'avènement des ordinateurs qui rendent les conversions automatiques. Les astronomes n'en adoptèrent pas moins d'emblée les logarithmes. Une telle constatation donne à réfléchir sur le jeu des corrélations que l'histoire compose. Mathématiquement plus sophistiquée, l'étape particulière de la numérisation qu'est le logarithme n'a pas l'ampleur de la décimalisation.

Celle-ci apporte quelque chose de plus, l'avènement d'une structure de la pensée non réductible à la numération (qui est une simple classification). Sous réserve de l'acceptation de l'approximation qui en est une composante non négligeable (jeu sur l'emplacement de la virgule), la décimalisation rend en effet indifférent le privilège des entiers, ou si l'on préfère, étend indifféremment à tous les nombres possibles les avantages de repérage des entiers. Par intégration de tous les systèmes de nombres, *la décimalisation provoque une indifférence aux entiers en tant que tels*. Parce que le décimal impose le choix d'un repère, il abolit le caractère absolu du nombre entier.

Le logarithme participe de cet effet de numérisation ; en représentant les entiers par un autre système numérique, il en atténue la singularité, ou plutôt il transfère à ce nouveau système la capacité de calcul des entiers. Le décimal prend l'addition comme opération majeure et ignore la fraction dont le régime est multiplicatif et en permettant la comparaison de deux nombres indépendamment d'un repérage général (c'est le sens commun du mot rapport). On calcule de tête la multiplication de deux fractions, alors qu'il faut peiner un peu plus pour en faire l'addition. C'est un effet qui n'est pas toujours voulu, et on comprend la réaction de dédain des astronomes. Le logarithme facilite la considération des fractions en les additivant. Ce que Napier mémorise par une formule rhétorique que nous résumons selon l'écriture :

$$\text{Nog } x - \text{Nog } y = \text{Nog } 10^7 \frac{x}{y}.$$

La numérisation de la pensée est passée par le décimal, et la logarithme ne fut qu'un palier.

Trace matérielle, pratique, et repérable de la décimalisation au sein des logarithmes,

Napier place soigneusement le point pour séparer les décimales trois par trois. Bien plus tard, mais dans le même mouvement, John Wallis introduisit en 1693 le mot *mantisse* au profit des seuls nombres décimaux (c'est la partie non entière), et c'est seulement Euler qui l'adapta en 1748 au cas des logarithmes pour lesquels il est seul resté. Ce dernier verbe n'est d'ailleurs pas le bon, car il y a eu des éclipses dans l'emploi de la mantisse, et jusque dans l'enseignement. Aujourd'hui, après une déshérence, le mot peut retrouver un rôle grâce à l'affichage sur ordinateur. C'est-à-dire à un moment où le décimal est redevenu, avec l'ère de la post-numérisation, la seule entité effectivement manipulée.

LE SENS FONCTIONNEL DES LOGARITHMES

Geste portant valeur théorique, et que nous interprétons comme signe fonctionnel, la relation (1)•, ou la convenance pour utiliser le langage d'alors, est jugée caractéristique du logarithme, indépendamment de tout choix d'une base. On pourrait dire qu'elle fournit l'existence du logarithme comme solution d'une relation ; ou plutôt le logarithme résume cette relation. Sa présence permet de penser le logarithme en des termes de calcul et d'approximation : l'unicité du logarithme n'est alors plus qu'une question de choix d'une base. Le pluriel, *les logarithmes*, réfère à cette variabilité de la base. Ainsi, la fonctionnalité du logarithme devient l'objet unique et déterminé. L'adoption d'un unique système décimal permet d'oublier la particularité d'un système de nombres.

La table fournie par l'imprimeur Hollandais Adriaan Vlacq, publiée à Gouda en 1628, donnant les logarithmes décimaux à dix places quant aux chiffres significatifs et concernant les nombres de 1 à 1 000 000 est fondée sur la relation (5)••. Cette table est l'édition mère de toutes les tables de logarithmes, jusqu'au début du XXe siècle. Elle a été largement connue dès sa publication.

Il n'y a donc que dix années qui séparent la première publication sur les logarithmes de la parution de la table d'utilisation quasi définitive. Ce temps bref mérite d'être retenu : la période se situe avant même la *Géométrie* de Descartes de 1637 qui apporte l'avantage de l'algèbre ordonnatrice et fonde la géométrie analytique. Elle est avant la *Géométrie des Indivisibles* de Cavalieri qui gère provisoirement un calcul de l'infini, et bien sûr avant le Calcul lui-même, c'est-à-dire le calcul différentiel et intégral dont Newton et Leibniz sont les fondateurs dans le dernier tiers du siècle. Ce temps court de la fixation des logarithmes a-t-il fixé univoquement un objet ? Ne pourrait-on pas prétendre, malgré l'intention de Napier, que la pratique des tables ait transformé l'objet logarithme en un objet idéal, un objet à atteindre par approximation ; qu'elle ait remplacé l'objet par l'ombre d'un objet ? C'est une question d'historien de l'épistémologie. Le mathématicien moderne poserait autrement la question, cherchant à savoir si les logarithmes n'ont pas, après Napier, mais par le même effet des tables, été ressentis comme relevant du régime des seuls systèmes numériques discrets, bref incorporés à l'arithmétique (ils le furent si longtemps dans l'enseignement). L'historien formulera encore différemment, arguant de l'efficacité numérique de la découverte de Napier, jointe à sa manipulation des approximations, pour chercher à savoir si elle n'a pas permis d'oublier la signification du logarithme comme objet construit. Ces questions voisines se posent effectivement dans la mesure où la postérité du logarithme fut d'abord chancelante.

LA PUNITION DES LOGARITHMES : UNE PARADOXALE ET PROVISOIRE MISE À L'ÉCART

La suite de l'histoire des logarithmes n'est pas celle qui, naturellement, devait être attendue. On pouvait ou bien imaginer une absence d'engouement et la limitation

•Voir la page 393.•
••Voir la page 395.•

Pour la première fois, une aire est envisagée comme fonction d'une abscisse.

des logarithmes à un petit groupe de convertis, ou bien encore assister à une diffusion régulière jusqu'à incorporation des logarithmes tant dans l'enseignement que dans la pratique mathématique largement entendue, c'est-à-dire incluant les astronomes, les « numériciens » au sens des *maîtres de calcul,* etc. Or, on constate après 1620 un double phénomène.

D'une part, l'*absence des logarithmes dans la grande majorité des manuels mathématiques*, au moins jusqu'aux années 1660, et tout autant ces mêmes années leur ignorance par les mathématiciens les plus créateurs : Descartes ou Christiaan Huygens dont le père pourtant se renseigna auprès des meilleurs pour favoriser la formation scientifique de son fils vers la fin des années 1640.

D'autre part, *il y eut diffusion très satisfaisante des tables* ; on pourrait citer plusieurs titres après celle de Vlacq•. Si l'on ajoute que ces tables négligent d'expliquer le fondement des logarithmes, on comprendra que la critique fut d'abord celle du doute scientifique. C'est celui qu'exprime Maestlin, un astronome de Tübingen qui enseignait le système de Copernic. Écrivant à son ancien élève Kepler le 2 mars 1620, et ne comprenant pas la construction logarithmique – il n'a même pas pu déterminer la raison de la progression géométrique adoptée – il refuse péremptoirement d'accepter le nouveau système numérique. Quand bien même l'expérience calculatoire aurait permis d'en vérifier la qualité exemplaire : « un calcul qui n'a pas trompé dix fois, ou même cent fois, peut néanmoins finalement décevoir »••. La phrase, signée d'un esprit scientifique, est celle de la mise en doute. Et le doute a valeur de fondement. Ce qui pourrait être, n'est pas nécessairement. L'écho d'un tel reproche est celui entendu, il y a une décennie, lors de la résolution du problème combinatoire des quatre couleurs, alors qu'un ordinateur avait effectué la réduction finale de plus d'un millier de cas.

• Voir la page 397.*

•• Kepler, *Œuvres complètes*, t. XVII, p. 428.

On ne peut cependant imputer à ce premier doute la dérisoire représentation des logarithmes dans les manuels mathématiques. Un exemple suffira, car il est significatif : en 1640, lorsque le jésuite Jan Ciermans dresse, à l'Université de Louvain, le plan d'un cours organisé hebdomadairement - *Disciplinae mathematicae* - il ne fait aucune mention de la découverte de Napier. Or, l'ordre des Jésuites attribuait aux mathématiques un rôle considérable, et Ciermans était un maître remarquablement informé. Son silence exemplaire n'est pas ignorance. La surprise est accentuée par le fait qu'en cette même Assistance de la province jésuite dite de Belgo-Flandres, un autre membre de la Compagnie, maître lui-même de Ciermans, avait réussi *à incarner, si l'on peut dire, la propriété fonctionnelle des logarithmes dans la géométrie la plus classique*. Il offrait ainsi au logarithme sa niche dans la tradition grecque, tout en offrant une voie toute nouvelle à la géométrie des aires. Il naturalisait les logarithmes que Ciermans exilait.

L'aire sous l'hyperbole : le logarithme géométrisé

Grégoire de Saint-Vincent prouvait en effet dans le plus pur style archimédien la réalisation de la transformation d'une progression géométrique en une progression arithmétique, c'est-à-dire ce qui caractérisait alors un logarithme. Il utilisait le biais des aires sous l'hyperbole équilatère encadrée par ses asymptotes. Un dessin est explicatif (*figure* 1), et il suffira.

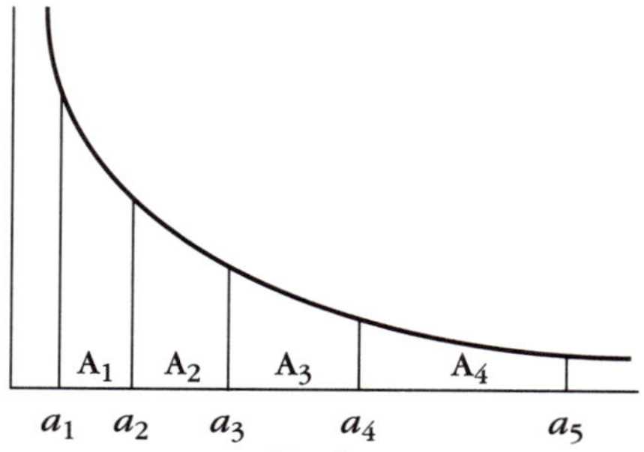

fig. 1

Si a_1, a_2, a_3, a_4, a_5, etc. sont des nombres en progression géométrique, placés en abscisse, c'est-à-dire si l'on a :

$$\frac{a_1}{a_2} = \frac{a_2}{a_3} = \frac{a_3}{a_4} = \frac{a_4}{a_5} = \ldots$$

alors les aires $A_1, A_2, A_3, \ldots$ découpées sous l'hyperbole équilatère (équation cartésienne xy = constante) sont égales, et les aires successivement additionnées A_1, $A_1 + A_2$, $A_1 + A_2 + A_3$, $A_1 + A_2 + A_3 + A_4$,... forment une suite arithmétique. C'est ainsi que Grégoire de Saint-Vincent s'exprime dans un livre publié en 1647 à Anvers, et dont des résultats circulaient depuis vingt ans au moins•. Et c'est le même Grégoire qui, deux ans plus tard, dans un opuscule polémique dont il dirige la plume quoique la signature soit celle d'un de ses élèves Alfonso Antonio de Sarasa, *énonce explicitement que les aires sous l'hyperbole servent de logarithmes* : « C'est ainsi que l'on voit que la nature logarithmique avec sa continuation de termes et d'excès se range au cordeau sur l'hyperbole ». Dans le langage même, on aura reconnu la mise au pas rigoureuse de l'approximation en faveur du logarithme. Il s'agit d'un objet bien identifié, et pas seulement approché ; c'est une « convenance » caractérisée par la relation fonctionnelle.

Si $A(x)$ désigne l'aire du trapèze curviligne (*figure* 2) déterminé par l'hyperbole, l'axe des abscisses et les parallèles à l'axe des ordonnées en 1 et x, le résultat de Grégoire de Saint-Vincent est exprimé par une formule qui n'est autre que la formule du logarithme décimal de Briggs, la transformation d'un produit en somme :

$$(7) \quad A(xy) = A(x) + A(y) .$$

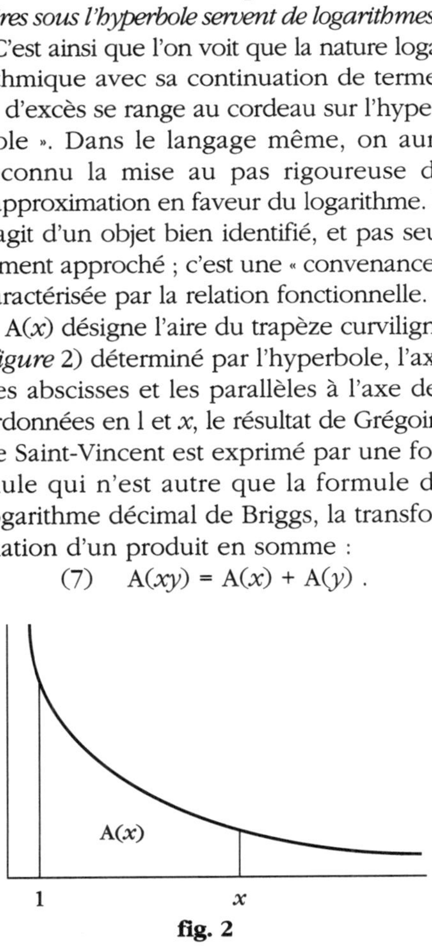

fig. 2

Dans la genèse de ce qui doit être pensé comme une théorie, c'est la relation $A(\sqrt{x}) = \frac{A(x)}{2}$ qui est venue en premier ; elle a débouché sur l'idée fonctionnelle de correspondance, et fut convertie ensuite en relation du logarithme.

L'objet est celui même de Napier et la découverte consonne avec celle de Napier : parce qu'il y a logarithmisation avec la propriété de transformation, mais surtout parce qu'il y a fonctionnalisation. La plus grande originalité du mathématicien flamand, formé au Collège Romain sous la férule de Clavius et proche de Galilée, est celle de l'aire en tant que fonction A de la variable x. Car *Grégoire a envisagé l'aire comme une qualité variable dépendant d'une abscisse.*

La formule (7) est même la conséquence de cette considération novatrice ; car ne pouvant réduire cette aire à du connu, ne parvenant pas à réaliser une quadrature ou expression de l'aire par un carré, il lui fallait la déterminer autrement. C'est-à-dire en fournir une propriété qui permît de la reconnaître parmi d'autres relations. C'est ainsi qu'il y a eu fonctionnalisation du logarithme, et on comprend que l'inventeur n'ait pas eu besoin de faire une référence à Napier ; il se plaçait hors de sa postérité historique, et les logarithmes n'étaient pas l'enjeu. Son point de vue était autre.

Il restait à statuer sur l'identité des deux logarithmes, celui issu de l'hyperbole et le nogarithme. Mais le mouvement intellectuel est de même celui de numérisation. En effet, Grégoire de Saint-Vincent a d'abord pu constater que la fonction aire ne possède pas les propriétés d'un polynôme ; elle n'est pas constructible comme une fonction puissance ; elle est, selon un vocabulaire que Leibniz va imposer plus tard, une *fonction transcendante*.

Quoique ne pouvant calculer rigoureusement la valeur d'une petite fonction, Grégoire a poursuivi son enquête ; il a pensé l'incalculable, et c'est la relation (7) qui est

• **Proposition 107, livre VI, *Opus Geometricum*.**

apparue. Ce qui montrait la possibilité de calculer *exactement* sur des aires dont le calcul n'était qu'approché. Au delà des valeurs numériques s'offrait un calcul des relations sur les aires.

Qu'est-ce qu'une invention mathématique ?

Au-delà du logarithme, Grégoire ouvre une voie, celle de l'intégration. Elle efface la procédure des quadratures précédemment en usage. Que signifie « ouvrir une voie » ? Ne prêtons-nous pas trop à Grégoire selon l'habitude de l'historien à beaucoup accorder à son héros ? Le mathématicien doit s'interroger sur ce qui sépare Grégoire de Saint-Vincent de la formule du logarithme naturel, formule qui en dit plus – l'écriture (8) est nette – que la relation (5) :

$$(8) \quad \int_1^{xy} \frac{dt}{t} = \int_1^{x} \frac{dt}{t} + \int_1^{y} \frac{dt}{t} \qquad x > y > 0$$

La réponse peut aussi bien être que rien ne l'en sépare ou qu'énormément l'en distingue. C'est selon la portée théorique que l'on adopte pour décrire la relation (8) : l'histoire n'est pas un jugement dont la hiérarchisation puisse être indépendant de la question posée.

Si le signe $\int_1^x$ désigne simplement une aire, alors la formule obtenue par Grégoire lui est identique, jusque et y compris dans la signification d'obtention d'une aire comme limite de rectangles qui lui sont intérieurs. Car Grégoire a calculé A(x) par des sommes particulières de Riemann à pas variables (et il n'y a aucune gêne à les décrire ainsi, quitte à prendre deux siècles d'avance en utilisant un nom).

Si par contre le signe $\int_1^x$ désigne l'intégrale définie, c'est-à-dire une procédure universelle de passage à la limite à partir de sommes de Riemann quelconques, alors Grégoire de Saint-Vincent en est loin et en sont aussi loin les fondateurs du calcul intégral que sont Newton et Leibniz. Les deux génies qui publieront au plus tôt quarante ans après la publication déjà très tardive de Grégoire ont, quant à eux, pensé le signe de l'intégrale définie $\int_1^x$ comme indiquant l'opération inverse de la dérivation. En l'occurrence du logarithme, ils ont imaginé la relation :

$$\frac{d\left(\int_1^x \frac{1}{t}\, dt\right)}{dx} = \frac{1}{x}$$

C'est aussi la formule qui peut rendre compte du calcul d'erreur de Napier. Grégoire de Saint-Vincent est encore loin de cette formule.

On le constate en remarquant que l'on peut déduire la propriété fonctionnelle du logarithme – sa raison d'être – de sa seule expression intégrale, sans recours à l'hyperbole.

Puisque :

$$\frac{\partial(\ln(xy))}{\partial y} = \frac{1}{xy} \cdot x = \frac{1}{y},$$

la dernière expression est égale à $\frac{d(\ln(y))}{dy}$.

La différence $\ln(xy) - \ln(y)$ est donc une constante en y, mais elle dépend de x. Par symétrie en x et y, on a finalement la relation même que Briggs trouvait pour les logarithmes décimaux, $\ln(xy) = \ln x + \ln y$.

De bon droit, et sans disposer de ces explications, Grégoire de Saint-Vincent aurait pu qualifier de « naturel » le logarithme qu'il avait obtenu, dans la mesure où il avait fixé « naturellement » une base pour le logarithme. Car c'est au moins le naturel mathématique qu'il offrait, celui qui provient du succès de la capture d'un nouveau par une tradition. *La propriété fonctionnelle du logarithme* – jusque là un artefact recherché comme tel – *devenait l'effet naturel de la courbe hyperbole, courbe acceptée en mathématique depuis les* Coniques *d'Apollonius.* À condition de faire entrer dans cette mathématique la considération d'une aire comme fonction.

LES RAISONS PÉDAGOGIQUES D'UN REFUS DU LOGARITHME

Il n'y a donc rien de naturel au fait que les logarithmes furent si peu présents jusqu'en 1660. Absents des recherches des mathématiciens, et absents de l'enseignement, notamment dans les collèges jésuites. Un équilibre y avait finalement été établi quant aux mathématiques dont il ne faut pas oublier que le fondateur Ignace de Loyola* avait surpris — ses disciples aussi bien — en insistant sur leur importance : l'*Euclide* de Clavius** servait désormais de référence obligée, livre du maître rendant tangible, sur des cas précis et avec des commentaires argumentés à la mode scolastique, la logique dont la mathématique était porteuse. Tel était l'essentiel dans l'art de penser juste et vrai.

Mais si le monde jésuite avait pris très au sérieux les mathématiques, puisqu'on ne peut négliger la moindre chose dans une logique *in concreto*, la nature des résultats exhibés se mit à importer nettement moins. La démarche primait les objets qu'elle atteignait ; du coup, quoique détaillé, le cadre élémentaire des objets « euclidiens » constitua un horizon suffisant. Au milieu du siècle, sa borne même avait valeur anthropologique et religieuse, pouvant servir dogmatiquement puisque les mathématiques, étant par essence humaines et bornées, ne faisaient pas obstacle à la souveraine liberté de la pensée divine. On pourrait aller jusqu'à dire que l'impossibilité de résoudre certaines questions, comme celle de la quadrature du cercle, magnifiait la puissance du Créateur.

Si les logarithmes ne trouvent pas leur place dans cet enseignement, leur nature applicable n'était guère en cause. L'inutilité de données nouvelles pour l'apprentissage d'une logique à l'œuvre était en cause : apprendrait-on quelque chose de plus dans l'art de penser juste en manipulant des relations fonctionnelles sur le produit et la somme, en fabriquant des tables, ou même en mesurant l'aire de l'hyperbole ? Ce fut donc l'objectif de l'enseignement « élémentaire » qui détourna d'une nouveauté ; elle serait venue déranger une mise en ordre bien éprouvée ; au mieux pouvait-elle concerner, à titre d'exercice, certains esprits curieux.

Pour les esprits novateurs de ces années 1640, le logarithme posait encore le problème que Grégoire de Saint-Vincent avait résolu par un acte dont on mesure mieux la témérité en écoutant le silence des contemporains : *pouvait-on calculer et même raisonner sur quelque chose qui n'était pas algébrique* ? En 1637, Descartes éliminait de sa *Géométrie* la considération des courbes ne se réduisant pas à une équation polynomiale ; les autres courbes étaient symptomatiquement qualifiées de mécaniques. C'est un rejet de principe, par absence de méthode de classement, et impossibilité de raisonner clairement et distinctement sur elles. Ces autres courbes ne peuvent suivre la régularité des courbes algébriques qui sont régies par le degré, la grande invention cartésienne.

C'est au fond l'exercice d'une *double rigueur* qui rend le mieux compte de l'obsolescence des logarithmes dans le monde mathématique de la première partie du XVIIe siècle. *La rigueur d'un enseignement adoptant un objectif limité* dans le déploiement de l'argumentation mathématique, et *la rigueur de la limitation à un type calculable d'objets.* Si l'on voulait ranger cette rigueur en histoire, il conviendrait alors d'user de l'épithète de classique, pour faire une opposition tant avec le foisonnement baroque antérieur où les applications chevauchaient allègrement les théories, qu'avec la révolution ultérieure des Modernes, les fondateurs du calcul différentiel et intégral dans le dernier quart du XVIIe siècle.

Ceux-ci n'eurent aucune gêne à « appliquer » leurs découvertes et fondèrent la physique mathématique, et ils ne négligèrent pas le logarithme, mais le redécouvrirent. Il devint un symbole de la simplicité offerte par le nouveau calcul.

*** Il créa la compagnie de Jésus en 1540.***

**** La première édition à Rome est de 1574.**

Ce sont les séries entières qui ont permis l'intégration des logarithmes dans la culture mathématique.

Le classicisme mathématique des années 1640 à 1680 est tout à la fois une pratique d'enseignement et un objectif logique de classification abstraite assigné à cette science dont la dissociation est d'autant plus voulue d'avec le réel qu'elle est chargée d'en rendre compte.

Pour répondre à la question que nous avons posée sur la postérité des logarithmes, nous avons dû composer une périodisation des mathématiques. Elle emprunte à l'histoire de l'art par les mots de Classique ou de Baroque, et d'ailleurs jusqu'à celui de Modernes qui fait évidemment référence à la querelle littéraire des Anciens et des Modernes de la fin du XVIIe siècle. Pour écrire l'histoire des mathématiques, le concept de style est souvent utile, sans toujours être suffisant. Le style de la mathématique des Lumières• est évidemment autre que celui de la mathématique classique. C'est ce nouveau style qui nous conduit enfin au logarithme « naturel », et ce par la voie de l'analytique.

Une méthode : l'insertion des logarithmes dans l'algèbre des séries numériques

Nicolas Mercator fit paraître•• une *Logarithmotechnia*. Chez Mercator calculant le logarithme, si astuce il y a, elle est le résultat d'une méthode agencée par un objectif. Le sous-titre de son livre *Logarithmotechnia* dit explicitement en latin que sa méthode de construire les logarithmes est « neuve, exacte, facile ». L'objectif cartésien de Mercator consiste à réduire le logarithme à du connu, et comme il ne saurait y avoir atteinte d'un connu algébrique, on doit raisonnablement parler d'une procédure d'approximation. Quoique la fonction logarithme ne se calcule pas comme un polynôme, cependant elle s'approche d'un tel objet ; à condition d'adopter pour le polynôme un degré infini.

N'est pas anachronique chez Mercator le mot fonction, qui n'a pas encore reçu une appellation – ce sera le fait ultérieur de Leibniz. Car Mercator part de l'aire sous l'hyperbole prise dans sa dépendance avec la variable x à la façon même dont Grégoire le fit. Remarquant le rôle d'origine que joue l'unité pour tout logarithme ($\log 1 = 0$), il utilise plutôt la variable $1 + x$, et parvient à l'écriture :

$$(9) \qquad \ln(1 + x) = x - \frac{x^2}{2} + \frac{x^3}{3} - \frac{x^4}{4} + \ldots$$

Parce que cette expression provient de l'aire, qui assure le rôle de définition continue pour que le temps jouait chez Napier, Mercator parle de *logarithmi non tabulares*. Des logarithmes sont naturels, et les voilà enfin qualifiés pour les distinguer des logarithmes calculés arithmétiquement et par approximation dans les tables.

Un double effet a permis la qualification du naturel, la représentation géométrique à la Grégoire de Saint-Vincent d'une part et qui relève de la postérité de Napier, la réduction à une série d'autre part, générant un calcul itératif. Un nom en mathématique, ici le mot naturel, est le plus souvent fixation d'une procédure. Celle-ci fixe aussi l'histoire, mais elle ne dit pas forcément toute l'histoire lorsqu'on la lit des siècles plus tard.

Il y eut conscience immédiate de la remarquable fiabilité de la formule (9) ; elle permet une tabulation directe des logarithmes dès que x est suffisamment petit, une valeur absolue inférieure à 1 assurant la convergence. Grâce à la propriété fonctionnelle du logarithme, on peut toujours se ramener à ce cas dès lors que l'on connaît les logarithmes des entiers successifs. Ainsi, la forme même de la formule (9) ouvre un nouvel horizon. C'est celui des séries entières.

Le dire ainsi, c'est cependant masquer par une description technique la nature même du changement opéré : car il faut voir que l'algèbre s'impose et ceci est la postérité de Descartes. Une algèbre des polynômes ordonnés – la variable indifférenciée x étant par ses différentes puissances le nou-

• Le siècle des Lumières : le XVIIIe siècle.*
•• En 1668.

vel alphabet de la langue mathématique – porte automatiquement représentation des opérations suscitées par la géométrie. *Ce sont les séries entières qui ont permis l'intégration des logarithmes dans la culture mathématique*, par un accroc à la postérité de Napier. À tel point que l'organe hyperbolique a pu être oublié, le mot naturel étant finalement préféré. Et sur l'emploi du mot nature, comme sur l'élimination du mot hyperbole, le titre d'un article de Edmund Halley de 1695 est significatif de la nouvelle appropriation mathématique : *A most compendious*• *and facile Method for Constructing the Logarithms, exemplified and demonstrated from the Nature of Numbers, without any regard to the Hyperbola, with a Speedy Method for finding the Number from the Logarithm given*••.

Ce titre dit une histoire fausse, ou plutôt il attribue à Napier même, fondateur des logarithmes, le sens d'une propriété naturelle des nombres, là où Napier construisait un repérage. On n'en reste pas moins dans le mouvement de numérisation, et en particulier la qualité de l'approximation n'est pas sacrifiée puisque Halley s'appuie sur la série numériquement performante :

$$\ln\frac{1+\frac{x}{z}}{1-\frac{x}{z}} = 2\,\frac{x}{z} + \frac{2}{3}\left(\frac{x}{z}\right)^3 + \frac{2}{5}\left(\frac{x}{z}\right)^5 + \dots$$

Remarquons bien que l'approximation fait usage du même outil que la théorie, la série entière. C'est véritablement un style mathématique. Le numérique n'a jamais quitté les logarithmes.

L'ANALYSE DES LOGARITHMES : LE NATUREL QUALIFIÉ

Des séries numériques, les numériciens du XVIIIe siècle ne sont pas avares, à commencer par Euler lui-même. Qui institue un nouveau renversement à propos du logarithme. En ce sens qu'*il le déduit désormais de la fonction exponentielle*, tout en conservant la méthode des séries entières. L'histoire des logarithmes est donc inversée, l'origine devenant conséquence dans la très sobre explication d'Euler : « Les logarithmes calculés sur cette base, s'appellent logarithmes *naturels* ou *hyperboliques*, parce qu'ils peuvent représenter la quadrature de l'hyperbole ». Il n'en dira pas plus.

L'analyse mathématique se met en place ; la série est déduite sans que la géométrie de l'hyperbole ne joue ; il n'y a que des relations fonctionnelles. Si le logarithme passe en second, c'est que l'exponentielle est promue à une prééminence de naturalité. L'exponentielle de base e va être à son tour qualifiée de naturelle. Cela mérite explication, car rien dans les séries entières concernées ne permet d'en considérer comme une plus naturelle que l'autre.

Deux étapes scandent l'*Introduction à l'analyse infinitésimale* (1748). Euler part de $y = a^z$. « Si étant donné le nombre a, on peut conclure de chaque valeur de z, celle de y ; réciproquement ayant pris pour y une valeur quelconque positive, on conçoit qu'il existe pour z un nombre convenable pour que $a^z = y$; cette valeur de z, en tant qu'elle peut être regardée comme une fonction de y, s'appelle ordinairement le Logarithme »•••. Euler travaille sur des nombres réels et la croissance de l'exponentielle est pour lui un donné ($a > 1$), celle du logarithme s'en déduisant par réciprocité. C'est donc par la *méthode des fonctions réciproques*, une des bases des exposés actuels de l'analyse, qu'apparaît le logarithme. Le jeu de réciprocité porte sur la fonction, il ne dépend pas des séries. Ces dernières instrumentalisent le concept de fonction ; elles ne le fondent plus. Tel est le mouvement de l'analyse, qu'à juste titre Euler considère comme étant celle de l'analyse des fonctions.

La deuxième étape chez Euler est celle du *développement en série entière*. Il entend mettre l'infini à la base du calcul, et ne veut pas s'en laisser imposer par le formalisme algébrique des séries lancé par Wallis, et plus tôt encore par Descartes

• **Compendious : brève.***

•• **Philosophical Transactions, 19, 1695, p 58-67**

••• **Page 72 du traité d'Euler.**

Euler découvre la série de l'exponentielle et relie l'exponentielle aux fonctions circulaires.

avec la méthode des indéterminées. Il recherche un principe fondateur d'analyse qui ne soit pas le calcul différentiel. L'idée est d'écrire tout nombre réel x comme produit d'une quantité infiniment grande par une quantité infiniment petite (on peut penser à x comme limite, lorsque n tend vers l'infini, de l'expression $n \cdot \frac{x}{n}$). Il traite ensuite ces quantités de façon purement algébrique et indépendante. L'algèbre ne perd donc pas son utilité ; elle est cependant à la fois localisée car non fondatrice, et agrandie pour jouer sur les infiniment grands ou petits. Euler part du fait que $\lim_{x \to 0} \frac{a^x - 1}{x}$ existe ; la valeur de cette limite est posée égale à k. De sorte que son calcul se présente sans même l'indication d'un passage à la limite :

$$a^x = a^{n\frac{x}{n}} = \left(a^{\frac{x}{n}}\right)^n = \left(1 + k\,\frac{x}{n}\right)^n$$

Ce calcul manifeste avant tout la propriété fonctionnelle de l'exponentielle, $a^{n+m} = a^n . a^m$, les variables n et m étant indéterminées. La « nature » de l'exponentielle, d'abord posée par Euler comme une extension de la fonction puissance par échange de la constante et de la variable, est réduite à une seule relation. On peut parler d'un retour à Napier, ou plutôt à sa postérité. Choisir k égal à 1 dans le calcul précédent détermine une base particulière, posée comme nombre e. Le calcul impose cette simplification ; algébrique, elle ne peut qu'être qualifiée de *naturelle*. Euler a imaginé ce que nous notons plus explicitement :

$$(10) \qquad e^x = \lim_{n \to \infty} \left(1 + \frac{x}{n}\right)^n .$$

La série de l'exponentielle

La formule est donc naturelle par sa simplicité, ce qui signifie seulement qu'elle résume ce qui est fondateur. Elle pourra donc servir de définition, la relation fonctionnelle de l'exponentielle devant s'en déduire. La série – c'est-à-dire l'instrument attendu – est presque en vue ; l'algèbre ordinaire la procure, mais appliquée à des quantités infinitésimales (grandes ou petites).

Ce qui permet d'écrire le développement de $\left(1 + \frac{x}{n}\right)^n$ selon la formule du binôme, n étant infiniment grand :

$$\left(1 + \frac{x}{n}\right)^n = 1 + x + \frac{n(n-1)}{1.2}\,\frac{x^2}{n^2} + \ldots$$

Toujours parce que n est infiniment grand, chaque coefficient se simplifie.

Je note volontairement des quotients faux pour manifester l'algèbre infinitésimale à l'œuvre et pour laquelle, aujourd'hui, il faudrait rajouter le symbole de la limite :

$$\frac{n(n-1)}{1.2} \cdot \frac{1}{n^2} = \frac{n(n-1)}{n.2n} = \frac{1.(n-1)}{1.2n} = \frac{1}{2}$$

$$\frac{n(n-1)\,(n-2)}{1.2.3} \cdot \frac{1}{n^3} = \frac{n}{n}\,\frac{n-1}{2n}\,\frac{n-1}{3n} = \frac{1}{6}$$

et ainsi de suite. D'où la formule phare de l'exponentielle, la formule eulérienne par excellence :

$$(11) \qquad e^x = 1 + x + \frac{x^2}{2!} + \frac{x^3}{3!} + \ldots$$

Cette formule dresse la valeur de :

$$e \approx 2,\ 71828182845904523536028$$

« dont le dernier chiffre est encore exact » explique-t-il.

La théorie n'est certainement pas dissociée du calcul numérique. L'a-t-elle été jamais dans le parcours des logarithmes ?

Si le numérique apparaît comme ce que les historiens appellent l'insertion matérielle, alors l'histoire des logarithmes en fait un usage exemplaire.

Il y a toute une culture du nombre tabulé dans les premières décennies du XVIIIe siècle. Cette culture accompagne les logarithmes qui la développent aussi bien.

Le jeu sur l'infiniment grand n fournit de même que pour l'exponentielle la formule déjà proposée par Mercator, mais insérée cette fois dans une rationalisation, c'est-à-dire une théorie :

$$(12) \quad \ln(1 + y) = y - \frac{y^2}{2} + \frac{y^3}{3} - \frac{y^4}{4} + \ldots$$

Euler poursuit sa démarche d'algèbre infinitésimale. Il s'attaque aux fonctions trigonométriques. Il applique aux sinus et cosinus le traitement de l'exponentielle et du logarithme.

Obtenant alors :

$$(13)\ \cos x = 1 - \frac{x^2}{2!} + \frac{x^4}{4!} - \frac{x^6}{6!} + \ldots$$

et

$$(14)\ \sin x = x - \frac{x^3}{3!} + \frac{x^5}{5!} - \frac{x^7}{7!} + \ldots$$

Il lui reste à résumer (11), (13) et (14) sous une formule unique ; elle s'obtient moyennant le passage aux valeurs complexes. Celles-ci trouvent ainsi un remarquable emploi et, de ce fait même, une justification « naturelle » de leur introduction pour le seul traitement particulier des polynômes :

$$(15)\ e^{x\sqrt{-1}} = \cos x + \sqrt{-1}\sin x$$

« On comprend par là comment les quantités exponentielles imaginaires se ramènent à des sinus et cosinus d'arcs réels » dit sobrement Euler.

La généralisation des polynômes par les séries est justifiée, car une méthode homogène est établie. Se dégagent les contours d'une analyse qualifiée à juste titre d'algébrique : *les fonctions, définies pour elles-mêmes, sont gérées par les développements en série qui suivent formellement les règles mêmes des polynômes*, et les objets qui interviennent à propos des polynômes – ainsi les nombres complexes qui réduisent ceux-ci – interviennent aussi bien pour les fonctions. Cela s'appelle une théorie.

Il est facile de voir que cette théorie est vicieuse. Ce sont les seules fonctions analytiques qui sont ainsi valablement traitées, et non toutes les fonctions. Or, Euler, comme ses contemporains, adopte une définition large des fonctions, par exemple l'exponentielle comme solution d'une équation fonctionnelle.

Il lui faudrait, en rigueur, prouver *a priori* que la solution retenue est analytique.

UNE FRACTURE ET SA RÉDUCTION : MATHÉMATIQUES ÉLÉMENTAIRES ET MATHÉMATIQUES TRANSCENDANTES

Installées dans la pratique mathématique depuis la seconde moitié du XVIIe siècle, théorie et approximation liées, les séries ne pénètrent pas l'enseignement, même lorsqu'il est question de logarithmes. De fait, *tout au long du XVIIIe siècle, une fracture s'élargit entre enseignement et mathématique.* Malgré une même conception de ce qui est naturel, on n'en parle pas moins de mathématiques *transcendantes* (ou sublimes) et de mathématiques *élémentaires*. La série du logarithme• est ainsi ignorée de la grande majorité des esprits cultivés de la France des Lumières : au double sens du mot cette fois, elle appartient aux mathématiques transcendantes. L'existence d'une théorie pour l'analyse algébrique place ainsi les logarithmes en dehors de l'apprentissage scolaire. Il y a plutôt un traitement schizophrène. On en parle dans les manuels élémentaires, sans les construire, et les tables y sont utilisées ; on les construit dans les manuels transcendants, sans reprendre leur usage numérique.

Une fracture entre les deux mathématiques correspond à une fracture culturelle, celle établie entre mathématiques et philosophie : non plus la distinction qui avait été consommée au XVIe siècle pour séparer des formes du savoir, mais l'indifférence et l'ignorance réciproques. Elle correspond à la spécialisation accentuée de la science que l'*Encyclopédie* s'efforce pourtant d'effacer.

Avec les cours de l'École normale et ceux de l'École polytechnique en 1795, l'option est alors prise de combler la fracture opérée entre les deux mathématiques.

• La série de Mercator, qui date de 1668 (voir la page 402).

Cauchy caractérise le logarithme par sa propriété fonctionnelle et la continuité.

L'analytique est un langage dont on considère possible la pratique au niveau de formation requis pour un ingénieur et un instituteur.

Assurément, *la mathématique enseignée rejoint la mathématique pratiquée ; il y a là un principe posé au départ de l'enseignement moderne des mathématiques en France.* La longue histoire des logarithmes me permet ainsi de fournir le propos que j'annonçais en introduction.

La continuité

La grande dynamique d'approximation que nous suivions par le logarithme depuis Napier touche en effet à sa fin avec la construction architecturale que Cauchy donne en 1821 dans son *Cours d'Analyse de l'École polytechnique*•. Y est en effet construit le concept qui permet enfin de passer d'une table, artificielle et ne portant que sur des valeurs discrètes, à l'ensemble de tous les nombres : c'est le concept de fonction continue.

Cauchy le fait aussitôt agir sous la forme qui est opérationnelle pour tout le processus, à savoir le passage à la limite. Si f est continue sur un intervalle auquel appartient la variable x, alors pour toute suite x_n qui converge vers x, les valeurs $f(x_n)$ convergent vers $f(x)$. Continuité et densité, voilà les ingrédients de la procédure, l'un touche aux fonctions, l'autre aux variables. Un nouvel équilibre théorique est trouvé, alors que l'analyse algébrique d'Euler rendait indifférente la nature de la variable.

L'effet est immédiat. La fonction logarithmique est aussitôt caractérisée par sa propriété fonctionnelle en ce sens que la fonction (avec la liberté d'une base quelconque) est montrée comme *unique solution non identiquement nulle et continue de l'équation fonctionnelle*

(416) $f(xy) = f(x) + f(y), \quad x > 0, y > 0 .$

• Dans la première partie, qu'il intitule « Analyse algébrique ».

Ce pourrait donc en être la définition. Et c'est bien de cette manière que Cauchy construit cette fois la fonction logarithme sur le sous-ensemble des nombres complexes de partie réelle positive. La continuité permet tout autant de valider la construction de Napier, le passage d'une progression géométrique à une progression authentique.

Par cette construction même qui fait jouer la densité, Cauchy dérègle le fonctionnement de l'analyse algébrique : *l'algèbre qui y figure n'est plus qu'un moyen au service du concept de continuité* qui fixe l'analyse, sans qu'il soit donc besoin de spécifier celle-ci par des objets comme les polynômes ou même les séries.

On pourrait dire qu'il y a analyse des fonctions, ce qui n'est pas tout à fait exact tant se donne à voir le domaine de la variable. Il ne sera pris sérieusement en compte qu'avec le dernier tiers du siècle, et la naissance de la topologie.

C'est pourtant le seul substantif d'*analyse* qui est adopté. On a bien entendu : il n'y a qu'une analyse.

Telle est la rançon de l'œuvre de Cauchy qui se veut normative pour l'enseignement.

Il récupère ainsi l'analyse algébrique d'Euler et l'idée fondatrice de Napier dont il résume la postérité. Si le verbe récupérer déplaît, disons que Cauchy construit, par sa découverte de la continuité, une tradition historique.

Il se garde en effet de donner un caractère révolutionnaire à sa contribution. C'est ici, me semble-t-il, qu'il est intéressant de faire intervenir les options politiques, sociales, religieuses de Cauchy : c'est un Ultra, obsédé par la tradition.

Ces options ne déterminent pas les théorèmes de Cauchy ; elles consonnent avec sa façon de faire pour sociabiliser sa mathématique.

LES SÉLECTIONS VARIABLES D'UNE MATHÉMATIQUE UNIQUE

L'AVENTURE DES LOGARITHMES DANS L'ENSEIGNEMENT

Avec ce qui précède, le point est facile à faire. À partir des années 1820, un professeur possède une *très large palette* pour présenter et expliquer le logarithme, jusque et y compris dans sa qualification de logarithme naturel.

Il peut adopter la voie des *séries entières*, que ce soit pour le logarithme ou pour l'exponentielle : le cadre de référence sera l'analyse algébrique.

Il peut utiliser la *propriété fonctionnelle* constitutive des tables en utilisant la continuité, ce qui fait jouer l'analyse à la Cauchy et fait alors moderne. Il peut aussi établir la forme eulérienne d'une *suite croissante convergente*, donc en rester à une théorie simplifiée des limites et des infiniment petits. Ce peut être le choix d'un élémentaire voulu pour des raisons pédagogiques.

Mais il peut encore utiliser une *équation différentielle,* $\frac{dy}{dx} = \frac{1}{x}$, et effectuer de la sorte un retour à la géométrie de l'hyperbole. Même si la courbe apparaît médiatisée par le calcul intégral qui fonde désormais le naturel et balise une théorie. Elle est plus moderne encore que l'analyse algébrique de Cauchy, ou plutôt elle constitue l'analyse poursuivie de Cauchy.

Ces différentes méthodes de présentation des logarithmes, d'autres encore, se partagèrent effectivement les manuels européens au cours des XIXe et XXe siècles. Il serait instructif de les sérier par auteurs, par périodes, et par pays, notamment en fonction des intentions éducatives affichées. Il apparaîtrait alors que les présentations ne suivent jamais l'ordre historique que nous avons tenté de reconstituer : l'enseignement construit autrement.

En France, s'il y a évolution des présentations, la géographie des logarithmes n'en est pas moins pauvre car *les programmes ne laissent aucune liberté*. L'échec d'Évariste Galois à son deuxième concours d'entrée à l'École polytechnique en est un symbole : il n'avait pas traité convenablement la question de cours ; elle portait sur les logarithmes selon le mode arithmétique. Le jeune mathématicien, que son professeur de Louis-le-Grand soutenait avec admiration, avait laissé courir son imagination ; il était sorti du carcan arithmétique ; il était derechef sorti du concours.

L'UNIQUE REVENDIQUÉ

L'exemple des logarithmes le prouve, si de professeur à élève la transmission, aujourd'hui et depuis deux siècles environ, est fortement scandée par la fonction de scolarité, c'est que *gouvernée par le présupposé d'une unique mathématique, la forme de l'apprentissage est également pensée comme unique.* À l'instar d'ailleurs de la grammaire latine pour laquelle le statut de langue morte est évidemment beaucoup plus ancien que la déprise du dialecte romain.

L'association des deux disciplines mathématiques et latin n'est pas une facétie ni une invention du regard sociologique contemporain, volontiers critique du choix de la sélection sous la pression de facteurs non scientifiques. Imposant ses vues au Conseiller d'État chargé de la réforme éducative (le chimiste Fourcroy qui ne parvint même pas à faire distinguer les sciences physiques dans l'enseignement), Napoléon conçut les lycées sur deux piliers d'apprentissage•, latin et mathématiques. Il n'y a qu'une seule grammaire latine, tel est l'avantage d'une langue que l'usage populaire ne vient plus perturber ;

• Voir la page 369.•

L'enseignement des mathématiques à la française repose sur une culture d'autorité.

il n'y aurait parallèlement qu'*une seule mathématique* que des manuels uniformes viendraient étayer.

LES MATHÉMATIQUES MODERNES ET L'AUTORITÉ

C'est encore sur la base de cet axiome que furent imposées les *mathématiques modernes* à la fin des années 1960• : il ne pouvait être question de laisser des professeurs, voire des établissements ou des régions, choisir eux-mêmes dans le langage ensembliste, dans la topologie, dans l'algèbre ou dans la combinatoire, les ingrédients qui nourriraient un programme renouvelé. N'hésitons pas à le dire, les enseignants dans leur corps n'auraient pas accepté une telle liberté, et avec elle la responsabilité intellectuelle qu'elle comporte ; ils auraient refusé au nom de l'unicité proclamée et de la mathématique et de son enseignement, c'est-à-dire en définitive au nom d'une *culture d'autorité*.

De cette culture maintenue, je vois l'influence aujourd'hui encore, alors même que les barrières autoritaires sont apparemment levées : *il n'y a sans doute jamais eu en France de programme plus uniforme pour les cours communs des deux premières années de mathématiques dans les universités pourtant autonomes.*

LES CHANGEMENTS DE PROGRAMME

Ne fait aucunement paradoxe le fait que dans la durée de ces deux siècles écoulés, l'enseignement obligatoire des mathématiques présente des phases particulièrement distinctes.

Nous pourrions avoir décrit après leur histoire les phases pédagogiques des logarithmes, et chaque enseignant connaît ou devine la variation des rôles, de la place et de la pédagogie de la géométrie depuis la parution, en l'an II, des *Éléments de Géométrie* de Adrien-Marie Legendre, un texte bientôt placé comme livre obligatoire dans les lycées.

Ce qui subsiste dans les mentalités n'est effectivement pas que les voies adoptées aient pu varier, mais que soit maintenue, à chaque génération, la *prétention à l'unicité de la voie*. C'est un des sens que l'on a longtemps donné, en France enseignante, à l'admirable réponse d'Euclide au premier souverain de la dynastie des Ptolémée venu l'interroger sur sa science : « il n'y a pas de voie royale en géométrie ». Autrement dit, selon la glose traditionnelle de cette anecdote racontée tardivement par Proclus, il n'existe pas de raccourci, ce qui signifie aussi bien qu'il n'y a qu'une seule route, aussi pierreuse soit-elle ! Chacun ressent que les *Éléments* d'Euclide ne présentent pas au lecteur - à l'élève donc - plusieurs cheminements qu'il pourrait parcourir à loisir : l'ordre est imposé, au sein de chaque livre bien sûr aussi bien que dans le cadre restreint de chaque proposition, mais encore pour l'ouvrage tout entier. L'« élémentaire » euclidien, paradigme de toute mathématique et de tout enseignement, n'aurait rien à voir avec un jeu de meccano où les pièces fournies comme des éléments permettent, par des suites d'opérations, de parvenir à tel ou tel arrangement. En classe de mathématique, il n'y a qu'un seul arrangement !

Affirmé de la sorte, le postulat fait sourire et même énerve le pédagogue et avec lui tous ceux qui enseignent la mathématique selon des voies qu'ils estiment modernes, sinon post-modernes, alors qu'*il fait seulement histoire en organisant la pratique d'une longue époque.*

Par quelque philosophie qu'on la prenne, la véracité intangible des théorèmes est une des expériences constitutives de la *mathesis*. Comme une toupie dont l'axe adopte une direction fixe, ce manteau d'éternité donne son effet temporel à une connaissance dont la transmissibilité est de soi impérieuse puisque touchant la vérité. Une vérité très proche de la logique, et c'est le mouvement intellectuel dont nous avons vu l'émergence au XVIe siècle.

• **Voir la page 373 et les suivantes.***

On a alors beaucoup de mal à penser la vérité au pluriel. Et, du coup, bien des difficultés à penser l'histoire en mathématiques en dehors d'un déroulement qui ne serait qu'un développement*.

Ce n'est guère le sens de l'histoire qui guide un programme scolaire français, mais celui de l'actualité. En fait, c'est le sens d'une certaine actualité. *L'enseignement des mathématiques à la française procède par élimination*, comme on coupe des branches mortes car elles freinent la croissance de l'arbre. Mais la coupe concerne aussi bien des branches encore vives. L'enseignement crée dès lors une histoire bien particulière des mathématiques, les éliminations restreignant autant le dévoilement du sens.

L'ADÉQUATION ET LA SÉLECTION

Sur les deux siècles écoulés, l'unicité et de la mathématique et de son enseignement représente la maintenance d'une adéquation entre la mathématique conçue comme un monde intellectuel aux objectifs et aux manières spécifiques et sa transmission. Parce qu'il est notablement différent de ce que nous avons vu pour le XVIIIe siècle, c'est ce mouvement autoritaire de conjugaison qui fait histoire. Il est né avec l'École normale de l'an III où l'on voit les trois mathématiciens les plus créateurs de l'époque – Lagrange, Laplace, Monge** – exposer les nouveaux « éléments » de mathématiques à plus d'un millier de futurs « instituteurs » de la Nation. Cette dynamique de liaison que l'on peut résumer par des mots d'aujourd'hui – recherche/enseignement – a connu des ralentissements, voire des ratés, mais elle a perduré. Sa maintenance explique l'évolution, aussi bien l'introduction des vecteurs dans l'enseignement***, celle des mathématiques modernes (dont le nom dit d'abord un ajustement à un temps) ou celle des rudiments de l'algorithmique informatique. Cela explique tout autant l'abandon de la géométrie descriptive.

C'est encore parce qu'il y a eu faible culture de la logique dans la mathématique de recherche au XIXe comme au XXe siècle, sauf depuis la dernière décennie, que l'on rend compte de l'étonnante absence sur presque deux siècles de celle-ci, dévolue aux philosophes, comme par abandon. Sans doute parce que la logique paraissait être depuis le XVIe siècle le fruit naturel d'un travail mathématique, sans qu'il soit utile de l'isoler comme domaine en tant que tel.

La dynamique d'adéquation explique donc un vocabulaire fréquemment utilisé chez les enseignants, comme chez les ordonnateurs de programme : *bien plus que de niveau, ou d'utilité, tous parlent facilement de retard*. Le retard, c'est la mesure de la plus ou moins bonne adéquation entre une mathématique vue comme discipline intellectuelle et une mathématique comme pratique d'enseignement. C'est toujours ce retard qu'il faut combler, et le langage du progrès peut être dominateur ! Alors que le mot retard souligne un style d'enseignement. Je m'explique.

LE RETARD

Au delà du sens du progrès qui taraudait les pères fondateurs de l'École polytechnique des années révolutionnaires, l'adéquation repose sur la perception devenue un dogme qu'il ne saurait y avoir des théorèmes faux en mathématiques. Au pire sont-ils impossibles, non insérables dans une théorie. Ce qui signifie que des résultats prouvés selon les canons de la preuve, et acceptés comme tels par une communauté, acquièrent une valeur intemporelle : ils ne sont pas remis en question dans leur vérité, et ont une existence indépendante du sujet qui les a fait naître ; ce sont des objets universels de la « conscience humaine ». Pourquoi ne pas les aborder tous dans un enseignement, ou plutôt pourquoi ne pas considérer que tous sont abordables dans tous les enseignements possibles ?

* Les historiens savent réagir à cette prétention, et depuis longtemps déjà ; nous avons volontairement cité Montucla à cet effet.

** Voir à ce propos J. Dhombres et al., *Leçons de mathématiques : l'École normale de l'an II, Lagrange, Laplace et Monge*, éd. Dunod, 1992.*

*** Voir les pages 176 et 177.*

Toute grande démonstration s'inscrit dans le registre de la mémoire.

Cet œcuménisme n'est pas français, ce qui revient à affirmer que *la mémoire éducative organise des oublis*. Il faut qualifier l'explication : la compréhension de la raison profonde d'un théorème, sa cause première si l'on veut, est conçue comme inscription dans une théorie ou intentionnalité marquée par une mode entendue comme créant une modernité. Voilà ce qui donne la conscience d'une nécessité, dont maîtres comme élèves sont les témoins.

Cette nécessité, dont le mot « retard » dit seulement l'urgence, ne provient guère d'un sens de l'utilité, si du moins on met sous cette notion l'utilisation plus ou moins immédiate des mathématiques dans les circonstances des métiers. *Comme technique du calculateur ou de l'astronome, le logarithme ne fait pas l'objet d'un commentaire éducatif, pas plus qu'il n'y eut de cours organisés pour diriger l'emploi d'une règle à calcul.*

Au mieux s'est-il agi d'une sociabilisation de cette règle, pour faire comme tout le monde, à la manière dont aujourd'hui on donne des cours d'utilisation du traitement de texte dans le but de standardiser beaucoup plus que d'apprendre un maniement par ailleurs trivial.

Se développeront de même les réunions prenant prétexte d'Internet : ce n'est pas la machine à communiquer dont on apprendra le fonctionnement, mais la communication elle-même.

L'adéquation au moderne ne suffit donc pas à caractériser la mathématique enseignée pendant ces deux siècles écoulés en France, et à elle seule elle serait un artefact historique si on ne rajoutait un critère de sélection, avec la visée d'une théorie. L'enseignement construit, ou veut construire, une totalité rationnelle. Même lorsqu'il prétend faire acquérir un savoir-faire. La sélection est donc activité mathématique ; elle représente la vitalité d'un temps, d'une culture, voire d'une nation.

La mémoire mathématique : objets, styles et postérités

Parce que la mémoire contribue à l'activité du raisonnement dans la manière dont une démonstration agence de l'ancien connu pour mettre à jour du nouveau reconnu, elle donne la conscience d'un faire qui devient un savoir-faire. Toute grande démonstration s'inscrit *ipso facto* au registre de la mémoire, car le créateur comme le lecteur de la mathématique ainsi mise à jour sait en prouvant qu'il pourra reproduire, faire comme.

Suivre cette mémoire fait sortir de l'histoire logicienne des mathématiques, arrêtée sur les seules définitions et les seuls concepts, bloquée en un certain sens par la stricte chronologie qui empêche les enjambements des générations, voire des siècles, et gêne le déploiement majestueux des chefs-d'œuvres.

La mémoire immédiate du vrai et du faux

Il ne faut surtout pas « psychologiser » ce qui n'a pas lieu de l'être, et en commençant je reprendrai une analyse de Saint Augustin. Il argumente que l'on se souvient des raisonnements, et aussi bien de la conclusion de fausseté de certains raisonnements : puisque c'est le façonnement de la conviction qui fait mémoire, ce qu'on appelle aussi la compréhension, non réductible au savoir mathématique mesuré par un bilan.

« *J'ai toutes ces choses dans ma mémoire, et je n'ai pas oublié la manière dont je les ai apprises, non plus que tant de mauvais raisonnements que j'ai entendu faire au contraire, lesquels encore qu'ils soient faux, il ne laisse pas néanmoins d'être véritable que je m'en souviens ; et il me souvient aussi que j'ai su discerner dans ces disputes la vérité d'avec le mensonge.*

Je m'aperçois aussi bien qu'il y a différence entre ce discernement du vrai d'avec le faux, comme je le puis faire maintenant, et le souvenir de l'avoir fait fort souvent, en repassant souvent ces choses par mon esprit. Ainsi je me souviens de les avoir souvent comprises. »*

Texte remarquable dans lequel tout enseignant, tout mathématicien, reconnaît d'un seul élan sa propre pratique, le discernement du vrai et la reconnaissance du faux dont la mémoire fait la certitude, et c'est ce mouvement qu'il tente d'instaurer dans les jeunes esprits qu'il côtoie. Témoin de l'Antiquité tardive, Augustin n'assimile pas la connaissance à un répertoire d'images comme nous en avons la tentation aujourd'hui, environnés que nous sommes de tant de banques de données. S'il évoque « la hauteur des montagnes, l'agitation des flots de la mer, … et le mouvement des arbres » qui, par le biais des sens, entrent comme images dans la mémoire, il ajoute :

« *Mais cette vaste étendue de ma mémoire ne conserve pas seulement les espèces de toutes les choses dont je viens de parler ; mais elle contient aussi bien ce que j'ai appris des sciences, et que je n'ai point encore oublié ; et elle la garde comme dans des lieux secrets et particuliers bien différents des lieux ordinaires où les corps sont renfermés ; et elle ne conserve pas seulement les images de ces connaissances, mais les connaissances mêmes.* »**

La naturalité de la connaissance mathématique, si souvent décrite par les praticiens et qui suscite chez quelques autres la représentation d'un don inné – la bosse des mathématiques comme on dit encore – a quelque chose à voir avec cette immédiateté posée par les vertus de la mémoire. C'est une *mémoire franchement dégagée des représentations, la mémoire exercée d'un raisonnement*, d'une forme précédemment expérimentée du raisonnement, qui n'a recours ni aux signes, ni même à la langue – Augustin dit qu'elle n'est ni grecque, ni latine –, qui est sans médiation.

À condition d'accepter l'agacement de la minutie sur ce qui est apparemment évident, et sans histoire, l'*exemple simple de l'angle droit nous permet de donner à la réflexion un tour concret, et il nous contraint à penser aussi les formes possibles de l'histoire des mathématiques.*

L'angle droit quantifié

C'est une fois qu'il a été caractérisé que l'angle droit peut être pensé comme une propriété quantitative et non seulement une indication qualitative. L'effet est celui de la quarante-huitième et dernière proposition du livre I des *Éléments* d'Euclide :

« Si dans un triangle, le carré sur l'un des côtés est égal aux carrés sur les deux côtés restants du triangle, l'angle contenu par les deux côtés restants du triangle est droit. »

La relation de Pythagore

L'énoncé est une réponse ; on la qualifie d'ailleurs comme la réciproque du théorème dit de Pythagore. On est alors trop précis.

La dernière proposition est *une* réciproque possible du théorème, qui engage une interprétation de ce qu'il signale : la réciproque porte sur la nature de l'angle représenté dans le genre triangle. La démonstration proposée par Euclide pour cette réciproque est courte : elle consiste

* *Les Confessions*, livre X, chap. XII, traduction d'Arnauld d'Andilly, 1649.

** Les *Confessions*, livre X, chap. IX.

(*figure* 3), en partant du triangle *CAB* dont les propriétés ont été dites et qui singularisent un côté *BC*, à construire un point *D*, situé de l'autre côté de la droite *AC* et sur une perpendiculaire à cette droite, de telle sorte que *AD* = *AB*.

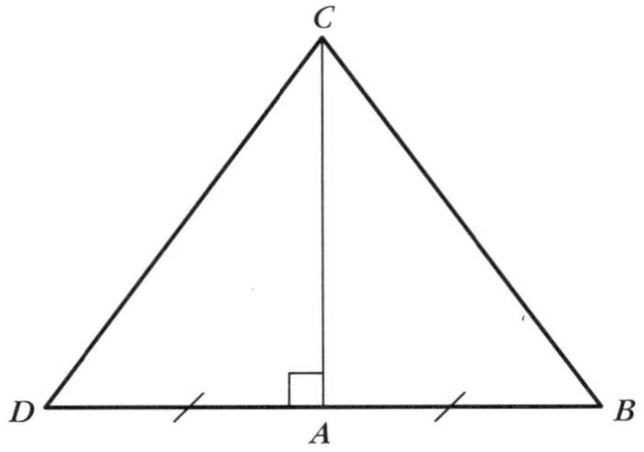

fig. 3

Dilemme usuel du dessin, dont on ne sait comment Euclide le résolvait, doit-on représenter droit le premier angle en *A*, ou ne pas aligner les trois points *D*, *A* et *B* pour laisser du suspense ? Bref, faut-il ne pas se laisser impressionner par la figure ? La tradition, et la mémoire, tranchent pour l'alignement ; la logique pour la ligne brisée. Par le théorème de Pythagore•, on a la relation $CD^2 = AD^2 + AC^2$ et par hypothèse on dispose de la relation $CB^2 = AB^2 + AC^2$. Donc on déduit en revenant aux seules longueurs *DC* = *CB*, et du coup les triangles *ACD* et *ACB* sont égaux, leurs trois côtés l'étant. Ce qui assure, puisque l'angle $\widehat{CAD}$ est droit, que l'angle $\widehat{CAB}$ qui lui fait face l'est aussi, et donc que le triangle de départ est nécessairement un triangle rectangle.

Par la réunion des deux énoncés, celui de Pythagore et de son successeur, surgit une nouvelle propriété. Euclide ne l'explicite pas, mais la mémoire des deux énoncés provoque une indiscutable caractérisation. La relation $AC^2 + AB^2 = CB^2$ caractérise l'angle droit en *A*. Ou encore, la « relation » géométrique d'orthogonalité des droites *AC* et *AB* est maintenant portée par une relation explicite entre des grandeurs.

Qualifions cette dernière de *relation de Pythagore*, sans attacher à ce nom de valeur historique.

Du qualitatif au quantitatif

La signification quantitative de la définition qualitative de l'angle droit précédemment donnée par Euclide (« *Et quand une droite, ayant été élevée sur une droite, fait les angles adjacents égaux entre eux, chacun de ces angles égaux est droit* ») a été montrée••. Provenant d'une égalité, la définition est néanmoins qualitative en ce sens qu'aucune mesure d'un angle n'a préalablement été affichée ; l'égalité des angles adjacents correspondant à une symétrie dans le plan, et si l'on tient à associer un geste à cette définition, au pliage le long de la droite. On conviendra que la définition euclidienne de l'angle droit appelle en tout cas le quantitatif, car tel est le sens de la géométrie, de cette construction qu'Euclide propose. Et ce n'est pas sans due réflexion que l'auteur alexandrin a clos le livre I par le double théorème qui caractérise l'angle droit.

La question que je pose est, à propos de ce passage du qualitatif au quantitatif, celle de sa mémoire. On conçoit en effet qu'il est fort possible, souhaitable peut être, d'oublier l'angle droit qualitatif pour ne garder que la relation de Pythagore. Telle est la vision constructive de la mathématique, que la figure associée à la démonstration de la réciproque conforte. Il n'y a en effet plus de carrés géométriques indiqués sur les côtés du triangle : la relation de Pythagore dit simplement l'angle droit à partir de la mesure des côtés du triangle. Existerait-il cependant quelque chose que l'on pourrait provisoirement appeler un style de l'angle droit et qui ne se réduise pas à la relation de Pythagore, à son usage et à ses conséquences ? Quelque chose qui envelopperait l'objet mathématique qu'on appelle angle droit, un discours de l'angle droit immédiatement repérable par et dans la mémoire parce qu'il a été forgé d'une certaine façon, parce qu'a été

• Déjà démontré à la proposition précédente par Euclide.

•• Définition 10 du livre I.

ordonné par Euclide un façonnement partant du droit comme ce qui partage à égalité et aboutissant aux propositions caractéristiques de Pythagore.

Henri Poincaré pose crûment le problème de l'opacité de la mémoire lorsqu'il avoue ne pas comprendre que certaines preuves inacceptables pour lui et pour son temps, et dont il se souvient cependant sans faille, aient pu autrefois forcer la conviction. Du coup, selon le jeu du relativisme, il se demande ce qu'il adviendra de la mémoire de l'objectivité atteinte en son propre temps.

Similitude et pythagoricité

Une analyse de Gaston Bachelard relative au « traditionnel théorème de Pythagore sur le triangle rectangle », vient tout à propos d'autant que cet auteur est persuadé que *« la conviction est solidaire d'une organisation de la mémoire »*•

Là où Augustin voyait l'immédiateté de la mémoire, Bachelard traque un sens, un sens caché par le seul énoncé du théorème – celui qui vient en premier – mais un sens porté par la démonstration et donc reconnaissable par l'effectuation de celle-ci. Ce sens, il le nomme *pythagoricité*. On mémorise la pythagoricité parce que c'est elle que l'on découvre lorsque l'on est parvenu à comprendre tout le cheminement.

Trop rythmée sans doute, ce n'est pas la démonstration de la proposition 47 du livre I d'Euclide qui marque le professeur en Sorbonne ; il va chercher la *pythagoricité* au livre VI, proposition 31, là où Euclide énonce, et bien entendu démontre : « Dans les triangles rectangles, la figure sur le côté sous-tendant l'angle droit est égale•• aux figures sur les côtés contenant l'angle droit, semblables et semblablement décrits ». Une figure ornée de pentagones – elle est tirée des *Éléments de Géométrie* de Clairaut (1re édition à Paris en 1741) – suffit pour manifester la variété possible des figures construites sur les côtés d'un triangle rectangle (*figure* 4).

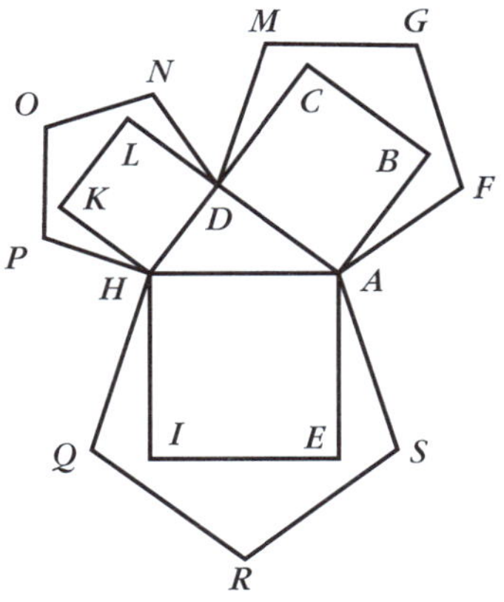

fig. 4

Nous reconnaissons la similitude. La figure carrée n'est aucunement un privilège de la pythagoricité ; toutes les sortes de figures peuvent se servir sur les côtés sous la réserve qu'elles soient semblables au sens précis de la géométrie.

La similitude est le « caractère causal » dit Bachelard, qui précise qu'ainsi est découverte la « cause rationnelle » du théorème. Voilà une lecture enrichissante. Elle n'est pas invention du commentateur car elle est portée explicitement par la construction euclidienne jusque dans le vocabulaire de la proposition 31, avec l'expression des figures « semblables et semblablement décrites » qui est en elle-même une figure pour la mémoire.

La pythagoricité revient à associer au premier livre d'Euclide le sixième livre, celui de la similitude géométrique : ce que Bachelard décèle est donc un arc intellectuel, l'aménagement de la mémorisation du passage du livre I au livre VI.

La démonstration de la proposition 31 du livre VI devrait achever ce travail de mémoire en faveur de la similitude. Il suffit en effet de voir que les triangles rectangles *BDA*, *ADC* et *BAC* sont semblables (*figure* 5). Dans sa propre mémoire, chacun reconnaîtra l'une des traces de la géométrie euclidienne. En particulier les proportions suivantes qui se déduisent aisément d'une bonne énumération des

• G. Bachelard, *Le rationalisme appliqué*, Paris, 1re éd., 1949, 5e éd., 1975, chap. V, « L'identité continuée », p. 86 et suivantes.

•• Il faut entendre par là que son aire est égale à la somme des deux autres.*

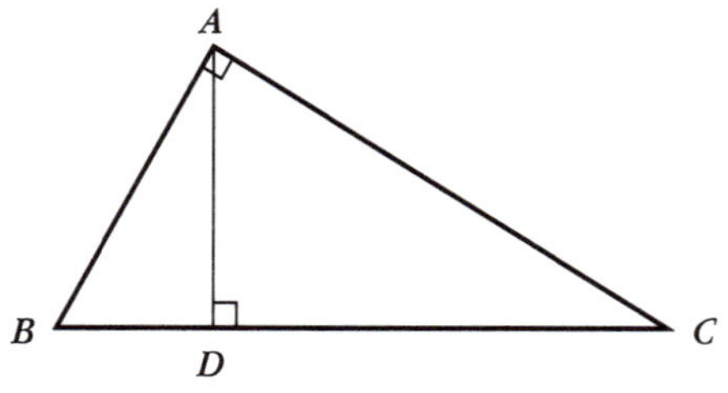

fig. 5

sommets homologues, autre trace de la même mémoire euclidienne :

$$\frac{BD}{BA} = \frac{BA}{BC}.$$

Est ainsi énoncé le fait que le côté *BA* est moyenne proportionnelle entre le « petit côté » *BD* et l'hypoténuse *BC* :

$$\frac{BD}{BC} = \left(\frac{BA}{BC}\right)^2.$$

On utilise alors l'effet quant aux aires d'un résultat de similitude démontré précisément au livre VI•. Ce que l'écriture moderne indique en notant F_{BD} l'aire d'une figure polygonale construite sur *BD*, et semblablement les autres figures semblables construites sur les autres côtés :

$$\left(\frac{BA}{BC}\right)^2 = \frac{F_{BA}}{F_{BC}}$$

La liaison des résultats acquis procure une proportion dont ont disparu les carrés :

$$\frac{BD}{BC} = \frac{F_{BA}}{F_{BC}}.$$

Par une symétrie qui porte sur l'ordre du raisonnement, ou l'indifférenciation de la considération des deux côtés de l'angle droit, on a aussi bien :

$$\frac{DC}{BC} = \frac{F_{AC}}{F_{BC}}.$$

Donc, en additionnant ces deux proportions opportunément « réduites au même dénominateur », et tenant compte du fait que, sur l'hypoténuse du grand triangle rectangle, se lit la somme, $BD + DC = BC$, on déduit « l'addition » générale ou synthèse des figures :

$$F_{BA} + F_{AC} = F_{BC}.$$

• **Livre VI, proposition 20.**

Le parcours de la démonstration euclidienne du théorème de Pythagore généralisé aux figures polygonales semblables nous permet d'atteindre la signification de la pythagoricité. Elle est une mémoire recherchée comme telle. On peut l'appeler une postérité ; un sens qui la porte, et il y a un sens à retrouver. Ce n'est pas, comme pour un style, une forme à imiter. On doit refaire le raisonnement de la pythagoricité pour se convaincre à nouveau du rôle de la similitude ; un style permet autre chose, la réplication en d'autres circonstances. Une postérité est d'abord une contemplation ; le professeur de mathématiques est censé la rendre possible pour l'élève.

Une précaution

On jugera pourtant que Bachelard va trop loin en parlant de la pythagoricité comme effectuation de la similitude. Car, dans le cadre euclidien arrêté au livre VI, il ne peut s'agir que de la *similitude de figures polygonales, ou de cercles* si l'on pousse jusqu'au livre XII, en tout cas des *figures pour lesquelles il a été prouvé qu'effectivement le rapport des aires est le carré du rapport de similitude.* Pour les autres figures, par exemple des segments semblables de paraboles, Euclide ne pourrait pas conclure. Archimède pourrait certes conclure, grâce à sa quadrature de la parabole, mais si l'on proposait alors des segments hyperboliques semblables, il serait à son tour bloqué. Grégoire de Saint-Vincent gagnerait ce nouveau tournoi au XVIIe siècle. Mais il faudrait parvenir à Lebesgue, au début même de notre siècle, pour disposer d'un énoncé véritablement général pour les figures. L'extension porte sur *la compréhension de ce qu'est l'aire d'une figure* ; elle ne porte plus sur le théorème de Pythagore : autrement dit, à identifier pythagoricité et similitude, on fait déborder la postérité de son sens au profit d'une théorie trop large.

Nous abordons ainsi une difficulté, celle qui résulte d'un conflit entre une intentionalité du mathématicien à l'œuvre et la réalisation effective qui doit tenir compte du réel mathématique. Car on ne démontre pas n'importe quoi, n'importe quand, et pas toujours ce que l'on veut démontrer. La postérité ne serait-elle pas, alors et surtout, un jeu d'oubli conscient ; la mémoire mathématique mettant en quelque sorte entre parenthèses le contournement d'un obstacle mathématique pour ne retenir que la réussite signifiante. En l'occurrence, pour penser la pythagoricité à la Bachelard, faut-il oublier que la démonstration de la proposition 31 du livre VI n'utilise pas du tout la relation de Pythagore du livre I ? Autre façon de le dire, faut-il prendre conscience que la démonstration de cette relation au livre I était contournée et que la bonne présentation est celle du livre VI ? Bonne parce qu'adéquate à l'objet du théorème.

Il y a pourtant trace historique de la liaison voulue entre le livre VI et livre I qui fait accès à la similitude : les manuscrits par lesquels le texte d'Euclide nous a été transmis adoptent tous une démonstration alternative pour la proposition 31 du livre VI. La dite preuve prend appui sur le théorème de Pythagore du livre I. Par le jeu de la similitude sur les triangles rectangles, et comme dans la première démonstration de la proposition 31, on dispose toujours des deux proportions :

$$\frac{BC^2}{BA^2} = \frac{F_{BC}}{F_{BA}} \quad et \quad \frac{BC^2}{AC^2} = \frac{F_{BC}}{F_{AC}}$$

Joue alors directement la relation de Pythagore, $BC^2 = BA^2 + AC^2$. Donc, se déduit « l'addition » des figures $F_{BC} = F_{BA} + F_{AC}$. Du théorème du livre I n'est en fait retenue que la relation $BC^2 = BA^2 + AC^2$.

Sa générosité justifie la diversité de toutes les figures additionnables, carrés, pentagones, ou toutes autres dont l'aire varie comme le carré du rapport de similitude. Ces figures ne sont que des illustrations possibles de la relation ; parce qu'elle est quantitative, par fonction elle ne peut plus être lue comme une seule configuration.

On pourrait résumer en constatant que la relation de Pythagore ouvre des possibles. L'un de ceux-ci a nom pythagoricité et dirige vers la similitude. La mémoire en jeu n'est donc pas celle du passage d'une figure, celle de l'angle droit, à une formule. Ce passage précisément, je le qualifie à son tour d'*orthogonalité* ; le cheminement du qualitatif au quantitatif, et non la simple caractérisation de l'angle droit.

L'ORTHOGONALITÉ

On conviendra aisément que la trigonométrie, parce qu'elle pose fondamentalement $\sin^2 x + \cos^2 x = 1$, donne une visibilité à l'orthogonalité. En trigonométrie, il y a passage du qualitatif droit au quantitatif. Je n'assène nullement que la relation de Pythagore contient, même en germe, toute la trigonométrie. Je prétends que la constitution de cette science mathématique en tant que telle provient de la réactivation de ce que j'ai appelé l'orthogonalité, lorsqu'il a été conçu que la trigonométrie était engendrement de formules à partir d'une configuration elle-même résumée par la relation de Pythagore : en ce sens, Euler serait le reformulateur parce que, sans figure aucune, il montre $e^{ix} = \cos x + i \sin x$, et interprète ce qu'il y a d'angle droit contenu dans le produit :

$$(\cos x + i \sin x)(\cos x - i \sin x) = 1.$$

LE CERCLE TRIGONOMÉTRIQUE

J'irai même plus loin en associant• à Euler le nom de Lazare Carnot dans la mesure où c'est ce dernier qui interprète les signes des fonctions sinus et cosinus en disant la configuration rectangulaire complète dans les quatre quadrants et non dans un seul quadrant, ou dans le seul triangle rectangle. En tout cas, c'est après Carnot que le cercle divisé par deux axes rectangulaires devient la figure-résumé de la trigonométrie. *C'est cette figure qui fait mémoire de toute la trigonométrie* ; au sens

• Dans la *Géométrie de position* de 1803.

qu'on peut la retrouver toute entière. Voilà un bilan de l'orthogonalité.

Style, patrimoine, postérité, pour faire de l'histoire des mathématiques autre chose qu'une chronologie, d'une façon ou d'une autre il est utile d'établir ces distinctions. Elles ont l'avantage d'obliger à penser les filiations intellectuelles.

La perpendicularité

Dans les *Nouveaux Éléments de Géométrie*•, Antoine Arnauld, qui avait consulté Blaise Pascal, choisit de repousser fort tard l'énoncé et la démonstration du théorème de Pythagore••.

Il ne le donne qu'au livre XIV de son ouvrage, comme un corollaire et la forme d'énoncé qu'il adopte, avec le verbe pouvoir, traduit de façon visible par tous une ancienne expression grecque. « La diagonale d'un rectangle peut autant que les quarrez des deux costez ».

Il remet ainsi en mémoire ; il souligne une ancienne géométrie. Cette formulation indique que quelque chose d'autre que l'orthogonalité est en jeu. Arnauld ne s'inquiète nullement de la réciproque du théorème : elle peut simplement se déduire de la forme qu'il procure bientôt à la relation de Pythagore dans le cas d'un triangle quelconque (*figure* 6), et qui est l'objectif.

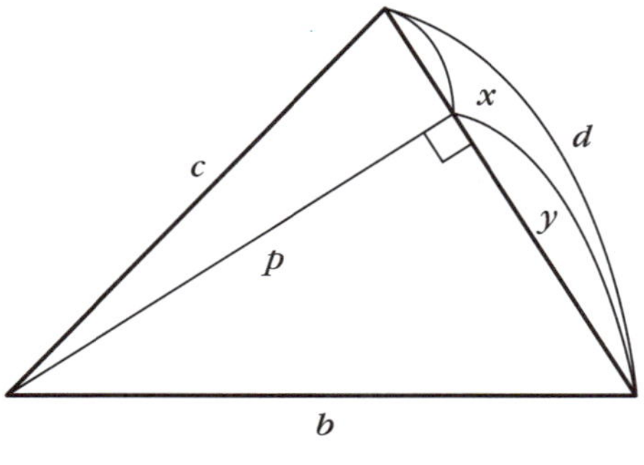

fig. 6

L'énoncé, très descriptif, tente bien d'éviter la lecture de la figure en évoquant des extrémités, des oppositions, etc.

« le quarré de la base d'un angle aigu est égal aux quarrez des costez qui le comprennent moins deux fois le rectangle du costé sur lequel on mène une perpendiculaire de l'extrémité opposée de la base et de la ligne comprise entre le sommet de cet angle aigu et de cette perpendiculaire... Je dis que :

$$bb = cc\ . + dd. - 2.dx.\text{ »}$$

Le cas du triangle rectangle correspond ainsi à $x = 0$. La démarche d'Arnauld est une triangularisation du théorème de Pythagore, une généralisation. En lecteur critique, et toute histoire ne peut que l'être, remarquons d'une part qu'Arnauld est contraint de séparer dans sa généralisation le cas d'un angle aigu de celui d'un angle obtus : le jeu se fera sur le signe + ou – devant le terme « rectangle » de la formule. Car Arnauld ne fait intervenir que des longueurs comptées positivement. Ainsi, la représentation analytique de sa géométrie n'utilise pas toutes les ressources de l'algèbre et cette limitation sonnera bientôt comme un interdit.

La perpendicularité selon Arnauld

L'absence de l'angle lui-même est délibérée chez Arnauld alors que nous écrivons :

$$b^2 = c^2 + d^2 - 2cd\cos\theta.$$

Cette absence tient, si l'on peut dire, au projet arnaldien tout entier : *l'angle n'est pas une donnée première de sa géométrie*. Arnauld a donc choisi une autre voie que celle de l'angle droit. Il a utilisé ce que nous appelons la perpendicularité.

D'emblée, la perpendicularité est conçue par Arnauld comme une « correction » de l'angle droit ; il adopte une « définition plus exacte » explique-t-il, la comparaison ne pouvant se faire que par rapport à Euclide, et en particulier par rapport à l'orthogonalité. Tant les manuels habituent

• Publiés en première édition à Paris en 1667.

•• Sur les idées d'Arnauld, voir aussi les pages 357 à 359.*

à une écriture univoque, peut-être convient-il ici de souligner la présence d'une critique de la pensée ancienne. Il énonce : « Lors que deux points de la ligne coupée estans pris également distans de l'un des points de la ligne coupante, tout autre point de la ligne coupante se trouvera aussy estre également distant de ces deux points de la ligne coupée, la ligne coupante est perpendiculaire à la coupée, estant bien clair qu'elle ne peut alors incliner plus d'un costé que d'autre. »

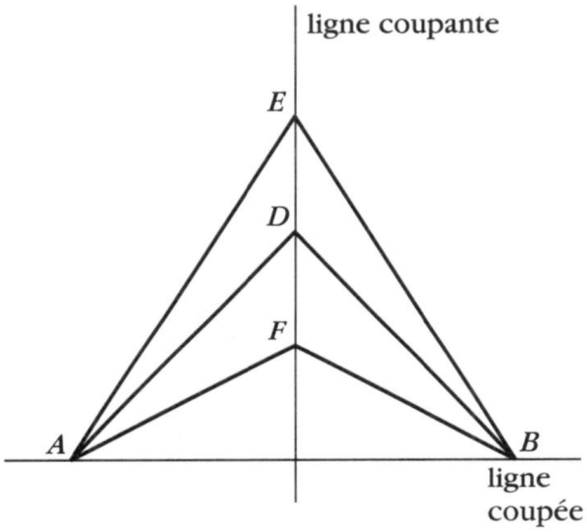

fig. 7

Cette « définition » suppose un axiome, à savoir que le lieu des points du plan également distants de A et B (*figure* 7) est une droite, justement déterminée par deux de ses points. Arnauld énonce l'axiome qu'il défend au nom de l'évidence – « je prétends que la seule considération de la nature de la ligne droite fait voir la vérité de cette proposition » –, celle même qui provient de la clarté et de la distinction cartésiennes : « Je soûtiens que quiconque voudra agir de bonne foy reconnoistra que considerant les choses avec attention, il luy est impossible de concevoir que cela puisse estre autrement, et qu'il repugne à l'idée que nous avons naturellement de la ligne droite, que deux de ses points estans posez directement comme nous avons dit, sur une autre ligne, quelqu'un des autres s'écarte ou à droit ou à gauche, & s'approche ainsi plus prés de l'un des costez de la ligne. »

Même « s'il nous est impossible de douter », l'argument majeur d'Arnauld est la simplicité de démonstration, au fond la facilité de la perpendicularité, sa reconnaissance :

« *c'est qu'on ne peut faire autrement sans troubler l'ordre naturel des choses & employer des triangles pour demonstrer les proprietez des lignes, c'est à dire se servir du plus composé pour expliquer le plus simple, ce qui est tout à fait contraire à la veritable methode.* »

Euclide a choisi le « droit » fondé par une symétrie (la perpendiculaire n'est inclinée ni d'un côté, ni de l'autre). Il est donc dans l'ordre de la figure, et doit postuler une « demande » qui introduise un minimum de quantitatif : « que tous les angles droits soient égaux entre eux » (demande 4). Il peut ensuite démontrer, au moyen d'égalités de triangles ou d'égalités d'aires. C'est en termes d'aires que s'exprime d'abord le théorème de Pythagore, ainsi que sa réciproque qui caractérise le « droit ». Il y a eu traduction par une formule. Telle est l'orthogonalité qui dit l'espèce du « droit » dans le genre « angle » sans qu'il y ait besoin d'une mesure caractérisée de l'angle. L'orthogonalité affiche donc un cadre limité ; elle peut donc porter plus, selon le paradoxe même de la connaissance mathématique.

Arnauld a quant à lui défini le perpendiculaire par une métrique, en comparant quantitativement des distances, et l'a donc distingué de l'oblique ; il a alors dû postuler dans le plan un qualitatif, le caractère rectiligne de la propriété de perpendicularité (la ligne coupante est une ligne droite). Mais sa démarche soulève mathématiquement la question de la symétrie ; *si une droite est perpendiculaire à une autre, la seconde l'est-elle à la première ?*

Fourier entreprend la résolution d'un système d'une infinité d'équations à une infinité d'inconnues.

Arnauld ne voit pas le problème. Il démontre, au moyen d'égalités de distances, mais aussi d'inégalités.

C'est en termes de distance que s'exprime pour lui le théorème de Pythagore, dont le rôle est minoré dans cette construction. Car y apparaît nettement plus intéressante la relation qui lie les côtés dans tout triangle. « L'oblique » est ainsi le genre dont la perpendicularité parvient à dire toutes les espèces : il y a réduction, cette autre habitude du raisonnement mathématique.

Orthogonalité et perpendicularité

Orthogonalité ou perpendicularité, ne cherchons pas à critiquer ici l'une ou l'autre, notamment la façon dont Arnauld, après Euclide, est contraint de traiter les déplacements géométriques : retenons que tous les deux sont logés à l'épistémologie plus générale de l'évidence.

Car c'est celle-ci qui sert à mettre en place les postulats. Arnauld dit à la façon même de Descartes dont la pensée lui est proche : « *Il est certain au moins qu'il est impossible à tout esprit raisonnable d'en avoir interieurement le moindre doute, ce qui est la plus grande certitude qu'on doive désirer dans les sciences.* »

Sont notables les différences entre les deux postérités, orthogonalité et perpendicularité. Mais l'on ne peut pas parler de deux mathématiques. Il ne s'agit pas en effet de différences dans les résultats, en ce sens que les traductions sont faciles et l'identité *perpendicularité = orthogonalité* ne fait aucun problème.

Du moins jusqu'au XXe siècle, c'est-à-dire lorsque l'espace – ce lieu non identifié du géomètre classique – perd son unicité ; la dissymétrie de la perpendicularité à la Arnauld la distingue de l'orthogonalité.

• Séries et intégrales de Fourier ont envahi non seulement la physique mais bien d'autres disciplines, jusqu'à la médecine par la résonance magnétique nucléaire.

Un calcul naturel : les séries de Fourier

Certains mathématiciens ont poussé assez loin le jeu de mémoire afin de permettre l'appropriation des objets qu'ils avaient pu mettre à jour. Ainsi Joseph Fourier, l'auteur de la *Théorie analytique de la chaleur* (1822), dont le nom• est aujourd'hui si familier.

C'est avec la conscience de créer une postérité que Fourier travaille. Nous allons suivre d'assez près l'écriture de la découverte chez Fourier : l'histoire est passionnante.

Un systeme infini d'équations linéaires

Pour des raisons de physique mathématique - la propagation de la chaleur dans les solides - Fourier se trouve confronté à l'équation suivante :

(17) $1 = a\cos y + b\cos 3y + c\cos 5y + \ldots$

La variable y parcourt l'intervalle $]-\frac{\pi}{2}, \frac{\pi}{2}[$

et les inconnues, en nombre infini, sont les coefficients a, b, c, d, etc., que Fourier n'écrit pas en utilisant des indices car telle n'était pas encore la pratique vers les années 1806.

Sur son manuscrit - un travail de recherche - il n'hésite pas un instant sur la méthode de calcul, celle que nous suivons après lui : elle est algébrique et ce ne peut être que la méthode des indéterminées dont l'usage remonte à Descartes. Il y a à droite un « polynôme » trigonométrique, de degré infini certes mais qu'il traite comme un polynôme. Dès lors, la dérivation est le moyen normal, le moyen itérativement utilisé : « Pour que l'équation dont il s'agit subsiste, il est nécessaire que les constantes satisfassent aux équations qu'on obtient par des différentiations successives, ce qui donne les résultats suivants :

$1 = a\cos y + b\cos 3y + c\cos 5y + d\cos 7y + \ldots$

$0 = a\sin y + 3b\sin 3y + 5c\sin 5y + 7d\sin 7y + \ldots$

$0 = a\cos y + 3^2 b\cos 3y + 5^2 c\cos 5y + 7^2 d\cos 7y + \ldots$

ainsi de suite à l'infini. »

Sans que la richesse fonctionnelle soit plus mobilisée, utilisant le fait que ces équations doivent en particulier être vérifiées au point $y = 0$ (ce qui élimine une équation sur deux dans la suite des dérivations), et présentant les calculs avec une symétrie plaisante pour l'œil, Fourier obtient un système où, dans un environnement de constantes numériques, seuls apparaissent les coefficients cherchés, a, b, c, d, f, g, etc.

$1 = a + b + c + d + e + f + g + \text{etc.}$

$0 = a + 3^2b + 5^2c + 7^2d + 9^2e + 11^2f + 13^2g + \text{etc.}$

$0 = a + 3^4b + 5^4c + 7^4d + 9^4e + 11^4f + 13^4g + \text{etc.}$

$0 = a + 3^6b + 5^6c + 7^6d + 9^6e + 11^6f + 13^6g + \text{etc.}$

$0 = a + 3^8b + 5^8c + 7^8d + 9^8e + 11^8f + 13^8g + \text{etc.}$

$0 = a + 3^{10}b + 5^{10}c + 7^{10}d + 9^{10e} + 11^{10}f + 13^{10}g + \text{etc.}$

$0 = a + 3^{12}b + 5^{12}c + 7^{12}d + 9^{12}e + 11^{12}f + 13^{12}g + \text{etc.}$

« *Le nombre de ces équations est infini comme celui des indéterminées a, b, c, d, e, ... etc. La question consiste à éliminer toutes les inconnues, excepté une seule.* »

... APPROCHÉ PAR UN SYSTEME FINI

Confronté à un problème insolite, Fourier invente un procédé d'approximation : il résout le système infini en fournissant par exemple la première inconnue a. Mais pour réussir il se limite à un nombre fini d'inconnues, et espère sur cette forme particulière pouvoir passer à la limite et ainsi estimer la forme générale de la solution a ; puis il procède de même avec les autres inconnues b, c, d, etc. Bref, il compte sur une stabilité *a priori* de la résolution par morceaux successifs du système infini. Fourier invente l'approximation quadratique que découvrent à peu près à la même période tant Legendre que Gauss.

Il pose donc le système avec les sept inconnues, a, b, c, d, e, f, g, auxquelles sont reconnues sept équations : il suffit d'enlever les etc. dans le tableau ci-dessus. Comme tout calculateur le ferait, il multiplie la première équation par 13^2 et soustrait de la deuxième ; il multiplie la deuxième équation par 13^2 et soustrait de la troisième, etc. Obtenant six équations à six inconnues a, b, c, d, e, f. Dont les deux premières sont :

$13^2 = a(13^2 - 1^2) + b(13^2 - 3^2) + c(13^2 - 5^2) + \ldots + f(13^2 - 11^2)$

$0 = a(13^2 - 1^2) + 3^2b(13^2 - 3^2) + 5^2c(13^2 - 5^2) + \ldots + 11^2f\,(13^2 - 11^2)$

Il peut de la sorte continuer avec l'élimination de f, puis celle de e, de d, c et b. Pour arriver à une équation unique. Elle donne a :

$a(13^2 - 1^2)\,(11^2 - 1^2)\,(9^2 - 1^2)\ldots(3^2 - 1^2) = 13^2 11^2 9^2 7^2 5^2 3^2 1^2$

Fourier dispose autrement l'expression exhibant cette quantité a :

$$\frac{3^2}{3^2-1}\cdot\frac{5^2}{5^2-1}\cdot\frac{7^2}{7^2-1}\cdot\frac{9^2}{9^2-1}\cdot\frac{11^2}{11^2-1}\cdot\frac{13^2}{13^2-1}$$

Ce qu'il écrit encore :

$$a = \frac{3.3}{2.4}\cdot\frac{5.5}{4.6}\cdot\frac{7.7}{6.8}\cdot\frac{9.9}{8.10}\cdot\frac{11.11}{10.12}\cdot\frac{13.13}{12.14}$$

C'est une fausse égalité. Le a dont il s'agit est seulement solution du système linéaire tronqué. Le pas suivant s'inscrit dans la logique de la méthode adoptée, celui de rajouter trois petits points à l'expression précédente, de faire donc de a le résultat d'un produit infini :

$$a = \frac{3.3}{2.4}\cdot\frac{5.5}{4.6}\cdot\frac{7.7}{6.8}\cdot\frac{9.9}{8.10}\cdot\frac{11.11}{10.12}\cdot\frac{13.13}{12.14}\cdots$$

LE SOUVENIR DE WALLIS

La mémoire calculatrice reconnaît le produit infini obtenu : il porte même un nom, c'est celui de John Wallis* :

$$\frac{\pi}{2} = \frac{2.2.4.4.6.6\ldots}{1.3.3.5.5.7.7\ldots}.$$

Il apparaît donc que le coefficient a cherché par Fourier dans la résolution du système est égal à $\frac{4}{\pi}$. Le calculateur ne peut qu'être conforté par un résultat aussi simple. N'oublions pas que sa recherche est un essai ; il tente d'adapter des constantes pour que l'égalité (17) ait lieu.

*** Ce dernier l'avait obtenu en 1685 dans son *Algebra* publiée à Oxford à l'occasion de recherches relatives à l'expression du nombre π.**

Parvenu au terme de son calcul, Fourier réagit d'abord en expérimentateur.

Il lui reste à déterminer les autres coefficients, ce qu'il fait de la même façon. Ou plutôt, il considère d'une manière générale ce qui se passe pour l'élimination lorsqu'on procède d'une inconnue à celle qui la suit. Fourier a le goût du calcul algébrique bien organisé, et aime son esthétique même. Elle le sert. Si l'on dispose dans un système tronqué à six éléments de la valeur d'une des inconnues, dans celle d'un système à sept éléments la valeur précédemment obtenue devra seulement être multipliée par un facteur $\frac{13^2}{13^2 - 11^2}$, et dans un système à huit éléments multipliée encore par $\frac{15^2}{15^2 - 11^2}$ etc. L'algorithme est aussitôt compris ; il suffit de résoudre les systèmes les plus simples pour chaque inconnue *a*, *b*, *c*, ... etc, et multiplier ensuite par les facteurs correctifs qui deviennent au total des produits infinis.

Un tableau est vite dressé, qui reprend bien sûr la première inconnue *a* pour mieux disposer la régularité au regard de celui qui calcule et expérimente aussi bien. En manipulant convenablement le produit infini de Wallis, le passage à la limite donne effectivement les valeurs successives des inconnues occasionnées par le système déduit de l'équation (17) :

$$a = 2 \cdot \frac{2}{\pi} \; ; \; b = 2 \cdot \frac{2}{3\pi} \; ; \; c = 2 \cdot \frac{2}{5\pi} \; ; \; d = 2 \cdot \frac{2}{7\pi}$$

Selon les nombres impairs successifs, une autre régularité apparaît dans le tableau, et finalement l'équation (17) prend une forme résolue (18) particulièrement simple à lire :

$$\frac{\pi}{4} = \cos y - \frac{1}{3}\cos 3y + \frac{1}{5}\cos 5y - \frac{1}{7}\cos 7y + \ldots$$

Parvenu à cette expression par le biais de l'analyse, c'est-à-dire en supposant *a priori* qu'une telle expression existe pour la fonction égale à la constante $\frac{\pi}{4}$ sur tout l'intervalle $]-\frac{\pi}{2} + \frac{\pi}{2}[$, *Fourier réagit d'abord en expérimentateur. Avant même d'envisager une explication mathématique, il examine la forme* (18) *pour calculer ce qui peut être calculé.* Dans le but de jauger ! C'est la procédure de falsification* propre au mathématicien.

La mise en question

Fourier cadre le résultat obtenu, à la façon dont un opticien règle la focalisation. Il adopte certaines valeurs particulières de la variable *y*, et voit ainsi que le résultat ne saurait être valable aux bornes de l'intervalle de définition, en $\pm \frac{\pi}{2}$, puisqu'en ces points le membre de droite vaut partout 0. Au-delà, par exemple sur l'intervalle $]\frac{\pi}{2}, 3\frac{\pi}{2}[$**, en conséquence d'une propriété de la fonction cosinus ($\cos(\alpha + \pi) = -\cos\alpha$), la valeur atteinte par le membre de droite est exactement l'opposée de celle atteinte dans l'intervalle $]-\frac{\pi}{2}, \frac{\pi}{2}[$. Aussi bien, la représentation graphique de la fonction donnée par le membre de droite de (18), étendue à toutes les valeurs de *y*, fournit alternativement des segments parallèles à l'axe, en dessus ou en dessous. Cela ne paraît pas rédhibitoire à Fourier ; il ne falsifie* pas son résultat. Bien au contraire, il ajoute que ces lignes horizontales successives, « jointes par des perpendiculaires... font elles-mêmes partie de la ligne ». Ainsi il exploite, ou plutôt il découvre les propriétés de la représentation obtenue : Fourier se laisse guider et l'analyse de son résultat devient constructive. Globalement, les figures successives viennent coller sur un graphe discontinu (*figure* 8) et en $x = \frac{\pi}{2}$, c'est tout un segment vertical dont Fourier ne manque pas de dire l'existence : « cette dernière ligne est la limite dont elles s'approchent continuellement ». La signification d'une telle assertion est celle, immédiatement tangible, du calcul, celui des valeurs successives du membre de droite de (18) lorsqu'on s'arrête au premier terme, puis au second, ou au troisième et ainsi de suite.

*** « Falsifier » est utilisé ici dans le sens propre à la philosophie des sciences (Popper). Falsifier une théorie c'est en tirer une conséquence fausse qui, donc, l'invalide. La falsification est ainsi le pendant de la vérification.***

**** Dont il pourrait ne pas tenir compte dans la visée physique qui est la sienne de propagation de la chaleur dans une lame.**

« À mesure que le nombre des termes de l'équation augmente, la courbe dont il s'agit tend à se confondre avec la ligne précédente composée de segments parallèles et de segments perpendiculaires, en sorte que cette ligne est la véritable limite des courbes que l'on décrirait au moyen des équations :

$$u = \cos y$$

$$u = \cos y - \frac{1}{3}\cos 3y$$

$$u = \cos y - \frac{1}{3}\cos 3y + \frac{1}{5}\cos 5y$$

$$u = \cos y - \frac{1}{3}\cos 3y + \frac{1}{5}\cos 5y - \frac{1}{7}\cos 7y$$

etc ».

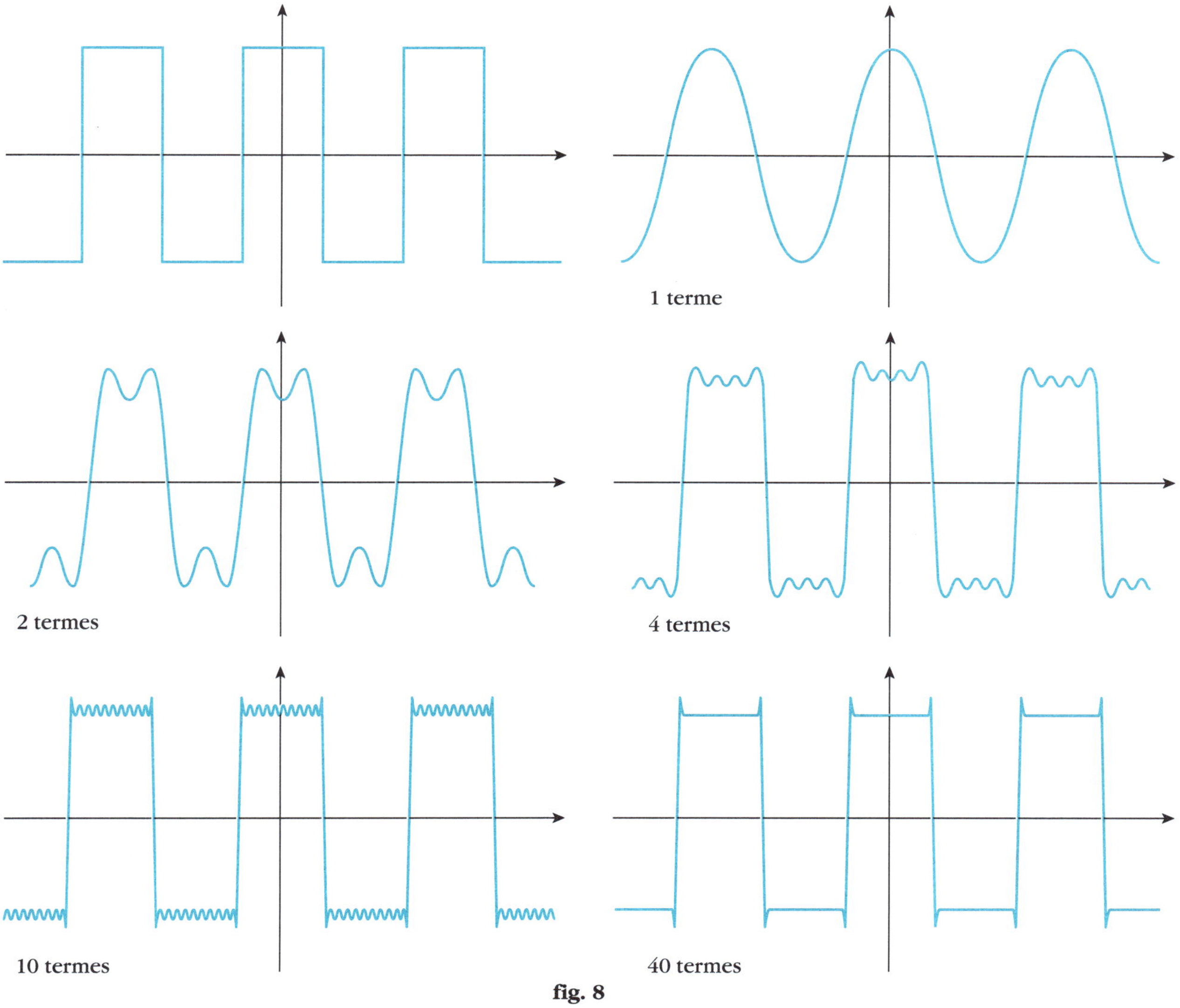

fig. 8

L'orthogonalité prend place dans le domaine des fonctions.

Le mathématicien ne peut alors que chercher une écriture pour rendre compte de l'analyse numérique et graphique. S'arrêtant à un nombre fini de m termes dans le membre de droite de (18), Fourier dispose d'une fonction de y bien sûr, mais aussi de ce nombre m :

« Si on connaissait cette fonction ..., on examinerait comment elle varie à mesure que m augmente, et l'on s'assurerait si elle approche continuellement de la limite $\frac{1}{4}\pi$, quelle que soit la valeur de x. C'est à-dire plus brièvement, qu'en faisant m infini la fonction doit se réduire à $\frac{1}{4}\pi$ sans x. Or on peut trouver la valeur analytique de cette fonction de x et de m. »

Il adopte le jeu fonctionnel, précisément parce qu'il a à résoudre, autrement dit comprendre, le paradoxe fonctionnel, l'égalité à une constante d'une expression où figure explicitement la variable. Ce paradoxe ne surgit pas brusquement par le calcul effectué : *il était à l'origine même du problème posé*, et l'analyse du résultat doit en donner raison.

Grâce à une équation différentielle simplifiée en cascade, Fourier écrit au rang n :

$$(19)\quad \frac{1}{2}\int \frac{\sin 2ny}{\cos y}\,dy = \cos y - \frac{1}{3}\cos 3y + \ldots \frac{(-1)^{n-1}}{2n-1}\cos(2n-1)y$$

Pour estimer l'intégrale de gauche dans (19), il procède par intégration par parties successives, dérivant ainsi $\frac{1}{\cos x}$, de manière à faire apparaître une série développée suivant les puissances négatives de l'autre variable entière m. Dont il ne retient alors que le terme constant puisque le but est de faire tendre m vers l'infini. Telle était la démarche mathématique usuelle et validée alors par tous pour le traitement des grandes valeurs d'un paramètre dans une formule, et c'est tout ce dont Fourier a besoin car cela justifie à ses yeux la constance locale de la somme infinie du membre de droite de (19).

Sa valeur est simple affaire de calcul particulier. Par exemple, avec y = 0, Fourier trouve la série :

$$1 - \frac{1}{3} + \frac{1}{5} - \frac{1}{7} + \frac{1}{9} + \ldots + \frac{(-1)^n}{2n+1} + \ldots$$

dont Leibniz avait depuis longtemps établi la convergence vers $\frac{\pi}{4}$.

Est particulièrement notable, parce que devenue usuelle, la phrase où après avoir fait la différence entre $\frac{\pi}{4}$ et les n premiers termes de la série, Fourier indique que celle-ci *« peut être rendue plus petite que toute grandeur donnée, quelle que soit la valeur désignée pour x entre les limites* 0 *et* π *»*.

La suite du texte prouve qu'on ne saurait en aucun cas donner à ce calcul un sens de convergence uniforme. Mais il y a une telle force de conviction chez Fourier, une telle affirmation de la naturalité que les commentateurs lui prêtent plus, toujours plus. C'est en chaque valeur x qu'il y a convergence, ponctuellement donc, et en $x = \frac{\pi}{2}$, la convergence est obvie vers 0•.

Les coefficients de Fourier

Fourier n'a toujours pas rendu compte d'un fait qui est au fond le fait majeur pour lui : la désarmante simplicité de la solution d'un système algébrique apparemment complexe. C'est qu'*il lui faut d'abord se convaincre que cette simplicité n'est pas un artifice du cas particulier concerné*. Et la meilleure façon de le voir, c'est de risquer un autre calcul algébrique, une autre déduction du calcul des coefficients, avec cette fois une déduction savante, c'est-à-dire ne se prévalant pas d'un caractère naturel. Voilà certainement l'étape de falsification••, celle où Fourier joue la mémoire d'une façon analytique, c'est-à-dire l'adaptation d'un style particulier au problème dont la solution est déjà connue. Il s'y exerce à partir du développement en série entière d'une fonction. Nous ne suivons pas ces calculs, hautement brillants et qu'il déploie sur des pages et des pages.

• Il faudra attendre des années pour que soit mieux analysée la convergence autour des valeurs $\frac{\pi}{2} + k\pi$. avec le phénomène d'irrégularité dit de Gibbs.

•• Voir la première note de la page 420.*

Car le but, aussi bien pour lui, n'est que de vérifier la simplicité au final. Elle est bien au rendez-vous. Sous la forme suivante : dans l'expression d'une fonction φ impaire et de période 2π l'écriture :

$\pi\varphi(x) = a\sin x + b\sin 2x + c\sin 3x + \ldots$, valable pour tout x impose la valeur des coefficients a, b, c, d, etc., sous la forme

$$a = \int_0^{2\pi} \varphi(x) \sin x dx,$$

$$b = \int_0^{2\pi} \varphi(x) \sin 2x dx,$$

$$c = \int_0^{2\pi} \varphi(x) \sin 3x dx, \text{ etc.}$$

Le calcul génère ce résultat simple, et surprenant en ce sens que le rang n général est obtenu indépendamment de tous les autres. La même opération est d'ailleurs valable à tous les rangs : c'est une intégrale définie de la fonction φ, à la multiplication préalable par sin nx. Sont ainsi découverts les célèbres *coefficients de Fourier*, et s'ils portent son nom, c'est bien parce qu'il en a manifesté la remarquable simplicité algorithmique et la portée théorique. Ces coefficients n'utilisent aucun calcul sur la dérivée de la fonction, mais seulement une intégrale, opération conçue à cette époque comme possible pour une fonction « arbitraire » puisque représentant une aire.

Pour l'épistémologue, il est net qu'en détachant l'intégrale, Fourier a en quelque sorte cassé le bel ordonnancement que Cauchy constituait à la même époque : une analyse basée sur la continuité, poursuivie d'une part par la dérivation, d'autre part par l'intégration, deux opérations symétriques et réunies, car inverses l'une de l'autre grâce au théorème fondamental de dérivation d'une intégrale :

$$\frac{d\left(\int_a^x f(t)dt\right)}{dx} = f(x).$$

À vrai dire, *la portée théorique de ce qu'implique l'intégrale à la Fourier prendra beaucoup de temps à être comprise.* Cette postérité n'est pas immédiate.

L'ORTHOGONALITÉ RETROUVÉE

La nécessaire explication de la simplicité des écritures des coefficients est urgente pour Fourier. L'algèbre seule ne saurait expliquer une telle situation.

La simplicité a une raison, et ne saurait relever d'une astuce ou d'une virtuosité.

Une telle assurance chez Fourier, un parti pris, provient du choix de la naturalité des opérations qu'il prétend conduire en suivant la nature même de la propagation de la chaleur : il parie sur une interaction de sens entre physique et mathématique.

Alors même que sa déduction est purement mathématique.

Deux lignes plus loin, Fourier a découvert les relations qui permettent d'atteindre les coefficients en les expliquant :

$$(20)\begin{cases} \int_0^{2\pi} (\sin nx \,.\, \sin mx)\, dx = 0 \textit{ si } n \neq m \\ \int_0^{2\pi} (\sin nx)^2\, dx = \pi \textit{ pour } n \geq 1 \end{cases}$$

La vérification de ces formules est banale, par une linéarisation d'un produit de fonctions trigonométriques. Avec ces relations, l'intégration définie entre 0 et 2π, appliquée sans hésitation à chaque membre de l'équation problématique

$$(21)\ \varphi(x) = b_1\sin x + b_2\sin 2x + \cdots + b_n\sin nx + \cdots$$

fournit $(22)\ b_n = \frac{2}{\pi}\int_0^{2\pi} \varphi(x) \sin nx dx$

À ce stade du manuscrit, et d'une façon paradoxale, toute une partie du travail de Fourier, le long travail sur les équations algébriques, devient mathématiquement inutile. C'est-à-dire trouve son achèvement dans une procédure toute autre.

Pourtant Fourier tient à indiquer la mémoire de ce qu'il a fait, de sa démarche. Sa théorie se confond avec l'histoire de la théorie. Parce qu'elle est en adéquation avec la nature.

Les espaces de Hilbert ne font que prolonger l'orthogonalité à la Fourier.

La démarche de l'analyse n'est pas une démarche aveugle, comme Leibniz pouvait le laisser croire ; elle est inéluctablement dirigée vers la vérité. La découverte des séries de Fourier, et *de facto*, la généralité de celles-ci, est inéluctable. Fourier poursuivait la propagation de la chaleur dans les corps solides. Il en a analysé toutes les configurations et, du coup, sa théorie est la propagation même. Pas un modèle, pas une approximation : elle est la réalité.

La postériorité à Fourier

Et la mémoire mathématique a suivi Fourier jusqu'à nos jours, malgré une éclipse de quelques décennies. Je veux parler bien sûr de la mémoire du cheminement. Celle des séries de Fourier est réglée par les seules relations intégrales numérotées (20), et elle a dépassé de beaucoup le domaine mathématique, y constituant d'ailleurs une théorie à part entière, l'analyse harmonique.

Est restée en mémoire la liaison des séries de Fourier avec l'approximation quadratique, qui est précisément le sel et le sens de la démarche algébrique que Fourier répète avec constance dans son ouvrage de 1822. Le calcul algébrique était dirigé ; et c'est cette direction même qui fait postérité.

Nous pourrions le montrer en indiquant le rôle de l'égalité de Parseval et de l'inégalité de Bessel, et en développant la géométrie des espaces de Hilbert. Il suffit de dire que les relations (20) portent le nom de *relations d'orthogonalité* ; ce nom les lie structurellement à l'approximation quadratique, mais les lie aussi à la géométrie la plus ancienne.

D'Euclide à Hilbert

Il faut certes faire un extraordinaire saut historique pour justifier que les deux orthogonalités, celle d'Euclide et celle de Fourier, utilisent le même mot ; il faut estimer le prix de *la continuité que la pratique mathématique établit par dessus les siècles*. L'enseignement se nourrit bien sûr de cette continuité et l'explicite puisqu'il maintient jusqu'à aujourd'hui l'appellation de relations d'orthogonalité, jouant ainsi de la mémoire référentielle.

La pratique mathématique réaffirme la même inscription de postérité, pour laquelle, à propos justement d'orthogonalité, il n'est que juste de revenir en arrière. Du moins si l'on ne se contente pas d'affirmer que l'orthogonalité de Fourier est jointe à celle d'Euclide par le seul jeu abstrait de la généralisation, c'est-à-dire si l'on va jusqu'à percevoir *comment l'orthogonalité à la Fourier retrouve l'angle droit sous la relation de Pythagore*. Et c'est là précisément ce que nous avons qualifié d'orthogonalité comme postérité. En effet, l'égalité de Parseval – autre forme du résultat de Pythagore – devient le compagnon obligé des séries de Fourier, et surtout l'idée de projection orthogonale modèle l'approximation en moyenne quadratique. La géométrie des *espaces de Hilbert* au début du XXe siècle, avec son jeu de produits scalaires, issu des équations intégrales, ne fait que prolonger – dans un espace abstrait – la compréhension par Fourier que l'orthogonalité permet de visualiser l'indépendance des modes propres de la chaleur.

LA MATHÉMATIQUE ENSEIGNÉE COMME HISTOIRE VIRTUELLE

Parce qu'il ne rend pas compte de ce qui provoque les changements, et donc n'interroge pas suffisamment la mathématique, le parcours de mémoire que nous venons de faire en évoquant quelques postérités ne clôt pas l'ambition descriptive, et peut-être explicative de l'histoire des mathématiques. Significative, la juxtaposition des postérités n'est encore qu'une classification, raisonnée bien sûr et organisée par méthodes (perpendicularité) aussi bien que par concepts (orthogonalité), mais à laquelle manque le mécanisme de la révolution des temps. Nous n'avons pas assez dit les modalités de réactivation d'une postérité, et ce qui fait changement.

En travaillant la mémoire, nous avons été confrontés à *la contradiction qui surgit entre l'explication mathématique qui oublie sciemment, et l'explication historique qui mémorise tout :* autant considérer de face cette opposition.

LA MATHÉMATIQUE SANS HISTOIRE

Dans son exposé, la mathématique est effectivement rebelle à l'expression des changements. Au lieu de le regretter, il convient d'en chercher la signification. C'est-à-dire d'abord expliciter un manque des mathématiques à l'histoire ; il n'est pas une ignorance et encore moins un manque du penser mathématique. Même une philosophie dogmatique reconnaît, en les combattant, l'existence de formes autres de la pensée ; et c'est d'ailleurs par ce combat même que nous sommes le plus souvent avertis de ces pensées autres. Que savons-nous de Celse et de son *Discours véritable* sans la critique d'Origène ou que connaissons-nous de Zénon sans celle qu'Aristote dressa dans la *Physique* ? La pratique d'un art, et aussi bien sa théorie, n'éliminent pas plus la beauté qui reste reconnue à des formes autres : la poterie à fond rouge de la Grèce ne fait pas disparaître jusqu'à l'oubli total celle à fond noir et, bien mieux, l'une répond à l'autre.

Alors qu'en mathématiques, les manières autres que celles de la « voie » élue sont le plus souvent éliminées, sans même être rapportées pour mieux les combattre : les historiens de l'Antiquité peinent à imaginer le contenu de véritables concurrents au livre d'Euclide, et nous ne connaissons plus que quelques noms. Par manque d'imagination, les historiens en déduisent fréquemment que ces livres étaient analogues à ceux d'Euclide, en moins exhaustifs, ou encore ils sont réduits à évoquer des « fossiles » que renfermerait le corpus euclidien, c'est-à-dire des traces de façons antérieures qui nous donnaient accès à ces façons. On en est réduit à cette activité d'archéologie, dont le fondement est assez indécis.

Tout autant, les Modernistes s'escriment en vain à proposer des visions qui seraient radicalement distinctes de celles qu'imposa le Calcul différentiel et intégral. L'analyse non-standard d'aujourd'hui suscite pourtant une reconstitution possible et réinvente des attitudes archéologiques chez les historiens d'un autre Calcul.

LES CHANGEMENTS EN MATHÉMATIQUES, UNE FAMILIARITÉ AVEC LE PASSÉ

Ces changements sont d'une nature particulière. Où, et en quel temps en effet, un énoncé faux a-t-il été considéré par une communauté comme vrai ? L'histoire ne fournit que des théorèmes incomplets. C'est-à-dire des théorèmes vrais au sens de la mathématique d'aujourd'hui moyennant une restriction dans les définitions ou les attendus. Il est impossible de tenir cette affirmation pour aucune autre science, et peut-être pour aucune autre connaissance.

L'architecture des mathématiques efface les constructions anciennes en les récupérant.

Pour donner une place à l'homme, ou au temps, des sociologues historiens avancent que la science n'exhibe que des croyances. Ce serait alors, du moins pour ce qui concerne les mathématiques, postuler l'existence d'un guide qui n'autorise que les croyances vraies. Descartes a eu le courage de déduire cette conséquence en passant par l'épreuve complète du scepticisme.

Mais la *pérennité de vérité n'est nullement synonyme d'une pérennité d'intérêt* : si les mathématiques s'inscrivent dans l'histoire autrement que par les seuls acteurs en chair et en os qui la font vivre ou par les traces matérielles qu'elles donnent, c'est parce qu'elles relèvent de choix variables dans l'organisation et l'architecture des matériaux mis en œuvre ; elles brassent des matériaux anciens en leur donnant, avec une autre place, une signification nécessairement autre, mais non étrangère. Autrement dit, la mathématique tient sa spécificité de la tradition de « vérité » *dont elle réforme sans cesse non le contenu, mais la pertinence*. Quoique relevant d'une paternité, les postérités que nous avons mises au jour dépendent des fils et des petits-fils.

Et c'est bien ce qui rend la mathématique tout à la fois *indissociable de son histoire et en même temps rebelle sur le fond à l'histoire*. Car celle-ci ne peut qu'être périodisante, découpant dans le déroulement temporel des moments de communication ou zones de clonage, et opposant chronologiquement des formes de pensée éventuellement incommensurables les unes aux autres. Comment se fait-il qu'un mathématicien d'aujourd'hui puisse lire, sans irrémédiable étrangeté, Euclide, Apollonius, Lagrange, Gauss ou Poincaré ? Comment oublier cette familiarité ? Personne ne prétendrait, par contre, entrer familièrement dans la société égyptienne de Cléopâtre, voire à la cour de Versailles !

Péché majeur d'un historien, l'anachronisme est le pain quotidien du mathématicien, qui n'hésite pas à revendiquer en toute bonne conscience un héritage archimédien en ne retenant qu'une part extrêmement restreinte de l'œuvre du Syracusain, y attachant en outre une signification à venir. Le mathématicien – qui pourtant œuvre dans une tradition – ne peut jamais conserver une large part du contexte mathématique d'un prédécesseur assez lointain.

Car, s'il le faisait, il ne pourrait innover ; l'invention mathématique consiste à rebâtir autrement, avec des pierres nouvelles mais aussi bien avec des pierres anciennes qui, dans ce processus, n'en deviennent pas friables. La mémoire mathématique, et aussi bien celle entretenue par l'enseignement, n'est pas inerte : elle porte une intentionnalité et c'est ce que nous avons voulu donner à voir par le biais de l'orthogonalité ou de la perpendicularité.

La mathématique n'est pas assimilable à une capitalisation quoiqu'il existe des encyclopédies dont le rôle, c'est notable, est rarement durable et la mesure du progrès ne peut consister à décompter l'accroissement des vérités puisque ce n'est pas ce nombre qui fait la mathématique, mais un ordonnancement. Il existe bel et bien une histoire des mathématiques et elle entretient avec cette discipline des liens d'autant plus étroits qu'il s'agit de *dégager des architectures, des styles, des écoles, des filiations, et autant de mémoires*. On peut d'autant moins agir de l'extérieur que, bien souvent, un concept ou une propriété ne fait sens dans une architecture antérieure qu'une fois compris le sens acquis dans l'architecture nouvelle, sens provisoire et en fin de compte un sens qui est déterminé par l'architecture conférée *aujourd'hui* aux mathématiques. Et, bien sûr, l'*aujourd'hui* ne le reste pas longtemps.

En mathématique, la reconstruction utilise des matériaux anciens et, contrairement à l'architecture civile en général, *efface les constructions anciennes en les récupérant*. L'oubli est un acte de la mathématique. Il ne peut être acte d'histoire !

LA RECONSTITUTION HISTORIQUE

Il y a une manière un peu ridicule de briser la contradiction. C'est celle qui consiste à laisser les matériaux anciens et oubliés dans la reconstruction au seul registre de l'histoire dite consciencieuse, ou « honnête » : bien des historiens ont cru que seuls ces matériaux délaissés méritaient de figurer dans l'histoire qu'ils constituaient. Sans se rendre compte qu'ils faisaient ainsi de l'archaïsme, en reconstituant minutieusement un chapiteau, une crypte peut-être, et quelquefois une simple gargouille, et manquant derechef l'ancienne cathédrale. Scientiste si l'on veut, l'erreur consiste à croire que la mathématique se construit par seule décantation, et qu'il suffirait de rajouter comme autant de lies successives pour pouvoir disposer tour à tour des différentes époques mathématiques. Alors que la forme même de la bouteille a changé !

Cette archéologie, patiente et délicate, n'en donne pas moins des renseignements précieux. À la manière des herbiers dépareillés de certains musées dont l'étiquetage a plus ou moins disparu et partant la raison de la classification. Tout historien a un faible pour les collections, parce qu'il présente la mathématique dans sa variété muséale.

UN HERBIER DES COURBES

Plus que les innombrables encyclopédies sur les nombres, j'aime évoquer le *Traité des courbes spéciales remarquables planes et gauches* de Francisco Gomes-Teixeira*. En le composant, l'auteur répondait à une question taxinomique** de l'Académie de Madrid : « *Catalogue méthodique de toutes les courbes d'une classe quelconque ayant reçu un nom spécial...* ».

C'est une question et de collectionneur d'histoire puisque l'attribution d'un nom à un objet mathématique est la plupart du temps volonté de fixer un récit. Ainsi la partie de l'ouvrage de Gomes-Texeira consacrée à une classe des courbes, les cissoïdes, donne à voir l'histoire couverte d'anecdotes, les équations différentielles venant expliquer dans un nouveau cadre d'anciennes propriétés poursuivies jusqu'à aujourd'hui.

L'ouvrage du Portugais répondait à ce besoin général d'encyclopédie et il fut d'ailleurs accompagné de nombreux autres livres. Ces matériaux de compilation s'avéraient nécessaires à cette époque pour faire le point, alors même qu'on ne savait pas trop ce que l'on entendait précisément retenir. Il s'agissait d'une mémoire suspendue dans son jugement.

Il ne s'en est pas moins trouvé qu'une structure mathématique fut bientôt mise en place : c'était donc l'orée de la géométrie algébrique pour laquelle un bilan encyclopédique paraissait utile.

RECONSTRUIRE LA MATHÉMATIQUE PASSÉE

La reconstruction d'une mathématique passée est activité mathématique, bien plus qu'historique. Et cette activité respectable n'est pas nouvelle ; elle est attestée dans l'histoire comme occupation digne d'un mathématicien : c'est Viète qui, en 1600, se propose de reconstituer la construction par Apollonius d'un cercle tangent à trois cercles donnés ; c'est Fermat et van Schooten au XVIIe siècle puis Halley ou encore Simson en 1749 qui se proposent aussi bien de reconstituer les lieux plans du même Apollonius.

C'est encore François Peyrard qui, en 1812, se donne comme objectif de construire toute la Statique *à la manière d'Archimède*. Michel Chasles, en 1860, *restitue* à son tour les trois livres des *Porismes* d'Euclide et il explique à juste titre tout ce que son travail comporte de mathématique proprement dite. Le genre « pastiche » ou « à la manière de », si peu apprécié en littérature ou plutôt si souvent ironique, a ses lettres de noblesse en mathématique.

*** Publié en traduction française, en 1908, aux Presses de la célèbre université de Coïmbre.**

**** Taxinomique : qui touche aux lois de classifications.***

Pour décrire la mathématique élémentaire il faut moins expliciter son contenu qu'énumérer ce qu'elle convient d'ignorer.

La mathématique enseignée

C'est l'exploration de l'opposition entre mathématiques et histoire des mathématiques qui nous permet d'expliciter la position théorique de l'enseignement secondaire des mathématiques par laquelle je souhaiterais clore ces réflexions sur la mémoire mathématique. J'avance que *l'enseignement secondaire est mise en place d'une mathématique historiquement datée ;* et *pourtant celle-ci ne perd en aucun sens son caractère universel.*

S'il n'y a pas perte, c'est que la limitation n'est pas conçue comme provenant de l'histoire, et donc relevant d'un contingent, ou d'une insuffisance. La limitation qui gère l'enseignement réside dans la nature des moyens conceptuels autorisés : est enseignée la mathématique qui peut se faire à partir d'un ensemble non seulement de propriétés, d'axiomes, de théorèmes, mais aussi de moyens particuliers. Ces moyens peuvent être périmés, en ce sens que des théories mathématiques plus performantes sont disponibles. Sont alors refusés les autres moyens possibles, ceux inventés aussi bien avant qu'après la période dont cette mathématique enseignée est l'image ou le fait. On pourrait dire qu'il s'agit d'une mathématique inscrite virtuellement dans l'histoire.

La géométrie élémentaire

Le paradigme de la mathématique secondaire est la géométrie élémentaire, car, avec ce genre, il s'agit de traiter un certain nombre de problèmes de géométrie *en s'interdisant d'utiliser des méthodes autres* comme le calcul différentiel, la topologie, etc. Ai-je besoin de rappeler que longtemps il exista une épreuve de géométrie élémentaire à l'agrégation de mathématiques, et qu'à l'occasion d'une leçon d'agrégation le candidat pouvait déterminer le niveau auquel il entendait se placer pour traiter le thème. Un niveau choisi, c'est s'interdire le niveau supérieur ! L'inspiration et la contrainte en géométrie élémentaire sont du même ordre que l'imposition de la seule règle et du seul compas dans la constitution d'une géométrie euclidienne, ou la restitution de tel ouvrage d'Archimède. Il y a portée mathématique, et il y a valeur d'enseignement. En l'occurrence, les deux portées ont partie liée ; les séparer relève de la mauvaise foi.

C'est suffisamment dire que, pas plus que pour une reconstitution, il ne s'agit avec la géométrie élémentaire d'une œuvre ayant un objectif d'histoire : cette dernière est au mieux un prétexte, quelquefois une aide dans la mesure où un auteur ancien peut suggérer un angle d'attaque, une piste, et le plus souvent l'histoire intervient comme illustration, comme anecdote. S'en offusquer au nom de la valeur de l'histoire, c'est s'interdire de comprendre la dynamique mathématique.

L'adjectif « élémentaire » est devenu synonyme de ce qu'il faut savoir à un âge donné, alors que *pour décrire le contenu de cet élémentaire il faudrait évoquer ce qu'il convient de ne pas savoir.* L'ambiguïté épistémologique de la mathématique enseignée est de fonctionner comme une reconstruction, comportant des limitations qui ne peuvent être informées que par une connaissance extérieure. *Reconstruction*, puisque cette mathématique enseignée repense une modalité antérieure et en développe logiquement et formellement toutes les possibilités : telle l'impose la nécessité des exercices qui constituent le matériau de l'enseignement. *Limitation par l'extérieur* (mais qui n'est pas moins mathématique) puisque l'interdit ne peut porter que sur l'exclusion de thèmes mathématiques explorés, classifiés et conceptualisés par ailleurs.

Est-il besoin de préciser que l'interdit qui est renfermé dans l'adjectif « élémentaire » n'est jamais l'interdit de preuves exactes. Je le répète, cette mathématique enseignée tient trop à la valeur universelle de la mathématique. L'interdit sur les méthodes comme sur les objets peut d'ailleurs accepter la présence d'un « trou » reconnu dans une preuve, et « axiomatiser » ce trou, ou ce vide. On pourra prétendre que l'adjonction d'une hypothèse est seulement simplification, et tient compte de l'élémentarité. Ce n'est pas faux bien sûr, mais la sélection des vides ainsi privilégiés construit une mathématique particulière et l'élémentaire n'est pas le simple.

LA MATHÉMATIQUE ÉLÉMENTAIRE DANS L'HISTOIRE

La mathématique élémentaire – qui a donné en France son nom à une classe ayant duré plus d'un siècle – ne s'est pas créée d'un coup, même avec les lycées voulus par Napoléon au tout début du XIXe siècle ; elle est le résultat d'une construction historique. Appuyée par une corporation, celle des professeurs de mathématiques dûment authentifiés par un poste officiel alors que leurs prédécesseurs de l'Ancien Régime ne possédaient pas à vie un tel label.

Un journal a joué un rôle essentiel dans la fédération intellectuelle des professeurs, ce fut paradoxalement dans une France centralisée un journal provincial, les *Annales de Mathématiques Pures et Appliquées* lancées en 1810 à Nîmes par Joseph-Diez Gergonne. Le professeur Gergonne a, sinon créé l'expression, du moins habitué les esprits à concevoir une *géométrie élémentaire*, et d'ailleurs une *algèbre élémentaire* et même une *analyse élémentaire*. Auparavant, on parlait des *Éléments d'Algèbre*, plus rarement des *Éléments d'Analyse*, et le sens était le rassemblement de tout ce qu'il était nécessaire de savoir pour pouvoir faire de l'algèbre, ou de l'analyse. Avec le passage à l'adjectif élémentaire, le sens change, aussi bien que l'objectif. Et une postérité s'établit. De même nature que l'orthogonalité, la perpendicularité ou la pythagoricité évoquées plus haut.

Si les *Annales* sont le premier journal français entièrement consacré aux mathématiques, les articles qui y furent publiés pendant un peu plus de vingt ans ne reflètent nullement la production contemporaine de l'Académie des Sciences : les deux graphiques (*figures* 9 *et* 10) le montrent assez bien :

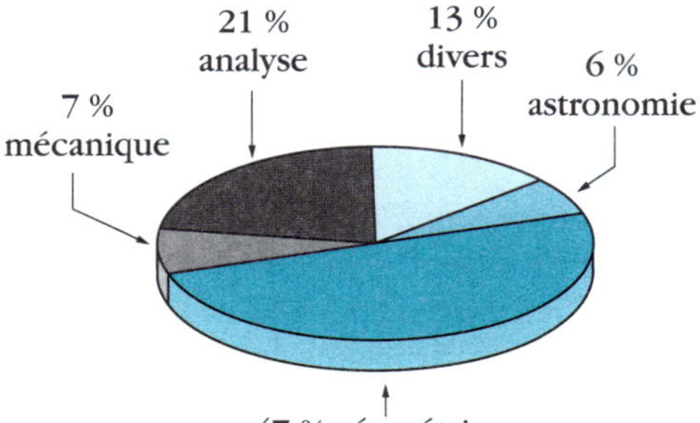

fig. 9

Répartition en pourcentage selon les matières des articles publiés aux Annales de mathématiques pures et appliquées (1810-1830).

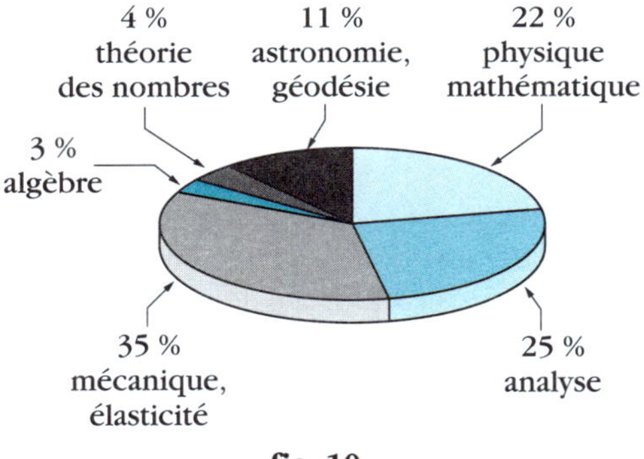

fig. 10

Répartition en pourcentage selon les matières des mémoires mathématiques publiés à l'Académie des sciences (1816-1830).

À la prédominance écrasante de la Géométrie dans les *Annales* répond sa quasi-absence de la production académique, à la forte présence de la mécanique et de la physique mathématique à l'Académie répond la faiblesse évidente de la position de la mécanique dans les *Annales*. L'Analyse a pourtant la même part dans les deux répartitions.

Mais il faut préciser aussitôt que les *Annales* représentaient la « vie » pour la mathématique élémentaire, alors que ce journal était mal orienté pour la mathématique à laquelle, par opposition, Gergonne attribuait l'épithète de « transcendante ». Il faut attribuer une originalité novatrice et le sens d'une création architecturale à l'élémentaire en ce début du XIXe siècle. D'ailleurs, s'il fallait cette preuve du talent, les contributeurs aux *Annales* ne sont pas tous des enseignants ordinaires : on relève les noms de Sturm (plus de vingt articles), de Poncelet (dix articles), d'Ampère, de Chasles ou de Cauchy.

Les éléments de mathématiques

Déjà au milieu du XVIIIe siècle on avait beaucoup réfléchi à l'idée même des Éléments pour les sciences mathématiques. Une réflexion certes liée à un projet de vulgarisation des connaissances, mais par laquelle on estimait nécessaire de prendre d'abord appui sur la nature même des mathématiques, indépendamment de toute considération pédagogique ou psychologique. C'est sans doute Jean d'Alembert qui présente de façon la plus raisonnée la réflexion à l'article *Éléments* de l'*Encyclopédie* qu'il dirigea les premières années avec Diderot. D'Alembert part de l'impossibilité de disposer d'une structure axiomatique d'une science donnée, c'est-à-dire constate que l'on ne peut avoir « sous les yeux les propositions, tant générales que particulières, qui forment l'ensemble de la science ».

Ainsi : « *Bien loin d'apercevoir la chaîne qui unit toutes les sciences, nous ne voyons pas même, dans leur totalité, les parties de cette chaîne qui constituent chaque science en particulier.* »

Il convient de prendre son parti de l'existence de vides dans toute présentation d'une science. C'est de cette carence, donc de l'inaccessibilité d'une science idéale que d'Alembert déduit ce que doivent être, non pas un, mais des éléments d'une science, en particulier les éléments d'une branche des mathématiques. Il concrétise par l'exemple de la géométrie, entend joindre la prolixité des éléments (les détails) à la simplicité et à la dynamique d'une construction. Il y a en effet deux sens pour les éléments.

D'abord, élémentaire signifie simple, mais aussi minutie : « ce qu'on appelle des éléments de géométrie ordinaire, qui ne roulent que sur des propriétés générales des figures planes et du cercle, ne sont que des éléments pris dans le second sens ... parce qu'ils n'embrassent que la partie la plus simple de leur objet, soit qu'ils l'embrassent avec plus ou moins de détail. »

Élémentaire signifie également ce à partir de quoi l'on peut construire, ainsi en géométrie « les principes de la mesure et des propriétés des figures planes, ... ceux de l'application de l'algèbre à la géométrie, et du calcul différentiel et intégral appliqués aux courbes. »

Ce sens est celui des *Eléments* de Bourbaki : c'est à dire que les éléments orientent tout un cursus de formation mathématique, au-delà d'une année scolaire particulière. Ce sont des Éléments de la mathématique unique ; elle se présente donc sans histoire.

En revanche, l'autre sens des Éléments, celui adopté pour les éléments de géométrie ordinaire est celui de la mathématique ordinaire de Gergonne. Cet autre sens des éléments joue tout à la fois d'une construction – les principes organisés – d'une limitation – la règle et le compas – d'une accessibilité plus immédiate – la simplicité – et d'une autonomie. En effet, la géométrie du cercle et de la droite peut être considérablement « détaillée », jusqu'à constituer un monde en soi. Un monde qui sera progressivement construit, et tout particulièrement par Gergonne et les rédacteurs de ses *Annales*. Symptomatiquement, ce sont eux qui codifièrent l'emploi de certains mots, par exemple médiatrice ou orthocentre. S'ils nous paraissent à tort aussi anciens que les *Éléments* d'Euclide, c'est précisément parce qu'en ce début du XIXe siècle, *la constitution d'un domaine élémentaire a joué de la continuité avec le passé pour créer une postérité.*

THALÈS ET PYTHAGORE

On ne peut manquer de surprendre en ajoutant que la dénomination de théorème de Thalès est récente, la fin du siècle dernier, et *grosso modo* seulement française, pour désigner le théorème qu'Euclide démontre au livre VI, proposition 2, et je l'énonce à nouveau pour faire entendre l'absence d'algèbre : « Si une certaine droite est menée parallèle à l'un des côtés d'un triangle, elle occupera les côtés du triangle en proportion ; et si les côtés du triangle sont coupés en proportion, la droite jointe entre les points de section sera parallèle au côté restant du triangle. »

Est-il besoin d'ajouter que la référence à Thalès n'apporte aucune authenticité historique ; c'est un simple clin d'œil au récit d'Hérodote sur la mesure de la hauteur des pyramides qu'aurait produite Thalès de l'observation de l'ombre projetée. Mais il fallait bien, en *géométrie élémentaire*, constituer un pendant officiel au théorème de Pythagore. Le nom de Pythagore n'est pas plus une garantie historique, mais est au moins attesté depuis l'Antiquité, par exemple chez Plutarque. N'oublions pas qu'en réunissant Thalès et Pythagore, on dispose de tout ce qui est nécessaire à la géométrie analytique, comme Descartes ne manquait pas de le faire remarquer au tout début de sa *Géométrie*. La géométrie élémentaire du début du XIXe siècle était en fait une géométrie analytique.

Le déploiement de cette géométrie a suscité des regroupements, et est ainsi née la géométrie « pure », à laquelle certains veulent aujourd'hui retourner, comme s'il s'agissait d'un large passé aboli par les seules mathématiques modernes.

LA DIGNITÉ DE L'ÉLÉMENTAIRE

Ce qui donne un relief tout particulier aux réflexions de d'Alembert, c'est qu'après avoir si judicieusement distingué *deux genres d'*Éléments, *l'un savant mais logiquement architecturé, et l'autre vulgarisé, mais reconnu insuffisant*, il argumente pour que leur connivence profonde soit mise en valeur. De la sorte il établit l'élémentaire au rang même de la science : « Un traité élémentaire et un traité complet, si on les suppose bien faits, seraient ou explicitement ou implicitement renfermés l'un dans l'autre. »

Il reste à établir la « méthode » ainsi qualifiée pour l'élémentaire en géométrie, en analyse ou en algèbre.

C'est ce à quoi se sont employés les codificateurs de l'enseignement « élémentaire » des mathématiques dans les premières décennies du XIXe siècle.

D'Alembert les prévenait d'avance que le copiage d'Euclide n'était pas toujours la bonne voie : Euclide étant jugé comme rédacteur d'un traité d'Éléments, et non comme un inventeur, et du coup avait suivi une « méthode plus composée », rigoureuse à n'en pas douter convient d'Alembert, mais « forcée* ». À l'autorité de l'élémentaire ainsi conçu, d'Alembert se plaît à ajouter la liberté de l'élève : « *Savoir des éléments, ce n'est pas seulement connaître ce qu'ils contiennent, c'est en connaître l'usage, les applications, et les conséquences ; c'est pénétrer dans le génie de l'inventeur, c'est se mettre en état d'aller plus loin que lui, et voilà ce qu'on ne fait bien qu'à force d'étude et d'exercice ; voilà pourquoi on ne saura jamais parfaitement, que ce qu'on a appris soi-même.* »

Sa belle conclusion est imparable : « *Le propre d'un bon livre d'éléments est de laisser beaucoup à penser* ».

*** Donc « précaire » car non convenablement appliquée à son objet.**

Des sources de réflexion, de formation et d'information, des lieux de contact...

DES AIDES POUR LA FORMATION PERMANENTE*

AUTEUR

Henri BAREIL,
agrégé de mathématiques.
Pierre LEGRAND.

Le travail de l'enseignant demande un effort constant de renouvellement. Aucune classe n'est semblable à une autre : chaque année, le professeur doit lutter pour s'imposer, pour intéresser, pour séduire en somme. S'il se laisse aller à la routine, à l'usure insidieuse qu'engendre la pratique quotidienne, il est perdu. Le phénomène n'est pas nouveau, mais il a pris depuis un quart de siècle des proportions nouvelles, particulièrement en mathématiques. Le maître doit s'adapter aux nouvelles générations d'élèves (faut-il rappeler que, depuis 1970, la proportion d'une classe d'âge obtenant un baccalauréat a triplé ?), s'adapter à la révolution provoquée par l'arrivée massive de calculatrices et de logiciels de plus en plus perfectionnés, s'adapter aux changements de programmes, beaucoup plus fréquents que dans la quasi-totalité des autres disciplines.

Pour cette remise en question permanente, les instructions officielles et les manuels scolaires, si estimables et si chargés de bonnes intentions qu'ils puissent être, ne sauraient suffire. Ni même, si indispensables soient-ils, les échanges entre professeurs d'un même établissement. Il faut trouver d'autres sources de réflexion, de formation et d'information, d'autres lieux de contact.

L'A.P.M.E.P.

Fondée en 1910, l'APMEP (*Association des Professeurs de Mathématiques de l'Enseignement Public*, 26, rue Duméril 75013 Paris, tél : 01 43 31 34 05, fax : 01 43 31 07 32, adresse Internet : http://www.univ-lyon1.fr/apmep) s'adresse aux enseignants de mathématiques de l'Éducation nationale, que les mathématiques soient ou non leur unique discipline et quel que soit le niveau auquel ils travaillent, comme le dit clairement son slogan : « de la Maternelle à l'Université ». Les membres de l'enseignement privé peuvent adhérer en tant qu'*associés*.

SES ACTIVITÉS

L'APMEP est structurée en *régionales*, correspondant le plus souvent à une académie (la Régionale d'Ile-de-France couvre les trois académies de Paris, Créteil, Versailles).

Toutes sont en relation étroite avec l'IREM correspondant (voir plus loin).

Au plan national, elle est organisée en *commissions nationales* (premier degré, collèges, lycées, lycées professionnels, lycées agricoles, enseignement supérieur, formation des enseignants, informatique) et en *groupes de travail* thématiques (tels que Histoire des mathématiques, Ouvrages scolaires, Banque d'exercices, Réflexion sur les problèmes du collège, Problématique lycée, Prospective bac, Publimath.)

Les *Journées nationales* annuelles, organisées chaque fois dans une ville différente, d'une durée de trois jours, vers la fin d'octobre, réunissent plus d'un millier de participants.

***Avec nos remerciements à André Antibi, qui nous a aimablement fourni l'essentiel de la documentation sur les IREM.**

SES PUBLICATIONS

L'APMEP édite :

• **Le « bulletin vert »**, six numéros par an, d'un volume approchant les 150 pages (et les dépassant parfois). Notons que la rubrique *Matériaux pour une documentation* analyse de façon soignée à peu près tout ce qui paraît en France dans le domaine de l'enseignement mathématique.

• **Le BGV** (Bulletin à grande vitesse), qui donne six fois par an, en huit à seize pages de format tabloïd, des informations sur la vie de l'association, les activités qu'elle organise, les démarches qu'elle entreprend.

• **Un grand nombre de brochures** consacrées à un thème déterminé ;

• **Des bulletins régionaux :**

– *Chantiers* (Île-de-France) ;

– *Convergences* (Lille) ;

– *Corol'aire* (Poitiers) ;

– *Le Petit Vert* (Lorraine) ;

– *Polygone* (Lyon) ;

– *Plot* (Orléans) ;

– *L'Ouvert* (avec l'IREM de Strasbourg) ;

– *Midi-Pyrénées* (avec l'IREM de Toulouse) ;

– *Taol Lagad* (avec l'IREM de Brest).

LES I.R.E.M.

Les **Instituts de Recherche pour l'Enseignement des Mathématiques**, ou IREM, ont été créés de 1969 à 1975 (exception faite de celui des Antilles et de la Guyane, créé plus tard), à l'initiative de l'APMEP, appuyée par diverses personnalités, notamment André Lichnerowicz. Il y en a un par académie, avec une seule exception : la région parisienne comporte trois académies, Paris, Créteil, Versailles, mais seulement deux IREM, implantés l'un à Paris (Jussieu), l'autre à Villetaneuse dans l'académie de Versailles).

Les IREM sont des instituts de l'Éducation nationale.

Chaque IREM est implanté dans une université ; ses moyens sont fournis par l'État soit directement, soit par le canal de l'université dont il dépend. Le réseau des IREM n'a d'équivalent dans aucune discipline. Ils jouent depuis plus de vingt ans un rôle moteur dans la vie et l'évolution de l'enseignement mathématique. Leur travail unit sur un pied d'égalité des universitaires et des professeurs de lycée et de collège.

Dans le cadre des MAFPEN (Missions Académiques de Formation des Personnels de l'Éducation Nationale) ou en liaison avec elles, chaque IREM propose régulièrement des stages annuels de quelques jours sur des thèmes propres, sur des thèmes inter-IREM ou sur des priorités nationales officielles. Les IREM éditent des brochures thématiques et beaucoup ont en plus une publication propre, parfois commune avec la regionale APMEP correspondante ; chacun a une bibliothèque de consultation et de prêt.

Il existe quatorze *Commissions inter-IREM*, publiant régulièrement leurs travaux :

• cinq commissions travaillant sur un type d'enseignement donné, premier degré, collèges, lycées, lycées techniques et professionnels, enseignement supérieur ;

• neuf commissions thématiques : Épistémologie et histoire des mathématiques, Didactique des mathématiques, Ouvrages scolaires, Informatique, Images et mathématiques, Analyse, Astronomie, Géométrie, Statistiques et probabilités.

Les IREM jouent un rôle moteur dans la vie et l'évolution de l'enseignement mathématique.

Nom de l'IREM	Adresse postale	Téléphone
Besançon	UFR sciences et techniques 16, route de Gray-La Bouloie 25030 Besançon Cedex	03 81 66 61 92
Bordeaux	UFR de mathématiques 40 rue Lamartine 33400 Talence	05 56 84 89 76
Brest	UFR sciences, BP 809 6 avenue Victor Le Gorgeu 29285 Brest Cedex	02 98 01 65 44
Caen	IUT boulevard du maréchal Juin 14000 Caen	02 31 44 27 91
Clermont-Ferrand	Université de Clermont-Ferrand II Complexe scientifique des Cézeaux 63177 Aubière Cedex	04 73 40 70 98
Dijon	Université de Bourgogne UFR Sciences et techniques, BP 400 9 av Alain Savary 21011 Dijon Cedex	03 80 39 52 30
Grenoble	BP 41 38401 Saint-Martin d'Hères Cedex	04 76 51 46 62
Lille	Université des sciences et techniques 59655 Villeneuve d'Ascq Cedex [Antennes à Calais, Valenciennes, Boulogne et Gravelines]	03 20 43 41 81 03 20 43 41 82
Limoges	123, avenue Albert Thomas 87060 Limoges Cedex	05 55 45 72 49
Lorraine	Université de Nancy I Faculté des sciences 1, bd des Aiguillettes, BP 239 54506 Vandœuvre-les-Nancy Cedex	03 83 91 21 99
Lyon	Université de Lyon I 43 boulevard du 11 novembre 1918 69622 Villeurbanne Cedex	04 72 44 81 24 04 72 43 13 82
Marseille	Case 901, Faculté des sciences de Luminy 70 route Léon Lachamp 13288 Marseille Cedex	04 91 41 39 40
Montpellier	Université de Montpellier II place Eugène Bataillon, CC 040 34095 Montpellier Cedex 5	04 67 14 33 83 04 67 14 33 84
Nantes	2 rue de la Houssinière 44072 Nantes Cedex 03 [antenne au Mans]	02 40 37 30 15
Nice	Université de Nice, Sophia Antipolis Parc Valrose 06108 Nice Cedex 2	04 92 07 65 13
Orléans	Université d'Orléans BP 6759 45067 Orléans Cedex 2	02 38 41 71 90

Paris-Nord	Université de Paris-Nord, Avenue J.-B. Clément 93430 Villetaneuse	01 49 40 36 40
Paris VII	Université de Paris VII, CP 7018 2 place Jussieu 75251 Paris Cedex 05	01 44 27 53 83 01 44 27 53 84
Amiens	48 rue Raspail, BP 618 02321 Saint-Quentin	03 23 62 62 98
Poitiers	40 avenue du recteur Pineau 86022 Poitiers Cedex	05 49 45 38 77
Reims	Moulin de la Housse rue Damide, BP 347 51062 Reims Cedex 2	03 26 05 32 08
Rennes	Campus Beaulieu Bât 32 B 35042 Rennes Cedex	02 99 28 63 42
Rouen	Université de Rouen, Bât. de mathématiques av. de Broglie, BP 138 76821 Mont Saint-Aignan	02 35 14 61 41
Strasbourg	10 rue du général Zimmer 67084 Strasbourg Cedex	03 88 41 63 07
Toulouse	Université Paul Sabatier 118 route de Narbonne 31062 Toulouse Cedex	05 61 55 68 83 05 61 55 84 46 05 61 55 61 34
Antilles-Guyane	Université des Antilles et de la Guyane Faculté des sciences 97110 Pointe-à-Pitre (Guadeloupe) [Antennes à Schoelcher (Martinique) et Kourou (Guyane)]	0590 93 86 97

LISTE DES PUBLICATIONS PÉRIODIQUES DES IREM (NON EXHAUSTIVE)

IREM	Titre
Inter IREM	Repères - IREM
Besançon	Mathématiques vivantes
Brest (avec APMEP)	Taol Lagad
Clermont-Ferrand	Bulletin de liaison
Dijon	La feuille de vigne
Grenoble	Grand N Petit x
Lyon	La feuille à problèmes
Orléans (avec APMEP)	Plot
Paris VII	Mnémosyne
Reims	Vecteur
Strasbourg (avec APMEP)	L'Ouvert
Toulouse	Bulletin IREM-APMEP

« La lecture de tous les bons livres est comme une conversation avec les plus honnêtes gens des siècles passés. » Descartes, **Discours de la méthode.**•

BIBLIOGRAPHIE

AVERTISSEMENT

La liste proposée ci-après est courte (et limitée à des ouvrages rédigés en français). Sauf exceptions n'y figurent pas à nouveau les livres mentionnés dans les bibliographies des différents chapitres ou cités, soit dans le corps du texte, soit en note ; mais pour chaque rubrique ci-après, il est fait renvoi aux pages correspondantes. Priorité a été donnée à des textes raisonnablement faciles d'accès, récemment édités ou réédités et, à quelques ouvrages de référence incontournables près, de prix abordable.

DICTIONNAIRES ET ENCYCLOPÉDIES

• A. Bouvier et M. George, *Dictionnaire des mathématiques*, P.U.F. 4e édition 1994.
Complet, clair, d'usage facile.

• F. Reinhardt et H. Soeder, *Atlas de mathématiques*, Livre de poche 1997.
Bonne adaptation d'une encyclopédie allemande, nombreux schémas.

HISTOIRE

• J.-L. Audirac, *Vie et oeuvres des grands mathématiciens*, Magnard 1990.
Très élémentaire, avec exemples et figures.

• B. Belhoste , *Les sciences dans l'enseignement secondaire français* (1789-1914), INRP 1995.
Textes officiels et programmes choisis et présentés. Un document sans équivalent.

• N. Bourbaki, *Eléments d'histoire des mathématiques*, 3e édition, Masson 1995.
Classement par thèmes, très technique, mais très riche.

• A. Dahan-Dalmedico, J. Peiffer, *Une histoire des mathématiques : routes et dédales*, coll. « Points sciences » n° 49, Le Seuil 1986.
Vivant et bien documenté.

• P. Dedron et J. Itard, *Mathématiques et mathématiciens*, Magnard 1959, réédition 1980.
Pour la période antérieure à 1650.

• J. Dhombres et al., *Mathématiques au fil des âges*, Gauthier-Villars 1987.
Textes originaux courts, situés et commentés.

• E. Montucla, *Histoire des mathématiques*, 4 volumes, 1804, réédité Blanchard 1960.
Souvent utile à consulter. Hélas épuisé.

• R. Taton et al., *Histoire générale des sciences* (4 tomes) P.U.F. 1964, réédité par Quadrige en 1995.
Gros ouvrage de référence.

• Sur l'histoire du calcul des probabilités, voir la bibliographie de la page 273.

• Sur l'histoire du théorème de Fermat, voir la référence de la page 327.

Epistémologie

• Gaston Bachelard, *Epistémologie*, coll. « Les grands textes », P.U.F 6e édition 1996.

• E. Barbin et M. Caveing, *Les philosophes et les mathématiques,* Ellipses 1996.

Accessible et solidement documenté.

• J. Dhombres, *Nombre, mesure et continu*, Cedic/Nathan 1978.

Épistémologie et histoire d'un concept essentiel.

• G. Dowek, *La logique*, coll. « Dominos » n° 68, Flammarion 1995.

Bonne vulgarisation.

• F. Gonseth, *Les mathématiques et la réalité : essai sur la méthode axiomatique,* réédité par Blanchard en 1974.

Célèbre.

• G.-G. Grangier, *La science et les sciences,* collection « Que sais-je ? » n° 2710, P.U.F. 1993.

Initiation à l'histoire des sciences et à l'épistémologie ; une attention particulière est accordée aux mathématiques.

• T. Kuhn, *La structure des révolutions scientifiques*, coll. « Champs » n° 115, Flammarion, 1983.

A eu une grande influence. Parle très peu des mathématiques.

• I. Lakatos, *Preuves et réfutations*, 1964, Hermann 1984.

Très connu. Les mathématiques sont moins déductives qu'on ne croit.

• H. Poincaré, *La science et l'hypothèse*, 1902, réédition Éditions de la Bohême 1992.

Un grand classique (Voir parties 1, « Le nombre et la grandeur » et 2, « L'espace »).

• H. Poincaré, *La valeur de la science,* 1905, réédition coll. « Champs » n° 230, Flammarion, 1995.

Un grand classique (Voir la partie I, « Les sciences mathématiques ».)

• H. Poincaré, *Science et méthode,* 1908.

Classique hélas non réédité (voir I 4, « Le hasard » et II 2, « Le raisonnement mathématique »).

• K.-R. Popper, *Logique de la découverte scientifique*, 1993 Payot, réédité en 1982.

Célèbre et coriace ; ne touche en mathématiques qu'aux probabilités.

• Voir aussi les références données en marge aux pages 302, 310, 350, 356, 357.

Compléments de formation mathématique personnelle

Géométrie

• M. Carral, *Géométrie*, Ellipses 1995.
Présentation de la géométrie élémentaire plane, avec nombreux exercices.

• Y. et R. Sortais, *Géométrie de l'espace et du plan*, Hermann 1988.

• Collectif, *Courbes mathématiques*, Palais de la Découverte et APMEP, 1995.
Plus de 150 courbes célèbres, accompagnées chacune d'une brève notice.

Analyse et probabilités

• Voir la page 243 pour l'analyse et la page 273 pour les probabilités.

Logique, informatique, algorithmique

• P. Breton, *Histoire de l'informatique*, La découverte 1987.

• J.-P. Delahaye, *Logique, informatique et paradoxes*, bibliothèque « Pour la science » 1996, diffusion Belin.

• P. Mathelot, *L'informatique*, coll. « Que sais-je ? » n° 1371, P.U.F, 9e édition 1995.

• Collectif, *Histoire d'algorithmes*, coll. « Regards sur la science », Belin 1994.

Les algorithmes de l'Antiquité à nos jours.

DIDACTIQUE, PÉDAGOGIE, PRATIQUE DE LA CLASSE

RÉFLEXIONS GÉNÉRALES

• Didactique des mathématiques : voir la bibliographie de la page 315.

• J.-M. Dolle, *Pour comprendre Jean Piaget,* réédité Dunod, 1997.

• J.-P. Astolfi, M. Davelay, *La didactique des sciences*, coll. « Que sais-je ? » n° 2448, P.U.F 3e édition 1993.

• R. Bkouche, B. Charlot, N. Rouche, *Faire des mathématiques pour le plaisir du sens,* A. Colin 1991.
Réflexion lucide (et parfois sévère) sur l'enseignement des mathématiques.

• Collectif, *Initiation au raisonnement déductif au collège,* IREM de Lyon, 1993. Réflexion théorique appuyée sur de nombreux exemples.

• Problèmes de vocabulaire et de mémorisation au collège : voir la note 1 de la page 24 et la note 2 de la page 105.

ÉVALUATION, PROBLEMES ET TESTS

• Évaluation en général et évaluation en mathématiques : voir la bibliographie de la page 349.

• P. Legrand, *Le bac chez nous et ailleurs,* Hachette Éducation, 1995.
Comparaison des systèmes d'évaluation (et d'enseignement) en France et dans les principaux pays développés.

• G. Arsac, G. Germain, M. Mante, *Problème ouvert et situation-problème,* IREM de Lyon 1988.
Pour stimuler l'activité mathématique des élèves ; nombreux exemples et récits d'expérimentation.

• Problèmes ludiques et problèmes de compétitions : voir la bibliographie de la page 85.

• Recueils de QCM :
– chaque brochure EVAPM contient des QCM étalonnés ;
– les épreuves annuelles du Kangourou des Mathématiques sont des QCM ;
– pour qui lit l'anglais, de grosses brochures préparant aux tests américains dits SAT (niveau troisième-seconde) et GRE (utilisables en terminale) se trouvent par exemple à la libraire W.H. Smith, 248 rue de Rivoli, Paris.

TRAITEMENT DE L'ERREUR ET DE L'ÉCHEC

• Voir les notes 2 des pages 319, 321, 322 et la bibliographie de la page 327.

• S. Baruk : *L'âge du capitaine*, Seuil 1985.
Vaut par l'analyse des difficultés des élèves ; partie constructive réduite.

• S. Baruk, *Echec et maths*, collection « Points sciences », Seuil 1973.
Comme le précédent. Contient une charge féroce contre les « mathématiques modernes ».

CALCULATRICE, ORDINATEUR, LOGICIELS

• Y. Olivier et J.-P. Bouvier, *Calculatrices en mathématiques*, CRDP de Poitiers 1994.
Leur usage au collège et au lycée, avec de nombreux exemples.

• Utilisation de l'ordinateur pour l'enseignement des mathématiques :
voir la bibliographie de la page 71.

• Sur la calculatrice au lycée, note de la page 247 et bibliographie de la page 253.

PRATIQUE DE LA CLASSE

• Collectif, *Mathématiques en fiches au collège,* CRDP de Limoges, 1993.

• Collectif, *Géométrie dans l'espace : Activités pour la classe en collège,* IREM de Besançon, 1993 (avec de nombreux tests).

« Je hais les livres ; ils n'apprennent qu'à parler de ce qu'on ne sait pas. » ***Rousseau,*** **Emile.**

• Collectif : *La proportionnalité et ses problèmes,* Hachette Éducation 1994.
Réflexion didactique étayée de nombreux exemples.

• Commission inter-IREM premier cycle, *Autour de Thalès,* 1996.
Un thème vu sous tous les angles, histoire, didactique, pratique de la classe.

• Commission inter-IREM Statistiques et probabilités, *Enseigner les statistiques et les probabilités au lycée,* 1997.

• B. Destainville, *Enseigner la géométrie dans l'espace au collège et au lycée,* APMEP 1995.
Nombreux exemples d'activités, surtout pour le lycée.

• S. Gasquet, *Les chiffres et l'élève,* CRDP de Grenoble 1994.
Mathématiques en section ES (graphiques, moyennes, pourcentages...).

• « Le petit Archimède » : *Le nombre* π*,* ADCS, BP 222, 80002 Amiens Cedex 1.
Pittoresque promenade à travers l'histoire des mathématiques, qui peut fournir de nombreux thèmes de travaux pratiques.

• Voir aussi pour l'analyse les notes des pages 190 et 205.

Les mathématiques et le monde extérieur

• Symbolisme des nombres et des figures : bibliographie de la page 14.

• Mathématiques et arts plastiques : bibliographie des pages 17 et 47.

• Textes littéraires sur les mathématiques : note de la page 29.

• D. Dacunha-Castelle, *Chemins de l'aléatoire,* Flammarion 1996.
Rôle des probabilités et de la statistique inférentielle dans la société.

INDEX

Nous souhaitons que cet index, qui a été voulu relativement réduit, soit pour le lecteur la source de rapprochements entre chapitres différents. C'est dans cet esprit que n'ont été retenus parmi les noms propres que ceux qui interviennent de façon significative en plusieurs endroits. La mention « citation » se réfère aux citations figurant en tête de pages paires.

Imprimé en France par I.M.E. - 25110 Baume-les-Dames
Dépôt légal n° 5300-10/1997 - Collection n° 14 - Edition n° 01
17/0485/7